강릉의 도시변천사 연구

강릉의 도시변천사 연구

김 흥 술

景仁文化社

책을 펴내면서

2015년, 참 뜨거운 여름을 보냈다. 아직도 태양의 열기가 남아있지만 9월이라니 마음까지 시원하고 여유롭다. 시간의 모퉁이 가을의 초입에서 반추의 시간을 갖는다.

요즘 사람들은 앞만 보고 간다. 나도 그렇다. 모두가 자신이 정한 목표 아래 전력을 다 한다. 이것이 정상일까? 정상이다. 모두 스스로를 위무하며 간다. 나는 공직에 들어와 고향 강릉의 전통문화를 전승하는 업무를 하고 있다. 공직에 처음 입문했을 때 나는 '강릉에 대하여' 문외한이었다. 그런 나에게 주변의 동료 선후배들, 강릉시민들의 강릉에 대한 끝없는 질문 그것에 답하는 과정에서 자연스럽게 조금씩 고향 강릉을 알아 갔다. 나는 나의 본분이 '강릉공부' 하는 것이라 믿는다. 그것을 좀 더 정확히 말하면 공부하되 '행정적'으로 해야 하는 것이기도 했다. 내 본분이 강릉 공부라 하더라도 공부는 표가나지 않게 해야 했다. 생각해보면 그것이 어려움이라면 어려움이었을 것이다. 올해 강릉시 승격 60년이 되는 해에 개인적인 욕심을 부려 그 동안 썼던 글들을 정리하였다.

공직에 입문하고 업무 학습과정에서 새롭게 알게 되어 놀랐던 사실은 강릉지역에 성곽이 많다는 것이었다. 그래서 처음 만들었던 계획서가 '강릉지역 성곽조사계획서'였던 것 같다. 업무적 추진은 어려웠지만 스스로의 논문으로 1999년 발표하였다. 이 과정에서 석사과정 지도교수였던 동시에 나의 국문법 선생님이셨던 방동인 교수님께 감사의 마음을 간직하고 산다. 그리고 관동대학교 사학과 신호웅·유춘근·박노준·김장수·김남현 교수님과 박물관의 이상수 선생님 등께 깊이 감사드린다. 그 후 박사과정에서 다시 학부생의 심정으로 돌아가 짬짬 면학의 기쁨을 누리게 해주신 손승철·최복규·원영환·박한설·이구용·송인서·조길태·주채혁·권오신·유재춘 교수님 등 강원대학교 사학과 교수님들께 감사드린다. 또한 언제나 가까이에서 지켜봐 주시고 학위논문 심사를 해주셨던 강릉원주대학교 이규대 교수님, 서울시사편찬위원회 이상배 선생님과 강릉지역의 여러 선생님들께 감사드린다. 그리고 어려운 속에서 고군분투하는 강원학예연구회 동료 선후배님들께도 감사의 마음을 전한다.

나의 학위논문 지도교수이신 강원대학교 사학과의 손승철 교수님께선 내가 미처 생각하지 못하였던 꿈을 꾸고 또 이루게 해 주시었다. 지금도 그 말씀이 생생하다.

"학위는 반드시 학계에 새로운 이론 하나를 보태는 학문적으로 획기적 성과여야 한다. 그렇지만, 공직에 있는 자네의 입장에서 자기지역 자료를 꿰어 정리하는 것 그것도 나름 의미 있는 일이겠네."

라고 하시었다. 그 말씀에 용기를 내었고 정리의 과정에서 스스로 느껴 본 기쁨과 보람을 가지고 생활하고 있다. 그리고 다시 10년이 흘러갔다. 교수님께선 이 시점에서 다시 이 책 발간을 독려해 주시었다. 내놓을 만큼 만족스럽지는 않지만 공부하는 과정에서 만난 많은 '관계' 속의 여러분들께 감사하는 마음으로 시작하였다. 강원대학교 강원사학회 선후배님들, 관동대학교 사학과 선후배님들께 감사의 마음을 전한다.

지금 생각하면 주말 빈 시간을 잘 활용해야 했던 나의 공부 방법은 미련한 것이었다. 1990년대 중반 내가 오토바이를 타고 다닐 때 아내와 아이를 태우고 산 아래 길가에 내려 놀게 하고, 나침반과 지형도 한 장 들고 무작정 산에 올랐었다. 성벽을 만나면 배낭에 넣어 온 95cm 적색끈을 성벽 나뭇가지에 묶어 놓고 몇 개씩 이어가며 한 바퀴 돌고, 다시 그 끈을 풀어 감으며 돌고 내려오면 해가 떨어지곤 했다. 그렇게 지역의 성곽에 관심을 가졌고 점차 읍성으로부터 확대되어 온 도시에로 관심을 기울이게 되었다.

그렇게 미련한 방법으로 정리한 이 논문은 강릉의 도시변천 과정을 살핀 것이다. 강릉의 읍치발달 과정은 예국고성 시기 – 명주성 시기 – 강릉읍성 시기로 변천하였으며, 강릉읍성 터는 과거 천년의 읍치로 현재에 이르고 있는데, 2001년 시청사의 이전으로 새로운 발전을 모색하고 있다.

읍치의 이전 정비과정에서 명주성 시기는 신라 말 수도권 문화의 강릉 유입이라는 의미를 가지며, 강릉읍성 시기는 고려 건국에 공헌한 명주호족의 공로를 인정하여 읍호가 명주에서 동원경으로 높여졌고, 명주성에서 이전하여 천년 읍치를 열었다는 측면에서 의미를 부여할 수 있다. 현재 강릉의 문화적 전통은 이 곳 강릉읍성을 중심으로 하는 '읍치' 즉 '강릉대도호부 관아'에서 비롯된 것이라 할 수 있다.

전근대 사회에서 해안은 바로 국경선의 개념이며 강릉은 동해안에 위치하고 있다. 강릉은 조선시대에 대체로 대도호부로 존치되었으며 변경 군사지역으로서의 인상이 강하였다. 강릉은 조선시대말까지 영동지역의 중심도시로서의 자리를 지켜왔다. 대한제국시기 강릉의 행정구역 체계는 전통시대 광역개념의 영동지역 수부도시의 위상이 변화해 가는 시기였다. 3권 분립적 근대관서의 유입과 지방관의 권한이 줄어들게 된 변화의 시기였고, 도시 시설의 개변과 도시화의 모색기였다. 일제강점기의 도시 변화는 도심지에 거주했던 일본인 그들만의 편리를 추구했던 것이라는 한계를 지닌다. 강점기간의 도시변화는 일본인에 의해 추진되었으며 지역의 전통성을 말살하는 것이었으며 지역민은 배제된 것이었다. 근대이전 도시의 상징이었던 읍성은 그들에 의해 의도적으로 훼철되었으며, 무수한 유적 유물이 이 시기에 큰 피해를 입었다.

일제강점기에 철저하게 왜곡되고 훼손된 강릉도심은 식민지의 연장선에서 올바른 시정정책을 시도할 지역적 역량이 부족한 상태에서 해방을 맞았으며 이후 경제발전과 산업화의 시기를 지나면서 급속하게 도시화하였다.

1970년대 이후 총 인구는 강릉시와 명주군을 합하여 현재까지 별로 증가되지 않았다. 우리나라 전통도시들 중 강릉은 정체된 도시 중 하나인데 강릉시와 명주군이 40년간 분리되어 도시발달의 결집력이 일정부분 저하된 것도 한 이유가 될 것이다. 현대의 행정구역 편제 후에도 문화·사회 통념적으로 영동민의 관념 속에 강릉을 전통적 수부로 인식하는 경향이 강했으나, 1990년대 전면적 지방자치제가 실시되면서 약화되어 가고 있다. 산업 환경의 변화가 있었으나 인구유입효과를 가진 특정 산업발달이 미흡하였던 때문이기도 하다.

강릉은 읍성으로부터 발달해 왔으며 읍성의 규모에 따라 간선도로체제를 갖추어 가며 옛 읍성의 공간구조를 기본으로 하여 확대 팽창해 왔다. 강릉시청사의 이전으로 강릉의 도시발전은 종전의 명주동 시청사로부터 동쪽으로의 확대에서, 이제는 시 전체를 대상으로 하는 새로운 방향으로 나아가게 되었다. 1995년 이후 새로운 도약을 모색해야 하는 시점에 와 있으며 장기적으로 통일시대가 현실화 되었을 때에도 여전히 영동지역의 중심도시로 존재할 수 있을 것인지를 짚어보아야 할 시기라고 생각된다. 강릉시는 2018년 평창 동계올림픽 개최가 확정된 2011년부터 새로운 미래를 향해 도약하고 있다.

강릉의 교통은 1962년 철도부설, 1975년 영동고속도로의 개통으로 육상교통의 획기적 발전을 이루었으며, 해상교통은 1900년대 동력선의 도입으로 항포구의 근대적 개발이 시작되었고, 현대적 개발과정에서 항포구의 부침이 심하여 주문진·옥계항이 부상하고 전통시대 읍치항이었던 안목항이 쇠퇴하였다. 강릉남대천은 강릉이라는 도시의 구조변화에 많은 변화를 초래하였고 1967년 이후 일련의 도시화 계획도 남대천을 중심으로 동서방향으로의 변화였다. 해방 이후 산업사회에서도 남대천이 도시변화의 가장 중심적 요인 중 하나로 전근대의 식수·농업용수의 이용에서 강릉단오제 공간·여가·힐링의 공간 등으로 확대 변화되었다.

강릉의 도시유적으로 남아있는 문화유산은 대개가 유교문화유산이라고 할 수 있는데 이는 강릉의 지역사회를 자치적으로 가꾸어온 지역정신의 뿌리로서 강릉문화의 한 부분이라 할 수 있겠다. 유형적 문화유산으로 강릉의 문화유산, 강릉의 성곽, 명주성 등에 대하여 간단히 정리하였다.

이어 무형적 문화유산으로 강릉단오제와 강릉의 사회적 제사에 대하여 설명하였다. 강릉단오제는 농경사회의 전통 속에 생겨나 조선시대에 이르러 민관이 함께하는 전통을 축적하여 현대에도 호평 받는 도시축제로 전승된 도시문화의 종합적 모습이라고 판단된다.

이 책은 대체로 강릉의 도시변천사를 일별한다는 목적으로 그 서술 시기를 근대이전, 근대, 해방이후 현재까지의 시기로 기술하고 있으나 사료의 한계로 근현대 부분에 치중되었으며, 필자의 능력부족으로 많은 한계를 지녔지만 『강릉의 도시변천사』로 제목을 정하게 되었다.

필자의 능력이 모자란 탓에 거칠고 성글지만 출판을 승낙해 주신 경인문화사 한정희 사장님과 편집부 신학태, 김지선 님께 감사의 인사를 올린다. 내가 일하고 있는 강릉시청 최명희 시장님과 김학철 부시장님을 비롯한 동료 선후배님들, 나를 아는 모든 분들과 지역 문화계의 여러분들께 감사의 마음을 올린다.

끝으로 언제나 내 마음의 울타리이고 안식인 사랑하는 가족들에게 이 책을 올리며 평소의 불성실에 대하여 용서와 감사의 마음을 전한다. 집안의 믿음이고 기둥이신데 근간에 많이 약해지신 그러나 강한 나의 아버님, 매사를 수용하고 다 배우려 애쓰라시며 7남매를 길러 오신 사랑하는 어머님께 이 책을 바친다. 또한 암묵의 후원으로 늘 믿음을 보여주신, 그럼에도 가까이 계시는데 더 살갑지 못한 죄송함과 감사의 마음을 담아 연로하신 장인, 장모님께 이 책을 바친다. 그리고 언제나 믿음일 것 같은 친구 사랑하는 아내와 자기 색깔을 가진 빛나는 청춘 두 아들에게 사랑과 감사의 마음을 보낸다. 아울러 늘 내 마음 속에 일정한 무게로 존재하는 동생들, 처가 형제들, 집안의 여러 어른들께 감사의 마음을 전한다. 내가 아는 모든 분들의 사랑에 보답하는 마음으로 더욱 애쓰리라 다짐한다.

2015년 9월
굴산사지 부근 학산리 옥봉마을에서 김홍술 씀

x

차 례

책을 내면서

서 론 ·· 1

제I장 도시란 무엇인가 ································· 17
　제1절 도시의 개념 ·································· 19
　제2절 도시입지의 지리적 조건 ················ 33
　제3절 도시입지의 인문적 조건 ················ 39

제II장 강릉의 邑治 변천 ··························· 57
　제1절 근세이전 강릉읍치의 변전 ··············· 59
　제2절 근세 강릉의 읍치 변천 ················· 84
　제3절 조선시대 강릉의 面里體制 ················ 96

제III장 근현대 강릉의 행정체계와 도시변화 ··············· 109
　제1절 신식관제 유입과 읍성의 해체 ··············· 114
　제2절 일제강점기 도심권 행정 개편과 근대도시 모색 ······· 137
　제3절 현대 행정체계와 도심권 변화 ··············· 165
　제4절 현대도시 강릉의 발전 ················· 175

제IV장 강릉지역 교통발달과 도시의 성장 ·················· 199

제1절 강릉지역 驛院制 교통의 지역적 특성 ·················· 203

1. 도로망의 지역적 특성 ·················· 203

2. 조선시대 역원제의 지역적 특성 ·················· 212

제2절 강릉지역 근대교통의 시작 ·················· 220

1. 도로규모의 확대와 신작로 ·················· 220

2. 동력선의 등장과 항·포구 개발 ·················· 234

제3절 현대 강릉의 교통발달 ·················· 241

1. 철도부설·고속화도로와 도시화 ·················· 242

2. 해운·항만시설의 변화 ·················· 261

제V장 강릉의 도시변화와 南大川 ·················· 267

제1절 근대 이전의 南大川 ·················· 270

1. 강릉남대천 流路의 변천 ·················· 270

2. 강릉읍치와의 관계 ·················· 276

제2절 근대 남대천 변화의 특징 ·················· 284

제3절 현대 도시화와 남대천 ·················· 297

제VI장 문화유산을 통해 본 강릉의 도시문화 ·················· 309

제1절 강릉의 문화적 배경 ·················· 312

제2절 문화유산을 통해 본 강릉의 도시문화 ·················· 319

1. 관아유적 ·················· 320

2. 유교유적 ·················· 322

3. 민가유적 ·················· 332

4. 문화·종교유적 ·················· 335

제3절 강릉지역의 성곽 ················· 338

　1. 강릉지역의 평지성 ················· 342

　2. 강릉지역의 평산성 ················· 345

　3. 강릉지역의 산성 ················· 352

　4. 강릉지역의 해안성 ················· 359

　5. 강릉지역 성곽의 성격과 특징 ········ 364

제4절 溟州城의 역사·문화적 의의 ········· 368

　1. 溟州城의 變轉 ················· 369

　2. 江陵邑治 변화와 溟州城 ·········· 372

제5절 문화유산과 강릉의 도시문화 ········ 388

제VII장 강릉단오제와 강릉의 제사 ········ 393

제1절 도시축제로서의 강릉단오제 ········ 396

제2절 강릉의 제사문화 ················· 407

　1. 제사의 의미 ················· 409

　2. 강릉의 제사 ················· 413

　3. 현대의 사회적 제사 ·············· 438

제3절 강릉의 전통유산과 도시문화의 특징 ··· 446

결 론 ································· 453

참고문헌 ································· 464

[부록] 근현대 강릉의 도시연표 ·········· 476

찾아보기 ································· 503

서 론

우리는 지금 인터넷이 생활화된 첨단시대에 살고 있다. '세계화'·'지구
촌화' 라는 말과 함께 '지역'에 대한 관심도 증대되고 있다. 지방화는 다
시 세계화로 통한다고 믿기 때문이다. 이 같은 맥락에서 우리는 근래에
'지역학' 또는 '지역사'[1]라는 단어에 어느 정도 친숙함을 갖게 되었다.
강릉지역에서도 강원학의 한 부분으로서 춘천학·원주학과 같이 '강릉학'
이라는 학술용어를 쓰고 있는데, 2000년 11월 당시 관동대학교에서 강릉
학 정립을 위한 학술대회[2]를 개최하면서 '강릉학'이라는 말을 사용하게

1) 유재춘,「지역사 자료의 수집·정리실태와 개선방안」,『역사와현실』48, 한국역
   사연구회, 2003, pp.137~167 ;「지역사 복원과 문화유적지표조사사업」,『강원문
   화사연구』7, 강원향토문화연구회, 2002, p.165 ; 지역사 연구 방법론·연구방향
   에 대하여 처음 논의를 시도한 것은 대구사학회이며, 대구사학 제20·21집(1982)
   에서「지방사 연구」문제를, 30집(1986)에서는「지방사 연구의 현황과 과제」를
   특집으로 다루었다. 1998년 역사문화학회에서「지방사 연구 어떻게 할 것인가」
   라는 주제로 학술 심포지움을 열었으며, 한국사연구회와 경기사학회가 공동으로
   「지방사 연구의 현황과 새로운 방법론의 모색」이라는 주제로 학술회의를 가졌
   고, 2001년 역사학회와 국사편찬위원회가 공동으로「지역사 이론과 실제-미시적
   접근-」이라는 주제를 다룬 바 있으며, 이후 전국적으로 이러한 분위기가 확산되
   고 있다.
2) 제1회 강릉학 정립을 위한 학술세미나 "강릉학 정립과 강릉문화"라는 주제로
   2000.11.30 관동대학교 예술관에서 관동대학교 인문학연구소와 강원일보사가
   공동으로 행사를 개최하였다.
   발표내용은 역사, 민속, 관광, 경제 4개 분야에 강릉지방사 연구 성과와 과제,
   강릉학과 민속 문화, 강릉학과 강릉관광문화 발전의 방안, 강릉학의 지역경제 파
   급효과라는 주제로 발표와 토론이 열렸다. 그 후 2001년 '강릉학회'가 만들어졌
   고 매년 1회 학술세미나를 개최하였는데 제2회 지역연구의 현황과 과제(2001.

되었다. 이러한 일련의 변화 속에서 필자는 '강릉학'의 한 부분으로서 오늘의 강릉이 있기까지의 과정에 대하여 '도시'를 주제로 하는 정리의 필요성을 절감하게 되었다.

'도시'라는 단어가 옛 문헌[3]에서 확인되는 것으로 보아 동양에서도 오래된 용어임이 확실하다. '都'는 보통 '王京'을 나타내며 원래의 뜻은 '모인다(聚)'로서 사람들이 많이 모이는 곳을 뜻한다.[4] 그러나 우리나라의 경우 고대 '도시'라는 용어가 현재와 같이 도시 그 자체를 가리키는 말이 아니라 '도시의 시장' 또는 '시장이 번성한 곳'을 말하는 것이었다.[5] '도시'라는 용어 이전의 도시들을 연구 대상으로 할 때 시대에 따라 그 의미가 다르며 당시 사람들이 생각한 도시라는 것이 오늘날의 그것과도 다른 것이다.

사실 '도시'라는 용어는 근대적 상황에서 새로 생겨난 것으로 근대도시를 가리키며 근대라는 시대적 배경과 개념을 담고 있는 것으로 볼 수 있다. 그러므로 그 이전 시대의 도시들도 '도시'로 표현함으로써 과거 역사상의 모든 도시들이 근대적 개념에 부합되는 도시인 것이 아님은 물론

11.23), 제3회 친환경·문화적 수해복구방안(2002.12.6), 제4회 강릉방언에 대하여(2003.11.20), 제5회 남대천 유역의 문화와 경제(2004.11.25), 제6회 강릉지역의 문학에 대한 고찰(2005.11.29)라는 주제로 각각 개최되었으며, 2014년까지 15회 개최해오고 있다. 또한 2000년 강릉문화원과 관동대학교 영동문화연구소가 제1회 강릉전통문화학술세미나를 "굴산사와 범일의 재조명"이라는 주제로 개최한 후 매년 개최되며, 2014년까지 15회 개최해오고 있다. 그리고 이 보다 앞서 강릉오죽헌시립박물관과 강릉대학교 인문과학연구소가 1992년 제1회 영동문화 창달을 위한 학술대회를 개최한 이후 매년 1회 개최하고 있으며 2014년까지 20회 학술대회를 개최해 오고 있다. 모두 '강릉학'의 범주에서 이루어지는 학술 연구 활동의 일환이다.
3) 『漢書』 假方進傳 "皆礫 幅于長安都市四通之衢" ; 『漢書』食貨志 "商賈大者, 積貯倍息, 小者坐列販賣, 操其奇, 日游都市." 등.
4) 『漢韓大字典』, 민중서림, 1995, p.1246.
5) 이상구, 「한국의 도시개념에 대한 소고」, 『도시행정연구』 8, 서울시립대학교, 1993, p.18.

이다. 이렇게 볼 때 '근대도시'의 개념이 생겨나기 이전의 도시는 '王京'이 도시로 불릴만한 것이었고, 그 외 지방은 府·大都護府·牧·郡·縣으로 '官邑' 내지는 '邑治(所)'로 불려야 마땅한 것이다. 본고에서 살피고자 하는 '강릉'은 근대 이전시대에 왕경의 하부 행정단위로서의 '관읍'이며 그 중심은 '읍치'로 인식되는 행정단위로서의 기능적 의미도 있다.

'도시'라는 단어는 사전적으로 풀이하면 시골, 농촌과 대응되는 개념으로 상공업을 중심으로 한 경제 및 행정·문화·교통망·편의시설 따위의 중심지로 인구가 집중되어 그 밀도가 현저하게 높은 지역이라고 정의되고 있다.[6] 도시는 인간의 역사에서 나타난 공간적 범위를 말하며 다분히 역사성을 내포한 단어이다. 그럼에도 불구하고 우리는 이 단어에서 자연스럽게 인문사회학적 연상을 할 수 있다. 왜냐하면 사람이 모여 살기 시작하면서 도시의 역사는 시작된 것이고 도시 위에 다양한 인간의 삶이 존재해 왔기 때문이다.

도시는 인간과 인간생활을 포용하는 공간이다. 수년 전 까지만 해도 우리는 '인구폭발'이라는 용어를 사용했고 인구증대에 따른 많은 위기감을 느끼고 있었다. 국토의 면적은 고정되어 있고 인구는 계속 증가추세였기 때문이다. 당시에는 양육을 회피하고자하는 현대인의 생각을 확실히 예견할 수 없었다고 볼 수 있을 것이다. 그리고 당시의 문제도 인구가 많았던데 있었다기보다는 인구가 특정지역에 편중하여 분포한 데 대한 심각성이 더 컸었다고 해야 할 것이다. 이렇듯 오늘날 많은 사람들이 도시에서 태어나고 도시에서 삶을 영위한다. 삶을 영위하는 공간으로서의 도시에 대한 관심은 인문학도에게나 사회학도에게나 증대될 수밖에 없는 시기이다. 그렇다면 당연히 도시에의 제도와 문물의 도입, 도시화의 과정, 도시민의 직업, 삶의 수준, 토착민의 변화, 주택사정, 도로와 교통의 발달, 인구의 변화 등 도시민의 삶을 영위하는 활동상과 사회의 제 현상

---

6) 한국정신문화연구원, 『한국민족문화대백과사전』 6, 한국웅진출판주식회사, 1991, pp.864~880.

에 대한 역사적 변천을 살펴야 할 것이다. 본고는 이러한 문제들에 대한 관심으로 출발했다.

필자가 '도시'에 관심을 높여가던 과정에서 접하게 된 손정목의 저서들은 그 연구과정에서 만난 사료의 방대함에 대하여 놀라게 했다. 조선시대의 도시제도, 주민구성, 도시인구, 도로제도 등에 대한 첫 출간[7] 이후, 지금도 국제법상 그 정당성에 의문이 제기되는 강화도조약의 1876년부터 1910년까지의 한국의 도시에서 일어난 사회적·경제적인 변천과정과 우리나라 도시가 당시 어떤 상황을 겪었는가를 다양하게 고찰한 연구서[8], 일제강점기 각 시대별 시대상, 도시의 생활, 조선총독부의 주택정책, 즉 사회경제상과 우리나라 도시발달사상 현대적인 도시계획개념이 적용되어지는 과정 연구,[9] 그리고 지방제도와 지방자치사 연구[10]의 저서가 그것이다. 이와 같이 그의 저서를 열거하는 것은 도시현상 연구의 양방향이라 할 수 있는 도시의 모습과 경제활동·사회변화상을 모두 대상으로 하였기 때문이다. 본고는 이러한 기존 연구서를 바탕으로 강릉이라는 도시의 변화상을 살펴보고자 한다. 현재 우리가 접할 수 있는 도시사 연구의 자료들 속에서 '강릉'이라는 도시의 과거 또는 오늘의 모습을 구현해 주는 자료가 많지 않아 도시의 내용을 채워주는 경제활동과 사회상의 변화는 살피지 못하였지만, 그 공간적 양상의 변화를 구현하여 강릉의 도시사 연구의 단초를 제공하고자 한다.

강릉은 자연적·지리적 배경으로 인해 남과 북 양방향의 단선적 교류만 가능했던 고대부터 변경으로서의 성격 때문에 군사적으로 중요한 위치에

---

7) 손정목, 『조선시대도시사회연구』, 일지사, 1977.
8) 손정목, 『한국개항기 도시변화과정연구』, 일지사, 1982 ; 『한국개항기도시사회경제사연구』, 일지사, 1982.
9) 손정목, 『일제강점기 도시계획연구』, 일지사, 1990 ; 『일제강점기 도시사회상연구』, 일지사, 1996.
10) 손정목, 『한국지방제도·자치사연구』(상)·(하), 일지사, 1992 ; 『한국 도시 60년의 이야기』 1-2, 한울, 2005.

있었으며, 더불어 문화적 접촉도 빈번한 곳이었다. 그러나 국토의 강역이 한반도로 고정되고 조선후기로 접어들면서 전국적 차원에서 갖게 된 도시의 위상은 급격히 줄어들게 되었다. 이러한 과정에 서 '강릉'을 대상으로 하는 연구는 그리 활발한 상태는 아니지만 해방 후 많은 노력이 있었으며, 역사학 관련분야의 지역연구 결과물이 늘어나고 있다.[11]

강릉의 경우 1960년대부터 지역 연구가 나타나고 있는데 포남동에서 출토된 선사시대의 유물과 관련한 논문[12]을 비롯하여 대부분 고고학적 연구[13]이며, 1970년대는 고고학 논문[14]과 신라시대의 명주, 조선후기 역 등에 관한 연구[15]가 있고, 1980년대는 백홍기의 굴산사지 발굴조사에 의해 나타난 유물 유적에 대한 결과보고서[16]를 비롯하여 굴산사에 관한 연구와 김주원의 世系에 관한 연구가 있으며,[17] 조선시대의 강릉지역 墓誌에 대한 연구, 조선후기 강릉지방의 향약에 관한 연구 등[18]이 있다.

11) 박도식, 「강릉 지방사의 연구성과와 과제」, 『강릉학 정립과 강릉문화』 제1회 강릉학 정립을 위한 학술세미나자료집, 관동대학교 인문학연구소·강원일보사, 2000, pp.11~34.

12) 이난영, 「강릉시 포남동출토 선사시대 유물」, 『역사학보』 24, 역사학회, 1964.

13) 이난영, 「강릉시 포남동출토 선사시대 유물 추보」, 『역사학보』 28, 역사학회, 1965.
   임효재, 「명주군 영진리와 가둔지 즐문토기 유적」, 『고고미술』 71, 1966.
   조동걸, 「강릉지방의 선사사회 연구-강릉 濊地說의 史的 배경」, 『춘천교대논문집』 5-1집, 1968.

14) 백홍기, 「강릉 초당동 고분군에 대하여」, 『강릉교대논문집』 7, 1975 ; 「강릉 초당동 출토 무문토기」, 『고고미술』 133, 1977 ; 「강릉지방의 선사 유적과 유물」, 『임영문화』 1, 1977.

15) 방동인, 「명주도독 치폐 소고」, 『임영문화』 3, 1979.
   김위현, 「조선후기 대창역에 대한 제문제」, 『관동대학논문집』 7, 1979.

16) 백홍기, 「명주 굴산사지 발굴조사 보고서」, 『고고미술』 161, 1984.

17) 신천식, 「한국 불교사상에서 본 梵日의 위치와 굴산사의 역사성 검토」, 『영동문화』 창간호, 1980.
   방동인, 「굴산사에 대한 연구와 전망」, 『고문화』 24, 한국대학박물관협회, 1984.
   김정숙, 「김주원 世系의 성립과 그 변천」, 『백산학보』 28, 백산학회, 1984.

18) 강대덕, 「강릉출토 황산도 찰방 金訒墓誌」, 『영동문화』 3, 영동문화연구소, 1988.

1990년대 이후 현재까지 사학계의 다양한 주제에 대한 연구 동향은 강릉지역에도 마찬가지로 지배구조·방어체제·향촌조직·사회경제 등의 다양한 연구 결과물이 쌓이게 된다. 강릉의 지역사 연구의 과정을 살펴보면 조선후기에 편찬된 『임영지』 발간의 전통을 이어 1897년경 『강릉군지』, 1930년대 『증수임영지』, 『동호승람』 등이 발간되었으며 해방 이후 1975년의 『임영강릉명주지』, 1996년의 『강릉시사』 편찬으로 이어졌다.

강릉지역 사학계의 지역사 등 연구 성과를 살펴보면 다음과 같다.

백홍기는 신라 동북경 변경에 관한 연구를 비롯하여 강릉 초당동 고분군과 출토된 무문토기, 굴산사지 발굴보고, 안현동 선사 및 역사 고고유적, 강릉 동덕리 주거지 등 강릉지역 선사 및 고대사 분야에 대한 고고학적 조사와 연구 논저를 남기고 있다.[19]

방동인은 『영동지방 향토사연구자료총서(一)』를 시작으로 강릉을 중심으로 영동지역의 향토사 영인자료 발간에 힘써 연구자들에게 향토사료를 접할 기회를 넓혀주었으며, 신라시대 명주도독 설치 및 폐지와 관련한 연구와 굴산사지에 관한 사적 연구 논문이 있다.[20]

이규대, 「조선후기 향약계의 일고찰-19세기 강릉부 사례를 중심으로-」, 『령동문화』 2, 1986 ; 「17세기 강릉지방의 士族과 향약 조직」, 『영동문화』 3, 1988.

19) 백홍기, 「신라 동북경 변경에 관한 고찰」, 『강릉교육대학 논문집』 4, 1972 ; 「강릉 초당동 고분군과 출토 무문토기」, 『고고미술』 133, 한국미술사학회, 1977 ; 「강릉 초당동 출토 무문토기, 김해식 토기」, 『강릉대학교박물관유적조사보고서』 1, 1984 ; 「명주군 굴산사지 발굴보고」, 『고고미술』 161, 1984 ; 「강릉 안현동 선사 및 역사 고고유적」, 『강릉대학교박물관학술총서』 9, 1995 ; 「강릉 동덕리 주거지」, 『강릉대학교박물관학술총서』 16, 1997.

20) 방동인, 『영동지방 김석문자료집』 (Ⅰ)·(Ⅱ), 관동대학교 영동문화연구소, 1984·1989 ; 『영동지방 향토사연구자료총서』 (一)~(六), 1989~1994 ; 「명주 도독 치폐 소고」, 『임영문화』 4, 강릉문화원, 1980 ; 「굴산사에 관하여」, 『고문화』 23, 한국대학박물관협회, 1984 ; 『영동지방 역사기행』, 신구문화사, 1995 ; 『한국의 국경획정연구』, 일조각, 1997 ; 「굴산사와 범일에 대한 재조명」, 『굴산사(지)와 범일에 대한 재조명』, 강릉문화원·관동대학교영동문화연구소, 2000 ; 『한국지도의 역사』, 신구문화사, 2001.

이규대는 강릉지역의 계를 통한 조선후기 향촌사회의 연구를 비롯하여 강릉부 재지사족의 배불성향, 강릉국사성황제와 향촌사회의 변화, 문중서원 건립과 양상, 강릉 미타계의 분석적 고찰, 범일과 강릉단오제의 主神 국사성황신, 조선후기 읍치 성황제와 주도세력 등 조선후기 강릉지역 향촌사회의 연구에 노력하였다.[21]

정경숙은 18세기와 19세기의 강릉김씨 호구단자를 분석하여 당시 강릉지역의 사회상을 연구하였으며, 강릉지역의 여성을 중심으로 조선후기 효열을 여성사적 입장[22]에서 살피고 있다.

박도식은 강릉지방사의 연구 성과와 과제, 조선전기 강릉최씨 삼현의 중앙진출과 정치활동, 원정 최수성의 현실인식과 대응, 강릉의 역사적 변천과 행정구역의 변화 등 지역의 인물연구[23]에 관심을 보여주고 있다.

최호는 강릉의 향토자료 『동호승람』 국역작업에 참여하였으며, 일제강

---

21) 이규대, 「조선후기 향약계의 일고찰」, 『영동문화』 2, 관동대학교영동문화연구소, 1986 ; 「조선초기 강릉부 재지사족의 배불성향」, 『인문학보』 18, 강릉대학교인문과학연구소, 1994 ; 「강릉 국사성황제와 향촌사회변화」, 『역사민속』 7, 한국역사민속학회, 1997 ; 「조선후기 문중서원의 건립과 향전의 양상」, 『인문학보』 25, 1998 ; 「조선후기 강릉 미타계의 분석적 고찰」, 『인문학보』 29, 2000 ; 「범일과 강릉단오제의 주신 국사성황신」, 『굴산사와 범일의 재조명』, 영동문화연구소, 2000 ; 「조선후기 읍치성황제와 주도세력」, 『역사민속학』 17, 2003 ; 『조선시기 향촌사회 연구』, 신구문화사, 2009.

22) 정경숙, 「강릉김씨 호구단자 분석 연구-18세기 호구단자를 중심으로-」, 『인문학보』 16, 강릉대학교인문과학연구소, 1993 ; 「강릉김씨 호구단자 분석 연구-19세기 호구단자를 중심으로-」, 『인문학보』 17, 1994 ; 「18세기 양반소유 노비연구-강릉김씨 호구단자를 중심으로」, 『임영민속연구』 1, 임영민속연구회, 1994 ; 「조선사 후기 효열연구-강릉명주의 여성을 중심으로」, 『인문학보』 20, 1995.

23) 박도식, 「강릉 지방사 연구성과 과제」, 『인문학연구』 4, 관동대학교인문학연구소, 2001 ; 「조선전기 강릉최씨 三賢의 중앙진출과 정치활동」, 『임영문화』 25, 강릉문화원, 2001 ; 「원정 최수성의 현실인식과 대응」, 『임영민속연구』 5, 임영민속연구회, 2002 ; 「강릉의 역사적 변천과 행정구역의 변화」, 『인문학연구』 7, 2004 ; 『조선전기 공납제 연구』, 혜안, 2011 ; 『강릉의 동족마을』, 채륜, 2013 ; 『(국역) 자호재이공문집』, 강릉문화원, 2013.

점기말 강릉유림의 서남기행과 같은 지역문헌자료의 연구조사[24], 율곡학 관련 연구 등을 진행하고 있다.

임호민은 조선후기 강릉부 수령의 신분 분석과 교체 사유에 대한 연구, 조선전기 강릉지방 성리학 수용, 강릉지방 성리학 수용과 재지사림의 성장, 조선전기 강릉최씨 삼현의 재지기반과 향촌활동, 강릉지방 사족 가문의 형성, 조선후기 강릉지방 재지사족의 향촌활동, 지역사 교육 등에 대한 연구[25]를 하였다.

차장섭은 강릉김씨 족보를 중심으로 조선시대 족보의 편찬과 의의를 살폈으며, 경포대의 미술사적 연구, 선교장, 강원영동지역 향토문화 연구 등 인문학적 저술을 다수[26] 편찬 하였다.

이상수는 강릉 영진리 봉토석실분 연구를 비롯하여, 폐사지 연구, 명주와 삭주의 치소성 연구 등 영동지역의 고고연구[27]에 힘쓰고 있다.

---

24) 임호민·최호 역, 『국역동호승람』, 강릉문화원, 2001 ; 최호, 「일제말 강릉 유림의 서남기행」, 『강릉문화산책』, 초당정호돈원장고희기념논총간행위원회, 2005 ; 「강릉의 화랑유적과 경포팔경」, 『임영문화』 38, 2014.

25) 임호민, 「조선후기 강릉부 수령의 성분과 교체에 관한 연구」, 『영동문화』 5, 관동대학교영동문화연구소, 1994 ; 「조선전기 강릉지방 성리학 수용에 관한 연구」, 『영동문화』 7, 1997 ; 「강릉지방 성리학 수용과 재지사림의 성장」, 『임영문화』 21, 강릉문화원, 1998 ; 「조선후기 강릉지방 사우·재실·의 건립 동향」, 『강릉지역의 전통문화』, 국학자료원, 1999 ; 「조선전기 강릉최씨 三賢의 재지기반과 향촌활동」, 『임영문화』 25, 2001 ; 「17·18세기 강릉사족의 결속과 분화」, 『조선시대 사회의 모습』, 집문당, 2003 ; 「조선전기 강릉지방 사족가문의 형성에 대한 고찰」, 『영동문화』 9, 2004 ; 『지역사 자원의 교육자료 활용방안 탐색 : 주제별로 본 강원 영동 지역사』, 서경문화사, 2009 ; 「조선조 강릉대도호부 읍성 및 관아의 조성과 특징」, 『지방사와 지방문화』 제15권 1호, 역사문화학회, 2012.5 ; 『지역사 어떻게 가르칠 것인가』, 서경문화사, 2014.

26) 차장섭, 「조선시대 족보의 편찬과 의의 -강릉김씨 족보를 중심으로-」, 『조선시대사학보』, 조선시대사학회, 1997 ; 「강릉 경포대와 관련한 詩·서·화의 연구」, 『우리문화』 4, 우리문화연구회, 2003 ; 『고요한 아침의 땅 삼척』, 역사공간, 2006 ; 『선교장』, 열화당, 2011 ; 『강릉 : 자연과 역사가 빚은 땅』, 역사공간, 2013.

27) 이상수, 「강릉 영진리 봉토석실분의 구조와 성격」, 『영동문화』 8, 관동대학교영동문화연구소, 2001 ; 「강릉 남대천 하류역의 고대문화」, 『강릉학보』 2, 강릉학

　김홍술은 강릉지역에 산재해 있는 성곽유적에 대하여 살펴보았으며, 강릉읍성으로부터 강릉의 현대도시로 발달해 온 모습, 지역의 유·무형문화 등 문화사적 변화 발전 과정에 관심[28]을 기울이고 있다.

　이상의 강릉지역 사학계의 지역연구 성과는 고고학 분야를 비롯하여 신라시대 명주, 굴산사, 조선시대의 계와 향촌사회·재지사족의 동향·여성사적 사회상·지역의 인물·강릉부 수령·재지사족의 형성과 활동·성곽 등의 주제로 나타난다. 1990년대 이후 연구 건수가 늘어나고 다양하게 연구 활동이 전개되고 있지만, 강릉의 도시변화와 관련한 연구는 타 학문 분야에서 지리학자의 도시중심권 활동양상, 저습지 개간활동 등에 대한 연구[29]와 건축·관광·행정학 분야의 지역연구가 단편적으로 발표되었을 뿐 도시변천사에 대한 종합연구는 없는 실정이다.

　이러한 연구들이 그 범위가 '강릉'에 한정된 것이라 하더라도 '도시'

　　회, 2008 ; 「강릉지역의 고대 폐사지에 대한 고찰」, 『임영문화』 36, 강릉문화원, 2012 ; 「명주와 삭주의 치소성」, 『임영문화』 37, 강릉문화원, 2013.

28) 김홍술, 「강릉지역의 성곽연구」, 『임영문화』 23, 강릉문화원, 1999 ; 「강릉지역 성곽연구」, 『영동문화』 8, 관동대학교영동문화연구소, 2001 ; 「강릉지역 성곽의 유형별 검토」, 『임영민속연구』 3, 임영민속연구회, 2001 ; 「조선시대 강릉관아에 대하여」, 『제6회 전국학술대회 강원의 역사와 문화』, 조선시대사학회·강원역사학회, 2002 ; 「20세기 강릉의 행정구역 변천」, 『강원사학』 19·20합집, 2004 ; 「강릉 남대천 중류지역 관아유적의 변천」, 『남대천의 역사와 문화』, 제5회강릉학학술세미나, 2004 ; 「강릉읍성의 도시사적 검토」, 『도시역사문화』 3, 서울역사박물관, 2005 ; 「강릉지역 육상교통의 발달과 도시변천」, 『강원문화사연구』 10, 강원향토문화연구회, 2005 ; 「강릉단오제와 강릉의 도시문화」, 『박물관지』 4, 관동대학교박물관, 2006 ; 『강릉의 도시변천사 연구』, 강원대학교 대학원, 2006 ; 「명주성의 역사문화적 의의」, 『강릉명주산성지표조사보고서』, 관동대학교박물관, 2009 ; 「강릉의 제사」, 『강원사학』 제24·25집, 2010.

29) 김경추, 『지역 중심도시의 생활권체계에 관한 연구-영동지방을 중심으로-』, 동국대학교 박사학위논문, 1996 ; 「강릉읍성의 공간구성에 관한 연구」, 『임영문화』 28, 2004.
　　이준선, 「강릉지역의 저습지 개간과정」, 『문화역사지리』 10, 문화역사지리학회, 1998.

그 자체의 변천에 관한 연구는 아니었고, 시대별·분야별 연구로 지역의
향토논문집에 간헐적으로 발표되는 것이었다.[30]

　고고학, 민속학, 지리학, 행정학, 사회학, 건축학 등의 분야에서 강릉이
라는 도시를 대상으로 한 연구들이 최근 다양하게 나타나고 있지만[31]
'도시의 역사'에 대하여 조망한 연구는 거의 없다.

　강릉은 한반도의 중부 동해안 지역에 위치하고 오랜 역사를 지닌 도시
이다. 고려시대 말기부터 조선시대까지 강릉은 대도호부로서 영동지역의
행정적·문화적 그리고 관념적 중심지였다. 중심지는 곧 도심이라는 의미
와 통한다. 도시는 도심지로 일컬어지는 중심지역과 주변지역으로 구분
된다. '강릉'이라는 도시도 굳이 중심지와 주변지역으로 나눈다면 이른바
중심지는 과거의 읍치, 현재 시가지를 이루는 洞지역이 중심이 될 것이고
주변지역은 洞주변지역과 邑·面지역이라고 볼 수 있다.

　본고는 오늘날의 '강릉시'를 연구대상으로 하였으며 중심지와 주변지
로 엄격하게 구분하여 살피지 못하였고, 앞의 선학들의 연구에 의지하여
강릉지역을 한정하여 도시변천사를 개괄적으로 다루고 현재의 강릉시가
역사상 어떠한 도시적 특성을 갖고 있으며 앞으로의 시대적 과제는 무엇
인지를 알아보려 한다.

---

30) 강릉대학교『인문학보』, 관동대학교의『영동문화연구』·『인문학연구』, 강릉문화
　　원의『임영문화』, 강릉학회의『강릉학보』, 임영민속연구회의『임영민속연구』,
　　우리문화연구회의『우리文化』등이 있다.
31) 최근 강릉지역에서는 역사학 이외의 다른 학문분야에서 다양하게 '도시'에 대한
　　연구가 이루어지고 있는데 지리학에서는 도시세력권 분석·교통의 지역 설정·공
　　원 및 녹지의 개발·저습지 개간 과정·기후 등에 대하여, 행정학에서는 도시 및
　　지방행정체제·지방과 중앙의 관계·교통체계·지역개발과 행정문화·토지제도·지
　　역발전 전략 등에 대하여, 관광학에서는 관광의 동태적 연구·관광권 형성과 개
　　발·환상관광개발 전략 등에 대하여, 경제학에서는 가계소득과 지출·경제적 특성
　　과 지역간 격차 분석 등, 건축학에서는 취락구조의 변화 및 도시시설 등에 대하
　　여, 조경학에서는 도시경관의 변천 등에 대한 연구 결과들이 있다.
　　김남인,『도시공간구조 변화 특성에 관한 연구 : 강릉시를 사례로』, 상지대학교
　　박사학위논문, 2007.

전근대 부분은 『삼국사기』, 『삼국유사』, 『고려사』, 『조선왕조실록』, 『임영지』 등의 지지류와 선학들의 연구 논고를, 그리고 근대 이후는 『강원도상황경개』, 『동호승람』, 『증수임영지』, 『강원도지』와 『강릉시사』류의 자료와 논고, 행정자료, 강릉지역 각 기관이 작성한 社史類의 자료에서 도시변화상을 기록한 부분을 참고하였다.

본고는 대체로 강릉의 도시변천사를 일별한다는 목적으로 그 서술 시기를 근대이전, 근대, 해방이후 현재까지의 시기로 기술하고 있으나 자료상의 이유로 근현대 부분에 치중된 한계를 갖고 있다.

구체적인 서술방법은 다음과 같다.

전술한 바, 강릉 지역사 연구의 한 갈래로서 본 연구의 필요성을 절감하고 본론 부분을 7개 부분으로 구성하였다.

Ⅰ장에서는 본고의 전개를 위한 예비적 부분으로 도시의 입지조건을 기술하였는데 도시란 무엇인지의 개념정의, 도시의 지리적 조건과 인문적 조건에 대한 일반론을 정리하였으며 그에 따른 강릉의 도시입지조건을 정리 하였다.

Ⅱ장에서는 근대 이전 시기 강릉의 읍치 변천에 대하여 정리하였다. 강릉지역은 변경적 특성 때문에 군사적 특징이 강하였으며 고구려와 신라의 변경으로 존재했던 하서량·하슬라 시대, 통일신라시대 9주 5소경제 하의 명주시대, 고려시대의 동원경·연해명주도·강릉도 그리고 조선시대 강릉대도호부의 시기로 살폈으며 읍치의 이전과 조선후기 면리체제의 정비를 기술하였다.

Ⅲ장은 강릉의 근현대 행정체계 및 도시의 변천에 관한 내용이다.

근대 행정체계의 변화와 특성으로 개항기부터 일제강점기 까지의 시기로 행정체계의 변화에 따라 행정구역이 「강릉군 강릉면」에서 「강릉군 강릉읍」으로 변화하는 모습과 읍치구역·인구 등의 변화과정을 신식관제 도입과 읍성의 해체, 도심권 행정구조의 개편을 통해 강릉의 근대도시의 모색을 서술하였다.

현대 행정체계는 해방 이후 앞 시대의 식민통치로 인한 도시의 왜곡과 현대행정체계의 변화상을 읍·면·동 체제의 정비와 강릉시·명주군 분리 그리고 통합을 통한 도심의 변화를 정리하였다. 이 장에서는 대체로 전근대까지의 읍치소가 이전 및 정착되는 과정을 살피고, 도시화를 맞게 되는 개항기부터 일제강점기를 지나 해방 이후 현재까지 현대 행정체계를 갖추고 현대도시로 바뀌어 온 도시사적 사건에 따라 주로 도심지 영역의 확대 변화과정을 읍치의 외형적 모습을 중심으로 기술하였다.

Ⅳ장은 강릉지역의 교통과 도시발달에 대한 내용으로 도시화의 요소들 중 교통이 도시변화에 큰 영향을 끼치는 요소들 중 하나라고 판단되어 전근대 시기까지 우마차가 다닐 정도의 소로에서 현재의 고속화도로로의 발달과정을 육상교통을 중심으로 개괄하고 도시발달과의 관계를 알아본다.

근대를 기점으로 이전의 역원제를 중심으로 강릉의 지역적 특성을 찾아보고, 근대교통이 근대도시 모색과 어떤 연관선상에 있어왔는지를 살피고, 도시화와 관련하여 현대 교통의 변화상을 정리하였다.

Ⅴ장에서는 강릉의 도시변화와 남대천에 대한 것으로 도시입지 조건상 하천이 도시 입지의 중요한 변수 중 하나라는 인식으로 강릉도심을 통과하여 동해로 흐르는 남대천을 중심으로 그 변천상을 개괄하고, 역시 도시발달 과정에 어떤 관계가 있는지를 검토하였다. 남대천 유로의 변화, 읍치를 중심으로 한 남대천변의 개발과 그 변천상을 살피고 현대적 하천관리에 이르기까지 강릉에서 남대천이 도시화에 어떤 영향을 끼쳐왔는지를 알아본다.

Ⅵ, Ⅶ장에서는 문화유산을 통해 강릉이 문화도시임을 밝히고자 하였다. 그 동안 필자가 정리했던 문화유산과 관련한 글들을 이 장에 배치하여 다른 장에 비하여 길어지게 되었다. 먼저 역사 속 강릉의 인물을 통한 문화적 배경을 간략히 살펴보고, 읍치를 중심으로 유존하는 문화유산, 강

릉의 성곽유적, 명주성의 역사적 의미, 고대부터 도시축제로 전승되어 온 '강릉단오제', 지역사회의 문화성을 담고 있는 사회교육으로서의 제사문화, 등을 살펴봄으로써 도시의 역사·문화적 특징을 유추해 보고 문화도시의 정체성을 규명하고자 한다.

전체적으로 강릉의 도시 변천과 관련한 특징은 무엇이며 향후 강릉이라는 도시의 발전과 관련하여 지향점은 무엇일까에 대하여 史的 검토를 해보고자 한다.

제I장

도시란 무엇인가?

제1절 도시의 개념

　우리나라에서 '도시'라는 말이 오늘날과 유사한 의미로 쓰이기 시작한 것은 근대의 일로 아직 1백년에 불과한 짧은 기간이다. 이에 도시의 역사를 연구함에 있어서 근본적인 관심을 가져야 할 부분 중 하나로 도시를 의미하는 용어가 중요한 것은 그 때문이다. 도시가 역사적 연구 대상이 될 만큼 오래된 존재임에도 불구하고 그것을 나타내는 용어로서 '도시'가 우리에게는 근래에 만들어진 새로운 용어이다. 언제부터 '도시'라는 용어를 사용하였으며, 그 이전에는 어떻게 사용하였고, 현재 사용하는 '도시'라는 용어는 이전의 것과 달리 어떤 개념을 내포하고 있는지도 중요한 것이다.

　'도시'를 표현하는 용어에는 그 당시의 도시 개념이 담겨져 있다. 특히 역사적 존재인 도시를 살피는데 있어서 이 점은 중요하다. 많은 경우 역사학도이든 도시학도이든 '도시'가 있기 이전의 도시를 연구의 대상으로 삼게 되고, 시대에 따라 도시를 나타내는 용어가 다른 것은 당시 사람들이 생각한 도시라는 것이 현재의 의미와 다르기 때문이다.[1] 도시라는 말은 행정상의 市나 邑과 혼돈되는 경우가 많은데 구분해 보면 전혀 다른 개념이다. 영어의 town과 city는 우리나라에서 말하는 邑이나 市에 해당된다. Urban은 Rural의 반대어로 '도시의' 또는 '도시적'이라는 형용사이

---

1) 이상구, 「한국의 도시개념에 대한 소고」, 『도시행정연구』 8, 서울시립대학교, 1993, p.18.

다. 우리말로 도시의 개념은 이 Urban Area가 가장 합당할 것이다.[2)]

도시는 "사회·경제·정치활동의 중심이 되는 곳으로 항상 수천·수만 명 이상의 인구가 집단적으로 거주하여 가옥이 밀집되어 있고, 교통로가 집중되어 있는 곳"이라고 정의된다. 본래 도시라는 말에는 都邑, 즉 정치·행정의 중심지라는 뜻과 시장 곧 경제의 중심지라는 뜻이 내포되어 있다. 우리나라에서 근대 이전의 도시는 이러한 말뜻에 적합한 것이었다. 그러나 우리나라의 도시는 두 가지 성격 중에 정치나 행정중심지로서의 성격이 우선이었고, 경제나 상거래 중심지로서의 성격도 중요한 것이었지만 부차적인 것이었다.[3)] 서구의 도시가 그리스의 도시국가 이후로 시민공동체 또는 시민적 경제활동의 중심지 성격을 띠는 것과 대조를 보이는 부분이다.

도시가 갖추어야 할 요건으로는 많은 인구와 높은 인구밀도, 농업 등 1차 산업이 아닌 다양한 산업, 도시적 시설이 밀집된 경관, 인간 활동의 중심성 등을 들 수 있다. 그러나 인구문제는 상대적인 것이므로 오히려 정보매체·교통·상공업·행정 등 각 기능의 중심성이 더 중요하다[4)]고 본다. 도시의 기원에 대하여 고든 차일드(Child, G.)는 "사람이 토지에 정착하여 도구를 이용한 농경을 시작한 것을 농업혁명이라고 하고, 이 농업혁명의 결과로 농산물의 잉여현상이 일어나며, 이 때 네 사람이 다섯 사람분의 식량을 생산하게 되면서 농경에서 해방된 한 사람은 학자·예술가·기술자 등 비농업적 분야에서 활동하게 된다. 이런 사람의 수가 늘어나면서 그들은 필연적으로 활동여건이 좋은 중심지에 모여 살게 되는데 여기

2) 김의원, 「동·서양의 도시사상비교」, 『도시행정연구』 8, 서울시립대학교, 1993, p.3.

3) 한국정신문화연구원, 『한국민족문화대백과사전』 6, 한국웅진출판주식회사, 1991, p.865.

4) 손정목, 『조선시대도시사회연구』, 一志社, 1977, pp.23~26 : 남영우·서태열 공저, 『도시와 국토』, 법문사, 1988, p.276 : 한국도시지리학회, 『한국의 도시』, 法文社, 1999, pp.57~61.

서 계급과 국가가 생기고 도시도 형성되었다."[5]고 하였다. 그는 이러한 변화를 도시혁명으로 일컫고 5천년 내지 1만 년 전에 이루어진 일이라고 설명한다. 실제로 티그리스강과 유프라테스강 사이에 형성된 기름진초생 달 지역에 메소포타미아 도시문명이 탄생한 것은 B.C. 3500년경으로 알 려져 있고, 인더스강변의 인더스문명, 황하유역의 殷·周나라 문명, 그리 고 나일강변의 이집트문명이 생겨난 것도 모두 기원전 3천년 내지 2천 년 전 청동기시대의 일이었다.

문명사적으로 볼 때 도시는 神殿의 도시로 시작하여 왕권의 도시, 봉건 영주와 사원의 도시, 상공인의 도시로 이어오다가 산업혁명 이후 공업도 시·관리도시로 기능과 구실이 바뀌어 왔다.[6]

우리나라의 도시 발생도 이와 비슷한 과정을 밟았으며 그 전개과정에 대하여 개괄해 보면, 한반도에서도 석기를 도구로 사용한 농경으로 잉여 생산물이 생기고 도시가 싹텄다고 보아야 할 것이다.

『삼국유사』의 단군이야기의 '신시'와 '풍백·우사·운사'등의 언급을 통 해 농경에 종사하지 않는 무속적 지배계급의 형성과 신전도시의 탄생을 시사해 주고 있다.[7]

　　魏書에 이르기를, "지금부터 2천 년 전 단군왕검이 있어 아사달(經에는 무엽산 혹은 백악이라고도 했는데 백주의 땅에 있었다고 하며 혹은 개성의 동쪽에 있다고 하였는데 지금의 백악궁이 이것이라고 한다.)에 도읍을 정하

---

5) Childe, Gorden V. 『Social Evolution』, London ; Watts, 1951.
6) LEWIS MUMFORD저, 김영기 역, 『歷史속의 都市 The City in History』, 명보문 화사, 1990, pp.4~7.
7) 『三國遺事』卷1 紀異 1, 王儉朝鮮 條. "魏書云, 乃往二千載有壇君王儉, 立都阿 斯達(經云無葉山, 亦云白岳, 在白州地, 或云在開城東, 今白岳宮是), 開國號朝 鮮, 與高同時. 古記云, 昔有桓國(謂帝釋也)庶子桓雄, 數意天下, 貪求人世, 父知 子意, 下視三危太伯可以弘益人間, 乃授天符印三箇, 遣往理之. 雄率徒三千, 降 於太伯山頂(卽太伯今妙香山)神壇樹下, 謂之神市, 是謂桓雄天王也. 將風伯·雨 師·雲師, 而主穀·主命·主病·主刑·主善惡, 凡主人間三百六十餘事, 在世理化."

고 나라를 열어 조선이라고 부르니 요임금과 같은 때이다”라고 하였다.

　古記에 이르기를, “옛날에 환인(제석을 이름)이 있었는데, 그 서자 환웅이 자주 천하에 마음을 두고 인간세상을 탐하였다. 아버지가 아들의 뜻을 알고는 삼위태백을 내려다보니 인간을 널리 이롭게 하다고 여겨, 이에 天符印 3개를 주어 가서 다스리게 하였다. 환웅이 무리 3천을 거느리고 태백산(지금의 묘향산) 꼭대기 신단수아래에 내려와 신시라고 부르니 이 분이 환웅천왕이다. 풍백·우사·운사를 거느리고 곡식, 생명, 질병, 형벌, 선악, 등 무릇 인간세상의 360여 가지 일을 주관하게 하여 세상을 다스리게 하였다.

　동서양을 막론하고 고대 도시들이 하천이나 교통의 요지에 건설되었듯이 우리나라의 경우도 예외가 아니었다. 먼저 고구려의 국내성은 동가강 유역에서 생겨났으며[8] 이어 평양은 대동강을 중심으로 생성되고, 삼한시대에 이르러 한반도 전역으로 확대되었다. 또한 모두 78개라고 전하는 삼한의 작은 나라들[9]은 오늘날 城邑國家로 설명되고 있는데, 그 중 상당수는 도시국가였다. 그들은 성을 쌓고 지배층과 농경에서 해방된 전사·수공업자·상인 등이 독립된 단위로 모여 살았으며 계급의 분화와 사회적 분업도 상당한 수준에 이르렀다. 그들은 청동·철 등 금속기의 제작, 농경에 말이나 소를 이용하였으며, 조직된 노동력으로 보를 막는 따위의 관개시설[10]로 농산물의 잉여생산을 높여 갔다. 삼한의 성읍국가들 중 어떤 것은 國都가 되고 어떤 것은 작은 마을로 전락하였겠지만, 이들 중 여러 곳이 오늘날 유수한 지방도시의 원형이었을 것으로 추정된다. 『삼국유사』

---

8) 손수호, 『고구려고분연구』, 평양 ; 사회과학출판사, 2001, pp.8~10 : 이전복 저, 차용걸·김인경 역, 『중국내의 고구려유적』, 학연문화사, 1994, pp.19~24.

9) 『三國遺事』 卷1 紀異 1, 七十二國 條 “通典云, 朝鮮之遺民, 分爲七十餘國, 皆地方百里. 後漢書云, 西漢以朝鮮舊地, 初置爲四郡, 後置二府, 法令漸煩, 分爲七十八國, 各萬戶. (馬韓在西, 有五十四小邑, 皆稱國, 辰韓在東, 有十二小邑稱國, 卞韓在南, 有十二小邑, 各稱國.)”

10) 『三國史記』 卷2 訖解尼師今 21年(330)條. “始開碧骨池, 岸長一千八百.” 李丙燾는 百濟紀에 실을 사실을 잘못 이곳에 실은 것으로 보았다.

72국 조에서 보이는 國, 百里, 四郡, 二府, 七十餘國, 萬戶, 小邑 등의 용어
들이 고대도시의 형성을 말해 주고 있다.

삼국시대의 도시는 훨씬 더 발달한 모습으로 나타난다. 『삼국사기』의
미추이사금 원년(262) "7월에 금성 서문에 화재가 나서 인가 백여 호가
불탔다."는 기록[11]으로 보아 당시 도시국가들 중에서 인구밀도가 꽤 높
았음을 짐작케 한다. 또 고구려 전기 400여 년 간의 수도였던 輯安의 국
내성은 평양 이전의 도읍으로 중국과 겨룰 정도로 도시가 발달하였으며,
장수왕 15년(427) 이후의 수도였던 평양은 출토품을 통해 얼마나 풍요롭
고 화려한 도시문명의 형성하였는가를 알 수 있다. 그러나 인구의 규모나
생활상을 알아볼 기록은 거의 없다. 그리고 서기전 6년부터 거의 5백년
간 백제의 수도였던 광주는 풍납토성지에서 그 편린을 찾아볼 수 있고,
제2, 제3의 수도였던 웅진(공주)과 사비(부여)의 도시규모도 성곽이나 출
토품을 통하여 추측할 수 있을 뿐 구체적인 기록은 없다.

삼국시대 한반도의 도시 규모나 형태는 국내외의 여러 기록에서 부분
적으로 알 수 있다. 신라는 『삼국사기』에 "건국 21년(B.C.36) 왕경에 성
을 쌓아 금성이라 하고, 이어서 파사니사금 22년(101)에는 금성 동남쪽
에 둘레 1,023보인 월성을 쌓아서 각각 왕의 거처로 삼았다"는 기록[12]
과 『삼국유사』에 "신라 전성기 京中은 17만 8936호 1,360방 55리 35 금
입택이었다."고 하였으며, 또 "제49대 헌강왕 대에 京師에서 海內에 이르
기까지 집과 담장이 연이어 있고 초가가 없고 노래와 악기 소리가 길에
서 그치지 않았다."고 하였다. 당시 신라의 왕도가 얼마나 번성한 곳이었
는지를 단편적으로나마 보여주는 기록[13]으로 王京 안은 방리제가 시행된

---

11) 『三國史記』 卷2 新羅本紀 第2 味鄒尼師今 元年(262)條 "秋七月, 金城西門災,
   延燒人家百餘區."
12) 『三國史記』 卷1 新羅本紀 第1 始祖 赫居世居西干 21年(B.C.36) 條. "築京城, 號
   曰金城" 婆娑尼師今 22年(101) 條 "春二月, 築城名月城, 秋七月, 王移居月城."
13) 『三國遺事』 卷1 紀異1 辰韓 條 및 四節遊宅 條 ; 『三國史記』 卷11 新羅本紀
   第11 憲康王 6年(880) 條 "九月九日, 王與左右登月上樓四望, 京都民屋相屬,

바둑판 모양의 계획도시였음을 알 수 있다. 고구려는 삼경제로 도읍지인 평양 이외에 국내성과 한성을 두었으며 전국을 5부로 나누어 지방장관과 吏員을 두었다. 백제도 초기에는 22담로를 두었다가 후에 전국을 5방으로 나누고 각 방에 방령이라는 지방장관을 두어 1천 명 정도의 군사를 배치하였다. 방 밑에는 각 6~10개의 군을 두고 각 군에 군장 3인씩을 두었다. 이 방이나 군이 대체로 앞 시대의 성읍들이 변화했을 것이지만 그 위치나 규모는 확실하지 않다.

오늘날의 지방 도시들은 삼국시대의 이들 縣邑에서 비롯되었다고 볼 수 있고, 신라의 경우 통일 후 9주 5소경제도가 생겨난 이후 지방도시의 도시성이 부각되었다. 9주 5소경은 모두 수륙교통의 연결점이자 농경시대 지방의 중심 지역이었다. 이는 오늘날에 와서도 양주(梁山)가 부산으로, 한주(廣州)가 서울로 그 위치가 조금씩 바뀐 경우도 있지만 거의 전부가 현대도시로의 발전에 이르렀다.14)

철원에서 개국한 고려는 태조 2년(919)에 송악으로 천도하였다. 그 뒤 현종 20년(1029)에 둘레가 2만 9700보인 나성을 완성하고, 성 안을 5부 35방 344리로 구분하였는데 이것이 개경의 규모이다. 『고려사』에 의하면 송악에 도읍을 정한 이후 도성 내 각 궁실을 축조하고 시전을 설치하였으며 방리제 하에 계획된 도시로의 모습을 보여준다.15) 여기에 관아·사찰·민가가 섞여 매우 조밀하게 모여 살았으며 시가 중심에는 場市가 펼쳐져 있어 은병·곡물·포목 등 물물 교환이 이루어졌다. 고려의 지방도시 중 큰 것은 서경·동경·남경인데 각각 留守官16)을 두었다. 성종 2년(983)

歌吹連聲."

14) 이기백, 『한국사신론』 신수판, 일조각, 1993, p.51.
15) 『高麗史』 卷56, 志10 地理1 王京開城府 條. "太祖二年定都于松嶽之陽爲開州 創宮闕. 立市廛辨坊里分五部. 光宗十一年改開京爲皇都 成宗六年更定五部坊 里十四年爲開城府管赤縣六畿縣七. 顯宗九年罷府置縣令管貞州德水江陰三縣又 長湍縣令管松林臨津免山臨江積城坡平廄田七縣俱直隸尙書都省謂之京畿. 十五 年又定京城五部坊里二十年京都羅城成."

에 목이 된 12개 고을은 모두 지역이 넓고 백성의 수가 많았으며 예외 없이 지방교통의 요충이었다. 이 12목은 현종 9년(1018) 이후 4도호부 8 목으로 이어졌다. 3京 4도호부 8목의 수령은 界首官으로 다수의 군현을 직간접으로 통치 관할하였으므로 관리와 군졸을 휘하에 두어 읍내의 도 시성을 높였다고 본다.

조선이 한양으로 수도를 옮긴 것은 태조 3년(1394) 10월이었다. 그해 12월에 정도전이 책임자가 되어 왕도 조영을 시작하였다.[17] 한양은 8도 의 중앙에 위치할 뿐만 아니라 낙산·인왕산·남산·백악산 등에 둘러싸여 천연의 성곽을 이루고 한강수가 감싸고 흘러 풍수지리설에서 일컫는 장 풍득수의 승지로서 왕도의 후보지로 거론되었던 곳이다. 수도 조성의 기 본근거는 『주례』의 「考工記」[18]였다. 주산인 백악산(북악)을 기점으로 좌

---

16) 수도 이외의 別都 또는 行宮의 소재지에 두던 특수한 지방장관으로 고려 성종 14년(995)에 평양·경주에 각 1명을 처음 두었다. 문종 21년(1067) 양주를 남경으 로 삼아 3경의 유수제가 존치되었다. 조선시대에 개성·전주·광주·강화·수원·춘 천에 설치하기도 했으며 유수가 설치된 고을은 법제상 중앙관직에 속했다.

17) 『太祖實錄』卷6 3年 12月 戊辰 "上齋宿命判三司事鄭道傳祭于皇天后土之神以 告興役之事其文曰朝鮮國王臣[上諱]率門下左政丞趙浚右政丞金士衡判三司事 鄭道傳等一心齋沐敢明告于皇天后土伏以乾覆坤載遂萬物之生成革古鼎新作四 方之都會竊念臣[上諱]猥以庸愚之質獲荷陰騭之休值高麗將亡之時受朝鮮維新 之命顧以付界之甚重常懷危懼而未寧永圖厥終不得其要日官告曰松都之地氣久 而向衰華山之陽形勝而惬吉宜就是處庸建新都臣[上諱]詢諸臣僚請于…"

18) 한경호, 『한·중·일 도성에서의 『주례·고공기』해석과 적용에 관한 연구』, 경원대 학교대학원박사학위논문, 2011. 周禮考工記 : 주나라의 왕조의 기틀을 세웠던 주공 『周 禮』라는 법전을 발행했 다. 모두 6편으로 되었는데 관제를 天地春夏秋冬 6관으로 나누었다. 天官은 治 官으로 관료를 통제하고, 地官은 敎官으로 교육·재정·지방행정을 담당하고, 春 官은 禮官으로 국가의 의례와 제사를 담당하며, 夏官은 政官으로 병마와 군대를 통솔하고, 秋官은 刑官으로 국가의 일반 업무와 법을 담당하고, 冬官은 事官으 로 토목과 공예를 담당한다. 이후 중국의 관제는 이것을 규범으로 삼은 것이 많 고 우리나라도 많은 영향을 받았다. 그러나 동관은 현존하지 않아 후대의 『考工 記』가 보충하고 있다. 이른바 『周禮考工記』는 도성의 건설·궁궐조영·수레·악 기·병기·관개·농기구 등에 관한 기록으로 중국에서 가장 오래된 기술관련 백과

청룡 낙산, 우백호 인왕산 그리고 목멱산(남산)으로 연결되는 도성의 범위를 정하였다.[19] 주산을 배경으로 정궁인 경복궁을, 응봉을 배경으로 별궁인 창덕궁을 배치하였고, 左廟右社의 원칙에 따라 종묘와 사직단을 배치하였다. 그리고 前朝後市의 원칙에 따라 경복궁 전면에 육조의 관아를,

사전이다. 특히 「匠人營國記」는 도시 기술자들이 도성을 조영할 때 쓰는 제반기준이 기록되어 있다.

이 책은 중국뿐만 아니라 동북아시아 지역에 널리 전파되어 근대까지 도시건설의 기준이 되었다. 다산 정약용도 수원성을 건설할 때 이를 참고한 것으로 『경세유표』에 나와 있다. 『고공기』는 陰陽五行과 洛書九宮圖를 사상적 배경으로 했기 때문에 도시들 대부분은 동양의 우주관이 투영된 형태로 나타난다. 도성건설과 관련하여 匠人營國方九里旁三門에서 匠人은 도시건설기술자로 오늘날 도시계획자이고, 營國은 도시를 만든다는 의미이며, 國은 원래 성곽으로 둘러싸인 영역(口)이라는 뜻이다. 方九里는 한 변의 길이가 9리(약3.6km)인 정사각형의 성곽이다. 진시황제 이후부터는 天子의 城은 12리, 王의 성은 9리, 公의 성은 7리, 侯·伯의 성은 5리, 子·男의 성은 3리 이어야 한다고 하였다. 4개의 방위는 춘하추동 4계절을 의미한다. 方三門은 면마다 3개의 성문을 배치하여 12개를 통하게 하라고 했는데 이는 12개월 및 12지신을 상징한다.

國中九經九緯는 각 문들은 서로 직선도로로 연결하여 성안 내부는 격자형으로 도로망을 형성하라는 뜻이다. 經은 세로인 남북간선도로를 緯는 가로인 동서간선도로를 의미하므로 남북축으로 9개, 동서축으로 9개의 도로를 낸다. 각 門에는 3涂가 있어서 남자는 오른쪽 길을 경유하고, 여자는 왼쪽 길을 경유하며, 수레는 중앙으로 다니었다. 經涂九軌는 세로축인 남북도로는 9량의 수레가 다닐 수 있어야 한다. 수레 1량은 8척이니 9궤는 72척이다. 6척이 1보(1.2m)이므로 길의 폭은 약 12步로 지금으로 치면 14.4m 정도 된다. 이때 왕궁의 위치는 中經의 涂에 마주하는 곳이다.

左廟右社는 왕궁 좌측에는 조상을 모시는 宗廟를 배치하고, 우측에는 토지와 곡물 신에게 제사지내는 社稷를 배치하라고 하였다. 面朝後市는 왕궁 앞에는 신하들이 알현할 광장을 배치하고, 뒤에는 시장을 배치하라는 뜻이다.

市朝一夫는 시와 조의 면적은 각 1부로 하라는 뜻인데, 1夫는 전답 100畝이고 100무는 가로세로 각각 100步의 정방형 토지를 말한다. 이를 오늘날 단위로 환산하면 왕궁 앞의 광장과 뒤의 시장은 가로 100보(약133m) 세로 100보(약133m)로 약 4,363평의 넓이에 해당된다.

우리나라의 도성은 삼국시대부터 고려, 조선시대에 이르기 까지 이 『주례·고공기』의 법식에 따라 조영된 측면이 있다.

19) 원영환, 『조선시대 漢城府 연구』, 강원대학교출판부, 1990, pp.22~25.

북문인 신무문 밖에 시전을 설치하였으나 시전은 주산과의 거리와 효용
성 때문에 얼마 지나지 않아 폐지되었다. 동서로 긴 타원형인 도성 안 중
간에 큰길을 내어 동대문과 서대문을 세우고 남산과 인왕산 중간에 남대
문을 세웠으며, 남대문에서 동서를 연결하는 큰길과 만나는 지점에 종각
을 세웠고, 경복궁과 창덕궁에서도 각각 동서로 난 큰길에 연결된 길을
내었다. 이것이 조선왕조 도성의 시가 계획이었던 것이다.[20]

조선시대의 지방도시도 고려시대와 같이 행정의 중심지로서 기능이 강
화된 큰 고을이었다. 유수부를 둔 읍은 개성·광주·화성, 부윤을 둔 읍은
경주·전주·평양·함흥·의주, 대도호부를 둔 읍은 강릉·안동·창원·영변·
영흥이었으며, 목을 둔 읍은 20여 곳 이었다.[21] 이들 고을은 경역이 넓고
인구가 많았으며 교통의 요충에 위치하여 사람과 물자의 교류가 빈번한
곳이었다. 고을의 격에 따라 관아의 吏屬 등과 장인·객주·여각 등 상공인
이 늘어나서 자연스럽게 전근대적 도시를 형성하였다. 대개 이들 군현의
거리는 약 80리 정도로 분포되었고 교통과 정보가 끊임없이 교류하는 곳
이었다. 15세기경부터 각 지방도시에서 장시가 열리게 되어 상업 중심지
역할을 겸하여 지방도시의 기능은 더욱 다양화 되었다.

임진왜란과 병자호란의 양란을 겪고 지방의 군현은 큰 변화를 맞게 된
다. 종래의 官工匠 중심의 독점적 수공업에서 독자적 사공장이 출현하여
경쟁적 생산 활동이 활발해졌으며, 청나라와의 무역이 활발해지고 금속
화폐의 유통과 장시의 확대로 상업인구가 증가되었고, 신분질서가 문란
해지고 일부 지식층의 의식개혁, 그리고 시골 사람들의 도시로의 이주가
앞 시기보다 더 확대되었다. 지방의 읍치에도 상공업이 발달하면서 유력
한 지방 관읍을 '대도회·도회지'라는 용어로 표현하기도 하였다.[22] 조선

20) 원영환, 위의 책, pp.46~54.
21) 『經國大典』 吏典 外官職 : 이존희, 『조선시대지방행정제도연구』, 일지사 1992, p.35.
22) 『擇里志』 八道總論 平安道 條.

시대의 각 관읍은 <표 1-1>과 같이 유지되었으며, 18세기 후반 도시인
구는 <그림 1-1>에서 보듯이 한성부 19만 명을 비롯하여 57만 여명으
로 전국 인구 740만 명의 약 7.8%를 나타냈다.[23]

<표 1-1> 조선시대의 관읍[24]

출 전	유수부	부윤부	대도호부	목	도호부	군	현	계
세종실록지리지(1454)	1	4	4	17	39	91	180	336
신증동국여지승람(1530)	1	4	4	20	45	79	177	330
대동지지(1864)	4	5	5	20	75	76	149	334
증보문헌비고(1908)	4	5	5	20	78	77	147	336

1876년 개항이후 1910년까지의 시기는 우리나라의 도시가 개항장·개
시장을 중심으로 크게 변화한 시기이다. 이 땅에 처음으로 개항장을 설치
한 것은 일본이고, 중국은 1882년, 영국·미국 등 서구 각국은 1883년·
1884년에 걸쳐 개항장을 설치하였다. 이 때 명목만의 개항장도 있었고,
부산·목포·군산·청진의 경우처럼 일본의 독무대였던 곳도 있었다. 일본
은 개항초기부터 한반도 지배를 위해 거류지 경영에 전력을 기울였다.
1900년을 전후하여 경인선, 한강철교, 1905년 경부선과 마산선, 1906년
경의선 철도가 부설되는 등 도시는 새 문명을 맞이하게 되었다. 개항기
우리나라의 도시는 교통·통신·전기 등 문명의 변혁과 5백년을 이어온 지

이중환 지음. 이익성 옮김, 『擇里志』, 을유문화사, 1993, p.42 "평양과 안주 두
고을은 큰 도회지로 저자에 중국물품이 많다. 장사치로 중국에 가는 사신을 따라
왕래하는 자는 늘 많은 이익을 얻어 부유해진 자가 많다."
김대길, 『조선후기 장시연구』, 국학자료원, 1997.
23) 『戶口總數』, 서울대학교출판부, 1971 ; 정조23년(1799) 한성부와 8도의 호구 및
인구는 다음과 같다. 한성부 44,945/193,783, 경기도 161,772/662,992, 강원도
80,740/329,455, 황해도 136,199/579,845, 충청도 220,693/871,057, 전라도
316,732/1,226,247, 경상도 358,893/1,582,102, 평안도 299,441/1,283,239 함경
도 121,869/683,966 총계 1,741,184호 7,412,686명이었다.
24) 관읍은 읍치이다. 조선시대에 이르기까지 읍치가 곧 도시라고 판단된다.

방행정 체제도 변화를 맞아 지방도시의 부침이 뚜렷하게 나타난 시기이다. 또한 도시에는 재판소·경찰서·세무서·보통학교·사범학교·우편관서·전신전화국 등 3권 분립적 성격의 근대적 도시 시설이 건설되기 시작하였다.[25]

일제는 강점 후 1920년까지 무단통치를 감행하면서 통치기구의 확립, 행정구역의 개편, 도시의 기초조사 등 식민통치를 위한 기반을 구축하였다. 행정구역은 13도로 구분하고 이것을 다시 12부 218군 2,391면으로 개편하였다. 이 과정에서 군의 행정구역이 1백 여 곳 가까이 줄어들면서 전통도시들의 정체와 변혁이 가속화되었다.[26]

강점기 전반에 일본자본이 주도하는 상공업이 있었으나 일제는 한국을 일본의 식량 및 병참기지화 하는데 주안점을 두었다. 따라서 삼남지방의 곡창지대를 비롯한 중부와 관서지방의 평야지대에 미곡의 집산지와 積出港을 중심으로 교통로가 개설되고 미곡의 거래와 정미업의 기업화에 의해 도시가 일부 성장되기도 하였다.[27]

1930년대 접어들면서 일본은 미개발상태에 있었던 임·수산자원과 전력 및 지하자원 개발에 투자하였고, 중화학 공업을 비롯한 식료품 공업·방직 공업 등에 투자를 확대하였다. 그리하여 일제강점기에 이전의 전통도시 외에 개항장 혹은 철도교통 요지에 신흥도시가 출현하였으며, 전시경제체제 하의 1940년대 전반에는 북부지방의 도시들이 공업화함에 따라 경제적 기능이 확대되고 광역적 관할구역을 갖는 새로운 정부기관이

---

25) 손정목, 『한국개항기 도시변화과정연구』, 일지사, 1982, p.448.

26) 府는 인구 2만 명 이상의 도시, 郡은 대개 인구 5천~1만 명을 기준으로 종전의 행정구역을 통폐합하였다.

27) 호남의 전주와 광주, 이리와 정읍이 쌀 집산지로, 군산과 목포가 적출항으로 개발되었다. 금강유역의 대전·청주·조치원·논산, 영남의 대구·김천·밀양·진주 등이 쌀 집산지로 부산과 마산이 적출항으로 성장하였다. 북부지방에는 평양·함흥·신의주·사리원·선천 등이 쌀 집산지로 남포·원산·성진·청진 등의 항구도 확대되었으며 이들 도시에는 한반도에서 생산된 농산물을 수탈하기 위하여 동양척식회사의 지점·출장소·사업소가 설치되었다.

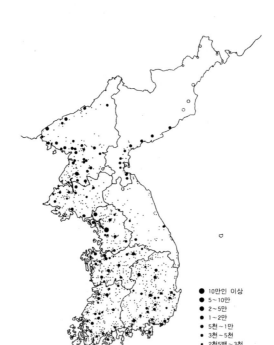

〈그림 1-1〉1789년경 도시인구 분포도[28]

입지하여 각 도시간의 관계도 훨씬 복잡하고 다양한 양상으로 변화해 갔
다.[29] 당시의 도시와 도시인구분포 상황은 <그림 1-2>와 같다.

해방 이후[30] 인구는 도시로 집중하여 급속한 도시성장을 보였으나
1950년 6·25전쟁 발발로 도시는 큰 피해를 입었고 1960년까지 전쟁복구

---

28) 한국도시지리학회, 『한국의 도시』, 法文社, 1999, p.31에서 전재. 이 지도는 『戶
    口總數』(1789)의 인구자료를, 정기시는 『增補文獻備考』(1770)의 시장자료로 제
    작된 것이다.
29) 손정목, 『일제강점기 도시사회상연구』, 일지사, 1996.
30) 한국도시지리학회, 『한국의 도시』, 법문사, 1999, pp.36~56.

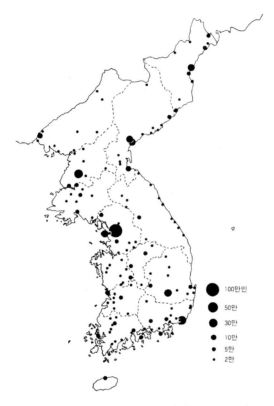

〈그림 1-2〉1944년경 도시인구 분포도[31]

와 경제재건이 추진되었다. 전쟁 때문에 일제에 의해 뒤틀렸던 근대도시
로의 길은 신속하게 바로잡혀지지 못했다. 다만 그 연장선상에서 확대 될
수밖에 없는 상황으로 전개되었던 측면도 있으며, 그러한 문제는 도시확
대 과정에서 훗날 문제로 나타나게 되었다.

　1960년대 제1차 경제개발 5개년 계획에 의하여 경제는 연평균 8.3%의
고도성장을 보였으며 산업구조도 제1, 2, 3차 산업의 비율이 변모하면서

　31) 한국도시지리학회, 위의 책, p.45에서 전재하였으며 이 지도는 『朝鮮總督府人口
　　　調査結果報告』 其의1(1944)을 참조하여 제작된 것이다.

근대적 산업구조로 나타나게 되고 인구의 이촌향도를 유도하게 되었다. 1949년 서울이 특별시로 승격되고 1963년 부산이 직할시가 되었으며 전체인구에 대한 도시인구 비율이 42.6%에 이르렀다. 이 시기 공업화로 대도시와 주변 공업도시들의 성장과 종래의 유수한 도시들이 정체현상을 보이기도 하였다. 도시인구율은 1970년에 50%를 상회하게 됨으로써 도시와 농촌의 인구는 각 절반으로 바뀌었다.

1970년대 전반에 서울의 위성도시인 안양·부천·성남이 각각 시로 승격되고 33개의 읍이 신설되어 1975년 시급 이상의 도시가 36개, 읍급 도시가 122개에 달하여 도시인구는 59.4%로 연평균 11.9%의 증가율을 나타냈다. 1980년대 수도권 위성도시들은 인구 증가율 40%를 상회하기도 하였으나 감소하는 곳도 있었으며 시급도시의 전체인구 대비 비율이 1980년 57.3%였으나 1985년 65.4%로 증가하였다. 이 시기 경북·전북·강원·충북·전남이 5.3~0.8% 인구가 감소하였다는 사실로 보아 이농현상은 지속되고 있음을 알 수 있다.

1990년대에도 도시화율은 계속되어 86%에 달하였으며 1995년 시·군 통합으로 통합시의 경우 실제 농촌인 곳이 행정구역상 시급 도시로 간주되어 약간의 둔화가 있었으나 도시화율은 지속되고 있는 상황이다.

제2절 도시입지의 지리적 조건

현대에 있어서 '도시'는 인간의 다양한 생활양태가 담긴 활동 공간이며 끊임없이 전개되는 역사적 무대인 것이다. 현대도시는 '도시'와 '촌'의 구별이 모호해지는 방향으로 나아가고 있다. 인간이 물리적 환경을 극복하는 정도가 고도화되어 거리가 인간생활에 제한적 요소로서 작용하는 것이 크게 약화되었기 때문이다. 그러므로 우리가 도시의 입지조건에 대하여 알아본다는 것은 도시의 현재적 모습, 즉 발생과 관련한 과거를 조명한다는 뜻이다. 현재 우리가 살고 있는 대부분의 도시들은 현대 산업화 과정에서 생겨난 신생도시들을 제외하고는 모두 수 천 년의 역사를 지녔기 때문이다.

도시의 입지조건에 대하여 지리적 조건과 인문적 조건으로 살펴본다. 도시 입지의 지리적 조건은 자연 환경적 부분이며, 인문적 조건은 인간의 도시생활과 관련한 인공적 조건 내지는 인간이 도시생활의 만족을 위해 조성한 조건이다.

우리나라의 도시는 고대 神市 성격의 고조선의 왕검성으로부터 시작하여 삼한의 성읍도시, 고대국가의 도성, 신라의 통일과 지방의 거읍도시, 고려·조선의 지방행정도시, 개항기로부터 비롯된 근대 산업도시의 과정을 밟아왔다.

우리 역사상 왕조가 바뀌면서 왕조마다 그 왕조의 정책으로 조성된 계획도시는 도성과 수원화성과 같은 몇몇이 있을 뿐이고 근대 이전까지는 사회 환경변화, 물자의 이동, 인구의 집산에 따른 자연발생적으로 조성된 도시라고 할 수 있다.

우리나라 주요도시들의 입지조건을 자연환경 즉 지리적 조건으로 살펴보면 한반도의 어느 부분에 입지하는가의 문제이다. 이는 도시부지의 고도, 바다와의 거리 즉 산과 강 그리고 기후환경이다.[32]

우리나라 도시의 지형에 따른 입지조건을 살펴보면 다음과 같다.

첫째, 내륙분지 입지이다. 이 경우 내륙 하천의 합류지점, 산간분지 등에 입지하며 그 예로 서울·대구·춘천·원주·충주·경주 등 이다.

둘째, 임해 입지이다. 포항, 울산 등과 같이 해안의 삼각주 주변, 속초와 같이 석호의 입구 부근, 하구의 만안에 입지한 군산, 목포, 군산, 충무, 진해 등, 그리고 동해안 연안 하천변에 입지한 강릉·삼척·양양·포항·울산 등의 경우이다. 이들 항만도시들의 대부분이 개항기·일제강점 초기에 개항된 항구도시들이다.

셋째, 평야 입지이다. 호남평야 일대에 분포하는 이리·전주·광주와 대동강 유역의 평양·남포·사리원 등이 그 예이다. 평야 입지도시들은 평야와 산지의 접촉지점에 입지하는 경우와 범람원이나 낮은 구릉지에 입지하는 경우가 있다.[33]

사실, 모든 도시가 평야·임해·분지지역의 세 가지 도시입지의 기준 중세 가지를 모두 일정부분 지니게 된다. 그러므로 편의상의 구분이지 절대적 기준일 수 없다. 이상의 지리적 입지를 기준으로 우리나라 도시의 분포현황을 살펴보면 <표 1-2>와 같이 살펴진다.

---

32) 地誌編纂委員會, 『韓國地誌』 總論, 建設部 國立地理院, 1980, pp.521~524.
   전영권, 「택리지의 현대지형학적 해석과 실용화 방안」, 『한국지역지리학회지』 제8권 제2호, 2002, p.257.
33) 地誌編纂委員會, 앞의 책, p.521.

〈표 1-2〉 지리적 입지별 도시 분포[34]

구분	전국	남한계	서울	세종	광역시	경기	강원	충북	충남	전북	전남	경북	경남	제주	북한
계	267	166	1	1	6	31	18	11	15	14	22	23	20	4	101
평야	116	79	-	1	2	19	3	2	9	10	11	12	10	-	37
임해	67	41	-	-	3	1	6	-	4	3	10	4	6	4	26
분지	84	46	1	-	1	11	9	9	2	1	1	7	4	-	38

우리나라의 도시들에 대한 위의 지리적 입지구분은 입지지형에 따른 것으로 각 도시들은 발전에 따라 점차로 다른 지형환경으로 이행되기도 하고, 때로는 저습지나 산지경사면으로까지 확대되기도 한다. 서울의 경우 도성 내의 분지지역에서 발생하여 근대에 이르면서 점차로 한강 연안의 충적평야지로 확대되었고, 다시 한강을 넘어 시가지가 확대되고 있다. 목포의 경우에도 유달산 기슭에서 해안저지대로 발전하고 현재는 해안매립지나 간척지로 확대되고 있다.

도시가 입지하고 있는 고도에 따른 도시 분포를 살펴보면, 남북한 도시의 수는 약 267개소이다. 이 중 101개소가 북한지역에 위치하고 있고, 인구가 조밀한 남한지역에 더 많은 도시가 분포하고 있다. 이들 중 다수가 평지지역에 입지하며, 그 중 해발 100m 이하의 낮은 지역에 입지하는 도시의 수가 170여 곳으로 63%에 이른다. 남북한 모두 267개의 도시 중 200m이하의 지역에 입지하는 도시는 남한이 149곳, 북한지역이 84곳 모두 233곳이다.[35]

우리나라에서 고지대에 위치하는 도시들은 태백이 680m, 장성 580m, 정선의 사북이 760m 로 대표적인 경우이다. 그리고 낮은 지역에 입지하는 도시들로는 포항·마산·장승포·울진·울릉·논산·대천·당진 등이다. 북

---

34) 국립지리원 1:250,000 地形圖 및 『地方行政區域要覽』(행정자치부,2003) 참조하여 작성하였으며, 현재 북한지역을 제외한 253개의 시·군·구중 자치구 69, 일반구 21개소는 포함하지 않았다.

35) 지지편찬위원회, 앞의 책, p.522.

한지역은 신의주·원산·남포 등으로 해발 10m 내외의 지역에 입지한다. 시 단위 도시 중 제천·영주·춘천·안동 등은 100m 이상의 지역에 위치하고 있어 산간지역 입지에 해당된다. 전체적으로 읍단위 이하의 소규모 도시들은 대부분 시단위 도시들보다 높은 위치에 입지하고 있다..

도시의 지리적 입지에 있어서 모든 도시는 산과 강을 배경으로 할 수밖에 없다는 것은 고대도시의 발생과정에서 확인할 수 있다. 그리고 강은 필연적으로 넓은 들을 포함해야 했다. 고대 농경사회에서의 당연한 귀결이었다. 선사시대 주거유적들이 하천이나 해안의 낮은 구릉지역에서 대부분 확인되고 있다는 사실에서도 결론을 얻을 수 있다. 수렵이나 농경을 목적으로 해안이나 하천 가까운 곳에 입지하게 된 것이다. 이와 달리 인간의 편의에 따른 지리적 입지가 아닌 단순히 바다로부터의 도시입지 거리를 살펴보면, 춘천(100km)·제천(103km)·김천(117km)·원주(118km)·충주(130km) 등의 도시는 바다로부터 가장 먼 거리에 위치한 도시들이다. 우리나라의 전체 도시들 중 약 40%가 바다로부터 20km 미만의 지역에 위치하고 있는데 이들 임해도시들은 하천 하구의 평야지대로부터 발달한 도시들이다.

물은 인간생활에서 가장 필수적인 생활자원의 하나이다. 물은 도시생활에서 음료·교통·공업·동력·방어·환경 등 모든 분야에 걸쳐 이용되어 왔다. 그러므로 도시의 입지는 물을 얻기 쉬운 지점이 선택되었다.

고대 문명의 발상지들이 모두 하천유역에 발달된 삼각주 지역에서 찾아볼 수 있다는 것은 인간과 물의 깊은 상관관계를 말해주는 것이다. 특히 음용수와 생활용수를 얻을 수 있는 지점에서 마을이 발생하게 되고 도시는 하천유역이나 해안, 호안 등에 입지해 왔는데, 이는 음용수 이외에 수로인 교통용 수로로 이용하거나 공업용수, 농업용수를 얻기 쉬운 때문이다.

백제시대의 위례성은 한강 하류 연안에, 부여는 금강 연안, 그리고 평양은 대동강 연안에서 옛 수도로 발달하였다. 그 연장선에서 서울은 오늘날 한강 본류를 사이에 두고 거대도시로 발전하고 있는 것이다. 이와 같이 하천은 옛날부터 내륙수로로 수운에 이용되었으며 도시의 발달에 중요한 역할을 하였다.

한강수계에는 춘천·충주·원주·여주·양평·서울 등이, 금강수계에는 공주·부여·장항·군산 등이, 영산강수계에 영산포·목포 등, 낙동강수계에 안동·왜관·삼랑진, 대동강수계에 평양·남포 등, 압록강수계에 신의주·용암포 등이 하천수계에 입지한 도시들이다.

이 외에 옛 도시들 중에는 방어용으로 배후에 하천을 끼고 도시가 발달한 경우도 있고, 또한 한강변의 휴양지구, 소양호반의 휴양단지, 그리고 해안의 많은 해수욕장들도 이러한 환경용수의 이용과 관련한 예가 된다.

우리나라 같이 영토가 넓지 않은 경우 기후 환경이 도시입지에 영향을 미치는 정도는 작겠지만, 도시입지에 있어서 기후조건도 일정부분 영향을 끼친다고 할 수 있다. 세계도시의 대부분이 온대지역에 집중적으로 입지하고 있다는 사실로도 알 수 있다. 온대의 기후환경은 도시민의 생산활동은 물론이고 도시의 산업·교통·문화가 발달할 수 있는 자연적 여건을 제공해 주기 때문이다. 또한 노동력을 집중시켜 소비시장으로 될 수 있는 인구조밀지가 되고 있기 때문이다. 기후환경은 도시의 입지 외에도 도시의 형태, 도시경관, 가옥의 구조에 직접적으로 관계되는 부분도 있다.

우리나라는 온대지역에 입지하고 있어 여름에는 남동풍이 불어 고온다습하고, 겨울에는 북서풍이 불어 한랭 건조한 기후를 이룬다. 그러나 대체로 온화한 기후환경이므로 우리나라는 인구가 조밀한 지역이 되었으며, 서울·부산·대구 등 거대도시가 발달하고 있다는 견해[36]도 있다.

현대의 도시는 사실 자연적 조건이라고 할 수 있는 지리적 조건을 극

---

36) 한국지지편찬위원회, 앞의 책, pp.523~524

복할 수 있을 정도로 고도로 발달한 산업도시이다. 굳이 해안이나 강가에 입지하지 않아도 음용수나 산업용수를 얻을 수도 있다. 그렇지만 모든 도시들이 고대부터 사람이 살기 시작하면서 형성된 오랜 역사성에 기반하고 있기 때문에 그것을 바탕으로 배후도시 내지는 주변도시라는 이름으로 현대적 발전을 하고 있다.

제3절 도시입지의 인문적 조건

　도시 입지의 인문적 조건은 인간의 도시생활과 관련한 인공적 조건 내지는 인간이 도시생활의 만족을 위해 조성한 것이다. 사실상 도시입지의 인문적 조건이라는 것이 앞에서 설명한 지리적 조건과 완전히 구별하여 설명될 수 있는 것은 아니다. 지리적 조건에 대한 도시의 입지 역시 인간의 도시생활의 완전한 충족을 도모할 수 있는 곳인지의 여부가 되기 때문이다. 지리적 조건이 인간의 힘으로 바꾸기에 쉽지 않은 것이거나 불가능한 것이라면, 인문적 조건은 인간의 창조력으로 생성되고 발전될 수 있는 가능성을 갖는 것이라고 하겠다. 이 같은 견해로 인문적 도시입지의 조건은 사회적 조건도 포함하여 살펴본다.

　첫째, 산업조건이다. 도시입지는 도시생활을 영위하는 도시민들에게 의·식·주의 필요를 충족시켜 줄 수 있는 곳이어야 한다. 선사시대 수렵생활을 영위하던 시대에는 하천이나 바다, 산림이 가까운 곳이었다면, 농경시대에 접어들어서는 들이 있어야 했으며, 목축을 위한 공간도 필요했을 것이다. 한 마디로 먹고 살 수 있는 공간이어야 하는 것이다.

　둘째, 교통조건이다. 사람이 살아가는 강토를 인체에 비유한다면 인체의 혈관은 교통로라고 할 수 있다. 인체에서 혈관을 통한 혈액의 순환이 한시도 멈춰서는 안 되듯이 이 땅 위에 살고 있는 사람들에게 정치·경제·문화적 제요소들이 이 교통로를 매개로 끊임없이 움직이고 있다. 사람과 사람, 가족과 가족, 집단과 집단의 교류, 물산의 이동이 이 교통로를 따라 이루어지기 때문이다. 즉, 교통은 경제적 방법에 의한 재화의 이동 관계, 인간생활의 모든 유통관계를 이른다. 사람·재물·意思의 장소적인 이동으로 흔히 운송 및 통신을 의미하기도 한다. 따라서 교통로에는 도로 나 철도를 포함한 육상교통 뿐만 아니라 선박에 의한 해상교통로, 항공로 등을 포함한다.

셋째, 방어조건이다. 사람이 살기 시작하면서부터 짐승이나 자연으로 부터 자신과 집단의 안위를 고려하였을 것이다. 또한 개인과 집단이 사회 를 이루어 살게 되면서부터 필연적으로 충돌이 생기게 되었다. 이 모든 위험으로부터 안위를 보장받을 수 있는 곳, 또는 방비가 유리한 곳에 모 여 살게 되었다.

넷째, 풍수지리적 조건이다. 흔히 풍수지리설에서 '장풍득수지지'라는 말을 쓰게 되는데, 곧 바람을 가두고 물을 얻을 수 있는 길지를 말한다. 도시입지에 있어서 풍수지리적 조건은 지리적 조건과 인문적 조건의 전 부를 고려하여야 한다는 의미로 해석된다. 풍수지리적 조건은 도시입지 의 종합적 고려이기도 하다.

다섯째, 도시민이다. 이 경우 도시민의 직업이 도시입지의 인문적 조 건으로 기여한다. 일본의 경우 중세 사원을 중심으로 직인의 발생과 전 문화가 근대 도시발전에 끼친 영향은 막대한 것이었다.[37] 한국에 있어서 도 조선중기 이후 상공업 발달이 도시입지 조건을 보다 다양하게 변모시 켰다.[38]

여섯째, 행정구역이다. 근대이전의 도시들이 대부분 지방의 행정중심 도시였음을 부인할 수 없다. 전근대 지방관아 읍치를 중심으로 관아에 부 역하는 도시민이 존재했으며 현재에도 지방행정도시에는 관청을 중심으 로 생업을 영위하는 직업집단이 존재하고 있다. 또한 일본의 경우 직인을

---

37) 橫田冬彦, 「近世都市と職人集團」, 『日本都市史入門』III, 東京大學出版會, 1990, pp.46~47.
38) 손정목, 『조선시대도시사회연구』, 일지사, 1977, p.116.

중심으로 근대 町이라는 마을단위 행정구역단위가 출현하였듯이[39] 우리
나라에서도 조선전기 방위면체제에서 후기에 면리제로 정착된 것도 도시
입지 조건의 변화를 보여주는 것 중 하나이다.[40]

지리적 조건과 인문적 조건으로 구분하여 도시입지의 조건을 설명한다
는 것은 간단한 일이 아니다. 한 예로 개인이 집을 지을 때 가장 좋은 상
태를 고려하듯이 도시가 생성되는 과정에서도 앞에서 거론한 조건들이
각각으로 검토될 수 없을 뿐만 아니라, 지리적 조건까지도 개별적으로 고
려될 수밖에 없는 것이다. 그러나 도시의 발생은 초기 단계에서 자연발생
적으로 생성되었지 이러한 조건들을 의도적으로 고려하여 정착되지는 않
았다. 하지만 도시의 자연발생 과정에서도 그러한 조건들이 의도하지 않
았더라도 고려되었을 것이다. 이러한 견해로서 역사상 왕조성립기 도성
定都와 관련하여 인문적 조건을 검토해 본다.

> ① 古記에 옛날 환인이 있었는데, 그 서자 환웅이 자주 천하에 뜻을 두
> 고 인간세상을 탐하였다. 아버지가 아들의 뜻을 알고는 삼위태백을
> 내려다보니 인간을 널리 이롭게 할 만한지라, 이에 천부인 3개를 주
> 어 가서 다스리게 하였다. 환웅이 무리 3천명을 거느리고 태백산 꼭
> 대기 신단수 아래에 내려와 신시를 열었으니 이분이 환웅·대왕이다.
> 풍백·우사·운사를 거느리고 곡식·命·질병·형벌·선악 등 인간세상
> 의 360여 가지 일을 주관하게 하여 세상을 다스리도록 하였다.[41]

고조선의 단군이야기와 관련한 사항으로 우리나라 도시발전사에 있어
서도 신화적 요소로 이해되는 시대이다. 우리가 '신시'를 서양의 '신전도

---

39) 保立道久, 「町の中世的展開と支配」, 『日本都市史入門』 II, 東京大學出版會, 1990,
   pp.4~5.

40) 이존희, 『조선시대지방행정제도연구』, 일지사, 1990, p.222.

41) 『三國遺事』 卷 1 紀異 1 古朝鮮(王儉朝鮮) 條 : 一然 著, 崔虎 譯解, 『新譯 三
   國遺事』, 홍신문화사, 1991, pp.11~12. 앞 부분 도시의 개념에서도 고대 신전도
   시를 이르면서 인용하였던 부분인데 중첩하여 들었다.

시'와 같은 개념으로 이해해본다는 전제하에 신시는 도시입지에 있어서
'태백산 신단수'가 지리적 입지조건이고, 인간세상을 다스리는 데 필요한
풍백·우사·운사를 비롯한 모든 요소들이 도시의 인문적 입지조건이라고
생각된다.

> ② 원시인민이 강하의 어류와 산야의 금수와 초목의 과실 같은 각종 천
> 산물로 식료를 삼다가, 인구가 번성함에 따라 그 식료의 부족을 감
> 하고, 그 부족을 보충하기 위하여 목축업과 농업이 발생하였으며, -
> 중략 - 조선문화의 원시단계인 '수두'의 발원이 거의 송화강반의 哈
> 爾濱 부근이며, 합이빈은 그 고명이 부여니, 그런즉 송화강은 조선족
> 이 최초에 근거한 '아라리'요, 합이빈은 조선족 최초로 개척한 野地
> '불'이요, 그 이외의 모든 夫餘·夫里…등은 연대를 따라 차례로 개척
> 된 야지 '불'이니라.42)

　단재 신채호는 원시의 자연 상태에서 인구증가에 따른 먹을거리의 부
족을 해결하기 위하여 농경·목축이 발달하게 되었다고 하였는데, 이는
도시의 인문적 입지조건인 산업조건에 해당된다. 조선문화의 원시단계인
'수두'의 발원이 거의 송화강반의 합이빈 부근이라고 하였는데 '江'은 도
시입지의 지리적 인문적 입지조건의 포괄적 개념이라고 보아야 한다. 강

---

42) 신채호 저, 이만열 주석, 『註釋 朝鮮上古史』, 단재신채호선생기념사업회, 1983,
pp.105~106.
　'수두' : 조선족은 우주의 광명이 그 숭배의 대상이 되어, 태백산의 수림을 광명
신의 서숙소로 믿어 인구가 번성하여 각지에 분포하매, 각기 거주지 부근에 수림
을 길러 태백산의 그것을 모상하고 그 수림을 이름하여 '수두'라 하니, 이는 신
단이란 뜻이고, 매년 5월과 10월(파종기,추수기) '수두'에 나아가 제사하였다.
　'아리라' : 우리 '고어'에 오리를 '아리'라 하고, 江을 '라'라 하였으며, 압록강·
대동강 … 등을 이두자를 쓴 고명을 찾으면 阿禮江·阿利水 …라 하였으니 '列'
은 다 '아리'의 음역이며, 鴨子(고어에 오리를 아리라 함)는 '아리'의 음역이다.
　'나라'는 고어의 '라라'이니, '라라'는 본래 '津渡'를 가리키는 명사가 되었다.
'아리라'는 조선족이 분포하였던 압록강을 비롯한 강을 이르는 것으로 단재는
파악하고 있다.

은 인문적 조건의 산업·교통·방어조건에 두루 이용되었을 것이기 때문이다. 합이빈은 조선족 최초로 개척한 야지-'불'이라 하였으니 인간이 개척한 '들·구릉'은 자연적 조건이지만 도시의 인문적 입지조건이기도 하다. 이는 도시의 발전을 위한 필수적 요소로서 산업조건으로 볼 수 있을 것이다.

> ③ 주몽이 재사·무골·묵거에게 그 재능을 헤아려 각각 일을 맡기고 그들과 함께 졸본천에 이르렀다. 그 토양이 비미하고 산하가 험고함을 보고 그곳에 도읍을 정하였는데 궁실을 지을 겨를이 없어 단지 불류수변(지금의 桓因)에 집을 짓고 거하여 나라를 고구려라 하고 고로써 氏를 삼았다.[43]

고구려의 도읍지 졸본은 토양이 비미하고 산하가 험고하여 도읍하게 되었다고 하였으니, 토양의 비미함은 인간의 먹거리를 해결하기 위한 산업적 조건이고, 산하가 험고함은 교통적·방어적 조건이다. 인간의 생존에 알맞은 자연적 지리적 조건이 인문적 조건과 괴리될 수 없음을 보여주는 예가 될 것이다. 도읍을 정하는 주체가 왕으로 대표되는 국가권력이며 도읍의 목적이 위민을 위한 적합한 장소가 되어야 하기 때문이다. 지배층과 피지배층 모두가 공존 할 수 있는 적합한 땅 그곳이 도읍지인 것이다.

> ④ 일찍이 조선의 유민들이 이곳에 와서 산곡간에 헤어져 여섯 村을 이루었다. 첫째는 알천의 양산촌, 둘째는 돌산의 고허촌, 셋째는 자산의 진지촌, 넷째는 무산의 대수촌, 다섯째는 금산의 가리촌, 여섯째는 명활산의 고야촌이란 것이니 이것이 진한의 6부이었다.[44]

43)『三國史記』卷13 高句麗本紀 1 始祖東明聖王 條. :『三國遺事』卷1 紀異1 高句麗 條 : 이병도 역주,『국역 삼국사기』, 을유문화사, 1977, p.216 : 一 연 저, 최호 역해,『신역 삼국유사』, 홍신문화사, 1991, p.28.
44)『三國史記』卷1 新羅本紀 1 始祖赫居世居西干 條 ;『三國遺事』卷1 紀異1 新羅始祖赫居世王 條.

신라는 고대 진한의 6촌으로부터 발전하였다고 할 때 알천의 양산촌, 돌산의 고허촌, 자산의 진지촌, 무산의 대수촌, 금산의 가리촌, 명활산의 고야촌이 왕경으로 발전하는 초기모습인 것이다. 이 6촌의 위치나 정확한 내용을 알 수 없지만 대개 경주를 중심으로 한 여러 지역의 산이나 강을 중심으로 위치하였음을 알 수 있다. 도시발생에 있어서 산과 강이 지리적·인문적 입지조건의 필수적 요소임을 말해주는 것이다.

⑤ 비류와 온조는 오간·마려 등 열명의 신하와 함께 남행했는데 따르는 백성이 많았다. 드디어 한산에 이르러 부아악(삼각산)에 올라 가히 살 만한 곳을 바라볼새, 비류는 해변에 살기를 원하였다. 십신이 간하기를 "생각컨대 이 하남의 땅은 북은 한수를 띠고, 동은 고악을 의지하였으며, 남은 옥택을 바라보고, 서로는 대해를 격하였으니, 그 천험지리가 얻기 어려운 지세라 여기에 도읍을 이루는 것이 좋겠습니다."고 하였다.45)

이 기사는 백제의 도읍과 관련한 것으로 "한산에 이르러 負兒嶽(삼각산)에 올라 가히 살 만한 곳을 바라볼 새"와 "이 하남의 땅은 북은 漢水를 띠고, 동은 고악을 의지하였으며, 남은 옥택을 바라보고, 서로는 대해를 격하였으니, 그 천험지리가 얻기 어려운 지세"라는 부분에서 고려시대에 편찬된『삼국사기』인 때문에 당시의 시대상 즉 풍수적 조건을 반영하고 있다. 이 기록을 통하여 도읍을 정하기 위하여 도읍지를 찾고자 한 노력과 초기 백제도성의 입지여건에 대한 시사를 엿볼 수 있다. 초기 백제도성으로 알려진 하남위례성이 '천험지리'의 입지조건을 갖추었다고 하는 기록이다. 천험지리라는 단어에는 도시입지에 있어서 지리적·인문적 조건을 두루 구비하였음을 말해주는 것으로 봐야 할 것이다.

이병도 역주, 위의 책, p.2 ; 一 연 저, 최호 역해, 위의 책, pp.32~33.
45)『三國史記』卷23 百濟本紀 1 始祖 溫祚王 條 ; 이병도 역주, 앞의 책, p.351.

⑥ 아라가야(지금의 함안), 고령가야(지금의 함령), 대가야(지금의 고령), 성산가야(지금의 경산), 소가야(지금의 고성)이다. 또 첫째 김관가야(김해), 둘째 고령가야(가리현), 셋째 비화가야(창녕), 나머지 둘은 아라가야와 성산가야(성산은 혹 벽진가야라 하기도 한다)이다.[46]

고대 가야사회의 초기도시 즉 5가야의 위치에 대한 내용으로 오늘날의 함안, 고령, 창녕, 경산, 고성, 김해 등의 지역임을 보여주고 있다. 이들 도시는 오늘날 경상도 지역의 시·군 단위 도시로서 2천년 이상의 역사를 지닌 곳으로 낙동강과 그 지류의 하안에 위치한 도시들이다. 이들 도시가 지리적으로는 하안의 분지 또는 평야에 입지한 것으로 인문적 조건으로 산업·교통·방어적 조건을 모두 고려하였을 것으로 추정된다.

⑦ 왕경개성부는 본래 고구려의 부소갑이었는데, 신라 때 송악군으로 고쳤다. 태조 2년에 송악의 남쪽에 도읍을 정하여 개주라 하고, 궁궐을 창건하고, 시전을 세우고, 방리를 가리어 5부로 나누었다. 광종 11년에 개경을 고쳐 황도라 하였다.[47]

---

46) 『三國遺事』 卷1 紀異1 5伽耶 條 ; 일연 저, 최호 역해, 앞의 책, pp.23~24.
47) 『高麗史』 卷56 志10 地理1 王京開城府 條.
王京開城府本高勾麗扶蘇岬新羅改松嶽郡太祖二年定都于松嶽之陽爲開州創宮闕. 立市廛辨坊里分五部. 光宗十一年改京爲皇都成宗六年更定五部坊里十四年爲開城府管赤縣六畿縣七.顯宗九年罷府置縣令管貞州德水江陰三縣又長湍縣令管松林臨津免山臨江積城坡平麻田七縣俱直隸尙書都省謂之京畿. 十五年又定京城五部坊里二十年京都羅城成. 文宗十六年復知開 城府事都省所掌十一縣皆屬焉. 又割西海道平州任內牛峯郡以隸之. 忠烈王三十四年設府尹以下官掌都城內別置開城縣掌城 外. 恭愍王七年修松都外城恭讓王二年分京畿爲左右道以長湍. 臨江免山臨津松林麻田積城坡平爲左道; 開城江陰海豐德水 牛峯爲右道. 又依文宗舊制 以楊廣道漢南陽仁州安山交河陽川衿州果州抱州瑞原高峯交州道鐵原永平伊川安峽漣州朔寧屬左道以楊廣道富平江華喬桐金浦通津西海道延安平州白州谷州遂安載寧瑞興新恩俠溪屬右道各置都觀察黜陟使以首領官佐之. 王都鎭山松嶽又有龍岫山進鳳山東江[在貞州] 西江[卽禮成江].

『고려사』지리지 부분에 보이는 고려왕경 개성에 대한 기록이다. 여기서는 생략하였지만, 이 기록에는 4대문을 비롯한 25개의 문과 왕도시설에 대하여 알려주고 있다. 도성에는 거란의 1차 침입 이후 외성인 나성이 21년간에 걸쳐 조성되었다.[48] 동쪽 임진강 서쪽 예성강의 사이에 있는 평야지대라는 지리적 입지조건과 인문적 조건으로 산업·교통·방어·풍수적 조건 등이 복합적으로 고려되어 정도하였으며 점차로 시전의 설치, 나성의 설치 등을 통해 인문적 도시입지 조건을 개선하는 방향으로 도읍을 경영하였음을 알 수 있다.

고려시대는 도읍지뿐만 아니라 도시입지에 있어서 새로운 요소가 있었으니 바로 '풍수지리설'[49]에 대한 검토이다. 인간이 삶의 터를 정함에 있어 살기 좋은 곳을 찾아 정하려 하는 것은 너무도 당연한 것이므로 종전에도 있어왔으나 道詵에 의해 보다 체계화되었기 때문이다. 고려시대의 왕도 경영은 이 풍수지리설을 근거로 하기도 하였으며 '서경천도' 등의 풍수적 조건이 거론되기도 하였다.

⑧ 1394년 8월 24일 조준·김사형은 한양을 도읍지로 정해야 한다는 장문의 상소를 올렸다. 즉 "전하가 천명을 받아 나라를 세우고 이미 모든 제도를 고쳐 만세의 법통을 세웠으니 도읍도 새로이 정하여 만세

---

48) 박용운, 『고려시대 개경 연구』, 일지사, 1996, p.18.
49) 홍승기, 「고려초기 정치와 풍수지리」, 『한국사시민강좌』 14, 일조각, 1994, p.20. 풍수지리는 땅(산과 물)과 인간의 길흉화복의 관계를 설명하는 사상이다. 땅의 모양새가 인간을 결정한다고 하는 것으로 천지만물의 생성원리는 음양의 기인데, 기는 천지사이에 두루 존재하고 땅 속의 기는 생기(內氣)이고 땅 위에 나오면 外氣가 된다 이 둘이 만물에 활기와 번영을 준다. 이 둘 중 특히 중요한 것은 生氣이며 땅 속의 지맥을 따라 유통한다. 生氣는 지역에 따라 밀도가 다르며 왕성한 곳도 미약한 곳도 있다. 그러므로 생기가 충만한 곳을 택하여야 한다. 생기가 흩어지지 않도록 하기 위하여 이와 관련 있는 바람을 저장하고 물을 얻어두어야 한다. 그러한 조건을 갖추고 있는 곳이 바로 吉地이다. 풍수지리는 한국인의 땅에 대한 인식의 결과이다. 즉 땅에 길지가 있다고 생각하면서 땅을 유기체로 인식하여 옳게 유리하게 가꾸는 노력을 기울였다.

의 기반을 수립해야 할 것입니다. 한양의 산하가 훌륭함은 예부터
칭송되어 온 것이요, 사방의 거리가 균일하고 수륙교통이 편리하니
이곳에 도읍을 정하여 후세에 영원토록 하여야합니다"라고 건의하
였고 이에 따라 태조는 한양을 왕도로 결정하였다.50)

조선은 전 왕조의 수도인 개경에서 한양으로 몇 차례 오가며 환도와
천도를 거듭한 기록이『태조실록』에 나타나 있다. 위의 기록 이후에 환
도와 천도가 있었지만 신하들의 건의에 의해 태조가 한양천도를 결정하
는 내용이다. 위 기록에서 왕조가 바뀌고 도읍도 새로이 정하는 것이 만
세의 기반임을 밝히고, 한양이 역사상으로도 칭송되어 온 곳이고, 사방의
거리가 균일하고 수륙교통이 편리하니 이곳으로 도읍을 정해야 한다는
것이다.

한양은 흔히 알고 있는 도시입지의 제 조건들이 충족되는 훌륭한 곳임
을 밝히고 있다. 내륙 하천 한강의 합류지점의 분지라는 지리적 조건과
사방으로 산악이 감싸고 있는 방어에 유리한 요지이고, 내외 명당수가 있
는 영세의 길지라는 풍수적 고려가 모두 있었음을 기록을 통해 알 수 있
다.51) 물론, 조선사회가 유교이념으로 유지된 사회였으므로, 이 풍수지리
설에 대한 이견52)이 있듯이 한양천도가 전적으로 풍수지리에 의한 고려
만이 아니라 도시입지 조건을 두루 갖춘 곳임은 확실한 것이다. 오늘날
인구 1,000만의 거대 도시의 바탕을 마련한 탁월한 입지였다고 평가할

50)『太祖實錄』卷6 太祖3年 8月 辛未 條 ; 都評議使司所申左政丞趙浚右政丞金士
衡等竊惟自古王者受命而興莫不定都以宅其民故堯都平陽夏都安邑商都亳周都
豊鎬漢都咸陽唐都長安或因初起之地或擇形勢之便無非所以重根本而鎭四方也
惟我東方檀君以來或合或分各有所都及前朝王氏統合之後都于松嶽子孫相傳
殆五百年運祚旣終自底于亡恭惟. 殿下以盛德神功受天之命奄有一國旣更制度以
建萬世之統宜定厥都以立萬世之基竊觀漢陽表裏山河形勢之勝自古所稱四方道
里之均舟車所通定都于玆以永于後允合天人之意. 王旨依申.
51) 원영환,『조선시대 한성부 연구』, 강원대학교 출판부, 1990, pp.14~27.
52) 이태진,「한양 천도와 풍수설의 패퇴」,『한국사시민강좌』14, 일조각, 1994, pp.44~69.

수 있다.

⑨ 동쪽을 향하여 열리었는데 팔달산이 높이 솟아 후진53)이 되어 있다. 一字砂는 편편하여 안산이 되었는데 가운데로 大川이 남북을 꿰뚫어 흐르고 있다. 사각은 모두 높고 여덟 문이 어긋 매겨 서 있으니 정말 이것이야 말로 만년의 금탕지지54)이다. - 중략 -

또, 성은 있는데 못을 파지 않은 것을 군사상의 단점으로 생각하고 있으나 성 자체가 이미 산을 의지하고 있는데 못을 어떻게 사방에 두겠는가? 화성을 처음 쌓으려 할 때 먼저 성 둘레에 못을 파야 할 곳을 구하고, 그 흙을 성 쌓는데 이용하도록 되어 있다. 그런데 남쪽 성 밖과 북문 옆에는 자연적으로 깊은 도랑이 있고, 서산 뒤와 동성 아래에 자연적인 해자가 있었으므로 비록 성 둘레에 다시 도랑을 파지 않더라도 저절로 지형에 따라 견고한 성 구실을 하게 되어 있다.55)

⑨의 글은 수원화성 축조의 기록인 『화성성역의궤』의 화성에 대한 전체 국면의 설명이다. 앞부분은 수원 화성이 지리적인 이점을 어떻게 채용하고 있는가를 보여주고 있으며, 뒷부분은 지리적 조건에 군사적 조건을 어떻게 이용하고 있는지를 중국의 그것과 비교하면서 서술한 부분이다. 주지하는 바, 화성은 정조의 효성에서 비롯된 성이라고 하지만, 제2의 수도와 같은 국가정책으로 건설된 것이다. 또한 전근대에 조성된 도시로서 당시까지의 모든 과학기술의 종합적 시연으로 조성된 도시인 것이다. 華城에서 이제까지의 도시입지의 모든 것들을 종합적인 예로서 확인할 수 있다고 본다. 당시대까지 이룩된 한양을 중심으로 하는 도로망 등 국토계

---

53) 後鎭 ; 地德으로써 뒷면을 진정하는 名山大岳을 말한다.
54) 金湯之地 ; 금탕은 금성탕지의 준말로 쇠로 쌓은 듯이 견고한 성이 물이 끓는 듯한 해자가 둘러 있는 지극히 견고하다는 비유이며, 이런 城을 둘 수 있는 지세를 이른다.
55) 경기문화재단, 『수정국역 화성성역의궤』, 기전문화예술총서10, 2001, p.34 ; 『화성성역의궤』 제1책 화성 전체의 局面에 대하여 설명한 부분 중 일부이다.

획에 있어서 수원은 산업·교통·군사·풍수 등 모든 인문적 도시입지 조건을 망라한 계획도시의 실례를 확인하게 된다.

조선시대 지방의 대부분의 도시들은 앞에서 살펴본 시대별 도성의 입지와 유사하게 하천의 합류지점 또는 하천 가까운 곳 배산임수의 요지에 입지하였다. 그리고 邑治 내의 가로형태는 각각의 지형에 따라 약간의 차이가 있으며 특별한 유형도 있었지만 대체로 동·서·남·북에 대문이 있으며 이를 연결하는 부정형의 가로망을 보여준다.

개항기에는 우리나라 도시가 두 가지 유형으로 존재했다. 하나는 종래의 전통적 지방행정중심 도시이고 다른 하나는 개항에 의해 새롭게 도시가 된 항만도시이다. 근대 교통도시로서 이들 도시들은 도시체계의 근대화에 있어 새로운 출발점이 되고 있다. 개항기 이후 일제 강점기에 부산·원산·목포·진남포·신의주 등 근대도시들의 발전은 근대도시의 입지조건들을 보여 주고 있다. 이들 도시들은 일본의 통치 하에 일본의 자본투자로 상공업 발달을 가져왔고, 일면 그에 의한 도시성장이 촉진되기도 하였다. 종래의 도시들이 전통적인 가내 수공업 단계에 머물러 있었으나 대일 수출미, 면화가공 등을 통해 발달하게 된 정미업·조선업·식료품 제조업·소규모 견직업 등의 중소공업은 노동력 확보를 목적으로 도심에 입지했다. 또 쌀의 집산 등 상업의 발전이나 광산의 개발·무역항 및 어항의 개발은 도시의 발달을 가져왔다. 종래 행정중심 기능만 있었던 전통적 도시들이 근대적인 기능과 도시조건을 수용하게 되었으며 토지에 묶여 있었던 농민에게는 전업의 기회가 주어졌고 농민의 도시로의 이동이 확대되었다.56) 19세기말 이 땅에 출현한 철도교통으로 철도주변의 신도시가 생겨났고 기존의 전통 도시는 그 형세가 위축되는 현상도 나타났다. 철도교통망도 종전의 육상교통로와 비슷하게 한반도를 X자형으로 연결하는 노선으로 건설되었다. 이 교통망을 따라 평안도와 함경도의 광업·임산물이

---

56) 손정목,『한국개항기 도시변화과정연구』, 일지사, 1982, p.12 ;『일제강점기도시 계획연구』, 1990, pp.86~87.

부산과 목포를 통해 일본으로 유출되었고 전쟁물자 수송로로 이용되었다.

해방 후 미군정기와 6·25전쟁을 겪으면서 남북분단이라는 특수상황 아래서 휴전선 근방에 의정부, 문산 등 군사도시가 생겨나기도 하였다. 1960년대 이후 고도경제성장 과정에서 경부고속도로가 건설되었고 서울과 부산을 잇는 수도권과 남동임해공업지대의 도시들이 급성장하게 되었다.57) 근대 도시들의 생성 및 발전과정에서 도시입지의 조건은 크게 바뀌었다. 전근대 도시들이 지리적 조건과 인문적 조건을 각각 취한 정도에 비해 이제는 지리적 조건의 비중이 크게 줄어들었고, 인문적 조건의 비중이 비약적으로 확대되었다.

현대도시의 중요 입지조건의 대부분은 산업조건이라 할 수 있다. 교통조건을 비롯한 여타의 입지조건은 상당부분 인간의 기술에 의해 미약해졌다. 산업 입지조건이란 근대이전의 1차 산업 단계의 것이 아닌 보다 구체화된 산업별 도시화가 진행된 것을 말한다.

현대도시는 산업구조의 고도화로 국민경제의 지속적 고도성장을 이룩하기 위해 국가중심의 발전전략 하에 이루어지고 있는 측면이 강하다. 예를 들면 서울, 부산, 대구 등 대도시의 공업 분산을 촉진하고 중소도시의 공업개발을 유도하고 대도시 인구의 과도한 집중을 억제하는 방향으로 전개되고 있다. 오늘날 도시입지의 인문적 조건은 현재 도시민의 직업의 수만큼 다양하고 복합적인 양태로 기능한다고 할 수 있다.

도시로서 강릉은 산악지대인 백두대간과 동해와 남대천을 배경으로 들을 이룬 평지구릉이라는 자연지리적 조건과 그로 인한 산물의 풍족을 누리는 인문적 조건을 갖추고 있다. 예로부터 도읍지를 어느 곳에 정할 것인지는 그 도시의 성장과 밀접한 관련이 있다. 즉 도시를 중심으로 하는 배후지역의 농업생산력이 양호한 조건을 가진 곳은 농촌인구를 부양할 수 있는 조건이 다른 지역보다 양호하기 때문에 그러한 곳에 자리잡은

---

57) 한국도시지리학회, 『한국의 도시』, 법문사, 1999, p.56.

도시는 다른 도시에 비해 성장하게 되는 것이다. 먼저 강릉의 도시입지는 그 위치적 여건이 강릉시가 자리 잡고 있는 절대적 입지조건과 타 도시 타 지역과의 상호관계 속에서 기술될 수 있는 상대적 입지로 나누어 볼 수 있다. 이러한 조건들 모두 도시성장에 영향을 끼치는 것은 두말할 필요가 없다.

이상의 도시입지의 제 조건들의 기술적 적용과 채택 수준이 다양화 되었지만 오늘날의 도시에도 여전히 유효한 경우가 많음을 알 수 있다.

강릉에 있어 도시입지 조건을 살펴보면 다음과 같이 정리된다.

먼저 절대적 입지면에서 살펴보면 강릉시는 북위 37°45'으로 동으로는 울릉도, 서로는 경기도의 가평·문산과 비슷한 위도상에 자리 잡고 수도 서울의 북방의 위도선과 대략적으로 일치한다. 또한 자연지리적인 면에서 살펴보면 태백산맥이 남북으로 이어지면서 동고서저 지형을 이루는 경동지형을 이루는 가운데 동쪽으로 흐르는 하천은 길이가 짧고 급경사를 이룬다. 이러한 하천주위에 소규모의 충적지와 좁은 해안평야가 연합되어 형성된 저평지가 북으로는 사천면과 연이어 있고, 남쪽으로는 남대천 남쪽의 월호평동 일대 및 강동면 지역까지 이어져 있다.

강릉시 북부는 沙川이, 중앙은 南大川이, 남쪽은 刻石川과 詩洞川, 群仙江 등이 비교적 넓은 저평지를 만들어 농업에 유리한 자연적 조건을 제공해 주고 있다.

다음으로 상대적 입지 조건이다. 강릉은 비교적 대도시 지역으로부터 충분히 떨어져 있고, 서쪽엔 백두대간이 동쪽엔 바다와 접하고 있어 대도시의 영향권으로부터 어느 정도 벗어나 독자적인 도시성장이 가능한 상대적 입지조건을 갖추고 있다. 즉 서울과는 232km, 대구와는 347km, 부산과는 359km 떨어져 있어서 비록 오늘날 교통수단의 발달, 도로교통의 개선 등에 의해 상대적인 소요시간은 점차 줄어들어 경제적 통합과 함께 공간적 통합이 이루어지고 있다. 특히 항공교통에 의한 서울·부산과의 연계는 바야흐로 일일생활권 속으로 통합되어가는 경향이 있으나 대부분

의 인구 및 물자의 지역 간 연계는 육상교통인 도로 및 철도교통에 의해
서 이루어지고 있다. 그리고 대도시와의 거리는 대도시로의 인구흡인 및
지방도시 자체의 성장에 아주 중요한 조건이 되는 공간 입지적 요인이
된다.

강원도 지역은 지형적 조건에 의해 춘천을 중심으로 하는 북한강 유역
권, 원주 중심의 남한강 유역권, 그리고 태백산맥 동쪽인 영동의 중심이
되는 강릉 생활권으로 크게 구분할 수 있으며, 이들 지역 중심도시들의
현재의 인구 규모도 30만 안팎[58]으로 강원도 이외 도시의 공간적 배치
및 도시인구의 성장과는 다른 도시간의 체계를 형성하고 있는 것이 사실
이다. 이러한 3개의 중심도시를 핵으로 하는 지역생활권의 중심이 되는
도시들은 그것이 자리 잡은 절대적 입지나 타 도시 지역과의 상대적 입지
에 의해 성장에 영향을 받는다는 사실을 음미해 볼 때, 강릉의 도시입지
조건을 그러한 측면에서 살펴보고 도시 성장여건을 조성해야 할 것이다.

강릉시는 신라시대에 9주 5소경 당시 명주로, 州治所를 강릉으로 정해
서 이미 그 때부터 도시의 입지 및 성장이 결정되었고, 고려시대의 5도
양계제 시기에도 이곳에 진을 설치하였고, 고려 말부터 조선시대 내내 강
릉대도호부를 두었다. 전통시대에 이곳으로부터 행정기능이 미치는 범위
를 지금의 강릉시, 평창군의 도암·진부·봉평·용평·대화면, 정선군의 임
계면, 홍천군 내면까지로 하였으며, 넓게는 진관구역으로서 강릉의 세력
범위는 지금의 강원도 태백산맥 이동은 물론 평창군·정선군·태백시 까지
이르렀음을 알 수 있다.

강릉은 부족국가 형성기부터 생산력이 양호한 지역에 자리를 잡고, 태
백산맥의 허리라고 불리는 대관령을 통해 영서지방과 쉽게 연결되는 지

---

58) 2013. 12. 31 기준 강릉시 인구는 216,806명, 춘천 274,455명, 원주 324,837명이
다. 이들 3개 시는 모두 1995년 시·군 통합을 이룬 도·농 복합시이다. 1995년에
는 강릉 223,539명, 춘천 232,682명, 원주 237,537명이었다. 춘천은 완만하게 증
가세이고 원주는 빠르게 증가하고 있으며 강릉은 감소 추세에 있다.

형적 이점과 한번 자리를 잡으면 계속 유지발전하려는 입지적 타성도 작용하고 있다. 따라서 대도시의 영향력으로부터 벗어나 어느 정도 지역 중심도시 즉 지역생활권의 중심지로서 성장하여, 영동지역의 교육·교통·행정·사회·문화의 중심지는 물론 지역개발과 지역의식의 중심지로 발전하였다.

강릉의 도시입지 조건은 앞에서 열거한 도시 입지의 자연 지리적·인문적 조건을 두루 갖추고 있다고 할 수 있겠다. 한 마디로 정리하면 강릉은 자연적·인문적 조건으로 대관령 동쪽의 동해안에 이르는 지역으로 동서로는 좁고 남북으로 긴 평지 지형, 남대천 강안의 낮은 구릉 지역에 기원전후한 시기부터 사람들이 모여 살았으며 변화 발전의 과정을 지나 현재에 이른다고 할 수 있겠다.

현대도시로서 강릉은 지금까지와는 다른 모양새로 발전해 갈 수 있다. 그러나 그것은 어디까지나 지난 수 천 년 동안 만들어져 온 도시의 모양새를 방위 면에서 확대하는 것이 될 것이며 기술적인 면에서의 새로운 축조가 있을 것이다. 이 지역에 살아왔던 선조들은 후세에게 도시입지의 혜택을 유산으로 남겨주었다고 할 것이다.

제II장

강릉의 邑治 변천

邑治는 읍성을 중심으로 관아를 포함하는 행정시설물들이 밀집한 중심부와 일반백성의 거주지, 생산지역을 포함하는 주변부로 이루어진다. 전통시대 각 고을의 읍치에는 건축물의 조영 논리에 따라 전통적 공간 속에서 일정한 법칙성을 가진 관아[1]가 조영되었다. 관아는 대개 관아영역이라 할 수 있는 읍성 공간 내에 조성되었으며 치민을 위한 건조물들의 집합체라고 할 수 있으며 이것이 전근대 도시의 행정시설이다.

읍치에 조영된 관아는 그 시대의 민·관이 주체가 되어 조성하였으며 그들의 사고방식과 가치관이 내재된 인공물이다. 인공적 환경은 결국 인간이 만들어낸 것으로 인간의 사고방식과 가치관을 토대로 이루어진 것이다. 그러나 전통시대 관아는 지배층의 입장에서 백성을 다스리는 공간으로서 조성되었다고 하겠다. 당시 '民'은 정치 참여가 제한되었고 지배층으로부터 통치의 대상에 불과하였다. 전통시대 都·邑의 조성은 당시 지배계층에 의해 주도되었으며 그들의 통치이념으로 채택하였던 유교와 그 전부터 있어 온 민족문화 정서가 내재되어 있다.

강릉지역의 치민을 위한 행정시설들이 있었던 읍치의 변천에 대한 검토가 필요하다. 강릉시의 청사 이전 및 개청 이라는 현상을 지나면서 지

---

1) 이 글에서 관아는 고대에서 근세, 오늘에 이르는 동안 읍치를 이루는 구조물을 지칭하며, 읍치는 근세까지 都·邑城, 오늘날엔 행정타운의 개념으로 사용하였다. 행정관청으로서의 관아는 관아 내의 제사공간·집무공간·생활공간 등을 모두 포함하는 읍성 내의 전근대 도시 시설로 판단하였다. 즉, 관아는 읍치를 이루게 되고 읍치는 도시의 핵이며 중심부라고 판단하였다.

금까지 수 천 년 동안 영동지역 都·邑의 역할을 수행해 온 '읍치'에 대한
사적 검토가 필요하다는 생각에서 『강릉지역의 성곽연구』[2] 중 강릉읍성
부분을 바탕으로 읍치는 곧 근대이전 도심이라는 견해로 그 변천과정을
살폈다.

---

2) 김홍술, 『강릉지역의 성곽연구』, 관동대학교석사학위논문, 2000 ; 「강릉읍성의
　　도시사적 검토」, 『도시역사문화』 3, 서울역사박물관, 2005.

제1절 근세이전 강릉읍치의 변천

선사시대 강릉의 모습은 유적을 통해 일부 추정할 수 있는데, 선사시대 사람들은 대체로 동해안으로 흘러드는 하천과 해변을 따라 무리생활을 하였으며, 청동기시대에 이르면서 점차 구체적인 사회질서가 만들어졌고, 행정구역의 개념과 같은 영역이 생겨나게 되었다. 이를 바탕으로 이어지는 다음 시대에 구체적인 행정구역이 만들어지는 밑거름이 되었던 것으로 볼 수 있다. 선사시대도 인간생활에 질서가 만들어지고 있었지만 행정구역단위의 출현은 확언할 수 없고, <그림 2-1>에서와 같이 조사를 통해 확인된 주거유적의 위치를 살펴보면 동해안으로 흘러드는 하천을 따라 낮은 구릉 지역으로 선사인의 마을들이 있었던 것으로 추정된다.

청동기시대 후기에 강릉에도 족장에 의하여 통솔되는 부락공동체 사회가 출현한 것[3]은 분명하나 족장사회의 연합체로서의 군장사회집단도 출현하였는지는 아직 확실치 않다. 그러나 동해안 지역에서 발견되고 있는 청동기시대 주거지와 지석묘의 분포상황으로 미루어 보아 몇 개의 가까운 지역 내에 정착한 마을공동체 집단 상호간에는 토지의 이용이나 자체방어 등의 필요에 따라 상호 협조가 불가피했을 것으로 추정된다. 또한

---

3) 고대 이 지역의 족장급 수장의 분묘 발굴조사결과를 통하여 부락공동체사회가 출현하였으리라고 생각된다.
  강릉방내리주거지(1990년 강릉대학교 발굴), 강릉병산동고분(1997~1998, 강릉대학교 발굴), 강릉안인리주거지(1989~1990, 강릉대학교 발굴), 강릉초당동주거지. 고분(2003~2005, 강원문화재연구소 발굴) 등.

신리천

연곡천

사천천

지변동 신석기 유적지

교동 철기 유적지

남대천

안인천

교항리 청동기 철기유적지
영진리 신석기 철기 유적지
동덕리 청동기 유적지

가둔지 신석기 유적지

방동리 청동기 유적지

강문 초당동 청동기 유적지

포남동 청동기 유적지

병산동 청동기 유적지

허시동 신석기 유적지

안인리 초기철기 유적지

심곡리 구석기 유적지

송림리 청동기 유적지

금진리 구석기 유적지

낙풍천

주수리 구석기 유적지

주수천

〈그림 2-1〉 강릉지역의 선사유적 분포도4)

여러 마을공동체 집단 상호간에는 그 규모는 물론 세력상의 우열도 나타
나기 시작했을 것이다. 족장사회 집단의 연합체인 군장사회 집단 출현 여
건은 청동기시대 후기의 동해안 지역에서도 확실히 조성되고 있었던 것
으로 짐작되며 강릉지방에서 군장사회 집단이 출현한 것은 초기철기시대
이다.

이 무렵 강릉지역에는 예국5)이 있었다는 기록은 『삼국사기』와 조선시
대의 여러 지리지들에서 볼 수 있으나, 예국이 과연 어떠한 성격의 정치·
사회집단인지는 자세히 알 수 없다. 『삼국지』 위서 동이전 예조에는 "예
민의 토착사회에는 대군장은 없고, 후, 읍군, 三老가 있어서 하호를 다스
렸다"고 하였으며, "낙랑도위가 폐지된 뒤에는 渠帥들이 후가 되었다"고

---

4) 이 그림은 <국립춘천박물관, 『강원고고학의 발자취』, 2004>의 조사유적 현황
을 참고하여 작성한 것이다.

5) 이현혜, 「동예의 사회와 문화」, 『한국사』4, 국사편찬위원회, 2003, pp.235~245.

하였다. 이것은 영흥만 일원의 동예사회에 대한 기록이지만 당시 강릉지
역의 예국도 대략 같은 성격의 군장사회 집단이었을 것으로 추정된다. 특
히 도위가 폐지된 뒤에는 거수들이 후가 되었다고 한 것으로 보아 거수
는 토착적 부락공동체의 족장을 지칭한 것으로 보이는데 이러한 족장 중
우월한 자가 하호를 다스리는 후로 추대되었다[6]고 하는 것은 족장들 중
에서 군장이 추대되었다는 것을 의미한 것으로 해석된다.

  1991년에 발굴 조사된 강릉시 강동면 안인리 유적[7]에서는 모두 33기
의 초기철기시대의 주거지 유적이 조사되었다. 이례적으로 규모가 큰 주
거지가 있었는데 당시 사회에서 어떠한 위상을 차지하는 것인지 분명히
알 수 있는 고고학상의 자료는 아직 없지만 신분질서 즉 부족장급 인물
의 출현을 보여주는 것으로 추측할 수 있다. 사회 구조적 측면에서나 가
옥의 기능면에서 보통 살림집과 구별되는 안인리의 대형 주거지는 선
사시대 주거지의 1인당 소요면적 5㎡를 적용하여 보면 20~30명이 살 수
있는 주거공간이 되며, 일시에 사람이 모여서 회의나 공동작업 또는 제례
의식을 행한다고 하더라도 50여명 이상의 사람이 모일 수 있는 공간이다.

  이와 같이 마을유적에서 보통살림집에 비해서 그 규모가 월등하게 큰
집이 청동기시대로부터 원삼국시대에 걸친 시기의 주거지에서 흔히 보이
는 것은 이 시기에 들어와서 농업생산의 증대에 따라 주거생활이 장기간
정착화 되고 가족의 분산화도 적어진 가부장적 대가족제의 사회상을 반
영해주는 것으로 보기도 한다.[8] 『삼국지』위서 동이전 예조에 보이는 동
예 사회의 거수는 이러한 당시 가부장적 대가족 집단의 족장을 지칭하는
것으로 인식된다.

  강릉지역의 예국성지를 초기철기시대의 예국의 소군장인 후가 거처하
는 성읍이었을 것으로 보는 견해가 있으며, 성곽에서 멀리 떨어진 곳에

  6) 김철준·최병헌, 『사료로 본 한국문화사』 고대편, 일지사, 1986, pp.40~41.
  7) 강릉대학교박물관, 『강원영동지방의 선사문화연구』, 1991, pp.26~36.
  8) 강릉대학교박물관, 앞의 책, p.20.

있었던 예국의 마을유적은 동해안 강릉지역의 여러 곳에서 발견되고 있
다.9) 예국고성이 존재했던 시기는 기원 전후한 시기부터 약 3세기경까지
의 강릉예국설에 해당하는 시기로 추정되며 이 성은 강릉지역에서 가장
오래된 성곽으로 알려져 있는데, 지금의 강릉시 옥천동 지역 전체가 성곽
영역이 되며, 동으로 포남동, 남서방향으로 성남동·금학동·임당동과 경
계를 이루는 지역에 성벽이 있었을 것으로 추정된다.10) 이 지역은 현재
시가지로 변하여 동부시장, 중앙시장, 금학시장 등이 오거리를 중심으로
밀집해 있는 교통요지이며 철로가 남북으로 가로 질러 있고 남쪽으로는
남대천 제방과 접해있다. 이 과정에서 이곳의 방어와 주민보호를 위해 쌓
은 성이 예국고성이다. 신라 말 김주원이 강릉에 올 때 이미 이 성은 활
용되지 않는 성으로 존재했으며, 넓게 트인 들과 남대천을 끼고 있는 옛
도읍으로 고대시기 상당기간 이 지역의 행정적 중심지 역할을 하였을 것
으로 생각된다.

『임영지』11)에 "예국성지는 시내 관문 동쪽에 있고 토축의 둘레가
3,484尺이며 지금은 없어졌다"고 하였다. 역사자료 목록을 싣고 있는 『조
선보물고적조사자료』12)에는 읍성과 마찬가지로 기록되어 있지 않으며,
『강릉의 역사변천과 문화』13)에 "이 토성은 예국성이라고 하며 지금의 옥
천동 남쪽의 남대천을 사이로 한 곳이다. 성의 둘레는 어떻게 되었는지
또 길이가 얼마나 되는지는 자세하지 못하다. 다만 지금도 그 지대가 약
간 높을 뿐이며 그 위에 약 50년 전까지도 수목나무가 약 30척을 떠우고

9) 강릉대학교박물관, 『강원영동지방의 선사문화연구』, 1991 ; 문화재연구소·강릉
   대학교박물관, 『강원영동지방의 선사문화연구 Ⅱ』, 1992.
10) 김홍술, 『강릉지역의 성곽연구』, 관동대학교석사학위논문, 2000, pp.13~17.
11) 『舊臨瀛誌』古蹟條, 濊國古城-在府東土築, 周圍三四百八十四尺今廢, 而尚有
   其址 : 『增修臨瀛誌』城池條, 濊國城-官門東 土築 周回尺數未詳 今廢 : 臨瀛
   誌增補發刊委員會, 『臨瀛江陵.溟州誌』, 1975, p.217.
12) 朝鮮總督府, 『朝鮮寶物古蹟調査資料』, 大海堂印刷株式會社, 1942.
13) 최선만, 『강릉의 역사변천과 문화』, 강릉관광협회, 1962, pp.44~45.

서 있었다고 한다"는 기록이 있다. 『문화유적총람』[14)에는 "예국토성은 강릉시 옥천동과 금학동에 걸쳐있는 예국의 성으로 전하는 토석혼축으로 둘레 1,045m, 높이 3m, 폭 9m이다. 서북부와 중부는 돌로 되고 그 나머지는 흙으로 되었다"고 적혀 있다.

<그림 2-2>의 1920년경 만들어진 지적도를 통하여 대략적인 윤곽을 확인할 수 있다. 이 지적도를 살펴보면 동벽 위치가 되는 옥천동과 경계를 이루는 포남동 916-1번지부터 916-13번지까지의 지목이 城으로 표기되어 있고, 남벽위치가 되는 옥천동47-1, 47-2 번지의 남대천 북변과 47-15 번지 그리고 서벽 위치인 옥천동 197-3번지에 '城'으로 지목이 표기되어 있는 것을 확인할 수 있다.[15) 이 지적도로 추정복원도를 만들면 <그림 2-3>과 같이 현재 남대천을 가로질러 시내를 관통하는 철길 중 남대천에서 교동 구 터미널 사거리에 이르는 구간에 시가지보다 높게 축조된 토축 부분이 예국고성의 서벽에 해당되는 것으로 추정된다.

이 성은 고대의 성이지만 후대의 명주성이나 강릉읍성보다 월등히 큰 규모로 확인되는데 남대천 하류 부근의 넓은 평야지에 축조되어 지리적·인문적 읍치의 입지에 있어서 주민거주지를 더 많이 포함하는 '도읍' 즉 '고도'의 기능을 갖추었다고 생각된다.

그러나 예국고성은 현재 강릉지역에서 알려진 첫 읍치로서 개활지의

---

14) 문화공보부 문화재관리국, 『문화유적총람』 강원도편, 1977, p.353.

15) 1920-1940년대에 작성된 지적도 검토한 결과 강릉여자고등학교 동측 도로, 남대천 북안 강변로, 옥천동과 성
남동, 금학동, 임당동, 교동이 경계를 이루는 지역으로서, 현 옥천동지역 전체가 예국고성의 범주로 추정되었다. 그러나 2014년 10월~2015년 2월 기호문화재연구원에 의하여 고예국성 서측일부와 중첩될 것으로 필자가 추정하였던 원주-강릉철도구간 11-3공구 옥천동 197번지 일원에 대하여 시굴조사가 진행되었는데 그 유구를 확인하지는 못하였다. 그러나 시가지화 된 그 지역 어딘가에 고성 유구가 있을 것이라는 믿음을 갖고 있다.

16) 본장의 지적도와 추정도는 김홍술, 「강릉읍성의 도시사적 검토」, 『도시역사문화』 3, 서울역사박물관, 2005, pp.161~188에서 전재 ; 예국고성 지역에 대한 첫 학

〈그림 2-2〉 예국고성 지적도
(1920년경 제작)

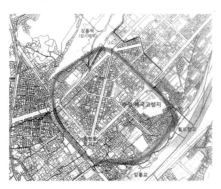

〈그림 2-3〉 예국고성 추정도[16]

넓은 들에 위치하였다. 이와 함께 거론되는 성곽들로 강동면의 장안성과 구정면의 왕현성이 모두 장안성으로 불렸던 것을 보면 강릉지역의 고대사를 알기 위해서는 그 역사적 성격을 밝히는 연구가 더욱 필요한 것이다.

고구려는 건국초기부터 군사행동을 통하여 활발한 영토 확장사업을 진행시켜 나갔으며 끊임없이 북쪽의 외세와의 항쟁을 통하여 국력을 발전시켜 나갔다. 고구려의 대외적인 정복활동을 강력하게 추진시킨 것은 광개토왕이었다. 그의 정복사업은 당시 고구려 수도였던 국내성(集安)에 남아 있는 광개토왕비에 의해 알 수 있다.[17]

광개토왕은 중국 민족과

술조사가 2014.9.29부터 10월 15일까지 표본조사, 10월 24일부터 11월까지 시굴조사, 2014.12.1부터 2015년 5월까지 2차례 발굴조사가 기호문화재연구원에 의하여 실시되었다. 원주-강릉 철도건설에 따라 예국고성 서벽예상지역 즉 시가지를 지나는 기존 철도노선에 대한 조사에서 예국고성 흔적을 확인하지는 못하였다.

17) 이진희 저, 이기동 역, 『광개토왕릉비의 탐구』, 일조각, 1982, pp.2~31 : 이형구·박노희, 『광개토대왕릉비 신연구』, 동화출판사, 1986, pp.66~106.

의 투쟁의 목표이던 요동을 차지하고 동북의 숙신을 복속시켜 만주의 주
인공이 되고, 남쪽의 백제를 쳐서 임진강과 한강유역까지 영토를 확대시
키고, 또 신라에 들어온 왜군을 낙동강 유역에서 섬멸시켰다. 남쪽에 대
한 고구려의 관심과 영향력은 장수왕 대에 와서이며, 중국의 남북조와 외
교를 맺어 중국을 견제하는 한편, 장수왕 15년(427)에 수도를 국내성에서
평양으로 옮겼다. 이후 고구려는 남쪽으로 영역을 확장해 나갔다.[18] 고구
려는 말갈과 더불어 자비왕 11년(468) 봄에 북변의 실직성을 침습하였고,
조지왕 3년(481) 3월 말갈과 더불어 신라의 북변에 침입하여 狐鳴(청송)
등 7성과 彌秩夫(흥해)까지 진격하였다. 이때 신라·백제·가야군은 공동으
로 이를 방어하여 泥河[19]의 서쪽에서 고구려군 1천여 명을 참획하였다.
고구려의 동북면 진출은 장수왕대를 끝으로 퇴조하게 되며, 고구려의 남
하로 신라는 친고구려적인 방향으로 기울고 있는 반면, 백제와는 적대적
관계로 대세가 바뀌어 가고 있었다.

이 와중에 강릉지역은 삼국시대 전반기에 고구려 영역이었다가 후에
신라영역으로 존속되었던 것이다. 이 지역이 신라에 복속되었던 시기 강
릉의 지명인 하슬라에 대하여 다음의 기사를 들 수 있다.

① 명주는 본시 고구려의 하서량(何瑟羅라고도 함)인데, 후에 신라에 속
하였다. … 선덕여왕대에 소경으로 만들어 사신을 두었고, 태종 5년

---

18) 『삼국사기』卷 34~37 「지리지」에 삼국시대의 군현명을 각기 삼국의 영역별로
나누어 일괄 기록해 놓고 있다. 소백산맥 이남의 내륙지방과 동해안을 따라 경주
부근에 이르기까지의 지역이 고구려의 고지로 기록되어 있다. 이에 대한 내용은
한때 불신하기도 하였지만, 1978년 중원고구려비가 발견됨에 따라 고구려의 영
역이 이 지역까지 진출하였음을 입증해 준다. ; 卷 第3 新羅本紀 第3 訥祇麻立
干 34年 7月 條 ; 『三國史記』 卷 35 雜志 第4 地理 2 溟州條.
19) 니하의 위치 비정에 관한 의견은 아직도 의견이 분분한 상황이며 강릉시 연곡의
진고개로 보는 견해가 있다.
徐炳國,「渤海와 新羅의 國境線 問題-東海岸地域을 中心으로-」,『臨瀛文化』2,
강릉문화원, 1978, p.66

에 이곳이 말갈과 련접하므로 소경을 파하고 주로 만들어 군주를 두
고 鎭守하게 하였다.[20]

② 본래 예의 古國이다(혹 鐵國이라 칭하기도 하고, 혹은 藥國이라 칭하
기도 한다). 한무제 원봉 2년 장병을 파견하여 우거를 토벌하고 4군
을 정할 때에 임둔이었다. 고구려는 하서량(한편 何瑟羅라 씀)이라 칭
했다. 신라 선덕왕 때에 소경을 두었고, 태종왕 5년 무오에 하슬라
지역이 말갈과 연접해 있었기 때문에 소경을 파하여 주로 삼아 도독
을 두어 이곳을 진수하게 하였다.[21]

③ 강릉대도호부는 본래 예국인바 한무제 원봉 2년에 우거를 토벌하고,
4군을 정할 때 이 지역에 임둔을 두었다. 고구려는 하서량이라 하였
다.[22]

④ 본시 (강릉은) 진한의 하슬라국(또는 하서량)인데, 뒤에 신라가 취한
바 되어 하슬라군주를 두었다.[23]

　　강릉의 향토지인『임영지』연혁 조에도 비슷한 내용이 언급되고 있으
며, 위의 기사에서는 하슬라가 언제 신라에 속하였는지 분명히 알 수 없
지만, 초기 고구려의 지명으로 하서량(하슬라로도 쓰임)이라 하였다는 것
을 알 수 있다. 그런데 하슬라를 두고 예의 古國이니, 鐵國·藥國·濊國·河
瑟羅國 등의 명칭 표기에서 보면, 하슬라는 하나의 성읍국가였음을 알게
한다. 특히 삼국이 고대국가로 발전해 가는 과정에서 하슬라성에서 남진
하는 고구려와 북진하는 신라간의 충돌은 불가피한 것이었다. 가령 고구
려 태조 4년(56) 동옥저를 정벌하여 그 지역을 성읍으로 만들어 지경을

---

20)『三國史記』卷 35 志 第4 地理 2 新羅.
21)『世宗實錄』卷 153 地理志 江陵大都護府 條.
22)『新增東國輿地勝覽』卷 第44 江陵大都護府 建治沿革 條.
23)『大東地志』卷 16 江陵 沿革 條.

개척하고 동으로 경계를 창해(강릉)에까지 확대하였던 바, 이때 하슬라성은 이들의 영역에 흡수되었거나 또는 그 영향 하에 들어갔을 가능성을 확인할 수 있다.

당시의 경역개념을 적용함에 있어서 선의 개념이 아님을 유의할 필요가 있다. 다시 말해 거점 개념으로서 그 거점은 바로 성읍을 가리키는 것이다. 신라의 동북경의 거점들은 흔히 미질부·실직·하슬라·니하·비열홀성 등이 등장하고 있는데,[24] 이들 지역이 고구려와 신라의 변경이며 그 가운데 하슬라가 있었던 것이다.

신라 하슬라와의 관계를 분명하게 해주는 기사로 『삼국사기』 신라본기 내물마립간 42년(397) 7월조에 "북변의 하슬라에 한재가 있어서 흉년이 들고 백성이 기근이 심하므로 왕은 죄수들을 놓아주고 1년 동안의 세금을 면제해 주었다"는 기록이 있다. 이를 통하여 지증왕 대에 이곳에 주를 설치하기 이전에 이미 신라의 행정구역 내에 있었을 가능성도 시사하고 있다. 신라의 동북지방 경역은 매우 변경적인 성격이 강하여 소관국이 수시로 변경되었는데, 하슬라는 신라의 강력한 전술적 요충지였다. 실직주가 설치된 7년 후인 지증왕 13년(512)에 이찬 이사부로 하여금 하슬라주의 군주로 삼고 있다. 이로써 보면 하슬라 성주라는 성주에서 주의 군주로 바뀌고 있을 뿐 아니라 신라의 동북지방의 군사중심지가 되고 있음을 살필 수 있다.

신라는 새로 편입된 지역에 5京을 설치하였는데 통일 전 국원소경의 설치를 비롯하여 문무왕 때에 북원소경·금관소경이, 신문왕 때에 서원소경·남원소경이 설치되고 있다. 경덕왕 때에 종래의 국원소경을 중원소경으로 개칭함으로써 5소경이 완성되었다.[25] 경의 설치는 복속국에 대한

---

24) 방동인, 『한국의 국경획정연구』, 일조각, 1997, p.40.
25) 『三國史記』 卷 第9 新羅本紀 第9 景德王 16년 12月條 ; 5소경의 명칭이나 위치를 통해서 찾아지는 공통적인 성격은 신라의 수도인 경주를 중심으로 국토의 동·서·남·북·중에 설치되어 있다는 점과 신라에 새로이 편입된 지역이라는 것

일종의 회유책으로서 그 지역을 직접 지배하지 않고 본래의 지배체제를 그대로 두면서 신라에 소속시킨 기미형 방식으로 복속민을 회유하거나 그 지배층을 원거주지에서 옮김으로써 신라에 반항하는 세력이 형성될 수 없게 한 것이다. 또한 王京이 한반도의 동남쪽에 치우쳐 있는 결함을 보충하기 위한 배려와 새로 편입된 지역의 지방 세력을 감시 내지 견제하는 역할을 담당하기 위한 것이었다고 생각된다. 그런 의미에서 신라 5 소경은 일반 행정구획의 의미보다는 정치적·문화적 필요에서 설치된 특수행정구역이라고 할 수 있다.

이상에서와 같이 삼국시대에 번갈아가며 고구려와 신라에 속하였던 강릉의 행정구역은 신라의 변경이 삼척, 강릉, 고성, 안변 지역으로 확대되는 과정에서 군사적 중심지로서 기능하였으며, 아직까지 명확한 경계를 알 수 있는 정도의 행정구역26)은 아니었다. 어디 '근처' 내지는 '부근'이라는 부정확한 범위로 생각되어지는데 고고학적 발굴조사를 통해 그 범위나 위치가 점차로 밝혀질 것으로 기대해 본다.

『고려사』에 덕종 3년 명주성을 수리하였다는 기사27)가 있는데 그것이 이 명주성을 가리키는 것인지 아니면 후의 강릉읍성을 일컫는 것인지를 아직 정확히 알 수 없지만 태조 19년(936) 이 지역이 동원경이 되고 임영관이 설치되었던 사실로서 유추해보면 강릉읍성일 가능성이 높다. 명주성이 위치하고 있는 성산면 금산리는 자연부락 장안동, 제동, 성하 마을로 이루어져 있으며 서남으로 남대천과 연접해 있다. 금산리는 해발 158.5m의 정봉의 서쪽에 제동마을과 구동마을이 있으며 동쪽으로 해발 100m내외의 구릉을 따라 명주성이 있고 이 성을 끼고 동남쪽 마을이 장

으로, 북원소경과 중원소경은 고구려 옛 땅에, 서원소경과 남원소경은 백제 옛 땅에, 그리고 동쪽에 해당하는 금관소경은 옛 가야지역임을 알 수 있다.
26) 방동인, 앞의 책, pp.27~36 ; 임기환, 「고구려의 지방·군사제도」, 『한국사』 5, 국사편찬위원회, 2003, p.182 ; 이인철, 「신라의 지방·군사제도」, 『한국사』 7, 국사편찬위원회, pp.193~216.
27) 『高麗史』 卷82 志36 兵2 城堡 條.

안동이고 성의 북쪽 아래에 성하(城下)마을이 있다.

성의 동쪽으로 낮은 곳에 영동대학이 있으며 장안동 마을입구에 溟州郡王古都記蹟碑가 있다. 마을의 자연마을 이름을 살펴보아도 명주군왕 김주원이 이곳에 도읍을 정한 것으로 짐작되며 그 시기를 전후해서 축조된 것으로 여겨진다. 명주성[28]과 관련한 인물을 든다면 당연히 김주원을 들 수 있는데 여러 지리지의 기록들이 왕위경쟁에서 밀려 강릉으로 온 것을[29] 말하고 있다.

> 신라 무열왕의 후손인 선덕왕이 후사가 없이 죽자, 군신들이 진의태후의 명을 받들어 주원을 왕으로 세우고자 하였으나 상대등 경신이 먼저 입궁하여 왕위에 올랐다.[30]

신라의 경덕왕 16년(757)에 9주군현을 설치하면서 하서주는 명주로 개명되었다. 원성왕 2년(786) 김주원은 왕위계승 경쟁에서 상대등이었던 김경신(원성왕) 세력에 의해 밀려나 중앙에 거주하지 못하고 명주에 오게 된다. 명주지역에는 원래 김주원의 장원이 있었고 이와 연결된 친족 공동 세력이 있었으며 이를 기반으로 김주원은 중앙과 대립하는 독립적인 세력을 형성하였다. 이런 연유로 김주원은 명주군왕이라고 칭해졌으며, 그 뒤 명주도독은 대대로 김주원의 직계손들에 의해 세습되었다. 김주원 세력은 고려시대까지 유지되고 있었으며 후삼국시대 명주호족의 대표격인 김순식도 이에 속한다.[31] 이러한 정황으로 보아 명주성은 통일신라 말기에 읍치의 城으로 한 때 역할 하였을 것으로 짐작된다.

『삼국사기』에 '하슬라성주'라는 기록이 있는 것으로 보아[32] 김주원이

---

28) 文化財管理局, 『文化遺蹟總覽』 江原道編, 1977, p.353.

29) 『三國史記』 卷10, 新羅本紀 10, 元聖王 元年條.

30) 『東國輿地志』 卷7, 江陵條.

31) 방동인, 「명주도독 치폐소고」, 『임영문화』 3, 1979, p.30. ; 『東國輿地志』 卷7 流宮條

강릉에 오기 전에 이미 이 지역을 중심으로 오래된 성이 있었던 것으로 짐
작된다. 그리고 김주원이 이 곳에 오면서 명주성은 고성에서 울진에 이르
는 넓은 지역을 관할하던 명주 도독성 즉 고읍성의 역할을 했던 것 같다.
『중수임영지』의 기록을 살펴보면 다음과 같다.

> 강릉부 서쪽 10리 되는 곳에 있었으며, 돌로 쌓은 성으로 둘레는 3,000
> 보나 되었다. 이 기록을 살펴보면 신라 경덕왕이 지방을 분할하여 9주를 설
> 치할 때 하서부를 명주로 개명하였는데 대체로 영해의 큰 도가 되었다. (중
> 략) ‘명주성溟洲城’ 3자가 새겨져 있는 유물이 발견되었으니 이로 보아 성산
> 이 명주성이 있었던 곳이 확실하며 의심 할 수 없게 되었다. 산기슭을 감싸
> 안으니 서북은 높고 동남은 낮았다. 주위의 성곽둘레는 지금 강릉부의 성
> 과 이어지면서 뻗어 서로 비등하고 가운데에 상.하동이라는 마을이 있으니
> 지금 이르기를 상장안, 하장안이라고 하며 장안이란 지명은 명주군왕 김주
> 원이 여기를 도읍으로 정하면서 붙여진 이름인 듯 싶다.[33]

이 기록에서 대체로 명주성과 김주원의 관계를 기록하고 있으며, 그
이후의 사항에 대한 언급이 없는 것으로 보아 명주성의 정확한 변천은
알 수 없으나, 삼국경쟁기에 고구려와 신라의 접경지역으로 먼저는 고구
려 영역이었다가 후에 신라의 영역으로 사용되었으며 신라말 김주원의
명주군왕성의 시기를 거쳐 고려 초기까지 명주호족세력의 근거성이었던
것으로 추정된다. 또한 위의 기록은 명주성의 위치를 비정하고 있으며 강
릉읍성과 비등한 면을 언급하고 있는 것으로 보아 고려, 조선시대에 읍치
로의 기능은 소멸되었으나 한때 읍성과 관련하여 활용되었을 가능성도
시사하고 있다. 『고려사』에는 언급이 없지만 철종 때 김정호에 의해 편

---

32) 『三國史記』 卷3, 新羅本紀, 訥祗痲立干 34年 7月條. 高句麗邊將獵於悉直之原
何瑟羅城主三直出兵押殺之麗王聞之怒使來告曰, 孤與大王修好至歡也. 今出兵
殺我邊將是何義耶乃興師侵我西邊王卑辭謝之乃歸.

33) 『增修臨瀛誌』 城池條.

찬된 전국지리지인 『輿圖備志』에서 고려 덕종 3년(1034) 명주성을 보수했다는 기록34)은 자세한 사항을 알 수는 없지만 그 가능성을 찾을 수 있는 것이다.

또한 몇몇 기록35)에서 보이는 '명주성'이 '강릉읍성'을 일컫는 다고 단정할 수 없는 상황에서는 고려시대 일정기간 명주성과 강릉읍성이 동시에 활용되기도 하였을 것으로 추정된다. 명주성은 금산리 장안동 북쪽 구릉을 정점으로 그 남동방향의 소곡지를 둘러싸는 성이다. 이 곡지의 고도는 해발 100m내외의 낮은 지역이지만 그 입구가 좁고 성벽의 바깥부분은 대부분 급사면을 이루고 있다. 남동쪽 방향에는 남대천 북변 충적지가 북동에서 남서로 발달되어 있다. 성의 전체 둘레는 약 2km정도이고 성내에는 수개의 건물지가 있으며 조선시대의 것으로 보이는 자기편과 많은 와편이 산재해 있다. 이곳에서 '溟州城'이라 새겨진 와당이 수집36)되었다는 기록이 있으며, 이는 신라 말에서 고려 초기에 이르는 동안 한 시대의 읍치였음을 알려주는 것이다. 신라 말부터 각 지방에 호족세력이 세거했던 시기에 재지세력(강릉김씨)과 관련한 성곽으로 파악된다. 그러나 많은 인구가 거주할 수 있는 여건이 아니므로 지역을 다스리는 읍치의 성격으로만 한정되었을 것으로 추정된다. 또한 지형적 고려에서 예국고성에 읍치를 두고 명주군왕의 별저가 있는 성곽이었을 가능성도 추정해 볼 수 있다.

신라는 6세기 후반부터 이미 주군현제를 실시하고 있었고, 삼국통일 이후에는 중국식으로 행정체계를 갖추고 전국을 9주로 정비하였다. 즉, 삼국통일을 계기로 확대된 영토에 주가 증설되고, 그 성격도 또한 차츰

---

34) 『輿圖備志』 권3, 江陵大都護府 武備條 ; 高麗德宗三年修溟州城今未知何城.

35) 『輿圖備志』 권3, 江陵大都護府 武備條에 고려 명종24년(1194) 金沙彌의 난과 관련한 기사에서도 '명주성'이 언급되었고, 『增修臨瀛誌』 古事條에 고려 고종4년(1217) 거란 침입시 '명주성'이 함락되었다는 기사가 있다.

36) 『江原道誌』 卷3, 古蹟條 ; 臨瀛誌增補發刊委員會, 『臨瀛江陵溟州誌』, 1975, p.217.

변화되었다. 무열왕 때부터 시작된 신라의 통일사업은 문무왕 때에 이르
러 원산만과 대동강을 잇는 이남 지역을 확보하는 수준의 통일을 이룩하
게 되었으며, 무열왕·문무왕을 거쳐 신문왕 때까지 지방조직을 정비하여
신문왕 5년(685)에 9주제를 완비하게 된다.[37] 이른바 통일신라의 9주는
원래의 신라지역에 사벌주(상주)·삽량주(양주)·청주(강주), 옛 고구려 지
역에 한산주(한주)·수약주(삭주)·하서주(명주), 옛 백제 지역에는 웅천
주(웅주)·완산주(완주)·무진주(무주)를 각각 설치하였다.[38] 경덕왕 16년
(757)의 9주의 군은 117, 현은 293으로 나타나 있다. 그 가운데 하서주(강
릉)는 속군이 9군, 속현이 25현 이었다. 9주의 하나인 명주는 이른바 하
서주에 편성되어 있었다.[39]

신라의 서북경은 분명하게 되어 있지만, 동북경에 대하여는 명문화된
것이 없기 때문에 불분명하며, 동북경의 경계설정이 강릉지역의 泥河였
다는 사실에 주목하게 된다. 명주는 전술한 바와 같이 고구려의 영토가
된 후에는 하서량 또는 하슬라주라 칭해졌다가 적어도 내물왕대에는 신
라에 귀속되어 실직(삼척)과 더불어 변경의 요새지로 중시되었다. 강릉지
역이 신라 정치사에서 중요하게 되는 것은 중앙정계에서 물러난 김주원
이 이곳에 낙향하면서부터이다.

먼저 김주원의 가계는 신라통일의 대업을 이룬 태종 무열왕계이다. 무
열계를 대표하는 김춘추는 선덕·진덕여왕 재위 연간에 가야 왕실 후손인
김유신과 결탁하여 새로운 정치세력을 형성하고 마침내 비담·알천 등의

---

37) 방동인, 위의책, pp.38~39 ; 이인철, 「통일신라의 지방·군사제도의 재편성」, 『한
국사』 9, pp.128~152.
38) 『三國史記』 卷 第8 神文王 5年 居列州(晋州) 分立 菁州條.
39) 『三國史記』 卷 第8 神文王 5年條, 卷 第35 雜志 第4 地理2.
溟州(何西州)의 9속군, 25속현은, 溟州(강릉-속현은 旌善縣, 棟隄縣, 連谷縣, 洞
山縣), 曲城郡(속현 緣武縣), 野城郡(속현 眞安縣, 積善縣), 有鄰郡(속현 海阿
縣), 蔚珍郡(속현 海曲縣), 奈城郡(속현 子春縣, 白烏縣, 酒泉縣), 三陟郡(속현
竹嶺縣, 萬卿縣, 羽谿縣, 海利縣), 守城郡(속현 童山縣, 翼嶺縣), 高城郡(속현 豢
猳縣, 偏嶮縣), 金壤郡(속현 習谿縣, 隄上縣, 臨道縣, 派川縣, 鶴浦縣)이다.

기존의 상대등 세력을 누르고 왕위에 등극하였다. 무열왕은 문무왕을 비
롯하여 10남 2녀를 두었는데, 김주원의 가계는 武烈王-文王-大莊-思
仁-惟正-周元으로 이어진다.[40] 무열왕대부터 경덕왕 대에 이르기까지
김주원의 직계인 문왕·대장·유정은 시중을, 사인은 상대등을 각각 역임
하였다. 그러나 무열계의 왕통은 효성왕·경덕왕을 지나 혜공왕에서 단절
되었으며, 방계인 선덕왕을 끝으로 왕위를 잃게 된다.

신라 왕위 계승의 이러한 변화는 김주원 가계의 변화와 병행되었다.
그 가계의 변화는 사인과 유정 대에서 나타난다. 부자간인 이들은 유정
이 경덕왕 3년(744)에 시중에 임명되었고, 아버지인 사인은 다음해 상대
등에 임명되었다. 그러나 사인의 상대등 임명은 당시 그 정치력이 약화된
상대등이었다. 그런데 사인이 상대등에 임명되던 해에 아들 유정은 천재
지변에 대한 책임을 지고 시중에서 물러났고, 사인 또한 조정여론으로 물
러났다. 즉 부자가 모두 관직에서 물러나면서 정치적으로 약화되었던 것
으로 보인다. 이는 김주원이 명주로 낙향하게 되는 정치적인 배경과도 무
관하지 않을 것이라 생각되며 낙향하게 되는 계기는 신라 37대 선덕왕이
죽은 후 왕위계승 과정에서 찾아볼 수 있다.[41]

신라하대의 신라조정은 각지에서 일어나는 반란군을 진압할 정규군의
기능을 발휘하지 못하게 된지 이미 오래 되었으므로 지방의 각 군현에서
는 스스로 이를 방어하지 않으면 안되었다. 이리하여 군태수나 현령들은
독자적으로 사병을 길러서 성주 또는 장군이라 칭하고 점점 중앙정부의
명령계통에서 벗어나는 경향을 띠게 되었다.[42] 명주는 신라하대에 들어
와 왕위 계승전에서 패배한 김주원 세력이 이곳으로 낙향하면서 독자적
인 세력 기반을 형성하였고, 신라왕실과 보이지 않는 갈등을 일으키기도

---

40) 江陵金氏大宗會,『江陵金氏千二百年史』第1輯, 강원일보사, 1990, pp.380~382.
41)『三國史記』卷 10, 新羅本紀 元聖王 元年條 ; 卷 2, 紀異 2 元聖大王條.
42) 최근영,「후삼국 성립배경에 관한 연구」,『국사관논총』26, 국사편찬위원회,
    1991.

하였다. 그것이 겉으로 표출된 것이 김헌창과 범문의 난이었다. 그러나 이들 반란이 실패로 돌아감으로써 김주원계 세력도 상당한 타격을 입게 되었다.

이후 명주는 진성여왕대의 농민봉기를 거치면서 궁예의 세력권 안에 들어가게 되었다. 즉 진성여왕 6년(892) 북원의 양길로부터 군사를 나누어 받은 궁예는 동정을 개시하여 주천(영월)·내성(영월)·울오(평창)·어진(울진) 등을 거쳐 동왕 8년(894)년에는 명주에까지 이르렀다. 강릉을 장악한 궁예는 저족(인제)·성천(화천)·부약(금화)·금성·철원 등을 정복한 후 왕을 칭하고 내외의 관직을 설치하였고, 고려라는 국호를 정하였다. 이후 왕건 부자의 귀부를 받은 궁예는 서쪽과 남쪽 방면으로 진출하여 공주에서 영주를 잇는 선의 이북 지역을 거의 차지하여 큰 세력으로 성장하였다.[43]

왕건이 즉위한 후 궁예가 정치적 기반으로 삼았던 청주나 궁예의 지지 세력이었던 지역의 호족들은 반역을 도모하거나 지리적으로 인접한 후백제와 내통 또는 귀부하는 현상이 나타나게 되었다. 태조는 호족들을 회유·포섭하기 위하여 여러 도의 호족에게 사절을 보내 친화의 뜻을 표하고 귀부하여 오는 자들에게 특별한 대우를 해 주었다. 그는 여기에 그치지 않고 지방의 유력한 호족 내지 호족출신 관료의 딸과 혼인함으로써 그들과의 결합을 굳게 하려 하였다. 혼인정책과 더불어 王姓을 하사하여 의제 가족적인 관계를 맺음으로써 연합을 굳게 하려고 하였다.[44]

당시 강릉지역을 지배하고 있었던 세력은 모두 진골 출신이었다. 그 뒤 강릉세력은 일찍부터 궁예에게 적극적으로 협조하여 궁예가 독자적인 세력을 구축하는데 지지기반이 되었고, 그 뒤 국가를 세우는데 크게 공헌

---

43) 『三國史記』卷11, 新羅本記 第 11 眞聖王 5年 10月 條, 12 孝恭王, 神德王, 景明王 條, 列傳 第10 弓裔 條.
44) 김기덕, 「고려시기 왕실의 구성과 근친혼」, 『국사관논총』 49, 국사편찬위원회, 1993.

하였다. 그리고 궁예가 축출되고 왕건이 왕위에 오르자 강릉세력은 왕건
에게 불복하고 있었다. 왕건은 순식을 포섭하기 위해 시랑 권설의 건의에
따라 당시 내원의 승려로 있던 순식의 부 허월을 강릉에 파견하였다. 이
에 대해서는 다음의 기사를 통해 알 수 있다.

> 가을 7월에 명주장군 순식이 내항하였다. 일찍이 순식이 항복하지 않음
> 을 근심하니 시랑 權說이 말하기를 '아버지가 아들에게 명령하고 형이 아우
> 에게 훈계하는 것은 천리입니다. 순식의 아비 許越이 지금 중이 되어 내원
> 에 있으니 마땅히 그를 보내어 타이르도록 하소서' 하였다. 왕이 권설의 말
> 에 따르니 순식이 드디어 맏아들 守元을 보내어 귀순하였으므로 왕씨의 성
> 을 내려주고 전택을 주었다.45)

태조 5년에 순식은 수원을 통해 귀부 의사를 밝혔던 것이다. 이때 태
조는 왕도에 오른 수원에게 왕성을 하사해 주고 전택을 주는 특별대우를
해주었다. 아마도 왕성의 하사는 이때부터 비롯된 것이라 이해된다. 그런
데 태조 5년에 왕순식이 귀부의사는 일단 밝혔으나, 그의 親朝는 그로부
터 5년 후인 태조 10년(927)에 그의 아들 長命에게 군사 600인을 주어 왕
건의 숙위를 담당하게 하였고, 이듬해에 와서야 그 무리들을 이끌고 친조
하였다. 이에 태조는 그와 小將 官景에게 왕성과 관계를 수여해주고, 그
아들 長命에게는 廉이란 이름을 하사하였다. 이때 왕순식에게 수여된 관
계는 대광이었다. 대광은 살아있는 인물에게 주었던 관계 중 최고위였다.
태조 대에 대광의 관계를 수여한 예는 재경세력 중에는 몇몇 있으나 지
방세력 중에서는 왕순식 혼자였다. 이런 점으로 보아 당시 왕순식의 위치
가 지대하였음을 알 수 있다. 그는 오랫동안 불복하다가 나중에 고려에
귀부하여 왕건으로부터 사성 수관하는 등 극진한 대우를 받았고 후백제
를 공멸할 때는 부하장병을 인솔하고 회전하는 등 활약이 컸다. 태조는

---

45) 『高麗史節要』 卷 1 太祖 5 年條.

王乂를 포섭하기 위해 그의 딸을 비(大溟州院夫人)로 맞아들이는 한편, 왕 예를 내사령으로 임명하였다. 왕예는 태조 19년 후백제 공멸 시에는 왕 순식과 함께 참전하기도 하였다. 라말여초의 수 세기 동안 강원도와 경상 도 지역에 이르는 동해안 지역 명주호족의 영향력은 중앙정부에도 부담 스런 존재였다고 할 수 있을 만큼 막강한 것이었다.[46]

신라의 수도가 경주에 자리함으로써 영동지방의 일방통행적인 도로교 통과 남북으로 길게 뻗은 동해의 해안선은 그 자체가 변경적인 성격을 띠는 것이다. 이후 명주는 군사적 중심지로서의 역할을 수행하다가 잠시 小京으로 바뀌었다가 다시 하서주가 되었다. 결국 당시 명주는 행정적, 군사적 중심지로서의 기능이 확대 강화된 위상을 가졌던 것이다.

통일신라의 지방행정 체계는 말기에 이르면서 문란해졌지만, 후삼국 시대를 지나 고려조 초기에 이르기까지 그 근간이 유지되었으며, 강릉의 행정구역 체계는 통일신라의 9주제 내에서 명주라는 대읍의 존재가 계속 되었으며, 주의 치소가 있었던 광역행정구역의 수도였으며, 군사적으로는 지역 사령부가 있었던 곳으로 판단된다.

고려의 군현제는 전국을 도와 계로 크게 나누고, 그 안에 경·도호부· 목을 위시하여 군·현·진 등을 설치하였다. 도는 일반 행정구획으로서 경 우에 따라 증감이 있었으나 뒤에 5도로 되었다. 이에 대해 북방의 국경지 대에는 북계·동계의 양계를 설치하였는데 이는 군사적인 특수지역이었 다. 그러므로 각기 5도와 양계의 지방장관으로 임명되는 안찰사와 병마 사는 그 임무에 차이가 있었다. 또 도에는 군·현이 설치되었으나, 계에는 원칙적으로 진이 설치되는 점이 달랐다.[47]

고려초기에는 주·부·군·현이 각기 토착적인 호족의 자치에 일임되고

---

46) 김정숙, 「김주원세계의 성립과 그 변천」, 『백산학보』 28, 1984, pp.190~191.
47) 김남규, 『고려양계지방사연구』, 새문사, 1989, pp.30~39 : 이기백·민현구, 『사
료로 본 한국문화사』 고려편, 일지사, 1984, pp.23~28 : 박성봉, 「고려귀족사회
의 시련의 극복과 체제의 정비」, 『한국사』 12, 국사편찬위원회, 2003, p.213.

중앙에서 수령이 파견되지 못하는 상태에 놓여 있었다. 태조는 다만 서경을 경영함으로써 왕실기반을 보완하거나 군사상의 목적으로 진과 도독부·도호부 등 특정지역을 경영하였을 뿐이다. 태조가 왕에 오른지 불과 석 달 만에 착수하였던 서경에 대한 경영은 처음에는 북방민족에 대한 국방상의 의의가 강조되었다. 군사상의 요충지나 왕실의 기반이 되는 서경과는 달리 호족의 지배력이 강한 지역에 대한 조치로는 태조 23년(940)에 주·부·군·현의 칭호를 고친 것을 들 수 있다.[48] 그 해의 지방제도 개편의 특징 중 하나는 대소 읍격에 관계없이 주가 많이 생긴다는 것이다. 태조 때의 지방통치 조직은 크게 호족의 지배력이 강한 지역인 주·현 지역과 군사상의 요충지역인 진·도호부·도독부 지역, 그리고 왕실세력의 기반이 되는 서경지역으로 각각 차이가 있었다고 보아야 할 것이다.

고려시대 지방제도가 본격적으로 정비되기 시작한 것은 성종대이다. 성종 이전에는 아직 외관이 파견되지 못하고 금유今有·조장組藏 등 사자로 하여금 조세를 거두게 하였을 따름이었다. 성종 2년(993)에 12목을 설치함에 따라 상주하는 지방관이 지방에 대해 본격적으로 통제하기 시작하였다. 12목 설치 이후 고려에서는 몇 차례에 걸쳐 보완 조치를 취하였는데, 다시 크게 개편되는 것은 성종 14년(995)의 일이다. 이 때 단행된 지방제도 개편의 특징은 지방행정 조직을 절제사제로 바꾼데 있다. 성종 2년부터 실시된 12목에 절도사를 두어 12절제사제로 바꾼 것이다. 이것은 단순한 명칭상의 변경이 아니라 군사적인 면이 크게 강조된 것이라 하겠다. 그러나 이 조치는 10년 후인 목종 8년(1005)에 12절도사와 4도호부, 동서 북계 방어진사·현령·진장만을 두고, 나머지 관찰사·도단련사·단련사·자사 등이 모두 폐지되는 점으로 미루어 보아 실제 행정면에서 큰 성과를 거두지 못한 것으로 보인다. 그 후 성종 14년(995)에는 전국을 10도, 그 관하에 580여 주군 혹은 주현진으로 개편하고, 12목에 절도사

48) 박종기, 「고려태조 23년 군현개편에 관한 연구」, 『한국사론』 19, 1988

를 파견하였으며, 그 밑에 도단련사 7·단련사 11·자사 15 곳을 설치하여 군정적인 절도사 체제로 개편하였다.[49]

그 뒤 몇 차례의 개편 과정을 거쳐 현종 9년(1018)에 일단락을 지었다. 현종 대 지방제도의 정비는 고려 일대의 지방제도의 기본구조가 마련되었다는 점에서 매우 중요한 의미를 지닌다. 그러나 현종대의 지방제도 정비는 현종 9년 일시에 이루어진 것은 아니었다. 이미 현종 초부터 지방제도의 개편이 추진되고 있었다. 즉 현종 3년 정월에 성종 14년 이래 지속되어 오던 12절도사를 폐지하고 그 대신 5도호·75도안무사를 설치하였다. 현종대의 지방제도 개편은 현종 9년에 대폭적으로 개편되었다. 즉 이해 2월에 여러 도의 안무사를 파하고 4도호·8목을 두었으며, 그 아래 56지주군사·28진장·20현령을 설치하였던 것이다. 이와 같은 개편 결과 고려의 지방제도는 4도호 8목을 중심으로 그 아래에 중앙에서 지방관을 상주시키는 56개의 주·군, 28개의 진, 20개의 현으로 편성되었다. 그것이 고려 일대의 지방관제의 기본구조를 이루게 되었다는 데에 큰 역사적 의의가 있었던 것이다. 『고려사』 지리지에 제시되어 있는 고려시대의 지방 행정 기구는 현종 9년에 개정된 지방제도를 그대로 나타내고 있는 것이다.

고려의 군현제도는 대읍 중심의 군현제를 바탕으로 하고 있었다. 여기에 국가는 다수의 주·읍들을 통일적으로 파악 통제할 수 있는 조직으로서 도제와 계수관을 중심으로 한 안찰사제도를 시행하였다. 고려왕조의 계수관은 시대에 따라 증감이 있기는 하였으나, 대체로 3경·4도호부·8목 등의 외관이 그 기능을 담당하였다. 이것은 전국의 영역을 14~15개의 행정구역으로 나누어 통치하기 위한 것이었다.[50]

---

49) 『고려사』 권58 지12, 지리 3 東界 條.

50) 『高麗史』 卷75 志29 選擧3 銓注選用守令, 顯宗 9年 2月 條 ; 지방통치체제의 정비(1018)와 함께 지방수령이 지켜야 할 6조목이 정해졌다. 백성의 근심 괴로움을 살핌. 향리의 능력 여부를 살핌. 도둑놈과 간사하고 교활한 자를 살핌. 백성의 위법을 살핌. 백성의 효성, 우애,청렴,결백을 살핌. 향리의 부세와 재정 낭비를 살핌.

고려시대에는 모든 주·부·군·현에 외관을 파견한 것이 아니라 중요한 지역에 한하여 배치하였다. 고려의 지방은 외관이 파견된 영군·영현과 그들이 파견되지 아니한 속군·속현이 있었다. 따라서 지방관이 없는 속군·속현은 주군·주현을 통해 간접적으로 중앙과 연결될 수밖에 없었다. 이처럼 고려의 군현제는 외관을 기준으로 구성되어 있다는 점이 하나의 특징을 이루고 있다. 그러므로 군·현의 크기가 문제된 것이 아니라 중앙관이 파견되는 주군·주현이 되느냐, 그렇지 않으면 지방관이 없는 속군·속현이 되느냐 하는 것이 더 중요하였다. 그리고 군·현 아래에 향·소·부곡과 장·처 등의 특수 행정조직을 두고 있었다. 이들 속현과 부곡 영역은 주현을 통하여 간접적으로 지배하였다.[51]

명주는 태조 19년(936)에 동원경이 되었다가, 통일을 완수한 태조 23년(940)에는 다시 명주로 환원되었다. 이후 성종대에 와서는 명주는 네 번에 걸친 빈번한 개명을 거듭하였다. 성종 2년에 하서부라 했다가 5년에는 명주도독부로, 11년에는 다시 명주목이 되었다. 또 동왕 14년에는 다시 주가 되어 단련사가 설치되었다. 단련사가 임명된 곳은 삭방도와 관내도였는데, 이들 지역은 대체로 동계로 편입되는 곳이므로 거의 방어사에 준하는 군사적 기능을 가지고 있었다고 본다. 그 후 원종 원년(1261)에는 몽고의 침입 시에 국왕을 보필한 공신 김홍취의 고향이라 하여 명주를 경흥도호부로 승격시켰다.

충렬왕 34년(1308)에 강릉부로 되었다가, 공민왕이 즉위하면서 왜적의 침입이 빈번히 나타나자 강릉부에 김유를 강릉도병마사에 임명하였다. 공민왕 13년(1364)에는 여러 도의 자제를 뽑아 8위에 보충시켜 상번케 하였으나 강릉도의 자제만이 그 도에 주둔케 하여 동북면을 방위토록 하였다. 이점으로 보아 일반적으로 양계의 군사지역에서 일반행정도로 편제된 후에도 강릉도는 변경으로서 그 군사적 역할이 컸다고 하겠다. 즉,

---

51) 하현강, 「고려의 지방통치조직의 정비와 그 구조」, 『한국사』 13, 국사편찬위원회, 2003, pp.159~178.

고려시대 강릉은 태조23년(940) 명주, 성종2년(983) 하서부, 성종5년(986) 명주도독부, 성종11년(992) 명주목, 성종14년(995) 삭방도, 명종8년(1178) 연해명주도, 원종 원년(1261) 경흥도호부, 충렬왕34년(1308) 강릉부 등으로 읍호가 변천되었으며, 공민왕 13년(1364) 강릉지역의 자제를 지역에서 주둔토록 한 것을 보면 5도 양계의 고려시대 행정체제가 해체되는 것은 고려 우왕 이후로 보는 견해도[52] 있으며 강릉의 행정편제는 동북면지역에 위치한 군사적 의미를 완전히 청산할 수 없는 것이었다고 판단된다. 그 후 공양왕 원년(1389)에는 강릉부를 강릉대도호부로 승격하고 별호를 임영이라 하였다.

　고려시대는 여진, 계단, 몽고, 합단, 왜구 등의 외침[53]이 특히 많았던

---

52) 하현강, 앞의 책, p.177.
53) 여진족은 시기에 따라 肅愼 혹은 靺鞨 등으로도 불리었는데, 크게 만주 吉林城 동북지방에 거주하는 生女眞과 그 서남에 거주하는 熟女眞의 두 갈래로 나뉘어져 있었다. 전자는 대개 거란의 지배권 밖에서 산만한 부락생활을 하였으며, 후자는 대체적으로 거란에 복속되어 있었다. 羅末麗初에 이르러 이들은 함경도 일대와 서북으로 압록강 南岸 및 평북 일대까지 흩어져 살게 되었다. 고려에서는 동북 방면의 여진을 東女眞 혹은 東蕃이라 하고, 서북방면의 여진을 西女眞 혹은 西蕃이라 불렀다.
『臨瀛誌』古事條에 제천 박달재에서 도망한 거란병이 대관령을 넘어 溟州城을 함락하고 수개월에 걸쳐 인민을 대량 학살하였으며, 가축 도살과 가옥을 燒却하는 등 온갖 만행을 저질렀다. 그리하여 江陵府民은 山城에 피난했다가 화를 입기도 하였고, 배를 타고 武陵島(울릉도) 방면으로 가다가 바다에 빠져 죽기도 하였으며, 일부는 旌善에 가서 굴 속에 피했다가 굶어 죽었다는 기록이 있다.
몽고침입 시에는 고종 40년(1253) 8월 14일 몽고군 동군의 주력부대가 삼양·양덕을 통과하여 和州를 함락시킨 다음 다시 별동대를 편성하여 安邊-通川-高城-杆城-襄陽-江陵에 이르는 동해안 여러 읍을 약탈하도록 하였다. 이에 따라 동군의 별동대는 8월 중순부터 10월 1일까지 고려군과의 악전고투 끝에 안변성을 공략하고 10월 21일에는 양양을 거쳐 10월 하순에는 강릉까지 내침하였다. 『高麗史』卷43, 世家43 恭愍王 21年 6月 辛巳條. ; 倭寇江陵府及盈德德原二縣 ; 卷125, 列傳28 姦臣1 李春富 ; 『高麗史節要』卷29, 恭愍王 21年 6月條 ; 『臨瀛誌』古事條 ; 『高麗史節要』卷31, 禑王 6年 9月條.
일본의 해적집단으로 고종(1213~1259) 때부터 출몰하였으며, 본격적으로 창궐

시대이다. 이러한 외침들 속에서 강릉지역도 예외일 수 없었다. 강릉지역의 행정체계는 군사적 성격이 강할 수밖에 없었으며 공양왕 원년 강릉부에서 강릉대도호부가 된 것도 이와 무관하지 않다. 고려 초기 중앙정부의 지방위무정책으로 우대되었던 시기를 지나 성종 대에 비로소 지방행정체계를 갖추게 되었으며, 고려시대 내내 외침의 시기에 군사적 역할이 더욱 확대된 행정구역 체계였다고 할 수 있다.

고려시대까지는 엄밀히 말해서 일원적 행정체계를 유지하지 못하였으며, 지방의 행정체계는 모두 군사체제라고 할 수 있는 시기였다. 또한 지방에 수령이 확실히 파견되어 정무를 살피는 것이 일체를 이루지 못하고 산발적으로 행해졌으며 지방은 재지세력의 거점으로 존재하였다고 할 수 있다. 결국, 고려시대의 강릉은 동계에 편입된 군사지역으로 앞 시대와 같이 명주로 불렸으며 전시기에 걸쳐 지방관이 파견되었던 것은 아니었던 것으로 판단된다.

고려 말 사실상의 정국 주도권은 이성계를 비롯한 신흥세력이 장악하고 있었다. 이러한 상황에서 우왕과 창왕의 폐위는 신왕조의 건국을 위한 포석으로, 구세력의 제거작업으로서의 성격을 갖는 것이었다. 신흥세력은 급기야 폐위당한 두 왕에게 참수형을 내리고 있으니, 공양왕 원년 강릉에 유배되었던 우왕과 강화에 유배되었던 창왕은 각각 배소에서 참수형에 처해졌다.[54]

고려 말 이와 같은 정국변화의 추이 속에서 비록 지정학적으로 그 가

하게 된 것은 충정왕 2년(1350) 이후였다. 왜구의 규모는 경우에 따라 130척, 200척, 500척 등으로 이루어졌으며,, 적은 경우에는 20척 내외의 船團을 이루기도 하였다. 왜구는 간단한 무장밖에 하지 않았지만, 배를 타고 다니며 수시로 각지의 해안에 상륙하여 촌락을 습격하여 침탈행위를 하였다. 왜구들이 침입하여 약탈하고자 한 주된 목표물은 米穀이었다. 저들은 극도로 심화된 식량난을 약탈로써 보충하려고 했던 것이다. 왜구들이 주로 租穀을 모아놓은 漕倉과 그것을 운반하는 漕運船을 습격한 것은 그 때문이었다.

54) 『高麗史』 卷45 世家45 恭讓王 元年(1389) 王曰 ; "禑多殺無辜宜其自及." 命知申事李行下旨遣政堂文學徐鈞衡于江陵誅禑藝文館大提學柳珦于江華誅昌.

장자리에 위치하고 있었던 강릉이었지만, 우왕의 유배지로 결정됨으로써 이러한 정치적 동향은 지역사회에 크게 영향을 미쳤다. 폐왕 우의 배소가 강릉으로 정해지면서 기존의 강릉부 재지세력은 동요하였으며, 중앙정국의 변화의 추이에 촉각을 세우지 않을 수 없었으며, 고려의 마지막 군주였던 공양왕이 강원도로 유배됨으로써 재지세력의 이 같은 입장은 더욱 압박을 받을 수밖에 없었다.

공양왕은 비록 이성계를 중심으로 하는 신흥세력의 추대로 왕위에 올랐다고는 하지만, 공양왕 2년 5월에는 이색을 중심으로 하는 구세력의 대부분이 구속되고, 이어 신흥세력은 사전혁파와 삼군도총부제를 축으로 하는 군제개혁을 주도함으로써 그들의 입지를 더욱 강화시켜 가고 있었다.[55] 이러한 상황에서 공양왕 4년 3월 명나라에 갔던 세자 奭의 귀환을 환영하기 위해 해주에 갔던 이성계가 낙마하여 다치게 되는 사건을 계기로 빚어졌던 신흥세력과 정몽주를 중심으로 하는 왕실세력간의 갈등으로 정몽주가 살해되면서 공양왕은 고립무원의 상태에 놓이게 되었다. 그 후 우시중 배극렴이 대비로부터 공양왕을 폐하는 교서를 얻어냄으로써 공양왕은 비빈과 세자와 함께 원주로 밀려 났다. 이어 공양왕은 간성으로 배소가 옮겨지면서 공양군으로 봉해졌고, 다시 삼척부로 옮겨졌다가 태조 3년 4월에 삼척부에서 교살되었다.[56]

이와 같이 강릉을 중심으로 하는 영동지방이 여말선초의 정국의 변화 속에서 고려말 왕씨의 일족이 강릉을 중심으로 하는 영동지방에 유배됨으로써 향촌사회 재지세력의 동향을 가르는 큰 변수로 작용하고 있었다. 이러한 정치사회적 배경 하에 고려의 행정체계는 초기 이래의 이원적인 체계에서 도관찰출척사가 편제되면서 민정장관으로서의 성격을 띠는 일

---

55) 『高麗史』 卷82 兵志2 宿衛, 恭讓王 2年 2月 條 ; "三軍摠制府閣所統兵 分番宿
    衛". 卷119 列傳 鄭道傳 條.
    尹薰杓, 『麗末鮮初軍制改革研究』, 혜안, 2000, pp.158~162.
56) 『太祖實錄』 卷5 3年 4月 17日(丙戌)條

원적인 행정체계를 이루게 되며, 이 같은 지방행정편제는 조선조의 도제로 이어져 태종 대에 팔도체제가 확립되었다.[57]

---

57) 이수건, 「조선전기의 지방통치체제」, 『한국사』 23, 국사편찬위원회, 2003, pp.128~135.

제2절 근세 강릉의 읍치 변천

강원도는 태조 4년(1395)에 지금의 명칭으로 확정되었다. 태조 3년 7월 도평의사사에 의해 강릉교주도를 강원도로 도명을 개정하자는 개정안이 제시되었고 이 개정안은 동왕 4년 6월에 확정되었다.[58] 강원도는 태조 4년에 관찰사를 설치하고 원주에 감영을 둔 이래 조선 후기까지 계속되었다. 다만 강원도 관찰사는 세종 30년(1448)과 중종 14년(1519)에 겸목법의 시행으로 원주목사를 겸하였으며, 영조 36년(1760)부터 조선 후기까지 줄곧 감영의 소재지인 원주의 목사를 겸하였다.

태종 4년(1404)의 기록에서 확인되는 강원도의 규모는 경작지가 59,989결, 호수가 15,879호, 인구가 29,238명으로 파악되고 있다.[59] 아울러 동년 10월의 기록에서 강원도는 삼남지방에 비하여 田地가 척박하여 곡물의 결실이 타도에 미치지 못하고 있음이 지적되고 있다. 이어서 동왕 13년에는 가평을 경기도에 이속시키고 경기도에 예속되었던 이천을 본도에 래속시켰으며, 세종 16년에는 철원이 본도에 환속되었다. 이로써 강원도는 대도호부 1, 목 1, 도호부 5, 군 7, 현 12개 등 모두 26개 고을의 규모로 확정되었으며, 병마절도사와 수군절도사를 겸하는 관찰사 1인, 도사 1인, 심약 1인, 검율 1인 등의 관원이 배속되었다.[60]

현종 8년 강릉에 강상죄가 발생하여 도명이 원양도로 개칭되었다가 숙

---

58) 『太祖實錄』 卷7 4年 6月 13日(乙亥)條 ; "合江陵交州道爲江原道."
59) 『太宗實錄』 卷7 4年 4月 25日(乙未)條.
60) 『世宗實錄』 卷66 16年 10月 25日(戊辰)條.

종 2년(1676)에 강원도로 복구되었다. 숙종 9년(1683)에는 원주에서 강상죄가 발생하여 도명이 강양도로 개칭되었다가 복구되기 전인 동왕 14년(1688)에는 양양이 역적의 태향이라 하여 다시 강춘도로 개명되었으며, 숙종 19년(1693)에 강원도로 복구되었다. 이후 영조 4년(1728)에는 원주가 역적 필현의 출생지라 하여 강춘도로 도명을 개칭하였으며, 강춘도는 10년만인 영조 14년에 강원도로 복구되었다. 정조 6년(1782)에는 원춘도로 개칭되었다가 동왕 15년에 강원도로 복구되고 강릉현에서 대도호부로 회복되었다.[61]

　조선시대 전시기 동안 강릉의 행정구역은 대개 현재의 강릉지역과 평창군의 방림·대화·진부·도암·봉평·용평, 정선군 임계, 홍천군 내면, 동해시 망상을 포함하는 광역구역이다. 읍치는 현재의 명주동 지역에 읍성과 함께 관아가 있었고, 읍성 밖 동쪽에 향교가 있었다. 강릉은 대도호부로 승격된 이래 조선 세조대에 진관체제가 정비되면서 삼척도호부와 양양도호부 등 2개의 부와 평해, 간성, 고성, 통천 등 4개의 군과 울진과 흡곡 등 2개의 현을 통할하게 되었다.[62]

　읍성은 지방행정의 중심지인 치소지에 축조한 성곽으로 조선전기에는 110~123개소가 유지되었다.[63] 상비군에 의한 충분한 조치가 어려웠던 당시 불시에 일어나는 외침으로부터 주민의 생명은 물론, 지방관아의 각종 행정자료와 물품을 보호하기 위해서는 읍성의 축조가 필요하였다. 강원도의 경우 왜구나 야인의 침입이 있었던 동해안에 그 필요성이 더하였다. 그러나 조선 초기 읍성은 대부분 토성인 상태였으므로 외침에 대하여는 취약성을 가지고 있었으며 임진왜란을 계기로 방어시설로서 읍성의 비중은 크게 낮아졌다. 강릉읍성은 일반적으로 조선시대의 읍성이라고 볼 때 군사적 성격 보다는 행정적 의미가 강조된 경우이다. 고려시대와

61) 『正祖實錄』 卷32 15年 1月 2日(丁丑)條.
62) 『世祖實錄』 卷2 元年 9月 癸未 條.
63) 유재춘, 『조선전기 강원지역의 성곽연구』, 강원대학교박사학위논문, 1998, p.83.

달리 왕권의 대행자인 수령이 거주하는 공간 즉 치소로서의 의미를 갖는
다. 앞 시대 예국고성이 주민 거주지를 포함하는 큰 규모였던데 비하여
전체둘레 2km 미만의 작은 규모였던 것은 일반주민 거주지가 적고 치소
시설 중심으로 배치되었기 때문에 강릉읍성은 고려시대에 축조된 성곽으
로 임영관 등 관아건물들이 조성된 이후에 축조된 것으로 보인다.[64]

강릉읍치는 즉 강릉대도호부 관아를 일컫는 것이다. 강릉읍성내의 지
형은 대체로 북쪽이 남쪽보다 높으며, 동쪽보다 서쪽이 높은 형상을 하고
있다. 강릉읍성의 성체는 이 네 곳을 연결하여 정남북으로 마름모꼴 형상
이었다. 현재, 성벽의 흔적으로 짐작되는 곳은 읍성의 동·북벽에 해당하
는 임당성당 동측에 15m 가량 남아있다. 1970년경 남벽, 서벽의 일부를
명주초등·강릉여자중학교 근처에서 볼 수 있었으나[65] 지금은 모두 콘크
리트 구조물로 바뀌었다.

현재 강릉읍성의 옛 모습은 시가지화 되어 거의 남아 있지 않아 살펴
볼 수 없지만, 우리나라 지적제도사상 첫 단계[66]에 제작된 지적도면상
<그림2-4>·<그림2-5>와 같이 남북으로 마름모형으로 나타나는데 임
영관 삼문을 포함하여 강릉대도호부 관아가 그 중심에 위치하고 있다. 북
단은 현 서부시장 입구(용강36-8번지), 남단은 명주초등학교 앞(명주63-5
번지), 동단은 제일은행 건너편 골목(성내12-3번지), 서단은 강릉여중 서
북편(용강46-6번지)이다. 그리고 남문동 131-4번지 민가의 담장에 사용된
석재 일부는 당시 읍성의 성벽에 사용된 석재로 보이는 부분들이 확인되
고 있다. 그리고 사유지에 여관신축공사와 중앙동사무소 건립공사 중 읍

---

64) 김흥술, 『강릉지역의 성곽연구』, p.78.
65) 문화공보부·문화재관리국, 『문화유적총람』(강원도편)과 김영기, 『태백항전사』
   강원문화총서 17, 1986, p.89.
   당시에 높이 1.8m, 길이150m의 성의 석축이 남아 있었음을 기록하고 있다.
66) 유병찬, 『지적법』, 남광출판사, 1993, p.69.
   조선총독부의 제법령으로 전국에 토지조사사업과 임야조사사업을 실시하여 최
   초로 현대적 의미의 지적공부를 작성하였던 1910년에서 1924년의 시기

성유구가 확인되어 2004년과 2005년 두 차례에 걸쳐 발굴조사를 실시한 바 있다. 이 조사를 통해 읍성동벽 일부의 하부 축성구조가 확인되기도 하였다.[67] 2014년에는 구 명주초등학교 운동장 구역에 대한 발굴조사가 이루어져 강릉읍성의 서벽 유구를 확인 한 바 있다. 앞선 조사에서와 같이 고려시대에 축성된 토성과 조선 중기에 축조된 석성 유구가 비교적 온전히 남아있음을 확인하였다.[68] 또한 2015년 임당동 62-1번지 주택신축공사를 위한 발굴조사에서도 읍성의 동벽 20여 미터가 확인되었다.[69] 이로써 강릉지역의 근세 읍치였던 강릉읍성의 윤곽이 대체로 확인되었다.

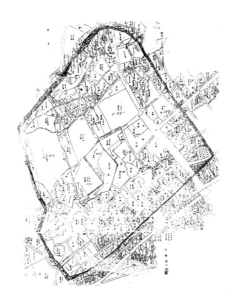

〈그림 2-4〉 강릉읍성 지적도(1920년경 제작)

---

67) 강원문화재연구소, 「강릉성내동 11-1번지 발굴조사·임당동146번지 발굴조사」지도위원회자료, 2004·2005.
68) 강원고고연구원, 「강릉 명주동 구 명주초교 발굴조사」자문위원회 자료, 2014.
69) 한국문화재재단, 「강릉 임당동 62-1번지 발굴조사」 자문위원회 자료, 2015.

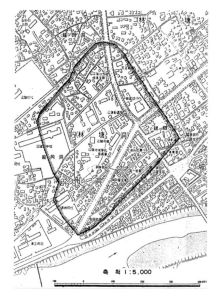

〈그림 2-5〉 강릉읍성 추정도

한편 1942년 발간된 『조선보물고적조사자료』에 보면 강릉군에 12건의 '城'이 기록되어 있으나 읍성은 누락되어 있다. 여기서 생각해 볼 수 있는 것은 지적도면상 비교적 정확하게 읍성의 윤곽을 표시하고 있는 것으로 보아 비록 심하게 퇴락하였더라도 그 성체의 모습은 알 수 있는 정도였을 것으로 생각되지만, 토지조사에 의한 지적도면을 작성하고 대략 20년 후인 1942년 고적자료조사 당시에는 이미 성곽 구조물의 많은 부분이 일제에 의해 훼손되었음을 짐작케 한다.

또한 고적자료 조사 당시 지금보다 훨씬 양호한 상태로 남아 있었을 읍성이 누락되어있다는 사실이 의문을 갖게 한다.[70] 또한 1975년 간행된

---

70) 『조선보물고적조사자료』 작성 시 강릉군에서 총독부에 제출했던 자료에 강릉읍성이 누락되어 있는 것으로 보아 일제강점기 중반을 지나면서 성벽의 많은 부분이 훼철되었던 것으로 판단된다.

『임영지』를 간행할 때에도 현장조사 없이, 당시의 정확한 상황을 기록하지 못하고 앞선 지리지와 같은 정도의 내용만을 기록하고 있는 것은 안타까운 일이다.

앞에서 임영관 조성 이후에 축성되었을 것이라고 하였는데, 강릉읍성의 초기 축성과정을 정확히 파악할 수 없으나, 고려 말 하삼도의 연해에 축성된 여러 읍성과 같거나 조금 후에 축성된 것으로 판단된다.71) 강릉읍성은 려말부터 조선시대에 이르기까지 강릉의 邑格의 승강과 부침을 같이하였으며, 대체로 대도호부성으로 역할하였다. 조선 세종대 '읍토성' 이라는 기록을 보면 고려말~조선초기에 축조된 것으로 생각된다. 문종대에는 강릉·평창·정선·영월의 군사 1,556명을 동원하여 총연장 3,720척, 높이 5~6척 또는 7~8척의 성을 쌓게 하였으며72), 중종대에 토축성을 석축성으로 개축한73) 것으로 보인다. 전술한 지리지들의 기록을 살펴보면 1452년『세종실록지리지』에는 읍토성으로 불리다가, 1528년『신증동국여지승람』에는 중종7년(1512) 석성으로 고쳐 쌓았고, 문을 4개소에 두었으며 우물이 14개소 연못 2개소이며 성의 둘레가 1,181m로 되어 있다.

강릉읍성에는 동서남북에 駕海樓, 望宸樓, 馭風樓, 憑虛樓의 문루를 갖추고 있었으며, 동문루에는 백성들에게 시간을 알리기 위해 금종을 매달았으며 수차에 걸쳐 개수한 기록이 확인된다. 대문의 쓰임새는 중·개수 기록이 빈번했던 동문과 남문이 대체적으로 활용되었음을 짐작할 수 있다. 성문의 위치는 성 밖의 주민 거주지로 연결되는 통로, 가로망을 짐작케 하는 단초가 되는데 정확한 위치는 알 수 없으며 다만 대관령을 넘어와 읍성을 통과하여 지금의 옥천동 대창역에 이르는 역로로 활용되었던

---

71)『高麗史』卷46, 世家, 恭讓王 3年 3月 甲辰條 : 심정보,『한국 읍성의 연구』, 학연문화사, 1995, pp.47~48 : 유재춘,『조선전기 강원지역의 성곽 연구』, 강원대학교박사학위논문, 1998, p.241.

72)『文宗實錄』卷10, 文宗 元年 11月 壬戌條.

73)『中宗實錄』卷15, 中宗 7年 2月條 :『新增東國輿地勝覽』江原道 江陵大都護府 城郭條.

가로망 위치에 남문과 동문이 있었던 것으로 보인다. 처음 만들어졌던 지적도면의 가로망 추정을 통해 북문은 용강동 36번지, 서문은 홍제동 57번지 정도에 위치하였을 것으로 추정된다.

『관동읍지』[74] 강릉부선생안에 보이는 강릉읍성 또는 읍성내의 구조물과 관련한 조선후기의 기록을 살펴보면 1565년부터 1854년까지 약 300년 동안 읍성내의 각 건축물의 창건, 개축, 보수기록을 살펴볼 수 있다. 읍성과 관련한 직접적인 기록은 임진왜란 직전인 선조 24년(1591) 부사 서득운이 성을 더 축조한 사실이 처음 보인다. 이때까지 강릉읍성은 군사적 목적보다 행정적 목적으로 활용되어 왔던 것이다. 임진왜란 직전에 城을 더 축조한 것은 전쟁에 큰 도움이 되지 못했을 지라도 강릉사회가 전쟁에 대비하고자 했던 것으로 추측된다.

강릉읍성에 관한 주요기사는 읍성의 동문과 남문의 중·개수에 대한 것이 자주 보이고, 인조 8년(1630) 부사 민응형이 사문 조성을 시작했고, 1710년대 유헌장이 남문근처의 성첩을 다시 쌓았으며, 김정도 성첩을 보수하였고, 영조 4년(1728) 조명신은 성첩을 다시 쌓고 여장을 새로 쌓았으며 서북문 근처에 연정을 새로 건립한 기록이 보인다.

영조 28년(1752) 부사 조진세는 성첩의 파손된 곳을 군사 2천명을 모집하여 다시 쌓았으며, 1771년 부사 이득종은 남문 근처 성첩의 훼손된 곳을 보수하였는데, 성첩보수기록은 정조 10년(1786) 부사 심명덕까지 보인다. 동문에는 금종을 달았으며 이를 개주한 기록이 보이는데 순조 원년(1800) 부사 조홍진 이후로는 기록이 보이지 않는다.

『관동읍지』의 기록에 의해 성내에 있었던 관부의 시설물을 살펴보면, 1788년경 읍성의 모습은 남문(馭風樓6칸), 동문(駕海樓6칸), 내아(17칸)와 부속건물(익랑16, 행랑17칸), 객사(임영관9칸, 동대청13칸, 서헌6칸, 중대청12칸, 즉청방6칸, 월랑31칸, 삼문6칸), 倚雲樓(6칸), 사대(9칸), 부사(12

74) 『關東邑誌』(奎章閣), 江陵大都護府誌 先生案條 : 임호민, 『조선후기 강릉부 수령의 성분과 교체에 관한 연구』, 관동대학교석사학위논문, 1994, pp.8~9.

칸), 작청(18칸), 군기청(16칸), 노방(8칸), 부창(32칸)등의 공해가 성내를
채우고 있었던 것이다.

역사상 강릉읍치의 변화과정을 표로 살펴보면 다음과 같다.

〈표 2-1〉 강릉 읍치 변천 과정[75]

시기	邑號(邑治)	邑格	守令稱號
예국(혹은 薉國)	(濊國古城)	都	
B.C.127, 109	滄海郡, 臨屯郡		
고구려	河西良 일명 何瑟羅州	州	
신라 선덕왕	河西小京	小京	仕臣
무열왕 5년(658)	河西州	州	都督
경덕왕 16년(757)	溟州 (溟州城)	州	都督
고려 태조 19년(936)	東原京 (江陵邑城)		
성종 2년(983),5년,11년,14년	河西府, 溟州都督府, 牧	都督府	都督,團練使,防禦使
원종 원년(1260)	慶興都護府	都護府	都護府使
충렬왕 34년(1308)	江陵府 별칭 臨瀛	府	府使
공양왕 원년(1389)	江陵大都護府	大都護府	大都護府使
조선 세조 원년(1455)	江陵大都護府 (鎭管設置)	大都護府	大都護府使

읍치가 도시발달의 시원이라고 생각하고 강릉읍치의 변천을 살펴보면
<그림 2-6>과 같이 나타내 볼 수 있다. 그림에서 '예국고성 - 명주성 -
강릉읍성'으로 이어지는 시기별 연관성이 사료의 분석에 의해 현재 명쾌
하게 설명할 수 없는 상태이지만, 대체로 이와 같은 위치변동의 과정을
거쳐 강릉은 '강릉대도호부'로 불리는 관읍도시로 성장하였다. 각각의 성

75) 『新增東國輿地勝覽』江陵大都護府 建置沿革 條 ; 조선시대 현종7년(1666), 정
조6년(1782)에 부내에 강상죄가 발생하여 각각 현으로 강등된 바 있으나 대체로
대도호부의 위치를 유지하였다. 속현으로 연곡, 옥계, 정선이 있었으나 조선시대
에 와서 혁파되었고 강릉대도호부는 현 평창 봉평, 정선 임계, 인제 내면 등 영
서지역의 일부를 포함하는 넓은 지역이었다..

곽은 모두 당 시대에 지역의 행정 중심지 즉 '치소'로서의 의미를 지니는
것이었음은 알 수 있다. 또한 재지세력과 깊은 연관성을 가지고 지역 세
력의 비호와 견제 속에 변화와 발전을 지속하였다.

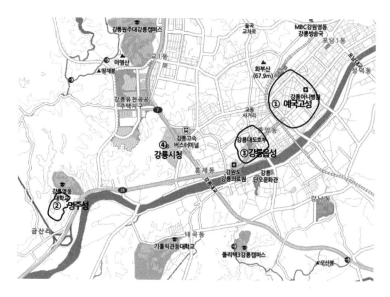

〈그림 2-6〉 강릉의 읍치 변천도[76]

앞의 그림을 통해보면 시대가 앞선 예국고성이 후의 명주성이나 강릉
읍성 보다 훨씬 큰 규모를 보이고 있는데, 사료의 부족으로 확증이 어렵
지만 예국고성은 평야지역에서 공동방어를 위한 일반주민 거주지를 포함
하고 있었기 때문으로 군사적 기능이 컸었다고 이해된다. 이 시기 지역세
력 거점성으로 강동면 장안성과 구정면 왕현성도 거론된다.

명주성은 이 지역에서 확인되는 최초의 외부선진문화 유입사건이라고
할 김주원이라는 중앙세력이 옮겨오면서 군사적 기능이 약화된 읍치의

76) 김흥술, 『강릉지역의 성곽연구』에 실린 지적도면, 추정도를 바탕으로 작성하였다.

이전으로서 조성되었다고 추정된다. 그러나 고려 건국과 함께 읍치로서
의 기능은 소멸되어 갔다.

강릉읍성은 고려건국에 공헌한 명주호족을 위무하려는 취지로 명주를
'동원경'[77]으로 높이면서 치소를 개활지로 옮겼으며 읍치의 행정적 기능
이 더욱 확대되었던 것이다. 조선시대 지방관아로 전국 8도에 관찰사가
머물렀던 감영이 있었다. 그리고 시기에 따라 다소 변화가 있었으나 조선
영조대에 편찬된 『여지도서』를 기준으로 전국에 334개의 읍이 있었는데
대도호부·부·목·군·현 등의 행정단위였다. 강릉은 대도호부라는 지방행
정단위이며, 각 행정단위에는 중앙에서 守令이 파견되어 정무를 보던 청
사 즉 동헌이 있었다. 동헌은 넓은 의미의 客舍를 포함한 관아 전체를 의
미하기도 하지만 객사가 전패와 궐패를 모셔놓고 향궐망배하던 곳임을
상기하면 객사는 임금이 계신 곳으로 상징되며 수령만의 집무처인 정청
건물 및 각 관청을 지칭하는 것이다.[78] 동헌과 객사의 배치는 전헌후사,
서헌동사, 중헌좌우사, 전후사 등 다양한 모습을 보인다. 강릉관아는 강
릉읍성의 동남부에 정청이 치우쳐 배치된 형태로 북측에 객사가 있고 그
사이에 내아가 있는 배치였다.

도성이나 읍성이 풍수적 고려를 통해 위치하였음은 주지의 사실이다.
강릉읍성, 읍치의 입지 및 배치에 있어서도 풍수적 고려가 있었을 것인
데, 읍치의 북측에 해당하는 용강동은 용맥이 가장 힘차게 뻗은 귀룡의
터이므로 용 '龍' 字에 산등성이 '岡' 字를 사용하였다고 한다.[79] "산이
귀하고 물이 길한 것을 최고의 길지로 보고, 산은 귀한데 물이 흉하면 끝
내 흉한 곳으로 보고, 산은 비록 귀하지 않으나 물이 좋으면 상관 않고
귀한 곳으로 본다."는 풍수법에 의해 선택되었다고 하는데 이는 강릉의

---

77) 『高麗史』, 券58 志12 地理3 東界 溟州 ; 溟州沿革 條.
78) 주남철, 「관아건축에 관한 硏究」, 『건축』 28권 116호, 1984, p.30 : 김종영, 『조
　　선시대 관아건축에 관한 연구』, 단국대학교석사학위논문, 1988, p.96.
79) 김기설, 『강릉지역지명유래』, 인애사, 1992, p.112.

읍치 확정에 있어서 강릉 남대천의 위치가 중요하였다는 견해이다.

조선시대의 지방통치 체제는 바로 이 읍성을 중심으로 이루어졌다. 읍성을 중심으로 한 읍치공간은 관권우위의 질서로서 관주도의 입지를 강화하는 것이기도 했다. 더불어 지역에서 주도적 입지를 가졌던 재지세력의 역할이 일정부분 배제되기도 하였으며, 강화된 수령권 중심의 운영체제가 구축되었고, 이를 배경으로 수령을 보좌하는 관속과 향리세력의 집단마을이 읍성주변에 발달하였으리라고 추정할 수 있다. 현재의 남문, 성내, 임당, 성남동 지역이 이에 해당된다. 읍성 외곽지역은 하천변 넓은 농토를 중심으로 17세기 시비법과 관개시설 개발의 영향으로 임경당·애일당·이설당·오죽헌 등 양반사족 주택을 중심으로 마을이 발달하였으며 이를 바탕으로 강릉지역의 面里制가 확대 정착되었다는 견해도 있다.[80]

강릉관아는 읍성 내에 객사(임영관지)와 삼문 안에 정청인 府舍(구 명주동시청사 부근)를 중심으로 남동쪽에 작청 그리고 沙門(현 객사문)과 정청 사이에 내아와 연지가 조성되었으며 동(가해루), 서(망신루), 남(어풍루), 북(빙허루)의 4문 안에 객사·부사와 부속건물(행랑, 익랑, 월랑 등)과 군기청, 노방, 작청, 군기청, 군관청, 부사, 부창, 교방, 사직단, 성황사 등의 관아건물들이 배치되었고, 동문 밖 10여리에 향교가 있었다.

우리나라 전통도시로 일컬어지는 대부분 도시들이 읍성으로부터 발달해 왔다. 오늘날 市로서 역할하고 있는 지방중소도시들이 현대적 의미의 도시화 이전의 읍성의 규모에 따라 간선도로체제를 갖추어 가며 해방 후 사회변화를 겪으면서도 옛 읍성의 공간구조를 기본으로 하여 확대 팽창해 왔다. 원래 우리 역사에서 '도시'는 '京'이라 할 수 있다. '京'은 많은 인구와 건축토목시설을 갖춘 도시지역이었다. 지방에는 '관읍'으로 불리는 지방도시가 존재했다고 할 수 있다. 즉, '관읍'은 바로 오늘날의 지방도시가 될 것이며 지역 세력의 거점으로서의 의미를 갖는다. 전술한 바

---

80) 이규대, 「조선시대 강릉지역 도시 발달사」, 『경포호 보존과 개발』, 한국도시설계학회, 2004, pp.2~6.

관읍에는 왕권의 대행자로서의 수령이 거주하였으며, 왕권의 대행자에 대한 권위의 상징으로서 관아가 본격적으로 조영되었으며 성곽이 만들어진 것이다. 이렇게 볼 때 강릉읍성은 군사적 쓰임이 무시되지 않으면서도 행정적 의미가 더 강했던 강릉이라는 옛 도시를 보여주는 실제적 모습인 것이다. 그러므로 오늘날 강릉시라는 지방도시의 원래적 모습은 강릉읍성이라고 할 수 있겠다.

제3절 조선시대 강릉의 面里體制

면리체제는 조선중기 이후 각 지방의 행정효과를 보다 효율적으로 높여가기 위한 측면에서 정비되었는데 각 군현의 세부적 행정체제이다. 조선시대에 국왕의 대행자로서 지방수령은 주기적으로 교체되었지만 지방행정의 영속성을 유지하는 측면에서 면리체제는 유효한 행정체제였다고 볼 수 있다.

먼저 지방제도와 군사제도를 살펴본다. 조선시대 왕도정치의 이념을 구현하기 위한 지방통치체제는 군현제였다. 고려의 군현제를 답습하는 가운데 중앙집권화를 위한 개편작업이 초기부터 진행되었다. 이로써 고려시대의 直村과 任內 또는 주현과 속현으로 표현되는 중층적인 통치구조는 조선시대의 시작과 함께 중앙집권화를 강화하기 위해 임내와 속현을 직촌화하여 일원적인 통치구조로 개편되어 갔으며, 왕(중앙정부) - 감사(관찰사) - 수령으로 이어지는 지방통치 구조가 확립되어 갔다.[81]

이러한 지방통치 구조에서 조선 왕조의 왕도정치는 궁극적으로 수령을 통해 구현되었다. 국가는 관권 중심의 강력한 중앙집권적 관료국가를 확립하기 위해 외관직을 효과적으로 활용하는데 힘썼으며, 목민관으로서 수령에게 거는 기대는 클 수밖에 없었다. 또한 여말 이래 흩어진 민심을 수습하여야 할 입장이었고, 이를 위해 국가는 백성과 가장 밀접한 관련을 갖는 수령제의 강화와 수령의 질을 향상시키는 데에 중점을 두고 있었으

---

81) 이수건, 「조선전기의 지방통치체제」, 『한국사』 23, 국사편찬위원회, 2003, p.126.

며, 수령의 등제에서 그 무엇보다도 덕행을 중시하면서 덕치가 수령에게 부여된 최고의 정치목표였다. 개국 초기부터 수령을 고과할 때에도 감사는 公·廉·勤·謹으로 세분하여 덕치에의 접근도를 평가하였으며, 수령의 덕치는 왕도정치의 지름길로 강조되었다.

조선조는 왕도정치 이념에 입각한 덕치행정을 정치목표로 삼으면서 수령의 직무를 수령칠사[82]로 제시하였는데, 이는 중앙집권 정책의 확립과 서민생활의 안정을 위한 위민정치의 주요방향이었으며, 수령에게 내린 다스리는 자의 강령이고 행정의 지침이었다고 할 수 있다. 수령은 국왕을 대신하여 지방의 고을을 다스리는 왕권의 대행자이며 목민관이었으며, 목민관으로서 수령은 사법과 행정권, 치안권과 군사권을 갖는 막강한 권력을 행사함으로써 백성들의 생활에 지대한 영향을 미치고 있었다. 정부의 대민정책은 궁극적으로 수령에 의해 구현되는 것으로 수령의 칠사 이외에도 향촌행정의 모든 일은 수령의 책무였다. 따라서 향촌사회의 안정과 민의 생활안정은 수령의 賢否에 직결되는 것이었고, 나아가 왕도정치의 성공여부는 수령의 통치능력에 달려 있었다고 할 수 있다.

한편 국가재정의 원천은 租·役·貢이라는 3세의 수취에 있었다. 따라서 수령은 3세를 효율적으로 징수하여 국가의 재원을 확보하는데 심혈을 기

---

82) 『經國大典』 吏典 考課 條에 農桑盛·戶口增·學校興·軍政修·賦役均·詞訟簡·姦猾息.
　　農桑盛은 민생의 안정을 위해서 중요시 해야 할 기본적인 요건이었으며, 戶口增은 수령의 원만한 對民行政을 펴서 민의 생활안정이 이루어졌을 때 백성들이 안집하게 된다는 것을 강조하는 것이며, 學校興은 유교적인 윤리규범을 확립하고 三綱五倫에 입각한 윤리를 체계화하려는 백성교화의 목적이며, 軍政修는 군사적인 기강을 밝혀 때를 맞추어 陣을 연습할 수 있도록 하는 것으로 국가의 안위나 존망과 직결되는 것으로 추호도 소홀히 할 수 없었으며, 賦役均은 각종 토목공사와 국가적인 행사에 동원되는 민의 역을 균등하게 하는 것으로 그 시행과정에서 야기되는 부작용을 제거하려는데 목적이며, 詞訟은 民怨의 대상이었으므로 이를 제거함으로서 民과 官의 신뢰를 구축할 수 있었던 점에서 중요시되었고, 奸猾息은 모함과 교활한 행동을 제거함으로써 서로 존중하고 믿는 사회건설을 꾀하자는 것이었다.

울여야 했다. 田稅에 있어서 수령은 9월 15일 이전에 작황을 살펴 세액을 결정하였다. 물론 수령에 의해 작성된 세안은 관찰사에 의해 재심되며, 최종적으로 국왕의 재가를 받아 확정된다. 따라서 일차적으로 세안을 작성하는 과정에서 수령의 청렴 및 공정성이 요구되었다. 다음으로 수령은 조세징수 외에 공물을 상납하고 역을 공급할 책임을 지고 있었다. 원칙적으로 공물과 부역은 호구의 다소와 토지의 광협을 근거로 세액을 부과토록 하여 『경국대전』에서는 8결을 기준으로 作貢과 作夫가 규정되고 있다. 그러나 이러한 규정은 실제에서 준수되지 못하였으며, 무엇보다 임의적으로 적용되는 경우가 많았으므로 이 과정에서 수령의 공정성은 절대적으로 요구되었다.

군사체제에 있어서는 조선전기 중앙군은 건국 초 고려의 2군 6위를 바탕으로 하여 10衛-10司-12司로 반복되다가 문종 원년(1451)에 5사로 개편된 뒤, 세조 3년(1457)에 5위로 정착되었다. 이 5위에는 중앙군을 이루는 거의 모든 병종이 편입되어 입직·숙위와 시위의 임무를 수행하고 있으며, 또한 전국의 진관을 망라한 지방군까지도 부별로 분속되어 있었다.[83]

---

83) 『經國大典』兵典 五衛 條.
　義興衛(中衛) ; 甲士·補充隊 / 中部 ; 京中部, 開城府, 京畿 楊州·廣州·水原·長湍鎭管 / 左部 ; 江原道 江陵·原州·淮陽 鎭管 / 右部 ; 忠淸道 公州·洪州 鎭管 / 前部 ; 忠州·淸州 鎭管 / 後部 ; 黃海道 黃州·海州 鎭管.
　龍驤衛(左衛); 別侍衛·隊卒 / 中部 ; 京東部, 慶尙道 大邱 鎭管 / 左部 ; 慶州 鎭管 / 右部 ; 晉州 鎭管 / 前部 ; 金海 鎭管 / 後部 ; 尙州·安東 鎭管.
　虎賁衛(右衛) ; 族親衛·親軍衛·膨排 / 中部 ; 京西部, 平安道 安州 鎭管 / 左部 ; 義州·龜城·朔州 鎭管, 昌城·昌州·方山·麟山 鎭管 / 右部 ; 成川 鎭管 / 前部 ; 寧邊·江界·碧潼 鎭管, 碧團·高山里·渭原·理山·寧遠 鎭管./ 後部 ; 平壤 鎭管.
　忠佐衛(前衛); 忠義衛·忠贊衛·破敵衛 / 中部 ; 京南部, 全羅道 全州 鎭管 / 左部 ; 順天鎭管 / 右部 ; 羅州 鎭管 / 前部 ; 長興·濟州 鎭管 / 後部 ; 南原 鎭管.
　忠武衛(後衛) ; 忠順 衛·正兵·狀勇衛 / 中部 ; 京北部, 永安道 北靑 鎭管 / 左部 ; 甲山鎭管, 三水·惠山 鎭管 / 右部 ; 穩城·慶源·慶興 鎭管, 柔遠·美錢·訓戎 鎭管 / 前部 ; 慶城·富寧·會寧·鍾城 鎭管, 高嶺·潼關 鎭管 / 後部 ; 永興·

5위의 기간병력을 이루는 것은 정병이었다. 『경국대전』에서는 정병의 수를 알 수 없으나 성종 3년(1472)의 기록에 의하면 중앙 번상의 정병 총액이 42,500명에 달하였다. 정병은 8번 교대로 2개월씩 복무하도록 되어 있었는데, 이것을 8교대로 나누어 보면 실제로 복무하고 있는 정병의 수는 5,310명이 되어 중앙군을 이루는 여러 병종 중에서도 가장 많이 차지하였다.[84] 강원도는 의흥위(중위) 좌부에 속하였고, 여기에는 강릉진, 원주진, 회양진 군사가 소속되어 있었다.

연해·국경 등의 중요지에 영·진을 설치하면서 지방의 치소를 제외한 변경에 대한 방어를 중요시함에 따라 세종 때부터 내지 주현의 방어가 소홀하게 되었다. 이러한 난점을 해결하기 위하여 군사상으로 편제를 진관체제로 재정비하였다.

각도에는 병마절도사(병사, 종2품)와 수군절도사(수사, 정3품)를 두었는데, 병사와 수사의 소재지인 병영·수영을 '주진'이라 하고, 그 밑에 '거진'·'제진'을 두어 절제사·첨절제사·동첨절제사·만호·절제도위가 이를 각각 관장케 하였다. 그리고 그 지방의 국방상의 필요에 의하여 병사는 경기·강원에 각 1원, 충청·전라·황해·평안에 각 2명, 경상·함경에 각 3명을 두었는데, 그 중의 1명은 관찰사가 겸하고 나머지는 전임의 병사를 두었다. 수사는 강원·황해에 각 1명, 경기·충청·평안에 각 2명, 전라·경상·함경에 각 3명을 두었는데 이것도 병사와 마찬가지로 1명인 경우에는 관찰사가 겸하고 그 외에는 전담 수사가 담당하였다.

육군의 경우는 강릉, 원주, 회양진관으로 편성되었고, 각 진 밑에는 부·군·현에 지방군이 있었다. 그리고 수군의 경우에는 삼척진관에 첨절제사가 배치되어 있었고, 고성·울진·강릉에는 만호가 있었으며, 강릉의 군사편제는 <표 2-2>와 같다.

安邊 鎭管軍士.

84) 차문섭, 「군사조직」, 『한국사』 23, 국사편찬위원회, 1993, pp.218~219.

〈표 2-2〉 강릉대도호부 鎭管 편성[85]

육군	강릉진관 강릉대도호부사	삼척·양양부사, 평해·간성·고성·통천군수	강릉판관, 울진·흡곡현령
수군	삼척진관 (삼척포첨사)	첨절제사 안인포(강릉)·고성포(고성)·울진포(울진)·월송포(강릉)만호	

　　전국이 모두 진관체제로 체계적인 국방조직이 짜여 있었다고 하지만 모든 지역에 무장한 군사가 상주하는 것은 아니었다. 전국 각지에 軍丁이 있었지만 그들은 징발되면 중앙에 번상하거나 또는 특수지대에 부방하고, 평시에는 각종 군사가 비번인 상태로 거주지에서 자기 생업에 종사하고 있었다. 그래서 전략상의 특수지대가 전국에 설정되어 불시의 위급에 곧 대처하기 위하여 항상 그곳에 군사가 체류하였던 것이다. 이것이 4교대로 복무하는 留防正兵 혹은 留防軍이었다. 강원도의 유방군은 강릉과 삼척에 각각 1旅를 배치하였는데, 그 병력 규모는 250명이었다.

　　조선전기의 중앙군은 5위제를, 지방군은 진관체제의 군사제도를 확립하고, 병농일치제에 의한 호보제로 병력동원체제를 갖추었다. 그러나 조선 왕조의 경우 과전법과 군사제도가 연결되지 못하고 대신 현역복무 의무를 지는 정병에게 보인 약간명을 지급하는 보인제로서 농병일치제를 구성하였다. 이러한 농병일치제의 의무군제는 불과 1백년 만에 무너지고 병역 의무자에게서 받은 군포로써 직업적 군인을 고용하는 용병제가 실시될 수 있는 길이 열렸다. 농병일치제에 의한 의무병제가 사실상 무너지고 용병제가 아직 실시되기 전에 임진왜란이 일어났다. 이 때문에 전쟁은 의병이라 불린 민병들이 주로 담당하게 되었다. 이에 정부는 전쟁중에 서둘러 용병제 군영인 훈련도감을 설치하여 군사를 양성하게 되었다. 여기서는 포수(총병)·사수(궁병)·살수(창검병) 등 三手兵을 훈련하였다.

　　임진왜란을 계기로 설치된 훈련도감은 처음 기민구제와 정병양성이란

---

85)『世祖實錄』卷2 元年 9月 11日 條, 卷7 3年 4月 16日 條. 卷29 8年 9月 14日 條.

목표 아래 국가가 쌀 등을 지급하는 용병적인 장번 급료병으로 등장하였
다. 이후 이 훈련도감은 사실상 조선전기의 5위를 서서히 허구화시키면
서 5위의 직권을 거의 대행하게 되었다. 따라서 전기 병농일치의 군사조
직에서 장번으로 국가를 방위하는 병농분리의 직역적인 전문군대의 수가
비록 적기는 하지만 언제라도 유사시에 동원할 수 있는 상비군을 마련하
게 된 것이다. 뿐만 아니라 이 훈련도감의 설치는 재래 弓矢 중심의 군사
체제에서 포수·살수 중심의 군사체제로의 전환을 가져오게 했다.[86] 이를
위하여 속오법이 적용되었으며, 이후 거의 모든 군대의 조직에는 하나같
이 營-部-司-哨-隊-伍의 속오법이 적용되었다. 이러한 제도적인 변
개는 군사상으로 보아 보다 발전적인 형태를 갖추었다 할 것이다.[87] 속
오군은 처음 유역·무역, 양천의 구분없이 거의 동원되다시피 하여 편성
한 군대였다. 이들 속오군은 처음 전기군제를 재편하고 왜란을 극복하기
위해 응변의 조처로 설치되기 시작했으나 왜란이 끝나자 서서히 지방군
제의 핵심군대로 등장하였다. 즉 이들 속오군은 처음 훈련도감의 조련·
습진의 감독 아래 지방순찰사(감사) 책임하에 전기의 무장지폐를 없애고,
또한 도로왕래지폐를 없애기 위하여 평상시에는 각면·각촌마다 교장을
설정하고 사조하되 哨를 단위로 조련하고 일단 유사시에는 전문적인 무
관 등에 의하여 그 지방 방어에 동원되었다.

　이러한 행정·군사제도의 바탕으로 향리는 수령을 보좌하는 행정실무
자 계층이다. 조선조의 양반관료에게 출사의 조건으로 요구되었던 것은
행정실무 능력이라기보다는 주로 덕치에 요구되는 유교지식을 포함하는
인문적 교양이었다. 따라서 지방에 파견된 수령이 효율적인 지방통치를
하기 위해서는 현지 사정에 밝고 행정실무능력을 구비한 통치보조자를
필요로 하였으며, 이와 같은 행정실무계층으로 향리·군교·면리임이 있
었다.[88]

---

86) 차문섭, 『조선시대 군사관계 연구』, 단국대학교출판부, 1996, p.192.
87) 차문섭, 앞의 책, pp.47~58.

조선조 향리는 여말선초의 중앙집권화 정책으로 인하여 고려시기에 누리던 향촌의 지배자적 지위에서 밀려나 지방관아의 이서직을 전담하게 되었으며, 그 직무의 수행을 위해서는 수령과 재지사족의 통제를 받는 계층으로 그 지위가 고착되어 갔다.[88] 다시 말하면 조선조에 들어서면서 향촌지배가 일원화되어 중앙집권 체제가 강화되는데 반해 상대적으로 향리의 지위와 권한은 축소되어 수령의 하부 행정체제에 편제되었던 것이다.

조선시대 향리의 직제는 대체로 호장층·기관층·색리층으로 구분된다. 호장층은 향리의 수장으로서 수령을 도와 지방행정에 종사하였으며, 기관층은 지방관부의 6방을 담당하여 실무행정에 종사한 향리층이다. 6방의 색리층은 주로 관아에서 금전·곡물의 출납과 관리를 맡았다. 향리의 정원은 법으로 규정해 놓고는 있지만, 거의 지켜지지 않은 채 그 지방의 읍세에 따라 그 수가 많기도 하고 적기도 하였다.

그러나 기층민에 대해서는 향촌사회의 실무집단으로서 관권을 등에 업고 여전히 지배자적 지위로 군림하고 있었다. 뿐만 아니라 향리들은 신분상으로는 사족이나 수령과는 다른 중인이지만 지방관아의 운영과정에서 수령권의 통제를 받으면서도 관권이라는 명분의 읍권을 행사하고 있었다.

실질적으로 수령의 재임기간이 짧아지고 향청의 권위가 실추되는 조선후기에는 아전들의 집무소인 작청의 위치가 더욱 중요하게 부각되었다. 또한 자신들의 경제력을 바탕으로 하여 사족으로 신분상승을 도모하거나 향리 자체의 신분의식의 성장을 배경으로 향리들의 사우가 건립되고 향리 지식인의 활동과 결집이 이루어지며, 이족내의 가계 분화가 촉진되어

---

88) 이수건, 앞의 글, p.191 ; 정부에서는 수령을 보좌하고 주민을 교화·감독하기 위하여 유향품관이나 학덕과 신망이 있는 재지사족에게 면리임을 맡기려 했지만 실제 향촌의 유식자는 기피하였고, 양반이 아닌 계층은 면리임을 통한 대민관계에서 관권을 빙자하여 신분을 향상시키거나 경제적 부를 축적하고자 선호하였다.
89) 이성무, 『조선양반사회연구』, 일조각, 1995, pp.31~37.

호장과 이방 등의 주요직임은 특정한 이족가문에서 독점 안배하는 현상이 나타나고 있다.

조선시대의 면리제[90]는 전기의 방위면 체제와 후기의 면리제로 구분된다. 전기의 방위면 체제는 각 읍이 동·서·남·북면, 그리고 내면 등 5개의 면으로 구획되는 체제이며, 이후 후기에 이르면서 확대 개편되어 지역의 고유명칭이 붙는 면리체제로 발전하였다. 이러한 면리제의 변화는 자연촌의 성장을 배경으로 국가의 지방 통제책이 구체화되면서 강화되는 추세를 반영하고 있다.

면리제는 선초 군현제를 정비하고 그를 운영하는 과정에서 점차 그 틀이 세워졌으며, 군현의 하부조직으로서 아래로부터 업무를 수행해 가면서 그 기능을 확대하게 되었다. 조선은 호패법을 면리체계로 시행하고자 하는 것 이외에는 그 하부단위로서 면제의 운용에 처음부터 크게 관심을 두지 않아 이제에 비해 본격적인 이용이 없었던 것으로 보이며, 마을을 지역적으로 묶는 면제는 후기에 이르면서 정제된 것으로 파악된다.

강릉부 면리의 규모를 영조 때 편찬된 『여지도서』의 방리조를 통해 살펴보면 앞의 <표 2-3>과 같이 나타난다. 『여지도서』에서 보이는 강원도 면리조직의 실태는 26개 관읍에서 225개 면과 1441개 리이며, 강릉대도호부는 21개 면에 86개 리의 규모였으며, 이러한 규모는 원주목과 비슷하게 나타난다. 따라서 강릉부는 1개 면에 평균 4개 리의 규모로 파악된다. 그리고 21개 면 중에서 구정면이 9개 리, 성산면이 8개 리, 우계면과 대화면이 각각 6개 리, 진부면이 5개 리의 규모였다. 반면에 가남면과 봉평면, 그리고 도암면은 각각 2개의 리로 구성되고 있어 그 규모면에서 큰 차이를 보이고 있다. 조선조 면리제의 편제가 호구와 토지의 규모를 근거

90) 이존희, 『조선시대지방행정제도연구』, 일지사, 1992, pp.208~222.
　　조선은 초기부터 인구와 토지면적을 기준으로 군현제의 재편, 속현 및 향·소·부곡 등 任內의 혁파와 면리제의 실시를 통해 중앙의 政令을 일원적으로 전국 각지에 전달할 수 있도록 지방통제의 효율시행을 목표했다.

로 하였다기보다는 자연마을의 생활권을 그대로 수용하고 있음을 반영하는 것으로 볼 수 있으며, 1개 면을 형성하고 있는 리 단위에는 기존의 위상을 반영하는 主洞과 挾洞의 관계가 리 단위로 수용되었다고 할 수 있다.

<표 2-3> 『輿地圖書』의 面里 현황

面名	里名	面名	里名
北一里面	草堂里, 堂北里, 大昌里	丘井面	於丹里, 德峴里, 彦別里, 鶴山里, 濟飛里, 山北里, 木界里, 曾音峙里, 高丹里
北二里面	洪濟里, 聲谷里, 山皇里, 林堂里, 校洞里	資可谷面	申石里, 詩洞里, 茅田里, 安仁津里
丁洞面	楡川里, 沙田里, 助山里	羽溪面	墨津里, 北洞里, 縣內里, 山溪里, 川南里, 梧谷里
嘉南面	鏡湖里, 日希亭里	望祥面	望祥里, 晩遇里, 大津里
沙火面	愛日堂里, 二愛日堂里, 蘆洞里	臨溪面	一里, 二里, 三里
連谷面	領津里, 驛里, 縣內里, 馬谷里	道巖面	橫溪里, 道巖里
新里面	沙器里, 橋項里, 香湖里, 注文里	珍富面	洞口里, 上里, 下里, 巨文里, 東沙里
城山面	建金里, 丘山里, 觀音里, 普光里, 濟民院里, 渭村里, 松巖里, 書院里	蓬坪面	蓬坪里, 綿溫里
南一里面	南門外里, 金牙只里, 木門里, 見召津里, 江門津里	大和面	新里, 大和里, 安味里, 芳林里, 桂村里, 雲交里
德方面	笠巖里, 靑良里, 柄山里	內面	一里, 二里, 三里
南二里面	門岩里, 母山里, 內谷里	21 個面	86個里 2,093戶 (男4,661 女5,223名)

이상의 조선후기 면리체제는 조선전기의 방위면체제로부터 정비되었으며, 그것은 향·소·부곡·장·처 등의 특수 행정구역과 임내의 직촌화, 군현의 재정비 등의 과정을 거치면서 확장되고 있다. 이와 같은 면리제의 분화는 결국 자연촌의 성장을 배경으로 하면서 그것이 납세단위로 고착화되는데 연유하는 것으로 이해된다.[91]

이와 아울러 면리의 직임조직도 정비되고 있다. 면단위의 권농관, 별

---

91) 이존희, 앞의 책, p.208 ; 면리제는 조선초기 15세기경 방위면체제로부터 시작하여 차츰 전국으로 확대 실시되었고, 확립된 시기는 대체로 조선후기 영·정조대이다.

감, 리 단위에 리정과 리장이 임명되었으며, 이들은 매월 5일마다 관아에 출입하면서 향촌행정을 수행하였다. 따라서 중앙에서는 면리의 적절한 운영을 위해 품관층을 면리임에 임명하고자 노력하였으나, 중앙정부의 이러한 의도에도 불구하고 품관층은 면리임을 기피하고자 하는 경향을 보이고 있다. 그것은 향촌세력이 품관층과 향리로 구분되는 추세에서 관직을 선호하였던 품관층은 향리를 치향지인의 반열에서 배제하고자 하였으며, 사족층의 면리임 기피현상은 향촌사회의 이러한 변화와 함께 나타났다.

이러한 점에서 면리임은 사족의 아류에서 담당하였으며, 그들은 호적작성을 비롯하여 군적, 양전, 징세, 조역, 포도, 민의 유망단속, 관개수리시설의 감독 등과 같이 일읍단위의 제반사를 처리하는데 조력하였으며, 그들은 수령의 지휘감독 하에서 향리와 향청의 중간자적 위치에 있었다고 할 것이다.

『경국대전』에 따르면 강릉대도호부는 정 3품관 대도호부사가 수령으로 임명되었으며, 그 아래 종 5품의 판관 1명이 지방관리로 임명되었다. 이러한 관직체계는 조선후기까지 대체로 이어져 왔으나, 수령을 보좌하는 판관은 명종 1년(1545)에 혁파되었다. 또한 향촌통치를 위해 지방사족들은 자치기구인 향약을 운영하였다. 이러한 향촌 지배책과 아울러 지방관은 조세와 요역의 원활한 수취를 위하여 5가작통제와 같은 통치체제를 유지하였을 뿐만 아니라 면리조직을 확대해 갔다.

영조 10년(1734) 조사된 것으로 확인된 『호구총수』에는 18개면 83개리로 구성되어 있었다. 1757년에 작성된 『여지도서』에 따르면 양란 이후 강릉대도호부는 영동에 북이리면, 남이리면, 신리면이 더 늘어 15개 면 64개 리와 영서 6개 면 21개 리로 편제되었다. 북일리면의 7개리 중 홍제리·성곡리·임당리·교동리가 북이리면으로 분리되었고, 가남면이 경포리와 일희정리로 변경되었다. 또 남면이 자가곡면으로 변경되었고, 연곡면의 사기리·교항리·향호리·주문리가 신리면으로 재개편되었다. 또한 일리·이리·삼리로 구획되었던 망상면이 망상리·만우리·대진리로 지명이 변경·구획되었다.

18세기 말엽에 작성된 것으로 추정되는 『임영지』 구지 방리조에 나타난 방리조직에서 면·리수는 『여지도서』와 같으나 성곡리가 없어지고 산황리로 변경되었고, 연곡면의 영진리와 택리가 소멸되고 동덕리가 새로이 구획되었으며, 남일리면의 금아치리가 금학리로 변경되었다. 그리고 구정면에 금광리가 복구되고 왕산리가 새로이 편입되었고, 성산면에 보광리가 폐합되었다. 한편 『임영지』 구지 속 1권 방리조 역시 면수는 21개 면인데, 리수는 북일리면의 산황리와 연곡면의 영진리 성산면의 보광리가 재편입되어 88개 리로 확대되었음을 확인할 수 있다.

한편 조선시대의 오가작통제[92]는 면리제와 병행된 또 하나의 향촌 통제책으로 어느 한 시기도 거론되지 않은 적이 없다. 5가작통제는 이미 태종 8년(1408)에 성석린의 건의에서 논의된 '인보정장지법'에서 비롯하여 세종 때에 확립되었으며, 『경국대전』의 호적조에서는 동리별로 가좌순에 따라 5가 1통으로 작통하게끔 규정되기에 이르렀다. 그러나 면리제가 그러하듯 5가작통제도 향촌사회에서 제대로 준행된 것 같지는 않으며, 때로는 10가로 작통하거나 작통하지 않았던 시기도 있었다. 이러한 상황에서 5가작통제가 강화되는 것은 숙종 원년 비변사에서 '오가작통사목'[93]

---

92) 이수건, 앞의 글, p.190. ; 5가작통법은 본래 태종8년(1408) 성석린의 건의로 논의된 인보정장법에서 시작되어 세종 때에 확립되었으며, 『경국대전』 호적조에 동리별로 家坐順에 따라 5가 1통으로 작통하도록 규정되었으나 실제 향촌사회에 정착된 것은 후기에 이르러서 이다.

93) 「五家作統事目」의 21개 조항을 분별해 보면 오가작통에 관한 것이 14개 조항이고 紙牌에 관한 것이 6개 조항, 그리고 사창에 관한 것이 1개 조항이다. 이 가운데 오가작통에 관한 14개 조항을 다시 세분해 보면, 기본조직에 관한 것이 6개 조항이고 隣保 및 相扶相助에 관한 것이 5개 조항이며, 유이민의 규제에 관한 것이 3개 조항으로 나타난다. 먼저 그 조직을 살펴보면, 재력의 빈부를 막론하고 5가를 1통으로 하고 5가 중 지위와 나이가 든 자를 統首로 삼고 통수는 통내의 제반사를 관장한다. 다음으로 5통 이상 10통까지를 小里로 삼고 10통 이상 20통

을 제정하면서 였다. 숙종대의 5가작통법의 시행도 향촌사회의 내적인
발전을 전제로 하는 것이다. 즉 향촌사회의 말단조직인 면·리·통이 나름
대로 장내의 제반사를 관장하는 공동책임제의 성격을 갖는다는 점에서
향촌사회의 내적인 성장을 전제로 가능한 것이기 때문이다. 아울러 여기
에는 당시 부세제도의 모순과 중간관리들의 횡포에서 빚어지는 모순을
향촌사회의 내적인 질서에 기초하여 극복하려는 당시 조정의 입장이 반
영된 것이며 후에 '里定法'으로 이어졌다.

이후 5가작통법은 철종 연간에 '5가작통절목'이 규정되고 있음을 살필
수 있으며, 당시의 농민들은 농민경영의 발달 및 사회의식의 고양으로 인
해 재지사족의 사적 지배에서 점차 벗어나고 있었으며 조선왕조는 자립
한 농민을 5가작통제에 의해 토지에 긴박시키는 작업을 수행하고자 하였
던 것이다. 여기에서 우리는 5가작통제가 향촌 통제를 목적으로 거듭 채
택되고 있었다.

조선 전시기에 걸쳐 지속적으로 강조되어 온 5가작통법은 호패법의 운
영과 함께 호적작성의 보완적인 의미를 갖는다. 농본주의를 표방한 조선
의 국가재정은 일차적으로 민정의 파악에서부터 비롯되며, 민정의 정확
한 파악을 위해서는 호적의 정비가 정확하게 추진되어야 했던 것이다. 이
러함에도 불구하고 호적 작성시에 누호와 은정의 문제는 상존하고 있었
으며, 더욱이 농민의 최소한의 저항형태였던 유민의 발생은 호적의 작성
과 운영의 한계를 보여주고 있었다. 조선시대의 이와 같은 통치의 기초
자료인 호적의 정비를 위해 철저한 호구의 파악, 누호·은정과 도망·유이
의 방지, 그리고 권농과 인보상조, 수리시설과 교량의 공동관리, 춘추강
신 및 사창법의 운영 등의 효율을 기하기 위한 방편으로서 호패법의 시

까지를 中里로 삼으며, 20통 이상 30통까지를 大里로 삼는다. 그리고 리에는 리
정과 유사를 두어 리내의 제반사를 관장한다. 다음으로 각 면에서는 각 리의 민
호의 다과와 성잔에 따라 謀面 제1리 제2리 제3리…로 삼는다. 면윤이 리정을
통제하고 리정이 통수를 통제하며 각각 임기는 3년으로 하여 체임한다.

행과 아울러 공동책임제인 5가작통제를 강화하려는 시도를 꾸준히 전개
하여 왔던 것이다.

조선시대 향촌사회에 있어서 그 구성원이나 단체는 조직체계와 그 운
영을 위한 갖가지 규약과 그 명단인 좌목을 두고 있었다. 이러한 규약과
좌목은 향촌사회의 자치적인 실상을 보여주는 것으로 여기에는 민중들의
조직과 운영, 재지사족의 조직과 그 운영을 위한 것으로 파악된다.

조선시대는 고려시대와 달리 『경국대전』에 의해 법제적·일원적으로
국가를 관리하였으며, 군사체계는 8도제로 전환되었고, 각 관읍에는 행
정·사법·군사권을 가진 왕권대행자로서의 수령이 파견되었고, 지방행정
체계도 이러한 분위기를 반영하여 일원적 체제를 갖추었으며, 후기로 갈
수록 면리제도 정비되어 행정의 효율적 수행을 꾀하는 방향으로 나아갔
던 것이다. 강릉은 이러한 기조에서 대도호부로서의 행정적 지위를 대체
로 1895년까지 유지하였다.

제Ⅲ장

근현대 강릉의 행정체계와 도시변화

2001년 12월 17일, 강릉시청사는 명주동 38-1번지에서 홍제동 1001번지로 새로이 이전·개청하였다. 이 사실은 강릉시청사가 과거로부터의 역사적 연결선상의 읍치지에 위치하였다가 이제는 현대 도시발달상의 새로운 행정중심지로 이전되었음을 의미한다. 대부분의 전통도시로 일컬어지는 도시들은 도시발달사상 읍치의 확대 재배치 과정을 밟아왔다. 강릉시의 경우도 그런 과정상에 있었지만, 2001년 이후 그것과 다른 새로운 현대적 도시 확대 과정을 밟게 된 경우에 해당된다.

도시는 중심부[1]와 주변부로 존재하지만 개별적으로 본고는 구분하여 기술하지는 못하였고, 행정체계를 중심으로 도심을 이루는 지역을 중심으로 기술하였다. 그것이 현대도시 강릉의 도시변천사의 한 부분을 복원하는 시발점이 될 것을 기대하면서 근대이전은 예국고성 시기, 명주성 시기, 강릉읍성 시기로 살펴보고, 이어서 근대도시 모색기, 현대도시로서 해방 이후 강릉의 변화상을 찾아보았다.

우리나라에서 '도시'라는 단어가 사용된 것은 불과 1백년 남짓한 기간이다. 그 개념과 현상은 있었으나 도시학·도시사의 입장에서 '도시'라는 용어 사용은 그리 오래지 않다.

---

1) 김창석 외공저, 『도시중심부연구』, 보성각, 2000, p.19.
　　인간사회는 상호간의 접촉행위를 기본적인 매개로 하여 발달하기 때문에 인간이 생산, 유통, 소비 등의 일상생활을 영위할 때 지역사회에는 반드시 중심지가 형성된다. '도심(city center)'는 바로 도시 내에 형성된 중심지로서 하나의 도시 안에 나타나는 최상위 중심기능의 집적체 라는 의미를 갖는 기능지역으로 정의된다.

도시는 문화·사회·경제·정치활동의 중심지로서 항상 많은 인구가 집단거주하여 가옥이 밀집되어 있고, 교통이 집중된 지역이다. 즉 거대한 건조물의 집적지역이며 각종 물적 시설로 구성된 지역공간이다. 하천과 도로에 의지하던 시대의 도시는 작고 고속화된 대량 수송수단과 고도로 발달된 미디어가 집중하는 도시의 규모는 커질 수밖에 없다. 또한 미디어의 집중성이 크고 작아지는데 따라 도시는 커질 수도 작아질 수도 있으며 도시 상호간 적자생존의 길을 가기도 한다.[2]

이 장에서는 현대적인 '도시'의 개념이 사용되기 시작했던 시기를 대상으로 한다. 종전의 '읍치'라는 단어가 '도시'로 대체되어 가는 시기이다. 강릉읍성 즉 관아를 중심으로 한 도시가 변화되는 개항기는 전통적 읍성의 바탕 위에서 서구적 도시계획 개념이 적용되어졌다.[3] 일반적으로 전주, 남원, 김해, 상주, 안동, 청주 등 조선시대 전통도시들이 그러했듯이 강릉도 강릉읍성을 범주로 하는 관아가 현대적 도시발달의 모태가 되었다. 강릉읍성 내외에 식민통치를 용이하게 하고 일본 거류민을 위한 현대적 도시개념의 도시사업은 일제강점기에 시작되어 조선시대 읍치로서의 강릉의 모습은 극심하게 훼손·멸실되고 그 용도가 바뀌게 되었다.[4]

한국의 도시는 1950년대 초기까지 도시화율 25% 미만으로 대부분 인구가 농촌지역에서 1차 산업에 종사하고 있는 전통사회의 모습이 강하였다. 1950년대 중반부터 국가의 전체 인구 중 도시지역에 거주하는 인구

---

2) 한국정신문화연구원, 『한국민족문화대백과사전』 6, 1991, p.864 : 손정목, 『조선시대도시사회연구』, 일지사, 1977, p.25 ; 인간과 신 혹은 절대자(종교)·개인과 집단 또는 집단과 집단(조직관리)·개인과 개인(서비스,오락 등)·개인과 대중(초고속통신)과의 대화, 인간의 자기발전을 위한 대화(문화, 예술, 과학, 기술 등) 이런 대화의 기능이 일정한 지역공간에 집중적으로 투영된 상태 즉, 각종 정보가 집중되는 지역을 도시라고 규정하고 있다.

3) 주종원, 「읍성으로부터 발달한 지방중소도시의 공간구조적 특성과 그 적용에 관한 연구」, 『대한국토계획학회지 국토계획』 제23권 제1호 통권50호, 1988, p.22

4) 김흥술, 「20세기 강릉의 행정구역 변천」, 『강원사학』 제19·20합집, 2004, pp.208~209.

의 비율이 급속히 증가하여 도시화가 급진적으로 전개되었다. 제5차 경제개발계획이 시작된 1982년경 도시화율이 70%를 넘어 도시화가 더욱 성숙되었고 그 이후로 점차 둔화되어 2000년대는 도시화의 안정화 단계에 들어가고 있다. 강릉은 6·25전쟁 후 복구사업이 마무리되는 1955년 도시 중심부를 이루는 강릉읍 지역이 강릉시로 승격되고 외부지역은 명주군으로 바뀌게 되었다. 1962년 철도부설, 1975년 강릉-서울간 영동고속도로가 개통되어 강릉시의 도시발달에 획기적 사건이 되었고 1995년 시·군 통합에 이르렀다.

2000년대에는 2003년 태풍 '루사' 이후 피해 복구사업으로, 2011년 남아프리카 더반에서 '2018평창동계올림픽' 개최가 확정된 이후 그 준비과정에서 도시 기반시설 확충 등 큰 변화를 맞이하고 있다.

제1절 신식관제 유입과 읍성의 해체

고종 33년(1896) 조선의 팔도체제가 폐지됨에 따라 강원도는 2府로 나뉘어 강릉과 춘천에 관찰사를 두어 도정을 운영하였으며, 원주·평창·영월·정선 등 4개 군은 충주부로 이관되었다. 강원도의 행정구역 체계는 크게 강릉부, 춘천부로 되었고 강릉부의 治所는 강릉으로 강릉·울진·평해·삼척·고성·통천·흡곡·양양 등 9개 군이 포함되었다. 이는 조선시대 8도제의 강릉진관구역과 대체로 같은 관할구역이었다. 당시의 행정구역 개편은 지역적 특수성을 고려하여 강원도를 영동(강릉)과 영서(춘천)로 나누었던 것이 특기할 사항이다. 이후 건양 원년에 13도제로 편제됨에 따라 충주부에 이관되었던 4개의 군이 환속되고 춘천을 수부로 하여 관찰사를 두어 도정을 운영하였으며, 당시에도 강원도는 26개의 고을을 관할하였다.[5] 이때 울진·평해를 제외하고 강릉부와 춘천부를 합하면 현재와 같은 행정구역이다. 또한 춘천이 강원도의 행정중심지로 부각된 시기이다.

강릉은 조선시대 강릉대도호부, 강릉부라는 명칭에서 고종 32년(1895) 관찰부가 설치되고 참서관을 두었다가 고종 33년(1896)에 전국을 23부 13도로 개정할 때 강릉군이 되었다.[6] 23부제[7]는 근대적이고 중앙집권적

---

5) 『고종순종실록』 고종실록 권34 건양 원년 8월 4일 칙령 제35호.
  강원도, 『강원총람』, 강원도기획관리실, 1975, p.209.
6) 『중수임영지』 건치연혁조.
7) 23부제 행정구역의 특징 ①종전의 8도제에서 23부제로 하여 관찰부의 영역이

인 구역체제를 갖춘 제도로 종래의 부·목·군·현 등을 통털어 군으로 통
일하였고 각 부에는 관찰사를 두고 각 군에는 군수를 두었다. 조선시대
500년 동안 왕권의 대행자로서 행정·사법·군사 등 전권을 행사하였던 지
방 수령은 갑오개혁으로부터 시작하여 새로운 신식 관제가 도입되면서
그 권한이 분산되어 행정책임자의 지위로 변해갔다. 1896년 한성부 외의
전국 22개 부에 경무관 1인, 경무보 2인, 총순 2인을 두고 부에 순검을
배치하였는데 강릉은 50명이 정원이었다. 또한 각 도의 외영을 폐쇄하고
지방군을 해산하였다.[8]

1905년 통감정치가 시작되고 지방통제를 위하여 주한일본영사관은 이
사청으로 개편하여 보호정치의 지방침투 및 지방행정의 지도 감독권을
행사하였는데 전국 13곳에 있었으며 강릉의 경우 원산 이사청 관할이었
다. 한편, 1906년 9월 지방관제 개정시 임계·도암면을 정선군에, 진부·봉
평·대화면을 평창군으로 각각 이관하였다. 행정구역의 측면에서 강릉이
강원도 중부, 즉 영서지역 일부를 포함하여 오랫동안 광역개념의 영동지
역 수부도시에서 성격상 오늘날의 기초 자치체로 변화한 것이다. 융희 원
년(1907) 12월 한일신협약 7개조에 따라 통감부는 지방관 관제를 개정하
여 식민지 시대로 연결되는 지방제도의 틀을 만들었다. 1수부·13도·11
부·332군으로 개편되고 지방관의 임무 중 행정·치안이 완전히 분리되기
에 이르고 통감정치 초기의 이사청은 더 이상 필요치 않을 만큼 지방행
정 체계는 통감부로부터 각 도에 이르기까지 일원화 되었다.[9] 근대도시

좁혀져 효율행정이 가능케 되었다. ②대개 1개 부의 관할 군이 10개 전후로서
통솔의 균형을 갖출 수 있었다. ③갑오개혁 시 한성관윤을 없앤데 이어 각 유수
부(개성·강화·화성·광주·춘천)를 폐지, 각부목군현의 명칭을 폐하고 郡으로 통
일하였다. 그러나 면의 수, 호수 등에 따라 5등급으로 하였는데 강원도의 경우
강릉, 춘천이 모두 4등급에 해당되었다. 이 당시 전국 군의 총수는 337개 이다.
    : 손정목, 『한국지방제도·자치사연구(상)』, 2001, pp.47~54.
8) 손정목, 앞의 책 p.54.
9) 손정목, 앞의 책, pp.72~75.

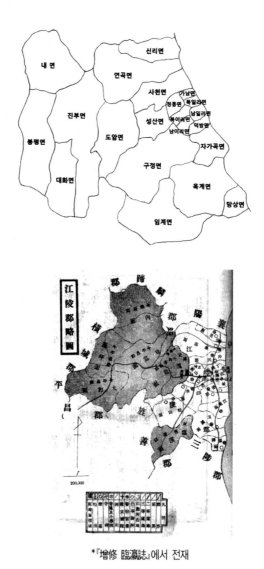

*『增修 臨瀛誌』에서 전재

〈그림 3-1〉 1890년대 강릉의 행정구역도[10]

---

10) 『강릉군지』에 기록된 행정구역에 의하여 작성하였으며 현재의 평창·홍천·정선
　 에 편입된 도암·진부·대화·봉평·내면·임계면과 1980년 동해에 편입된 망상면

모색기라고 할 이 시기를 전후하여 강릉은 <그림3-1>과 같은 광역권으로 형성되었던 행정구역이 1906년 지방관제개정으로 오늘날과 유사한 영역으로 변화하게 되었다.

이 시기에 강릉지역의 지리인문서인 『강릉군지』[11] 방리조의 내용을 살펴보면 21개 면으로 이루어져 있으며, 북일리면(옥천동, 포남동, 초당동지역), 북이리면(임당, 교동, 홍제동), 정동면(유천동, 죽헌동, 사천일부), 가남면(경포동일부, 사근진, 산대월리), 사화면(사천진, 하평리, 석교리), 연곡면(동덕리, 방내리, 장천), 신리면(교항리, 주문진리, 향호리), 성산면(금산리, 위촌리, 구산리, 송암리, 관음리, 오봉리, 어흘리), 남일리면(금학동, 송정동, 강문동), 남이리면(내곡동, 장현동), 덕방면(임압동, 청량동, 병산동), 구정면(금광리, 어단리, 덕현리, 학산리, 제비리, 언별리, 목계리, 왕산리, 고단리), 자가곡면(신석동, 시동리, 안인진리), 우계면(금진리, 북동리, 현내리, 천남리, 산계리), 망상면, 임계면, 도암면, 진부면, 봉평면, 대화면, 내면이다. 21개면의 민호는 총 6,165호에 남정16,160명, 여정 12,913명으로 1890년대 강릉의 행정구역은 <표 3-1>과 같다.

고종의 대한제국 선포 직후는 사실상 행정구역 편제가 근대적 형태로 변화하였지만, 아직 면 단위의 세부적 행정단위까지 행정관이 배치되지는 않은 시기이며 종전의 부사가 1895년과 1896년에는 관찰사에서 참사관으로 변동이 있었고 1896년부터 군수로 명칭이 고정되었다. 당시 강릉의 중심지를 구성하였던 공해의 모습은 읍성이 퇴락한 상태였지만 높이 10m 둘레 787m로 존치했었으며,[12] 남문 어풍루 6간이 폐한 상태였으며,

---

이 포함되어 있다.

11) 『강릉군지』는 정조 대에 작성한 『임영지』가 그 대본을 이루고 있으며 1898년경 전국읍지를 편찬할 때 강릉에서 보고형식으로 작성한 것으로 생각된다.

12) 『관동읍지』(규장각소장) 강릉대도호부지 선생안조에 송단화(재임기간1852.3-1854.8)가 동문을 옮겨 지은 기사를 볼 때 당시에도 읍성이 존치했을 것이다. 기록상 읍성에 대하여 높이 10척 둘레2600척으로 되어 있으므로 이를 미터법으로 환산하여 표기하였지만, 실제 성의 둘레는 약 2km이다.

〈표 3-1〉 1890년대 강릉의 행정구역[13]

면 명	『강릉군지』 방리조의 관할구역	현재의 위치
南一里面	금학, 수문, 견소진, 강문진리	금학, 송정, 강문동
南二里面	내곡, 모산리	내곡, 장현동
德方面	암, 청량, 병산리	임압, 청량, 병산동
邱井面	금광, 어단, 덕현, 학산, 제비, 언별, 산북, 목계, 왕산, 고단리	현 구정면, 언별, 목계, 왕산, 고단리
資可谷面	신석, 시동, 모전, 안인리	신석동, 시동리, 안인진리
羽溪面	묵진, 북동, 현내, 천남, 산계, 오곡리	금진, 북동, 현내, 천남, 산계리
望祥面	망상, 만우, 대진리	동해시 망상동
臨溪面	관문 남쪽 90리-105리에 5개리	정선군 임계면
北一里面	초당리	옥천, 포남, 초당동
北二里面	임당, 교동, 홍제, 산황리	임당, 교동, 홍제동
城山面	건금, 위촌, 구산, 송암, 관음, 서원, 제민원리	현 산북면 제외한 성산면
丁洞面	유천,조산,사전리	유천동, 죽헌동, 대전동
嘉南面	경호, 일희정리	저동, 안현동, 사근진, 산대월리
沙川面	애일당, 호동(芦洞)리	사천진, 하평리, 석교리, 사기막리
連谷面	동덕역, 현내, 마곡리	동덕리, 방내리, 퇴곡리, 행정리
新里面	사곡(沙哭), 교항, 주문진, 향호리	교항리, 주문진리, 향호리
道巖面	횡계,도암리	평창군 횡계면
珎富面	동구, 상리, 하리, 거문, 수사리	평창군 진부읍
大和面	대화, 안미, 방림, 운교, 주촌리	평창군 대화면
蓬坪面	봉평, 금온리	평창군 봉평면
內面	관문 서쪽160리-220리	홍천군 내면

동문 가해루 6간도 1854년 부사 송단화가 옮겨 지은 후 폐한 상태였다.[14] 내아 20간, 별당 2간, 외아 35간, 전랑 20간, 문루 3간, 객사의 정청 임영 관(동대청, 서헌, 중대청, 낭청방, 월랑은 모두 1848년 중수) 9간, 동대청 13간, 서헌 6간, 중대청 12간, 낭청방 6간, 월랑 31간, 삼문 6간이 있었다. 임영관 앞에 있었던 의운루 6간, 사대 9간과 부평정 4간(일명 소영주각)

임호민, 『조선후기강릉부수령의 성분과 교체에 관한 연구』, 관동대학교대학원석 사논문, 1994, pp.8~9 : 김홍술, 『강릉지역의 성곽연구』, 관동대학교대학원석사 논문, 1999, pp.18~26.

13) 이 표는 『강릉군지』의 내용에 근거하여 작성하였으며 이 장의 표·그림은 같은 방법으로 해당 검토자료를 바탕으로 작성한 것이다.

14) 『강릉군지』 관부 공해條에 가해루(庚午府使朴泰尙重修, 甲寅府使宋瑞和移建于 舊址 今廢).

은 모두 폐한 상태였다. 관아 동쪽의 부사 12간, 작청(부사 앞) 18간, 군
관청(외아문루 앞) 10간, 군기청 16간, 노방 8간, 사령청 8간, 부창 32간,
향청, 장관청 등이 읍내를 구성하고 있었다.

　조선시대 말기 고종대인 1897년을 전후한 시기의 강릉읍성 내의 모습
은 『강릉군지』를 근거로 추정해보면 전체 둘레 2km에 이르는 읍성의 약
800m는 3m 높이의 석성이었으며 빈번하게 활용되었던 동문과 남문이
퇴락하여 폐한 상황이었다. 읍성의 가운데 동쪽으로 치우쳐 임영관이 있
었으며 그 앞에 부평정을 지나 내아, 외아가 있었고 그 동쪽으로 부사,
작청, 군관청, 군기청, 부창, 노방, 사령청 등이 자리 잡았으며, 서쪽은 지
형상 제단, 성황당이 있었을 뿐 관아건물은 거의 없는 상태였다.

　중앙의 관제는 1894년 이후로 계속적으로 개정되며, 1895년 각부의
관제를 개정하였는데, 이 때 內部는 대신관방·주현국·토목국·판적국·위
생국·회계국의 6개 국으로 되었고 얼마 지나지 않아서 주현국을 지방국
으로 개칭하고 이어 또 개정하여 지방국의 관장사무에 경찰업무와 감옥
에 관한 사항을 추가하여 지방국은 일반 행정업무와 경찰업무, 행형업무
까지 일시적으로 관장하게 되었다.[15) 그리하여 을미년 지방관제 개정 시
강릉부 관찰사 아래 경무관 1인, 경무보 2인, 총순 2인, 순검(순경) 50인
이 배치되었다.[16) 이러한 일련의 거듭된 개정 속에서 군수로부터 경찰을
분리시킴과 아울러 관찰사와 군수로부터 재판권과 군사권도 분리한다.
관찰사와 군수가 지방에서 전권을 가진자에서 지역의 일반 행정책임자의
지위로 전환된 것이다.[17) 한편, 1부 1재판소 제도에 따라 1895년 윤 5월

---

15) 고종 32년 3월 26일 칙령 제53호 내부관제. 윤 5월 3일 칙령 제109호 내부관제
　　중 개정에 관한 건. 8월 6일 칙령 제151호 내부관제개정에 관한 건.
16) 고종 32년 5월 26일 칙령 제101호 지방관제 제10조·11조. 6월 3일 칙령 제128호
　　각부순검정원에 관한 건 ; 내부령 제3호 한성부외 각부경찰관에 관한 규정 ; 강원
　　경찰청, 『강원경찰발전사』상권, 2000, pp.23~26. ; 강원도사편찬위원회, 『강원도
　　사』 역사편, 1995, p.1095.
17) 손정목, 『한국지방제도·자치사연구』(상), 일지사, 1992, p.39.

15일 이후 다른 21개 부와 함께 강릉에 재판소가 설치되었다.[18]

이 시기를 전후하여 중앙관제에 삼권분립적 근대 관제로 개편이 빈번하였으며, 대한제국 국제[19]에 의하면 입법·사법·행정의 전권을 가진 황제가 있고, 중앙에 의정부·중추원의 행정 및 입법기관이 있고 사법기구로서 지방과 개항장에 재판소가 신설되거나 재판소의 위치 관할구역이 재조정되었고, 재판소 구성법을 개정하여 고등재판소, 특별법원, 순회재판소 등이 1900년경 까지 설치되고 있다.[20] 지방에도 이러한 분위기가 반영되어 우체사 설치, 재판소 설치 등 각종 근대적 관제와 함께 새로운 도시시설이 도입되기 시작하였다. 아울러 그동안 왕권의 대행자로서 지방에서의 모든 행정권을 가졌던 지방수령의 권한도 삼권분립의 정치사회적 근대화를 반영한 제도의 도입으로 권한이 분리되기 시작하였다. 그리하여 1907년 한일신협약 이후 다수의 일인이 판·검사로 이 땅에 부임해 오면서부터 국세 징수사무와 사법에 관한 사무는 완전히 지방행정관의 소관을 떠났으며 경찰업무도 관찰사의 관장 하에 있었지만 사무의 집행은 각 도 경찰서 관할로 되어 더 이상 군수의 관장 사항이 아니었다.[21]

이 시기 강릉지역의 근대적 도시 시설의 도입은 위의 경찰·사법시설의 도입과 마찬가지로 종교·교육·우편시설 등도 새로이 들어오게 되었다. 흔히 개항기로 불리는 이 시기를 통하여 삼권분립적 행정관서의 건립이 도입되기 시작하였으며, 자생적으로 근대도시 성격의 행정체제를 갖추기 시작하였으나 이어지는 일제강점기의 식민지 정책에 의해 왜곡을 겪게 되었다.

---

18) 고종 32년 윤 5월 10일 칙령 제114호, 동 5월 13일 법부령 제5호 개항장재판소 및 지방재판소의 관할구역에 관한 건으로 강릉에도 이에 따라 재판소가 설치되었을 것이며, 일제강점기에 만들어진 시가지 지도 등을 통해 현 용강동 61-8번지에 위치한 것으로 추정된다.

19) 『고종순종실록』하 고종실록 권39 광무 3년 8월 17일

20) 유종해, 『신고 한국행정사』, 대영문화사, 1988, pp.238~239.

21) 손정목, 앞의 책, p.74.

종교를 살펴보면 강원도는 미국 감리회에 속하였는데 강릉, 삼척, 울진, 평해, 원주, 횡성, 평창, 영월, 정선 등이 이에 속하였다. 그러므로 영동지역을 담당했던 교파는 감리회였으며 이로 인해 영동지역의 초기선교의 주역은 감리교회였다. 1902년 세워진 강릉의 감리교회는 河鯉泳(R.A. Haride)에 의해 집회가 이루어졌으며 그는 남 감리회의 초기 선교사였다. 남 감리회의 주요 선교지는 元山 이었고 1901년부터는 원산지역을 미감리회로부터 양도받았으며 영동지역은 감리교회 특히 남감리회의 영향을 받았고 원산을 통해 선교가 이루어졌다.[22] 강릉교회는 설립시기를 하리영의 보고서를 근거로 하여 1901년 정도로 추정하고 있으며, 강릉에서는 1902년부터 후에 목사가 된 이동식과 선교사 하리영이 명주동의 明國聖의 초가에서 기도와 집회를 시작하면서 신자들이 모이기 시작하였다.[23] 강릉교회의 초기 교인은 40명 정도였고 세월이 지남에 따라 70명 정도 모였으며 점차로 세를 넓혀갔다고 한다. 그러나 이 시기 종교시설은 실제 새로운 건물의 형태로까지 발전되지는 못하였고 사가에서 선교활동을 하는 정도로 이루어졌던 것으로 보인다.

교육면에서는 1895년과 1896년 사이에 서울의 한성사범학교, 외국어학교, 관립소학교가 설립되고 전국에 40개 가까운 공립소학교가 개교되어 근대교육이 본격적으로 시작되었고, 1906년 일제의 통감부가 설치되고 침략이 강화될 때 까지 많은 관공립학교와 함께 민족사학이 전국 각지에서 크게 성황을 이루었다.[24] 이러한 시대흐름에 따라 7월 19일 공포

---

22) 김정호, 「영동지역 기독교수용과애국계몽운동 소고-강릉 명주를 중심으로-」, 『임영문화』 18, 1994, p.47. 1885년 기독교(개신교) 선교사들이 이 땅에 들어올 때 장로회 4개 교파와 감리교회 2개교파, 성공회, 형제단, 구세군, 성결교가 들어왔으며 그 중 장로교회와 감리교회가 큰 교파였는데 북감리회는 서울·평안·황해·경기·충북지역을, 남감리회는 개성을 중심으로 하고 강원도 전역에서 교회를 개척하였다.

23) 강릉중앙교회, 『강릉중앙교회 100년사』, 신앙과지성사, 2002, pp.81~82.

24) 강원교육사편찬위원회, 『강원교육사』, 강원도교육위원회, 1980, p.97. 1907년을 전후한 의무교육운동이나 민립·사립학교가 1910년 5천 여 개를 헤아

된 소학교령 이후 강원도에도 춘천에 이어 1896년 9월 17일 강릉공립소
학교가 설립되었다.[25] 당시 공립소학교의 교장은 군수가 겸임을 하였으
며 1898년 겸임교장이었던 군수 鄭憲時는 그때까지 이름만 있었던 학교
를 현재의 성내동 3번지(현 한국은행 강릉지점)에 있었던 군기고로 정하
였다.

　1906년 이후 통감부의 교육침략정책에 따라 보통학교령으로 소학교는
보통학교로 이름이 바뀌었다.[26] 공립학교 외에 신교육기관으로 당시 강
릉유지이던 崔溶集이 1906년 건립했던 초당학교가 건립되었으며, 선교장
에서 개교한 동진학교, 1906년 위촌리에 설립되었던 우양학교, 옥천동에
있었다는 영주학교, 모산리의 모산학교, 주문진 신리면 신리학교, 그리고
강릉향교 내에 화산학교 등[27]이 있었다. 이들 사립학교는 대부분 민족
애국계몽 교육을 실시하였으며 1910년 일제강점기를 전후하여 폐교되거
나 실업학교로 전환되었다. 이러한 신교육의 수용이 제대로 校舍의 모습
을 갖춘 학교들은 아니었다. 그러므로 사실상 이러한 근대문명의 도입이
아직은 강릉이라는 도시에 외관상의 큰 변화를 가져오지 못하였다고 할

　　렸으며 1895년의 학교관제관련 제규칙은 다음과 같다. 한성사범학교관제(1895.
　　4.16 칙령 제79호), 외국어학교관제(1895.5.10 칙령 제88호), 성균관 관제(1895.
　　7.2 칙령 제136호), 소학교령(1895.7.19 칙령 제145호), 한성사범학교규칙(1895.
　　7.23 학부령 제1호), 성균관경학과규칙(1895.8.9 학부령 제2호), 소학교교칙대강
　　(1895.8.12 학부령 제3호).
25) 강릉초등학교백년사편찬위원회, 『강릉초등학교백년사』, 강릉초등학교, 1996, p.122.
　　소학교령에 따른 지방공립소학교 38개소의 위치는 다음과 같다.
　　한성부, 13도관찰부(수원, 충주, 공주, 전주, 광주, 대구, 진주, 해주, 평양, 정주,
　　춘천, 함흥, 경성), 2府(개성, 강화), 개항장(인천, 부산, 경흥, 원산), 주요지역(제
　　주, 양주, 파주, 청주, 홍주, 임천, 남원, 순천, 영광, 경주, 안동, 안악, 의주, 강계,
　　성천, 원주, 강릉, 북청).
26) 강릉초등학교백년사편찬위원회, 앞의 책, p.167.
27) 금창헌, 『강릉지방의 신교육 수용에 관한 연구』, 관동대학교석사논문, 1997,
　　pp.8~10 ; 강원교육사편찬위원회, 앞의 책, p.98. ; 임영지증보발간위원회, 『임
　　영강릉명주지』, 1975, p.149.

수 있다.

이 시기는 통신에 있어서 종래의 도로선이나 봉수선에 따랐던 체제가 변화를 맞이한 시기이다. 서양 열강의 침탈 속에서 우표를 사용하는 서양의 근대적 통신제도가 도입되었다. 우정국을 연 홍영식이 1880년부터 1883년의 기간 중에 일본과 미국을 방문하면서 새로운 문명에 눈떴으며 우편제도의 필요성을 조정에 건의하게 되었다. 그리하여 우정총국이 만들어졌다. 1884년 11월 18일 개국한 우정총국은 갑신정변으로 17일 만에 문을 닫았고, 1895년 6월부터 우체사업이 다시 시작되었으나, 1905년 통감정치로 통신사업권을 일제에 빼앗기게 되었다.[28] 강릉에는 1895년 6월 1일 칙령 제125호로 춘천과 함께 우체사 설치가 예정되었다가 춘천에 이어 1896년 7월 23일 칙령 제32호로 전보사 관제를 설치할 때 강릉전보사가 공표되었다. 이어 1898년 1월 5일 농상공부령 제24호로 강릉군 군내면 북성내리 지금의 성내동 23번지(현 농협중앙회위치)에서 업무를 시작하여 영동지역 최초의 우체국이 되었다.

1905년 4월 1일 한일통신협정이 강제 체결되고 7월 1일부터 한국 우표, 엽서의 발매가 금지되었다. 이 같은 분위기에서 같은 해 6월 25일 강릉우체사는 경성우편국 강릉출장소로 격하되어 일제에 의해 좌지우지되다가, 1906년 7월 1일 통감부 고시 제37호로 출장소에서 강릉우편국으로 원상회복되었다. 1907년 12월 21일 강릉우편국은 평창과 함께 전신업무를 취급하기 시작했으나 일제의 식민지 경영정책으로 일반 국민의 이용

---

28) 일제는 19세기말 이래 우리 나라의 통신권을 장악한 후 한국의 통신사업을 자국의 자본으로 정비, 발전시켜 나갔다. 통감부가 설치된 이후 1906년에는 목포-부산, 목포-서울, 인천-군산, 인천-목포, 인천-부산, 인천-진남포 등의 전신선을 확장하였다. 이들 전신선 작업이 이루어진 곳을 보더라도 우리나라의 통신 근대화 보다는 일제의 경제침략 거점 마련에 더 큰 목적이 있었음을 알 수 있다. 1907년에는 의병투쟁이 치열해짐에 따라 전신선이 파괴되자 그 복구비를 요구하는가 하면, 1908년부터 3년간은 의병이 출현하는 지역을 중심으로 경비전화의 가설비를 우리 정부에 부담시키기도 하였다.

은 크게 제한적이었다.29)

『강릉군지』30)의 기록을 토대로 도시구조를 살펴보면 현재의 금학동·송정동·강문동 지역인 남일리면, 임당동·교동·홍제동 지역인 북이리면, 옥천동·포남동·초당동 지역인 북일리면의 3개면 지역이 중심지역이다. 전체 21개 면 중, 이 3개 면은 627호에 3,152명(남1,765 여1,378)으로 강릉군 전체인구 6,165호 29,073명(남16,160 여12,913)의 10%정도였다. 이 지역이 현재의 도심을 이루는 지역이므로 도심지라고 언급하였으나 당시로서는 이들 지역도 관공서가 밀집해 있었던 남일리면 일부와 북이리면 일부를 제외하면 대부분 마을이 조밀하지 않은 농경지였을 것으로 판단된다.

도시화가 미약한 도심지 내부는 현재의 명주동·성내동·남문동·용강동의 일부에 있었던 강릉읍성을 중심으로 읍치시설과 동남쪽으로 연이은 관속에 가까운 민가시설들과 미미한 상업시설이 고작이었던 것으로 보인다. 일제강점 이전까지는 강릉읍성이 대체적인 윤곽을 유지하고 있었을 것이며, 이를 중심으로 한 도심지였다고 하겠다.31)

읍성 내에는 기존의 지리지들이 알려주는 바와 같이 각각 6칸 규모였던 성 남문과 동문이 폐지되었고, 내아 20칸, 별당 2칸, 문루 3칸·전랑

---

29) 강릉우체국,『강릉우체국100년사』, 1998, pp.57~58 ; 임영지증보발간위원회,『임영강릉명주지』, 1975, p.147.

30) 『강릉군지』는 서울대학교 규장각에 소장되어 있으며, 관동대학교 영동문화연구소(1994)가 발행한 영인본을 참고하였는데, 1897년경 전국지리지 작성을 위해 정부가 각 지방에 읍지를 작성 제출토록 한 작업과 연관이 잇으며, 내용은 정조대 「임영지」의 내용과 유사하다.

31) 춘천헌병대본부편찬,『강원도상황 경개』, 경성:대화상회인쇄부, 1912, p.43.
이 책은 강점 직후인 1912년 춘천헌병대본부에서 강원도의 연혁, 지리, 기상, 경찰, 위생, 민적과 주민, 폭도, 교통통신, 종교, 교육, 산업, 금융재정, 풍속, 명소고적, 雜의 15개 장으로 제작된 자료로 지리부분에 강릉군 내의 하천으로 남대천을 "성남천"으로 기록하고 있다. 이 책자는 대체로 강점기의 현황으로 이 때까지 강릉읍성의 존재를 시사하는 것으로 판단된다.

20칸이 있는 외아 35칸, 임영관 9칸, 동대청 13칸, 서헌 6칸, 중대청 12
칸, 즉청방 6칸, 월랑 31칸, 삼문 6칸, 의운루와 사대, 부평정은 없어졌으
며, 명주동 38-1번지를 중심으로 부사 12칸, 부사의 동쪽으로 작청 18칸,
군관청 10칸, 군기청 16칸, 노방 8칸, 사령방 8칸, 부창 32칸(남창 15, 북
창 17)이 관아의 동쪽에 각각 위치하고 있었다. 당시까지 사직단이 부의
서쪽 1리(현, 명주동 50번지 일원), 성황사가 부의 서쪽 1백보(현, 용강동
62번지 일원), 여제단 厲祭壇이 부의 북 1백보(용강동 54번지 일원)의 거
리에 각각 전승되고 있었으나, 일제강점기로 접어들면서 폐철된 것으로
보인다.

한양에서 울진, 평해에 이르는 관동대로[32]가 읍성의 남문을 통해 관아
앞을 지나 동문을 나가서 삼척과 양양으로 분기하는 전통적 도로체계가
유지되고 있었다. 읍성 내외는 동서와 남북을 잇는 일반적 T자형 도로패
턴이 아닌 남문과 동문을 잇는 주요도로에 각 기능시설과 주거지가 연결
되는 소로로 전체적인 도로망이 형성되었을 것으로 파악된다. 아울러 주
거지도 주로 관아 지구에 근무하는 관리나 이들을 서비스하는 계층의 주
거지가 혼재되어 있고 지역분화가 이루어진 채 <그림3-2>와 같이 읍성
남부의 동서지역에 분포 입지했을 것으로 추정된다.[33] 아울러 읍성의 규
모상 상업지역은 읍성 내에는 형성되지 않고 남문과 동문 밖 또는 남대
천변에 소규모로 형성되었을 것으로 생각된다. 아직 강릉 도심이 전통적
분위기를 유지하고 있는 가운데 근대적 풍물이 유입되기 시작한 초기단
계로 파악된다.

13도 관찰부 소재지는 행정도시로서 확대변화를 맞았다. 한편 경부철

32) 방동인, 『영동지방 역사기행』, 신구문화사, 1995, p.80 ; 서울을 중심으로 전국의
주요 간선도로를 9내지 10개 노선으로 구분했을 때, 서울에서 강원도 영동 남해
안으로 뻗는 노선을 말하며, 평해→울진→삼척→강릉→대관령→횡계→진부→
방림→원주→지평→양근→평구→서울로 이어지는 길이다.
33) 김경추, 「강릉읍성의 공간구성에 관한 연구」, 『임영문화』 28, 2004, p.43.

도의 개통, 경의철도공사의 진행과 부분적인 개통으로 대전·신안주 등 새로운 도시가 생겨났고 대구·김천·청주·천안·수원·개성·황주·정주 등 지방 전통도시들도 새로운 활로를 찾고 있었다.[34]

이러한 변화 속에 종전까지 강릉읍성 내에는 원칙적으로 관인과 향리들만 거주했으며 간혹 양반들의 별저가 있었으며,[35] 상인이나 공장과 농경에 종사하는 상인, 그리고 독립외거노비들은 모두 성 밖에 거주하는 것이 일반적이었다. 읍성의 규모가 넓지 않아 읍내거주자는 한정되어 있었고 읍치의 본거지인 관아와 관인·향리들의 주거와 소수의 관인시전과 주거, 상인 중에는 중농 이상의 지주층[36]의 주거가 읍성 내 또는 가까운 곳에 기능별로 집단거주하고 있었다.

결국 강릉은 개항기에 종전의 강릉대도호부에서 일시 강릉관찰부가 되었다가 '강릉군'으로 되었는데, 당시의 강릉군 도시구조는 아직 전통적 모습이 크게 바뀌지 않았고 읍성 내외에 도시민의 기능별 분화 거주를 비롯하여 새로운 도시 시설이 생겨나는 시기였지만, 전국적 상황에서도 개항장 도시, 철도변 도시들과 같은 큰 변화는 없었으며 강릉의 근대도시 모색기라고 할 수 있겠다.

우리나라의 지적제도는 조선말까지는 양전[37]이라는 형태를 취해 왔고

---

34) 손정목, 『한국지방제도·자치사연구』, 일지사, 1992, pp.78~80.
35) 조선왕조의 양반들은 거의가 향리에 생활근거를 가졌으나 각 지방 읍내에는 거주치 않고 농촌에 동족부락을 형성하여 집단 거주하는 것이 보통이었다. 이들 중 세력이 있는 가문에서 읍내의 연락처와 小家를 겸한 별저를 가진 경우가 있었으며 강릉의 경우도 2~3곳 내외의 곳이 있었던 것으로 추정된다.
36) 이규대, 「조선시대 강릉지역의 도시발달사」, 『한국도시설계학회 2004 제2차 세미나발표집』, 2004, p.4 ; 조선후기 수리시설의 개발로 새농법에 따라 따라 남대천변으로 경작지와 주거지가 형성되었을 가능성 언급.
37) 『經國大典』 卷2 戶典 量田條. 토지를 측량하는 일로 모든 토지는 6등급으로 나뉘며 20년 마다 한 번씩 토지를 다시 측량하여 토지대장(양안)을 새로 만들어서 호조·본도·본읍에 보관토록 하였다. 그러나 전국에 일률적으로 완전하게 시행되지는 못하였다.

양전제도가 대한제국 말에 토지조사 사업계획을 수립하여 근대적인 지적 제도의 실시를 시도하였으나 일제의 강점으로 조선총독부 주관으로 토지 조사사업(1910~1918과 임야조사사업(1916~1924)을 실시함으로써 전국 적으로 통일성과 획일성 있는 근대적 지적제도가 시행되었다.[38] 즉 1910 년 3월 대한제국 정부는 토지조사국을 설치하고 같은 해 8월 22일 토지 조사국 고시 제1호로 대구·전주·평양·함흥에 토지 조사국 출장소를 설 치하여 전국적으로 토지조사 사업계획을 추진하였으나 일제강점으로 중 단되었다가 같은 해 임시토지조사국을 설치하고 토지조사령(1912.8.13)과 조선임야조사령(1918.5.1)을 제정하여 토지조사 사업을 추진하였던 것이 다. 같은 해 9월 30일 칙령 제361호로 조선총독부는 임시 조사국을 설치 하고 종전 토지조사 사업의 일체를 인수하여 당초 대한제국 정부가 예정 하였던 기간 내에 완수할 것을 결정하였다. 임시 토지조사국장은 당시 일 본의 정무총감이 총재가 되어 관장하였으며 국장 밑에 총무과·기술과·정 리과를 설치하여 각각 기능별로 사무를 분담하여 추진하였다. 1918년 토 지조사 사업과 1924년 임야조사 사업이 완료되고 이 사업의 성과로 작성 된 지적공부를 부·군 등에 이관하여 최초로 지적사무를 시작한 것은 1925년경으로 생각된다.[39] 이 시기 지목은 18개 지목이었는데, 이들 지 적도의 지목을 근거로 당시 읍치영역 즉 도심의 도시가로 등은 <그림 3-2>와 같이 살펴진다.

성곽 철거는 전통시대의 도시구조를 근본적으로 바꾸어버린 결정적인 계기가 되었으며 그것은 도로의 확장이라는 구실로 이루어졌다.

서울에서 서대문-동대문-청량리에 이르는 전차궤도부설공사가 이루어 진 것은 1898년 10월 17일부터 12월 25일까지의 일이고, 종로-남대문-원 효로의 공사 역시 1898년말 부터 1900년 1월까지였다. 당초 이 공사 때 에 동·서·남대문의 좌우 성벽을 헐어야 했겠지만 성벽은 그대로 두고 전

---

38) 유병찬, 『지적법』, 남광출판사, 1991, p.21.
39) 유병찬, 위의 책, p.80.

차는 2칸밖에 안되는 좁은 누문을 통하게 되었다. 아직 새로운 시설에 대
한 이해가 없었으며 신시설에 대한 거부감도 보여 당시의 주민 감정에서
성벽철거는 할 수 없었을 것으로 보인다. 남대문 안으로의 교통 혼잡 등
으로 일본공사의 거듭된 제의로 도성 주민들의 민심을 자극하지 않기 위
해 도성을 헐지 않으려는 한국정부의 태도에도 한계가 있었다.

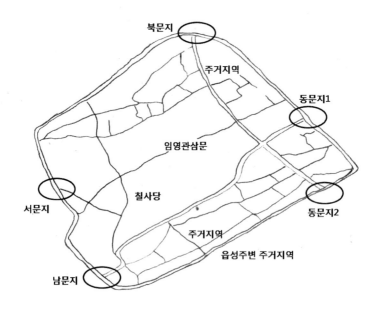

〈그림 3-2〉 1910년대 강릉읍성 내 추정가로도[40]

---

40) 당시에 만들어진 지적도상의 도로로 표기된 부분을 참고하여 작성한 것으로 시
   가지를 통과하는 국도를 비롯한 주요간선도로망이 오늘날의 그것과는 많은 차이
   가 있음을 알 수 있다. 또한 주택가 및 상가가 확연히 구별되지 않지만 시가중심
   지는 대체로 오늘날의 성내동, 성남동, 남문동, 명주동, 용강동, 임당동 정도에
   형성되어 있었다. 그 외의 지역은 농경지로 민가는 띄엄띄엄 산재해 있었다. 『관
   동읍지』 등의 기록에서 동문은 여러 차례 옮겼던 사실이 확인된다.

1906년 2월 통감부가 개청되어 내정 일체를 관여하게 되고 1년 후 1907년 3월 30일 박제순·이지용·권중현이 '동대문·남대문 좌우 성첩을 훼철하는 건'을 올려 3월 31일자로 재가를 받았다.[41] 이를 시발로 도성 철거는 가속도가 붙게 되었다.[42] 1907년 7월 30일 내각령은 성벽처리위원회[43]를 구성하여 이에 관한 업무일체를 전담케 하였다. 그리하여 그해 9월 상순에 남대문 앞 남지를 메워 대문의 문루만 남기고 좌우 성벽을 헐어 새 길을 내고 문루 주위에 돌담을 두른 뒤 돌담 내부에 잔디와 나무를 심고 네 귀퉁이에 石柱를 세워 전등을 장식하는 등의 일을 하였다.

한편 大邱에서는 서울에서와 달리 그에 앞서 빠르고 신속하게 읍성이 훼철되었다. 1906년 당시 대구이사청 岡本 부이사관 등이 성곽을 철거하고 그 터에 5칸 도로로 할 것을 경북관찰사서리 겸 대구군수 박중양에게 강권하였고 '대구부 성첩이 오래되고 토석이 붕괴하여 행로에 방해되고 위험하여 성첩을 철거하면 5칸 도로가 되며 좌우의 민호는 자연히 시사 市社를 만들 수 있을 것이므로 대구군청 주관하에 이 사업을 실행하겠다'는 품신을 중앙에 올렸다. 중앙의 불가 통보를 받기 전에 이미 철거사업을 시작하였고 1908년 12월 공사가 끝났다.[44] 그리하여 대구읍성이 완전

---

41) 손정목, 『한국개항기 도시사회경제사연구』, 일지사, 1982, p.111.

42) 1907년 6월 22일자로 새 내각이 구성되고 6월 22일자로 "성첩을 훼철하는 件은 이미 재가를 하였으나 그 남은 부분을 모두 철거하여 왕자의 도에는 바깥이라는 것이 없다는 대의를 보이심이 좋겠다"는 건의를 하여 재가를 받는다. 학부대신이던 이완용이 의정부 참정대신이 되고 내부대신이 임선준, 군부대신이 이병무 등으로 구성된 내각을 말한다.

43) 『고종순종실록』 순종실록 권1 광무 11년 7월 30일 조. 내각령 제1호 성벽처리위원회에 관한 건 ; 제1조 성벽처리위원회는 내부·탁지부·군부 3대신의 지휘감독으로 성벽의 훼철 등에 관한 일체의 사업을 처리함, 제2조 회장은 3부차관 중 3부대신이 협의하여 선임함. 특별한 경우 정원외 특별위원을 둠. 제3조 회장은 위원회가 결의한 사항을 집행하고 위원회 위임사항을 처리함. 제4조 위원회 사무를 담당할 직원 2인을 둠. 이상의 조치로 都城이 훼철되게 되었으며 본 위원회는 임무가 완료된 1908년 9월 5일자로 폐지되었다.

44) 손정목, 앞의 책, p.116.

히 사라지고, 서울 도성의 일부가 헐리면서 이 땅의 읍성들은 차례로 헐리게 되었던 것이다. 지방의 성곽들이 언제 무슨 이유로 헐려버렸는지 그 기록마저 남아있지 않고 자세한 사정을 알 수 없는 것이 대체적인 실정이다.

전통시대 도시의 성벽은 여러 가지 존재 의미를 갖는다. 원래는 도시를 방어하기 위한 목적으로 축조하였지만 평시 왕권과 왕권대행자인 수령의 권위의 상징이었으며 동시에 도시와 농촌을 구별하는 표상이었다. 당시의 농민 주민들에게는 성내, 문 안은 멀리서 바라보는 것이었거나 들어가되 일이 끝나면 빨리 되돌아 나와야 하는 곳이었을 것이다. 마찬가지로 열도에서 건너온 일본인들에게 있어서 성내에 거주하려는 욕망을 성벽이 가로막고 있었으며 관공서가 밀집한 성내에 살기 위해서는 성벽이 장애가 되었음을 알 수 있다. 한국민의 정신적 '중심' 이라고 할 읍성 안에 거처를 마련하는 것은 총독부가 의도적으로 권장하였으며 이러한 분위기 속에서 지방의 오랜 읍성들이 훼철되어 갔던 것이다.

강릉읍성의 경우도 이와 궤를 같이 하여 1910년대에 집중적으로 훼철되었을 것으로 생각된다. 그렇게 판단되는 것은 1912년 강릉지역에 거주한 일본인이 95명에서 1919년 751명, 1929년 1,860명으로 증가된다.[45] 이들의 거주지는 이른 바, 읍내에 집중되었다.[46] 현재의 남문동·명주동·용강동·임당동·성남동 지역에 일본인이 많이 거주하였다. 개항장이 있었던 도시와 같이 일본인 거류지가 따로 마련되어 있지 않았고 조선인과 혼재하여 거주하였으며, 단층건물이 대부분이었던 당시에 그와 같은 인구가 밀집하여 거주하게 되면서 강릉읍성도 종말을 맞은 것으로 짐작된다. 즉, 일본인들에게 있어서 성벽 철거는 이 땅을 진실로 지배하기 위해

박중양은 대한제국 말·강점기 친일거두, 강점기 경북·충남·충북·황해 각 도지사 역임, 중추원 참의, 일본 귀족원 의원을 지냈다.
45) 강릉문화원, 『국역 강릉생활상태조사』, 2002, p.19.
46) 최철, 『강릉, 그 아득한 시간-해방전후와 전란기-』, 연세대학교출판부, 2005, p.116

불가피한 작업이었으며, 주요 관아와 기존 상가, 그리고 양반들의 건물이 있었던 성내에 침투하여 세력을 잡고 도시의 주역이 되기 위해서는 물리적 장벽인 성곽 자체를 없애는 것이 가장 빠른 길이었을 것이다. 그리하여 가차 없이 형체를 남기지 않고 없애버린 것이다. 이는 성벽 뿐 아니라 주요 건물에 대해서도 마찬가지였다. 서울 도성의 궁실들이 훼철되어 전각의 목재들이 일본인에게 불하되어 일본 사원용으로 사용되고 일본인이 경영하는 요정건물이 되거나 바다건너 일본 고관 부호의 별장도 되었듯이, 강릉에서도 성곽이 헐리고 난 후 임영관 등 주요 건물들이 헐리게 되었으며, 그 부재들이 뜻있는 사람들에 의해 오성정 등에 일부 사용되기도 하였다.

일제강점 직후의 상황을 알려주는 『강원도상황경개』[47]의 내용을 중심으로 1910년대 초기의 강릉의 도시상황에 대하여 알아보면 다음과 같다.

> 행정구역은 북일리·북이리·성산·정동·하남·사천·자가곡·연곡·신리·남일리·남이리·덕방·구정·옥계·망상의 15개면이었다가 1914년 북일리·북이리·남일리면을 통합하여 군내면이 되었다.
>
> 1912년 인구 현황을 살펴보면 강릉군 총인구는 11,464戸에 56,511명(남 29,873, 여 26,638)이었는데 이 중 일본인 총 123戸에 392명(남 250, 여 142)이 되어 10여 년 동안 3배가량 증가를 보였다. 당시 강원도 총인구는 184,987戸에 966,007명(남508,460 여457,547)이었고 이 중 일본인은 총 1,863戸 5,561명(남3,248 여3,313)이었다.
>
> 강릉군 읍내의 인구는 호구 563호에 2,208명이었으며 이 중 일본인은 95명이었다. 당시 철원과 원주의 읍내 인구는 각각 3,021명과 2,892명이었으며 일본인수는 춘천731, 철원 207, 평강 265명의 순이었다. 강릉에 거주했던 일본인은 이 지역이 영동 8군의 중앙이었으므로 어업, 유상 면허업, 농산물의 집산, 상업이 융성한 지역이었기 때문이라고 설명하고 있다.
>
> 직업현황을 살펴보면 강원도내 조선인 총 919,313명 중 관리 및 자유업

---

47) 춘천헌병대본부편찬, 『강원도상황경개』, 경성:대화상회인쇄부, 1913, p.148.

2,540, 농·목·임·어업에 종사하는 인구가 270,161명(어업 21,655명)으로 가장 많고 공업 2,421명, 상업 및 교통업 13,850명, 기타직업 26,605명이었던 반면 도내 일본인은 가족을 포함하여 총 4,516명이었고 직업을 갖고 있었던 2,036명중 관리 및 자유업 종사자 517명, 1차산업 9명, 공업 513명, 상업 및 교통업 362명, 기타직업 565명이었다. 당시 관리 및 자유업종사자는 조선인의 경우 1%에도 이르지 못하였으나 일본거주민은 25%에 이를 정도로 식민통치는 지방도시 강릉에서도 시작부터 민족적 차별이 심하였던 것으로 보인다.

그리고, 1912년 예기작부 건강진단 현황에 검진인원이 가장 많았던 달에 28명이었으므로 이 보다 많은 수의 종사자가 있었을 것으로 추정된다.

또한 강릉지역 양반 유생의 수는 총567명(양반 270, 유생 297)으로 총 호수 11,038 대비 백분율은 5.15%이다. 이로써 당시 이 지역주민의 계층 분화 모습을 추정해 볼 수 있는데 이는, 전통사회의 사회질서가 그대로 유지되고 있는 상태를 보여 준다.

1911년 당시 강릉지역의 출생수는 2,195명이었고 사망은 1,327명으로 순증인구는 868명에 불과하였다.

개신교 신자수는 야소교신도라고 표기하고 1911년 971명, 1912년 620명으로 되어있는데 10년 동안 약 5·6배 증가하고 있음을 확인할 수 있다.

강릉지역의 1912년경 학교현황을 살펴보면 조선인공립보통학교는 4개교에 학생 235명이었고, 일본인 공립소학교는 1개교에 21명이었다. 도내 전체적인 현황은 조선인공립보통학교 총 72개교에 3,285명의 학생이 있었고, 일본인 공립소학교는 10개교에 195명이었다. 강릉의 조선인사립학교 학생수는 동진학교 28명, 모산학교 36명, 신리학교 30명, 옥계학교 37명, 망상학교 30명이었다.[48)

강원도내 의료기관으로는 춘천과 강릉의 자혜의원 2곳에 의사 25명(일인23, 조선인2), 산파 3명(일인), 간호부 4명(일인3, 조선1), 종두인허원 83명(일인 여1, 조선인 남66, 여16), 치과세공업 4명(일인3, 조선1) 뜸질영업 8명(조선인) 총 127명(일인33, 조선인94)이었다. 강릉읍내 449戶 2,260명이

---

48) 춘천헌병대본부편찬, 앞의 책, p.291 ; 강릉지역에 있었던 조선인사립학교 설립일은 각각 다음과 같다. 동진학교 1910.6.4, 모산학교 1910.3.26, 신리학교 1910.9.21, 옥계학교·망상학교 1912.1.25.

사용하는 우물은 총 16개소가 있었으며 이 중 5개소는 전용이었고, 11개소
는 공동우물이었는데 그 위치는 자세히 알 수 없다.

경찰업무와 관련하여서는 1906년 1월 춘천에 경무서, 금성, 강릉에 분
소를 설치하여 관찰사의 지휘감독을 받았다. 동시에 춘천에 경무고문을
지부 금성, 강릉에 경무분견소를 두어 경무서에 조선인 경무관(경시와 같
음), 분소에 총순(경부와 같음)을 두고 그 아래 권임(순사부장과 같음), 순
검(순사와 같음)을 배치하였다. 1907년 10월 조선에 있어서 일본인의 경
찰사무를 한국정부에 위임하였다. 동시에 춘천경무서를 춘천경찰서로 고
치고 고문부를 폐지하고 그 직원은 경찰서로 귀속시켰다. 일본인으로써
수뇌를 이루어 금성, 원주, 강릉, 울진에 분서를 두었다. 1908년 8월 지방
관 관제개정 시에 관찰도에 내무부와 경찰부를 설치하여 일본인 경시를
경찰부장으로 충원하여 본서를 경찰서로 고쳤다. 1909년 통천, 철원, 평
창 3개소에 경찰서를 증설하였고 1910년 6월 한국의 경찰권이 일본에 넘
어갔다.

강원도에 경찰부를 신설하는 동시에 헌병대장으로 보좌관을 경무부장
으로 충원하고 경찰권은 관찰사의 수중에서 완전히 분리되었다. 춘천, 평
강, 금성, 강릉, 통천, 평창, 임원진의 7개소에 경찰서를 설치하였고 춘천,
철원, 김화, 회양, 원주, 영월, 삼척, 양양, 울진, 고성의 10개 헌병분대와
홍천, 양구, 횡성, 이천, 간성, 화천의 6개 분견소를 두어 경찰 사무를 취
급하였다.

강원도 사법관할구역은 도를 동서로 이분하여 영서 17개 군은 경성지
방법원, 영동 8개군은 함흥지방법원의 관할에 속하게 하였으며 지청은
영서는 춘천, 원주, 철원 3개소에, 영동은 강릉, 울진 2개소와 원산에 설
치하고 원주, 철원, 울진의 분대장과 강릉의 경찰서장은 검사사무를 함께
취급하였다. 강릉관할은 강릉, 양양, 간성이었으며 강릉군내 조직 현황은
<표 3-2>와 같다.

〈표 3-2〉 1910년대 강릉경찰관서 현황

경찰서명	경찰서위치	경찰서직할구역	순사주재소	주재소위치	관할구역
강릉서	강릉군 북일리면	강릉군내	산성우	자가곡면 산성우리	자가곡면, 옥계면
		남일리·남이리면	주문진	신리면주문진	신리면, 연곡면
		덕방면	구산리	성산면 구산리	사천면, 하남면, 정동면
		북일리·북이리면	석교리	사천면 석교리	구정면, 성산면

한편, 강릉군 소방조직은 강릉소방서 아래 일본인만으로 조직된 강릉소방조 60명(소방수11명), 조선인과 공동조직으로 주문진소방조 25명(소방수5), 조선인만으로 구성된 연곡면 동덕리소방조 32명, 신리면 교항리소방조 32명, 사천면 석교리소방조 32명, 자가곡면 정동진소방조 40명, 옥계면 현내리소방조 52명, 성산면 구산리소방조 32명으로 편성되어 있었다. 그러나 소방수는 강릉과 주문진 소방조에만 있었으며 총 16명에 불과했다.

강릉군 내의 장시는 읍내(2, 7일), 연곡(3, 8), 옥계(4, 9), 묵호(5, 10) 주문진(1, 6), 구산(1, 6)에 각각 5일장으로 열렸다. 1907년 5월 지방금융조합규칙이 제정되고 정부 1조합에 기금 1만원씩 지원하여 면에 농업개량 목적 농업기사 약간 명을 배치하였다. 농민 조합원에게 1인 50원한도의 농공업자금을 대여해주었다. 생산물 위탁판매 공동구입, 창고건립, 미곡 담보 대부 등을 실시하였는데 1912년 강릉 등 도내 11개소에 조합이 설치 운영되었다. 1912년 지목결수 및 세액은 총1,716,684결(수전1,205,948, 답455,727, 택지55,009)에 총세액 11,324,760원이었다.

1910년을 전후한 시기에 강릉읍성 밖에는 시가지 발달이 미미하였지만 주문진에 대하여는 "강릉읍을 지나 북쪽에 사방 4리 내에 있으며 남에서 북으로 만을 이루는 그 남동쪽, 주문진 구릉이 서북을 둘러싸고 있는 자락에 위치하고 있어 북서풍을 피할 수 있어서 기선의 정박에 유리하며 동풍을 피할 수 있는 곳이며, 강릉읍은 강원도의 동해안에 있는 상업이 융성한 제1의 지역으로 물화의 집산이 많은데 주문진은 강릉의 북쪽 관문에 위치하여 화물의 많은 양이 주문진을 통하고 있으며, 조선인 호 1백, 일본인 호 15호가 있으며 은사금사업으로 어업실습소, 순사주재소, 우편소가 설치되어 있고 또 어업이 성하여 일본어민의 근거지로서 일본인이 사용하는 여관 등이 있다"고 기록하고 있다.

일제강점 초기 강릉시가지는 근대이전 관아가 자리했던 지역을 중심으로 일본인들이 거주하면서 옛 읍치의 모습을 변형시켜갔다. 아직 전통적 색채가 유지된 상태의 읍성지를 중심으로 당시에 촬영된 시가지는 <사진3-1>과 같은 모습이었다.

1910년대의 강릉의 도시 모습은 전시대의 풍조가 유지된 가운데 총독부의 강압적 식민통치가 시작되었으며, 읍내를 중심으로 일본인이 늘어나고 개신교 신자들이 늘어나고 도시의 새로운 변화가 시작된 시기이다. 강릉의 도시변화상 가장 중요한 사건은 정확한 자료의 불비로 소략한 기술이지만 앞에서 언급한 토지측량사업과 강릉읍성이 훼철된 것이었다고 판단된다.

〈사진 3-1〉[49] 1910년대와 현재의 강릉시가지 모습

---

49) 본고의 근대 사진은 『강릉생활상태조사』(1930), 『강릉명주 근대풍물』(1992), 『사진기록 강릉100년』(2000), 『땀으로 가꾼 제일강릉』(2005) 등의 각 사진자료집에서 활용한 것이다.

제2절 일제강점기 도심권 행정 개편과
근대도시 모색

　일본은 1910년 8월 22일 「한국병합에 관한 조약」을 강제 조인케 하여 8월 29일부터 본격적인 식민통치를 시작하였다. 이때까지의 통감부 시기의 통치권을 그대로 유지하고 새로운 통치법령들을 추가하며 10월 1일 조선총독부를 개청 식민통치의 조직을 굳혀나갔다. 합방 당시 8~9월간에 통치기구 구성 관련 칙령이 28건이 발표되었으며 이에 따른 조선총독부의 통치기구는 <표 3-3>과 같다.[50]

---

50) 손정목, 앞의 책, pp.84~85.

〈표 3-3〉 조선총독부 통치기구(1910.10.1)

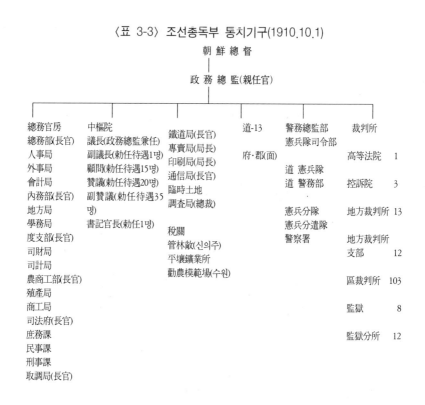

|朝鮮總督|
|政務總監(親任官)|

總務官房	中樞院	鐵道局(長官)	道-13	警務總監部	裁判所	
總務部(長官)	議長(政務總監兼任)	專賣局(局長)		憲兵隊司令部		
人事局	副議長(勅任待遇1명)	印刷局(局長)	府·郡(面)		高等法院	1
外事局	顧問(勅任待遇15명)	通信局(長官)		道 憲兵隊		
會計局	贊議(勅任待遇20명)	臨時土地		道 警務部	控訴院	3
內務部(長官)	副贊議(勅任待遇35	調査局(總裁)				
地方局	명)			憲兵分隊	地方裁判所	13
學務局	書記官長(勅任1명)	稅關		憲兵分遣隊	地方裁判所	
度支部(長官)		管林敵(신의주)		警察署	支部	12
司財局		平壤鑛業所				
司計局		勸農模範場(수원)			區裁判所	103
農商工部(長官)						
殖産局					監獄	8
商工局						
司法府(長官)					監獄分所	12
庶務課						
民事課						
刑事課						
取調局(長官)						

이와 같은 기구를 두고 조선총독은 본국정부의 통제를 거의 받지 않고 천황에게만 책임을 지는 지위에서 한반도 식민통치에 전권을 행사하였으며, 당시 삼권분립을 규정하였던 일본국 헌법도 식민지에서는 적용되지 않았다.

1910년경 지방통치제도와 행정구역은 칙령 제357호로 조선총독부지방관관제 등의 법령[51]에 의해 대한제국말기의 통감정치하의 상황과 달라진 점은 다음과 같다.[52]

---

51) 손정목, 앞의 책, p.116.
52) 손정목, 앞의 책, pp.117~121
   손정목, 『조선시대도시사회연구』, 일지사, 1977, pp.42~59.

ⓐ 13도는 그대로 두고 관찰사의 칭호를 도 장관으로 바꾸었다.

ⓑ 지방행정조직은 13도 12부 317군이었다.(수부였던 경성부를 부에 포함)

ⓒ 부와 군은 지방행정단위로서의 성격면에서 동일하다.(부윤은 예외없이 일본인으로 하였으며, 군수는 모두 조선이었으나 점차 일본인을 임명하는 경우가 늘어났다.)

ⓓ 부·군 관내 면의 수는 그대로였다.

ⓔ 총독부령 제8호「면에 관한 규정」으로 말단 행정기구로서 면의 지위를 확정하였고 지방마다 달랐던 단위구역 명칭을「면」으로 통일하여 도장관이 임명하는 면장을 두는 등 통일적 포괄적 말단 조장 행정기구로 확정하였다.

ⓕ 종전의 관아 명칭을 도청·부청·군청·면사무소로 통일하였다.

ⓖ 형식적으로 지방관의 독단을 막기 위해 참사자문회를 두었다.

ⓗ 각 도에 한 개 또는 두 개씩 도립으로 근대식병원(자혜병원)을 설치하였다.

ⓘ 일본인 거주가 늘면서 종래의 한국식 동리명이 일본식 이름으로 불리었다.

총독통치가 시작되고 3년이 지나 어느 정도 기틀이 잡혀가자 1913년 총독부령 제111호「도의 위치·관할구역 및 부군의 명칭·위치·관할구역」[53]을 1914년 4월 1일부터 시행하였다. 이는 일본인의 복지문제 등의 해결을 위해 도심지 내의 특별지역을 선정하여 부(종전의 12부와 다르며 인구 1만 이상 도시적 면으로 행정단위라기 보다는 공법인의 성격)를 도시행정의 기본단위로 일원화 하였고, 일본거류민단 재산 중 수익성 있는 것을 일본인 교육을 위한 학교조합에 승계하고 부채는 부에 승계토록 하였으며, 군과 면의 대대적인 통폐합을 통해 통제력의 강화와 경비절감을 꾀하였다. 전국적으로 종전의 12개 부 317개 군이었던 것이 이 조

---

53) 손정목, 앞의 책, 122쪽
   손정목,『한국개항기도시변화과정연구』, 일지사, 1982, pp.420~427.

치로 220개 군으로 바뀌어 군의 수 109개가 폐합되었다. 이와 같이 면행
정구역 통폐합으로 당시 강릉군은 북일리면, 북이리면, 남일리면을 군내
면으로 병합하고 1914년 군내면이 강릉면으로 개칭되었다.

1917년 총독부령 제34호「면제시행규칙」으로 이른바 면제를 공포하여
지정면을 선정하였는데 1차로 전국에 21개 면이 선정되었다. 지정면은
일본인 다수 거주지역으로 하여 재정지원을 하고 시구개정이라는 이름으
로 가로확장·시가지 정비를 촉진케 하였고 상·하수도 설비, 전등의 보급
등을 중점 지원함으로써 일본인들의 복지생활 향상을 꾀하였다. 1919년
'3.1운동'이후 무단정치에서 문화정치로 통치형식을 바꾸면서 조선총독
부관제, 조선총독부지방관관제를 개정하였다. 문화정치라 이름하여 총독
의 권한을 종전보다 일부 제한하고 헌병경찰을 보통경찰로 개편하였고,
종전의 도장관을 각도 지사로 하였다. 또한 1920년 관계법령을 정비[54]하
여 형식적으로 지방자치를 표방하고 도 평의회와 부·면협의회원 선거를
실시토록 하였다. 1920년 11월 1일 강릉은 성남면, 덕방면, 자가곡면 일
부를 병합하여 성덕면으로 개편하고 하남면의 일부가 정동면으로 편입되
었고, 1923년 강릉은 강원도내에서 철원과 함께 지정면이 되었다. 1920
년대 말까지 도내 춘천·강릉·철원 3개를 포함하여 전국에 43개의 지정면
이 있었다. 지방제도면에서 문화정치의 대표정책의 하나였던 1920년대
부·면제에 비하여 1930년대는 크게 진전되어 종전의 형식적 자문기구였
던 도·부·지정면 평(협)의회가 도·부·읍 의회로 바뀌었다. 이로써 읍제가
신설되었으며, 도·읍·면도 법인으로 하여 형식적으로는 지방자치단체가
되었고, 의회 의장을 선거로 선출하게 되었다. 이러한 개변에 따라 1931

---

54) 3.1운동 이후 시행된 지방제도 관련 관계법령
　　① 조선도지방비령(제령 제15호) 동 시행규칙(총독부령 제105호)
　　② 부제 중 개정(제령 제12호) 동 시행규칙 중 개정(총독부령 제102호)
　　③ 면제 중 개정(제령 제13호) 동 시행규칙 중 개정(총독부령 제103호)
　　④ 조선학교비령(제령 제14호) 동 시행규칙(총독부령 제104호)
　　손정목, 『한국지방제도·자치사연구(상)』, 일지사, 1992, p.184.

년 강릉면이 강릉읍으로 승격되었다. 1931년 5월 읍회 의원선거 당시 강릉읍의 인구는 13,495명이었고 의원정수는 12명이었다.[55]

『증수임영지』[56]가 만들어진 1933년경 강릉의 행정구역은 일제의 침략 정책에 따라 일부 변모하게 되었고, 면리의 형태가 오늘날과 비슷한 모습을 갖춘 시기이다. 당시 강릉군 호구수는 14,826호이며 인구는 90,872명(남자46,375, 여자44,497)이다. 『강원도지』에는 18,623호에 104,572명(일본인1,542 외국인40)으로 약간 상이하다. 청은 읍내(현 한국은행)에 두었고 12개면 116개 町·洞·里(18정, 116동리)[57]였으며 면리 및 호구는 <표 3-4>, <그림 3-3>과 같다.

<표 3-4> 1930년대 강릉 행정구역[58]

읍 면	현재의 위치(리명)
합 계	14,826호 (90,872명)
강릉읍	북일리,북이리,남일리지역　八町 : 本,旭,錦,林,大正,龍岡,大和,玉川町 里 : 洪濟,校洞,浦南,草堂,松亭,江門,見召津
성산면	금산,위촌,송암,관음,보광,어흘,오봉,구산
정동면	유천,지변,대전,난곡,운정,저동,안현,죽헌
사천면	사기막,노동,석교,덕실,방동,산대월,사천진,판교,미노리
연곡면	영진,동덕,송림,행정,유등,신왕,퇴곡,삼산,방내리

---

55) 1930년 12월 29일자 총독부령 제103호 「읍면 및 읍면장에 관한 규정」 : 손정목, 앞의 책, p.253
　　읍제를 신설하여 당시까지 지정면으로 불렸던 41개의 면을 「읍」으로 하였으며 지정면제를 폐지하게 되었다. 당시 도내 다른 읍의 인구수는 춘천 10,122명 철원 14,151명이었고, 의원정수는 춘천 10명, 철원 12명이었다.
56) 『증수임영지』 이 책의 발행 당시 군수 였던 용택성본으로 흔히 불려진다.
　　1933년 강릉고적보존會 발행으로 편집은 용택성과 김병환, 박원동으로 되어 있다. 당시 『강릉향교실기』와 병행하여 만들어진 책으로 인물편이 강조된 종합지리지로서 비교적 내용이 충실하게 만들어졌으며 일제의 통치자료로 활용되었을 것으로 생각된다.
57) 강릉문화원, 『국역 강릉생활상태조사』, 2002, p.31.

신리면	교항,장덕,향호,삼교,주문진리
성덕면	남항진,병산,두산,학동,청량,입암,유산,박월,장현,내곡,회산,월호평,신석,담산,노암리
강동면	1914년 자가곡면을 고침,운산,모전,안인,안인진,임곡,산성우,정동,심곡,하시동,상시동
구정면	1911년 왕산면과 분리,학산,금광,어단,덕현,언별,구정,제비,산북,여찬
왕산면	왕산,목계,송현,고단,대기,남곡,구절,도마
옥계면	천남,금진,낙풍,조산,주수,도직,남양,산계,북동,현내
망상면	망상,대진,묵호,부동,괴란,만우,어달,심곡,초구,발한리

강릉관아를 비롯한 조선시대 읍치로서 강릉의 모습은 이 시기에 극심하게 훼철되었으며 그 용도가 바뀌게 되었다. 우선 칠사당은 육군성에 속하여 군수의 관사로 사용되었고, 내아는 학교조합사무소로, 향청은 측후소로, 장관청은 우체국장관사로, 군관청은 없어졌고, 군기청은 소학교로 사용되다가 군청 부속건물이 되었다. 작청은 강릉군청 건물로 사용되다가 명주조합이 되었고, 부사는 우편국으로, 사령방·관노방은 경찰관원이 사용하였다. 관공서로는 강릉군청(현 한국은행), 강릉경찰서(구 강릉시청지 명주동 38-1번지), 함흥지방법원강릉지원(한국통신구관), 강원도립강릉병원, 삼림보호구(현 강릉보훈지청), 측후소(현 칠사당 서측), 우편국(현 농협강릉지부), 우편소2개소, 토목관구(구 중앙동사), 강원도수산시험장, 공립농업학교, 공립보통학교(현 임영관지), 공립여자실수학교(현 강릉방송국), 공립심상소학교(2), 사립유치원(4), 식산은행, 금융조합(4), 경성전매국 출장소, 곡물검사소, 등대, 강원도수산회, 원산세관출장소, 읍면사무소(읍1,면11), 경찰관주재소(13), 어업조합(5), 신사(2)가 있었다.

---

58) 『증수임영지』·『동호승람』에 나타난 행정구역 현황을 참고하여 작성한 것이다.

〈그림 3-3〉1930년대 강릉의 행정구역도[59]

1938년 9월 1일 정동면이 경포면으로 개칭되었고, 1940년 11월 1일 신리면이 주문진읍으로, 1942년 10월 1일 망상면이 묵호읍으로 승격되었다.[60] 그리고 일시적으로 1944년 강원도청 분청이 설치되었다가 해방 후 폐지되었다. 행정조직 체계에 있어서도 일제강점으로 조선시대 관료제는 붕괴되었으며, 식민지정책에 따라 한국의 관리들은 그 하급직에 임용되어 식민지 지배를 도왔다. 조선시대의 집권적 통치체제, 유교를 근본이념

59) 『증수임영지』·『동호승람』·『강원도지』의 기록에 의하여 작성하였다.
60) 1945년 8월 15일까지 일제하 강원도내 읍의 승격 현황(시행일)
    1930. 12. 29. 총독부령 제103호 춘천·강릉·철원(1931. 4. 1)
    1937. 6. 28. 총독부령 제80호 원주·장전(1937. 7. 1)
    1938. 9. 27. 총독부령 제196·197호 삼척·고저(1938. 10. 1)
    1940. 9. 23. 총독부령 제221호 주문진(1940. 11.1)
    1941. 3. 26. 총독부령 제85호 고성·김화(1941. 10.1)
    1942. 9. 30. 총독부령 제242·243호 묵호(망상면)·속초·평강(1942. 10. 1)
    1945. 6. 28. 총독부령 제149호 북평(북삼면)(1945. 7. 1).

으로 한 관료적 통치는 붕괴되었던 것이다. 당시(1931) 강릉군 관내의 관
제를 살펴보면, 군수 1인을 두어 군행정을 모두 지휘 감독하게 하고 그
아래 서무, 재무, 권업계를 두고 각 계에는 계주임을 두고 또 그 계를 각
각 나누어서 사무를 보게 하였고, 주임은 군속으로써 보직하였다.

서무계에 면행정계, 학무계, 접수계, 토목계 등을 두고 각 계에 군속을
배치하고 회계계와 접수계에는 고용급을 배치하였다. 재무계에 징세계,
토목측량계를 두고 각 계에 군속을 두었다. 권업계에 보통농사계, 양잠
계, 축산계, 면작계를 두었다. 1936년에 이르러 이 3개 계를 폐지하고 내
무과, 권업과를 두고 과장에는 군속(판임관)을 배치하였다. 직원은 군수,
군속, 군기수, 삼림주사, 산업기수, 지방산업기수, 지방서기, 군고원, 측량
기수, 학교비사무원 등 37명이었다. 각 면에는 면장을 두어 면행정을 총
괄하였고, 서무계, 권업계, 회계원을 두어 직원수는 5-6명이었다. 해방 직
전에는 미곡 공출, 노무동원, 징병 등 말단사무 강화로 30여명의 직원이
배치되기도 하였고, 군수를 도와 식민통치의 협력자였던 산하단체로 농
회, 축산조합, 삼림조합, 고적보존회, 면자조합, 상업조합 등이 있었다.[61]

일제의 식민지 정책이 가장 본격적으로 수행되었던 1930년대까지의
강릉의 도시 모습을 『증수임영지』, 『동호승람』, 『생활상태조사』, 『조선
의 취락』 등 당시 자료들[62]을 중심으로 살펴본다.

일제는 산미증산계획·면화증산책·양잠장려책 등 농업위주의 식민정책
을 1935년경까지 적극 추진하였으며, 1931년 만주사변을 시작으로 대륙
침략을 목표로 우리나라의 도시기능의 상당부분을 이후 공업위주의 병참
기지화를 시도하였다. 그러므로 1935년을 기준으로 전반은 농업이 후반
은 공업 근대화가 추진되어 도시체계의 변화를 가져왔다. 전반부는 주로

---

61) 임영지발간위원회, 『임영강릉명주지』, 1975, p.109
62) 모두 1930년경 편찬된 지리지이며 『증수임영지』는 당시 강릉군수를 중심으로
   지역 인사들이 참여하여 편찬한 관찬성격의 향토지이며, 『동호승람』은 개인이
   편찬한 것이고, 후의 둘은 조선총독부에서 편찬한 것들이다.

전국의 평야 곡창지대를 중심으로 한 농산물 집산지와 이들 농업생산물을 반출하는 항구가 크게 발달하였다. 1925년경 신생도시 11개 중 북한지역의 함흥·신의주·청진을 제외한 목포·상주·광주·마산·군산·전주·진주·제주가 곡창지대에서 크게 발달한 사실로 보아 당시 농업정책이 도시발전과 관계가 있었음을 시사해 준다.[63]

보통 '읍'[64]이라 하면 현재 지방자치단체인 시·군 관할 아래의 행정구역, 지방행정관서로서 대부분 도시적 형태를 갖추고 인구 2만 이상인 곳이다. 면과 구별되는 기준은 읍이 비교적 도시적 형태를 가지고 있고 행정기능면에서도 면보다 어느 정도 사업능력을 많이 가지고 있다고 할 것이다. 이러한 읍들이 해방 후 시로 승격되었다. 이런 의미에서 1931년 4월 1일 강릉면이 강릉읍으로 승격된 것은 그 만큼 도시적 특성을 갖게 되었다는 것이다. 오늘날의 기준과 달라 당시 읍 승격 인구는 5천명 이상이었다. 당시 강릉읍을 비롯한 강릉군 관공서를 살펴보면 삼권 분립적 도시 시설들이 크게 도입되어 있음을 알 수 있다. 주된 관공서를 중심으로 들어보면 다음과 같다.

강릉군청, 강릉경찰서, 함흥지방법원 강릉지청, 원산세관주문진출장소, 강원도립강릉의원, 관동의원, 광제의원, 인쇄조합, 청년회관, 예배당, 강릉영림서, 삼림보호구 2개소, 도마리산림감시소, 측후소, 우편국 1, 우편소 2개소(주문진, 옥계), 강릉토목관구, 강원도수산회, 강원도수산시험장, 강원도산업과출장소, 공립농업학교, 공립보통학교 5개소, 공립여자실수학교, 공립심상소학교 2개소, 사립유치원 4개소, 강릉군농회, 식산은행강릉지점, 금융조합 4개소, 학교조합사무소, 오진어업조합, 강동어업조합, 축산동업조합, 어업계연합회, 강릉군삼림조합, 주문진어업조합, 망상어업조합, 옥계어업조합, 경성전매국출장소, 강원도곡물검사소강릉지소, 등대, 강원도주문진수산시험장(수산회), 강원도강릉임업묘포, 강릉전기주식회

63) 지지편찬위원회, 앞의 책, p.528.
64) 한국정신문화연구원, 『한국민족문화대백과사전』 17, 1991, p.492.

사, 강릉합동주조주식회사, 강릉신문구락부, 원산세관출장소, 1읍 11면사
무소, 경찰관주재소 13개소, 어업조합 5개소, 강원도잠업취체소강릉지소,
강원도종묘장강릉출장소, 사진관, 월정사본말연합강릉포교당, 주문진등
대, 신명신사, 금비라신사 등[65])이다. 이들 중 어업관련 기관들은 대개 당
시 신리면 즉 주문진에 소재하고 있었다.

　강릉읍은 8정 7리로 이루어져 있었으며, 읍사무소는 임당동 139번지
강릉면사무소로 사용되던 곳이었다. 8정은 본정·욱정·금정·임정·대정
정·용강정·대화정·옥천정이며 7리는 홍제리·교동리·포남리·초당리·송
정리·강문진리·견소진리이고, 시가 중심부는 <그림 3-4>와 같았다. 강
릉군의 인구는 1929년말 14,686호 83,023명이었으며『증수임영지』편찬
당시에는 14,826호 90,872명(남자46,375 여자44,497)으로 증가되었다. 읍
의 인구는 1929년 2,290호 11,912명(남자5,943 여자5,969)에서 1933년
2,827호 14,145명(남자7,154 여자6991)으로 바뀌었다. 강릉군 전체 인구
에 대한 읍에 거주하는 인구율은 15.6%로서 당시 전국 평균 13%[66])를 상
회하는 수준이었다.

　또한, 1912년 당시 강릉지역 일본인 거주 인구는 95명이었으나 1933
년 1,485명으로 급속히 증가하였으며, 1,485명중 강릉읍에 854명이, 신리
면에 494명이 거주하였다.[67]) 일본인의 대부분이 읍내 내지는 생활여건이

---

65) 용택성,『증수임영지』, 강릉·경강인쇄소, 1933, 현관공서조 ; 최백순,『동호승람』
　　권2 (1934) 관공서조.
　　강릉문화원,『국역 강릉생활상태조사』, 2002, p.31 이들 세 자료가 언급한 사항
　　모두를 기술하였다. 신명신사는 용강동62-5번지에 있었고 천황에게 경배하는 곳
　　이었으며, 금비라신사는 주문리260-6번지에 있었으며 해상안전을 기원하던 곳이
　　었다.
66) 1930년경 도시지역 인구 300만명에 대하여 군지역 거주 인구 2,100만명의 비율
　　이었다.
67) 1930년경 강릉에 거주했던 일본인의 수를『강릉생활상태조사』(1930)에서는
　　1,860명,『증수임영지』(1933)에서는 1,485명으로 되어 있으며 각각은 1929년과
　　1932년의 통계이다.『동호승람』(1934)의 통계는 앞 둘의 중간정도의 수치를 보

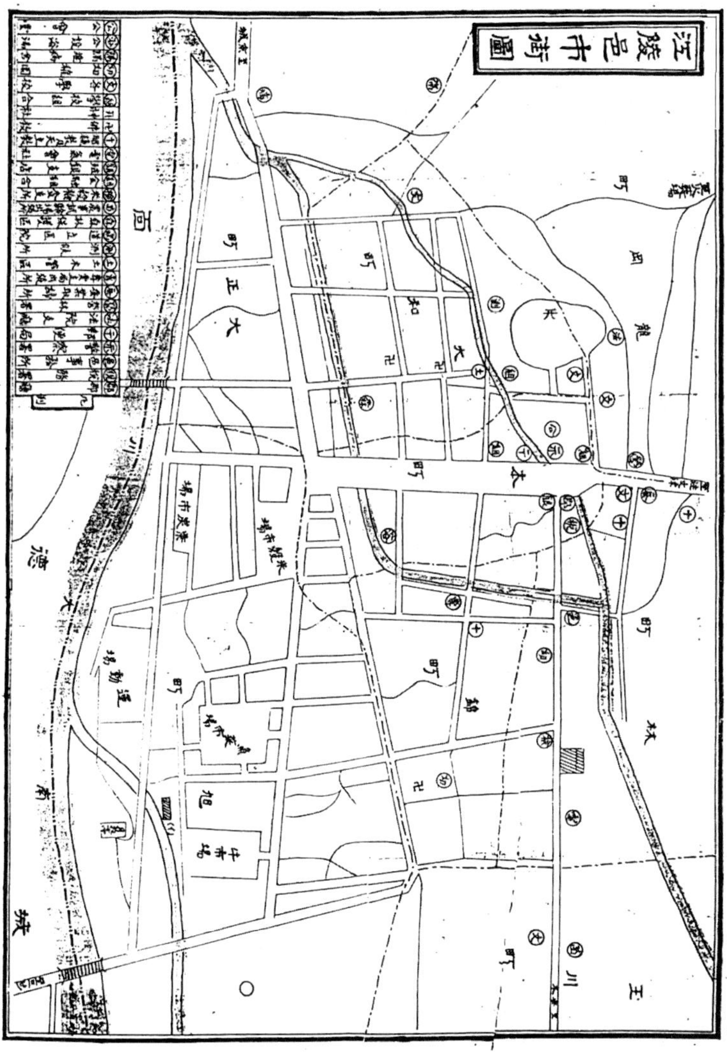

〈그림 3-4〉 1930년경 강릉중심부 시가도[68]

이고 있는데 당시 기록의 통계수치의 정확성에 문제가 있었지만 기록을 그대로
제시하였다.

좋은 곳에 거주하고 있음을 알 수 있다. 일본인 인구의 증가에 따라 도시
시설의 일본식화를 확인하게 된다.

『강릉생활상태조사』에 실린 내용을 중심으로 1930년경 강릉의 모습을
경제사정, 마을현황, 생활양식, 문화분야의 순으로 간략히 개괄해 보고자
한다.

1929년 강릉군의 관·공·사유별 토지 면적현황은 <표 3-5>와 같고,
전체 142,311정보 중 국유지 3,566정보, 민유지는 138,745정보로 민유지
는 97%이다. 시가지 모습은 옆의 그림에서처럼 사람들의 의상에서 가옥
에 이르기까지 전통적 모습을 보여준다.

〈표 3-5〉 1929년 소유별 토지면적[69]

(단위 : 畝步)

합계	관유지	공유지	사유지			
			소계	조선인	일본인	외국인
142,127.0	3,699.0	9,223.5	129,215.5	126,154.1	1,060.0	6.0

※ 임야면적 미산입

또한, 강릉군의 인구는 동쪽 평탄부에 밀집되어 있고 아직 희박한 편
이지만 위생설비의 진보에 따라 점차로 인구가 증가되고 시가지 및 마을
도 점차로 발달하고 있다. <표 3-6>는 1919년부터 1929년까지 호구 및
인구의 증가 현황을 보여 준다.

면별 인구현황은 강릉면 2,290호 11,912명(남자5,943 여자5,969), 성덕
면 1,340호 7,560명(남자3,875 여자3,685), 성산면 897호 5,360명(남자
3,749 여자2,611), 왕산면 1,217호 7,379명(남자3,837 여자3,542), 구정면

---

68) 강릉시행정자료관 소장 강릉읍 시가도이며 당시 강릉군 중심지 읍내의 모습이
다. 옛 읍치영역 시가지를 나타낸 그림에서 오른쪽 상단으로 이어진 것은 생활용
수 및 하평들 농업용수공급을 위한 수로이다.
69) 『강릉생활상태조사』에서 수정 작성한 것으로 본 절의 당시 강릉군 도시생활 관
련 상황 통계표는 이 자료에서 전재또는 수정 작성한 것이다.

〈사진 3-2〉 1930년경 강릉 성남시장 모습(서문당)

1,116호 6,489명(남자3,291 여자3,198), 강동면 1,150호 7,077명(남자
3,529 여자3,548), 옥계면 1,447호 7,922명(남자4,098 여자3,824), 망상면
754호 3,988명(남자2,040 여자1,948), 정동면 798호 4,705명(남자2,375
여자2,330), 사천면 999호 5,820명(남자2,932 여자2,888), 연곡면 1,186호
6,678명(남자3,474 여자3,213), 신리면 1,492호 8,124명(남자4,232 여자
3,892)이었다.

〈표 3-6〉 일제강점기 강릉군 호구

구 분	합계		조선인		일본인		중국인	
	호수	인구수	호수	인구수	호수	인구수	호수	인구수
1919년	12,423	69,751	12,291	68,972	223	751	9	28
1929년	14,685	83,023	14,376	81,852	284	1,086	26	85
10년간증가수	2,263	13,272	2,185	12,880	61	335	17	57

또한 당시 호구수에 대한 직업별 현황은 <표 3-7>과 같이 나타난다.

<표 3-7> 1929년 직업별 인구

구 분	호별 현황			인구별 현황		
	조선인	일본인	중국인	조선인	일본인	중국인
합 계	14,376	284	26	81,852	1,086	85
농림목축업	11,369	6	5	67,148	27	10
어업 및 제염업	1,066	24	-	4,987	111	-
광업 및 공업	249	29	-	1,468	135	-
상업 및 교통업	1,033	88	21	5,249	372	75
공무 및 자유업	217	133	-	1,071	432	-
기타 및 무응답	442	4	-	1,929	9	-

강릉군의 농업 경지면적은 논이 7천여정보(69.94km²), 밭이 약 6천 4백 여 정보(63.47km²) 전체 약 1만 3천 6백 정보(134.88km²)이고, 농가 1호당 경지면적은 논이 약 6,148m², 밭이 약 5,553m²로 이런 영농상태는 지주 및 자작이 약 2할, 자작 겸 소작이 약 4할, 소작이 약 4할이며, 그 경지 소유자는 경지 100정보(30만평) 이상이 3호, 50정보(15만평) 이상이 4호당, 10정보(3만평) 이상이 80호, 10정보이하 1정보이상이 7,230호이다. 농가 수는 조선인 11,456호에 67,091명, 일본인 8호에 34명, 외국인 3호에 8인 총 11,467호에 67,133명이고 면별 상황은 <표 3-8>과 같다.

농가호수를 지주·자작·자작겸소작·소작·화전민으로 구분하여 살펴보면 지주 485호, 자작 2,084호, 자작겸소작 5,010호, 소작 3,881호, 화전민 82호, 계 11,467호이고 자작 및 자작겸 소작농의 비율이 비교적 높은 것이 당시 강릉군 농업의 특색이었으며 순수 화전민은 7호였다.

농산물 생산에 있어서는 쌀 생산량 92,000석, 보리 6,700여석, 두류 12,000석, 잡곡 19,000석, 대마 8,200관, 닥나무(저), 왕골 등이 생산되었다. 과실 중에서 감(시)은 강릉군의 특산품으로 연생산량은 1930년대 전후에 연 10여 만 원이었으며, 곡물검사소가 설치된 이후 품질향상과 생산량이 증대되었다. 강릉지역 특산물로서 감은 1929년부터 증산계획을

〈표 3-8〉 1928년 강릉군 면별 농업인수

구분	합계				조선인				일본인(기타외국인)			
	호수			인구	호수			인구	호수			인구
	전업	겸업	계		전업	겸업	계		전업	겸업	계	
계	10,214	1,253	11,467	67,133	10,209	1,247	11,456	67,091	3(2)	5(1)	8(3)	34(8)
강릉	788	263	1,051	6,238	765	260	1,045	6,213	1(2)	3	4(2)	20(5)
성덕	1,175		1,175	6,920	1,174		1,174	6,918			1	2
성산	757	36	793	4,875	757	36	793	4,875				
왕산	1,124	36	1,160	6,778	1,124	36	1,160	6,778				
구정	862	79	941	5,560	862	79	941	5,560				
강동	837	240	1,077	6,154	837	240	1,077	6,154				
옥계	1,032	191	1,223	8,207	1,032	189	1,221	8,199		2	2	8
망상	459	143	602	2,169	459	143	602	2,169				
정동	722	17	739	4,305	722	17		4,305				
사천	784	36	820	4,965	784	36		4,965				
연곡	1,044	17	1,061	6,018	1,043	17	1,060	6,014	1	(1)	1(1)	4(3)
신리	630	195	825	4,944	630	194	824	4,941				

수립하고 군농회를 통해 묘목의 양성을 시행하고 각 농가에 평균 1本씩 배부하여 1935년까지 생산량을 4배로 증가시키기 위한 계획을 수립하였다. 감나무 묘목을 양성하고, 시비법 개선, 종자개량, 판매방법 개선 등을 통해 강릉감의 명성을 떨치게 되기도 하였다. 1929년 4월 11일 검사를 시작하여 읍내 및 기타지역에서 검사를 실시하고 공동판매도 실시하였다.

농가의 부업으로는 양잠, 축산, 양봉 등이 있었다. 양잠은 뽕나무밭 278정보 양잠농가 3,400호에 수매 고치량이 약 1,800여석으로 가격은 80,500원 정도였고, 축산은 소 사육두수 9,313, 말 40두, 당나귀 29두, 돼지 769두, 닭 17,193마리 정도, 양봉농가는 593호 벌통수 1,405로 봉밀생산 5,056근 약 41만원, 밀납 603근 약 8만원이었다.

농업 등 1차산업 인구가 가장 많았으므로 이의 장려기관으로 군농회, 산림조합, 축산동업조합, 어업계연합회, 권농공제조합 등이 있었다. 군농

회는 농상의 개량 발달을 도모하기 위해 설립되었으며 산미개량장려, 감
(柿) 개량 증식, 비료개량 증식, 잠업개량 및 부업으로 가마니나 새끼꼬기
등의 장려사업을 하였다. 상림조합은 임야의 보호, 조림 및 임야의 이용
개선을 위해 조직되었으며, 묘포·조림·사방사업 등에 힘썼다. 축산동업
조합은 축우의 개량 증식을 도모하고 조합원 공동의 이익 증진을 목적으
로 설립되어 소, 돼지, 닭의 개량 증식 및 위생, 매매중개, 품평회 개최
등의 일을 하였다.

광업부문은 거의 없는 편이지만 철광으로 옥계면 불이광업회사, 강동
면 삼능제철회사, 흑연은 강동면 삼송흑연제련소, 옥계면의 산하흑연공업
회사와 개인이 운영하는 철광, 흑연제련 각 1개소, 개인이 경영하는 금은
광 1개소가 옥계면에 있었다.

강릉지역의 공업은 아직 수공업 상태에 있었으며 베, 명주, 명주실, 옥
사, 완초연, 개량연, 소맥분, 국자, 호마유, 미당, 엿, 봉밀 등으로 농가의
부업생산에 속하는 것이 대부분이었다. 수공업품 생산현황은 <표3-9>
와 같다.

이 시기 강릉지역에 공장은 강릉인쇄주식회사(본정 소재), 강릉제사공
장(대정정), 태창정미소(대정정), 동창정미소(송정리), 길전정미소(본정), 동
선양조주식회사(본정), 오촌관힐소(주문리), 제지공장(성산, 사기막리), 사
기공장(보광리), 기와공장(대전리), 정미소(지변리2, 운정리1), 도기제조업
(내곡리), 제지공장(여찬리), 소소물제조장(어단리, 덕현리), 정미제조소(여
찬리), 요업(사기막리, 덕실리), 비료제조업(사천진리2) 등이 있었다. 강릉
지역은 철로가 연결된 지역과 달리 노동자의 유입이 적었고, 노동자의 임
금이 높아 노동을 하며 살기가 좋았다.

강릉군의 시가지는 읍내 이외에는 주문진이 있으며 상설상가의 상업은
성행하지 않았다. 상품은 교통관계로 부산과 원산 양방향으로 거래가 되
었으며 상권은 이 두 지역에 속하였다고 할 수 있다. 일부 상품은 경성에
서 자동차로 운반되었지만, 겨울에는 대관령 지역의 폭설로 교통이 두절

〈표 3-9〉 1929년 강릉군 수공업품 생산

종 류	수량(개)	가격(円)	종사호수	공법 및 기타
계	119,723	45,791	173	
도자기	3,865	7,730	19	점토로 모형을 만들어 유약을 칠하고 구운 것
素燒物	5,780	2,890	15	도기에 유약을 바른것
기와,연와	82,000	2,317	3	점토로 형태를 만들고 구운 것
금은세공	814	4,418	8	금과 은으로 각종 기물, 장식물을 만드는 것
煙 管	5,700	804	13	황동을 두드리고 펴서 만든 연관
指 物	920	6,090	25	나무를 원료로 하는 각종 기물
下 駄	875	875	1	나무를 하태모양으로 수공으로 만든 것
죽제품	534	267	3	대나무로 만든 신이나 엮어서 만든 각종용기
笠 子	5,980	2,990	34	대나무나 털과 같은 것으로 만들어 옻칠을 함
관,탕건,망건	3,120	3,120	26	털로 형상을 짜서 딴 것
양 복	425	8,500	7	각종 복지로 잘라서 꿰맨 것
양 화	210	2,100	2	각종 피혁류를 잘라서 꿰매 만든 것
刀 物	5,800	2,640	7	각종 금속을 두드리고 펴서 만든 것
삼태기	1,400	820	6	가는 미루나무 가지나 풀로 엮어 만든 것
붓	2,300	230	4	대나무와 털로 만듦

되어 경성방면의 직접적인 상품거래가 이루어지지는 못하였다. 시가지에 있는 상점도 조선인과 일본인이 함께하는 소규모였기 때문에 큰 상점은 없었다. 당시 상업 종사호수는 총 243호에 총 매상고는 3,506,920원이었다. 상업의 종류별 호수를 살펴보면 각각 물품판매업 218, 제조업 64, 인쇄업 1, 전기공급업 1, 요리점업 9, 대리업 2, 운송취급업 8, 금전대부업 21, 운송업 3, 사진업 1, 청구업 7, 숙박업 8, 창고업 5였다. 시가지가 발달하지 않고 교통이 불편한 관계로 시장 간 또는 마을 간 행상을 하는 상인은 상당수가 있었다. 외래 행상인은 정선·평창·양양·삼척 등지에서 오는 사람이 많았고, 또 이 지역에서도 평창·삼척·양양 등 주변 모든 지방에 영향을 미쳤다. 시장에는 상설점포가 있고 항상 매매를 행하는 상인

및 일정한 점포를 가지고 있지 못해 장날에 노점을 가설하고 순회판매를
하는 상인과 아울러 지방민의 자가생산품 매매자가 장날에 모여 일반 수
요자와 현금으로 매매행위를 함으로써 옛날의 물물교환 형태가 점차 진
보하였다. 강릉군은 바다와 육지 모두 교통이 좋지 못하여 경성, 부산, 원
산 등의 지역보다 수입품은 2~3배 가량 높게 거래되었고 동절기에는 물
자가 부족하여 물가의 폭등이 빈번하였다. 당시 강릉군은 상공업 지역이
아니므로 회사사업 발달이 미진하였지만 장래에 동해안선 철도부설이 이
루어진다면 모든 종류의 사업발달의 여지가 있다고 하였으며, 또한 자산
가가 다수 있어 회사사업도 장래에 상당한 발전이 있을 것으로 예측되었
으며 회사현황은 <표 3-10>과 같다.

<표 3-10> 1928년말 강릉지역 회사

업종	명칭	위치	창립월	영업종	공칭자본	적립	사채	차입	대부	비고
계					30,549,000	3,078	28,458	11,276	17,100	
임업	조선식산합자회사	본정	1926.4	식림	5,000				2,000	일본인설립
상업	강릉상사주식회사	본정	1925.5	자동차	8,000	550	935			일본인설립
상업	동해자동차운수회사	본정	1926.9	자동차	66,000	550			5,189	조선인설립
상업	환강자동차주식회사	본정	1924.4	자동차	25,000	290	4,523	6,087		일본인설립
상업	조선특산물주식회사	본정	1928.8	임산물매매	35,000			150		
은행	식산은행지점	본정	1918.10	은행	30,000,000					
운송	강릉운수주식회사	본정	1925.6	화물운수	30,000	88	1,000		1,200	조선.일본합자
사진	합자회사금옥당	임정	1927.9	사진	5,000	500	2,000			조선인설립
양조업	동선양조주식회사	본정	1928.6	양조	150,000	600	12,000		4,000	조선인설립
양조업	강릉주조주식회사	대화정	1928.10	양조	100,000				900	일본인설립
공업	강릉인쇄주식회사	대화정	1927.4	인쇄	15,000	500	8000		9,000	조선인설립
전기업	전기주식회사	대화정	1927.12	전기	25,000					조선인설립

1929년 강릉군의 조세공과금은 총 24만 4천 여 원이었고 총액에 대한
비율은 국세 41%, 지방세 28%, 면부과금 22%, 다음으로 학교비부과금,
학교조합비 순서이고 부담액은 1호당 약 18원이며 1인당 3원 20전에 해

당한다. 국세중에는 주세 4만 8천원, 토지세 4만원, 연초경작세, 영업세, 광업세 및 소득세 등이 4천원 내지 1천여원이었다. 지방세는 토지부과세 2만 7천여원, 호구세 2만 5천여원으로 상위순서이고 어업세 및 부동산 취득세 약 5천원으로 그 다음이고, 기타 도축세, 차량세, 소득부과세 등이 있다. 면부과금은 각호로부터 징수하는 것이 3만여원이고, 지세에 할당된 것이 1만 8천여원이며, 영업세, 잡종세, 특별영업세 및 소득세가 그 다음이었다. 학교부과금은 호세부과금과 학교조합비로 호별로 할당되었다.

강릉군내의 주요성씨는 강릉최씨, 강릉김씨, 삼척심씨, 안동권씨, 창녕조씨, 전주이씨, 영해이씨, 연일정씨, 초계정씨, 영월신씨, 강릉박씨이며 이들의 동족마을들이 형성되어 있다. 이를 표로 살펴보면 <표 3-11>과 같다.

〈표 3-11〉 1930년경 강릉군 동족마을

성씨별	동족마을 분포지	시조	입강시기	총 호수
강릉김씨	모전·상시동·하시동·노암·판교리	김주원	신라말	320호 1,550여명
강릉최씨	송정·내곡·홍제·송림·초당리·임정	최필달	신라말	290호 1,360여명
	장현·교항·행정리	최문한	고려충숙왕대	210호 970여명
삼척심씨	운정·회산·모전리	심동로	1600년대	120호 500여명
창녕조씨	유산·교항·학산·신석·난곡리	조철	1600년대	190호 910여명
안동권씨	죽헌리	권송	1600년대	40호 200여명
	옥천정·연곡면	권청	1700년대	120호 480여명
강릉박씨	하시동·운산·미노·판교·덕실리	박자검	1500년대	160호 700여명
향호정씨	향호리	정배걸	1700년대	70호 300여명
연일정씨	학산리	정몽주	1700년대	40호 200여명

강릉은 동족관념이 강하여 지방민은 모두 公과 私가 공존한다고 하였다. 여러 가지 형식으로 단결을 도모하는 경향이 강하다. 당시 공익사업에 대하여는 군민의 활동이 상당히 일치했다고 기록하고 있다. 군민간 제

휴도 강하여 주문진 축항 기부금, 강릉공립학교 건축당시 기부금, 묵호 축항 기부금 모집, 전기회사 조직 등이 아주 용이하게 성취되었던 것은 모두 군민이 일치단결한 결과라고 하였다. 공익단체로서 예부터 계와 같은 특수한 조직이 있었고 일제 강점 이후에도 각종 공공단체, 조합, 회, 계 등이 조직되었다. 이들은 동·리·면 또는 군 단위로 하여 그 종류도 많았으며 무엇보다도 지역민의 단결을 도모하고 부락민의 협력을 긴밀히 할 수 있었기에 공·사 생활의 완성을 기대할 수 있었다고 한다.

산업단체로 농회 1, 축산동업조합 1, 삼림보호조합 1, 어업조합 5, 농업개량조합 1, 농사실행개량조합 6개 단체가 있었으며, 학교조합 2, 학교비 1, 금융조합 4, 식산조합 1, 저축조합 3, 상영회 1, 번영회 2, 지방개량장려회 1, 흥풍회 7, 진풍회 1, 상선회 1, 일신회 2, 사약회 1, 자신회, 청년회, 삼익회 1, 부인친목회 1, 소년단 3, 수양단지부 1개소의 단체조합·계·회가 지역의 산업 장려, 교육·금융의 활성화 및 상업발달과 지역풍속, 사회교화 등을 목적으로 활동하였다.

교육부문에 있어서는 향교, 각 면·리·동에는 서당이 있고 군민 중 식자층은 주로 유학을 많이 공부하였다. 신교육제도의 도입으로 향교는 약화되었고, 서당은 마을에 소수가 존재하며, 학교는 보통학교(초등학교)외에 1928년 공립농업학교가 설치되었고, 서울로 진출하여 중등이상의 교육을 받는 학생이 매년 증가하였다. 서당도 점차로 개량되어 보통학교 과정에 편입되기에 이르렀다. 당시의 교육기관 현황은 <표 3-12>와 같다.

강릉 미감리교회, 월정사 포교소가 경영하는 수시로 개최되는 학습강습회, 유치원, 강습소 등에서는 보통학교에 입학할 수 없는 아동을 수용하여 수년간 교육활동을 하였는데 이러한 교육활동을 통하여 개신교가 터를 다져가기도 하였다. 불교는 사찰수2, 포교소 3, 기독교는 미감리교회 포교소 4, 천주교 포교소 2, 야소재림교 포교소 2, 동양선교회 포교소 1개소가 각각 있었으며 전체 신도수는 879명으로 일부의 사람들이 종교활동을 하였다.

〈표 3-12〉 1929년 강릉군 교육기관

종별	계	공립	사립	학급수	교원수	학생수		1928년 졸업자수
						남자	여자	
농학교	1	1		3	8	157		
소학교	2	2		7	7	85	75	31
보통학교	5	5		31	32	1,708	341	314
잠사기업실수학교	1	1		2	2		8	7
각종학교	1		1	1	2	77	10	7
유치원	2		2	2	4	93	79	
서당	139		139			1,247	3	

의료기관으로는 강원도립강릉의료원의 운영상태가 양호하여 군내는 물론 인근에서도 치료 받으러 오는 사람이 많았다. 기타 의원은 3개소, 의사 수는 7명이었지만 이때까지 조선에서는 많은 사람이 양약보다는 한약으로 치료를 받았다. 의료인력 및 기관은 의사 7명, 한의사 20명, 치과의 1명, 약제사 1명, 산파 4명, 간호부 19명, 입치업 2, 종두인허원 6명, 약종상 43, 매약제조업 4, 매약청매업 112, 매약행상 49명이었다. 한편 양의학적 의료기관 현황은 <표 3-13>과 같다.

〈표 3-13〉 1929년 강릉군 의료기관

의원	격리병사			건평		화장장	공동묘지	공동우물	이발업	목욕장
	병사	병상	부지(평)	병사	병실					
4	2	7	100	35	7	2	137	16	17	2

강릉면 견소진리는 해안마을이어서 우물을 파면 염분수가 나와 마실 물로 적당치 않아 1928년 간이수도가 설치되었다. 이미 얻어진 하수를 사용할 수 있지만, 남대천이 강릉의 남쪽으로 흐르므로 전염병이 유행할 경우나 우기에 극심한 위험이 있어 간이수도의 설치로 그 상태를 개선하였다. 다른 지역은 수도가 없으며 거의 우물 또는 하천수를 음료수로 이

용하였다. 강원도 위생과에서 가끔씩 수질검사를 실시하는데 강릉군내 우물의 수질은 양호하고 음용수로 거의가 적합하였다. 배수는 인구가 조밀한 강릉읍과 신리면에 설치되어 있었으나 완전하지는 않은 상태였다.

전체적으로 1930년대의 강릉은 강릉면이 강릉읍으로 바뀌면서 전통적 읍치가 근대 도시로 급속도로 변해가는 과정상에 있었다. 그리고 일제강점 하에서 도시의 모습은 정상적 근대화가 아닌 '전통'과 '근대' 그리고 '왜식'이 혼재한 상태였다. 전통적 읍치의 가운데에 성황사를 밀어내고 들어앉은 '강릉신사'와 어업기술의 향상으로 도약을 시작한 주문진항 포구 위에 '금비라신사'가 있었던 것이 당시 강릉의 도시 모습이었다. 옛 읍성 내에 내아와 성황사가 있었던 지역에 '신사'가 위치하였고 이곳을 중심으로 일본인이 밀집 거주하였으며 행정관서도 그 인근에 배치되었다. 외부적 환경으로서의 도시 모습뿐만 아니라 사람들의 생활도 전국적으로 보아 발전은 더디었으며 정신적 혼란이 심하였다.

시가지 밖의 농업지역은 종전의 전통적 동족마을들이 유지되었고 유력지주들과 소지주들이 띄엄띄엄 농경지를 따라 위치하였으며 도심지는 지금의 성내동 당시 본정통을 중심으로 일본인 거주자가 증가하면서 새로운 문물을 선보였다. 5일장을 기반으로 성남동·금학동 지역에 어물시장, 곡물시장, 잡화 등의 보다 집중화된 상거래가 나타났다. 당시 사람들은 시장을 통해 바뀌어 가는 시대상을 체득하게 되었을 것이며, 항포구의 등대와 같은 새로운 근대적 공공시설이 늘어가면서 새로운 변화를 느꼈을 것이다. 그러나 근대풍물을 향유할 수 있었던 사람은 극소수였으며, 시가지의 발전도 미미한 것이었으며, 중심지인 일본인 거주지역에 자전거점, 자동차회사 등이 문을 열었고 한옥이 왜식 건물로 바뀌는 정도에 불과하였다. 도시중심의 시가지도 근대이전의 모습에서 크게 변화되지 않은 시기로 평가된다.

조선총독부는 1912년 10월 7일에 각도 장관에게 훈령 제9호로 "지방에 있어서 주요한 시가지의 시구개정[70] 또는 확장을 하려고 할 때에는

그 계획설명서 및 도면을 첨부하여 미리 인가를 받을 것. 다만 일부의 경
이한 변경은 그러하지 아니하다"는 것을 시달하였다. 이는 많은 문제를
담고 있는 것이었다. 시구개정이 무엇인지, 구체적으로 어떻게 하라는 것
인지 또는, 그 비용은 누가 어떻게 부담할 것인지의 일체의 설명이 없었
다. 이 한 장의 훈령이 그로부터 20년 이상 이 땅의 시가지를 개조하고
규제하는 근간이 되었다.[71]

이를 근거로 경성 시구개수예정노선을 발표하고 1913년 이후 1929년
까지 도로와 광장을 조성하는 사업을 추진하였다. 기존의 도로노선을 직
선화, 소폭확장, 보·차도의 구분, 일부포장 등의 사업을 하였다. 그러나
이후 1945년까지 경성 도심지내 이렇다할 시구개정사업은 없었다. 시
가로 정비와 병행하여 도시계획법과 건축법 제정 전까지 시가지의 이
른바 방화지구·고도지구·준공업지역 등을 규정하는 '시가지건축취체규
칙'으로 일본인 거류민을 위한 지역지구제에 의한 건축 등의 통제를 실
시하였다.[72]

한편 1913년부터 1930년대 까지 시구개정사업을 실시한 지방도시는
대구·부산·평양·진남포·신의주의 5개 부와 전주·진해·진주·해주·겸이
포(현송림)·함흥의 6개 면이었다. 대구·부산·평양 등 대도시의 중심부는
거의 이 시기에 정비되었다. 그런데 이 지방도시의 시구개정은 순전히 일
본인들의 번영, 일본인 시가지의 번영을 위해 계획되었고 새로운 가로 계
획도 그들이 확정하였으며 정비계획을 그들이 알았고 이를 통한 이익을
손쉽게 취하기도 하였다. 그들은 또 시구개정사업을 추진하면서 하수도
공사도 실시하였는데 이를 병행실시하기도 하였고, 하수도 공사를 주로
하면서 가로공사를 부수적으로 병행하기도 하였다.

---

70) 시가지의 도로·교량·철도·하천 등에 관한 구체적인 개정계획 즉, 오늘날의 도시
　　정비계획에 해당하는 의미이다.
71) 손정목, 『일제강점기 도시계획연구』, 일지사, 1990, p.98.
72) 손정목, 앞의 책, p.109.

   지방도시의 시구개정사업에 있어서 신설될 가로선 확정이 당국과 소수
의 일본인 지주들의 합의에 의하여 설정되었으며, 그 비용은 특별세의 부
과와 주민의 부역, 수혜지주들의 용지기부 및 약간의 총독부 보조금에 의
존하였다. 예외적으로 일본해군당국의 면밀한 계획에 의해 설계되고 건
설되다가 총독부에서 사업을 승계한 진해와 같은 경우도 있었다. 1921년
'경성도시계획연구회'가 만들어져 도시계획에 대한 여론 조성에 기여하
였다. 특히, 그들은 경성부청사 신축, 시구개정사업촉진, 남산주변 도로개
설, 신용산 방수공사 실시, 한강이용설비 촉진, 총독부내 도시계획부서
설치 등을 건의하였다. 도시계획에 대한 서울 지역의 열의를 촉진하는 계
기가 되었으며 당국과 긴밀히 협력하는 관계를 만들어갔다. 이러한 도시
계획의 열기는 원산·대구 등에서도 활발하였다. 그러한 논의의 결과
1928년 9월 경성의 도시계획 목표, 지역·지구제, 계획가로, 구획정리지
구, 재원조달방법 등의 내용을 담은 『경성도시계획조사서』라는 책자가
경성부에서 발간되었다.[73] 이어서 1930년 총독부 내무국 토목과에서 경
성의 계획구역과 목표인구, 용도지역과 계획가로, 공원·상수도계획 등이
담긴 『경성도시계획서』가 발표되었다. 그 후 1934년 「조선시가지계획령」
이 발표되었는데 이러한 도시계획의 노력은 결국 총독부가 한국근대화를
목표로 한 것이 아니라 만주, 시베리아로의 진출과 침탈을 위한 과정에서
비롯되었다.

   일제강점기 이 시가지계획령의 적용 또는 준용도시는 모두 43개 도시
로 다음과 같이 다섯 가지 유형으로 구분된다.[74]
   ① 대한제국시기 개항장,
   ② 강점 후 개항장으로 지정된 곳
   ③ 위에 포함되지 않은 도청소재지

---

 73) 손정목, 앞의 책, p.147.
 74) 손정목, 앞의 책, p.196.

④ 전통적 시가지로 지방민에 대한 회유책으로서 필요했던 곳

⑤ 만주와의 관계, 공업입지 등 특수정책지역

　강릉의 경우 개성·진주·길주·안동·수원과 함께 위 ④에 해당되어 가로정비 및 시구정비 계획면적은 읍의 행정구역 21.58km² 중 일부 성남동, 교동, 옥천동, 임당동, 포남동, 홍제동, 용강동, 송정동, 남문동 성내동 일원 6.54km²에 대하여 시가지 계획구역으로 책정하고 계획가로 27개 노선[75] 계획인구 57,000명을 내용으로 하는 시가지계획령 적용·준용 계획이 1940년 12월 10일 제1391호로 고시되었고, 1942년 5월 29일자로 조선총독부 고시 제819호로 추가하여 토지구획 정리지구를 결정한 바 있다.[76] 또한 1941년 4월 26일 제594호로 가로정비, 시구정비, 공업·주택지역을 포함하는 95,070,000㎡ 면적에 30만 명의 인구계획을 담은 삼척·묵호 계획이 고시되었다.[77]

　그러나 이러한 계획들이 1945년까지 실행에 옮겨진 경우는 극히 한정적이었다. 특히 삼척·묵호지방 계획의 경우 일제가 1930년대 후반부터 한반도의 대륙 병참기지화, 군수공업에 대한 총독부의 지원책에 따라 일본 기업들이 원료와 동력이 있는 곳이면 한반도 어느 곳에나 공장건설을 희망하였고 다투어 입지신청을 하였는데, 이리하여 석회석과 무연탄 매장량이 많이 있고, 동해안이라 수산자원과 해상수송이 용이한 때문이었다. 그러나 이 계획은 삼척·북평·묵호를 포함하는 광역지역으로서 당시로서는 현실성이 없는 것이었다.

　해방 전후를 경험한 한 원로학자 개인의 기록[78] 속에 나타난 일제강점

75) 대로는 폭34, 28, 24m이상, 중로는 20, 15, 12m이상이며, 소로는 12m 이하의 7가지로 구분되었으며 당시 대로 5개, 중로 22개 노선이었다.

76) 강릉시, 『강능시 도시계획 재정비 보고서』, 1973, p.3.

77) 손정목, 앞의 책, pp.198~199.

78) 최철, 『강릉 그 아득한 시간』 해방 전후와 전란기, 연세대학교출판부, 2005.

기 말기의 강릉지역 도시구조와 상황을 살펴보면, 일제강점 말기인 1941~945년은 일본이 전쟁을 위해 온갖 힘을 다했던 시기이다. 조선의 모든 산물을 공출이라는 명목으로 강탈하다시피 하였고 심지어는 제기로 쓰던 놋그릇까지 걷어갔다. 밤이면 공습경보를 발령하고 등화관제 훈련을 실시해 미군의 공습에 대비한 공포감을 심어주었다. 조선멸시와 학대는 날로 심해졌고 사상검증도 있었다. 21세의 남자는 모두 징병 입영시켰다. 버스를 타고 양양을 향해 가도에서 환송식을 거행하였는데, 양양에서 안변을 거쳐 경원선을 이용하여 서울에 갔다.

강점기 강릉시내의 주거지로는 일본인들이 거주한 곳이 살기에 좋았는데, 본정·대정정·욱정·대화정·임정 등 시내 중심지였고, 변두리 농촌 마을로는 경포·운정동·한밭·운산리 그리고 지금의 오죽헌을 중심으로 한 지역 일대였다. 시내 동쪽으로는 포남동 진사댁 부근 울길(현 동인병원 아래)과 초당·송정이 좋았고, 서쪽으로는 왕산·학산·장현·모산봉 근처가 좋았고, 남쪽으로는 운산리와 하시동 마을이 살기 좋아 큰 부농들이 있었다. 일본인 거주지 시내중심가 대정정(대정정-다이쇼마찌)은 모두 일본식 건물을 큰길거리에 짓고 살았다. 대정정 외에 일본인이 산 곳은 욱정(욱정-아사히마찌,지금의 성남동)이었는데 욱정 인구의 절반을 차지했다. 강릉극장 입구 삼문사자리, 법원과 측후소가 있던 자리 도립병원 주변에 일본인들이 특권층 행세를 하며 살았다. 해방 후 이들이 살았던 곳은 대부분 적산가옥으로 당시 상업에 종사하던 사람들에게 불하되었다.

강릉초등학교의 전신인 강릉공립보통학교는 1939년 현재의 자리로 옮겼다. 그 외 경포(1932.4.6)·성덕(1935.11.2)·동명(1938.7.19)·모산(1941.8.6)·옥천초교(1943.6.10)가 있었으며, 삼락학원은 현재의 천주교 강릉성당 자리에 있었는데 뒤에 삼락학교가 되었다.

1940년 당시 강릉의 병원으로 가장 큰 것은 대정정의 도립강릉병원이었는데 보통 도립병원이라 했다. 광제병원은 성남동 현재의 썬프라자 서측, 함철병원과 정목병원이 잘 알려진 것이었고, 정순응씨가 운영하던 명

주병원이 성남동(옛 강원일보부근, 지금의 금방골목 남측)에 있었는데 해
방 후 임당동 천주교 성당 부근으로 옮겼다. 치과로는 현 중앙감리교회
남측 길 건너에 있었던 강릉치과가 유명하였고, 부근에 계근치과, 야마모
도치과가 있었고 그 부근에 이창륭씨가 운영하던 창륭사진관이 있었다.

　一力숨는 강점기 강릉에서 가장 큰 여관이었다. 요즘의 작은 호텔에 해
당되는 고급여관으로 주로 일본인들이 이용하였다(전 동명극장자리). 500
여평의 대지에 건립된 목조 일본식 건물이었다. 벽은 나무널판을 대었고
지붕은 일식기와를 얹었다. 여기 오는 사람들을 위해 인력거가 항시 자리
잡고 있었다. 이 근처는 강릉시장을 끼고 있으며 욱정, 본정통 등 일본인
들의 거주지였다. 근방에는 여관과 여인숙들이 있었는데 일본인이 경영
하였고 소규모의 '야도(宿)'라는 여인숙 몇 곳만 조선인이 경영했다. 1930
년대 강릉의 여인숙은 7개 정도 있었는데 주로 대정정과 지금의 중앙시
장을 중심으로 성남동에 있었다. 가장 큰 것은 일력사였고, 황금여관, 동
창여관, 관동여관, 조일여관, 신흥여관, 강릉여관, 반도여인숙, 우메다, 후
지다 등이 있었다.

　1929년 강릉에 전기불이 들어오면서 강릉문화에 큰 변혁을 가져왔다.
1920년대는 석유등잔이나 고기기름에 심지를 얹어 불을 켰으며, 부유한
집안에서 호롱불을 사용했고 또 카바이트라는 것이 있어 이를 물에 부어
여기서 나오는 가스에 불을 붙여 썼는데 불빛이 비교적 밝았다. 강릉전기
회사가 생긴 것은 1927년 12월 12일이었고 1929년부터 개업하여 이때부
터 강릉에 전기가 들어왔다. 그러나 읍에서 629戶만 전기를 사용할 수 있
었다. 개업당시 87kw 설비 용량이어서 시내에서 사용하기에도 부족한 용
량이었다. 전기회사는 현재의 임당동 112번지에 있었고 주변은 논밭이었
다. 변전소는 임영고개를 지나 지금의 강일여고 가는 길 교1동 828번지
에 있었다.

　1940년대 강릉읍에 공산품 공장은 없었다. 간장공장, 철공소, 솥공장,
대장간, 옹기 굽는 사기막 그런 것이 전부였다.

  일제강점기 조선총독부의 식민지 수탈 정책의 부산물로 도시의 인구증
가는 물론이고 도시수도 크게 증가하였다. 1921년 전국적으로 인구 1만
명 이상 도시는 37개, 1929년 50개였으며 도시인구비율도 각각 6.6%에
서 8.8%로 증가하였다. 1930년 이후 식민정책은 농업과 더불어 한반도의
공업화를 함께 시행하는 농공병진정책으로 전환되었다. 이의 실행을 위
해 지하자원과 임산자원이 개발되고, 각종 공장도 건설하였다. 1938년 전
국의 기업체 수가 5,414개로 1929년의 1,763개보다 3배 이상 증가되었
다. 이런 추세 속에 인구 1만 명 이상의 도시수가 1937년 80개, 1942년
130개로 증가하였으며, 도시인구의 비율은 각각 14.1%, 23.9%로 1910년
에 비해 약 32년간 6배로 증가하였다.[79] 이를 보면 당시 왜곡된 도시성
장을 가져왔던 식민정책의 방향과 교통·산업·도시입지 등의 면에서 두드
러진 요인이 없었던 강릉은 상대적으로 정체되었고 점진적 변화로 이어
져왔음을 알 수 있다.

---

79) 한국도시지리학회, 『한국의 도시』, 법문사, 1999, p.94.

제3절 현대 행정체계와 도심권 변화

해방 이후 행정제도 면에서도 재빨리 강점기 동안 굴절된 부분을 수정할 기회를 마련하지 못하였고 미군이 점령군으로 행세하였던 미군정, 6·25전쟁의 혼란을 겪어야 했으며, 1945년 11월 3일 양양군 현남면과 현북면, 서면의 일부를 강릉군에 편입하였다가 1954년 10월 21일 법률 제350호(1954.10.21공포)로 '수복지구임시행정조치법'시행에 따라 현북면과 서면을 양양군에 편입하였다. 당시 강릉군은 강릉읍, 주문진읍, 묵호읍, 성산면, 왕산면, 구정면, 성덕면, 강동면, 옥계면, 경포면, 사천면, 연곡면, 현남면의 3개 읍 10개 면 196개 리가 있었다. 당시 강릉군의 군청 소재지는 강릉읍 성내동 3번지에 위치하고 있었다.[80]

1945년부터 1950년 전반기 이 땅의 지역 구조는 인구 이동에 의해 한 차례 큰 변동을 겪었다. 도시지역에서의 인구의 증가와 농촌지역 인구의 상대적 감소는 8·15이후 시·읍의 승격으로 나타났다. 미군정하에서 청주·춘천읍이 각각 부로 승격되었고 과도정부 하에서 이리가 부가 되었으며 정부수립 후인 1949년 안강·옥천·승평·왜관·청도·안양·광양 등 각 면이 읍으로, 수원·여수·순천·포항·김천 등 각 읍이 시로 승격되었다. 1950년 6·25전쟁으로 국토는 큰 상처를 입었으며 지역 구조에도 크게

---

80) 『군세일람』, 강릉군, 1955 ; 당시 공무원 직종별 정원 현황은 군(37명) : 군수1, 주사8, 지방주사6, 기사4, 지방기사3, 산림주사1, 서기3, 지방서기1, 기원3, 산림주사보5, 노무원2이었고, 읍면(219명) : 면장15, 부면장15, 지방주사66, 지방기사19, 지방서기62, 지방기원17, 노무원25 이었다.

영향을 끼쳤으며, 전쟁으로 인한 인구의 이동은 의식 구조에 변화를 가져
왔고, 부산·대구 등의 인구 집적과 북한 인구의 대규모 남하가 있었으며
전란을 통해 교육열이 고조되었다. 전쟁기간 중 지역에 따라 북한 피난민
의 정착, 군기관의 신설 및 상주, 전후 복구과정에서 도시화와 지역 중심
지의 변동 등으로 읍이나 면이 시나 읍으로 바뀌었다.

　　1950년 강릉군 관내의 호구 현황은 3개 읍, 12개 면 총 31,312호였으
며[81], 1955년 9월 1일 강릉읍과 경포면, 성덕면을 병합 법률 제369호로
강릉시로 승격되었고 동시에 그 외 지역은 명주군으로 개칭 분리되었
다.[82] 당시 강릉시의 행정구역은 38개 동 489개 반이었다. 종전의 강릉
군이 1955년 강릉시와 명주군으로 분리됨으로써 강릉지역의 읍·면·동
체제가 확정되어 현재까지 이어지며, 그 후 읍면동간 경계지역의 편입·
이관조치만 수시로 이루어져왔다.

　　행정직제면에서는 1945년 해방 후 9월부터 시작된 미군정 통치는 통
치기구면에서 종전보다 크게 확대되어 종전 당시 조선총독부 기구는 총
독, 정무총감, 총독관방 아래에 8개 국었던 것이 1947년 미군정청 본부기
구는 군정장관, 민정장관 아래 13부 6처로 확대되었다.[83]

　　지방행정 기구의 경우 미국식 지방자치에 익숙한 미 군정당국자들은
중앙정부 내에 별도의 기구는 두지 않았으며, 1945년 11월 2일자 법령
제21호로 당시 '실시 중이던 것은 미군정의 특수명령으로 폐지되지 않는

81)『동방신문』제520호, 단기4283年 1월 15일(일요일) 1면 당시 강릉군 호구 현황은
　　다음과 같다. 총31,312호로 강릉읍 5,690, 주문진읍 4,525, 묵호읍 3,687, 성덕면
　　2,499, 강동면 1,682, 옥계면 2,106, 구정면 1,541, 왕산면 1,547, 성산 1,262, 경
　　포면 1,123, 사천면 1,863, 연곡면 1,958, 현남면 1,792, 현북면 661, 신서면 574
　　호였다.
82) 내무부,『시의 설치 및 군의 명칭, 관할구역변경에 관한 건』강릉시.경주시, 1955.
83) 손정목,『한국지방제도·자치사연구(하)』, 일지사, 1992, p.82 ; 재무·광공·농상·
　　법무·학무·경찰·체신·교통국에서 경무·사법·문교·상무·재무·체신·보건후생·
　　토목·공보·통위·농무·노동·운수의 13부, 식량행정·물가행정·관재·서무·인사행
　　정처의 6개 처로 확대되었다.

한 그 효력을 준수한다'는 규정 때문에 도·부·군·도·읍·면 등 지방제도 자체도 존속되었다. 도 기구는 해방 당시 도지사, 지사관방 아래 기획·내무·재무·광공·농상·경찰부 등 6개 부, 21개 과[84]에서 1945년 10월 23일 군정법령 제114호에 의한 미군정 도 기구는 도지사와 직속으로 관재·인사의 2개 처, 노동조정·소방위원회의 2개 위원회, 내무·농무·재무·상공·문교·노동·보건후생·토목 등 8개 국을 두었으며 국아래 34개 과가 있었다.[85] 정부수립 후 지방자치법은 제3대 국회에서 의결되어 1949년 8월 13일 대통령령 제158호로 공포되었다. 그 후 정부에 의해 일부 개정되고 시행도 되기 전에 6·25전쟁을 맞이하였고, 전쟁이 끝나지 않은 상황에서 이승만 대통령의 재선을 도모하기 위해 1952년 5월 제1차 지방의회 구성을 위한 시·읍·면의회 의원선거를 실시하고 최초의 지방자치를 실시하였다. 이 때 시읍면 의회에 자치단체장 불신임권이 있었고 그것으로 25%의 지자체장이 물러나기도 하였다.

원주·충무·진해·제주에 이어 1955년 경주와 함께 강릉도 시로 승격되었다. 1956년부터 제2차 지방자치는 직선제였던 시읍면장의 임명제, 지방의회의원의 임기 연장과 지방의회에 대한 관의 통제력 강화 등으로 전진할 수 없는 상황에서 1960년 4.19를 맞고 이승만 대통령이 물러나고 허정 과도정부로 승계되었다. 이후 1963년 1월 1일 법률 제1178호(1962. 1.21공포)로 명주군 현남면을 양양군에 다시 편입하여 2읍(주문진·묵호) 7면이 되었다. 1973년 7월 1일 대통령령 제6542호(1973.3.12공포) '시군구읍면간경계변경'에 의해 왕산면 남곡리와 구절리가 정선군에 편입되었다.[86]

1963년 1월 1일자로 현남면이 양양군으로, 1973년 7월 1일에는 왕산

---

84) 21개 과 : 기획·지방·학무·원호·근로동원·회계·직세·간세·이재·광공·임산·토목·농무·식량·경지·물자·경무/경비·고등경찰·보안·경제경찰·위생과

85) 손정목, 위의 책, pp.74~96.

86) 강원도, 『강원총람』, 1975, p.202.

면 남곡리와 구절리가 각각 정선군으로, 1980년 4월 1일 법률 제3188호에 의거 묵호읍이 동해시에 편입되었는데, 이 때부터 행정구역의 조정은 개별법령 또는 시 조례에 의해 시(명주군을 포함한)의 범주 내에서 읍·면·동 간의 구역조정이 이루어지게 된다.

1983년 2월 15일 대통령령 제11027호로 구정면 언별리가 강동면으로, 구정면 산북리가 성산면으로 연곡면 방내리 일부가 주문진읍으로 각각 편입되었으며, 1983년 10월 1일 강릉시조례 제1013호(1983.9.15공포)로 남문동과 성남동을 통합 중앙동으로 개칭하고, 교동을 교1동과 교2동으로 분동하였고, 1989년 1월 1일 대통령령 제12559호로 강동면 운산리를 강릉시 월호평동에 편입하고 운산동으로 개칭하였다.

1970년대는 1964년경부터 시작된 경제개발정책에 의하여 급속하게 도시화가 진전되고 아울러 인구의 도시 집중이 심화되는 시기였다.[87] 당시 강릉지역의 행정 현황은 <표 3-14>, <그림 3-5>와 같으며 1933년 당시 총 호수 14,826호에 총 인구 90,872명에서 1971년 총 호수 43,196호에 총 인구 230,843명이었다. 1972년 춘천은 총 호수 25,437호에 총 인구 133,378명이었으며, 원주는 총 호수21,609호에 총 인구 116,358명이었다.[88] 묵호읍이 동해시로 편입되기 전이지만 도내에서 가장 큰 규모였다.

〈표 3-14〉 1970년대 강릉의 행정구역

(강릉시)		
홍제동 : 현재의 홍제동 지역	남문동 : 남문동, 명주동, 성내동	임당동 : 임당동, 금학동, 용강동
성남동 : 현재의 성남동지역	옥천동 : 현재와 동일	교동 : 현재와 동일(현재의 교1.2동)
포남동 : 현재의 포남1.2동	초당동 : 초당동, 강문동	송정동 : 송정동, 견소동
내곡동 : 내곡동, 회산동	장현동 : 장현동, 박월동, 담산동	노암동 : 노암동, 유산동
월호평동 : 월호평동, 신석동	운정동 : 운정동, 난곡동	저동 : 저동, 안현동
두산동 : 입암, 청량, 병산, 두산, 학동, 남항진동		
유천동 : 유천동, 지변동, 죽헌동, 대전동		
(명주군)		

87) 윤정섭, 『도시계획사개론』, 문운당, 2004, p.149.
88) 행정자치부, 『地方行政區域要覽』, 2003, pp.707~725.

주문진읍 : 교항7,장덕2,향호2,삼교,장성2,주문리10
묵호읍 : 발한6, 묵호진2, 부곡2, 만우, 망상, 어달, 심곡, 괴란, 대진, 초구리
성산면 : 금산2, 위촌2, 송암, 관음2, 보광2, 어흘, 오봉, 구산리
왕산면 : 도마2, 목계, 고단2, 송현, 대기4, 왕산리
구정면 : 학산2, 금광2, 어단2, 덕현, 언별2, 구정, 제비2, 산북2, 여찬리
강동면 : 운산2, 모전, 안인, 안인진2, 임곡2, 산성우2, 정동3, 심곡, 하시동3, 상시동리2
옥계면 : 현내3, 남양3, 산계3, 북동, 낙풍2, 금진3, 주수, 천남, 도직
사천면 : 사기막, 노동, 석교2, 덕실, 방동2, 산대월, 사천진2,판교2, 미노리
연곡면 : 영진2, 동덕, 송림2, 행정, 유등, 신왕, 퇴곡2, 삼산4, 방내리2

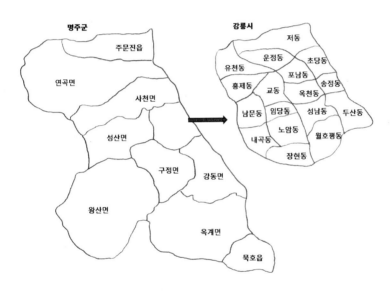

〈그림 3-5〉 1970년대 강릉의 행정구역도[89]

　1992년 강릉시와 명주군의 행정구역은 강릉시가 19개 행정동(39개 법
정동) 238개 통, 1,207개 반, 114개 자연부락으로 구성되었고, 명주군이
1개읍, 7개면 65개 법정리 139개 행정리, 803개 반, 441개의 자연부락으

89) 『임영강릉명주지』에 의해 작성하였으며 동해시 승격 전이었으므로 망상면이 당
　　시 명주군 관내였다.

로 구성되어 있었다.

행정체계는 1995년 1월 1일 경기도 남양주시등 33개 도·농복합형태의 시설치등에관한법률(법률 제4774호, 1994.8.3)에 의거 종전의 강릉시와 명주군이 통합하여 새로운 강릉시로 발족하였다. 통합 직전 1994년말 강릉시의 행정구역은 법정동 39개동과 행정동 19개동으로 288개 통, 1,473개 반, 114개 자연마을이었으며, 명주군은 1읍 7면, 3출장소와 65개 법정리 140개 행정리, 840개 반과 441개 자연마을로 구성되어 있었다. 강릉시 공무원 정원은 총875명으로 일반직 559, 별정직 24, 지도직 9, 기능직 252, 고용직 31명이었으며, 명주군은 총625명에 일반직 441, 별정직 25, 지도직 42, 기능직 110, 고용직 7명이었다. 1995년 통합 당시 1500명이던 공무원의 수는 이후 구조조정 등의 시기를 거쳐 2003년 1,164명 수준을 유지하였으며, 1998년 3개의 면 출장소가 폐지되었고, 동의 수도 19개에서 13개로 통폐합 조정되었다.

행정조직은 1955년 9월 1일 강릉읍, 성덕면, 경포면을 병합하여 시로 승격하였을 당시 강릉시 행정구역은 38개동 489개 반이었다. 강릉시 승격과 동시에 직제제정·공포로 강릉시는 총무과, 재무과, 산업과, 건설과의 4개 과, 19개 계로 분장되었으나 그 후 행정기구의 능률화 및 시세확장으로 행정수요의 충족을 기하기 위하여 기구도 확대·개편되어 1962년 1실(공보실) 7과(총무, 재무, 교육, 사회, 호병, 산업, 건설과), 1969년 2실(문화공보실, 감사실) 6과(총무, 재무, 사회, 시민, 산업, 건설과), 1980년 2실(문화공보실, 감사실) 12과(총무, 새마을, 세무, 회계, 시민, 산업, 녹지, 건설, 도시, 수도, 민방위과), 1986년 2실(문화공보실, 감사실) 2담당관 13과(총무, 새마을, 세무, 회계, 시민, 산업, 민방위, 건설, 도시, 관광운수, 녹지, 수도과), 1990년 1실(기획실) 3국(총무, 사회산업, 건설국) 3담당관(기획담당관, 문화공보담당관, 감사담당관) 18과(교통관광과, 지적과, 가정복지과, 지역경제과, 청소과, 주택과 신설), 1992년 1실 4국 3담당관 23과 10개의 사업소로 구성되었다.

  명주군은 1955년 당시 2개과(내무과, 산업과) 10계 였으나 1961년 10월 23일 군 자치제에 따라 5과(내무, 재무, 교육, 산업, 건설과) 17계로 기구도 대폭 신설되었다. 1962년 7월 공보실 신설(1968. 8. 문화공보실로 명칭 변경), 1968년 7월 수산과를 신설, 1969년 3월 감사실을 신설하고, 6월에 산업과와 산림과를 폐지하고 농림과와 식산과를 신설, 1972년 감사실 폐지, 1973년 2월 새마을과 신설하였다가 1975년 1월 폐지하고 새마을담당 부군수제 신설, 1975년 8월 민방위과를 신설, 1979년 5월 새마을 담당 부군수제 폐지하고 새마을과 신설, 사회과 신설, 1983년 10월 농산과와 식산과를 통합하여 산업과로 개칭, 1985년 3월 부군수제 부활, 1986년 11월 위민실을 신설, 1988년 4월 기획감사실 신설, 1989년 3월 위민실 폐지, 1990년 11월 지역경제과 신설, 1991년 3월 가정복지과 신설, 7월에 환경보호과 신설, 8월에는 도시과를 신설하였으며, 1992년 2실, 15과, 2사업소, 3개 출장소로 구성되었다.

  1955년 강릉시 승격 당시 시청의 직종별 정원은 시장, 부시장 각 1명, 지방참사 3, 지방기좌 1, 주사 2, 지방기원 6명으로 총 67명이 38개동의 행정을 담당하였다. 1960년대는 근대화 사업의 시창기로서 행정의 주도적 역할이 강조되고 인구의 도시집중화 경향으로 행정수요가 급속도로 증가되어 공무원 수에 있어서도 많은 변화가 있었다. 그 후 행정기능의 능률화 및 인구증가와 시세신장으로 행정수요의 충족을 기하기 위해 시 직원 정원도 1960년 281명, 1976년 331명, 1980년 427명, 1986년 646명, 1992년 통합 전 공무원 정원은 강릉시가 878명, 명주군이 621명으로 총 1,459명이었다.

  1995년 시·군 통합 당시 강릉시의 행정구역 현황은 <표 3-15>와 같다.

<표 3-15> 1995년 강릉시의 행정구역

총계	면적(km²)	동의 수		리의 수		면출장소	통의 수	반의 수	자연마을
		법정동	행정동	법정리	행정리				
	1,040	39	20	65	140	3	307	2,388	555

읍면별 현황

읍면별	면적 km²	리의수		출장소	반수	자연마을	읍면별	면적 km²	리의수		출장소	반수	자연마을
		법정	행정						법정	행정			
주문진	60.54	5	28		296	61	강동	112.21	10	21	1	102	68
성산	80.41	9	14		61	49	옥계	148.77	10	20		107	61
왕산	245.56	6	12	1	55	54	사천	70.84	9	15		79	47
구정	42.82	7	11		57	41	연곡	202.50	9	19	1	80	60

동별 현황

동별	면적 km²	동의수		통수	반수	자연마을	동별	면적 km²	동의수		통수	반수	자연마을
		법정	행정						법정	행정			
홍제동	3.78	1	1	19	99	6	내곡동	4.96	2	1	17	83	9
중앙동	0.58	4	1	17	66	4	장현동	5.08	3	1	4	18	3
임당동	0.40	3	1	14	69	3	노암동	4.81	2	1	39	208	12
옥천동	0.56	1	1	16	96	2	월호평동	6.13	3	1	5	24	3
교1동	2.72	1	1	23	117	3	입암동	4.67	2	1	28	153	5
교2동	2.40	-	1	17	80	3	두산동	6.88	4	1	6	27	10
포남1동	1.15	1	1	29	151	4	유천동	5.21	2	1	4	14	7
포남2동	2.26	-	1	34	177	3	죽헌동	7.69	2	1	4	16	6
초당동	2.88	2	1	11	56	2	운정동	3.71	2	1	3	15	7
송정동	3.89	3	1	13	59	3	저동	6.59	2	1	4	23	13

　　한편, 1970년대 이후 인구의 유입요인 없이 가족계획 등 사회 환경에 따라 도시발전의 계기를 마련하지 못하고 정체되고 있음을 알 수 있다. 인구면에서 1970년대 강릉보다 훨씬 적었던 춘천·원주의 경우 1995년

시군 통합시 각각 233,016명, 238,027명으로 증가하였다.

해방 후의 행정체계는 전국적인 상황이지만 시대흐름에 따라 다음과 같은 특징으로 변화해 왔다.

㉠ 시정기구면에서 종전보다 확대되었으나 행정기구 전반은 일제하의 틀이 그대로 유지된 미군정시기가 있었다.

㉡ 1950년 6·25전쟁을 겪으며 대부분의 행정자료가 멸실되었다.

㉢ 6·25전쟁이 끝나지 않은 상황에서 정치적 배경에 의해 1952년 5월 지방의회 시·읍·면 의회 의원선거가 실시됨으로써 최초의 지방자치가 시행되었다.

㉣ 1954년 10월 '수복지구임시행정조치법'으로 1945년 편입되었던 현북면과 서면이 양양군으로 다시 이속되어 3개읍 10개면으로 편제되었다.

㉤ 1955년 강릉읍이 경포면·성덕면을 포함하여 강릉시로 승격되고 그 외의 지역은 명주군으로 개칭 분리되었다.

㉥ 1963년 명주군은 현남면이 양양군으로 편입되고 2읍 7개면이 되었으며, 1973년 '시군구읍면경계변경'으로 남곡리와 구절리가 정선군에 편입되었다.

㉦ 1980년 4월 묵호읍이 동해시로 편입되고 이후부터 1980년대는 자치단체조례에 의해 자치단체 범주내의 읍·면·동 간의 구역조정만 이루어졌다.

㉧ 1995년 강릉시와 명주군이 40년 만에 새로운 도·농 통합시로 발족하였다.

강릉은 해방 이후 급속한 도시화 속에 변화하였다. 1970년대 이후 총인구는 강릉시와 명주군을 합하여 현재까지 약 30여 년 동안 별로 증가되지 않았다. 우리나라 전통도시들 중 강릉은 가장 정체된 도시 중 하나인데 이는 행정구역상 강릉시와 명주군이 40년간 분리되어 있어 도시발달의 결집력이 일정부분 저하된 것도 한 이유이다.

도농통합시 출범 15년이 지난 2010년의 행정체계 현황을 살펴보면 다음과 같다.

행정구역은 1읍, 7면, 13행정동(39법정동), 146행정리(65법정리), 326통 2,655반과 자연마을 533개이다. 1995년에 비하여 20개 행정동에서 13개 동으로 줄었고, 3개의 출장소가 폐지되었으며, 자연마을도 22곳이 감소되었다. 공동주택 신설로 인한 통.반 관할구역 일부 조정하는 정도의 변동이 수시로 발생하고 있다.

행정기구는 4 국, 1 담당관, 24과, 2 직속기관, 7 사업소에 1읍 7면 13개 동으로 공무원 수는 총 1,224명이다. 행정기구면에서는 2008년 단오문화창조도시추진단, 남부발전기획단과 같은 과단위 임시조직이 행정시책 또는 정책적 판단에 의하여 2-3년 내지 3-4년 한시기구가 신설 폐지를 반복하는 측면도 있다. 2011년 동계올림픽대회 개최 확정 이후 그와 관련하여 국장급 동계올림픽지원단이 바로 설치되었고 대회를 마칠 때까지 이와 관련한 기구의 확대 운영이 유지될 것이다.

강릉시는 2018평창동계올림픽을 계기로 도시발달, 도시행정의 획기적 전환이 될 것으로 생각된다. 조직운영이나 예산운영에서 지방자치 20년이 지난 시점에서도 중앙집권적 행정흐름은 개선되지 않기 때문에 강릉시는 동계올림픽을 통해 보다 많은 것을 이루어야 할 것이다.

제4절 현대도시 강릉의 발전

　　1955년 강릉읍이 강릉시로 승격되면서 강릉시와 명주군으로 분리 된 1995년까지의 기간 중 경제개발 5개년 계획 추진기의 강릉의 도시화 과정을 살펴보면, 8·15 해방이 되자 그 때까지 한반도 전역에 거주하고 있던 71만 3천의 일본인이 떠났고 34만 7천의 군인도 이 땅을 떠났다. 이북 5도를 제외한 남한의 일본인 수는 46만 6천여 명이었으며 일본군인의 수는 24만여 명이었다. 이렇게 38선 이남에서 약 70만명의 일본인이 떠나고 일본과 만주·중국에 살던 120만명의 동포가 돌아와 국내의 도시지역에 대부분 정착하게 되고 48만명이 넘는 북한 주민이 남하하여 역시 도시지역에 정착하게 되었다.[90]

　　강릉에도 이 시기 북한 인구의 유입이 있었으며 주문진 지역에 월남한 북한 주민의 일단이 정착하여 피난민촌을 이루었다. 이 당시 도시인구 누적을 가속화한 것은 중·고등교육의 보급이었다. 1945년 당시 남한에는 2,834개의 국민학교에 학생수는 1,366,024명에 불과했고(1면 1개교 정도) 중학교 및 실업학교 즉 이른바 중등 교육기관은 165개 교였고 학생수는 84,572명에 불과했다. 광복 후 이 땅에 가장 두드러진 현상은 각 지역마다 학교설립에 힘을 기울였다. 이 시기 대략 각 군에 1개 이상의 중학교가 세워졌다.

　　해방 후 국내가 혼란하였고, 1950년대는 6·25전쟁과 그 복구, 자유당

---

90) 손정목, 『일제강점기 도시계획연구』, 일지사, 1994, p.374.

정권의 말기적 상황에서 도시계획법은 정비되지 못한 채로 있었으며, 당시 강릉의 거리 모습은 사람들의 옷차림도 변화했고 가로의 건물들도 전통적 모습은 사라지고 있었다. 1960년 8월 장면 정권의 제2공화국은 종전의 부흥부를 없애고 건설부를 만들었으며, 이어 군사정권은 1961년 7월 22일 건설부를 없애고 경제기획원을 신설하고 그 외청으로 국토건설청을 두었다. 그리고 1962년 1월부터 제1차 경제개발 5개년 계획을 실시하게 되었다.

도시계획법과 건축법이 1962년 1월 20일자 법률 제983, 984호로 제정·공포되었다. 당시 군사정부 최고회의에 제출되었던 새 도시계획법의 제안이유는 "도시의 창설 또는 개량에 관한 사항을 규정함으로써 도시의 건전한 발전을 도모하고 공공복리의 증진에 기여하기 위한 것으로 1934년 6월 20일 제18호 조선시가지계획령에 포함하고 있던 내용 중 건축분야는 별도로 건축법에서 규정하고 토지구획정리사업 분야는 계속 이 법으로 규정하려 한다"[91]고 하였다. 새 도시계획법이 공포된 1961년 이전까지 일제강점기 때 23개 도시, 해방 후 24개의 시가지에 대하여 조선시가지계획령이 적용되었다. 강릉의 경우 1955년 강릉시·명주군으로 분리되기 이전까지 정부가 주도하는 현대적 도시계획은 이루어지지 않았다.

1945년 해방을 맞았으나 패전한 일본군은 무장한 채로 강릉에 머물러 있었고 미군의 도착이 늦어지자 지역 유지들이 양양에 진주하고 있었던 소련군을 불러들여 9월초 일본군의 무장을 해제시켰으며, 좌우익 단체가 결성되어 그 대립이 심하였다. 6·25전쟁 직전까지 강릉에서 발행된 『동방신문』[92]의 기사를 살펴보면 전력부족 상황, 공비소탕, 지역 소재 군부

---

91) 모두 6장 51개 조문으로 구성되었던 새 도시계획법의 내용을 간단히 요약하면 다음과 같다. ①국토건설청장은 도시계획구역 내에서 주거지역·상업지역·공업지역 또는 녹지지역을 지정할 수 있도록 함. ②垈地로서의 효용을 증진시키기 위하여 토지의 교환·分合 등을 하는 토지구획정리사업의 절차를 규정함. ③도시계획에 관한 사항을 조사·심의하기 위하여 경제기획원에 중앙도시계획위원회를 두도록 함.

대 위문, 위문공연, 유엔한국위원단의 38선 시찰, 5월 총선을 앞둔 정국
과 지역 내 군사관련 소식, 경제적 어려움 등의 불안한 상황을 전하는 기
사가 대부분이었다. 처음으로 인구센서스를 실시한 1955년 강릉시·명주
군으로 분리된 해의 강릉의 총 인구는 29,509戶 155,369명(남76,453 여
78,916)이었으며 세대당 5.2명이었는데.[93] 해방 후 혼란기 강릉의 도시모
습을 향토지, 언론보도, 개인의 기록 등을 통해 살펴본다.[94]

　1946년 1월 15일 조선국방경비대가 창설되고 강릉에는 교동 156번지
당시 철도 운동장 자리에 주둔하다가 1948년 11월 30일 국군조직법이
제정되어 육군본부와 해군본부가 설치되면서 강릉경비대는 철수하고 육
군 제3사단이 주둔하였다. 또한 해군이 독립하여 묵호해군경비부로 승격
되었고, 공군부대로는 1950년 10월부터 공군 기지부가 주둔하게 되었고
1951년 제10전투비행단으로 바뀌었다.[95] 이 시기 강릉의 모습을 다음과
같이 회고하는 글도 있다. 좀 과장된 내용이라고 보이지만 좌우익의 갈
등, 곧 다가오는 전쟁의 분위기 등으로 당시의 어수선한 도시의 모습을
연상하게 하는 내용이다.

　　해방 전후의 강릉은 방향을 잡을 수 없는 혼란기였다. 8사단과 미군, 제
　10전투비행단이 강릉에 주둔하면서 군의 전방기지와 같은 도시가 되어 버
　렸다.[96]

---

92) 『동방신문』은 강릉에서 1945년 9월 1일 강릉일보로 창간하여 같은 해 10월 1일
　　개제하여 1950년 2월 26일까지 주 1~2회 부정기적으로 간행되다가(제534호까
　　지) 1950년 3월 1일부터 일간으로 바뀌어졌며 2면으로 만들어져 1면에는 행정
　　지침, 포고문을, 2면은 지역뉴스를 게재하였으며 6·25전쟁 전까지 발행되었다.
93) 행정자치부, 『지방행정구역요람』, 2003, p.723.
94) 향토지로는 『임영강릉명주지』(1975), 언론보도로는 『동방신문』(1950.1.3~3.23,
　　제518~549호, 지역자료로는 『강릉초등학교백년사』(1996), 『강농육십년사』(1998)
　　등, 개인의 저술로는 『강릉, 그 아득한 시간-해방전후와 전란기-』(최철,2005)를
　　참고하였다.
95) 임영지증보발간위원회, 『임영강릉명주지』, 강릉:문왕출판사, 1975, p.119.

해방 직후 강릉 비행장에 미공군이 주둔하게 되면서 미군은 비행장과 교동 철도관사 부지에 철조망을 치고 병영생활을 시작하였고, 일부의 한국 군속과 노무자들이 그곳에서 봉급을 받고 근무하는 사람도 있었다. 한편 미군들과 함께 어울려 살림을 차린 한국 여인들이 있었다. 강점기 종군여성들이 피해를 당했듯이 6·25전쟁기 미군에 의한 여성들의 피해가 강릉에서도 있었던 것이다.[97]

6·25전쟁 당시 시내의 여러 학교들은 대부분 전화를 입었으며, 학교시설이 복구될 때 까지 당시 숯창고가 있었던 지금의 한국은행 뒤편과 전쟁시기 대부분 젊은 대학생들이 피난 중 대학을 쉬고 잠시 학생을 지도한 경우도 많았다. 이 시기 강릉에는 국민학교 외에 중등교육기관으로 강릉농업중학과 상업중학이 있었으며, 용강동에 강릉여자중학교, 교사양성을 위한 사범학교가 명주동 50-1번지 도립병원 부근의 옛 중앙초등학교 자리에 있었다.

한편, 강릉초등학교 서쪽 약300m 지점 지금의 홍제동 219-8번지 일원에 소를 잡는 도살장이 있었고, 강릉의 도시 주변에는 세 곳에 강점기를 지나면서 조성된 큰 공동묘지가 있었다. 하나는 교동 605번지 일원으로 경포방향 우측 능선지역에 있었고, 또 하나는 홍제동 192번지 일원 위촌리로 가는 오른쪽 산에 있었다. 나머지 하나는 내곡동 산46번지 일원으로 현재에도 유일하게 남아있는 공동묘지이며 이곳에는 천주교 신자들인 경우가 많았다. 6·25전쟁시기까지 강릉도립병원 앞에서 남대천 물이 시내로 유입되어 남문동, 성남동을 지나 옥천동으로 흐르는 물과 명주동 중앙로를 따라 동으로 흘러 지금의 한국은행 북쪽으로 돌아 임당동, 강릉역

---

96) 최철 『강릉, 그 아득한 시간-해방전후와 전란기-』, 연세대학교 출판부, 2005, p.145.
    임당동과 연접한 교동 164번지에 철도국 관사가 10여 채 있었는데 해방 후 미군 부대 기지가 되었다. 1948년 이곳에 한국군 육군 제8사단이 주둔하여 38선 경계를 맡았다. 1968년경 구정면 금광리로 옮겼다.
97) 최철, 앞의 책, p.202.

앞을 지나 포남동으로 흐르는 도랑이 있었는데, 이곳에는 당시 민물장어가 서식하여 낚시꾼들은 전류가 흐르는 장비로 장어를 잡기도 하였다. 해방 후 혼란기를 지나면서 시로 승격될 때 까지 전근대적 도시의 모습이 시내 곳곳에 남아 있었고, 한옥과 초가 그리고 일본식 건물과 시멘트 건물이 뒤섞인 시가지에 아직 도로도 미포장인 상태로 남아있었다.

『임영강릉명주지』에서 강릉시와 명주군의 행정제도와 도시 시설로서의 각 기관의 소재 현황을 살펴보면, 강릉시에는 시장, 부시장과 총무·재무·새마을·사회·시민·산업·건설·녹지의 8개 과와 직속기관으로 문화공보실·보건소·농촌지도소·도서관·직업안정소를 두었다. 명주군에는 군수 아래에 문화공보실과 내무·새마을·재무·농림·식산·수산·건설·산업·산림의 9개 과와 1읍 7면장이 있었다. 또한 강원지역의 특수여건을 감안하여 도정의 능률적 처리와 소득증대 목적으로 강릉·삼척·태백·속초·양양·고성의 영동 6개 시·군을 관할하는 동해출장소를 1967년 4월 23일 주문진읍에 사무소를 설치하였으며, 부이사관인 소장 아래 총무·산업·수산과를 두었다.

당시 지방행정기관으로 강릉시청(명주동), 명주군청(성내동), 강원도동해출장소(주문진 교항리), 춘천지방법원 강릉지원·춘천지방검찰청 강릉지청(교동), 강릉경찰서(용강동), 강릉교육청(교동), 강릉세무서(임당동), 강릉전매지청(옥천동), 강릉지방원호지청(용강동), 동부영림서(옥천동), 강릉우체국(성내동), 강릉전신전화국(용강동), 강릉무선전신국(홍제동), 강릉전화건설국·강릉전파감시국(신석동), 묵호지방해운국(묵호진리), 강릉교도소(홍제동), 강릉전매서(성내동), 묵호세관·묵호항만관리소·법무부묵호출입국관리소(묵호진리), 묵호우체국·국립묵호검역소·수산검사소묵호지소(발한리), 수산검사소주문진지소(주문리), 농산물검사소강릉출장소(옥천동), 잠업검사소강릉지소(용강동), 강릉도로관리소(홍제동), 수산진흥원주문진분원(주문리), 옥계우체국(현내리), 정동우체국(정동진리), 사천우체국(미노리), 구정우체국(여찬리), 성산우체국(구산리), 왕산우체국(도마리),

강릉우체국경포분국(안현리), 주문진읍사무소(주문리), 묵호읍사무소(발한리), 옥계면사무소(현내리), 강동면사무소(상시동리), 사천면사무소(미노리), 연곡면사무소(방내리), 구정면사무소(여찬리), 성산면사무소(구산리), 왕산면사무소(도마리), 한국전력강릉지점(임당동), 한국전력영동화력발전소(안인리), 강릉소방서·강릉측후소·노동청강릉사무소(명주동), 교통부강릉비행장(월호평동), 강릉시농촌지도소(용강동), 명주군농촌지도소·강릉시보건소(옥천동), 명주군보건소(발한리), 묵호해양경찰대(묵호진리) 등이 있었다.

1980년까지 도시 시설로서 행정 및 공공기관의 각 지역별 소재 현황을 살펴보면 <표 3-16>과 같다. 표에서 확인되듯이 행정기관의 대부분이 도심지인 명주동·임당동·용강동·옥천동에 위치하며 주변지역에는 주문진과 묵호읍에 각각 어업관련기관 등이 소재하고 기타 읍면에 단위 행정관서가 배치되어 있다. 특이한 것은 시·군이 분리되었지만 시·군청이 모두 시내 중심지에 있으며 이 때 까지도 농촌지도소 역시 시내에 소재하고 있다. 이러한 행정기관의 중심지 위치는 시·군이 분리된 동안에도 일정부분 결집력이 유지되게 한 측면이 있다.

〈표 3-16〉 1970년대 강릉의 공공시설[98]

중심부(동지역) 소재	주변부(읍면지역) 소재
기관명(위치)	기관명(위치)
시청, 군청, 강릉지원, 강릉지검, 경찰서, 교육청, 세무서, 전매지청, 원호지청, 동부영림서, 우체국, 전신전화국, 무선전신국, 전화건설국, 전파감시국, 교도소, 전매서, 농산물검사소출장소, 잠업검사소지소, 도로관리소, 우체국경포분국, 한국전력지점, 소방서, 측후소, 노동청사무소, 강릉비행장, 시농촌지도소, 군농촌지도소, 시보건소, 파출소(성내,남문,교동,경포, 성덕,역전,안목)	강원도 동해출장소, 수산검사소주문진지소,수산진흥원주문진분원, 우체국(주문진, 옥계,정동,사천,구정,성산,왕산), 주문진읍사무소,면사무소(옥계,강동,사천,연곡,구정, 성산,왕산),한국전력영동화력발전소,지서 (주문진,옥계,강동,사천,연곡,구정,성산,왕산,고단·삼산출장소)

도시시설 중 사법시설로 춘천지방법원 강릉지원이 교동 846-7번지에 있었으며, 속초·양양·강릉·명주·삼척·울진을 관할하였다가 행정구역의 변경 및 속초지원의 설치로 1970년대 강릉·명주·삼척 일원을 관할하였고 합의사건에 있어서 속초·양양을 포함하여 관할하였다. 삼권분립제하의 국가의 형사소추권의 행정기관으로서 검찰도 법원과 마찬가지로 춘천지방검찰청 강릉지청으로 교동 846-8번지에서 사무를 담당하였다.

강릉교도소는 1969년 11월 22일 기공하여 1970년 12월 31일 준공하였으며 1971년 10월 26일 개청하였다. 개청 당시 수용인원은 약 5백명 규모였다.[99] 한편 6·25전쟁 전에 육군8사단이 교동 156번지 일원에 주둔하였으나 전쟁 후 사단급 주둔은 없었고 1968년 원주 예비사단 산하의 연대가 구정면에 주둔하게 되었다.

제2차 경제개발 5개년 계획이 마무리되고 제1차 국토종합개발계획이 수립된 1970년을 전후한 시기 강릉의 산업상황은 제1차 산업 분야로서 농경지 총면적 전 5,998ha 답 6,648ha로 농가호수 3918호에 호당 경지면적은 약 2,580평 정도의 영세농업이었으며 농업인구는 23,007명으로 32%였다. 1962년을 기준 100%로 보면 1969년 농가호수 99%, 인구는 104%, 경지면적은 102%였다. 어업은 928가구에 5,407명이 종사하였으며 1964년에 비하여 어업 가구수 173호 인구 937명이 감소하였다. 축산업 부문은 강릉시와 명주군을 합하여 각각 사육 현황은 한우 11,501, 말 29, 돼지 3,751, 닭 101,806, 개 14,248, 토끼 652마리에 양봉이 1,095통 수준이었다. 또한 영동지역에 유일한 제사공장으로 강릉제사공장이 포남동 1153번지 일대에 1955년 건립된 후 1960년대부터 종전의 부업에서 일부 기업화를 이루었으며 576대의 기계를 설치하여 양잠농가 3,807호에

---

98) 임영지증보발간위원회, 『임영강릉명주지』, 문왕출판사, 1975, pp.110~113. ; 당시 묵호읍에는 명주군보건소와 항만관련 공공시설이 집중되어 있었으나 묵호읍 소재 시설은 모두 제외하였다.

99) 임영지증보발간위원회, 위의 책, p.116.

생사 생산량 192,256kg 지역의 주요 수출 품목이었다.

제2차 산업은 1969년 취업인구의 11%에 불과하였으며, 수산가공업업체가 주문진에 6개, 묵호에 11개 업체, 안인진에 1개 업체가 오징어·명태·꽁치의 냉동·조미가공·통조림 제조업체였다. 광업부문은 17개 업체가 주로 강동·옥계지역에 밀집하여 대부분 무연탄광 일부 철·금광이 있었다.

3차 산업인 서비스업 분야는 인구의 도시집적과 함께 확대되어 총 취업인구의 54%인 13,571명이 종사하고 있었으며 상업과 서비스업이 큰 비중을 차지하였다. 시장은 강릉, 주문진, 옥계, 연곡 등 5일장 외에 당시 상설시장 현황은 <표 3-17>과 같다.

〈표 3-17〉 1970년경 강릉시내 상설시장[100]

구분	소재지	설치시기	부지면적	점포수	유통형태	시설형태
중앙시장	성남동 51-19	1956.10.21	1,156m²	137	도매, 소매	콘크리트조
서부시장	용강동 29	1951.10.16	96m²	60	소매	목조
자유시장	성남동 205-20	1962. 9.20	614m²	47	소매	목조

전기부문은 1961년 7월 1일 한국전력주식회사 강원지점으로 개칭되었다가 1970년 7월 1일 다시 강릉지점으로 바뀌었으며, 1970년대 중반 강릉시 12,187호 중 도시전화 사용호수는 10,552호로 86.6%, 주문진읍은 6,188호 중 전화호수 4,102호로 66.2%였다. 당시 강릉·명주 총 15,738戶 중 전화호수 8,520호로 전체 비율은 54.1%였다. 한편 영동지역의 전력수요를 해결하고 영동지역에서 생산되는 저질탄을 연료로 하는 영동화력발전소가 강동면 안인리에 1968년 8월 15일 착공하여 부지 148,146평에 시설용량 125,000kw, 연간발전량 1,005백만kw의 규모로 1973년 5월 23일 준공되었다.

---

100) 강릉·명주향토교본편찬위원회, 『향토교본』, 강릉:문왕출판사, 1970, p.152.

명주군 지역은 농경지 총면적 31,592,400평으로 농가 10,922호에 호당 2,880평으로 영세농이 대부분이었으며 2차 산업으로의 전환이 빠르게 진행되었다. 어업은 1960년대 년간 20%의 상승률을 보였으나 1970년대 들어오면서 어선의 동력화, 어구 개량 등으로 어업인구는 감소추세였다. 1970년대 중반 총어선 1,544척 중 동력선 481, 무동력선 1,063척이었고, 수산물 가공업체는 7개 업체에 불과했다. 제2차 산업으로 광공업 부문은 개발 중인 23개 광구가 있었으나 1969년을 전후하여 12개 광구가 휴광에 들어가고 연평균 4% 이상의 광업인구 감소 현상을 나타냈다. 그런 중 1968년 정선-강릉 간 산업철도의 개설과 안인화력발전소의 가동으로 저질탄 수요의 증가로 한 때 증가추세가 유지되기도 하였다. 제조업 부문에서는 임해공업단지의 조성과 연탄산업의 부진으로 저조했던 것이 교통의 고속화에 따라 계속 상승하여 1970년대 제조업 인구는 8% 이상의 상승추세로 보였다. 당시 광산업체로 강동면 8, 옥계면 3, 왕산면 3, 구정·연곡·성산 각각 1개 총 17개 업체로 대부분 무연탄광이었다.

서비스업 부문은 항구도시의 발전과 인구의 도시집중 경향에 따라 계속적으로 발전하여 영세자본으로 운영할 수 있는 산업분야가 활기를 띠어 3차 산업 인구비율이 10%대 이상의 상승구조를 이어갔다. 1970년대 중반 의료기관 현황은 <표 3-18>과 같다.

〈표 3-18〉 1974년 강릉지역 의료기관[101]

구분	병의원					보건 진료소	조산원
	소계	병원	의원	한의원	치과		
계	51	2	25	16	8	8	10
강릉시	29	1	16	7	5	-	4
명주군	22	1	9	9	3	8	6

101) 임영지증보발간위원회, 『임영강릉명주지』, 문왕출판사, 1975, p.175.

1970년 전후 강릉지역 도시계획 관련사항[102]을 정리하면, 1967년 4월 19일 건설부고시 제281호로 결정고시 되었으며, 이에 대한 세부 집행업무는 1967년 7월 11일 건설부고시 제448호(강원도 고시 제1968호)로 시내중심 주거지인 임당·명주·홍제·교동 등 일부지역의 가로망 확정고시를 하였다. 이 때 처음으로 변경 고시에 의하여 용도지역 계획이 수립되어 주거·상업·공업·녹지지역으로 구분되었다. 녹지는 산림·생산·공원녹지와 기타 지역으로 구분되었다. 街路는 연장 22,100m에서 138,890m로 변경되었고, 당초에 없었던 광장 계획이 7개소 52,000m², 공원이 경포관광지구를 포함하여 10개소 6,367,000m², 인구계획 1986년까지 150,000명으로 설정되었으며, 도시성격은 관광도시를 지향하였다. 1971년 12월 13일 건설부 공고 제112호로 교동지구 제3토지구획정리사업이 시작되었으며, 1972년 8월 4일 건설부 고시 제316호로 도시계획 일부(변경)결정 고시되었고, 강원도 지역 432-817호 10만평에 대하여 1차로 7만 여 평의 가환지인가가 되어 교1동 감나무로 북측에 강릉지역 처음으로 택지사업이 추진되었다.

현재까지 문화적·사회 통념적으로 영동민의 관념 속에 강릉을 전통적 수부로 인식하는 경향이 강했으나 1990년대 전면적 지방자치제가 실시되면서 크게 약화되어 가고 있다.[103] 또한 산업 환경의 변화가 있었으나 인구유입 효과를 가진 특정 산업발달이 미흡하였던 때문이기도 하다.

해방 이후 강릉의 도시발전 과정을 현재까지 세 시기로 구분한다면 1단계의 시기는 이상의 도시계획에서부터 제5차 경제·사회 개발계획 5개년 계획과 제2차 국토종합개발계획이 확정되는 1980년경 까지, 2단계의

---

102) 강릉시,『강릉시 도시계획변경 보고서』, 1973 ;『강릉도시기본계획』, 1983 ;『강릉도시기본계획』, 1998.

103) 이러한 논지의 한 예로 문화적 측면에서 축제를 들 수 있다. 강릉단오제는 전근대로 일컫는 전통시대에 강릉지역에 한정된 것이 아니고 영동민이 함께하는 전통이 강하였으나, 지방자치의 전면실시로 각 지자체별 지역축제를 양산하면서 전통에 기초한 지역의 의미가 크게 변하고 있다.

시기는 제3차 국토종합개발계획이 시행되는 1990년경까지를, 3단계의 시기는 1995년 이후 현재까지로 살펴 볼 수 있을 것이다. 제1의 시기인 1960, 70년대 강릉의 도시발전 방향은 영동 내지 태백권의 중심도시로서 관광중심도시를 지향하고 있다고 밝히고 있다.[104]

1970년 경부고속도로 개통 후 전국이 1일 내지 주말 생활권에 포함되는 가능성을 깨닫고 정신적·물질적 경제성장은 1975년 영동고속도로와 동해안 고속화 도로의 건설로 현실화되었으며, 정부의 1980년대 100억불 수출 목표는 1977년에 앞당겨 달성되었다. 이와 궤를 같이하여 영동지역의 문화·행정·사회·경제·교육의 중심도시로서 뿐만 아니라 천연의 풍부한 관광자원을 가진 강릉시는 관광중심도시로의 기능이 국민의 경제생활에 대응하고 국제적 요청이라고 진단하였다. 따라서 이 시기의 강릉의 도시발전은 영동의 관광중심도시로 모든 기능을 극대화 하고 수도권을 비롯한 각 권역도시 간의 평행선을 유도하고자 하였다.

이러한 목표아래 이 시기 강릉의 도시시설은[105] 6·25전쟁 후 재건의 분위기를 이어가 1958년 명주동 강릉시청사가 준공, 1959년 옥계 주수천 주수교 건설 개통, 1960년 옥계면사무소 준공, 1960년 노암동 722-4번지에 강릉공설운동장 건립·성내동 28번지에 개관한 시공관이 다음 해 시민관으로 명칭을 바꾸어 1979년까지 운영되었고, 1961년 남산교의 전신인 재건교(목교) 건립, 1962년 안인지역 7번국도 개설공사, 1962년 수해예방을 위해 민·관·학생의 노력으로 남대천 제방 보수·동해북부선 옥계-경포대 간 32.9km 준공 개통, 1963년 임영로와 성내광장 안길(금방골목) 등 시내중심가 도로포장·경포관광호텔건립·중앙시장 기공·목조 강문교 완공·새나라 자동차 도입, 1965년 임당·유천·성덕동사 준공·구정천 제방 완공·소금강도로 확장, 1966년 운정교 건설·경포호안공사, 1967년 성남·저동·죽헌동사 완공·주문진 상수도 통수·경포호 호안공사·율곡중-군정

---

104) 강릉시, 앞의 책, 1973, p.10.
105) 강릉시·강릉문화원, 『땀으로가꾼 第一江陵』, 강릉:대성문화사, 2005.

교간 7번국도 도로공사·내곡교 건설, 1968년 장현동사 준공, 1968년 주문진 향호리 경비행장 준공, 1969년 죽헌동·포남1동사 준공·용지각-강릉역 간 도로포장공사·강릉교 보수·시내 하수로 석축공사·경포호 준설공사, 1970년 군정교-경포 도로 완성·노암 시영주택 완공·임영로 포장공사, 1971년 강릉보건소 홍제동 15-2에서 옥천동327-2번지로 이전, 1972년 입암동 제방 및 도로공사·군정교-경포 도로 일부 포장, 1973년 감나무로 북쪽 교동택지 개발, 1974년 영동·동해고속도로 기공, 시내 주요간선도로망 포장완료, 1976년 노암동사 준공, 1978년 명주군청사 임당동에서 교동822번지로 이전, 옥천·임당동사 준공, 1980년 입암동 농공단지조성·포남동 택지개발·남문동사 준공·감나무로 개설·경포상가 철거, 1981년 옥천동 여성회관 준공·서부시장 기공·시내중심지 하수도 복개공사, 1982년 회산도로 확포장공사, 1983년 유천·포남1동사 준공, 1984년 교1동 관동중학교 부근 택지 조성·한송로(용지-송정) 도로공사·입암-여찬리간 도로확포장, 1985년 안목 로울러스케이트장·임당동·옥천동 하수도 복개공사·종합경기장 건립, 1986년 버스터미널 부근 교동택지개발, 포남·송정 동지구 택지개발, 1987년 경포 국민주택 준공, 1988년 포남교·월호평동사 준공, 1990년 송정동사 준공, 1992년 강릉문화예술관 개관, 저동·운정동사 준공·강릉향토사료관 개관, 1993년 경포해수욕장 해안철조망 철거, 구경찰서청사 철거, 죽헌·장현동사 준공 등으로 살펴진다.

이를 통해 보면 1970년대에 강릉시가지의 간선도로망이 갖추어지고 1980년대 오늘날과 같은 시가지가 대체로 형성되었음을 알 수 있다. 2단계시기에 제2차 국토종합개발계획이 발표되고 1982년부터 시행되고 1983년에 건설부고시 제20호로 1980년을 기준으로 2000년까지를 목표년도로 하는 도시 기본 계획이 승인되었다. 이 계획의 특이점은 우선 범위에 있어서 강릉시 동지역 전체 즉 행정구역과 일치시킨 도시계획을 수립하였으며, 행정·경제·사회·관광 등 도시생활 제 분야에 대한 생활권 중심 도시계획을 수립하였다. 그리하여 2000년대 강릉은 활력 있고 성장하는 도시, 교통·유통체계가 확립된 효율적 도시, 관광도시, 무공해 도시, 편리한 도시, 쾌적하고 보건적인 도시를 목표로 하였다. 도시 이미지는 현대 속에 전통이 공존하는 역사도시, 아름다운 해안도시를 그리고 있으며, 산업·사회면에서 영동지역의 산업·정보·서비스의 중심지, 문화도시, 지방중심도시를 목표로 하였다.

1990년대에 이르면 강릉은 전통적 모습은 더 이상 볼 수 없고 완전히 사라졌으며 현대적 시가지로 바뀌었다. 강릉중심지는 과거 읍치지역이었던 명주동·옥천동·교동·포남동 지역이 완전히 시가지화 되었음을 알 수 있다.

한편 1단계 시기에 명주군의 주문진과 옥계 지역에 도시계획이 수립되었다.

주문진의 경우 1967년 12월 30일 건설부 고시 제831호로 총면적 224.79km²에 대하여 최초의 도시계획 결정고시가 있었으며, 1987년 4월 18일 강원도고시 제87-43호로 8.76km²가 조성 결정 되었으며, 1989년 12월 26일 강원도 고시 제86-148호로 주문진 도시계획이 항공측량에 의하여 재조정 되었으며, 1993년까지 9차례 도시계획 관련 결정고시 및 승인고시 조치가 있었다.106) 주문진은 명주군의 거점지역으로서 각종 도시개발사업107)이 꾸준히 추진되었다.

---

106) 주문진 도시계획 연혁 : 1967년 최초 도시계획결정 고시, 1974년 도시기반시설 재정비 고시, 1977년 도시계획변경결정 고시, 1978년 도시계획 지적승인고시, 1980년 도시계획 일부변경결정 및 지적승인고시-향호저수지공사(1983~1987), 1987년 도시계획결정 및 지적승인고시-주문진농공단지 조성(1988~1989), 1989년 도시계획시설(자동차정류장) 결정 고시, 1993년 도시계획 재정비고시.

107) 주문진읍승격60주년기념사업추진위원회·주문진읍, 『새말(新里)의 香氣』, 2000, pp.96~97.
　　명주군 주문진 지역 도시개발사업 : 1969년 주문진읍 시가지 포장, 2,000㎡의 택지조성, 1972년 교항리 도로정비, 1975년 주문진상수도 수원지 신설, 장성리 우회도로 880m, 상수도 흄관 100m, 어시장 확장, 주문진우회도로1.85km 개설, 토지구획사업 완료, 1977년 가로정비 890m, 건물정비 325동, 1981년 장덕리 옥계는 1974년 강원도 고시 제2715호로 최초의 도시계획결정 고시, 1986년 도시계획 재정비 및 지적승인고시가 있었으며, 1989년 옥계항 확대로 이에 따른 궤도·항만 도시계획 시설 결정고시가 있었다.[108] 1974년 도시계획 이전 1950년 5월 14일 목교로 낙풍교 개통, 1959년 12월 29일 시멘트 콘크리트조 주수교 개통, 1960년 9월 12일 현내리 418번지에 목조에서 블록벽돌조로 면사무소 신축 등 점차로 시가지 변화가 있었으며 1960년대 옥계면 현내리 시가지는 초가·기와·벽돌건물이 혼재한 상태였고 도시계획 이후로 보다 진전되었다.[109]

1995년 이전까지의 강릉지역 도시구조의 변화와 관련하여 도시계획구역의 변천상을 그림으로 나타내면 <그림 3-6>과 같다. 50년 정도의 기간 강릉의 도시구조는 대체로 현대적 모습을 구축하게 되었음을 알 수 있다. 이 그림을 통해 살펴보면 대체로 1942년 강점기 강릉시가지 중심

35ha 경지정리, 소하천정비 7개소, 1983년 북부해안도로 710m개설, 상수도배수관 매설 3,250m, 1984년 시가지보도블럭 설치, 해안도로 45ha 개설, 1985년 신리교 확장, 주문9리 하수도시설 및 도로포장, 농촌주택 건립 70동, 장덕리도로포장, 1986년 명주군실내체육관 725평 건립.

108) 옥계 도시계획 연혁 : 1974년 최초 도시계획결정 고시, 1977년 도시계획결정 고시, 1979년 도시계획 지적승인 고시, 1984년 도로·철도 도시계획 시설 결정 고시, 1986년 도시계획 재정비 및 지적승인 고시, 1989년 궤도·항만 도시계획시설 결정 고시, 1996년 도시계획 변경 결정 및 지적승인 고시.

109) 朴洛晋, 『玉泉의 脈』, 1993, pp.29~41.
옥계지역 도시개발 사업 추진 현황 : 1975년 낙풍리 밤재터널 건설(연장 449m, 폭10m), 1978년 1월 27일 한라주식회사 산계리에 부지 221,600평으로 공장 건립(증설 1988.5~1991.3-181.5만톤급 2라인), 1979년 도읍가꾸기 사업으로 시가지 정비 도로 포장, 북동저수지 준공, 현대·낙풍·금진·주수리 경지정리, 금진리 방파제 900m 축조, 1985년 8월 5일 현내리 310번지에 2층 콘크리트조 면사무소 이전 신축, 1985년 현내리 418번지에 철근콘크리트조 옥계면 복지회관 준공, 1986년 11월 30일 현내리 354-8번지 벽돌슬라브 보건진료소 신축, 1988~1990년 산계-현내 8km 도로 확포장, 1988~1991 낙풍-금진 10km 도로 확포장, 1989~1991년 낙풍천 587m 직강공사, 1989~1992년 남양-현내 9.36km 도로 확포장, 1990~1991년 도직-밤재간 7번국도 12.3km 확포장, 1991년 (주)한라 옥계항 시설(1987착공)-시설면적 146,000m², 수심14m.

에 도시계획 구역이 처음 정해졌고, 1967년 강릉시 동지역 전체와 주문
진 지역에 도시계획 구역이 설정되었으며, 1974년 옥계지역에도 도시계
획이 수립되었고, 1994년 까지는 대전동 과학산업단지 지역과 옥계항 부
근에 도시계획 구역이 확인되고 있다. 강점기를 제외한 모든 도시계획이
몇 년씩 시행이 지체되기는 하였지만 그 범주내의 도시개발이 지속적으
로 추진되어 왔음을 알 수 있다.

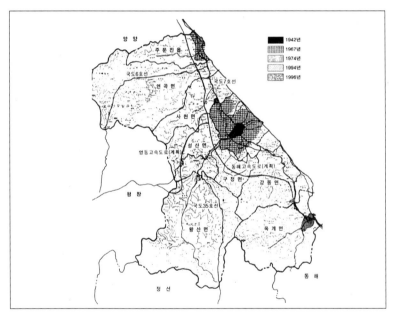

〈그림 3-6〉 강릉지역 도시계획구역 변천도[110]

1995년은 강릉시와 명주군이 통합되어 현대도시로의 발전을 새로이
모색한 시기이고 실제로 이후 약 10여년은 도시의 구조와 기능의 획기적
변화를 가져온 시기이다. 이러한 변화는 1972년부터 10년 주기로 시행되
어 온 중앙정부의 국토종합계획이 2000년부터 제4차 계획으로 시행중이

---

110) 강릉시, 2016 강릉도시기본계획, 1998.

며, 1996년 강원비전 21을 비롯한 강원도 관련 계획 등 상위계획과 연관
되어 지속적으로 추진 중인 강릉시의 각 계획과 연관되어 있다.[111]

제4차 국토종합계획의 기본 방향은 한반도를 동북아 교류중심지로 조
성하기 위하여 지역통합, 환경국토를 지향하며 개방성과 통합성과 환경
성을 고려한 것이다. 그리고 적극적 지방육성을 추진하기 위하여 지방의
9대 광역권을 종합적으로 개발하려는 것이다.

이 계획에서 강릉을 축으로 하는 영동광역권개발이 추진 중이다. 수자
원 부문에서는 종합적 하천관리를 통해 댐 및 광역상수도 건설, 수질, 방
재 등을 통합 관리하는 체계를 구축하고자 하며, 교통에 있어서는 전국을
하나의 생활권으로 통합교통체제를 제시하고 동북아 관문으로서의 기능
수행을 목표로 인간중심 친환경적 교통망을 강조하고, 정보에 있어 광속
의 통합정보 네트워크를 구축하여 국토 전체를 디지털화 하는 계획이다.
한편, 주택문제에 대하여 통신중심 주거환경개선과 다양한 주택유형의
공급을 꾀하고 토지에 있어서 계획적 개발을 통해 질서 있는 국토이용관
리에 중점을 두고 있다.[112] 이 기조는 1995년을 기준으로 수립되어 시행
중인 강릉시 건설종합 계획에도 일정부분 반영되고 있는데, 국제적 관
광·휴양도시 건설, 경제·문화교류 거점도시화, 도농 균형 특화 개발, 동
해안교통중심지 육성, 환경보존적 지역개발 및 도시공간 정비, 쾌적한 정
주여건 조성, 환경친화적 과학·연구도시, 풍요로운 문화예술교육도시 등
의 전략으로 나타난다.[113]

---

111) 국가 계획 ; 제4차 국토종합계획(2000), 국가기간교통망계획(1999), 해양수산발
    전기본계획(1999), 환경개선중장기계획(1999), 전국관광장기종합개발계획(1989),
    농어촌발전계획(1989), 21세기산림계획(1999), 지방과학기술진흥종합계획(1999),
    과학기술혁신5개년계획(1997) 등.
    강원도 계획 ; 강원비전21(1996), 동해안광역권계획(1999), 접경지역종합관리계
    획(1999), 백두대간종합관리계획(1999), 강원도권역별관광개발기본계획(1997), 지
    역산업진흥계획(1999), 강원해양수산종합계획(2000) 등.
112) 한국지역개발연구원·한국자료정보사, 『국토종합개발계획』, 한국자료정보사, 2004,
    p.518.

1990년대 이후 비로소 강릉 전 지역이 동일한 생활권으로 교통망이 형성된 시기라고 할 수 있으며, 도심지 내에 위치했던 공공기관 등이 외곽으로 이전되기 시작하여 도시구조가 도심지 중심에서 비약적으로 확대 재배치되는 과정에 이르렀다. 도시발전에 있어서도 새로운 관점이 추가되고 있는데 살펴보면 다음과 같다.

첫째, 도시발전에 국제화의 개념을 도입하고 있다.

둘째, 강릉을 중심으로 하는 동해안 중심도시 개념이다.

셋째, 쾌적한 도시를 지향한다.

넷째, 환경친화적 과학·연구도시이다.[114]

다섯째, 문화·예술·교육 도시 지향이다.

최근 강릉의 가장 큰 도시변화는 강릉시청사가 1958년 12월 20일 건립되었던 명주동 38-1번지에서 홍제동 1001번지로 2001년 12월 17일 이전하여 개청한 것을 꼽을 수 있다. 이와 함께 다른 공공기관들도 이전이 시작되었다. 강릉시청사는 142,200m²015평)의 대지에 1998년 4월 2일 착공하여 2001년 12월 15일 준공되었다.

---

113) 강릉시, 『2016년 강릉도시기본계획』, 1998, p.37 ; 제2차 강원도건설종합계획(1992~2001)의 지역공간구조의 기본골격은 춘천, 원주, 강릉, 속초를 핵으로 하는 지역골격에 각 도시별 특성을 살린 보완적 기능부여, 3대권(춘천, 원주, 강릉), 6중권(춘천, 원주, 강릉, 속초, 태백, 동해, 삼척), 17개 소권으로 구성, 동서 고속철도 역세권 개발로 지역발전 거점으로 활용, 강릉, 동해, 삼척 연담도시권 형성 개발 등이다.

114) 강릉시, 『시정백서(2002~2003)』, 강릉시기획예산과, p.519 ; 1989년 부산·대구·전주와 함께 강릉이 포함된 전국토의 기술지대망 기본구상에 의해 추진되는 과학산업단지조성사업으로, 1993년 산업단지 지정 고시(3,342km²), 2003년 산업단지 지정 및 실시계획승인고시(1,690km²로 축소)의 과정을 거쳐 현재 대전동·사천면 일원에서 추진 중인 사업이다.

2000년 명주동 강릉시청사   1994년 교동 명주군청사   2015 현 강릉시청사

〈사진 3-3〉 강릉시청사의 변모[115]

도시시설의 분야별 변화상을 간략하게 정리하면 다음과 같다.

도시개발 분야에 있어서는 남대천 정비사업, 과학단지조성사업, 교1동 신주거타운 건설, 시가지를 중심으로 원활한 교통체계 확충 및 도시기반시설의 확충사업, 농어촌 주거환경개선사업 등이 지속적으로 추진되었다.

지방공업육성(산업개발)분야는 강릉과학산업단지 조성 및 KIST강릉분원 유치를 비롯한 영동권 산업·연구 거점도시화 사업이다. 생활환경 분야에서 병산동 228-1번지 강릉시 하수 종말 처리장 건설이 1998년 6월 30일 490억원의 사업비를 투자하여 6년여의 기간에 걸쳐 1일 75,000톤 처리규모로 완공되었으며, 주문진하수종말처리장이 영진리 367-1번지에 1998년 3월 9일 착공되어 1일 12,000톤 규모로 총 420억원의 사업비를 투자하여 2005년말 완공하였으며, 정동진·옥계하수종말처리장도 2006년까지 완공되었다. 또한 강릉시 상수도는 강릉, 주문진, 옥계 3개소에 있으며, 2005년 5월 4일 홍제정수장 확장사업 완료로 시 상수도 생산능력이 1일 7만톤에서 12만톤으로 확대되었다. 문화관광산업분야는 도심지문화관광지화를 위한 가로환경개선, 문화·복지·관광·산업시설이 점차로 확

---

115) 명주동 강릉시청사는 명주동 38번지에 1958년 12월 20일 준공하여 2001년까지 사용되었으며 2002년에 헐리고 문화유적발굴조사를 진행하였으며 현재 빈지상태이고, 명주군청사는 교동 801번지에 1978년 6월 1일 준공 현재 다른 용도로 사용 중이며, 현 강릉시청사는 홍제동 1001번지에 2001년 12월 17일 준공 개청하였다.

대되어 왔으며 해양·수변·산악·고원 지대를 중심으로 하는 특성화 관광단지 조성 등 광역관광, 체류형 관광도시를 지향하고 이에 따른 사업의 지속적으로 추진되고 있다. 토지이용분야에 있어서는 국토건설종합계획의 효율적 추진과 국토이용질서 확립과 환경보호를 위한 국토이용계획에 따라, 대지조성사업, 종합유통단지 개발, 온천개발, 종합체육단지 조성, 등의 사업을 추진하였다. 그러나 대개의 경우 산발적으로 추진된 국토이용 계획의 변경이었으며 대규모 이용변경사업은 없었다. 1995년과 2004년의 국토이용 계획에 따른 토지이용 계획의 현황을 살펴보면 <표 3-19>와 같으며 농림지역이 감소하고 도시지역과 자연환경보존지역이 증가하고 있음을 보여준다. 2014년 도시지역과 관리지역이 크게 증가하고 농림지역과 자연환경보존지역은 축소되고있다.

<표 3-19> 국토이용계획 현황

(단위 :km²)

년도	전체면적	도시지역	관리지역(준도시·농림)	농림지역	자연환경보존지역	비고
1995	1,021.535	70.577	186.279	645.405	119.274	-
2003	1,041.267	76.851	179.155	650.928	133.153	해면1.180
2014	1,0641.022	175,968	271,546	493,445	120,063	

1995년 이후는 강릉시·명주군이 통합되어 새롭게 출발하여 문화의 세기, 세계화 및 정보화의 세기로 일컬어지는 21세기를 맞았으며, 2001년 시청사가 도심지 외곽이라고 할 수 있는 현재의 홍제동 지역으로 신축 이전하였다. 이는 강릉의 도시 변화사에 있어서 획기적 사건이다.

1955년 이후 도시생활과 관련한 변화를 통계수치로 살펴보면 다음 <표 3-20>과 같다.

〈표 3-20〉 강릉의 도시상 관련 통계수치변화[116]

구분	1955년			1975년			1995년	2004년	2013년
	계	명주군	강릉시	계	명주군	강릉시			
인구수(명)	136,138	84,300	51,838	178,951	93,911	85,040	223,140	228,325	218,369
가구수	25,112	15,819	9,293	35,515	18,372	17,143	65,499	83,086	92,412
농지면적(ha)	12,489	9,373	3,116	12,646	9,526	3,120	9,995	8,234	7,985
농업인구수	75,775	53,997	21,778	67,199	50,488	16,711	30,418	21,347	18,126
어업인구수	30,384	27,800	2,584	18,081	16,592	1,489	5,803	5,420	2,068
선박척수 (무동력/동력)	254/-	211/-	43/-	678/283	577/250	101/33	1,004/547	18/743	14/535
예산액(백만원)	159	-	159	2,697	1,418	1,279	201,955	497,717	803,130
공무원수	301	192	109	748	481	267	1,472	1,220	1,251
학생수	26,766	13,101	13,665	48,505	20,672	27,833	65,222	55,756	58,588
급수인구	19,768	-	19,768	81,737	26,849	54,888	183,317	200,531	204,746
주택	-	-	-	44,152	17,377	26,775	53,491	77,699	86,806
병원	34	11	23	51	14	37	121	205	210
금융기관	3	-	3	6	-	6	26	21	23
학교수	51	35	16	64	40	24	71	61	120
자동차수	288	-	288	917	99	818	39,518	81,146	93,252
전화수	-	-	-	5,623	1,449	4,174	100,900	133,755	-

위 표를 살펴보면 인구는 1955년부터 2004년까지 50년간 매년 2천명 미만의 점진적 증가를 보였으며 그 후로 감소세에 있다. 농촌지역의 인구는 줄어든 반면 도시지역은 급속한 증가를 보이고 있다. 가구수의 변화는 인구변화와 비슷한 경향을 보이다가 최근 1인가구 증가로 지속적으로 증가하고 있다. 농지면적은 경지정리 및 개간사업으로 1980년경까지 조금씩 증가를 보이다가 약간씩 줄어들고 있다. 1차 산업에 종사하는 농업인

116) 강릉문화원, 『땀으로 가꾼 제일강릉』, 2005, pp.260~279.
   이 표의 농지면적은 전답을 합한 것이며, 학생 수는 초등생부터 대학생을 모두 합한 수이고, 주택은 단독·아파트·연립·다세대주택을 구분하지 않은 총수이며, 병원은 의료시설 총수이며, 자동차도 승용·승합·화물·특수자동차 등으로 구분하지 않은 총수이고, '-'표시는 통계수치를 알 수 없는 경우이다.

구는 1/3이상 감소하였고, 어업인구는 1/6가량으로 줄어들었으며 2·3차
산업에 종사하는 인구가 상대적으로 증가되었다. 시 전체 예산규모는 수
치상으로 1500배 가량 확대되었고, 공무원 수에 있어서는 3배가량 증가
하였고, 학생 수는 2배 정도 늘었다. 공무원 수와 학생 수도 1995년경을
정점으로 IMF파동 이후 약간씩 감소한 상태이다. 상수도 혜택에 있어서
10배 이상 수혜 폭이 확대되어 전체 인구의 약 88%가 급수인구이다. 도
시 시설로서 주택, 병원, 금융기관 등의 수도 점차로 확대되어 왔으며, 도
시생활의 변화를 단적으로 보여주는 자동차 수와 전화 가입대수의 변화
는 급속도로 증가되었음을 알 수 있다. 최근 50년의 시기는 수 천 년 도
시의 역사에서 그 기간이 상대적으로 짧지만 현대도시의 모양과 체제를
갖추게 된 도약기였음을 보여주는 것이다.

　<그림 3-7>을 살펴보면 강릉시의 도시 발전은 전통시대 남대천 북안
에 치소가 자리하였으며 1910년경부터 근대도시로 시가지가 형성되고
있음을 보여준다. 1950년대 이후 1980년대까지는 주로 시가지가 동쪽으
로 단선적 확대를 보이는데, 1980년대부터 본격적으로 시작된 대규모 공
동주택 및 택지조성 사업 등이 모두 동측 평지지역인 포남동·송정동·초
당동 지역에서 진행되었다. 1990년대에 들어오면서 시가지 중심부에 위
치했던 공공시설들이 외곽지대로 이전하면서, 그 공공시설 이전 지역을
중심으로 북쪽과 남쪽 다방면으로 시가지 확대가 이루어지고 있음을 보
여 주고 있다.

　강릉의 도시화 과정의 보다 구체적인 상황을 시가지를 촬영한 항공사
진들이 보여 주고 있다. <사진 3-4>에서 보면 1968년 사진은 옥천동 지
역에 철로변 강릉역에 이르는 지역으로 공지가 넓게 보이고 그 후의 사
진들에서 시가지가 확대되어 가는 모습을 짐작할 수 있다. 또한 1990년
사진에서는 남대천 하안정비가 완료되고 있음을 살필 수 있으며 시가지
가 포남동 동쪽으로 확대되고 있으며 동시에 노암동을 비롯한 강남지역
이 시가지화 되는 변화를 읽을 수 있다.

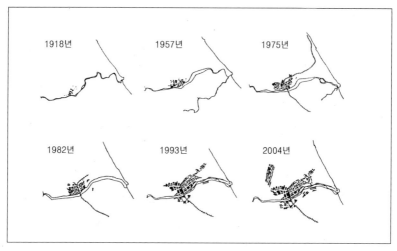

〈그림 3-7〉 강릉의 시가지 변천도[117]

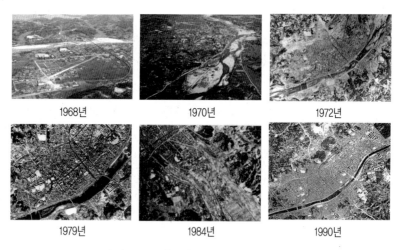

〈사진 3-4〉 강릉시가지 변천 항공사진[118]

---

117) 김경추, 「도시와 인구」, 『江陵市史』上, 1996, p.444의 시가화구역변천도를 참
고하여 작성하였다.

118) 1972·1979·1990년 사진은 한국지리정보원 교부사진이며 각 사진들이 촬영위치

해방 이후 1955년 강릉시와 명주군으로 분리되어 있었던 40년이 체계적이고 종합적인 연계개발을 실행해 가는 측면에서 도시 발전의 장애가 되었던 측면도 있었지만, 명주군청이 강릉시 내에 소재하고 문화적 동질성으로 인해 지역민의 결집력은 손상되지 않고 유지되었다. 그런 이유에서 1995년 시군통합은 도시발전의 새로운 계기가 되었으며, 2001년 시청사의 외곽이전으로 강릉의 도시발전은 시 전체를 대상으로 하는 새로운 방향으로 나아가게 되었다. 1995년 통합 강릉시 출범 이래 20년은 강릉의 도시발전에 있어서 '변개'라고 이를 만큼 급속하고 다방면적인 변화 과정을 밟아왔다. 1990년대부터 교동지역 택지개발, 2010년대 유천동지역 택지개발을 비롯하여 대규모 공동주택 건설사업, 교량 건설, 도로 개설 등 도시시설에 있어서 특별한 변화의 시기를 맞았다.

특히 2003년 태풍 '루사'의 피해를 입은 후 대규모 하천 정비사업과 교량 재건설사업, 도로개설 확충 사업이 전개되었다. 2011년 평창동계올림픽이 확정 된 이후 강릉시는 동계올림픽 지원조직과 구도심 활성화를 위한 도시재생업무 조직을 정비하고 새로운 도시발전, 도시기획을 추진하고 있다. 특히 원주-강릉 간 철도 건설 사업을 유치하였는데 시내구간은 지화하하고 구 도심철로 구간은 도심 문화쉼터 공원으로 정비할 계획이다.

1990년대에 강릉지역에서는 장기적으로 강릉-원주 간 철도개설, 춘천-양양 간 고속도로의 개설 등의 미래를 논의하기 시작하였는데 20여 년이 지난 지금 그러한 계획들이 가시화 되어 있음을 알 수 있다.

도시변화가 종전에 도시 중심지를 축으로 하는 점진적 변화였다면 앞

나 축적이 모두 일치하는 상태가 아니다. 나머지 사진들은 강릉시승격 50년 기념사진집에 수록된 기록사진이다. 1968년 사진은 화부산에서 남대천 방향으로 촬영한 것이며 남대천과 현 오거리에서 강릉역을 포함하는 옥천동 지역이다. 1984년 사진은 중심시가지 동측 포남동지역으로 택지조성사업 시행 직전의 모습이다.

으로 전개될 변화는 전체적이고 산발적이고 다발적인 변화를 수반하게
될 것이다. 그러므로 거시적으로 도시를 이루는 지역민의 변화된 지적수
준과 변화에 대응하는 역량을 기반으로 도시발전전략을 심도 있게 논의
하고 실행해야할 것이다. 미시적으로는 서울의 청개천이 새로 정비되었
듯이 강릉에서도 1970년대까지 도심지를 흐르던 개울의 복개시설을 걷
어내고 사람중심, 자연중심의 도시변화를 추구할 수도 있을 것이다. 점진
적으로 우리가 구도심이라고 일컫는 지역, 이 지역은 지역의 전통과 도시
의 역사를 담고 있는 문화적 중심이 되는 지역으로서 이 지역에 대한 변
화가 모색되어야 할 것이다.

〈사진 3-5〉 2012년까지 복원된 강릉대도호부 관아 전경

제IV장

강릉지역 교통발달과 도시의 성장

도시는 문화, 사회, 경제, 정치 등 모든 부문 모든 시대에 있어서 인간 활동이 이루어지는 곳이라고 할 때, 이러한 제부문의 활동을 가능하게 하는 물리적 매개가 곧 교통이다.

2014년 현재 전국 도로의 총 연장은 105,673km로 지구둘레를 두 바퀴를 돌고도 남으며, 서울-부산간 고속도로 425km의 250배에 해당한다. 도로의 종류별로 고속국도가 33개 노선에 4,139km, 일반국도 51개 노선에 13,950km, 특별광역시도 4,758km, 지방도 18,058km, 시도 27,170km, 군도 22,202km, 구도 15,396km이다.[1] 그리고 도로교통 외에 철도, 항만, 항공교통도 고도산업사회 속에 시시각각 변하고 있는 상황이다.

강릉이라는 도시를 조망함에 있어서 교통 분야의 양상과정을 일별해 봄이 유용할 것이라 생각되어 강릉 시가를 중심으로 인근지역으로의

---

[1] 국토교통통계누리 http://stat.molit.go.kr : 건설교통부, 『통계연보』 교통부문, 2003 ; 한국자료정보사·한국지역개발연구원, 『전국종합개발계획』, 2003, p.379.

도로현황 총괄표

2014. 12. 31기준   (단위:km, 구성비 : %)

구분	2003년	전체	개통	포장	미포장	미개통
총계	91,396	105,673	97,919	89,701	8,218	7,754
고속국도	2,637	4,139	4,139	4,139		
일반국도	14,254	13,950	13,708	13,651	57	242
특별·광역시도	17,810	4,758	4,758	4,758		
지방도	15,704	18,058	16,755	15,251	1,504	1,303
시도		27,170	22,716	21,650	1,066	4,454
군도	40,991	22,202	20,447	14,921	5,526	1,755
구도		15,396	15,396	15,331	65	

연결은 어떻게 되었는지를 각 시기별로 육상교통을 중심으로 살펴
본다.[2]

---

[2] 통신 분야에 대하여는 그것이 교통로를 통하여 유통되었던 근대까지의 상황을
일별하였다.

제1절 강릉지역 驛院制 교통의 지역적 특성

1. 도로망의 지역적 특성

교통은 사람이나 차·배·비행기 등이 일정한 길을 오고감을 이르고, 통신은 서로 정보를 주고받음을 이를 때, 선사시대의 교통·통신은 어떠했는지에 대하여 현재로서 자세히 알 수는 없지만, 조사유적을 통하여 일부 유추할 수 있으며 최근 각종 개발사업의 선행절차[3]로서 많은 지역에 대하여 고고학적 조사가 이루어지고 있다. 이런 발굴조사의 결과로서 인간이 주거하였던 공간이나 매장된 분묘유적의 분포가 단편적이지만 추정의 근거를 보여주고 있다.[4]

조사결과들은 대개의 경우 주거지와 분묘이며 그 분포지역은 해안이나 강가의 낮은 구릉지역이다. 선사시대 강릉지역의 교통은 이들 선사유적지를 연결하는 자연의 물리적 환경을 완전히 극복하지 못한 수준의 교통로였을 것이다. 사람과 말이 통행하는 정도의 소로였고, 이 소로를 통해 통신은 직접적 소통만 가능했을 것이며 그 빈도는 낮은 수준이었을 것으

---

3) 문화재보호법 제43조~제49조(매장문화재), 제74조의2(문화재 지표조사), 매장문화재 보호 및 조사에 관한 법률.

4) 백홍기, 「강원영동지방의 무문토기문화-방내리, 포월리, 조양동유적을 중심으로-」, 『강원영동지방의 선사문화연구』, 문화재연구소·강릉대학교박물관, 1992, p.17 : 이상수, 『영동지방의 신라고분연구』, 관동대학교대학원석사학위논문, 1993, p.5.

로 추정할 수 있다.

부족국가시대로 일컬어지는 청동기시대에 이르면 부족간의 경쟁이 확대되고 이러한 과정에서 자연지형의 효율적 이용에 대한 인간의 도전이 더 진전된다. 예맥의 근거지에 대한 연구들5)은 부족간의 이동에 대하여 암시를 주고 있다. 부족간의 이동은 교통로와 정보 교환의 통로가 보다 확대되어 가고 있었음을 말해주는 것으로 볼 수 있을 것이다.

강릉지역의 가장 오랜 성곽으로 예국고성6)이 거론되는데 성곽의 수축을 통해 사람뿐만 아니라 물자의 이동을 위해서도 교통로의 확대는 필연적인 것이었음을 짐작할 수 있는 것이다. 그러나 선사시대의 강릉지역 교통·통신망은 앞에서 언급한 바, 선사유적지7)를 연결하는 해안이나 강가의 낮은 지역을 따라 이루어졌으리라는 정도의 추정을 할 수 있을 따름이다.

그리고 이어지는 삼국시대에도 정확한 실상을 알 수 없지만, 강릉지역이 고구려와 신라의 영역으로 주인이 바뀌는 삼국경쟁기 군사적 통로로서 교통로는 더 한층 확대되었다. 교통로의 정확한 내력을 밝혀주고 있지는 않지만『삼국사기』의 지리지에서 당시의 군현명과 강역의 연혁을 밝히고 있어, 강릉을 중심으로 남북을 잇는 교통로는 군사적 목적에서도 크게 확대되고 있었음을 알 수 있다.8)

자비왕 11년(468)에 고구려가 동예의 지역으로부터 삼척에 들어오고 그 해 가을 신라는 하슬라(강릉)에서 15세 이상을 징발하여 성을 쌓은 일

---

5) 김택균, 「강원예맥고」,『강원문화사연구』제2집, 강원향토문화연구회, 1997, p.26.
   신천식, 「예맥문제에 대한 일고」,『임영문화』4, 강릉문화원, 1980, pp.81~82.
6) 김홍술,『강릉지역의 성곽연구』, 관동대학교대학원석사학위논文, 2000, pp.13~
   17 ; 「강릉읍성의 도시사적 검토」,『도시역사문화』, 서울역사박물관연구논문집
   3, 2005, pp.165~168.
7) 제Ⅱ장의 <그림2-1> 강릉지역의 선사시대 유적분포도.
8)『삼국사기』권34 잡지 제3 지리1 ; 권35 잡지 제4 지리2 신라 명주조 ; 권37
   고구려 잡지 제6 지리4 고구려조.

이 있다.9) 이어 소지왕(479~499) 때에도 강릉을 비롯한 신라의 북변에 고구려는 자주 출현하고 있다. 6세기를 전후하여 남북으로 고구려와 신라의 세력이 강릉지역에서 충돌을 거듭하였으며 이를 통해 이 지역 남북 교통로가 군사적 목적의 이동로로서 기능하였을 것으로 생각된다.

강릉은 고대 고구려의 영역에 속하였다가10) 신라가 하슬라주를 설치한 지증왕 13년(512)11)을 전후하여 남북과 서쪽으로 통하는 교통로가 만들어지기 시작하였다고 볼 수 있다. 북으로 고구려로부터 강릉에 이르는 교통로가 삼국초기에 먼저 확보되었고 신라의 영역에 편입됨으로써 경주에 이르는 교통로가 이루어졌다고 볼 수 있는 것이다. 또한 고구려는 진흥왕 9년(548) 충주지역을 공격하기도 하였고, 23년(562) 화랑 사다함의 전공이 기록된 『삼국사기』12)의 기록을 통해 강릉에서 대관령으로 통하는 교통로가 형성되는 시기를 추정해 볼 수 있다. 화랑은 국선13)이라 하고 명산대천을 순례하였다는 데서 대관령과 오대산은 화랑의 순례처가 되었음직한 곳이므로 6세기를 전후한 시기에 대관령로가 이미 조성되었을 것으로 생각된다.14)

신라의 통일 이후 신라영역은 고구려의 옛 땅의 일부와 백제의 옛 땅을 합치게 되었다. 따라서 행정구역의 편성은 물론이지만 교통로의 재편이라는 교통정책의 변화를 가져왔다. 5세기말에 채용된 역참제는 통일신

---

9) 『삼국사기』 권3 신라본기 자비마립간 11년조.

10) 『삼국사기』 권35 잡지 제4 지리2 신라 명주조,

11) 『삼국사기』 권4 신라본기 지증마립간 13년조,

12) 『삼국사기』 권4 신라본기 진흥왕 9년조, 23년조.

13) 『삼국유사』 미륵선화 미시랑 진자사조.

　신채호 저. 이만열 주석, 『주석 조선상고사』(하), 단재신채호선생기념사업회, 1992, p.326.

　김철준·최병헌 편저, 『사료로 본 한국문화사』 고대편, 일지사, 1993, p.184.

14) 강영철, 「육상교통」, 『서울교통사』, 서울특별시, 2000, pp.47~48 ; 2세기 중엽 신라는 계립령(지금의 문경 조령 부근), 장령진(지금의 강릉부근으로 추정), 죽령을 개척하였다.

라로 이어져 제도적 개편을 이루었다. 신라의 9주 5소경이라는 행정구역 정비와 군영의 재정비, 군진의 설치 등으로 이들의 연결로가 중요한 교통로가 되었을 것으로 여겨진다.[15]

이후 강릉지역은 경주로부터 김주원이 오고, 신라 말 농민봉기 과정을 거쳐, 궁예의 독자적 세력기반이었던 시기를 지나 고려가 건국되는 시기까지 지역적 군사 세력들 간에 대관령을 넘나드는 횟수가 빈번해지게 되면서 대관령을 지나는 교통로는 더욱 활용되었음을 알 수 있다.

강릉지역의 오늘날 교통로의 근간이라 할 남·북·서를 잇는 교통로의 기초가 선사 및 고대에 이미 형성되고 있음을 알 수 있다. 그 발전양상은 먼저 고고유적발굴결과 유적의 소재에 따라 해안지역과 하천지역을 극복하는 좁고 굴곡이 심한 남북교통로가 먼저 형성되고, 부족 경쟁기에 남북 소통이 더욱 확대되었을 것으로 생각된다.『삼국사기』지리지를 통하여 삼국시대 초기에는 북방향 교통로가, 중기에는 남방향교통로가 만들어지고 더불어 서 방향 교통로까지 확대되었을 것으로 추정되는 것이다. 통일신라 말 명주는 김주원 세력으로 대두되는 명주호족의 근거였으며 경주를 제외한 최대 정치세력이 머물렀던 곳으로 도로 역시 그에 준하는 수준을 유지하였을 것으로 짐작된다.

고려는 개경에 도읍을 정하고 개경 중심의 교통정책을 폈다. 성종대 (983)에 편성된 역로가 그것이며, 전국에 분포된 520여개의 역을 22개의 구역으로 구분하여 관리하도록 한 것이다.

이 역로는 개경을 중심으로 동서남북으로 전국에 분포된 각 역과 연결되도록 편제되었다. 이는 앞 시대에 만들어진 교통로를 개경을 중심으로 재편성한 것이라 할 수 있다. 개경에서 발하는 정령은 이 역로를 따라 전국에 전파되고 전국의 외환과 관련된 상황이 이 역로를 따라 개경에 도

---

15) 남도영, 「삼국시대의 마정」, 『동국사학』, 동국사학회, 1960, p.65.
방동인, 「교통」, 『한국민족문화대백과사전』 3, 한국정신문화연구원, 1991, pp.404~406.

달되도록 한 것이다. 또한 온갖 물화의 이동도 이 역로를 따라 이루어진 것이다.

전국으로 연결된 역로를 22개의 驛道[16]로 편성하였는데 이 중 강원도 지역의 역도는 <표4-1>과 같으며 강릉지역에는 명주도로 편제되어 강릉을 중심으로 북쪽으로 양양지역까지, 서쪽으로 평창지역까지, 남쪽으로 삼척-울진-평해에 이르는 역로로서 관할역의 수는 28개소였다.

〈표 4-1〉 고려시대 강원도지역 도로망

驛道	管轄 驛	驛의 수
溟州道	서로 : 大昌-橫溪-珍富-大化-芳林-雲橋-安昌-烏原 남서로 : 丘山-木界-高坦-餘粮 남로 : 安仁-樂豊-羽溪-平陵-史直-橋柯-龍化-沃原-德新-興府-祖召 북로 : 同德-祥雲-仁邱-翼令-降仙-壽山,	28
朔方道	安邊을 중심으로 북은 永興-定平, 남은 高城-干城, 함경남도의 남부 동해안 강원도의 동해안 북부	42
平丘道	서울 동남으로 廣州, 楊根, 原州, 忠州, 提川, 寧越 그리고 榮州, 奉化에 이르는 지역	30
春州道	春川을 중심으로 加平, 抱川, 楊州, 서울 그리고 춘천에서 洪川, 橫城에 이르는 지역	24

16) 『고려사』 第82券 志 第36 兵2 站驛條 ; ① 狻猊道 개경-황해도의 남해안 10. ② 金郊驛 개경-평산, 곡산으 등 16. ③ 岊嶺道 서흥-평양 11. ④ 興郊道 평양-안주, 용강 12. ⑤ 興化道 안주-의주,박천-삭주 29. ⑥ 雲中道 평양-창성, 양덕―희천 43. ⑦ 桃源道 개성-회양 21. ⑧ 朔方道 안변, 덕원-정평, 안변-간성 42. ⑨ 靑郊道 개경-양주(서울), 파주-부평 15. ⑩ 春州道 춘천, 가평-서울, 춘천-횡성 24. ⑪ 平丘道 평구-양근-영월, 여주-봉화 30. ⑫ 溟州道 강릉 양양, 평창-횡성, 삼척-평해 28. ⑬ 廣州道 광주-문경, 서울-문경 15. ⑭ 忠淸州道 수원-부여, 평택-해미, 양성-문의 34. ⑮ 全公州道 전주-공주, 고산-회덕, 전주-정읍, 전주-부여 21. ⑯ 昇羅州道 ; 나주 전라남도 서남해안 30. ⑰ 山南道 전주-진주, 거창-진주, 진주-진해 28. ⑱ 南原道 남원-전주 ,남원-산청, 남원-광주, 남원-순천 12. ⑲ 慶州道 경주, 영일-영덕-영해, 경주-대구, 경주-울산 23. ⑳ 金州道 김해 울산, 김해-대구, 김해-현풍 31. ㉑ 尙州道 상주 선산, 함창·안동·예천·문경 등 낙동강 상류지방 역로 25. ㉒ 京山府道 성주, 김천-옥천, 상주, 보은 역로로 관할역 25이다.

당시 전국의 도로는 간선과 지선을 이루어 지방 각지를 연결하였으며 그 중요도에 따라 대로·중로·소로의 3등급으로 분류되었으나 구체적인 구분이나 연결노선에 따른 자세한 기록은 밝혀져 있지 않다. 『고려사』 병지 참역조[17)]에 전국의 역을 6등급으로 구분하고 등급에 따라 배정하였다. 6등급은 1과에서 6과까지 분류되며 강원도 지역의 춘천-강릉-평해의 역이 5과에 나머지는 모두 6과로 분류되었다. 즉 강릉지역의 도로는 대창을 중심으로 안인, 낙풍, 삼척에 이르는 남로와 구산, 횡계, 진부 등 서로가 5과였고, 동덕, 인구, 수산 등 북로와 구산, 목계, 고단, 정선에 이르는 남서로는 6과였던 것이다. 이러한 역로는 대체로 우마를 교통수단으로 하였으며 대부분 국가차원에서 관리되었고 일반 서민의 여행 빈도는 극히 낮은 시대였다.

한편, 고려시대의 강릉은 초기부터 중앙의 각별한 관심을 받았던 지역이었지만,[18)] 주로 왜·여진의 동해안으로의 침입 시 군사정보를 전달하는 목적으로 봉수선은 해안을 따라 배치되었으며 동해안 간선망의 한 부분을 이루고 있었다.

조선시대에는 앞 시대의 교통정책이 개경을 중심으로 하였다면 한양의 도성을 기준으로 각 역참을 연결하였으며 대체로 고려시대의 역로가 유지되었다. 『태조실록』에는 "여러 신하를 한양에 보내어 종묘·사직·궁궐·관아·시전·도로 건설의 기지를 선정·구획하게 하고, 沈德府·金湊 등을 특별히 한양에 남아 있게 하여 모든 건설사업을 감독·시행하게 하였다"

---

17) 『고려사』 제82권 지 제36 병2 참역조 : 1과에는 정인(丁)이 75명, 2과에는 정인이 60명, 3과에는 정인이 45명, 4과에는 정인이 30명, 5과에는 정인이 12명, 6과에는 정인이 7명이다.

18) 『고려사』 제2권 세가 제2 태조 19년(936) 9월조. ; 고려건국 시 명주호족으로 통일사업에 기여한 金順式이 '명주장군'으로 王씨로 賜姓되고 초기에 명주는 東原京이 되었다가, 후에 團練使가 임명되기도 하였고, 功臣 金洪就의의 고향이라 하여 慶興都護府로 승격되었는가하면 공양왕 때 江陵大都護府로 승격된 일련의 과정에서 그 중요성과 중앙의 관심을 알 수 있는 것이다.

고 되어 있다. 이를 통해 도성내의 설비와 도로설비는 물론, 전국의 교통
망을 한양을 중심으로 재정비하고 있음을 알 수 있다. 조선초기의 교통정
책은 태조·태종·세종 대를 경과하면서 도로의 건설과 관리 및 노폭에 이
르기까지 법제적으로 규정되었다.[19] 이 같은 일련의 노력은『경국대전』
에 이르러 체계를 갖추게 된다.[20]

『경국대전』에 도성 내 도로는 대·중·소로의 3종류가 있고, 대로의 넓
이는 너비 56척, 중로는 16척, 소로는 11척이며, 도로의 양편에는 2척 넓
이의 수구를 파도록 하였다. 또한 전국의 도로망은 모두 서울로 연결되어
대·중·소로로 구분되었고, 역·원·참 등의 교통시설도 이러한 도로에 따
라 설치되었다. 대로는 서울-개성, 서울-죽산, 서울-직산, 서울-포천
에 이르는 4개 도로이고, 중로는 이 4대로와 연결된 개성-중화, 죽산-
상주·진천, 직산-공주·전주, 포천-회양, 서울-양근 간이고, 소로는 이
들과 연결된 외방의 각종 도로이다.[21] 강릉지역의 도로는 강릉 대창역을
중심으로 북·남·서로 통하는 도로가 모두 소로에 해당되었다.

도성 내에 있어서는 도리의 기준점은 궐문으로 하고 있으며, 각 지방
과의 기준점은 도성의 4대문을 기점으로 하였다. 강원도에는 전국의 9개
역로 중 2개의 도로가 포함되어 있었는데, 한양의 도성 흥인지문에서 나
와 철원-김화-금성-회양을 거쳐 함경도로 가는 제2로(관북로)와 한양
에서 원주-강릉-삼척을 거쳐 평해에 이르는 제3로(관동로)가 있었다.
강원도의 교통망은 다른 지방에 비해 험준한 산지가 많은데다가 영동과
영서를 가르는 큰 산맥이 위치하고 있기 때문에 도로교통은 매우 불편했
으며, 조선시대 각 도에 배치되었던 監牧官이 강원도에는 배치되지 않았

---

19)『태조실록』2년 2월 9일(갑신), 3년 9월 23일 (경신)조 ;『태종실록』15년 8월
   7일(신미), 9월 3일(정유)조 ;『세종실록』8년 4월 5일(무진), 21년 10월 6일(신
   사)조.
20)『경국대전』권4 병전 역마조.
21) 남도영,「조선시대의 마정연구(1)」,『한국문학연구』, 동국대학교 한국문학연구
   소, 1976, p.189.

고 평안도와 함께 馬政에서 제외된 지역이었다.[22] 조선후기에 와서 상공업의 발전으로 지역 간의 물자 수송이 활발해짐에 따라 도로망은 점차 확대되었다.

자동차가 없었던 시대의 도로에도 이정표, 쉼터 등이 있었고 도로관리가 엄격하게 이루어졌음을 알 수 있는데 그에 대하여 살펴보면, 조선시대 도로의 거리는 주척 6척을 1보, 360보를 1리, 30리를 1식으로 규정하였다. 그리고 10리마다 小堠, 30리마다 大堠라는 이정표를 세우고 里數와 지명을 새기게 하였다.[23] 또 5리마다 정자를 세워 오리정이라 하고 30리마다 느릅나무와 버드나무를 심어 여행자를 쉬어가게 하였다.[24]『신증동국여지승람』에는 강릉 구산역에 정자가 있었는데 사람을 서쪽으로 전송하는 용도로 사용되었다고 하며 강릉부사를 지낸 조운흘의 이별의 시가 전하고 있는데서 그 예를 찾아볼 수 있다.

한편,『중종실록』에서 강원도 관찰사 高荊山이 백성들에게 쌓인 불합리성을 상소한 가운데 강원도의 지세와 교통의 불편으로 국방과 물화의 이동의 어려움, 치도에 대하여 언급한 것[25]이 강원도와 강릉지역의 조선시대 교통상황의 실상을 밝힌 것이라고 할 것이다. 그런데 강릉지역에는 고형산이 대관령 도로를 닦아 이것이 병자호란 당시 적의 침투로로 활용되어 부관참시 되었다는 전설이 있는데 이는 사실과 거리가 있는 것이다. 이에 대하여 강릉지역 유림과 고형산의 이념의 차이로 생겨난 이야기로 보는 견해도 있다.[26]

---

22) 남도영, 「조선시대의 지방마정조직에 대한 소고」,『사학연구』, 한국사학회, 1964, p.150.
23) 『경국대전』 권6, 공전 교로 조.
24) 방동인, 『영동지방역사기행』, 신구문화사, 1995, p.82.
  이규대, 「영동고속도로의 역사와 문화경관」,『영동고속도로 문화유적지표조사보고서』, 강릉대학교박물관, 1994, p.18.
25) 『중종실록』 권15 7년 5월 15일 정사조.
26) 방동인, 위의 책, p.78.

조선시대 강릉지역의 도로는 강릉부의 대창역을 중심으로 북쪽으로 동덕-양양, 서쪽으로 횡계-평창, 남쪽으로 안인-삼척-울진과 구산-임계노선으로 종전의 도로가 보다 확대되고 정비되는 과정에 있었다고 하겠다.

서쪽 대관령로와 관련한 이 시대의 도로유적으로「삽당령개로비」와「기관 이병화 유혜불망비」가 있다.

전자는 조선 숙종 41년(1715) 강릉에서 삽당령을 지나 정선에 이르는 길을 개통한 기념비로 성산면 오봉리 369번지에 있었으며, 비면은 약 1.27×1.46m의 자연암에 도로 개통에 공이 큰 당시의 부사 등 여러 사람의 이름이 있었으나, 1983년 오봉댐 건설시 없어졌다[27].

후자는 순조 24년(1824)에 세워졌고 크기는 전체 높이 135cm, 비신 99.5cm, 두께 10cm, 폭 약44cm로 성산면 어흘리 半程 아래에 있다. 조선시대 말 강릉지방의 향리였던 이병화가 대관령을 지나는 길손을 위해 돈을 내어 오두막을 짓고 여행자에게 편의를 제공했던 일을 기념하는 내용이다.[28]

전자는 조선후기 관이 중심이 되어 각지를 연결하는 도로의 보수 개설 등의 예를 보여주고 있으며, 후자는 조선시대 말기로 가면서 도로관리를 위한 시설들을 관이 효율적으로 관리하지 못하였고 개인에 의해 관리 운영되는 실상을 보여주는 유적의 하나이다.

조선시대 지방의 도로와 교량은 농한기를 이용하여 수리하게 하고 수리를 게을리하면 담당관리에게 태형을 내렸다. 다리를 놓아야 할 곳에 다리를 놓지 않거나 나룻배를 두어야 할 곳에 나룻배를 마련하지 않으면

---

27) 문화공보부 문화재관리국,『문화유적총람』, 강원도 편, 1977, p.457.
   「揷唐嶺 開路碑」: 康熙五十四年 乙未九月十日 創開嶺路 十三日訖功 府使 李
   公世最 都廳司果 黃舜昌 幼學 ○載厚 監官出身 李材 金泰立 判官朴熻 裨將
   金相仲 金命錫 朴東賢 元泰華 邑吏 ○○○ 崔○○.
28)「記官 李秉華遺惠不忘碑」: 百緖殖利 惠此店幕, 賴而資生 不耕猶食, 行旅得息
   居者有廬, 銘之片石 以永來譽.
   道光 四年 甲申 九月 日.

담당 관리에게 태형 40을 내렸다. 그러나 전국적인 도로관리 상태는 좋은 편이 아니었으며 조선 후기로 가면서 사회경제 상황이 좋지 않아 임시적 미봉상태가 지속된 듯 하다. 앞의 도로관리의 예에서 보듯이 조선후기에 이르러 국가의 관리력이 미치지 못하는 지방도로의 관리에 있어서 지역의 유력자에 의하여 자발적 헌사나 관리를 위한 노력이 있었다는 것이 하나의 특징으로 평가된다.

2. 조선시대 역원제의 지역적 특성

조선시대의 역제는 고려의 제도를 계승하되 도성의 천도와 함께 새로이 정비되었다. 역은 수개 내지 수십 개씩 묶어서 각기 구역을 정하여 앞 시대와 같이 道로 구분하였고, 각 역도에는 찰방 또는 역승을 파견하여 도내의 역을 관할케 하였다. 『세종실록지리지』를 통해 전국의 驛道를 살펴보면, 한양을 중심으로 하여 좌도충청도 정역찰방, 우도경상도 정역찰방, 경기·강원도 程驛察訪 소관의 역들이 있었고, 그 밖에 황해도의 참로찰방站路察訪, 평안도의 관로찰방館路察訪 등의 역들이 있었다. 이들 역은 찰방 소관의 역이며, 동시에 서울을 중심으로 좌로·우로·관동로와 특별히 사행로를 포함하고 있어 전국 각 도의 역도 중 비중이 가장 컸다고 할 것이다. 그밖에 도별로 역승 소관의 역도들과 연결되어 있었다. 역도를 도별로 보면 경기 8, 충청도 9, 경상도 10, 전라도 7, 황해도 3, 강원도 3, 함경도 3, 평안도 1 등 도합 44개 이다.

고려시대의 역 및 역도의 수와 비교해 보면 역수에 있어서는 역이 480으로서 45개역 정도가 감소되고 있고, 역도에 있어서는 44개로서 22개 역도가 증가되고 있다. 감소를 보인 45개 지역의 분포를 따져보면, 황해도 및 평안도 지역에서 많은 역이 폐쇄되고 있고, 반면 경상도에서는 30개 정도의 새로운 역이 설치되어 있다. 황해도와 평안도에서의 역의 대폭

적 폐쇄에 반해 경상도 지역에서의 새로운 역의 증설은 교통·통신의 중
요도가 대륙 변경 지역에서 해양 변경 지역으로 옮겨지고 있음을 말해주
는 것이다.

강원도의 역도는 『세종실록지리지』[29)에 의하면 보안도 20·대창도 2
8·평릉도 9개역 등 3개 역도에 속역이 57개였다. 그런데 세조 원년(1455)
에 이르러 역로가 피폐하고 역승의 관품이 낮아 역무를 처리하는데 원활
하지 못하다하여 대창도와 보안도를 합하여 대창도라 칭하고 찰방을 파
견하도록 하였다.[30)

그 후 점차 정비되어 세조 8년(1462) 8월에는 은계도(속역 17, 찰방),
보안도(속역 30, 찰방), 평릉도(속역 15, 역승), 상운도(속역 16, 역승) 등
4개 역도로 개편되었다. 이리하여 초기 대창역도가 폐지되고 양양의 상
운도로 바뀌었으며 대창역을 포함하여 이남의 역은 평릉도에 속하였고
북쪽의 역들은 상운도에, 강릉 서쪽의 역들은 은계도와 보안도에 속하였
으며 그 관할의 변동이 잦은 편이었다.[31)

세조대에 정비된 역도는『경국대전』에 이르러 4역도 78역으로 확립된
다. 4역도는 조선후기까지 변함없이 그대로 유지되었다. 다만 속역의 증
감과 찰방주재역이 바뀐 곳이 있었을 뿐이다. 강릉대도호부에서 관할하
던 상존 역은 13개소로 대창·안인·진부·구산·횡계·대화·방림·운교·목
계·고단·낙풍·임계·동덕 등이었다.[32) 즉, 강릉의 대창역을 중심으로 북
쪽으로 동덕(연곡)-인구-양양-고성과 남쪽으로 안인-낙풍-삼척에 이르는
강원도해안선로, 구산-목계-고단-임계-정선에 이르는 삽당령로, 구산-횡계
-대화-방림-운교-횡성에 이르는 강릉-서울선로가 있었다. 강릉지역의 역
로는 강릉에서 부산을 잇는 평릉도에 속하였고[33) 그림으로 살펴보면

29)『세종장헌대왕실록』권153 지리지 강원도조.
30) 방동인, 「강릉의 교통·통신」,『강릉시사』상, 강릉문화원, 1996, p.183.
31)『세조실록』권29, 8년 8월 5일(정묘).
32)『세종장헌대왕실록』권153 지리지 강원도 강릉대도호부조.

<그림 4-1>과 같다. 현재의 강릉시 지역에 한정된 그림이지만 1896년까지는 대관령 서쪽 봉평에 이르는 구간이 강릉지역 서쪽 도로망으로 편제되어 있었다.

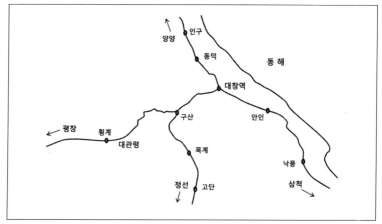

〈그림 4-1〉 조선시대 강릉지역 도로망

위 그림과 같은 도로망 체계를 바탕으로 도로의 확대와 개선이 계속되어 왔으며 현재의 강릉지역 도로망도 이를 근간으로 하고 있음을 알 수 있다.

한편 『증보문헌비고』 여지고의 四方最緊之九大路라 한 것이 있는데 이 9대로 중에는 평릉도와 보안도가 포함되어 있다. 이 9대로는 ① 경성-의주, ②경성-경흥서수라, ③ 경성-강릉-평해, ④ 경성-유곡역-동래부산, ⑤ 경성-유곡역-고성통영, ⑥ 경성-소사-참례역-고성통영, ⑦ 고성-소사-참례역-해남관두량-제주, ⑧ 경성-소사-충청수영, ⑨ 경성-강화로 모두가 남북

---

33) 『신증동국여지승람』 제44권 강릉대도호부 역원 조 ; 『임영지』권1 역원 조.
임영지증보발간위원회, 『임영강릉명주지』, 문왕출판사, 1975, p.141.
김위현, 「조선후기 영동역참에 대한 일고」, 『명지사론』제6호, 명지대학교사학회, 1994, p.148.

각 방면의 중요 진영으로 이어진 길이다. 강릉과 관계되는 경성-강릉-평
해로 이어지는 역로를 그려보면 다음과 같다.

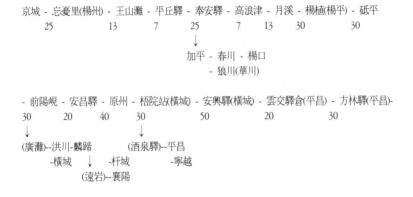

```
京城 - 忘憂里(楊州) - 王山灘 - 平丘驛 - 奉安驛 - 高浪津 - 月溪 - 楊植(楊平) - 砥平
      25              13        7        25       7        13      30            30
                                          ↓
                                加平 - 春川 - 楊口
                                  - 狼川(華川)
```

```
- 前陽峴 - 安昌驛 - 原州 - 梧院站(橫城) - 安興驛(橫城) - 雲交驛倉(平昌) - 方林驛(平昌)-
  30        20       40      30            50              20              30
↓
(廣灘)--洪川-麟蹄      (酒泉驛)--平昌
  -橫城    ↓    -杆城       -寧越
      (遠岩)--襄陽
```

```
- 淸心臺站(平昌) - 珍富驛站(平昌) - 橫溪驛(平昌) - 大關嶺 - 丘山驛 - 江陵 - 牛溪 - 平陵驛
  60               10               40            10       20       20     60      30
↓
旌善
```

```
- 三陟 - 交歇驛 - 龍化驛 - 梧院倉 - 蔚珍 - 守山驛 - 德新驛 - 望洋亭 - 越松亭 - 達水驛 - 平海
  30      20       30       40       60     10       20       10       30       5        5
```

상기 노선을 보면 강릉 이북보다 강릉 이남이 더 중요한 지위에 있었
음을 알 수 있고 더욱이 강릉은 남쪽의 평릉도와 북쪽의 상운도가 연결
되어 서쪽의 보안도와 접속되는 세 갈래 길의 분기점에 있어서 타역에
비하여 더 번잡하였던 것이다.[34]

조선 초기 강원도의 역도에는 찰방은 없고 역승만 3인이 있으며, 『경
국대전』에는 찰방 2인, 역승 2인으로 2개 역도는 찰방역으로 승격하고
종전보다 1개 역도가 증설되었다. 그 후 중종 30년(1535)에 이르러 모두
찰방으로 승격되었다.

---

34) 김위현, 「조선후기 대창역에 대한 제문제」, 『관대논문집』 7, 관동대학, 1979,
    p.210.

한편 조선 초기 각 역에 딸려 있는 말이 얼마였는지 구체적으로 알 수 없지만, 전국 40개 역도 535개 역에 5,380필의 말이 있었던 것으로 기록되어 있고, 마필에도 상등마·중등마·하등마·태마 등의 등급이 있었고, 역의 등급에 따라 마필 수 및 등급의 배속이 달랐던 것으로 파악된다.[35] 강릉대도호부의 역마는 『여지도서』[36]에 의하면 대마 7, 기마 11, 복마 50이고, 역리는 252명, 노는 229명, 비는 239명이었다.

역마의 이용은 경국대전에 원칙적으로 1일 3식[37]을 여행하도록 규정되어 있었고, 이를 어겼을 때에는 람승·람급자에게 장 1백 도에 유형 3천리에 처하도록 하였다. 또한 역마를 반환하지 않는 자는 장 3백 도, 도형 3년에 처하도록 하였다.[38] 역마의 충당은 전국 목장에서 사육한 말 중에서 뽑았으나 항상 부족하여 몰수한 난신의 말이나 민가의 말을 징발하여 충당하였다. 역의 운영경비와 종사자들의 급료지급을 위해 각역에는 토지가 지급되었으며, 역마 충당을 위해서는 마전이 지급되었다. 즉 관둔전 12결, 공수전으로는 대로 20결, 중로 15결, 소로 5결이었고, 마전에서는 대마 7결, 중마 5결 50부, 소마는 4결이 지급되었으나 경우에 따라 다소 차이가 있었다.

공적인 임무를 띠고 지방에 파견되는 관리나 상인, 기타 여행자들에게 숙식을 제공하기 위해 요로에 원이 설치되어 있었다. 원은 공공적인 시설로서 전국 대·중·소로에 설치되어 그 기능을 감당하였는데, 대체로 30리 거리에 설치되어 있었다. 원의 설치과정을 살펴보면, 조선 초기에 원을

---

35) 남도영, 「조선시대의 마정연구(1)」, 『한국문학연구』, 동국대학교 한국문학연구소, 1976, p.188.
　　방동인, 앞의 책, p.185.
36) 『여지도서』상 강릉부지 역원조.
37) 1식은 30리이므로 3식은 90리이다.
38) 流(流刑)는 범죄자를 귀양보내는 형벌로 2천리, 2천5백리, 3천리의 3등급으로 이루어졌으며, 徒(徒刑)는 1-3년간 복역하는 형벌로 이는 다시 杖 10대와 반년을 한 등급으로 하여 5등급으로 하였다. 조선시대의 형벌은 『大明律』을 적용하여 笞·杖·徒·流·死의 5단계로 이루어졌으며 이를 5刑制라 한다.

보완·정비하는 방법으로 인근 주민 중에서 덕망 있는 사람에게 원의 책임을 맡도록 하고 있다. 원주의 설치가 바로 그것인데, 이러한 원주의 설정은 교통로 파악이 고려시대에 비해 중앙집권화 되었음을 의미한다. 대신 국가는 원주에게 원주전을 등급에 따라 지급하여 운영의 경제적 비용의 충당을 지원하고 있었다.

『신증동국여지승람』 원우조의 기록에 의하면 전국에 약 1,210개의 원이 산재하고 있었다. 이 가운데 강원도의 원은 성종대에 59개소이고, 중종 대에는 64개소였다. 원은 그 후 점차 감소하여 18세기 중엽에 와서는 23개로, 19세기 20세기 초에 와서는 20여개로 줄어들었다. 『신증동국여지승람』에 기록되어 있는 강릉대도호부의 원은 부 서쪽 5리에 홍제원, 28리 지금의 어흘리에 제민원, 대관령 위에 대령원, 90리에 독산원, 1백 20리에 인락원, 1백 39리에 인부원, 1백 40리에 자인원과 장연원, 그리고 부 남쪽 75리에 무응구리원, 우계현 서쪽 28리에 장수원, 우계현 서쪽 43리에 대제원, 우계현 서쪽 70리에 송현원 등이 있었다.

강릉지역에 있었던 원은 강릉-한양간, 강릉-삼척간 관동로변에 위치하고 있었다. 이러한 역원의 인근에 역촌이 있어 역과 역로와 역마와 공무여행자를 위한 일을 맡았으며, 그 경비의 충당을 위해 국가로부터 토지를 지급받아 경작하였다. 강릉지역의 역은 역로가 소로였으므로 대개 한개 역에 2~3마리의 말이 있었던 것으로 보이며 이 지역의 도로 이용율은 낮았다고 할 수 있겠다.[39]

원이 공무 여행자의 편의시설인 데 비해 일반 민간여행자를 위한 시설로는 점막을 들 수 있다. 점막의 발생에 대하여는 원이 피폐된 임진왜란 후로 보고 있다. 따라서 조선전기의 일반여행자의 편의 시설로는 원을 제외하고는 일반민가가 임의적으로 이용되었을 뿐 별다른 고려를 할 수 없는 형편이었다고 생각된다.

---

39) 이규대, 「해전과 해양사」, 『한국의 해양문화』 동해해역, 해양수산부, 2002, pp.162~164.

〈사진 4-1〉기관 이병화유혜불망비

그러나 조선후기에 이르러 관 주도의 원은 점차 감소하고 그 대신 사설인 점막이 증가하였다. 이와 같은 현상은 관영의 역로변 편의시설 제공이 더 이상 지탱될 수 없는 사회적 변화에 따라 자생적 민영형태로 발달하게 되었다. 강릉시 홍제동의 '홍제동'이란 이름은 옛날 이곳에 홍제원이 있었던데 연유 한다. 또한 대관령 반정에 세워졌던 점막은 1800년대 일반 여행자를 위한 숙식의 편의를 제공했던 장소이다. 앞에서도 언급한 성산면 어흘리 대관령 半程 아래 옛길 길가에 있는 「기관이병화 유혜불망비」가 그러한 사정을 말해 준다.40)

통신체계는 조선건국 초기에는 고려의 봉수제를 거의 그대로 답습하다가 세종대에 와서 거화거수법 등의 관계규칙을 새로이 정비하고, 각 도 연변에 연대를 새로 축조하고 나아가 봉수로를 획정하는 등 봉수제를 대대적으로 정비하였다.

봉수에는 경봉수·연변봉수·내지봉수의 3종류가 있었다. 경봉수는 전국의 모든 봉수가 집결하는 중앙봉수로서 서울 목멱산(남산)에 위치하여 목멱산봉수 또는 남산봉수라고도 불렀고, 연변봉수는 해류변경의 제일선에 설치되었으며, 내지봉수는 연변봉수와 경봉수를 연결하는 중간봉수로 수적으로 절대 다수를 차지하였다.

조선전기 강원도의 봉수대는『세종실록지리지』와『신증동국여지승람』

---

40) 장정룡, 「대관령문화사」, 『인문학보』22, 강릉대학교 인문과학연구소, 1996, pp.29~69.

에는 48개처가 기록되어 있다. 이 가운데 강릉지역은 간선망에 위치하고 있었는데, 봉수대는 주문산·사화산·소동산·해령산·오근산·어달산에 있었다. 그러나 조선후기에 와서는 경흥으로 이어지는 본선에 속한 평강·회양·철원·금성의 봉수대만 존속하고 동해안으로 이어지는 간선망은 모두 폐지된다. 이는 조선초기에는 왜구가 동해안에 출몰하는 경우가 있어 이에 대한 경계의 필요성에서 유지되었던 것이나 양난을 겪은 후 국방정책의 관심이 수도와 서북변경지역에 집중되고 동해안에서 왜구의 출몰이라든가 기타의 사변이 거의 없어졌기 때문으로 볼 수 있다.[41]

동해안선의 봉수였던 강릉지역의 봉수지는 조선후기 폐지된 이래 이에 대한 조사 정리가 되어있지 않아 그 실체를 정확히 알 수 없는 상태이며, 현재의 주문진, 사천, 포남동, 안인, 낙풍이며 소동산 봉수지인 포남동은 최근 상수도 저장시설공사가 조사 없이 이루어진 후 조악한 상태로나마 표식을 설치하여 그 터임을 알리고 있다. 나머지는 군부대 시설 내에 있어 상태를 알 수 없거나 개발공사로 그 흔적이 사라진 상태이다.

---

41) 방동인, 『영동지방역사기행』, 신구문화사, 1995, pp.88~93.

제2절 강릉지역 근대교통의 시작

1. 도로규모의 확대와 신작로

우리 역사에서 개항기라는 시기는 조선이 당시 국제적 흐름에 대비할 준비 없이 제국주의 열강과 일제의 침탈에 무방비 상태였던 1910년 이전 약 30여 년간이라고 할 때, 이 시기는 비정상적으로 '근대상황'이 시작된 시기로 볼 수 있다.[42]

조선시대의 도성 내의 간선도로는 도성조영이 周의 도성제를 골간으로 하였으므로 비교적 양호한 상태였으며 왕의 행차가 잦은 근교와 사신이 통행하는 도로는 그 유지 관리가 관에 의하여 끊임없이 관리되었다. 그러나 도성을 벗어난 지방의 도로는 우마차가 겨우 다닐 수 있는 정도의 극히 좋지 않은 상태로 정부나 지방관아로부터 방기되어 있었다. 이러한 도로사정은 이른바 상업의 천시로 조선후기 지역에서의 상공업 수준이 진전되지 못하였던 까닭이기도 하다.

세계사의 흐름에 둔감하였던 조선의 도로사정은 1894년을 전후한 시기까지 방기되어 있었다.[43] 조선은 건국 초기에 도성 안에는 가로가 구

---

42) 김호일, 「근대의 기점에 대한 제설의 분석」, 『한국사의 시대구분에 관한 연구』, 한국정신문화연구원, 1995, p.438.
　　박성수, 「근대와 현대사회의 특징」, 『한국사의 시대구분에 관한 연구』, 한국정신문화연구원, 1995, p.453.

축되었고 서울을 중심으로 도로관리에 역점을 두었지만, 말기에 이르러 관리부실과 대한제국기의 어지러운 국내외 정세로 도로의 유지관리에 힘 쓸 겨를이 없었다. 마찬가지로 중앙과 멀리 떨어져 지방에 위치한 강릉지 역의 당시 도로사정도 중앙의 방기와 다를 것이 없었다.

1882년 김옥균이 일본을 다녀온 후 '나라의 부강은 산업개발에 있고, 산업개발은 치도가 선행되어야 한다'고 주장하고 1884년 한성순보에 「치 도약론」이라는 논설로 여론을 일으켰고, 1895년 3월 10일 내무아문에서 각 도 각 읍에 88개조의 훈시를 시달하여 갑오개혁의 실천방안을 지시한 바 있다. 그 가운데 제58조에서 대로를 각 동리에서 분장토록 하였고, 제 59조에서 도로의 수리를 통해 비가 내려도 구덩이를 메워 사람이 다니는 데 불편이 없도록 하고, 제60조에서 汰水가 도로에 흐르지 않도록 할 것 등등 도로의 유지와 관리에 관해 규정하였다. 그러나 아관파천 등 정국의 격동으로 실행되지 못하다가 1896년(고종33) 9월 29일 「법규유편」이라 는 도로규정이 내부령 제9호 「한성내 도로의 폭을 규정하는 건」으로 실 행에 옮겨졌다. 종래의 70~80尺 이던 도성 내 간선의 가로 폭을 55척으 로 하고 나머지 땅을 10년 시한으로 가건물지로 관허하여 가로미관의 제 고를 꾀하고자 하였다.[44] 그러나 이러한 도로규정은 서울의 도시가로를 중심으로 한 규정이었지 지방에까지 미치지는 못하였다.

1903년에는 고종황제 즉위 40주년을 기념하기 위한 '稱慶式' 때 고종 이 타기 위해 미국으로부터 승용차 1대를 구입하여 첫 선을 보였다.[45]

---

43) 손정목, 『한국개항기 도시사회경제사연구』, 일지사, 1982, pp.98~103.
　　헐버트(H.B. Hulbert)는 The Passing of Korea에서 당시 조선의 '모든 길이 거칠 고 교통수단이 발달하지 못한 나라'라고 평하고 있다는 것과 러시아정부가 편찬 한 韓國誌에서는 '나라 안의 모든 도로가 사람의 왕래에도 불편함이 많지만 皇 帝의 행차를 위해 근교와 서울에서 청국으로 가는 도로는 양호하다'고 평하고 있다는 등 당시 내한했던 외국인의 눈에 비친 교통상황을 보여주고 있다.
44) 손정목, 앞의 책, p.104.
　　넓은 가로를 좁혀 남는 땅을 가설건물을 짓도록 허가한 것으로 후일 많은 문제 를 야기하였지만, 도시 미관을 고려한 현대적 도시가로망사업이 시도된 것이다.

다시 1906년 「가로관리규칙」을 발표했으나 이 역시 도시도로에 한하여
적용된 것이지 전국적 도로체계를 전제로 한 것은 아니었다.

갑오개혁을 전후하여 세 가지 새로운 교통수단[46]이 등장하였는데 일

---

45) 1885년 가솔린자동차가 독일인 Daimler Gottieb와 Benz Karl에 의해 고안되어
  오늘날 자동차시대에 이르게 되었다.
  『고종실록』 광무 3년 5월 27일 조 ; 손정목, 앞의 책, p.133.
  세계에서 路面電車가 가장 먼저 등장한 것은 1879년 독일인 지멘스가 베를린박
  람회에서 달리게 한 것이고 1881년에 베를린에서 도시교통수단으로 실용화되었
  다. 동양에서는 1890년 東京 上野公園에서 첫선을 보였고 1894년 京都에서 도
  시교통수단으로 운전 개시되었고 잇달아 다른 곳에서도 사업이 시작되었다. 서
  울에서의 운전개시는 일본 京都보다 3년 뒤의 일이다.
  이 때 운전사는 모두 일인 경험자였고 차장은 한국인을 채용했고 가로 세로 9m
  와 2.5m 40인승이었으며, 운임은 상.하등급으로 각각 3전 5푼, 1전 5푼이었다.
  이로 인하여 도성에서 종로의 종소리에 맞추어 성문을 개폐하는 제도가 사라지
  게 되었다.

46) 손정목, 앞의 책, pp.107~110.
  인력거는 일본인이 1869년 발명한 것인데 1894년 이땅에 들어 왔으며 주로 일
  본인이나 한국인은 유지였으므로 횡포가 심하였다. 자전거는 윤치호가 1895년
  9월 미국유학에서 돌아올 때 가져왔다고 하는데, 1905년 12월에 제정한 가로관
  리규칙 제9조에 「야간에 등화없이 자전거를 타는 것을 금한다」고 한 것으로 보
  아 10년 동안 많은 량이 도입된 것으로 보인다. 하마차는 노일전쟁 후 더욱 확대
  되어 우차로 대체되어 급속히 파급되었으며, 합병 당시 이 땅에 운수회사 42개
  가 있었다고 하는데 주 운송수단이 소달구지였다.
  개항기 각지에서 시행된 도로관리 관련규정은 다음과 같다.
  도로수치와 가가기지를 관허하는 건(고종32년(1895)8월6일) ; 한성내 도로폭을
  규정하는 건(건양 원년(1896) 9월 29일 내부령 제9호) ; 가로관리규칙(광무 9년
  (1905) 12월 30일 경무청령 제2호) ; 우차 및 하마차관리규칙(광무 10년(1906)
  4월 10일 경무청령 제4호) ; 치도국관제(광무 10년(1906) 4월 20일 칙령 제19호)
  임시치도비회계규정(광무 10년(1906) 5월 24일 탁지부령 제6호) ; 우측통행 기타
  에 관한 도로규칙(명치39년(1906)12월 1일 경성이사청에 유달) ; 동대문·남대문
  좌우성첩 훼철 건(광무 11년(1907) 3월 31일)/ 성벽처리위원회에 관한 건(상동 7
  월 30일 내각령주 제1호) ; 우차·하마차관리규칙을 인천 및 동부근에 시행하는
  건(상동 2월 21일 경시청 제1호) ; 인력거영업취체규칙(명칭41년(1908) 5월 22일
  마산이사청령 제2호)
  가로에 있어서의 광고취체의 건(상동 7월 6일 경성이사청령 제8호) ; 인력거영

인들이 가져왔다는 인력거, 윤치호가 미국에서 가져왔다는 자전거, 청일
전쟁 시 군수물자 운반용으로 등장한 하마차가 그것이다. 하마차는 객차
로도 이용이 확대되었다. 자동차는 1910년 이전까지 황실용으로 한 두
대 도입되었을 뿐 아직 본격화되지 못하였다.

한편, 광무 2년(1898) 서울 시내에 궤도를 까는 공사가 시작되었고, 동
대문 안에 발전소 부지를 선정하고 75kw 직류 600V 1대, 100마력의 증
기발전시설을 병행하여 차량의 조립을 마치고 광무 3년(1899) 5월 17일
전차 개통식이 있었다.[47] 이후 1900년대에 들어 부산, 인천, 평양 등지에
도 시내궤도 및 전기가 도입되었다. 그리고 우리나라에 철도가 처음 개통
되어 철도교통이 본격 시작된 것은 1899년 9월 18일 개통한 경인철도가
그것이다. 이로써 철도는 50여 년간 일제 강점기 침략정책 수행의 수단
으로 놓여지게 되었다.[48]

『조선토목사업지』의 1911년의 통계수치를 살펴보면 1911년 말 육상
운반수단으로 자동차 2, 인력거 1,217, 하차(손수레) 1,804, 하우차 38,337,
하마차 585, 객마차 110대였다고 한다.

이 시기까지 강릉의 도로와 교량은 우마차도 통행하기 어려운 보행로
에 불과하였으며 1905년 처음으로 신작로를 개설하여 종래의 도로가 확
장되었으며 역·원·교량도 폐지되고 새로이 개설되기에 이르렀다. 갑오개
혁으로 도로교통 관련 제 규정들이 제정 공포되기 시작하고 10여년이 경
과되고서야 신작로가 개설되었다.[49] 강릉은 서울, 부산, 인천, 목포, 군산

업단속규칙(융희 2년(1908) 8월 15일 경시청령 제3호) ; 도로취체규칙(명치 41년
(1908) 8월 22일 청진이사청령 제12호) ; 도로취체규칙(명치 42년(1909) 9월 11
일 군산이사청령 제1호)/하차취체규칙(상동 9월 12일 상동 제2호) ; 도로보존취
체규칙(융희 3년(1909) 10월 14일 경북도령 제7호).

47) 이현희, 『한국철도사』, 한국학술정보(주), 2001, p.23.
48) 손정목, 『한국개항기도시사회경제사연구』, 일지사, 1982, pp.379~380.
   정재정, 「근대로 열린 길, 철도」, 『역사비평』, 역사문제연구소, 2005, p.223 ; [한
   국철도사연구의 현황과 과제-일본제국주의와 관련하여-」 『도시행정연구』8, 서울
   시립대학교, 1993, p.202.

등 개항도시들과 달리 일본거류민의 수가 미미했던 이유도 있다.[50] 그리고 1909년 석명선이 부사로 부임하여 강릉부에서 주문진을 잇는 2등 도로가 개통되었다.[51]

한반도를 강제 침탈한 일제의 교통정책은 크게 세 가지 방향으로 추진되었다. 첫째는 대륙진출을 위한 교두보 내지는 병참기지로 삼으려는 것이었고, 둘째는 군사 활동을 신속히 지원하기 위한 것이었고, 셋째는 경제적 수탈을 목적으로 한 교통정책이었다. 즉 일제가 설치한 각종 근대적 교통 통신시설은 비록 그것이 근대적 시설이었지만 그 근저에는 일본의 이익과 대륙침략을 목표로 한 것이었다.

1911년에 「도로규칙」을 반포하여 도로의 종별, 관리 및 비용부담 등을 규정하였고, 1912년 일본인에 의해 서울에서 자동차 임대업이 시작되어 전국으로 부정기적 승합차를 운행하여 택시와 버스영업이 시작되었다. 화물차 영업은 1926년부터였으며, 1928년에는 영업노선 연장이 1만 km를 넘어서게 되었다. 1915년에는 「자동차취체규칙」 등 「도로규칙」을 개정하여 도로정책을 차츰 정비해 나갔다. 1918년에는 「자동차취체령」이 제정 공포되어 이런 법제들이 「도로교통법」의 시초가 되었던 것이다. 강점 초기의 주요사업은 서울시 가로의 개수, 한강교의 가설, 지방국도와 지방도로의 정비였다. 1910년대 후반에서 1930년까지 추진된 치도사업은 먼저 북부지방의 금·철·석탄 등의 지하자원 개발을 목적으로 북선척식도로를 개설하였다. 압록강 유역의 삼림자원과 수자원을 이용하기 위하여 국경도로를 개수하는 한편 두만강과 압록강에 교량을 가설하는 사업도 병행하였다. 또한 금광업의 개발촉진과 함께 금산도로의 개발도 추

---

49) 임영지증보발간위원회, 앞의 책, p.142 ; 1906년 통감부하에서 「7개년도로개수계획」으로 신설 개수된 도로를 '신작로'라 하였으며 첫 근대적도로이다.

50) 1907년 98,000여명에 달하는 일본인이 한국에 들어와 있었으며, 제2차 통감부통계연보에 의하면 강릉 남일리면·북일리면·북이리면에 일본인 45명이 거주하고 있다.

51) 『동호승람』 권2 記事 條 ; 최호·임호민, 『국역 동호승람』, 강릉문화원, 2001, p.89.

진하였다. 1938년 12월부터 시행한 「조선도로령」은 종래의 「도로규칙」
을 대폭 개정한 것으로 군용도로·수탈도로를 용이하게 건설하기 위해 사
권을 제한하고, 도로의 등급을 국도·지방도·부도·읍면도 등의 4종류로
나누었다. 1920년 발표된 강점기의 도로기본법 이라할 「도로규칙」은 전
국의 도로를 4등급으로 구분하였는데 1·2등 도로는 총독부에서, 3등 도
로는 도청에서, 등외의 도로는 부·군에서 관리토록 하였다.[52]

강릉의 경우에는 부산—원산간과 경성—강릉간의 2등도로가 있었다.
경성—강릉간 도로는 강릉에서 출발하여 대관령을 넘어 원주에 이르면
금화—충주를 잇는 2등 도로와 교차하였다.

1911년 서울 남대문로의 개수를 시작으로 계획적인 도로개수 공사를
시작하였으며, 광화문 광장에 도로원표를 정하고 전국으로 연결되는 방
사상 도로체계를 확정 하였다. 물론, 전통시대 우역제도 속에서의 도로망
이 기본적인 골격을 이루는 도로망체계이다. 이 기간 중 1·2등 도로의 개
수와 교량 가설이 중점이었으며, 34개 노선의 총 연장 2,690km의 도로가
개수되었고 한강교를 비롯한 대교량이 이 시기에 건설되었다. 1917년부
터 1922년까지 6개년 계획으로 긴요한 도로망의 확충과 교량 가설을 계
획하여 제1기 사업이 마무리된 1917년 10월 제2기 사업 기공을 하였으
나 중일전쟁이 시작되어 1938년에야 마무리 되었다. 전쟁 이용의 목적으
로 1938년 4월 4일 「조선도로령」이 제정 공표되어 일제의 군용 및 수탈

---

52) 도로등급에 따라 살펴보면 1등도로는 서울에서 각 도청, 육군사령부, 주요개항장
이나 철도 정차장에 연결되는 도로와 군사·경제상 특히 중요한 도로였고, 2등도
로는 인접 도청소재지로 연결된 도로 또는 도청소재지로부터 도내 주요지점, 항
구나 철도 정차장에 연결된 도로와 인접도의 주요 지점으로 연결된 도로이고, 3
등도로는 인접 부청, 군청 소재지로부터 부·군 내의 주요지점과 철도정차장 등
에 연결된 도로나 상호연락을 이루는 주요도로로 하였다. 등외 도로는 기타의 도
로로 도장관이 지정한 도로이며 도로의 축조 및 수선유지가 주민에게 전가되는
경우가 많았으며, 담세능력이 없는 사람에게 노동을 제공하게 했으며 토공 따위
를 지역주민의 부역으로 유지하는 경우가 일반적이었다.

용 도로건설을 더욱 진전시켰으며, 결국 강점기에 건설된 도로망은 국민 편익 보다는 식민지 경영이 우선시된 것이었다.

1913년 강원도내 1등 도로는 경성-원산간 도로가 일부 통과하였고 주요도로가 모두 2등 도로였다. 강릉을 중심으로 연결되는 도로는 수원(경성)-이천-원주-강릉선이 2등 도로였다.[53] 당시의 도내 도로관리는 등외도로의 경우 각 지역의 마을민에게 담당구역을 정하여 봄가을에 부역을 제공하여 수선하도록 하였는데 당시 도로의 관리는 노면을 평탄케하고 배수 시설정비 등이 고작이었다.[54]

강점기 내내 식민지 사업으로서 중화학 산업발달이 미약하였던 강원도지역에는 도로교통의 발전은 부진하였으며 1911년부터 1917년까지의 기간에 이천-강릉간 노폭 5.4m의 도로확장 공사가 실시되었고 구 고속도로 구간 대관령, 횡성까지의 구간도 이 때 확장된 길이었다. 1917년 대관령 도로가 개통되기 전까지는 일반 서민은 보행을 면할 수 없었고 우마차로 이용되었으며, 1918년 강릉지역에 처음으로 자동차가 등장하였다.[55] 대

53) 춘천헌병대본부 편찬, 『강원도상황경개』, 1913, pp.250~251.
　　당시 강원도내 1등 도로는 경성-의정부-김화-원산선, 2등 도로는 경성-춘천-양양선, 수원-이천-원주-강릉선, 대구-의성-안동-삼척선, 경주-평해-삼척-강릉-양양선, 김화-춘천-원주-충주선, 김화-평강-이천선, 통천-신안선, 평창-영월-영천선, 원산-통천-고성-양양선이었다.
54) 「강원도도로유지수선규정」 강원도령 제9호 1913년 4월 28일.
55) 임영지증보발간위원회, 『임영강릉명주지』, 문왕출판사, 1975, p.142에서는 대관령로의 확장개통을 1915년으로 기록하고 있으나, 대관령도로 半程에 있는 당시 도로사업 「준공기념비」에 대관령구간 도로는 1913년 9월 착공하여 1917년 8월 완공한 것으로 기록되어 있으므로 오기로 판명된다. 이 비의 내용을 요약하면 다음과 같다. "명치43년 강점 후 조선 내의 제1기 치도공사로 이천-강릉간 도로 개수공사 연장 40리에 대하여 大正 5년 8월 10일 청부인 大倉久米馬가 공사를 시작할 즈음 일본 福岡人 淸水辰平에게 일을 맡겼으며, 대정 5년(1916) 8월 10일 대홍수로 완공부분이 큰 피해를 입었으나 분발하여 공사를 계속하다가 병으로 죽었으며 이를 기리고 그의 동생 淸水豊松에 의해 대정 6년(1917) 8월 20일 준공되었음을 밝히고 있다. 8월 30일 表刻"
　　장정룡, 『대관령문화사』, 동해안발전연구회, 1996, pp.12~15.

관령 도로가 개통되고 자동차가 보급됨에 따라 도로의 확장 정비의 필요
성이 더해갔고 기존의 도로도 개수되었다.[56] 조선총독부의 『조선생활상
태조사』에 보이는 1930년경의 강릉지역 주요도로망은 다음과 같다.

〈사진 4-2〉 1917년 대관령도로개수 준공기념석각

〈표 4-2〉 1930년대 강릉지역 주요도로

노 선 명	등급	폭(m)	관내연장(m)	도로변 마을
경주 ― 양양	2	3	69,807	주문진, 방내리, 강릉읍, 현내리, 목호진
경성 ― 강릉	2	3	22,485	강릉읍, 구산
강릉 ― 정선	3	2	20,332	강릉읍, 구산, 도마(미개수구간11,782m)
강릉 ― 견소진	3	2	6,181	강릉읍, 송정리, 見김津

　자동차가 없던 시절 일반 서민들은 걸어서 다녀야 했고, 화물은 우마
차를 이용하여 실어 날라야 했다. 자동차가 등장한 이후 점차 차량이 늘
어나고 교통도 발전하게 되었다. 강점기 대관령길은 좁았는데 1935년경
강릉에서 서울에 가려면 하루 종일 걸렸다. 아침 6시에 출발하면 밤 9시
경에 서울에 도착하곤 했다. 또 1930년대 중일전쟁(만주사변) 당시에는
기름이 없어 목탄차로 다녔으며, 서울 가는 것은 당일에 불가능했고 원주

---

56) 최돈택, 「강릉의 문화와 교통」, 『임영문화』 5, 1980, p.91.

1930년경   2015년

〈사진 4-3〉 금산리 도로변화모습

에서 하룻밤을 묵은 다음 이튿날 종일 걸려서 도착할 수 있었다.[57]

    <사진 4-3>에서 1930년대 강릉-성산 간 도로 모습과 현재의 모습을 볼 수 있다. 현재 동해고속화도로 육교가 남북으로 지나고 있으며 멀리 원주-강릉간 복선철도공사 중인 교각이 보인다.

    한편 주요 운송수단으로는 1929년도에 자동자 23대, 인력거 1대, 자동자전차 5대, 하차 59대, 하우차 150대, 하마차 1대, 자전차 505대 합계 744대가 있었다. 승합차 운행상황은 마찬가지로 『조선생활상태조사』에 의하면 아래 <표 4-3>과 같다.

〈표 4-3〉 1930년대 강릉의 승합차 운행상황

운행노선	리수	소요시간	운행횟수	통 과 지 역
원주—강릉	40	8시간	1	구산, 차항, 진부, 대화, 방림, 운교, 안흥, 횡성
강릉—장전	39	8시간	1	주문진, 양양, 대포, 간성, 거진, 고성, 온정리
강릉—주문진	5	1시간	2	
강릉—안목	1.18	20분	부정기	
강릉—삼척	16.18	3시간	1	
강릉—견소진	1.18	20분	부정기	

---

57) 최철, 『강릉, 그 아득한 시간』 해방전후와 전란기, 연세대학교출판부, 2005, p.99

최철의 글에 이 시기의 강릉지역 교통상황을 알려주는 것이 있다.

① 1930년대 버스 운전기사는 몇 사람 되지 않았고 사회적 대우도 지금
과는 달리 우러러 보는 대상이었다. 봉급 또한 넉넉하게 받았다. 당
시 버스는 숯을 태워 물을 끓여 운행했는데 숯은 지금의 가스와 같
은 역할을 한 연료였다. 또한 버스에는 조수가 있어 시동을 걸 때마
다 버스 앞머리에서 시동을 거는 쇠막대로 엔진을 돌려 겨우 시동을
걸곤 했다.

강릉에는 시내 중앙 대정정 부근에 버스터미널인 동해상사가 있었
다. 동해상사의 주주는 일본인들이었고 조선 사람으로는 당시 갑부
였던 최준집 한 사람이 있었다. 버스 노선은 강릉에서 주문진을 거
쳐 양양까지 가는 동해 북부선이 하루 한 번 있었다. 서울을 가자면
양양까지 버스로 가 그곳에서 다시 열차를 이용 원산으로 간 후 경
원선을 타고 서울로 가야했다. 그것이 강릉에서 서울로 가는 유일한
교통망이었다.

한편, 남쪽으로는 묵호와 삼척을 거쳐 울진까지 운행하는 노선이 있
었고, 서쪽으로는 평창, 진부, 대화를 거쳐 제천까지 운행되는 노선
이 있었다. (중략)

버스는 은색이었고 정원은 24명을 넘지 않았던 것으로 기억한다. 그
당시 주문진-강릉 구간은 하루 2회 운행되었고 소요시간은 1시간이
었다.[58]

② 일정시기 일력사(일력사)는 인력거 3대가 운행되었는데 지금의 택시
에 견주어지는 교통수단이었다. 앞에서 인력거꾼이 끌었는데, 모양
은 마차 모양이지만 고무바퀴여서 잘 굴렀다. 바퀴의 크기는 현재의
트럭 크기만 했다. 인력거꾼은 손님을 태우고 힘껏 질주해서 목적지
까지 편안하게 운행해 주었는데 따가운 빛과 비바람을 가리도록 우

---

58) 최철, 앞의 책, pp.98~100.
  이 책은 1942년부터 1950년까지 강릉에서 유치원, 초등학교를 다닌 필자가 6~
  15세 때 기억에 뿌리를 두고, 어린시절의 기억에 의존해 쓴 것이라 혹 사실과
  다른 것이 있을 수 있다고 서문에 밝혀 둔, 해방전후와 6·25전쟁기의 강릉생활
  의 현장 이야기와 생각과 느낌을 정리한 것이다.

리나라의 가마와 같은 모양을 하고 있었다. 긴 의자를 두어 두 사람 쯤 탈 수 있었다. 요금은 정해져 있지 않았고 손님들의 형편에 따라 지불했다. 이용하는 사람들은 일본인이나 요정에 나가는 기생들이었 다. 6명이 2교대로 하루 일하고 하루 쉬는 식으로 운행되었다. 인력 거꾼의 제복은 검은색 또는 짙은 청색으로 일본풍이었다. 강릉의 인 력거는 물론 일본인이 경영했다.59)

①의 경우에는 강점기 버스의 운행방법, 기사에 대한 대우와 사회적 위치를 말해 주고 있으며, 지금의 남문동에 버스 터미널인 동해상사가 있 었음을 알려주고 있고, 당시 버스 노선과 운행간격 등의 정보에 대하여 살필 수 있다.

②에서는 강점기 교통수단의 하나였던 인력거에 대한 이야기로 1929 년경 앞에서 살펴 본 『생활상태조사』에서 '인력거 1대'에 대한 의문을 갖게 하는 사실이다. 인력거의 이용자가 일본인, 기생, 유지 등이었던 것 을 감안하여 '일력사'에만 있었으리라고 볼 수 없고, 파악되지 않은 수량 이 더 있을 것으로 추측된다.

1930년대에 편찬된 강릉지역 향토지들60)이 보여 주는 도로사정은 비 슷하게 기술되어 있으며 『동호승람』에는 다음과 같이 기록되어 있다.

도로 : 현재 2등로와 3등로가 개통되었는데 도로의 경사가 없으며 모든

---

59) 최철, 앞의 책, pp.106~107.
60) 『중수임영지』 역로·교량조 ; 강릉문화원, 『완역증수임영지』, 1997, p.40 ; 장림 천교는 금산부근에 있었던 다리인 것으로 생각된다. 낙풍교는 1931년 철교로 개 설, 신리교는 1929년에 철교로, 군선교는 1924년, 주수교는 1931년에 각각 가설 하였고 나머지 교량도 모두 각각 개설한 것으로 기록하고 있으며 동호승람의 기 록과 상이한 부분이 있다.
『동호승람』 권2 도로·교량조 ; 최호·임호민, 『국역 동호승람』, 강릉문화원, 2001, pp.40-41.
방동인 편, 『영동지방 향토사자료총서(6)』(지리지), 관동대학교영동문화연구소, 1994, p.171.

차량이 통행한다. 예부터 험하지는 않았다.

철도 : 원산에서 시작하여 강릉을 경유하여 부산에 이른다. 현재 해안공
　　　사가 진행 중이다.

2등로 : 남쪽으로 삼척으로 연결되며 망상면 경계까지 95리 이다. 북으
　　　　로는 양양으로 연결되며 신리면 향호리 경계까지 60리 이다. 서
　　　　쪽으로 평창으로 연결되며 대관령 도암면 경계까지 40리 이다.

3등로 : 남쪽으로 정선으로 연결되며 왕산면 고단리 경계까지 70리 이
　　　　고 동쪽으로 견소진리까지 10리 이다.

임도 : 주문진에서 니현(진고개)까지 80리이다.

　위 기록을 통하여 강릉을 중심으로 사방으로 통하는 오늘날 국도에 해
당하는 주요 간선 도로망의 전반적인 상황을 알 수 있다. 철도교통에서
강릉을 경유 부산에 이르는 부설계획은 있었으나 중일전쟁으로 그 중요
도에서 밀려 강점기에는 연결되지 못하였고 해방 후 경제개발 5개년 계
획으로 부설되었음을 상기하면 위의 철도 관련 기록은 오기로 보인다. 그
러나 철도부지 조성공사가 시행되었음은 확실하다. 그리고 서·남·북을
잇는 국도와 연계된 도로망 체계였음을 알 수 있다.

　또한, 교량부문에서 사천의 판교, 석교, 그리고 토교의 존재를 알려주
고 있으나 자세한 상황은 알 수 없고 현재의 강릉교가 1932년 11월 시멘
트 공법으로 새로이 건설되었음을 밝혀준다. 당시 강릉지역의 교량으로
북쪽으로 5리에 군정교, 10리에 정동교, 20리에 사천교, 30리에 연곡교,
40리에 신리교, 50리에 향호교, 서쪽으로 15리에 방도교, 20리에 굴면교,
서원교, 40리에 목계교, 70리에 고단교, 남쪽으로 10리에 섬석교, 25리에
군선교, 60리에 낙풍교·주수교, 90리에 부곡교 등이 있었으나 어떤 모습
이었는지 자세한 상황은 알 수 없다.

　철도는 강릉지역에 계획만 있었고 부설되지 않았으나, 우리나라의 철
도는 일본의 대륙침략을 위한 군사 목적으로 설치되었다는 것이 일반적
인 견해이며[61], 근대사회로 접어들면서 전근대적 도로의 개수에 대한 인

식이 확산되고 있었으나 근대적 교통통신이 실현될 기회를 마련하기도
전에 일제의 강점을 맞게 되었다. 일제에 주권을 빼앗긴 상황에서 근대적
교통통신의 주체적 건설은 가능할 수 없었으며, 일제는 그들의 침략의도
에 따라 도로를 개설함으로써 그 후의 침략과 약탈을 예고하는 전조가
되었다.

1935년경 강릉에는 자가용이 2대 정도 있었는데, 번호판이 5번과 55
번이었다. 당시 자가용을 타고 가면 일본순사가 경례를 붙일 정도였다.
일제강점기 서울에는 택시가 있었으나 강릉에는 택시가 없었다. 해방 후
1950년대 초에 시발택시가 있었다. 택시 대신 1941년경 강릉에는 인력거
가 있었다. 인력거는 주로 기생들이 타고 다녔다. 요리집에서 기생을 부
르면 기생이 인력거를 타고 오곤 했다.

한편, 남천다리 밑에는 우마차 조합이 있었다. 1939년~1940년경에는
군단위로 조합을 결성하였고 조합에는 이사장이 있었다. 우마차 조합은
노새 같은 말을 부렸으며, 안목 바닷가에 도착하는 물품을 우마차를 이용
해 시내로 가져왔다. 혹 개인이 농사를 지으며 부업으로 또는 전업으로
했다는 증언도 있다. 전업으로 우마차를 부리는 경우 모두 조합에 가입하
였고, 번호판이 붙어 있었으며 운임은 70~80전이었고, 위험물일 경우에
는 운임을 1원 내지 1원 10전씩 받았다.

1942년경에는 목탄차를 사용하기 시작했다. 목탄차 다음에는 카바이
트차도 등장했다. 목탄차로 대관령을 정오 전에 넘어가면 잘 가는 것이었

---

61) 정재정, 『일제침략과 한국철도』, 서울대학교 출판부, 1999, pp.636~654 ; 철도
는 1899년 9월 제물포 – 노량진간의 경인철도가 개통된 이래 육상운송교통의 중
심이 되었다. 일제 강점 후 1914년 호남선과 경원선이, 1928년에는 함경선이,
1936년 전라선이, 1942년 중앙선이 각각 개통되었다. 일제는 식민지 정책을 효
과적으로 수행하고 대륙침략의 수단으로 철도부설을 확장하였다. 철도의 운영은
1906년 통감부 철도관리국이 설치되어 관리하다가 1917년에는 남만주철도주식
회사에 우리나라 철도의 경영을 위임하였으며, 1925년부터는 조선총독부에서 직
접 운영하였다.

다. 서울 가는데 최고 많이 걸릴 때에는 일주일도 소요되곤 하였다. '강릉~춘천'간에는 25시간이 소요되었다. 그래서 사람들은 목탄차를 두고 '올라갈 때 등신, 내려갈 땐 귀신'이라는 속언(俗言)을 만들어 내기도 했다. 이 때의 운전수는 자동차의 운행을 위해서는 운전뿐만 아니라 차 수리도 할 줄 알아야 했다.

통신에 있어서 강점 이후 일제가 우리나라에 실시한 전신정책은 주로 일본거류민의 편의를 제공한다거나, 한국민 탄압의 수단, 또는 대륙진출의 중계역할, 전쟁수행의 도구화 등에 이용되었다. 따라서 한국민의 복지향상은 철저하게 외면당하였으며, 한국어 말살정책의 강행과 함께 1941년에는 '한글' 전보도 폐지되고 말았다.

강릉지방에 전화는 1920년 개통되었으며, 1925년 우체사를 우편국으로 개칭하였다.[62] 1922년 1월 26일 강릉군 강릉면 성내리 24번지에 자리잡고 있던 우체사는 청사 뒤에 부속사로 전화 교환실이 만들어지면서 전화 교환 업무와 탁송·전보 업무가 시작되었다. 1928년말까지 강릉읍에 우편국, 주문진, 옥계에 각 우편소, 기타 우편취급소와 수입인지 판매소 19곳, 우편함 23곳, 사서함 12개, 전화교환 취급소 1개소 등이 있었다. 그리고 개인전화 가입자 수는 93명 뿐이었다. 당시 우편 취급 실적을 살펴보면 통상우편물 인수 542,138건, 배달 635,773건이었고, 소포 우편물은 인수 5,385건, 배달 19,050건이며, 우편 저금 예입 15,253건에 131,145,730엔이었다. 전신부문에서는 발신 35,498통, 중계 21,438통, 착신 32,318통이고 전화는 호출 3,580통, 통화량 232,831통으로 확인된다.[63]

1940년 11월 30일 부령 261호로 종전 원산 우편국이 강릉우편국을 관할하는 체신 분장국이었으나, 지방체신국으로 개편하고 강릉우편국은 경성지방 체신국 관할에 속하였다. 일제강점기 1935년까지 강릉지역 우체

62) 임영지증보발간위원회, 『임영강릉명주지』, 문왕출판사, 1975, p.147.
63) 강릉문화원, 『국역 강릉생활상태조사』, 2002, p.29.

국은 성내리 24번지에 강릉우체국과 주문진·옥계·사천의 4개소였다.[64] 1941년 제2차 세계대전 발발 후에는 모든 전신전화업무에 통신보안을 엄격히 적용하기 시작했고 일제는 전신의 민간이용을 통제하였으며 기존의 가입전화도 취소토록 종용하기도 하였다.

살펴본 바, 강릉에서 근대 교통은 전통시대 역원제 하의 역로를 근간으로 도로가 규모면에서 신작로라는 이름으로 확대되고, 자동차 교통이 도입되는 등 근대적 방법으로 전환되는 계기가 되었지만, 그 운용상황은 열악한 상태를 면할 수 없었다. 교통수단은 변화를 맞았으나 지역사회의 이용층이 한정되었고 아직까지 도시의 시가지화나 물류의 대량 운송 등에 크게 기여하지 못하는 수준이었다고 판단된다.

2. 동력선의 등장과 항·포구 개발

강릉은 자연적 입지에 있어서 동해에 치우쳐 있다고 볼 수 있다. 이로 인해 고대부터 포구를 이용한 항해술이 발달했을 것으로 추정된다. 삼국시대 신라의 이사부가 우산도를 복속시킨 기사,[65] 고려시대 동해안으로의 해적의 침구,[66] 조선시대 해상 방어체제 속에서 삼척포 진영에 소속된 연곡진·오진·주문진에 척후가 있었다는 사실에서 바다의 이용은 계속되어 왔음을 알 수 있다.

조선시대까지 강릉의 포구는 안인·안목·연곡·주문진 정도였다고 할 수 있다. 강릉의 세곡을 중앙으로 이송하는 조운은 『여지도서』에서 살펴

---

64) 강릉우체국, 『강릉우체국100년사』, 1998, p.59 ; 강릉(성내리24) 1898.1.5, 주문진(신리면주문리311) 1906.4.1, 옥계(옥계면현내리408) 1926.1.16, 사천(사천면미노리386) 1935.3.11 개설 되었다.

65) 『삼국유사』 권1, 지철로왕 조 ; 『삼국사기』 권4, 신라본기 4, 지증마립간 13년 6월조 ; 『신증동국여지승람』 강릉대도호부 조.

66) 『고려사』 권43, 세가43, 공민王 6년 6월 신사 : 권125, 열전 38, 이춘부조.

보면 '12월부터 이듬해 3월까지 畢捧하고, 4월에 원주 흥원창에 도착하여 4일 걸려 경강 용산포에 이르러 5월에 호조에 상납한다'고 하였다.

동해안의 전세 운송방식은 강릉이북 지역은 전적으로 육로를 이용하여 운송하였고, 강릉·삼척·울진은 육로와 수로를 병용하고 있었음을 알 수 있다. 즉 강릉은 원주까지 육로를 이용하고 원주에서 서울까지 수로를 이용하는 방법과 동해 바닷길을 이용하여 양양, 고성까지 가서 다시 통천로를 이용하거나 인제를 경유하는 육로를 통하여 서울로 들어가기도 하였다. 결국 강릉의 경우 전통시대에 있어서 중요한 포구는 안목이었으며 그 이용실상은 아직 자세히 밝혀져 있지 않다.

부산·인천·군산·목포 등 일제의 적출항이나 무역항의 범주에서 비교할 수 없는 미미한 상황이었지만, 일제강점 후 동력선의 등장과 함께 강릉의 포구들도 개발되기 시작하였다. 그 개발 상황은 해로로의 여객선 기착지 또는 산업항으로의 개발이었다.

해로로는 안목, 주문진, 묵호항 등 3곳이 있었는데, 이곳은 조선우선주식회사가 부산—원산간을 운행할 때 기항하는 곳이었다. 특히 주문진항은 동 회사의 雄基—阪神直航船이 정박하는 곳이었다. 그러나 동절기에는 동해의 파고가 높아서 선박의 정박이 곤란할 경우가 많았다. 강점초기 원산-부산 간 기항 및 소요시간 현황은 <표 4-4>와 같았다.[67] 주문진항은 부산과 원산을 연결하는 화륜선의 중간 기항지가 되었고, 화물과 여객을 운송하는 이 항로의 개설 시기는 앞의 표가 1913년의 상황을 말해주는 것으로서 대개 1910년을 전후한 시기였던 것으로 생각된다.

1913년 강릉지역에 거주한 일본인이 123戶에 392명이었으며 이 중

---

67) 春川憲兵隊本部編纂, 『江原道狀況梗槪』, 1913, p.255.
　　원산-부산간 당시 운항 배는 3척이었으며, 803톤급(대형) 2척, 386톤급(중형) 1척이었다. 모두 월 3회 왕복운항 하였고, 속도는 7.5～11마일, 승객은 대형 1등 6, 2등 18, 3등 336명이었다. 기항 항구는 장전, 간성, 양양, 주문진, 삼척, 죽변이었다.

4% 정도가 1차 산업에 종사[68]했으므로 미미한 상황이었지만, 이들은 동력선을 가지고 와서 풍부한 수산물을 채취하며 부를 축적해 갔다. 그러므로 강릉지역에서 동력선의 출현은 1900년대에 들어서면서인 것으로 추정할 수 있겠다.

〈표 4-4〉 1913년 원산-부산간 강릉경유 해상교통

군명	항진명	리수(마일)	원산부터 소요시간	운임(단위:엔)			적요
				1등	2등	3등	
계		188.8					
통천	장전	원산부터53.5	9시간	2.00	1.50	1.00	自元山至釜山 1등10.60
간성	거진	장전부터30.5	9시간50분	3.60	2.70	1.80	2등 7.95
양양	옹진	거진부터 25.5	12시간	4.80	3.60	2.40	3등 5.30
강릉	주문진	옹진부터 15.5	16시간	5.80	4.35	2.90	自元山至浦項 1등 9.20
삼척	정라진	주문진부터35.0	19시간	7.00	5.25	3.50	2등 5.90
울진	죽변	정라부터 29.5	36시간	7.60	5.70	3.80	3등 4.60

『강원도상황경개』[69]에서는 주문진항에 대하여 다음과 같이 설명하고 있다.

　　강릉읍을 지나 북쪽에 있으며, 남쪽을 향해 북쪽이 튀어나와 만을 이루고 그 남동쪽 방향으로부터 구릉이 서북을 둘러싸고 있어 북서풍을 피할 수 있고 汽船이 정박하기에 알맞고 남동의 풍랑을 피하기에 유리하며, 강릉은 강원도 동해안에서 상업이 발달한 제일의 지역으로 물화의 집산이 많으며 주문진은 강릉읍의 관문에 위치하여 물화의 많은 량이 주문진을 통하고 있다. 조선인 호수 100여호, 일본인 호수 15호가 있으며 은사금사업으로

---

68) 春川憲兵隊本部編纂, 위의 책 p.144.
69) 春川憲兵隊本部編纂, 『江原道狀況梗槪』, 1913, p.49 : 이 책자는 당시 춘천헌병대본부가 통치자료로 활용하기 위해 편찬한 것으로 본문을 연혁, 지리, 기상, 경찰, 위생, 민적, 폭도, 교통, 종교, 교육, 산업, 금융, 풍속, 고적, 잡지의 15개 장과 부록으로 강원도령과 강원도경무부령을 싣고 있으며 전체 490여쪽 일본어로 묶은 책이다.

어업실습소, 순사주재소, 우편소가 설치되었으며 또한 어업이 성하여 일본인 어민의 근거지이며 일본인 여관이 있다.

1913년의 주문진에 대한 간략한 설명이지만 이로써 판단하면 종전에 읍치 가까운 안목항이 중심적 위치를 지켰다면 동력선의 출현과 항포구의 개발로 1910년을 전후하여 주문진항이 강릉의 중심항으로 위치가 바뀌었음을 짐작할 수 있겠다.

또한 강원도의 해운에 대한 전체적인 상황을 다음과 같이 설명하고 있다.

　강원도의 해안은 대개 직선을 이루고 항만이 발달하지 못하고 종래에 기선이 기항하는 운수교통의 편리는 볼 수 없었으나 명치 41년(1908) 第一扇海丸의 고성군 장전 울진 죽변에 기항하여 본도에 있어서 해운이 시작되었다. 이후 이래기륭환, 삼포환, 태성환, 은기환 등의 부정기 기항을 보게 되었고 명치 45(1912)년 4월 1일 조선우선주식회사의 기선 황해환, 함경환 2척이 항로를 운영하여 월 3회 부산-雄基 간을 왕복하기에 이르렀다. 본도의 죽변 기타 다섯 항진에 기항을 시작하고 동시에 삼포환의 자유항로와 기타 기선의 부정기항을 보기에 이르렀다. 그리하여 강원도 동해안에 해운의 편리를 가져왔으며 산업의 지방개발을 위한 투자를 가져오는데 크게 기여했다.

이 기사를 통하여 1900년대 일본인이 이 땅에 들어온 시기에 강릉지역에도 미미한 상황이긴 했지만 일본인이 정주하기 시작하면서 1910년 이전에 이미 동력선이 출현하고 있음을 살펴볼 수 있다. 그러므로 강릉지역에 동력선의 출현은 1908년 제일선해환의 죽변 기항에 곧이어 있었던 것으로 생각된다.

한편 『강릉생활상태조사』[70)에 주문진 항구 축조와 관련한 사항을 확

---

70) 1930년 조선총독부에 의하여 일본어로 간행된 당시 '강릉군'의 생활상을 담고

인할 수 있는데, 주문진항은 부산·원산의 중앙에 위치하고 동해안의 방
어진과 장전의 중간에 있고 방어진, 장전과 함께 양호한 항구라고 하였
다. 주문진항은 1924년 4월 12일 방파제 공사를 시작하여 1926년 5월 5
일 당시 총 24만원의 공사비로 92m의 방파제 공사를 처음 완료하였다.
당시 항구 넓이는 23,000 여 평이었으며, 방사제 연장 81m, 도수제 연장
514m였다.[71] 지금 동해시인 묵호항은 1929년부터 축항공사가 시작되어
1931년경에 완공되었다.

　1930년대까지 강릉의 항포구 중 동력선이 머물고 새로이 항구로서의
역할을 하게 된 곳은 주문진, 안목, 묵호의 세 곳 뿐이었다고 판단된다.
이들 세 곳은 앞서 밝힌 조선우선주식회사의 부산-원산간의 기항지가 되
고 주문진항은 雄基-阪神 직항선의 기항지였지만 겨울철에는 파고가 높
아 선박이 정박해 있는 경우가 많았다고 한다. 당시 강릉의 항포구 해운
상황은 <표 4-5>와 같다.

　있는 지지류의 책으로 地誌, 경제사정, 부락의 현상, 생활양식, 문화·사상, 가계
　상태의 7개장으로 구성되었으며, 2002년 강릉문화원이 국역본을 발간하였다.
71) 防砂堤 : 해안부근의 모래의 이동을 방지하기 위해 만든 둑을 말한다. 댐의 건설
　이나 후안에 인위적인 구조물의 설치는 모래 공급원을 차단함으로써 침식되는
　해안의 모래를 보충하지 못하게 된다. 이와 같은 해빈(모래)의 손실을 막기 위해
　방사제를 설치하게 된다. 방사제는 주로 해안에 직각방향으로 해빈에서 바다 쪽
　으로 돌출된 형태로 만들어 진다. 이는 해류에 의해 실려 가는 모래를 가두어서
　침식을 막는 데 도움이 된다. 이와 같은 방사제는 상류 쪽에 모래를 쌓게 하지
　만, 모래를 빼앗긴 하류 쪽의 침식은 더욱 악화될 수 있다.
　導水堤 : 해안 하구에서 물의 흐름을 원하는 방향으로 흐르게 하기 위한 제방
　구조물로 突出堤라고도 한다. 하천의 水制工事로서 물이 흐르는 방향으로 축조
　하는 것으로 도류제라고 하는 경우가 있으나, 일반적으로 도류제라고 하면 하구
　에 설치되는 것을 말한다.

〈표 4-5〉 1929년 강릉 해운 상황[72]

항 \ 종별	기 선		기 타 선 박		화 물(엔)	
	出	入	出	入	移出	移入
주문진항	318	318	198	198	196,352	82,113
건소진(안목)	108	108	208	208	520,160	1,009,900
묵호	210	210	58	58	5,308	4,829
계	636	636	464	464	721,820	1,096,842

위 표에서 보면 주문진항이 동력선으로서 기선의 수가 가장 많고, 기타 선박은 안목항이 가장 많다. 그리고 화물량에 있어서는 안목항이 월등히 많음을 알 수 있는데 이는 강릉·성덕·정동면 등 시가 중심지 인구가 주문진의 8천여명의 인구에 비하여 4배 가량 많았고 일본인 거주자도 3배가량 많았기 때문인 것으로 판단된다. 그러나 이 표에서 전체 선박의 척수가 주문진이 월등히 많고 기선의 수도 훨씬 많은 것을 보면 화물량의 이동에 있어서 그 신빙성은 여전히 문제로 남는다.

부산-원산 기선의 항로가 개설되고 주문진이 기항지가 되면서 1918년경 주문진 등대가 설치되었으며,[73] 이어 축항 사업 등 시설보강 및 보수 사업이 시작되었던 것으로 파악된다. 주문진항을 중간 기착지로 이용하는 이 항로는 경원선 철도교통과 연계되고 있었다. 동해 북부선 철도는 개통되었으나 강릉지역에는 철도가 미개통 상태였으며, 강릉 이남의 지역에서는 육로를 이용하거나 해로를 이용하여 원산에 이르러 철도를 이용하여 서울에 갔었다. 즉 강릉 이남지역에서는 주문진항에서부터 원산까지는 기선을 이용하고 그곳에서 다시 경원선 철도를 이용하였다. 이로써 기선의 중간 기착지 주문진항은 동해 해역의 교통의 요충이 되었으며, 동시에 근대에 이르러 강릉지역 최대의 항구로서 동해 해역의 관문 역할

---

72) 강릉문화원, 『국역 강릉생활상태조사』, 2002, p.27
73) 주문진항은 1927년 6월 항구로 지정되었지만 등대는 1918년 3월에 조선총독부 체신국 소속으로 설치되었다.

을 수행했다고 할 수 있다. 당시 강릉지역 각 항포구에서는 소형선박을 이용하여 기선을 이용하려는 사람들을 주문진항으로 운송하였던 것으로 파악된다.[74)

　근대 강릉지역 항포구의 개발에 있어서 특이할 사항은 종전에 남대천 하구의 읍치 가까운 곳에 위치하여 가장 규모가 크고 이용율이 높았던 안목항이 동력선의 등장과 함께 정체되고 항만시설로서 유리한 지형적 이점을 갖추고 있었던 주문진항이 새로이 개발된 것이라고 생각된다. 근대 강릉지역의 여타 포구들은 주문진항으로의 여객·화물이 집중되는 형태로 운영되었던 것이다.

---

74) 이규대, 「해운과 해양사」, 『한국의 해양문화』, 해양수산부, 2002, p.142.

제3절 현대 강릉의 교통발달

광복 당시의 우리나라 도로 구분은 일제의 조선총독부령인 이른바 조선도로령에 따라 국도, 지방도, 시군도로 구분되어 있었다. 이 당시의 우리나라 도로의 대부분은 자갈길이었고, 포장율은 겨우 0.026%에 불과했다. 제2차 세계대전에서 일본이 패망하고 비로소 독립을 맞이하게 된 대한민국은 강대국들 사이에서 남북분단 상황을 맞았고, 1950년 발발한 6·25전쟁으로 21세기 냉전체제가 무너진 상황에서도 여전히 현재 휴전선을 사이에 두고 분단되어 있다.

6·25전쟁은 우리 사회의 모든 부문에 걸쳐 유례없는 막심한 피해를 가져왔다. 산업시설은 대부분이 파괴되어 산업 마비상태였고, 특히 도로망은 군사보급로였던 관계로 주요 공격 목표가 되어 간선도로와 대소 교량들의 피해는 더욱 컸었다. 한편 시가지 또는 도시 주변의 도로포장은 군용 차량들의 빈번한 통행으로 거의 파손되어 土砂道나 다름없는 실정이었다. 6·25전쟁이 휴전성립으로 종식되자 전후복구사업이 국가적으로 시급한 과제였다. 정부당국은 복구대책으로 참전 우방국들에게 복구 원조를 교섭한 결과, 1954년도부터 ICA(International Cooperation Administration)의 원조가 실현되어 원조자금이 1955년도에 2억3,670만 달러, 1956년도에 3억2,670만 달러, 1957년도에 3억8,280만 달러에 이르렀는데, 이는 1962년도까지 계속되었다.

1962년부터 경제개발 5개년 계획을 지속적으로 추진하여 급속한 성장

을 이루었으며, 빈곤으로부터 벗어나게 된 「경제개발 5개년 계획」은
1982년 제5차 시행년도부터 「경제사회개발 5개년 계획」으로 바뀌었고
더불어 급속한 수도권 팽창과 도시 집중난을 해결하기 위한 국토균형발
전 차원의 「국토종합개발계획」 체제로 사실상 전환 시행되기에 이르렀
다. 또한 1990년대부터는 지방자치제도가 시행되어 이전과 다른 양상으
로 교통기반시설이 변화하게 되었다.

현대 강릉의 교통발달과정의 특징은 1958년 강릉비행장의 설치, 1962
년 철도교통의 도입, 1975년 영동고속도로의 개통, 도로교통체계의 현대
화, 해운항만시설의 현대적 개발이라고 할 수 있다. 그러나 강릉에서 항
공교통에 의한 공항촌 개발이 미약하였으며 2002년 강릉공항이 폐쇄[75)]
되었으므로 항공교통을 제외하고 육상교통을 중심으로 해방 이후 교통의
변화상을 살펴본다.

1. 철도부설·고속화도로와 도시화

1940년대 초기 일제강점기 전쟁 중 통제경제시대에 강원도 전체 버스
를 도(道)단위로 통합하여 동해상사와 경춘철도가 36:64의 비율로 통합한

---

75) 공군이 관할하는 군용 비행장으로 강릉시 남항진에 위치해 있다. 1개의 활주로
가 있고, 본래 민항기도 운항했으나 2002년 중단된 뒤에 운항하지 않고 있다.
1948년 8월 미군으로부터 인수하여 1958년 1월 민항비행장으로 개항했다. 이후
이용객 수의 증감에 따라 수차례 운항과 휴항을 반복했으나, 2002년 4월 3일 양
양국제공항이 개설되면서 민간 항공기 운항이 중단되었다. 2002년 당시 대한항
공이 서울~강릉, 강릉~부산 노선을, 아시아나항공이 서울~강릉 노선을 각각
운영했다. 1996년부터 2001년까지 시티항공의 부정기 헬리콥터가 운항되기도
했다. 부지면적은 7만 1,018m²이며, 활주로의 크기는 2,740m×45m이다. 여객터
미널의 면적은 3,018m²로 연간 86만 명의 여객을 처리할 수 있다. 항공기 운항
횟수는 연간 14만회까지 가능하다. 계류장은 면적 1만 8,548m²이며, 주차장은
차량 159대를 수용할 수 있다. 2011년에 2018년 평창 동계올림픽 유치에 성공
하면서 민간 항공기 운항을 재개해야 한다는 주장도 제기되고 있다.

것이 강원여객이다. 강원여객은 해방 후 귀속재산(관리재산)이 되었다가, 당시 강원도 통역관으로 있던 최돈택(동해상사 주식회사 창업주)이 강원여객의 지배인이 되었다. 당시 강원도 전체의 버스 숫자는 54대였다. 54대 중 36대 정도가 사용할 수 있었을 뿐이고 나머지는 부속품을 구할 수도 없고 타이어도 부족했다. 그래서 미군정청에서 타이어와 트럭을 보급해 주었다. 동해상사는 미국에서 휘발유를 사용하는 시보레 자동차를 최초로 수입한 바 있다. 해방 후 남북이 막혀 서울 가는 교통편은 기차와 버스였는데 대부분 버스를 이용했다. 기차는 1962년 개통 후 강릉에서 청량리까지 12시간 정도 소요되어 버스를 이용했으며 버스는 새벽 6시에 출발하면 오후 3~4시에 도착했다. 진부나 대화, 안흥에서 아침 겸 점심을 했다. 1950년대에서 1970년대까지 강릉-서울 간 버스는 동해상사와 강원여객 두 편이었고 모두 아침 일찍 출발했다. 동해상사의 서울지점은 종로 3가 세운상가 맞은편이었고, 강원여객은 종로 2가가 종점이었다.[76]

<표 4-6> 1970년대 강릉의 도로

(단위 : km)

국도				지방도			송암선	8	강릉	송암
노선	연장(관내)	기점	종점	정선선	47(40)	강릉	정선	보광선	16	강릉	보광
경강선	254(22)	강릉	서울	황지선	48(40)	강릉	황지	사기막	14	강릉	사기막
경춘선	226(22)	강릉	춘천	진부선	12	주문진	삼산	사천진	13	강릉	사천진
강원선	160(22)	강릉	원주	시군읍도				산계선	14	묵호	산계
포항선	254(44)	강릉	포항	경포선	7	강릉	강문	대기선	36	강릉	대기
고성선	120(24)	강릉	거진	남항진	7	강릉	남항진	남양선	12	묵호	남양
안목선	6	강릉	견소동	구정선	6	강릉	구정	금진선	12	묵호	금진
				금광선	8	강릉	어단리	삼교선	8	주문진	삼교

* 『임영강릉명주지』, 1975.

1947년 2월 1일 최익선은 20대의 트럭으로 화물자동차회사인 태양상

76) 최철, 앞의 책, p.101.

사를 창립하여 강릉과 청주간 명태와 엽연초를 교환하는 일을 하였는데 차는 목탄·카바이트차를 사용하다가 GMC를 도입하였다. 6·25전쟁 복구 사업이 마무리되고 1963년부터 시가지내 각 간선도로가 포장되기 시작하였는데 도로, 교량, 자동차, 터미널 등의 변화 모습을 살펴본다.

이 표에서 보면 경강선, 경춘선 등의 노선 연장이 현재보다 멀게 표기되고 있는데 그 동안 도로의 굴곡을 펴는 직강공사가 계속되었기 때문이다. 그리고 현재 국도로 바뀐 정선선, 황지선, 진부선이 당시까지 모두 지방도였음을 알 수 있다.

1970년대와 1980년대의 강릉의 교통에서 도로는 1977년 전체 연장 372,358km 중 포장연장 131,383km로 포장율 35.2%에서 1987년 총연장 341,340km 중 포장연장 201,670km로 포장율 59.1%로 개선되었다. 강릉시와 명주군이 통합시로 새 출발을 하기 직전인 1994년말 전체도로 연장은 571,496m였다가 2003년말 629,457m, 2013년말 975,884m로 확인된다. 이 기간 각 도로의 종류별 연장 변화를 살펴보면 <표 4-7>과 같다. 2003년 이후 도시계획에 의하여 읍면지역 내륙산간지역에 종단 도로망이 확대되면서 지방도와 시군도 연장이 크게 확대되었다.

<표 4-7> 1990년대 이후 도로 연장[77]

(단위:m)

년도	합 계					고속도로	일반국도	지방도	시군도
	계	포장	포장율	미포장	미개통				
1994	571,496	405,458	70.9	82,338	83,700	52,140	119,050	61,200	400,306
1999	656,963	441,031	67.1	178,032	37,900	54,140	117,693	61,200	423,930
2003	629,457	521,590	82.9	69,967	37,900	68,920	129,231	69,000	362,306
2013	975,884	654,393	67.1	59,494	261,997	66,480	132,927	87,796	686,681

---

77) 강릉시, 『통계연보』제39호, 1999 ; 제44회, 2004 ; 2003년 현재 지방도포장율 54.5, 시군도78.9%이며, 도로 총연장629,457m 중 포장연장은 521,590m로 전체 도로포장율은 82.9%이다.

통계수치가 일정치 않아 신뢰 문제가 있으나 1995년 해안도로의 개설로 시군도의 연장이 늘어났고, 2002년 영동고속도로 대관령 구간 등 4차로 확장 개통 및 구대관령 고속도로구간의 국도 전환, 동해고속도로의 지방도 전환으로 고속도로, 일반국도, 지방도의 연장에 일부 변화가 있었다. 강릉시 도로의 전체 연장을 이루고 있는 각 도로의 종류별 현황을 국도, 고속도로, 교통현황의 순으로 살펴본다.

먼저 강릉지역의 일반국도는 강릉국도유지건설사무소에서 유지관리하고 있다. 강릉국도유지건설사무소는 1975년 6월 18일 대통령령 제7663호 및 건설부령 제157호(지방건설사무소설치령)에 의거하여 설치되었다. 이에 따라 같은 해 6월 21일부터 강원도지방국토관리청에서 사무를 개시하였는데, 같은 해 8월 12일 강릉시 홍제동 15번지 문화원 2층에 임시사무소를 설치하였다가 1976년 4월 30일부터 강릉시 포남동 1118-4번지로 옮겼다가 2010년 구산리 405-1 현 위치에 있다.[78] 강릉국도유지건설사무소는 일반국도와 그 부대시설을 유지관리하고 보수하는 임무를 맡고 있는 한편, 유지보수용 장비운용관리, 접도구역관리 실태점검 및 지도, 교통량 조사 등의 업무를 담당하고 있는데 관할구역은 고성군, 양양군, 삼척시의 근덕면과 원덕읍, 평창군의 봉평면과 진부면, 도암면, 용평면, 홍천군의 내면, 인제군의 북면 등 4개 읍 22개면의 일반국도 571.7km를 관할하고 있다.

---

78) 강릉국토관리사무소는 원주지방국토관리청의 산하기관이다. 원주지방국토관리청은 1961년 영월에서 국토건설청 태백산지역국토건설국으로 출범해 이듬해 건설부 태백산국토건설국으로 개칭되면서 영주로 옮겼다. 1975년 직제 개정으로 강원도 지방국토관리청으로 개편되면서 원주로 옮기고 강릉국도유지건설사무소를 신설하였다. 1979년 원주지방국토관리청으로 개칭되면서 원주지방국토관리청 강릉국도유지건설사무소로 개칭되었으며, 2002년 1월 1일에는 강릉국도유지건설사무소 양양출장소가 설치되었다. 2008년 3월 6일 강릉국도관리사무소로 개칭되었고, 2010년 2월 4일에 강원도 강릉시 성산면 구산리 405-1에 소재한 현재 청사의 준공식이 있었다. 2012년 3월 30일 강릉국토관리사무소로 개칭되었다.

이 가운데 외부와 강릉시를 잇는 일반국도는 진고개를 이용하는 국도 6호선과, 국도 7호선, 그리고 삽당령을 이용하는 국도 35호선이다. 국도6호선 가운데 '방내-주문진'간은 2차선이고, 국도 7호선 가운데 '옥계-강릉'간은 29.5km이고, '강릉~주문진' 간은 22.7km인데, 모두 포장된 4차로로 바뀌었다. 국도 7호선은 남쪽의 동해시로부터 강릉시의 옥계면(주수, 현내, 낙풍), 강동면(정동진, 안인진, 상시동)을 거쳐 노암동, 성남동, 죽헌동, 대전동, 사천면 미노리, 연곡면 방내리, 영진리, 주문진읍, 주문리, 향호리를 지나 양양군 현남면 인구리로 이어지고 있다. 국도 35호선은 부산으로부터 삼척, 정선을 지나 성산면 구산리로 이어지다가 시내 홍제동과 성내동에 이르게 된다.

1970년대에 이르면 각 하천에 설치된 교량도 크게 증가하였으며 이 시기에는 교량이 대부분 철근 콘크리트 교량으로 바뀌었다. 차량이 통행할 수 없는 좁은 교량도 있었으며 1970년대 교량의 수는 전체 62개소, 1995년 103개소, 2003년 132개, 2013년 총264개소에 총연장 39,441m[79]이다.

고속도로와 국도에서는 큰 변화가 없고 시·군도에서 교량의 수가 증가하고 있으며 수의 변동은 대부분 각 도로에 대한 관리전환에 따른 증감이 있다. 강릉교는 국도 7호선에서 강릉시내와 동해·삼척·포항 등 이남지역을 잇는 중요한 교량으로 1932년 개설된 이후 현재의 다리는 1970년 확장 가설되었다가 1990년대에 재가설되었다.

남산교는 1972년에 건설되었는데, 이전에는 철도 침목을 이용하여 만들었던 목재교량이었으나 1972년의 홍수로 다리의 중간부분이 휘어지게 되어서 새로이 건설하였다가, 1997년부터 2003년까지 새로 가설되었다. 남산교는 내곡동과 노암동 일대의 주민들 그리고 모산 등지의 주민들이 중앙시장으로 장보러 다닐 때 반드시 거쳐야 하는 교량이었다. 특히 강릉시의 문화체육 행사가 강릉공설운동장과 단오터에서 행하여졌으므로 지

---

79) 강릉시, 『제54회 2014강릉시통계연보』: 고속국도 159개소 33,081m, 일반국도 41개소 2,043m, 지방도 13개소 659.4m, 시군도 51개소 3,657.6m이다.

역주민들이 애용하던 다리였고 지금도 단오 때가 되면 남산교 밑에는 서커스를 비롯해서 단오장이 펼쳐진다.

포남교는 1988년에 건설되었는데 강릉시내와 강릉공항을 잇는 핵심교량으로 입암동지역의 중소기업공단을 드나드는 차량은 대부분 이 곳을 이용하고 있다. 이용차량이 많은 반면 교량의 폭이 좁아 혼잡을 빚어 2006년부터 재가설 공사가 시작되어 2008년 6차선으로 확장가설 되었다.[80]

현재 남대천에 놓인 연장 100m이상의 장대교는 이 외에 공항대교, 내곡교, 회산교가 최근에 새로이 가설되었다. 내곡교는 강릉의료원 쪽에서 남대천을 건너 내곡동의 남산과 가톨릭 관동대학교를 잇는 주요 교량이다. 이 내곡교는 1992년에 가설되어 다른 교량에 비하면 폭이 넓은 편이다. 이 내곡교가 건설되기 전에는 현재의 내곡교 자리 옆에 일명 '선거다리'라는 교량이 있었다. 선거 때마다 교각이 한 개씩 생겨났다가 선거가 끝나면 그대로 방치되어 언제 완성될 지 알 수 없는 다리였기 때문에 세간의 사람들은 이를 빗대어 '선거다리'라고 했다는 것인데, 지금은 그 흔적이 모두 없어졌다.

---

80) http://gangneung.grandculture.net 디지털강릉문화대전 : 1988년에 가설되었다. 길이 185m, 폭 11m, 경간장 30.5m, 설계하중 18db, 빔종류 PC형으로 이루어진 교량이다. 강릉 시내와 옛 강릉공항을 잇는 핵심 교량이다. 또한 입암동 지역의 중소기업공단을 드나드는 차량은 대부분 포남교를 이용하고 있다. 1987년 준공됐지만 교통량이 급증, 2003년부터 재가설 계획을 수립하고, 기존 2차선 교량을 완전히 철거한 후 이 자리에 6차선 교량으로 재가설하고 관광도시 강릉에 어울리게 교량위에 2개의 등대를 설치하는 등 포남대교 자체를 관광자원화한다는 방침으로, 차량 통행에 불편이 없도록 포남교 아래에 우회도로와 임시가교를 설치하고 2005년 6월부터 본격 공사에 들어갔다. 특히 6차선 교량으로 완공되면 2개 차선은 우회전 차로로 사용, 교통정체 현상을 줄이기로 했다. 포남대교는 길이 196m, 폭29.5m, 설계하중 24db로 2008년에 준공되었다. 이와는 별도로 길이 214m 폭25m의 교량 진입을 위한 접속도로도 함께 개설하였다. 기존에는 입암산업단지로 진출하는 포남교가 그동안 20톤 이상 차량은 통행이 제한되고 2차선으로 인해 교통체증이 심각했으나 포남대교 재가설로 2008년부터는 이 같은 문제가 일시에 해소되었다.

1970년대 자동차 부문에 버스 204대로 강원여객 82대, 동해상사 59대, 동원여객 55대, 영동관광 8대였고, 택시는 157대로 계명상사 66대, 관동택시 59대, 광희운수 32대였으며, 화물자동차는 227대로 대한통운 묵호지점 26대, 강릉지점 17대, 일광상사 35대, 계명상사 25대, 합동운수 33대, 기타 91대였다. 그리고 관용차량으로 버스 2대, 승용차 31대, 화물차 16대, 자가용으로 승용차 31대가 있었다.

1977년 강릉시 1,238대 명주군 401대로 총1,639대에서 1987년 강릉시 6,235대, 명주군 1,406대 총 7,641대로 바뀌었다.[81]

2004년 시내버스는 19개 노선[82]이 운행되었으며, 시외버스는 서부선 동서울, 춘천, 인천, 수원, 안산, 충주, 제천, 횡성, 상봉동, 원주, 천안, 안양. 부천, 청주, 의정부, 용인, 전주, 광주, 북대구, 포천으로, 남부선은 울진, 포항, 울산, 동대구, 부산, 태백, 정선에, 북부선은 속초, 현내로 운행되고 있으며 시외버스도 동서울, 동대구, 포항 노선에 심야버스가 운행되었다. 고속버스는 서울, 동서울, 대전 등지로 운행되었다.

2014년 시내버스는 78개 노선에 통학버스 2개 노선이 운행되고 있다. 시외버스는 서울 경기, 경기, 강원 영동, 강원 영서, 경북, 경남, 충청, 전라 등 8개 방면에 59개 도시를 연결하는 노선이 운행하고 있다.[83] 고속

---

81) 강릉시, 『통계연보』 제23회(1983), 제28회(1988) ; 명주군, 『통계연보』 제23회 (1983), 제28회(1988) 자동차 등록현황 참조 ; 1977년 강릉시 1,238대(승용차 317, 버스 272, 화물차 553, 특수차 51), 명주군 401대(승용차 75, 버스 5, 화물차 246, 특수차 21) ; 1987년 강릉시 6,235대(승용차 2,979, 버스 942, 화물차 2,290, 특수차 24), 명주군 1,406대(승용차 395, 버스 190, 화물차 801, 특수차 20).

82) 강릉시 교통행정과 자료 ; 101 안목-학산, 102 안목-어단, 103 공단-금광, 104 경포고-구정, 105 경포고-설래, 106 경포고-구정, 109 신터미널-정동, 110 동부시장-옥계, 111 공단-옥계, 112 공단-금진, 113 공단-오리동, 114 공단-안인, 115 공단-임곡, 116 공단-언별, 117 경포고-하시동, 118 공단-덕현, 119 공단-발전소, 120-공단-장적골, 121 공단-운산.

83) 시외버스 매일 운행횟수는 서울경기 방면에 동서울 28회 김포/인천공항 8, 경기 광주/하남 2, 안양/부천 7, 여주/이천 9회. 경기 방면 이천/성남 2, 성남 12, 군포/안산 8, 용인 5, 수원 12, 구리 3, 의정부 6, 동두천 3, 인천 13, 오산/송탄/평택

버스 운행은 고양, 광명철산, 광명KTX, 대전, 동서울, 서울, 원주, 파주문산, 파주운정, 횡성(상) 등 10개 노선에 200여회 운행되고 있다.[84]

2004년 강릉시가지 교통망은 도로시설 중 시내지역에 보도육교 3개소 96m, 고가도로 2개소 60m, 교통신호기 147개소, 교통경보등 73개소, 횡단보도 등 606개소의 시설을 갖추고 있는데, 시가지 가로 확포장사업, 시가지 개발사업 등으로 상황의 변동이 크다. 2013년 현재 시가지 교통망은 <그림 4-2>와 같으며 보도육교 4개소 121m, 고가도로 2개소 60m, 입체교차로 4개소 1,890m, 교통신호기 237개소, 교통경보등 82개소, 횡단보도 137개소, 안전표지판 5,720개, 맹인신호등 110개, 안전보호벽 294개, 무인단속기 34개소 등이 설치 운영되고 있다.

2013년 현재 자동차 등록대수는 총93,252대이며 승용차 71,009대, 승합차 4,549, 화물 17,378, 특수차량 316대 이다. 여객 자동차는 고속버스 78대, 시외버스 231대, 농어촌 버스 118대, 법인택시 625대, 개인택시 705대, 특수여객 42대, 전세버스 136대, 렌트카 750대이다. 화물자동차는 104개 업체에 860대, 개별화물운송사업 307대, 용달화물 2개 업체 5대, 개별 276대, 이사화물 등 기타 63대 이다.

강릉시의 시외버스 회사는 강원여객, 강원흥업, 동해상사가 있고, 고속버스 회사는 동부고속과 중앙고속이 과점상태로 운영하고 있으며, 현재 서울(강남·동서울)은 평일 44회 주말 52회 운행되고 있으며, 매일 원주는 24회, 대전은 15회, 고양 6회 운행되고, 속초-강릉-광명 경유노선이 매일

6. 경북방면 경주 8, 영주/안동/구미 2, 동대구 17, 북대구 10, 포항 36, 울진 12, 울진/덕구 15. 경남방면 부산 20, 마산 2, 울산/방어진 4. 충청/전라방면 제천 2, 청주 6, 대전 9, 천안 7, 유성/전주 3, 광주 4. 강원 영동방면 현내 1, 간성/거진 8, 양양공항 2, 동해 삼척 10분간격, 속초 20분 간격, 횡계/진부/장평 20분 간격 운행. 강원 영서방면 원주 42, 춘천 21, 홍천 1, 둔내 1, 태백 16, 평창/영월 5, 정선 11회 운행된다.

84) 고속버스 일일 운행횟수는 고양 6, 광명 10, 대전 9, 동서울 23, 서울 53, 원주 15, 파주문산 2, 파주운정 2회 그리고 횡성(상)휴게소 환승노선이 82회 운행되고 있다.

〈그림 4-2〉 2013년 강릉시가지 중심부 도로망도

7회 운행되고 있다. 시내버스도 강원여객, 동해상사, 동진버스의 3개사가 과점상태로 운영하고 있다. 택시는 택시회사가 급증하여 1993년 택시회사가 13개에 595대의 택시가 있고, 개인택시가 294대가 있어, 택시의 숫자는 총 889대로 집계되었으며, 2004년 현재 총 1,217대로 법인택시 16개 업체 691대, 개인택시 603대가 운행되고 있다.[85]

주차장은 1994년경 총 419개소 12,867면에서 현재 총 3,292개소 62,366면으로 이면도로 127개소 7,671면을 포함하면 최근 10년간 약 6배 정도 증가되었다.

---

85) 강릉시 교통행정과 자료 ; 2004년 현재 창영운수 99, 동아택시 76, 용봉운수 63, 강릉콜택시 72, 강일운수 50, 대종운수 41, 덕진운수 31, 대영운수 37, 강릉택시 35, 서영택시 35, 한일교통 31, 극동운수 26, 우신기업 26, 승진운수 16, 명진택시 40, 경포운수 13, 개인택시 603대가 운행되고 있다.

강원여객   동원여객   동해상사

〈사진 4-4〉 버스터미널 설치 전 버스회사(성내동)[86]

1970년대 초반 강릉에 시내버스가 없던 시절, 강릉시를 오가는 시외버스 정류장은 지금의 성내동 일대에 강원여객, 동해상사, 동원여객 등의 정류장이 별도로 있었다. 그러다가 1972년에 시외버스가 교동 156-35번지로 정류장을 이전하였고, 1976년에 고속버스도 시외터미널 옆에 고속터미널로 지정하여 사용하다가 교통량이 크게 늘어나면서 이전 필요성이 확대되었다. 1972년 당시 1일 여객수 4~5천명 수용 용량으로 설치하였으나, 1985년 이후 자가용의 급증과 터미널 주위에 상가 등이 과밀하게 급격히 형성되었고, 1일 교통량이 40,000여대, 이용승객이 10,000여명 이상에 달하여 교통 혼잡을 피할 수 없었다. 이에 차량을 분산시켜 균형 있는 도시를 형성할 목적으로 1986년 7월 19일 건설부 고시 제334호로 도시계획의 결정 고시 되어 시외버스 터미널의 이전 계획에 착수하였다.

1987년 12월~1988년 7월 사이에 공영개발사업으로 교동터미널 부지를 매각하였다. 강원여객(강원흥업) 3,204평, 한일여객 1,506평, 동해상사 1,057평, 화성여객 641평, 중앙고속 1,733평, 동부고속 1,733평, 시 공유지분 936평 등 총 10,810평으로 형성, 고시일로부터 2년 내에 연차별 집행계획을 수립하였고, 시설은 10년 이상 장기계획을 세워 1일 이용 승객수를 12,000명으로 예상하여 기준을 설정하였다.

---

86) 강릉에 여객버스터미널이 만들어지기 전 1969년 촬영한 사진으로 『사진기록 강릉 100년』(2000)에서 옮겼다. 강원여객(1921.3.28창립), 동원여객(1961.9.15), 동해상사(1927.4.17) 모두 성내동 현 임영로변에 위치하고 있었다.

　1993년부터 이전사업이 추진되어 강릉터미널이 1995년에 홍제동 현재
의 터미널로 옮겨졌다. 이에 따라 고속버스는 홍제동 992번지 일원의 신
터미널에 3,466평의 부지를 마련하여 지하1층, 지상4층의 연건평 1,542
평, 시외버스는 6,408평의 부지에 지하1층, 지상2층의 연면적 1,896평으
로 1995년 11월 3일 준공 운영 중이다.

구 교동버스터미널(1972~1995)　　　현 홍제동 고속·시외버스터미널(1995~)

〈사진 4-5〉 버스터미널의 변모

　철도부문에서 해방이전의 동해선은 부산에서 동해안을 따라 680km의
원산까지 직결하는 노반공사가 거의 이루어졌고, 남쪽으로는 '부산진~
포항'간 147.8km의 동해남부선이 5년간의 공사로 1935년 12월 16일 개
통되었고, 북쪽으로는 '안변~양양' 간 192.6km의 동해북부선이 1937년
12월 1일 개통되어 철도영업이 개시되었다. 이에 앞서 '용산~원산' 간
223km의 경원선은 1914년 9월 16일 완전 개통된 바 있다.

　그러나 강릉에서는 열차 개통이 늦어져 기차를 이용하여 서울로 갈 경
우에는 양양까지 도로교통을 이용한 다음, 양양에서부터 철도를 이용하
여 원산을 지나 서울로 왕래했던 때도 있었다. 영동선 '철암~묵호항'
143.5km는 1940년 8월 1일 개통되었고, 철암선(묵호항~철암)은 해방당
시 삼척철도주식회사의 사설 철도였다. 사설철도는 일제강점기에 일본인
자본가들에 의하여 건설·운영되어온 것이다. 미군정청의 사설철도접수위

원회 등은 1946년 5월 1일 서울의 교통회관에서 사설철도 접수식을 거행하였고, 1946년 5월 7일자 군정청 법령 제75호「조선철도의 통일」법령이 공포되어 철암선은 국유화에 의한 국영철도로 전환되었다.

해방 후 1948년 8월 10일부터 시행한 철암선 및 삼척선 철도운수 영업 개시에 따라 1948년 8월 10일 행정명령 제28호 삼척철도 이관에 의하여 철도운수 영업을 개시하였다. 38선으로 국토가 양단되자 동해선도 양단되어, 동해북부선은 원래 '북평~속초'간 110.3km에 해당되며 그 중 '옥계~속초'간 92.6km는 경제개발 5개년 계획사업으로 책정됨으로써 이미 그 투자가치가 인정되고 있었다.

태백산 지구의 지하자원과 동해안의 수산자원의 경제적 수송으로 지역개발을 촉진시키고 관광사업개발 및 국방상 중요역할을 담당할 목적으로 1961년 5월 5일 '북평~옥계'간 17.4km가 연장된데 이어 '옥계~경포대'간 32.9km가 1962년 4월 26일 착공되어 같은 해 준공되고 같은 해 11월 6일 개통식이 거행되었다. 따라서 건설예정 연장 110.3km 가운데 50.3km, 즉 46%가 이룩된 것이다. 동해북부선은 광복 이전에 노반공사의 대부분이 완성되었으나 오랫동안 방치된 까닭에 비바람과 해일 등으로 일부는 유실 또는 파괴되어 있었다. '옥계~경포대'간 동해북부선을 연결함으로써 정동진과 강릉지역에서 생산되는 무연탄 4,500톤, 철광석 1,370톤, 규사 1,300톤, 금·은·동 70톤을 매월 수송하게 되었을 뿐만 아니라 구간내의 4개 지역에서 1일 평균 1,200명의 승객을 수송하는 교통편의를 제공할 수 있게 되었다.

이른바 동해북부선의 건설은 태백산에 연해 있는 동해안 일대의 풍부한 지하자원, 특히 한국유일의 양양철광을 위시하여 강릉·옥계의 무연탄과 흑연 등의 개발을 조장하고 풍부한 임산자원의 수송로를 마련하는 한편, 연안선에 이어져 있는 고적과 명승지뿐만 아니라 관광자원의 개발에 박차를 가하게 되었다. 새로 개통을 보게 된 '북평~경포대' 간 50.3km의 공사는 북평-옥계, 옥계-경포대 구간으로 각각 1961년과 1962년에 준공 개통되었다.

동해안에는 파도가 거세기 때문에 해안 옹벽공사를 하는데 많은 어려움을 겪었다. 이를테면 동해북부선 제2공구의 해안 옹벽은 북평기점 16km 지점 200m 정도에 걸쳐 있는데, 과거 일제강점기말 파도의 피해를 막기 위한 호안공사를 하였으나 20여년이 경과하는 동안 노반과 함께 파도에 유실되어 이 부분에 대한 공사가 진행되었다.

강릉역은 1962년 11월 6일에 보통역으로 영업을 개시하였다. 철도교통에서는 동해북부선이 강릉경포대역을 종점으로 1962년 11월 6일 영업을 개시하였고 11월 13일 역사를 준공하였다. 강릉역을 시발역으로 하여 영주역에서 중앙선으로 접속되어 서울까지 운행되고 영주에서 대구, 부산으로 연결되었고 삼척역까지는 직행 운행되었다. 당시 강릉관내의 열차역으로는 강릉역을 비롯하여 경포대, 안인, 정동진, 옥계, 망상, 묵호역 등이 있었으며, 이 역들을 통해 물자의 이동이 주를 이루었으나 점차 여객이 증대되었고 1980년대 초기까지 중고교생들의 강릉으로의 통학열차로 운행되기도 하였다.

1979년 3월 1일에는 경포대역이 폐쇄됨으로써 강릉역이 영동선의 종착역이 되었다. 강릉역은 강릉시 교동 10번지에 소재해있고, 역의 부지면적은 265,915m²(80,439평)이다. 건물로는 역사가 438.02m²이고, 부대건물 2개동이 있는데 면적은 165.36m²이다. 건축양식은 벽돌조 슬라브 단층이다. 강릉역 구내의 현황은 열차가 출입하는 본선이 2개로 988m, 객차나 화차를 유치하고 연결하는데 쓰이는 측선이 11개 2,440m로 되어있다. 포용량수는 103량이고, 입환가능량수는 72량이다. 하루 평균 출입 차량은 객차 80량정도, 화차 20량 정도로 도합 100량 정도였다. 강릉역은 원주-강릉 간 철도공사로 2014년 9월 15일부터 2017년까지 운영 중지 중이며 현재 기존 강릉역사는 철거되었고 새로이 신축공사가 진행 중이다.

강릉역 외에 강릉지역 소재 기차역은 안인·정동진·옥계역이 있으며

모두 1962년을 전후한 시기에 강릉역과 함께 건립되었으며 동해 관리역
관할이다. 정동진역이 1990년대 부터 해돋이 관광열차 운행 등으로 해안
관광지로 부상하고 있다.

1962년 강릉지역 철도개통 이후 현재까지 강릉지역 철도수송 현황을
10년 주기로 살펴보면 다음과 같다.

〈표 4-8〉 철도수송의 변화[87]

구분	여객(인원;명)			화물(단위;톤)		
	계	승차	하차	계	발송	도착
1963년	427,964	214,317	213,647	80,535	34,445	46,090
1970년	2,086,759	1,141,468	945,291	357,161	340,821	16,340
1982년	1,503,474	693,793	809,681	313,050	87,484	225,566
1990년	1,087,274	475,289	611,985	341,886	53,221	288,665
2000년	1,768,120	560,084	1,208,036	1,821,702	1,184,128	637,574
2013년	774,404	372,756	401,648	1,106,556	598,206	508,350

앞의 표를 통해 살펴보면 개통 후 10년이 지난 1970년 여객의 급신장
을 확인할 수 있는데, 자동차 교통의 미발달로 철도교통의 분담율이 컸으
며, 옥계·강동 지역의 탄광개발로 화물수송 역할도 지대하였음을 알 수
있다. 1980년대는 자동차 교통의 발달로 여객인원이 감소하고 있으며 화
물 수송량은 큰 변화가 없었다. 1990년대 여객 부문이 감소하다가 2000
년대에 오면서 동해안 해돋이 관광 등 관광수요의 변화로 여객이 증가추
세였고 화물의 철도 수송량도 유류대 인상 등 도로운송 비용의 증가로
점차 철도 수송량이 늘고 있었으나, 2000년 이후 최근 도로교통의 확대
로 철도 운송량은 여객부문, 화물부문 모두 크게 감소하였다.

---

87) 강릉시, 『통계연보』, 4·31·41회, 명주군 『통계연보』 11·23회를 참고하였고
1970년과 1980년 통계는 없다.
강릉시, 『제54회 2014강릉시통계연보』, p.246.

강릉지역의 철도는 일제강점기에 이미 계획되어 있었으나 남북분단과 6.25전쟁 등으로 해방 후 곧바로 실행에 옮겨질 수 없었으며 경제개발 계획과 동시에 영동지역의 탄광산업 활성화에 힘입어 부설되었으며 도로교통의 발달이 부진하였던 1980년대까지 여객과 화물 운송의 일정부분을 담당해 왔다. 이후로 도로교통의 발달로 성장속도는 빠르지 않지만 그 안정성 때문에 점증해 왔다.

정부는 동서고속철도 '서울~속초~강릉' 간 240km를 민자유치를 통해 건설하고 전국에 남북 7개축(軸)의 격자형 간선 도로망을 형성키로 했다. 특히 통일에 대비, 남북 7개축 가운데 '목포~서울~신의주', '마산~원주~혜산(함경북도)', '광주~서울~만포(평안북도)', '부산~강릉~선봉(함경북도)' 등 4개 도로망은 남북을 바로 연결하기로 계획하고 있으며, 2012년 6월 1일 원주-강릉 간 복선전철 기공식이 있은 후 전체 120.3km 구간의 철도건설 사업이 추진 중에 있다.[88]

한편, 1980년대 들어서 철도교통은 도로의 포화로 수도권 전철망 확충, 선로의 개량, 혼잡선의 복선 및 3복선화 등을 실현하여 철도의 역할을 새롭게 자리 메김 하였다. 먼저 1974년 서울-인천, 구로-수원간 수도권 전철이 개통된 이후 크게 확장되었고, 1975년 영동선 철암-북평간 전철 개통, 1978년 호남선 복선 개통, 1979년 국산디젤기관차 운행, 1980년 국산 새마을호 신형동차 운행, 1984년 열차명 새마을호, 무궁화호, 통일호, 비둘기호로 개칭 및 통일호 이상 열차 승차권 전산발매 확대 실시 등의 발전을 보였다.

정부는 1994년 7월 2일 오전 충북 청원군 경부고속철도 중부지방건설

---

88) 원주-강릉 복선전철 사업은 1996년부터 타당성조사 등 사전 준비과정을 거쳐 2012년 6월 1일 강릉역광장에서 기공식을 가졌다. 20017년 완공을 목표로 총사업비 3조9천4백11억 원이 투입되는 이 사업은 원주에서 평창, 강릉까지 총연장 120.31km에 걸쳐 추진되는 대규모 국책사업이다. 사업이 완료돼 시속 250km급 고속열차가 투입되면 서울(청량리)~강릉까지는 기존 6시간 24분에서 1시간 6분으로 단축되고 원주-강릉 간은 37분이 소요될 전망이다.

사무소에서 제11차 신경제추진회의를 열고 이같은 내용의 '사회 간접자본 확충 전략'을 확정 추진하고 있으나 이 지역에서는 아직 별다른 시행 부문이 없고, 도시 재개발 계획에 따라 강릉역의 외곽이전(구정면 금광리)이 추진되었으나, 강릉시의 주장으로 2013년 기존 강릉역을 다시 건설하기로 하고 현재 건립 공사가 진행 중이다. 기존 강릉역 안이 확정되고 2017년을 목표로 현재 건설사업이 진행되고 있다. 특히 강릉역에서부터 약1.6km 시내구간은 기존 철로를 철거하고 지하화 공사를 추진하고 있으며 시가지내 철로 횡단의 불편은 사라지게 된다.

2014년 철거된 강릉역사   신축중인 강릉역사 조감도

〈표 4-6〉 강릉역사 모습

고속도로란 자동차 이외의 운반체나 사람과 가축의 통행이 금지된 자동차 전용도로이며, 출입시설 및 다른 운송체계와 교차하는 곳은 입체 교차화 하고, 지정된 진출입구 이외의 장소에서 차량이 출입하는 것과 차선 위에서의 정차를 금하며, 중앙분리대로 왕복차선을 분리하고, 주요 지역과 지역을 최단거리로 연결하는 도로라고 할 수 있다. 고속도로는 이러한 특징 이외에도 4차선 이상의 고속도로에는 주행선과 추월선이 마련되어 있어 규칙이 허용하는 범위 안에서 자유로운 추월이 보장되며, 장거리 이용자를 위하여 휴식을 취하며 식사와 다과를 즐길 수 있고 차량의 정비나 급유를 할 수 있도록 완전한 시설을 갖춘 휴게소를 적당한 간격으로 설치하고 있는 등의 특징이 있다.[89]

1962년부터 시작된 경제개발 5개년 계획이 농업개발을 통한 자립경제
기반 구축에 정책기조를 두어 교통망 확충은 미흡하였지만, 1950년대 후
반부터 서울-인천, 부산-마산, 서울-춘천, 천안-유성-대전-영동, 홍천-한계,
김천-왜관, 춘천-원주 등 주요 국도 포장사업에 착수하였고, 미군정하에
서 시작된 서울-부산간 국도개량 및 포장사업이 1971년 완성되었다. 경
제개발 계획의 수행으로 국가기반시설이 확충되었는데, 1차 계획 기간
울산공업단지와 2차 계획 기간의 포항종합제철단지는 우리나라의 경제
구조를 농업중심에서 중화학공업 중심으로 변화시켰고 모든 생산시설이
수출지향 산업체제로 전환되었다. 그러므로 대도시와 이들 공업지역을
연결하는 도로교통체계 확충의 필요성이 높아졌고 이런 기조에서 도로교
통망이 개선되어갔다. 1967년부터 시행된 제2차 경제개발 5개년 계획은
충분한 시간적 여유를 가지고 과학적인 방법과 훈련된 작업에 의해 1965
년부터 과제를 검토하기 시작했고, 제1차 계획사업의 평가결과, 장차 공
공도로의 수송 분담율이 크게 늘어날 것이 예견되어 제2차 계획에서는
"전국의 도로망과 교량의 정비강화"를 목표로 세웠다. 제2차 계획기간
중 도로부문사업 가운데서 가장 획기적인 것은 자동차 전용도로인 고속
도로의 건설이었다.

　1968년 경인고속도로·경부고속도로 등의 건설을 시작으로 1985년까

<hr>

89) 한국도로공사, 『한국도로공사20년사』, p.329.
　　우리나라 최초의 고속도로인 경인고속도로는 1968년 12월 21일 23.5km가 우선
　　적으로 개통되었고, 나머지 6km도 1969년 7월 21일에 완공됨으로써, 우리나라
　　도 고속도로시대로 접어들게 되었다.
　　1975년 10월 14일 경인, 경부, 호남, 남해 고속도로에 이어 우리나라의 다섯번째
　　고속도로로써 개통된 영동고속도로는 지난 20년간 영동권지역을 비롯한 주변지
　　역의 발전에 지대한 영향을 미쳤고, 향후에도 국토의 동서 간선 축으로 그 기능
　　이 매우 중요하다고 할 수 있다. 이에 정부에서는 1994년 현재 급증하고 있는
　　영동고속도로의 교통수요에 부응하고 동해안지역의 발전을 도모하기 위해서 현
　　재의 2차선을 4차선으로 확장하기 위한 공사를 계획·시행하여 2002년 완공을
　　보았다.

지 전국에 1,415.4km의 고속도로망이 건설되어 세계 제9위의 고속도로 보유국이 되었다. 1963년 「유효도로법」이 제정되고 고속도로의 건설과 관리를 전담하는 한국도로공사가 설립됨으로써 건설·관리체계가 확립되었다.

강원도의 동쪽에 위치한 영동지역은 험준한 태백산맥이 가로놓인 지형적 불리로 예부터 도로여건이 불량하였다. 우리나라 교통망 정비 초기단계인 일제 강점기에도 일제가 우리나라 교통망을 대륙침략과 자원의 수탈을 위해 X형 남북교통축 위주로 개발함으로써 영동권은 교통의 오지로 더욱 고착화되었다가 1960년대 제1차 경제개발 5개년 계획의 추진과정에서 태백권의 부존자원 개발문제가 논의되면서 영동권의 고속도로 건설이 제기되었고, 1966년 세계은행(IBRD) 교통조사단의 「한국교통조사보고서」와 한국능률협회의 「공로 및 공로운수사업 조사보고서」 등에서 공통적으로 영동지역의 고속도로 건설이 건의되었다.

영동고속도로의 건설은 '신갈~새말' 구간의 경우는 총사업비 92억 8,600만원을 투입하여 1971년 3월 24일 기공하여 같은 해 11월 30일 완공하였으며, '강릉~새말' 구간은 134억 9,600만원을 들여 1974년 3월 26일 착공하여 1975년 10월 14일 완공하였다. 또한 '속초~삼척' 간의 동해안 고속도로는 '강릉~묵호' 간만 우선 시공하였다.[90]

영동고속도로는 건설된 후 지난 20년간 수도권과 영동지역을 연결하는 유일한 고속도로로써 지역의 발전에 큰 역할을 수행하여 왔으나 최근에는 국민소득과 여가시간의 증대에 따른 관광수요의 급증과 북방교역의 활성화 등 국내외적인 여건변화로 새로운 시설 확충 정비가 요청되어 원주 강릉구간 까지 4차로로 확장되었다.

강릉시를 우회하여 영동고속도로와 동해고속도로를 연결하는 총연장 12.5km의 영동~동해선 연결고속도로의 건설은 강릉시민의 숙원사업으

---

90) 한국도로공사, 「한국도로공사통계자료」, 2003.

로서 당시 강릉 시가지를 통과하고 있던 '서울~속초', '서울~동해·삼척' 간의 물동량을 우회시킴으로써 각종 화물차량의 통행으로 인한 강릉시내 교통의 혼잡을 막고 교통 사고율을 감소시켜 생활환경을 개선하기 위한 것이었다. 당시 강릉의 도로는 강원 태백권과 수도권을 연결하는 강릉-서울 간 고속도로가 1974년 4월 21일 착공하여 1975년 10월 14일 완공 개통됨으로써 강릉 서울 간에 일반버스로 종전 8시간 소요되던 것이 3시간 40분대로 크게 단축되었다.91) 그 후 2001년 11월 28일 영동고속도로 전구간이 4차선으로 확장되어 대관령 구간이 현재와 같이 7개의 터널로 직선화 되었다.

영동~동해선 연결 고속도로의 건설방침은 1984년 12월에 건설부에서 확정, 1985년 5월 2일에 실시설계에 착수하여 1986년 7월 22일에 과업을 완료하였다. 그 후 영동고속도로와 마찬가지로 물동량의 증가로 동해고속도로 강릉-동해 구간이 2004년 11월 24일 4차선으로 새로이 확장 개통되었으며 구 고속도로는 국도로 전환되었다. 강릉을 지나는 영동선, 동해선고속도로의 관리는 현재 한국도로공사 대관령·강릉지사가 담당하고 있다. 1992년 3월 2일 중부지사에서 분리되어 영동지사가 만들어져 이천, 원주, 대관령, 강릉 이상 4개 지부를 관리하였으며, 현재는 강원지역본부 소속 대관령지부, 강릉지부가 각각 담당하고 있다.92)

2004년 강릉의 고속버스 1일 운행상황은 서울이 동서울을 포함하여 45회 내외 주말 52회, 원주 24회, 대전 15회, 고양이 6회이며 속초-광명

---

91) 임영지증보발간위원회, 『임영강릉명주지』, 문왕출판사, 1975, p.144.
  최돈택, 「강릉의 문화와 교통」, 『임영문화』 제4집, 강릉문화원, 1980, p.91.
92) 한국도로공사, 「도로공사통계」, 2003 ; 강원지역본부에 원주,대관령,강릉,제천,홍천,충주지부가 있으며 강릉지부는 동해선 61.8km, 대관령지부는 영동선 57.8km (신갈기점 137km에서 강릉까지)를 담당하고 있다.
  강릉지부 : 1969년 2월 15일 한국도로공사 창립 후, 1975년 10월 14일 동해고속도로 개통, 강릉도로관리소 개소, 1983년 월 1일 옥계영업소 개소, 1989년 1월 1일 도로관리소를 지부로 명칭변경, 1992년 11월 23일 강릉시 난곡동에 한국도로공사 영동지사 강릉지부 신축공사 준공 이전하여 오늘에 이른다.

경유운행이 7회 가량이다. 고속버스 외에 자동차에 의한 화물수송 분담
율은 지속적으로 증가하고 있다. 육상 도로교통의 여객 및 운송 분담율[93]
이 2002년 76%에 달하는 데서도 육상교통 특히 고속도로의 개통으로 인
한 강릉지역의 물류이동의 규모는 크게 확대되고 있다. 동해고속도로가
삼척-주문진 구간을 완료하였고 남북 7축 부산-간성 구간을 통일에 대비
한 도로망 구축계획을 2017년 경에 완성할 계획이다. 그러면 강릉을 중
심으로 한 고속도로망이 인근 도시들과 1시간대로 가까워질 것으로 예상
된다.

2. 해운·항만시설의 변화

해안을 끼고 있는 강릉지역에는 예부터 해상교통이 발달되었고, 바다
와 관련한 생업에 종사하는 주민이 많이 살고 있다. 해방 이후 강릉지역
의 항포구들이 사실 해운 교통면에서 보다는 산업항으로 개발되었으며
근래에 이르러 대규모 현대설비를 갖춘 산업무역항으로 개발되었거나 작
은 규모의 관광포구로 개발되었고 더불어 수산업 인구는 계속 감소추세
에 있다. 여기서는 바다와 관련한 사회 간접자본 시설로 해운 항만시설의
변화에 대하여 간략히 살펴본다.

바다와 관련한 최대의 사회간접자본으로는 항만을 꼽을 수 있다. 1960
년대 이래 항만건설은 다음과 같은 특징을 갖고 있다. 즉, 국가전체의 자
본동원 능력이 한정되었던 상황 하에서 제조업 부문에 투자를 극대화시
킬 목적으로 투자효율이 높은 일부 항만을 집중 개발하는 거점개발방식
을 채택하였다는 점, 그리고 자금사정이 가장 양호하였던 중앙정부가 자

---

93) 국가교통데이터베이스(www.ktdb.go.kr)에 의하면 2002년도 여객수송분담율은 도
로 76.37, 철도 7.68, 지하철 15.71, 해운 0.07, 항공 0.17%이며 화물수송분담율
은 도로 76, 철도 5.95, 해운 18 항공 0.06%이다.

체의 재원으로 개발사업을 계획하고 집행·운영을 전담하는 관주도형 항
만개발방식을 추구하였다는 점이다. 이러한 결과로 인하여 긴 해안을 접
하고 있으나 배후공업단지가 없는 강릉지역에는 이렇다할 항만이 없는
실정이나 무역항으로 옥계항이 있고, 연안항으로 주문진항이 있다.

한편, 어항은 어업을 위해 필요한 항구라고 정의할 때 어선의 정박, 어
획물의 양륙, 어선의 수리 및 보수, 어획물의 처리 장소로 필수시설이다.
또한 어민들의 공동체적 정주공간으로도 중요한 기능을 한다. 최근에는
어업 이외의 부문, 예컨대 양식업, 유통, 가공업, 레크리에이션업 등의 중
요성이 점차 증대되면서 어항에 대한 사회적 요구가 다양화되고 있다.[94]

어항의 지정은 어항법 제4조 제1항 동법시행령 제2조에 의거하여 수
산자원의 개발, 관련 산업의 계열화, 지역사회의 개발, 어획물의 유통, 기
타 자연적 조건을 고려하여 기준에 따르고 있다.

제1종 어항은 그 지방의 어선수가 80척 이상이고 다른 지방 어선의 이
용이 연간 100척 이상으로 그 어획고가 연간 1,000톤 이상일 것을 요건
으로 하고 있다. 제2종 어항은 그 지방 어선의 수가 20척 이상 80척 미만
이고 다른 지방 어선의 이용이 연간 30척 이상 100척 미만으로서 그 어
획고가 연간 100톤 이상일 것을 요건으로 한다. 제3종 어항은 어업지원
기지, 어장의 개발 또는 어선의 긴급대피에 필요한 곳을 요건으로 한다.
이외에 수산자원의 개발, 관련 산업의 계열화, 지역사회의 개발 또는 어
획물의 유통 등을 고려하여 특히 필요하다고 인정할 때에는 위 기준에
불구하고 어항으로 지정할 수 있도록 하고 있다.

이러한 기준에 따라 지정된 어항이 강릉시에는 1종 어항 3곳과, 2종
어항 2곳 외에 항만청에서 관리하는 항만이 2곳과 시·군에서 관리하는
소형 항포구가 6곳, 도합 13곳이 있다. 3종 어항은 없는데 그 지역이 어
선어업을 위주로 하고 있는 것과 관련이 깊으며 특히 연해어업보다는 근

94) 정인학, 「강원어촌발전을 위한 어항개발의 방향」, 『영동연구』 10, 영동문제연구
소, 1994, p.27.

〈표 4-9〉 강릉시 항포구 현황

구분	수량	항만청	수산청(1종)	강원도(2종)	시·군
강릉시	13	옥계,주문진	사천진,금진 안목(견소)	우암진,영진	강문,오리진,안인, 정동,심곡,도직
계	13	2	3	2	6

해어업이 큰 비중을 차지하고 있다는 데 그 원인을 찾을 수 있다.

한편, 1985년 10월 5일에는 동해지방해난심판원이 설치되어 강원도, 경상북도와 그 연·근해구역 그리고 서경 120도~동경 150도의 자오선내의 원양구역을 망라한 동해안 지역의 해난관련 사건을 담당하여 심판하고 있다.

해운항만청은 항로 표지법에 의거하여 항로 표지를 설치·관리하고 있다. 이러한 항로 표지는 항만의 관리청과 관계없이 해운항만청에서 관리하고 있다. 수산청 관리항만에 있는 표지는 수산청에서 만든 다음 항만청으로 이관시켜 관리하고 있다.

항로표지의 종류에는 광파표지, 형상표지, 음파표지, 전파표지, 그리고 특수신호 표지가 있다.[95] 광파표지는 등대, 등표, 도등, 조사등, 지향등, 등주, 교량등, 등부표, 등선 등을 말하고, 형상표지는 입표, 도표, 부표를 말하며, 음파표지는 에어사이렌, 전기혼, 다이아폰, 모터사이렌, 종 등을 일컫는다. 전파표지는 라디오비콘, 레이다비콘, 레이마크비콘, 로란, 데카, 쇼다비전, 오메가, 레이더국 등이 있고, 특수신호 표지로는 통항관제신호표지, 조류신호표지, 기상신호표지 등이 있다.

강릉지역의 등대는 주문진 유인등대(무신호), 주문진항동방파제등대, 주문진항방파제등대, 주문진항 제2돌제등대, 사천진항방파제등대, 사천진항좌안방사제등대, 정동진등대, 금진항방파제등대, 금진항방사제등대, 옥계항북방파제등대(무신호), 옥계항남방파제등대, 옥계항 제1호등부표, 옥

---

95) 항로표지법시행령(1986. 3. 15 대통령령 제11870호 전문개정) 제2조.

계항 제2호등부표, 옥계항 제3호등부표, 옥계항 제4호등부표, 옥계항 제5
호등부표 등 18개소이다.96)

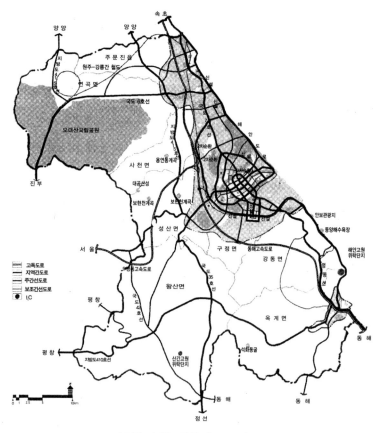

〈그림 4-3〉 강릉시 도로망도

---

96) 각 등대의 최초설치시기는 다음과 같다. 남애항동방파제등대 1966.7.20, 남애항
남방파제등대 1993.7.30, 주문진유인등대(무신호) 1918.6, 주문진항동방파제등대
1985.12.11, 주문진항방파제등대 1980.8.30, 주문진항제2돌제등대 1986.11.28,
사천진항방파제등대 1991.12.2, 사천진항좌안방사제등대 1991.12.2, 정동진등대
1982.9.25, 금진항방파제등대 1989.10, 금진항방사제등대 1989.10, 옥계항내 시
설 모두 1989. 10월 이다.

향후 산악지대의 산림보호구역 또는 자연공원구역을 제외한 전 지역이
바둑판 모양의 도로망으로 점차 확대 발전될 것이다. 1998년 강릉도시기
본계획에 실려 있는 <그림 4-3>의 '2016년의 도로망 계획도'를 살펴보
면 2015년 현재와 거의 비슷한 수준으로 도로망이 확대되어 왔음을 알
수 있다.

　지금까지 교통정책은 주로 교통소통에 역점을 둔 것이었다. 1997년부
터 교통신호 연동화 사업을 추진하여왔으며 2005년 134개소의 교차로를
개선하였고, 2006년 유산-내곡 간 순환도로와 교동 솔올지구 등 모든 노
선에 연동화를 시행하여 시간을 단축하는 교통환경을 구축하였다. 향후
의 교통정책은 안전에 비중을 두고 교통정보센터 도입, 도심지 주차장 확
충 등 안전과 편의를 제공하기 위한 방향으로 나아가고 있다.

　이상에서 강릉의 도시발전과 밀접한 관련을 가지고 있는 교통의 발달
특히 육상교통에서 철도부설 운영, 영동고속도로의 개통과 변화, 시가지
교통과 교통의 현대적 발달상에 대하여 검토하였다. 또한 항포구는 산업
항으로 또는 레져형 관광포구로 개발되고 있음을 확인하였다. 즉, 교통의
발달은 도시화 과정에 밀접한 관련이 있음을 살폈다. 원활한 교통은 사람
과 물류의 이동을 용이하게 하며 도시의 방향설정에 깊이 관계되어 있다.
오늘의 교통은 거리의 장애를 거의 극복하여 도심의 내외를 구분하기 모
호한 정도에 까지 이르게 되었다.

　교통의 발달이 결국에는 도시의 다각적인 변화를 가져오게 하였으며
도시중심지의 역할을 점차 완화시키는 방향으로 진전되고 있음을 알게
된다. 어떤 측면에서는 도로망의 확대가 결국 도시 확대의 전부라고 할
수 있을 정도로 도시발전의 중요한 기반이 되고 있다.

　육상교통의 중심은 전통시대의 역로이며 역원이 중요했듯이 현대에 있
어서 여객터미널의 의미도 중요한 것이다. 근대교통에서 강릉지역의 여
객터미널은 시가지 중심지인 성내동 지역에 위치했다가 1970년대 교통

량의 증가로 당시로서는 시가지 외곽이라고 할 수 있었던 교동지역에서 설치 운영되었다. 그 후 약 20년 정도 지난 시점에서 다시 시가지 외곽부인 홍제동 현재의 터미널로 이전하였다. 향후 또 어느 정도 시간이 경과하면 현재의 지역이 도심 속에 위치하게 되고 문제점이 생겨날 것이고 다시 또 다른 지역을 찾게 될 것이다. 이와 같이 교통은 도시발전과 밀접한 관계가 있다. 선후를 가릴 것도 없이 교통은 도시발전의 필수적 요소인 것이다.

제V장

강릉의 도시변화와 南大川

　남대천은 강릉이라는 도시의 구조변화에 많은 변화를 초래했다. 오늘날과 다른 전근대사회에서 수해에 의한 남대천 수계의 변화는 지역민의 삶의 터전을 바꾸게 하였을 것이고, 그런 측면에서 강릉의 도시변천을 일별하는데도 반드시 살펴보아야 할 부분이다.

　선사시대는 고고학적 조사결과를 일별해 보고, 실록에 나타나는 관련 자료를 검토해 보는 것으로 남대천의 변화상을 전통시대, 근대와 해방 이후의 시기로 살펴보고자 한다. 문헌자료와 고지도, 하천변 공사기록 등의 자료를 근거로 하였으나 각 자료의 지도축척 등을 통일할 수 없어 일률적 적용이 어려웠지만 각각의 자료로서 활용하였다. 또한 정확한 수계의 수치개념과 법칙들을 적용하지 못한 한계를 가지고 남대천 수계의 변화 과정과 그것이 도시변화에 미친 영향을 파악하고자 한다.

제1절 근대 이전의 南大川

1. 강릉남대천 流路의 변천

선사시대 및 고대의 남대천 수계 상황에 대하여는 유존자료가 없어 현재 알 길이 없다. 그러나 고고학적 연구의 진전으로 남대천 주변에 해당하는 옥천동, 송정동, 초당동, 포남동, 병산동 지역에 선사시대의 유물·유구가 일부 확인되기도 하였다.

마을의 모양을 갖춘 시기는 아니었지만 남대천에서 멀지 않은 하구의 북쪽 1km내외의 구릉지대에서 유적이 발견되고 있다. 처음 발견된 것은 신석기 유물로 1915년 일본인 鳥居龍藏·澤俊一 등이 강릉토성지에서 빗살무늬 토기편을 발견하였다.[1] 청동기 유적은 강릉 남대천 유역의 낮은 구릉지대에 집중되어 있다. 강릉시 포남동에서 집자리 1기가 확인되었는데 남북으로 5m, 동서로 7.3m 장방형이고 주거지 안에서 갈돌, 돌칼, 돌도끼, 돌낫, 반달돌칼, 화살촉 등의 석기류와 무문토기가 출토되었다.[2] 초기삼국시대의 유적으로 초당동 유적이 1969년에 발견되었다.[3] 당시 강릉교육대학 부지공사 중 무문토기와 타날토기가 다량 발견되었으며, 전반적으로 춘천 중도나 횡성의 둔내와 같은 류에 속하는 것이라 하며, 묘

---

1) 강릉대학교박물관,『강원영동지방의 선사문화연구』, 1991, p.12.
2) 이난영,「강릉시 포남동출토 선사시대 유물」,『역사학보』24, 1964, pp.119~140.
3) 백홍기,「강릉시 초당동출토 무문토기, 김해식토기」,『유적발굴보고』1. 강릉대학교박물관, 1984.

지로 추정되는 옹관묘로 사용된 것으로 보이는 타날문토기들이 발견되었다.[4] 초당동 유적에는 그 후 1974년 도굴되어 추가로 발굴된 고분도 있었다. 이들 초당동 고분들은 신라고분으로 파악되고 있는데[5], 초당동 지역은 경포호 남쪽 약 0.5km 남대천 하구에서 약 1.0km 내외의 지역으로 낮은 구릉지와 해발표고 약 5m 내외의 사구 송림지역이다.

강릉시 강문동 136-1번지 초기철기시대 유적지는 경포에서 송정으로 가는 도로에서 초당쪽으로 약 30m 지점으로 남측에 낮은 모래언덕이 있으며 주변은 밭으로 경작중이다. 초당두부공장 건물신축공사 터파기 공사 중 많은 양의 민무늬토기조각, 조개껍질 등이 출토되어 공사가 중지되고 긴급수습조사가 이루어진 지역이다.[6] 강릉지역의 선사유적지의 분포를 보면 경포호수의 주변과 남대천 하류 유역의 구릉지대들이 대부분 청동기시대의 유적지라고 한다.[7] 이러한 선사유적들이 송정동 유적을 제외하고는 경포호나 바다와 더 가까운 지역이지만 기록이 없어 알지 못하는 당시 남대천의 모습을 추정해 볼 수 있는 근거가 되고 있다.

남대천 하류지역을 중심으로 선사 및 고대 문화유적의 고고학적 발견성과의 일부를 살펴보았는데 이를 정리하면 구석기시대 유적으로 초당동 유적, 신석기시대 유적 역시 초당동유적, 청동기시대 유적으로 포남동유적, 철기시대 유적으로 강문동유적·강문동저습지유적·강문동철기시대주거지·초당동유적·병산동유적, 삼국시대의 유적으로 초당동고분군, 병산동고분군, 강문동 신라시대주거지 등이 확인 조사되었다.[8]

---

4) 강릉대학교박물관, 위의 책, p.25.
5) 이상수, 『영동지방의 신라고분연구』, 관동대학교대학원 석사학위논문, 1993, p.8.
6) 강릉대학교박물관, 『강원영동지방의 선사문화연구Ⅱ』, 1992, p.134.
7) 백홍기, 「강릉지방의 선사유적과 유물」, 『임영문화』 1, 1977, p.34.
8) 이상수, 「강릉남대천 하류역의 고대문화」, 『남대천 유역의 문화와 경제』 제5회 강릉학술발표요지, 강릉학회, 2004, pp.9~22.
　　구석기시대 - 초당동유적 : 2001년 발견, 현 초당초등학교 지역, 고토양층과 자갈층 확인,
　　신석기시대 - 초당동유적 : 2000년. 경포호 남측 송림지역으로 융기문토기편과

남대천 중류지역이라고 할 남대천 북변을 이루는 포남동, 옥천동, 성남 동 지역의 경우 정확한 상황은 아닐지라도 고대의 남대천의 한 부분을 추정해 볼 수 있는 근거로 예국고성지[9]와 관련한 자료이다. 조선시대에

빗살무늬토기편 석제어망추 등 발견

청동기시대 - 포남동유적 : 1963년. 爐址 유적 갈판, 반달돌칼, 돌도끼, 돌화살 촉, 청동화살촉 출토 B.C.8~6세기로 추정

철기시대 - 강문동유적 : 1992 수혈주거지 1기발굴, 초당동북쪽 사구지대, 기원 전 철기유적으로 추정

강문동저습지유적 : 1999년 교회부지로 경포호 남측 사구경작지, 동물유체, 목 기류, 식물유체 등 출토

강문동유적 : 2002~3년 여관부지로 발굴 呂발자형 집자리 등 33기 확인, 무문 토기, 철제낚바늘 등 출토

초당동유적 : 2003~4년 허균·난설헌자료관건립부지 발굴로 주거지에서 토기 류, 漢의 화폐 五銖錢 출토

병산동유적 : 1997년 도로부지 발굴, 철기시대 주거지 35기, 수혈유구 4기에서 무문토기 및 철제유물 등 출토

삼국시대 - 초당동고분군 : 1971, 1993. 1995년 아파트건립 등 공사중 발굴조사 석곽묘, 옹관묘 등 60여기 조사(금동제)

병산동고분군 : 1998. 2001. 2004년 총 100여 기의 신라고분 발굴. 목곽묘, 옹관 묘 등에서 철제류 출토

강릉 초당동 유적 : 초당동 84-2 등 59,290m2의 지역이 2007년 12월 3일 사적 제490호로 지정되었다. 강릉 초당동 일대는 지표조사 및 발굴조사(1993년 이후 강릉대학교 박물관, 강원문화재연구소에서 약 27차례에 걸쳐 발굴 및 시굴조사) 를 통하여 신석기, 청동기, 철기시대, 삼국시대에 이르는 주거지와 고분유적이 함께 분포하는 복합유적으로 확인되었으며, 특히 2005년 5월~6월에 강원도문 화재연구소에서 발굴한 초당동 84-2번지 주택신축부지에서 확인된 신라시대 수 혈식 석곽묘는 주·부곽이 달린 독특한 장법의 대형분으로 금동제 호접형 관모장 식, 은제 허리띠 장식, 마구류, 철검, 철촉 등이 출토되었으며 이는 삼국시대 당 시 강릉지역의 토착세력 존재를 확인시켜주는 귀중한 유물로서 삼국시대 동해안 일대를 중심으로 한 영동지역과 신라와의 관계 등 강릉지역의 지정학적 위상과 관련하여 학술적·문화재적 가치가 평가되어 2007.12.3 사적 제448호로 지정되 었다.

9)『임영지』 고적조, 濊國古城 在府東土築. 周圍三千四百八十四尺今廢. 而尙有其 址.『증수 임영지』 城池條. 濊國城 官門東土築 周回尺數未詳今廢.이라 되어 있 고『삼국사기』,『고려사』,『세종실록』등 지리지에서는 강릉의 건치연혁 정도의

제작된 1910년대 지적도면이 수 천 년 전의 상황을 말해줄 수는 없는 것
이지만, 도면을 작성할 당시 고대의 성터가 확인되었고 그것을 지적도면
에 옮긴 것이니 어느 정도 신빙성이 있다고 할 것이다. 이 지적도면에서
예국고성의 동 측면 지금의 옥천동 남측이 남대천에 닿아 있음을 알 수
있다.[10] 그리고 성의 동북벽 부근으로 개울이 있었으며 이러한 남대천
지류흔적들이 남대천 수로의 변화상을 암시하는 것이라고 생각된다.

삼국경쟁기를 지나면서 고구려와 신라 또는 발해와 신라의 경계설정
인자가 하천(泥河)이었듯이[11] 하천이 지역을 구분하는 요소로 중요한 의
미를 지닌다.『신당서』발해전에서 신라와 발해의 국경으로 니하가 언급
되어 그 절대 위치에 대한 의견이 분분한데,[12] 같은 맥락에서 예국고성
에 이어 통일신라시대에 김주원이 강릉에 오면서 명주성에 근거하였던
이유도 남대천에서 이유를 찾을 수 있다. 군사적인 요소와 행정적인 요소
에서 남대천 북변에 근거하였을 것으로 추정하면 예국고성지 주변이 당
시 남대천 수계의 영향으로 범람했거나 그것으로 인해 머물기에 적당치
않았을 것으로 추정된다.[13]

간략한 기술만 있고 조선후기의 전국지리지에서도 또한 언급이 없다.
10) 김홍술,『강릉지역의 성곽연구』, 관동대학교 대학원 석사학위논문, 1999, p.15.
11) 강릉시사편찬위원회,『강릉시사』(상), 1996, p.74.
서병국,「발해와 신라의 국경선 문제-동해안지역을 중심으로-」,『임영문화』 2, 1978,
pp.59~62.
『홍무대왕화산재기적비명』; 강릉시 교동725-2번지 화부산사 경내에 있다.
12) 방동인,「명주도독 치폐 소고」,『임영문화』 3, 강릉문화원, 1979, p.27.
「泥河의 절대위치에 대하여 안변부근설과 강릉 연곡천설이 있는데 전자는 통일
신라 이후 대동강과 원산만을 잇는 경우에 해당하고 5세기를 전후한 시기의 니
하는 강릉부근에서 찾아져야 할 것이라고 주장하고 있다.
13) 고동순,「강릉 학산리 굴산사지유적지의 복구방향에 대한 고찰」,『태풍「루사」
연구논문집』, 강릉시, 2003, p.565.강원문화재연구소의「굴산사지 긴급발굴조사
약보고서」(2003)에 의하면 조사 시 문화층 확인에서 신라말경 큰 수해를 겪은
홍수층을 확인하였는데 이 사지는 예국고성지인 옥천동지역과 6km 거리에 있으
므로 예국고성 주변의 하천 범람을 추정해 볼 수 있다.

선사시대 즉 원시부터 인간은 살기 좋은 곳을 본능적으로 찾게 되었고, 인간의 지혜가 축적되면서 산과 강을 가늠하여 집자리, 무덤자리를 만들었다. 그렇게 만들어진 선사 및 고대의 유적은 남대천의 물길과 주변의 구릉을 터전으로 하였다.

이 시대의 남대천 수계가 어떻게 되었는가를 살피는 일은 기상·천문학적 자료를 바탕으로 한 문헌자료가 필수적이겠지만 아직 그런 상황에 있지 않다. 다만, 현재의 남대천 주변지역에 당시 사람들이 남긴 유적을 통하여, 그리고 예국고성과 명주성의 위치를 통하여 남대천 주변이 그들의 생활근거지로서 적당한 자연환경이었으리라는 것을 추정할 수 있는 것이다.

우리나라의 하천은 일반적으로 河谷이 넓고 하천의 굽이가 완만하여 평형상태에 도달한 하천이 많다고 하지만,[14] 하천이란 원래 자연 상태에서 우기에 사행을 한다고 볼 때 고대의 남대천의 모습은 왕산골과 대관령에서 내려오는 물이 오봉리 아래 구산에서 만나 산북리 칠봉산에 부딪히고, 칠봉산을 돌아내린 물은 금산벌로 정봉 가까이로 흘러 명주성 서측 아래 임경당 가까이에서 다시 남쪽으로 사행하여 제비리, 회산동으로 흘렀을 것이다. 여기서 淮山이라는 지명이 식자들에 의해 한자로 표기될 때 '강이름 회' 자를 쓰게 되었다고 하고[15], 마을에서도 그렇게 쓰고 있지만 옛날 남대천이 마을 가까이로 사행했던 데서 유래한 것으로 생각할 수도 있을 것이다. 회산부근에서 남행했던 물이 다시 여울[16]을 만들면서 북행하여 명주동의 강릉의료원 방향으로 북행하였다가 노암동으로 남행하고 다시 노가니골(魯澗)에서는 부분적으로 서행하는 부분도 있었다.[17] 그리고 성남동 지역에서 다시 남행하여 연화봉에 부딪히고는 옥천동으로 북행했다가 예국고성과 만나고 하구로 이르면서 더 넓고 크게 사행하여 오

---

14) 지지편찬위원회, 『한국지지(총론)』, 건설부 국립지리원, 1980, p.251.
15) 김기설, 『강릉지역지명유래』, 인애사, 1992, p.73.
16) 남대천 북측 홍제동 흑벼리소(黑硯沼), 남측 회산동 양장소(羊腸沼).
17) 김기설, 앞의 책, p.75.

늘날의 송정동, 남항진동 지역에는 넓은 충적지를 형성하였을 것으로 추정된다.

우리나라의 하천은 사행의 길이가 짧아 충적물에 의한 자연제방이 만들어지는 경우가 드물다고 하는데,[18] 강릉 남대천의 경우에도 서쪽 백두대간에서 동해안으로 급격히 낮아지는 지형적 요인으로 큰 하천이 발달할 수 없으므로 사행의 규모가 작아 자연제방이 생겨날 수 없었다. 또한 하천충적물에 의한 넓은 평야가 만들어질 수 있는 곳도 아니다. 이러한 자연적 요인을 감안한다 하더라도 선사시대 및 고대의 남대천이 지금과는 많이 다르게 산지의 낮은 곳을 따라 크게 사행하였을 것으로 판단된다.[19]

우리 역사에서 통일신라시대까지를 고대라고 볼 때, 문헌자료를 통해 남대천 뿐만 아니라 하천에 대한 기록을 확인할 수 없다. 대개의 경우 건치연혁으로 영역에 관한 대강의 사항만 알 수 있을 뿐이다. 2002년 태풍 '루사'의 피해가 있은 후 강릉시 구정면 학산리의 굴산사지에 대하여 2차에 걸쳐 긴급 발굴조사가 있었다. 당시의 발굴조사를 통한 문화층위의 확인에서 통일신라말경 이 지역이 큰 홍수 피해를 입었던 것으로 추정되는 견해가 있었다.[20] 굴산사지는 국립중원문화재연구소에 의하여 2010년부터 정밀발굴조사가 진행중이며 2019년까지 발굴조사가 진행될 예정이다. 굴산사지는 강릉 남대천에서 직선거리 약 5km 내외의 지역이다. 당시 남대천도 홍수로 인한 피해가 있었을 것으로 짐작된다.

고대의 강릉 남대천은 자연재해의 결과로 그 실상은 수시로 바뀌었을 것이나 그런 정황을 현재로선 자세히 규명할 길이 없고, 하천 수계의 변

---

18) 지지편찬위원회, 앞의 책, p.173.
19) 강릉 남대천은 동해안의 작은 하천으로 그 유역의 길이도 짧고 동해안으로 급속히 낮아지는 특수한 지형으로 우리나라 하천의 일반적 상황을 그대로 적용할 수는 없지만, 하천의 蛇行性에 비추어 추정해 볼 수 있다.
20) 강원문화재연구소, 「굴산사지 긴급수습발굴조사결과 약보고서」, 2003.

동도 현재보다 훨씬 심하였을 것으로 짐작된다.

2. 강릉읍치와의 관계

고대와 마찬가지로 고려시대나 조선시대에도 강릉 남대천에 대한 기록은 남겨져 있는 것이 별로 없다. 고려시대의 경우 조선시대에 와서 편찬된 관찬사서인 『고려사』 지리지가 있으나 강릉 남대천과 관련한 부분은 없으며 당시 남대천의 이용에 관한 사항은 농업용수로의 이용과 미미하지만 수로로의 이용, 방어적 이용이 전부였을 것이다. 유로가 짧고 하상의 고도차가 커서 수로로의 이용도 미미한 상태였을 것으로 보인다.

조선전기 예종 및 성종기인 15세기 후반 艶陽寺에 내려졌던 蒜山堤堰을 농사를 짓는 백성들에게 돌려주어야 한다는 상소가 여러 차례 있었는데[21] 염양사의 정확한 위치를 알 수 없지만 강릉부 치소의 가까운 곳 교동 근처에 있었던 것으로 미루어 산산제언도 남대천 수계에 있었을 것으로 짐작된다. 우리나라의 치수와 관련한 기록으로 삼국시대로 거슬러 올라가 백제의 碧骨池는 길이가 1,800보나 되었다[22]고 하는데 그 이전부터 농사에 수리의 이용은 국가적 사업으로 행해졌을 것이다. 조선시대 태조의 농업정책은 수리사업에 역점을 두어 낡은 제언을 수축하고 농경이 가능한 전답을 조사하고, 제언 수축에 농민들의 반대에도 불구하고 강경책을 쓰기도 하였다. 조선전기에 국가의 강력한 관개정책의 일환으로 남대천 수계에 관개용과 방수용으로 여러 개의 堰, 洑, 溝渠 등이 존재했을 것으로 짐작된다.

조선시대 전기 및 후기의 관찬지리지 또는 개인에 의한 지리지들 속에

---

21) 『예종실록』 권3. 원년 2월 14일 이후 『성종실록』에 산산제언의 관리권을 부여받은 염양사와 중 학열의 폐해에 대한 상소가 여러 차례 있었다.
22) 『삼국사기』 권1 신라본기 제1 탈해니사금조.

서도 남대천 수계에 관한 기록은 거의 확인되지 않는다. 다만 각 지리지
속에서 남대천의 존재와 제언의 명칭만 확인되는 정도이다.『조선왕조실
록』의 강릉과 관련한 기사에서 남대천 수계의 변화요인이었을 기상과 관
련한 자료, 하천시설을 중심으로 살펴본다.

- 1424년 9월 폭풍이 불고 비가 와서 벼를 손상시켰다.[23]
- 강릉대도호부 남대천 주변 역참으로 대창, 구산이 있고 蟇害는 대령
  역이다.[24]
- 1454년 7월 10일 큰 비가 내려 우계의 민가가 거의 표몰 되었다.[25]
- 1555년 7월 25일 강릉 등 여섯 고을에 2일간 폭우가 내렸다.[26]
- 1605년 7월 23일 영동은 강릉부 5리 밖에 남대천이라는 내가 있어
  전에 물이 넘치는 것을 막기 위해 냇가에 나무를 심고 제방을 튼튼
  히 쌓았다. 본 부가 설립된 이후 남문 밖에 관노비 1백여 호와 백성
  들의 사노비가 많이 살고 있었다. 갑자기 큰물이 덮쳐 내를 막은 수
  구를 파괴하고 굉음을 내며 천지를 삼킬 듯이 밀어 닥치니 1백여 호
  의 관노비들은 어쩔 바를 모르고 지붕이나 나무 위로 올라갔는데,
  나무가 뽑히고 집이 부서지니 일시에 떠내려가 처자와 형제 등 일가
  족이 줄줄이 죽기도 하였다. 울부짖는 소리가 천지에 진동하여 차마
  듣고 보지 못할 지경이었는데, 부사 金弘微는 남성에 가서 크게 통곡
  하였다. 전답은 천여 석 지기가 모래에 뒤덮였고, 가옥은 크고 작은
  것을 가릴 것 없이 모두 침수되어 사람들이 의지할 곳이 없었다. 대
  관령에서 해변에 이르기까지 기름진 넓은 벌판에는 까마득히 흰 모
  래만 보일 뿐이고 익사한 우마가 부지기수였다.[27]
- 1607년 7월 1일 강원도 강릉 등의 고을에 큰 홍수가 났는데 을사년
  (선조8년,1575)의 재해와 같았다.[28]

23)『세종실록』권25, 6년 9월 16일(무자)조.
24)『세종실록』권153, 강원도 강릉대도호부조.
25)『단종실록』권11, 2년 7월 10일(기미)조.
26)『명종실록』권19, 10년 7월 28일(경신)조.
27)『선조실록』권189, 7년 7월 23일(을미)조.
28)『선조수정실록』권41, 40년 7월 1일(신묘)조.

- 1648년 4월 12일 강원도 삼척 강릉에 홍수가 나서 산이 무너져 깔려죽은 사람이 있어서 본도로 하여금 구휼케 하였다.[29]
- 1660년 5월 27일 강원도 강릉 등지에 5월 7일부터 13일 까지 큰 비가 쏟아지고 바람에 뇌성까지 겹쳤고, 비가 갠 후 서리로 초목이 마르고 목화 기장 등이 모두 동해를 입었다.[30]
- 1666년 2월 29일 강원도 영동에 바람이 불고 산불과 물로 사람이 죽었으며 강릉은 1백 27호가 불탔고, 5명이 익사하였다.[31]
- 1733년 7월 26일 강원도 영동 9읍과 영서 8읍에 큰 비가 오고 바람이 불어 밤낮 그치지 않았다. 육지가 내를 이루고 집들이 침몰되어 빠져 죽은 자와 가축이 셀 수 없을 정도였다.[32]

이상의 기록에서 남대천 중류지역이라고 할 수 있는 강릉부 가까운 곳의 남대천 水界의 상황을 짐작해 볼 수 있는 기록은 선조 7년(1605)의 경우이다. 하천의 북변으로 범람을 막기 위하여 제방을 쌓고 냇가에 나무를 심는 등의 치수사업이 예전부터 있었음을 알 수 있다. 치수를 위한 수구가 설치되어 읍성 서측에서 유입되어 동측으로 흘려보냈으며, 남대천 북측으로 관아와의 사이에 노비들이 마을을 이루고 살았음을 보여주고 있다. 더불어 남대천 주변에 천 여 석 지기의 전답이 있어 남대천에서 농업용수를 이용하고 있었다는 확증을 얻을 수 있다.

또한, 남대천과 관련하여 조선시대에 제작된 각 지리지들의 기록을 살펴보면,

> 府城 남쪽 1백보에 있으며, 물의 근원은 대관령에서 나온다. 여러 골짜기의 물이 합류하여 松嶽淵과 廣濟淵이 되어 동쪽 바다로 흘러간다.

---

29) 『인조실록』 권49, 26년 4월 12일(병오)조.
30) 『현종개수실록』 권3, 원년 5월 27일(신사)조.
31) 『현종개수실록』 권14, 7년 2월 29일(경진)조.
32) 『영조실록』 권35, 9년 7월 26일(을사)조.

는 내용의 간단한 설명이 『신증동국여지승람』을 비롯하여 『동국문헌비고』, 『여지도서』, 『대동지지』, 『임영지』 등에 동일하게 나타나고 있다.

조선후기에 제작된 여러 지리서들이 강릉 남대천에 대한 자세한 기록을 보여주고 있지는 않지만 유역의 길이 35리에 불과한 작은 하천에 대하여 언급하고 있는 것은 강릉지역에서 남대천이 기능하는바 중요성을 암시해 주고 있는 것으로 보인다.

국가에 의한 치수정책이 고르게 펼쳐지지 못했던 전근대 사회에서 강릉 남대천은 그 유역의 곳곳에 수리이용 시설로서 보, 제방, 수구 등이 존재하고 있었고, 강의 남북을 이어주는 전근대적 수준의 다리가 있었을 뿐이다.[33]

『임영지』의 기사조에 이전의 기록들 보다 자세하게 남대천 유로의 변천을 알려주는 기사 2건이 있다.

① 물길은 본래 대창역 남쪽을 비스듬히 지나 팔송정 위까지 흐르다가 물굽이가 활궁자(弓)모양을 이루면서 초당과 강문교를 지나 경포로 들어갔다가 동해 바다로 들어갔다. 강문교는 송강 정철의 관동별곡에 기재되어 있으며 다릿발의 흔적은 지금도 완연하다. 대체로 이 때에는 과거에 많이 올랐으며, 이름 난 벼슬을 지낸 큰 인물이 많이 배출되었으나 100년 전에 물길이 크게 변하여 강문으로 흐르던 옛 물길이 막혀 버리고 팔송정에서 견조도의 개펄로 곧바로 흐르면서부터 인재가 드물게 배출되었으며, 과거에 오르는 사람은 있었으나 재상은 나오지 않았으니, 사람들은 당초 흐르던 물의 기세가 길을 잃은 때문이라 하였다. 근래에 물길이 다시 변하여 남문 밖으로부터 연화봉 아래를 지나 견조도 개펄로 들어가니 이 때부터 읍리의 분위기가 쓸쓸해졌다. 풍수지리에 밝은 사람이 물길이 변경된 죄라고 하

33) 『신증 동국여지승람』 강릉대도호부 교량조에 '신증'으로 표기하고 부 남쪽 10리에 누교가 있다고 하였는데, 누가 있는 다리인 것으로, 후의 『강원도지』에 부의 남쪽 1라 한 것이 맞을 것이며 남대천의 다리로 생각된다. 또한 경포호의 수구인 부의 동 12리에 강문교가 있었음을 알 수 있다.

니 말이 어찌되었든지 이치는 그럴 듯 하였다.[34)]

② 옛날에 읍성을 설치할 때 경방으로부터 땅을 파서 도랑을 만들어 城 서쪽으로 물을 끌어들여 청청각 앞에 작은 연못을 만들었고 객관 앞에는 큰 연못을 만들었다. 성 동쪽으로는 퇴수로를 만들어 물이 통하도록 하였다. 오랜 세월로 막히고 메워지자 부사 安允行이 다시 보수하여 물을 대고 큰 연못에 팔각정을 세우고 연꽃을 심으니 연꽃이 만발하면 구경할만 하였다. 후에 또 못쓰게 된 것을 부사 李亨逵가 사림과 의논하여 옛 모습과 같이 물길을 트고 연을 심었으나 근간에는 수리를 하지 않았다.[35)]

①에서 『임영지』 구지의 전·후·속지 중 속지가 만들어진 1786년을 기준으로 볼 때 앞에서 '100년전에 물길이 크게 변하게 되었다'는 것은 17세기 이전이 된다.[36)] 시기를 확증할 수 없지만 대체로 그 이전에 남대천 중류의 어느 시기 물길이 현재의 시가지 옥천동을 지나 송정쪽으로 활궁자형을 그리며 경포호에 들어갔다가 강문교 수구를 지나 바다로 흘렀음을 알 수 있다. 그러던 것이 대략 17세기 이전에 강문교가 막히고 다시 송정지역 견조도 방향으로 흐르게 된 것이다. 송강 정철의 생존기간(1536~1593)을 보아 관동팔경을 지었던 시기에 이미 강문교가 사용되지 않았음을 알 수 있으며, 송강이 강릉에 오기 이전에 이미 견조도로 남대

---

34) 『임영지』 기사조 ; 南大川 水道古由大昌驛南 逶迤而下至八松亭上作彎弓形從草堂江門橋入鏡浦而注于海江門橋 載於鄭松江關東別曲而橋柱之根至今宛然 盖是時科甲輩出又多名卿鉅公百年之前水道大變 塡塞江門古道水自八松亭直瀉堅造島下由是人寸罕出雖有科甲而無卿宰人渭水勢失道故也 近來水道又變自南門外從蓮花峯下瀉下堅造自此邑里頗 蕭條堪輿家罪水道言涉有理.

35) 『임영지』 기사조 ; 在昔邑城剏設時自經方開渠鑿穴城西導入川水至菁菁閣前開小池 至客館前開大池 又鑿穴城東退出餘泒矣 年久廢塞賽知府安允行修築灌水立八角亭於大池中漏池種蓮花葉盛開秋光可賞後 又廢塞李侯亨逵從士林之論 又濬通古道引水種蓮近復不修.

36) 1933년에 간행된 『증수임영지』에서도 같은 내용을 싣고 있으나, 『임영지』의 전·후·속지가 만들어진 시기 17세기를 기준으로 추론함이 마땅할 것이다.

천 하구가 형성되었던 것으로 볼 수 있다.

조선 후기에 재임했던 부사들의 업적을 기록하고 있는 『관동읍지』의 선생안에서도 남대천 수계의 치수사업과 관련한 사항을 확인할 수 없으며 남대천 하구가 건조도 방향이었음을 보여주고 있다. 그러므로 이러한 사실로 미루어 남대천 유로의 변화는 17세기 이전에 <그림5-1>과 같이 변천되었을 것으로 추정할 수 있는 것이다.

②에서 부사 安允行의 재임기간은 1749년 4월부터 1750년 2월까지이고, 부사 李亨逵의 재임기간은 1774년 1월부터 1775년 10월까지이다. 그러므로 남대천의 물을 읍성 내에 끌어들여 못을 만들고 동벽으로 수구를 만들어 흘려보낸 일은 적어도 1775년까지는 이어졌던 것으로 판단된다. 조선시대 지리지 편찬이 1400년대부터 시작되었다고 보면 조선시대 대부분의 시기에 현재 시가를 이루는 지역의 남대천 곳곳에 洑와 水口를 만들어 물을 끌어들이는 작은 도랑 같은 것들이 여러 곳에 있었다고 볼 수 있다.

근대이전 도성의 경우 조선전기에 준천사업 등 주기적 하천관리가 이루어졌으며 임진왜란 후 빈번하게 준천사업이 실시되었는데 그 이유를 전쟁으로 인한 산림의 황폐, 개천에 대한 관리소홀, 기후조건으로 잦은 폭우를 들고 있다.[37)]

마찬가지로 강릉 남대천의 경우도 수령 7사 중 하나인 농업장려를 위한 방법으로 또는 호구확대의 방법으로 남대천 이용과 관리를 위한 노력이 지속적으로 있었을 것이다. 이 시대 남대천은 하구의 평야지역에 농업용수를 공급하였고 주민생활에 이용되었으며 미미하게나마 수로로 이용되었으며, 북측 강릉읍성(관아)을 중심으로 천변 주변에 관속과 중인층의 거주지, 좀 떨어진 곳에 양반과 서민층 거주지가 배치되었을 것으로 추정된다. 남대천 개발 이용에 따라 하천을 중심으로 강릉 중심지의 거주지가

---

37) 유경희, 「서울의 하계변화과정 연구」, 『향토서울』 49, 1990, p.156.

결정되었음을 짐작할 수 있다.38)

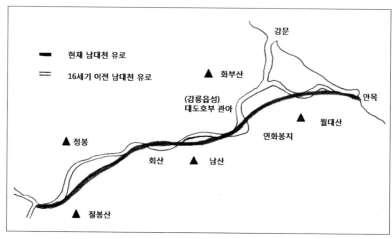

〈그림 5-1〉 추정 남대천 流路 변천도

　지역민의 도시생활에 남대천이 어떻게 이용되고 있었는지에 대하여 구
체적으로 추론할 수는 없지만 시가지의 도시화 이전의 자료들을 통해 추
정해보면 하천변 토지에 농업용수공급, 음용수 활용, 생활용수로의 이용
등 지역민의 생활 속에 밀접하게 활용되었을 것임은 부인할 수 없다.
　이상과 같이 전 근대 강릉 남대천의 모습을 간략히 일별해 보고 현재
남대천의 모습과 근대이전 남대천 유로의 변천을 추정해 보면 옛날 남대
천은 하구에서 경포천과 만나 강문으로 흘렀으나 임진왜란 이전에 이미
강문하구는 폐쇄되고 현재의 안목부근으로 하구가 옮겨지게 되었음을 알
수 있다. 전 근대 남대천 유로의 가장 큰 변화는 하구가 강문에서 안목으
로 옮겨진 일이라 할 수 있다. 동시에 조선시대 전기 사회경제적 발전으
로 조선 후기에 이르면서 남대천 변의 제언 축조 과정을 통해 임경당·보

---

38) 이규대, 「조선시대 강릉지역의 도시발달사」, 『경포호 보존과 개발』, 한국도시설
　　계학회 역사연구위원회 세미나발표자료집』, 2004, pp.3~4.

진당 등 지역의 유력한 가문들에 의해 천변 경작지가 개발된 것을 들 수 있다.

제2절 근대 남대천 변화의 특징

1876년 개항 후 국내외 정세변화가 복잡하였듯이 조선사회는 다방면
에 걸쳐 근대화를 위한 몸부림과 일본의 침략이 노골화되는 개항기를 맞
게 되었다.

조선왕조 중기부터 문란해진 토지제도의 부조리로 양반계층의 수탈이
자행되고 이러한 문제를 개선하고자 고종 32년(1894) 정치개혁의 일환으
로 토지제도의 부분적인 개혁이 시도되었다. 일본은 이를 시발로 대륙진
출의 전초기지로서 반도진출을 목적으로 지도를 제작하여 청일전쟁에 사
용하였고,[39] 1900년까지 측량에 의한 20만분의 1「대한여지도」를 완성
하여 러일전쟁에 활용하였다.[40] 대한제국 정부는 1910년 3월 토지조사국
관제를 제정 공포하고 토지조사 사업을 계획하였으나, 일제강점으로 중
지되고 총독부에 의해 같은 해 10월 조선 토지조사 사업으로 착수되었다.
그 후 사실상 근대적 토지측량과 지도제작 등 역사지리적 측면에서도 조
선총독부에 의해 진전될 수 밖에 없었던 암흑기이다.

이러한 시대상황 아래 남대천의 모습은 당시에 제작된 강릉의 지리지
인『강릉군지』의 산천 및 도서조에 간략한 기록이 있다.[41]

---

39) 이상태,『한국 고지도 발달사』, 혜안, 1999, p.124 ;「조선전도」로 1894년 육군
   문고 제작 공식 조선지도이다.
40) 국립지리원·대한지리학회,『한국의 지도』과거·현재·미래, 신유문화사, 2000, p.126 ;
   대한제국 학부편집국에서 교육용으로 제작한 것으로 보이는 한국지도로 조선의
   전통적 지도제작방식과 서양지도학적 기법을 가미하여 제작한 것이다.

남대천 : 대관령에서 흘러내린 물이 령 아래에서 합쳐져 동쪽으로 30리
　　　　를 흐르는데 부성(府城) 아래를 지나 바다로 흐른다.
견조도 : 부 동쪽 10리 남일리면 해안에 홀로 서 있는 봉우리로 대나무
　　　　가 많이 자라는데 섬은 주위가 약 100보이며, 섬 아래에 견조
　　　　진 마을이 있다.
강문도 : 경포호의 동쪽 수구인 해안에 있으며, 견조도와 함께 서로 마
　　　　주보고 있는 봉우리이다. 읍의 가뭄에 기우제를 올리는 제단이
　　　　있다. 부 북쪽 10리 북일리면에 있다.

　　대체로 남대천에 대한 기록의 소략함은 『동국여지승람』에서 성남천이
라 하여 기록한 내용과 크게 다르지 않다. 남대천 수계의 구체적인 정황
은 확인할 수 없고, 부성 아래로 지나간다는 데서 현재의 노암동과 남문
동, 성남동 지역의 남대천 수계는 수시로 변하고 있음을 짐작할 수 있다.
왜냐하면 이때까지 농업에의 이용과 주민의 삶의 터전을 보존하기 위하
여 하천의 제방을 쌓는 등 대대적인 수방사업이 있었지만, 근대적 토목사
업에 의해 굽이를 직선화로 고치는 등의 일은 아직 시도되지 못하였기
때문이다.
　　또한, 이 시기 남대천 수계와 관련하여 언급된 「역민인등장」이 있는데,
그 내용은 당시 대창역과 병산리 주민들 사이에 있었던 일을 기록한 문
서이다. 병산리 주민들이 남대천변에 논을 만들고 남대천 물을 막아 보를
만들어 농업용수로 사용한 것이다. 중앙에서 농업을 장려하고자 하천변
의 沼나 淀 등을 막아 개간하여 농사를 짓도록 하였던 것을 알 수 있다.
남대천의 수구가 있었던 옥천동과 포남동 지역 즉 대창리 주민들이 반발
하여 강릉읍민들이 모여 병산리 주민들이 만든 보를 다른 곳으로 옮겨

---

41) 『강릉군지』는 1897년경 전국지리지 작성을 위해 각 지방 관읍에 읍지를 작성하
　　여 올리도록 했던 시기에 제작된 강릉의 지리지이다. 내용은 정조 대에 만들어진
　　『임영지』와 거의 일치하는 내용이다.
　　방동인편, 『영동지방 향토사연구자료총서』(6)지리지, 관동대학교영동문화연구
　　소, 1994, pp.356~357.

읍의 안산으로서의 월대산을 보호하는 것으로 결론지었던 이야기이다.[42]

　　개항기 남대천의 모습은 전체적으로 전근대적인 모양이었다. 즉 당시 시가를 이루었던 시내 중심지역인 강릉의료원에서 현 강릉교에 이르는 구간에서 어느 정도 수방시설로서 제방이 존재하였고 하류로 내려오면서 월대산 쪽으로 유로는 크게 우회하기도 하였으며 농업용수 공급을 위해 설치된 洑를 통해 작은 물길이 도심권 내에 여러 갈래였던 것으로 확인된다.

　　대관령과 왕산에서 내려온 물이 구산에서 합류하여 칠봉산을 돌아 흐르면서 아직 강릉-구산 도로가 개설되기 전이었으므로 현재의 금산들의 많은 부분도 남대천 유역 면적에 포함되었을 것이다. 이 부분의 남측 지명이 '남밭' 이었던 것이 이러한 상황을 어느 정도 긍정할 수 있게 하고 있다.[43] 개항기에 들어오면서 토지측량에 대한 개념이 생겨나게 된 정황으로 보아서도 주민들에 의해 토지를 측량하고 남은 부분의 땅이 있었다는 지명에 관한 설명이 신빙성을 갖게 하는 부분도 있다. 어쨌든 이 시기를 맞으면서 지역에서도 남대천에 대한 전근대적 사고에서 조금씩 바뀌어 공적개념의 수리이용에 눈 뜨게 되었다.

　　1910년 9월 30일 「조선총독부지방관제」가 공포된 이후 1913년 10월 부제의 실시, 1915년 5월 도제의 실시, 1917년 6월 면제의 실시, 이어 읍제실시 등 식민지 수탈정책의 효율성을 도모하기 위해 조선총독부가 주도하는 지방관제는 변화가 심하였는데, 이 시기 강릉 남대천의 남변은 상구정면, 하구정면, 성남면, 덕방면 이었고 북변은 성산면, 군내면을 이루

---

42) 김위현, 「월대산 숭배에 대한 소고-驛民人等狀에서-」, 『임영문화』 2, 강릉문화원, 1978, pp.40~42.

43) 김기설, 앞의 책, p.190.
　　남밭(餘田) ; 금산리와 남대천을 사이에 두고 있는 마을로 옛날 이곳에서 밭을 측량하고 주민들이 자신들의 땅을 확인하고 나니, 밭떼기가 조금 남아있었다고 하여 불리는 이름으로 남대천 유역에 들락날락하였던 곳임을 알 수 있게 하는 지명이다.

고 있었다. 1931년 강릉면이 읍으로 승격된 것 외에 남대천은 이러한 행정체계 속에 있었다.

이 시기의 남대천 수계의 변화와 관련하여 합방 이후부터 조선총독부에 의해 전국토에 걸쳐 전면적으로 시행된 토지측량결과로 제작되었던 1918년 조선총독부가 제작한 5만분의 1 강릉지도에 나타난 남대천의 모습, 3.1운동 등 기사 속에 나타난 남대천, 1930년대 제작된 『생활상태조사[강릉]』·『증수임영지』·『동호승람』, 그리고 1940년대 『강원도지』를 중심으로 남대천과 관련한 기사를 검토해 보는 것으로 강점기 남대천 수계를 살펴보았다.

일제는 한반도를 침탈하고 식민지를 공고히 하기 위하여 도로의 근대화에 주력하였다. 이의 일환으로 1911년부터 1917년까지 7년간에 걸쳐 이천-강릉 간 도로확장공사가 실시되었다.[44] 이 기간 중 강릉-대관령 도로가 확장되었는데 강릉 홍제동-구산 간 남대천의 북안은 대체로 이 때 오늘날과 같은 상태로 확정되었다.

또한, 1919년 강릉지역의 3.1독립만세운동 관련 기사에서 남대천 수계의 하평보 작업을 하고 있었던 농민들이 참여했던 것에서도 남대천 수계의 수리이용을 위해 매년 봄 수리공사를 하였던 정황을 일부 확인할 수 있다.

> 매년 이 때 초당, 송정, 포남, 운곡, 옥천 등 5개 마을 농민들이 경작하는 하평들에 들어오는 물길과 하평보를 수축하는 것을 좋은 기회로 삼아...
> (이하생략)[45]

44) 최돈택, 「강릉의 문화와 교통」, 『임영문화』 4, 강릉문화원, 1980, p.91.
45) 강릉3.1독립만세운동기념탑건립추진위원회, 『강릉지방3.1독립만세운동사』, 원영출판사, 1999, p.82.
   하평보는 현재의 강릉의료원 앞 남대천에 있었으며, 하평들은 현재 시가지화 된 옥천동에서 초당·송정동 까지의 들을 이르는 것이며, 당시엔 매년 봄이 되면 부수공사를 하였으며 1967년 12월 31일 시멘트콘크리트 준공 후 중단되었고, 옥

『생활상태조사』[46]의 지지 부분에서 남대천에 대하여 언급하고 있다. 군내에 큰 물이 흐르는 하천이 없으며, 그 시작은 모두 군내에서 시작되며, 하천의 폭은 10칸 내지 30칸으로 그 중 가장 큰 것이 남대천인데 연장 7리 정도이고 하류는 완만하고 평야가 있고 토지는 비옥하다고 하였다.

남대천 주변의 명승고적으로 강문도와 용지에 대한 것이 있으며, 강문도는 읍의 동북 강문진 해안에 돌출된 부분에 있으며 남쪽으로 약 35정[47] 거리에는 견조도 일명 견소진과 마주 보고 있으며 일출과 월출을 호위하는 문이 되었고, 관동팔경의 으뜸인 경포대의 숙종 어제 시 속의 안산으로써 또는 경포호의 수구의 유일한 봉우리로 시인묵객이 시를 읊는 곳으로 유명하다고 쓰고 있다.

용지는 읍의 동쪽 10정 거리인 현재 옥천정(전하기를 예국의 고성 밖이라고 함)에 있으며, 그 주위는 35척 정도이고 버드나무가 연못가에 둘러져 있으며 물이 깊고 맑아 좋은 시절 유람하였던 곳이며 고려 부마 崔文漢과 관련한 전설을 함께 싣고 있다.

또한 남대천의 호안제방공사 현황을 기록하고 있는데[48], 1922년 남대천이 홍수를 만나 강릉 시가지의 긴급한 방수공사가 필요하여 남대천 호안제방공사기성회를 조직하여 사업을 완성하였음을 밝히고 있다.

공사는 1927년 1월 21일 기공하여 1928년 3월 30일 준공하였으며, 제방의 연장은 510간(약 930m)이며, 공사 기점으로부터 330간(약 600m)은 홍수위 이하 표면과 측점으로부터 천변의 폭 50간(약90m)에는 철선의 구

천.포남동 일부가 도시화되고 1996년 3월 하평보의 기능을 두산보(강릉교 아래)로 바꾼 후 사실상 폐지된 것이며, 2002년 태풍 루사 이후 그 흔적조차 남지 않게 되었다.

46) 『생활상태조사[강릉]』는 1930년 조선총독부에서 간행한 것으로 지지·경제사정·부락의현상·생활양식·문화사상·가계상태·지도의 부분으로 이루어졌으며, 1992년 민속원에서 영인본을 출간하였으며, 2002년 강릉문화원에서 생활상태조사 강릉군 부분을 번역 출간하였다.

47) 35定은 약 3818.185m이다.

48) 임호민 역, 『국역 강릉생활상태조사』, 강릉문화원, 2002, p.27.

불구불한 통으로 감쌌고, 330간에서 410간의 구간에는 홍수위 이하의 표
면을 돌로 쌓았고, 410간부터 나머지 공사구간은 흙으로 제방을 쌓았다
고 하였다.[49] 이 공사로 남대천 유역의 시가지 부분의 제방은 현재와 같
은 골격을 갖추게 되었다.

『생활상태조사』에 실려 있는 당시 강릉군 지형도에 남대천 유로를
<그림 5-2>[50]와 같이 살펴 볼 수 있다. 그림에서 보면 당시 남대천 유
로는 옥천동의 동쪽부분에 크게 사행하고 있는 것을 확인할 수 있으며,
오늘날과 다른 부분이기도 하다. 또한 이 지역에 넓은 들을 이루고 있음
을 확인할 수 있는데 바로 이 지역이 '하평들' 이라 일컫는 지역이 된다.

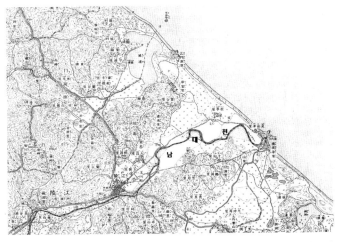

〈그림 5-2〉1930년경 강릉지도의 남대천 유로도(강릉생활상태조사)

---

49) 이 공사에 소요된 비용은 4만원으로 국비보조 2만원, 지방비보조 2천원, 지역원
　　로 1만8천원으로 밝혀져 있는데, 당시 1929년의 강릉군 내의 토지세가 4만원,
　　소득세가 2천원이었던 것을 보면 대단히 큰 공사였다.
50) 강릉지도(1/50,000지형도), 조선총독부 육지측량부에 의해 1918년 제작된 지도인
　　데『강릉생활상태조사』에 실려있다. 일제강점기 내내 남대천에 대한 하안정비
　　등 특별한 대책이 없었음을 확인할 수 있다.

『증수임영지』51)의 기록에는 이전의 읍지들이 다루고 있는 내용과 비슷한 경우가 많으며, 앞에서 언급한 남대천 호안제방공사도 언급이 없듯이 당시의 상황을 구체적으로 보여주고 있지는 않지만, 남대천 수계와 관련한 기록을 살펴보면 다음과 같다.

마찬가지로 「산천조」에는 대관령에서 발원하여 여러 골짜기의 물이 모여 동쪽으로 흘러 남대천을 이루며 바다로 흘러든다고 하는 일반사항이 기록되어 있고, 「城池條」에 남대천 주변의 읍성, 예국성, 명주성, 양어지, 용지, 용소 등에 대하여 좀 더 구체적인 설명을 쓰고 있다. 명주성은 주변의 둘레가 강릉읍성과 이어져 있다고 하여 남대천 북안에 조성되었던 성곽임을 알려준다. 용지는 1920년 최문한의 후손들이 못가에 비각을 세웠으며 연못은 국유재산이었으나 1932년 당시 군수 瀧澤誠이 최씨 문중에 돌려주어 사유가 되었다. 그리고 남대천 지금의 내곡교 부근의 경방천에 용소가 있었음을 전설과 함께 싣고 있다. 「도서조」에는 견조도, 강문도, 저도에 대하여 『신증동국여지승람』을 비롯한 앞선 기록들과 같은 내용을 보여 준다.

「진·항조」에서는 다른 기록들이 견조진과 강문진으로 언급되고 있는데 여기서는 남항진과 강문진, 안목진으로 기록하고 있다. 남대천 하구 지역의 남안에 남항진, 북안에 안목진으로 하구의 양쪽 나루를 함께 정리하고 있다. 그 동안 견조진으로 표기되던 것이 안목진으로 이름이 바뀌게 되었으며, 안목과 남항진이 일제 강점기 남대천을 통한 물자 수송 등에 있어 가장 가까운 나루로 활용되었음을 알려주는 것이다.

「역원조」에는 앞 시대에 있었던 역원에 대하여 종전의 기록을 그대로

---

51) 『임영지』는 강릉의 현존하는 가장 오랜 읍지이다. 이 이전에도 임영지라는 읍지가 있었으며, 현전하는 것은 1788년 편찬된 것이며, 이를 계승하는 차원에서 1933년 『증수임영지』가 만들어졌는데 이것이 한문본으로는 마지막이 된다. 1975년 『임영강릉명주지』가 현대적 읍지로서 편찬되었고, 1996년 『강릉시사』로 이어졌다. 『증수임영지』는 1997년 강릉문화원에서 완역 출간되었다.

쓰고 있으면서 남대천 수계의 직선화에 일부 기여한 강릉-구산간 도로확
장 공사 등에 대한 근간의 기록은 없으며, 「역로조」에 강릉-서울, 임계,
견소리 간의 노선에 대한 도로 등급을 표기하고 있다.

「교량조」에서는 이전의 기록에서 보였던 강문교 외에 남천교가 1932
년 철교로 개설되었으며, 장림천교가 강릉부 서쪽 10리되는 남대천 상류
에 개설되었는데, 그 위치를 정확히 알 수 없다. 그리고 왕산면 지역에
만덕교, 목계교, 평촌교, 선도교[52]가 각각 개설되었는데 모두 1932년이라
한다.

제언으로는 남대천 수계의 것은 부 남쪽 5리 남이리면에 있는 남현제
언, 동쪽 10리 덕방면의 해남제언인 것으로 보인다. 제언의 길이는 남현
240척, 해남제언이 1,350척이라 하였는데, 각각 약 70m, 409m로 강폭이
하구로 가면서 현재보다 많이 넓었음을 보여주는 것이다.

남대천 수계 지역에 과거에 있었거나 당시 남아 있었던 것으로 「누정
조」에 실려 있는 누정으로는 운금루, 부평정, 의운루, 보진당, 척번대, 소
학대, 구화담정, 천연정, 임수정, 보진재, 임경당, 상영정, 오성정, 월화정,
금해정 등[53]이 있다. 이들 누정 중 임경당, 오성정만 현존하고 월화정은

---

52) 萬德橋, 木溪橋, 平村橋, 船渡橋는 각각 현재 구산 訪道橋, 목계 木溪橋, 도마
都麻橋, 왕산 旺山橋 이다.

53) 『增修臨瀛誌』 樓亭條.
　　雲錦樓 : 옛날 客館 앞에 있었으며 1477년 부사 李愼孝가 객관의 동북 모퉁이
　　에 세웠는데 지금은 없어졌다.
　　浮萍亭 : 본래 객관 동북 蓮池 가운데 있었으며, 1790년 부사 李集斗가 중건하
　　였고, 그 후 소영주각이라 불렀으며, 1827년 부사 李鎭華가 다시 중수하였으나,
　　지금은 없어졌다.
　　依雲樓 : 객관 남쪽에 있었으며, 1758년 4월 폭풍으로 무너진 것을 부사 韓師直
　　이 중건하였다.
　　葆眞堂 : 동문 밖에 있고 權士均이 自葆養眞의 뜻으로 현판을 걸었고, 1907년
　　불로 피해를 입었고 1936년 중건.
　　滌煩臺 : 객사 동북쪽에 있었던 얼음 저장고, 睦隣壇이라고도 불렀다.
　　巢鶴臺 : 부 남문에 있었으며, 시냇물이 비치고 바위가 둘러져 있다. 鶴潭으로도

최근 복원되었다. 당시의 기록 가운데 임수정의 경우 금산리의 남대천 주변상황을 시사해 준다.

> 구산 아래 建金村 앞에 넓은 들이 펼쳐져 있고, 냇물이 비스듬하게 흐르고 있다. 마을 사람들이 이 냇가에 소나무 수백 그루를 심어 놓고 쉼터로 가꿔 놓아 푸른 솔이 무성하여 제법 푸르렀다. 우거진 솔숲이 비록 길옆이긴 하여도 맑은 시내와 가까이 있어 발을 담그고 놀기에 좋았으며, 노니는 사람들이 이곳을 유람 터로 삼았다.[54)]

다음은 『증수임영지』가 만들어지고 조금 후 1934년과 1937년에 걸쳐 만들어졌던 『동호승람』[55)]의 남대천과 관련한 내용에 대하여 살펴본다.

불렀다.

九華潭亭 : 부 서쪽 1리 되는 곳에 있고, 정자 서쪽에 君子池가 있었다. 지금은 없어졌다.

天淵亭 : 구산 鳶魚臺 위에 있으며 김형진이 지었으며 退老臺라 하였는데, 손자 金奎卿이 연어정이라 하였다.

臨水亭 : 구산 아래 建金村 지금의 금산리 냇가에 있었다.

葆眞齋 : 보진재는 金譚의 호이며 1868년 향현사가 없어진 후 후손들이 노암동에 지었던 재실이다.

臨鏡堂 : 金說이 원래 경포호 북쪽에 세웠는데 후에 후손들이 금산에 霽月樓와 함께 옮겨 지었다.

觴詠亭 : 원래 오봉리 냇가 曲水岩에 있었으나 후에 상영계원들이 제비리 落鴈田川 변에 옮겨 지었다.

五星亭 : 읍의 남쪽 巢鶴臺 위쪽 남산에 정묘생 계원들이 지은 정자이다.

月花亭 : 읍 남쪽 남대천가 蓮花峯 옛터에 강릉김씨 후손들이 養魚池 바위 위에 지은 정자이다.

衿海亭 : 官舍 뒤편에 군수 鄭憲時가 공무 중 틈을 내어 글을 읽기 위해 지은 누각이다.

54) 강릉문화원, 『완역 증수임영지』, 1997, p.69.
　　建金村은 현재 금산리를 이르는 지명이다.
　　臨水亭　丘山下建金村前大野平舖長川逶迆村　人於水邊栽得數百株松以作憩遊之地蒼翠盖鬱密成陰是　雖路傍一松林臨流濯風亦足爲遊人一覽之地矣.
55) 『동호승람』은 崔栢洵 개인에 의해 만들어진 강릉의 유일한 사찬읍지라 할 수

우선, 남대천 중류지역에 해당하는 현재의 남문동, 명주동, 임당동, 용강동 등의 지역에 일제강점기에 새로 들어선 강릉군청, 경찰서, 우편, 금융, 학교 등의 지방제도 속의 관공서 및 기관들이 존재하고 있었다.

「교원조」에 향현사에 관한 내용이 있는데, 인조 대(1644)에 지역의 모든 유림들에 의해 읍성 동쪽 지금의 금학동에 건립되었으며, 향현의 추배내용을 기록하고, 고종 4년(1867) 3월 화재로 소실되었다가 중건되었으나 이듬해 서원철폐령으로 54년간 제사를 봉행하지 못하다가 1921년 12향현의 후손들이 중건을 논의하여 중건되었다. 1922년부터 제례를 행하고 1928년 단청과 현판을 걸었다는 내용이 보인다.

「고적조」에는 남대천 북변의 보진당이 1907년 화재로 소실되었던 것을 1936년 중건하였으며, 임경당과 제월루가 있고, 의운루가 1885년경 없어졌으며, 객사 동쪽에 있었던 척번대56)가 부사 孟至大에 의해 혁파되었고, 객관 앞 연지에 있었던 소영주각이 부사 李鎭華가 중건하고 물을 끌어들여 연못을 만들었으나 없어졌으며, 부성의 남문 어풍루와 동문 가해루 그리고 관아 뒤 정원에 있었던 금해정 등이 모두 없어졌다고 쓰고 있다.

「하천조」에 강릉읍 남대천의 물줄기는 대관령, 닭목령(鷄項嶺), 삽당령에서 각각 시작된 도마천과 대기천은 왕산리 가리연에서 합류하고 다시 구산의 방도교 아래서 대관령에서 흘러 온 물과 합류하여 바다로 흘러가는데 거리가 50~60리 정도라 하였을 뿐 수계의 자세한 상황을 알려주지

있으며 전체 4권으로 기획되었으나, 현재 3권만 남아있는데 2,3권은 1934년에, 4권은 1937년에 각각 간행된 것이다. 근래에 영인본과 국역본이 각각 출간되었다. 방동인 편집, 『동호승람』, 영동지방향토자료총서 (6), 관동대학교영동문화연구소, 1994.
최호·임호민 공역, 『국역 동호승람』, 강릉문화원, 2001.
본고는 『동호승람』권2, 관공서·교원·고적·하천·교량·정사·축항·선환조의 기사를 참조하였다.
56) 『동호승람』권2, 고적조 ; 척번대는 즉 氷庫이며 강릉 객사 동북쪽에 있었던 얼음 보관 창고이다.

못한다. 그리고 남대천 수계의 교량에 대하여는 남천교, 방도교, 굴면교, 서원교, 목계교가 있는데, 『증수임영지』와 비슷한 시기의 기록임에도 불구하고 달리 기록된 부분이 있다. 남천교에 대하여 앞의 기록은 철교라고 하였는데 1932년 11월 시멘트 공법으로 시공되었다고 씌여 있다. 굴면교와 서원교에 대하여는 각각 처음 보이는 교량명으로 각각의 설치시기는 알 수 없다.

남대천 주변의 누정에 대하여는 「亭榭條」로 표기하고 앞의 기록과 비슷한 내용이며, 「축항조」에 견소진항[57]에 대하여 강릉읍 동쪽 10리 즉 견조도진에 있고, 1930년 현재 기선 출입수 연간 108회, 화물수출 연간 521,060원, 수입 연간 109,900원 이라고 하여 남대천 하구에 위치하는 본 항의 규모를 보여주고 있으며, 「선환조」가 있어 자주 머물렀음직한 배의 이름을 적시하고 있다. 또한 제언들이 모두 경작지가 되었다고 하여 남대천 수리 이용의 난맥상을 알려주고 있다.

1936년 8월과 9월의 대홍수로 남대천 수계의 많은 수리이용 시설이 피해를 입었으며 하구는 크게 범람하였던 것으로 보인다.[58] 현 강릉의료원 앞 제방이 무너져 강릉시내 전역이 물바다를 이루었으며 지금의 남문동, 명주동, 성남동, 금학동, 임당동, 옥천동, 포남동 지역은 밤중에 물난리를 겪었고, 남대천 강릉교 남측이 무너져 당시 성덕면 방향으로 피신하던 사람들 3백여 명이 숨졌다고 한다. 이 때의 홍수로 남대천가에 있었던 월화정이 유실되었고 강릉시내 각 학교 학생들이 수해복구에 동원되었다.[59]

---

57) 『동호승람』의 앞선 기록들이 대부분 堅造津으로 기록하고 있는데 비하여 見召津으로 함께 쓰고 있다.
58) 강농육십년사편찬위원회, 『강농육십년사』, 문왕출판사, 1988, p.322.
8월 27일 강릉농업고등학교 교정 일부가 침수되었고, 9월 26일 2차 대홍수로 교정 전체가 침수되었다고 한 것으로 미루어 남대천 남북측 주변지역 현재 시가를 이루는 지역의 범람을 추정할 수 있다.
59) 강릉초등학교·강릉초등학교동창회, 『회상』, 1996, p.26.

일제강점기 후반 전시체제 확립을 위하여 1938년 6월 '학교근로보국 대실시요항'을 발표하였고 1939년 여름 전국 중학교 이상의 학교에 근로 보국대를 조직하게 하였고, 1944년 '학도동원체제 정비에 관한 훈령' 등 을 통하여 학생들을 노동력 공급의 장으로 내몰았는데, 이러한 분위기 속 에서 남대천 제방 등의 축조가 진행되었다. 당시 남대천 제방공사에 학생 들이 동원된 상황의 일부를 살펴본다.

> 현 입암동 주공 아파트단지 앞에서 안목까지의 남대천 제방은 당시 강 릉 시내 중학생들의 땀의 결정이었다. 남학생들은 지게로, 여학생들은 대야 로 흙을 날라 제방을 축조해 나갔다.[60]

『강원도지』[61]에 나타난 남대천 수계와 관련한 자료들은 앞선 지리지 들이 보여주는 것과 같은 내용이며 당시 상황에 있어서는 오히려 『중수 임영지』나 『동호승람』이 보여주는 것 보다 오히려 소략한 정도인데 관공 서, 교육기관, 통신, 금융, 공공단체 등에 대해서만 비교적 그 당시의 상황 을 보여주고 있다. 이것은 그 기관단체가 밀집해 있었던 남대천 중류지역 가로가 근대적 시가지로 변모해가는 과정에 있었음을 알려 주는 것이다.

이상의 자료에서 1895년경부터 1945년까지의 기간에 남대천의 가장 큰 변화는 남대천 수계에 새로운 제방축조·교량건설·보설치 등 하천의 관리와 이용이 시대 분위기에 따라 좀 더 나아진 방법으로 변화되었다는 것이다. 제방축조에 철망을 이용한 사실과 교량건설과 보 등의 설치 공사

---

60) 강릉상업고등학교동창회, 『강상오십년사』, 1988, p.55.
또한 강농육십년사편찬위원회, 『강농육십년사』, 문왕출판사, 1988 등을 통해 일 제 강점기 학생들이 각종 노력동원에 시달렸으며 이 시기 남대천 제방 축조에 늘상 학생들의 노동력을 이용하였다.

61) 『강원도지』는 부록을 포함하여 모두 11권 59개 목차로 구성되었는데 매 목차마 다 26개 각군의 사항을 기록하고 있으며 1940년 일제강점기에 강원도에서 발간 한 한문본 道誌로서 同種 異本이 있다. 2005년 2월 강원도에서는 이를 비교 검 토하여 국역사업을 완료하였는데, 상.하 2권, 원문 1권으로 묶었다.

에 철조 및 시멘트와 같은 새로운 재료를 사용하여 수리이용 설비를 마련하게 되었다. 그리고 이러한 남대천 수계의 새로운 변화는 강릉 도심권 변화와 연관되어 있음을 확인하였다.

제3절 현대 도시화와 남대천

역사 연구의 주제가 먼 과거여야 한다는 인습적 관념으로 가장 가까운 과거의 연구는 포기하거나 다른 학문분야에 이양하는 경향이 있다[62]고 한다. 이러한 관념들이 정부가 생산한 공문서를 일반에 공개하는 기간이 30년 혹은 50년이 지나 공개되는 때문에 부분적으로 정당화되기도 하였지만, 현대의 급속한 발전으로 이제는 무관심할 수 없는 것이라고 판단된다.

같은 경향에서 강릉 남대천 수계의 빠른 변화를 가져온 이 시기에 대한 검토 역시 경제, 관광, 사회학적 영역에서 개발을 뒷받침하는 측면에서 이루어졌다. 세부적 현상에 대한 분석보다는 각 시기별 남대천 수계에서 이루어진 현대적 수리이용을 도모한 노력의 과정과 그 외형적 변모를 '현대도시 강릉의 변천'이라는 말을 염두에 두고 남대천의 현대적 모습을 살펴본다.

앞 시기는 『임영강릉명주지』를 중심으로, 뒤의 시기는 『강릉시사』를 중심으로[63] 남대천 수계의 상수원, 농업용수, 산업용수로의 이용을 위한 각종 사업추진 자료와 연감과 통계연보 등의 보조자료[64]를 활용하여 남

---

62) 박성수, 「근대와 현대사회의 특징」, 『한국사의 시대구분에 관한 연구』, 한국정신문화연구원, 1995, p.451.

63) 1975년 발간된 『임영강릉명주지』나 1996년의 『강릉시사』는 모두 조선후기에 편찬된 강릉지역의 향토지인 『임영지』의 전통을 이은 편찬사업으로 간행된 것이다.

64) 농림부·강릉시 등이 간행한 통계자료, 연감 등의 행정자료와 전 농지개량조합, 농업기반공사 등의 남대천 수리이용사업 관련 자료들을 활용하였다.

대천의 현대적 관리 노력을 현대의 도시화와 관련하여 검토하였다.

1945년 이후 1990년대까지의 기간에 있어서 남대천을 상수원, 농업용수 등의 수리이용 측면뿐만 아니라 현대의 도시경관으로서 관리하기 위한 노력이 시도되었다. 남대천 수계의 관리는 강릉시·명주군의 행정기관과 토목관구, 토지개량조합, 농업기반공사 등의 기관들[65]이 담당하여 왔다.

1960년대는 경제개발 5개년 계획의 실시와 함께 급속한 도시변화가 시작되는 시기였고, 1970년대 새마을 운동이 정착단계에 이르기까지 남대천의 제방 쌓기 등의 공공취로사업이 시행되었다. 또한 1967년 4월 14일 강릉시 도시계획이 고시되었고, 1972년 8월 4일 변경 고시되는 일이 있었다. 이러한 일련의 산업화 도시화 계획도 남대천을 중심으로 동서방향으로의 확대 변화였다. 현대 산업사회에 와서도 자연지형으로서 남대천이 도시변화의 가장 중심적 요소 중 하나였던 것이다.

---

65) 1908년 수리조합, 토지개량조합, 1938년 5월 조선토지개량협회가 발족된 2년 후인 1940년 7월 조선수리조합연합회가 설립된다. 이를 토대로 1942년에 조선농지개발영단이 설립되고 지방에는 수리조합이 만들어지면서 전국에 걸쳐 수리조합이 산하기구로 발족되게 된다. 강릉수리조합은 1947년 11월 27일 성덕수리조합이 설립되고, 1952년 11월에는 금광수리조합이, 다시 3년 뒤에는 연곡수리조합이 설립되었으며, 1961년 12월 12일 성덕조합과 금광조합을 합병하여 강릉수리조합으로 개칭하게 되었다. 그러나 강릉수리조합은 1년 후인 1962년 12월 12일에 강릉토지개량조합으로 개칭되었으며 다시 6년 후인 1968년 12월에는 강릉, 금광, 연곡의 3개조합이 통합함으로써 1,659.7ha의 방대한 면적을 갖게 된다. 이후 1970년 1월 12일 농어촌근대화촉진법에 의해 토지개량조합에서 분리되면서 강릉농지개량조합으로 개칭되었다. 1990년 농어촌진흥공사 (농어촌진흥공사 및 농지관리기금법), 1995년 토지개량조합 (농지개량조합법), 2000년 농업기반공사, 2005년 한국농촌공사 (한국농촌공사 및 농지관리기금법), 2008년 한국농어촌공사 (한국농어촌공사 및 농지관리기금법)로 변천해 왔다.
한국농어촌공사(한국농어촌공사, Korea Rural Community Corporation: KRC)는 환경친화적으로 농어촌정비사업과 농지은행사업을 시행하고 농업기반시설을 종합관리하며 농업인의 영농규모적정화를 촉진함으로써 농업생산성의 증대 및 농어촌의 경제·사회적 발전에 이바지함을 목적으로 설립된 농림축산식품부 산하 위탁집행형 준정부기관이다.

한편, 1975년 간행된 『임영강릉명주지』[66]의 총론편에서는 남대천에 대하여 전통시대 앞선 지리지들의 기술부분을 그대로 수용하고 일부 변경된 사항을 포함하여 다음과 같이 기술하고 있다.

① 남대천 : 강릉시 남쪽으로 동류하는 이 내는 대관령과 삽당령에서 水源을 發한 물이 성산면 오봉에서 합류하여 동해로 들어가는 長三十五粁의 하천이다. 이 내는 강릉시의 풍경을 돋구는데 없어서는 아니 될 존재일뿐 아니라 沼邊一帶의 농업용수와 시상수도 수원지로서의 역할을 하고 있다.
하천을 횡단하는 강릉교를 비롯하여 남산, 내곡, 회산, 방도 등 8개 교량이 가설되어 있고 수리보도 10개소나 있는 이용가치가 큰 하천이고 연화부인의 전설의 진원지도 이 천변에 있다.
② 죽도봉 : 강문동 해변에 있는 경포대의 안산으로 후면은 경포호수와 초당송림이 둘러져 있고 전면은 동해와 해수욕장을 면하고 있어 일월출의 절경을 볼 수 있는 승지이다. 죽도봉 위에 현대식 호텔과 구 한식 새한 호텔이 있다.
③ 견조봉 : 견소동 해변에 딴 봉으로 형성된 봉으로 강릉 남대천 하구이며 견소동의 진산이기도 하다. 봉에는 성황사가 있어 동민이 매년 재난방止와 풍어의 제사를 올리고 있다.[67]

위의 남대천에 대한 설명에서 유로 35km이며 강릉시의 도시조경으로서의 의미와 농업용수, 상수원으로서의 의미를 말해주고 있다. 남대천에 가설된 교량으로 8개의 교량이 있음과 보 10여개소가 있는 이용가치가 큰 하천임을 밝히고 있다. 또한 하천변의 전설에 대하여도 언급하고 있다. 즉 당시의 남대천 수계에 대한 간략한 사항을 언급하고 있는데 당시

66) 이 책은 강릉의 『임영지』의 전통을 이어 발간된 향토지로, 4*6판, 세로쓰기에 좌로 넘기도록 되어 있다. 임영지의 내용을 모두 포함하여 총론, 정치와 향정, 경제, 교육문화, 사회와 보건, 종교, 고사전설, 명승과 고적, 인물, 전기의 10편으로 구성된 현대적 지방지이다.
67) 임영지발간위원회, 『임영강릉명주지』, 문왕출판사, 1975, pp.53~54.

8개의 교량과 10개소의 보 현황은 <표5-1>과 같다.

<표 5-1> 1970년대 남대천의 교량 및 洑[68]

교량현황(단위: m)							보
도로구분	교량명	위치	구조	연장	폭	가설시기	
국도	강릉교	남대천	철근콘크리트	180	18.0	1971(1932철교,1942)	하평,신석
국도	금산교	금산리	철근콘크리트	15	6.7	1970년경	병산,회산
국도	금산이교	금산리	철근콘크리트	10	7.0	1970년경	홍제,금산
지방도	방도교	구산리	철근콘크리트	30	5.5	1970년경	구산,오봉
지방도	왕산교	오봉리	철근콘크리트	30	5.5	1970년경	도마,목계
시도	남산교	남대천	철근콘크리트	165	18.0	1972(1961.9.15목교)	
시도	내곡교	회산	철근콘크리트	165	7.5	1970('67.4.23기공)	
시도	회산교	회산	철근콘크리트	145	4.0	1972(1965.10.25목교)	

죽도봉은 남대천과의 연관성이 생략된 채 주변 경관에 대하여 쓰고 있으며, 견조봉은 남대천 하구에 있으며 성황사가 있어 풍어제를 올린다고 하여 항구지역임을 말해 주고 있다. 『증수임영지』에서는 '도서'의 항목에 '죽도'와 '견조도'로 표기하고 있으나 여기서는 '산악' 항목에 '봉'으로 표기한 것이 특징이다.

'평야'라는 항목을 설정하고 하천과 해안에 소규모의 평야가 있는데 남대천 수계에 금산평, 강릉평(하평), 향교평이 있으며 그외에 월호평, 북평, 강호평, 금광평, 미놀평, 옥계평 등이 있다고 하여 경제 개발기·산업화 시대 양질의 농업지역이 남대천변을 따라서 위치하고 있음을 보여준다.

1970년대의 남대천은 새마을 사업과 연계되어 대체로 이상과 같은 수리이용, 교량 등의 시설을 갖추었으며, 시내를 흐르는 구간은 좌·우안이 모두 하천 개수를 통한 제방을 갖추어 수해를 방비하고 하천변의 농경지

___
68) 1970년대부터 새마을운동 사업으로 교량, 하수·도수로 건설사업이 활발하게 전개되었으며 종전의 목조교량이 이 시기에 철근콘크리트 교량으로 바뀌었다.

도 천수답에서 완전답으로 전환되었다.[69] 이 때 남대천에는 은어, 꾹저구 등의 물고기가 있었으며 강릉지역 학생들의 여름철 추억의 공간이기도 했다. 남산교가 놓이기 전에 공설운동장으로 가는 다리는 목재교량으로 재건교라 하였다.

1983년 남대천 수계에 큰 변화가 있었다. 오봉댐 준공이 그것이다. 농업용수의 개발을 통해 토지의 생산성을 높이고 식량증산을 위해 강릉시 일원의 기존의 수리불안전답과 논으로 전환이 가능한 사업구역 내의 전, 임야, 잡종지 등을 수리답으로 개발하여 관개개선을 주목적으로 하였다. 동시에 강릉지역의 생활용수 확보를 위하여 만들어진 것이다.[70] 이로써 1937년 4월 일제강점기 홍제동에 제1정수장을 착공하여 1938년 11월 최초로 1,000m³/1일을 통수한 이래 오봉댐의 준공으로 70,000m³/1일을 생산할 수 있는 단계에 이른 것이다. 1970년대와 1980년대에 이르러 도심지를 흐르는 개천은 생활폐수의 유입으로 암거와 같은 하수도로 바뀌었으며 그 지상의 토지이용은 대부분 도로로 사용된다.[71] 도시 근대화로 시가지 전역에 확대되기에 이르렀다. 이 시기 <그림 5-3>과 같이 시가지 내에 남대천 도수로가 있었으며 임당동·성내동·교동·옥천동 등 시가지 곳곳에 <사진 5-1>과 같은 모습을 볼 수 있었다. 이러한 모습은 1980년대에 이르면 모두 암거로 바뀌었다.

---

69) 임영지발간위원회, 앞의 책, p.122.

70) 농림부·농업기반공사, 『남대천유역 저수지비상대처계획』, 2004, pp.2~9.

71) 건설부 훈령 제205호 「도시계획시설기준에 관한 규칙」 제93조에 따르면 복개된 하천은 도로·광장·주차장·녹지 등 도시공간시설 이외의 용도로 사용할 수 없다.

〈그림 5-3〉 시가지내 수로도72)

〈사진 5-1〉 1970년대 시가지
수로(임당동)

사람은 매일 2ℓ이상의 물을 마셔야 생명을 유지할 수 있다고 하는데, 마실 수 있는 수역의 범위는 점점 줄어들고 있으며 식수원의 보전은 가장 심각한 문제로 대두되었다. 남대천 수계의 상수시설은 1937년 상수도 사업이 인가되어 다음해부터 1일 1,000톤의 급수를 시작한 이래, 지방상수도로 강릉시 동지역에 상수도를 공급하는 홍제정수장이 1976년 제1정수장, 1986년 제2정수장이 시설되었고 2005년 5월 4일부터 1일 공급량 120,000톤 규모로 새로 확대되었다. 이제는 남대천 수계의 상수원은 강릉시 동지역뿐만 아니라 사천, 성산, 구정, 강동지역에 까지 확대되어 남대천은 강릉시민의 생명줄과 같은 역할을 하고 있다.73)

이 땅의 급수원이 가속화된 산업화와 농약, 비료, 공해, 생활하수로 오

---

72) <그림 5-3>에서와 같이 남대천의 물을 끌어들인 시가지내 도수로가 있어 하평
   뜰(포남, 초당, 송정동)의 농업용수로 사용되었으며 1980년대 이후 모두 복개되
   어 지금은 시가지내 개천은 볼 수 없게 되었다.
73) 강릉시, 『강릉연감1994-1995』, 원영출판사, 1996, pp.382~385.
   1995년까지 강릉시의 지방상수도는 3개소와 간이상수도 83개소가 있으며, 지방
   상수도는 홍제정수장, 주문진.연곡의 송림정수장, 옥계 현내정수장이 있는데,
   1996년 지방상수도 급수구역은 강릉동지역 18개동, 주문진읍 3개리(주문, 장성,
   교항리), 연곡면 4개리(방내, 영진, 동덕, 송림리), 옥계면 4개리(현내, 주수, 금진,
   천남리)로 '94년 인구기준 85.9%의 급수율을 보이고 있으며, 이외의 미 급수 지
   역은 간이상수도와 지하수를 이용하고 있다.

염되었기 때문이다. 급격한 도시화와 생활수준의 향상으로 상수 사용량이 늘어나면서 상대적으로 생활 오폐수가 남대천으로 방류되어 하안을 오염시키는 것을 방지하기 위해 남대천 하구 병산동 218번지 등 116필지 34,330평 규모의 부지에 472억원을 투자하여 1992년부터 1997년까지 하수종말처리장을 시설하였다.

더불어 남대천 양안으로 홍제동에서부터 남대천 하구까지 하수차집관거를 설치하여 공장과 가정에서 버려지는 하수와 오수를 모아서 하수처리장까지 이송하여 침전여과 등 위생처리하여 배출하게 되었다.[74] 하수처리장 가동 전에 도심지역 홍제동에서 포남보 구간에 부설된 차집관거를 이용하여 남대천 도심지역의 하수를 남대천 포남보 하류로 유도토록 하여 하수처리장 완공 이후 정화된 하수 방류로 남대천의 수질이 크게 개선되고 있다.

한편, 노암동 지역 남대천 옹벽공사를 4개 구간 150m에 대하여 사업비 74백여만원을 투입하여 시행하였고, 1993년 제7호 태풍 "로빈"의 영향으로 강릉교 제방 부분유실, 잠수교 유실, 강릉의료원 앞 제방이 유실되었다. 잠수교는 1994년에 다시 가설하였다.

시가지 내 남대천 양안에는 버드나무가 약 50m 간격으로 심어져 있었으며 북측둔치 2,735평의 부지에 130여세대의 포장마차 촌을 이루고 있었다. 이 때문에 남대천은 더 극심한 오수가 유입되고 있었는데 1993년 1년간 포장마차를 철거하고 145백만원의 사업비를 투자하여 옹벽공사와 함께 천변 주차장을 조성하였다. 포장마차로 인한 오수 유입을 차단하게 되었지만 이 사업의 결과로 남대천 양안에 늘어져 있던 버드나무는 더 이상 볼 수 없게 되었다.

이 시기 내곡-입암간 도로 확포장 공사로 이 구간 남대천 남측 둑길이 1993년부터 2년간 20억원의 사업비로 포장되었고, 같은 시기에 태풍으로

---

74) 강릉시, 『강릉연감 1993』, 원영출판사, 1994, pp.295~296.

유실되었던 잠수교가 319백만원의 사업비로 새로 놓였고, 하수종말처리장 공사가 시작되었고, 1991년부터 1994년까지 약 1백억원의 막대한 사업비를 들여 하도정비, 우수분리관 설치, 퇴적물 준설, 하안정비 등의 남대천 정화사업이 시행되어 현재의 남대천의 모습과 가깝게 되었다. 1986년 이전 시간당 강수량 20mm만 내리면 용지각에서 동쪽 포남동 구획정리지구는 물바다로 상습 피해를 입었으나 강릉역에서 강릉여고를 지나는 구간, 경찰서에서 동진버스회사를 지나는 구간, 목화예식장에서 송정동 강경산업구간, 강릉의료원 앞의 4개구간에 대한 관로개선 사업으로 상습적 침수피해에 대비하게 되었다. 특히 1960년대에 시설된 초당·송정의 하평뜰 농수로가 강릉의료원 앞에서부터 시내를 관통하여 용수를 공급하도록 되어 있었다. 이를 1990년대 남대천 정화사업과 병행하여 위치를 변경하여 시설함으로써 생활오수의 유입을 근본적으로 차단하여 깨끗한 용수를 공급하게 되었다. 연차적으로 하수관거 공사를 추진하여 2004년 말 하수도 보급율 50%를 상회하게 되었다.

이와 같이 1990년대 들어오면서 남대천 수계에 대한 시민의 눈이 많이 바뀌게 되었다. 종전의 농업용수, 상수이용 등 1차적 수리이용에서 오염하천을 정화하여 어족의 생태계 보호 및 시민의 휴식공간을 천변에서 확보하고자 하였다. 1995년도에는 성산지역 생활오수도 남대천으로 유입되지 않도록 6.5km의 하수관을 설치하였으며, 이제 남대천은 식수공급, 농업용수, 강릉단오제 공간, 각종 체육시설 마련 등을 통해 시민을 위한 서비스 공간으로 바뀌게 되었다.[75] <사진 5-2>에서와 같이 1990년대 초까지 남대천변에 줄지어 있었던 포장마차 촌이 철거되고 후반기에 정비

75) 남대천의 현대적 농업용수의 이용은 1947년 11월 27일 성덕수리조합이 인가면적 460ha로 설립되면서부터이고, 1952년 금광수리조합 설립, 1961년 성덕·금광수리조합이 합병되어 강릉수리조합으로 개칭, 1962년 강릉토지개량조합으로 명칭 변경, 1968년 강릉토지개량조합으로 통합, 1970년 농지개량조합으로 명칭변경, 2000년 농지개량조합은 농업어촌진흥공사와 통합하여 농업기반공사, 2008년 농어촌공사가 되었다.

된 모습을 확인할 수 있다. 강릉시와 명주군으로 40년간 분리되었다가
통합시로 출범한 1995년 이후 남대천 수계의 제상황은 더욱 크게 변화하
게 되었다.

1990년 남대천변 포장마차   1996년경 정비된 남대천

〈사진 5-2〉 1990년대 남대천변 모습

1990년대 후반까지 남대천 종합정비 사업이 추진되어 남대천변의 수
변공원으로 시민체육공원, 생태공원, 등이 구간별로 조성되었고, 하천변
정비사업이 꾸준히 전개되었으며, 월드컵교와 공항대교 신설과 강변북로
개설 등 완전한 정비가 이루어졌다. 2002년 태풍 '루사'로 인한 피해에도
남대천 주변은 큰 피해가 적었던 것은 지속적인 관리사업이 전개되었기
때문이다. 남대천의 수리이용과 함께 교통의 장애를 극복하기 위한 노력
이 계속되어 1932년 강릉교가 철교로 가설된 이래 1960년대까지 교량은
대부분 목교였다가 1970년대부터 본격적으로 철골콘크리트로 가설되었
다. 1988년 포남교, 1997년 월드컵교, 1999년 공항대교 등이 새로 가설
되었고 강릉교·남산교·내곡교·회산교가 최근 재가설되었다. 현재 강릉
남대천의 수계 현황도를 그려보면 <그림 5-4>와 같다.

남대천 수계에 대한 관리는 음용수 취수 등 상수도 관련 강릉시, 하천
수의 농업용수 이용 등에 대하여는 농림부와 농업기반공사, 전력사업 등
과 관련하여 건설교통부와 수자원 공사가 각각 관리기관으로 되어 있다.

강릉 남대천은 지방1급 하천이고 수계에 도마천, 왕산천, 섬석천, 어단천, 금광천, 경포천, 위촌천 등 8개의 지방2급 하천이 있고, 오봉·동막·경포 등의 저수지가 있으며 교량이 총 22개소에 설치되어 있다.[76]

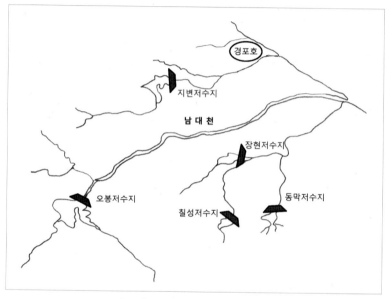

〈그림 5-4〉 남대천 수계도[77]

1980년대부터 그 동안 미진하였던 남측부분의 개발이 진행되고 있으며, 하류지역에 이르기까지 도시화된 시가지로 변모하고 있는 중이다. 남대천 천변은 이전의 농업지역이 크게 줄어들고 도시화가 급속히 진전된 지역이다. 도심지 남대천변 북안에는 홍제동 지역에서부터 하류방향으로 주거지역, 상업지역, 농경지, 상업주거지가 있고, 남안에는 회산지역 농경지, 주거지, 상업지역, 공단지역, 하수처리장 등의 도시 시설이 접해 있다.

---

76) 건설교통부, 『한국하천일람』, 2004, p.102.
77) 농림부·농업기반공사, 『남대천유역 저수지비상대처계획』, 2004의 남대천 수계 현황도를 참고하여 작성하였다.

　산업화 시대를 지나오면서 남대천은 하천의 직강화와 콘크리트 하안정비 등 치수위주의 획일적 정비로 생물서식 환경이 파괴되어 하천환경이 열악해졌다. 이에 대한 반성으로 하천에 대한 생태계복원, 보전에 관심을 갖기 시작하여 생물다양성을 제고하고 자연과 인간이 공존하는 자연형 하천 조성사업을 2008년부터 2012년까지 추진하였다. 남대천 강릉교에서 공항교까지 약 4.4km 구간에 대한 자연복원 사업으로 초화원 설치, 산책로 조성과 수목 식재, 쉼터 조성, 철새 관찰대 설치, 포남교 하류에 생태습지 조성 등의 사업을 추진하였다.

　또한 같은 기간에 경포호수 주변지역에 독특한 생태환경 및 역사문화적 가치를 지닌 생태복원사업을 추진하고 배후습지를 조성하여 경포호 수질개선 및 조류, 어류 서식지를 확충, 생물 다양성을 증진하고 살아있는 경포호수 복원사업을 2013년까지 완료하였다.

　이러한 사업에 연계하여 환경생태운동으로 강릉의제21실천협의회[78]에 의하여 지속가능한 생태환경 프로그램 운영 등 시민운동과 연계한 하천, 호수에 대한 인간과 자연이 공존하는 방안을 모색하는 움직임이 남대천을 비롯한 수계 관리노력의 한 방향이 되고 있다.

---

78) 강릉에서는 '환경적으로 건전하고 지속가능한 발전'이라는 지방의제21의 이념을 바탕을 1999.11.29. '제일강산강릉21'추진협의회를 창립하였다. 지역의 환경현안을 중심으로 만들어진 의제의 지속적 실천을 위하여 2011년 '강릉의제21실천협의회'로 명칭을 변경하였고 2014년 10월 제16회 지속가능발전 전국대회를 유치 주관하였다.

〈사진 5-3〉 남대천 하구 및 강릉항 전경(강릉시기록사진)

제VI장

문화유산을 통해 본 강릉의 도시문화

도시문화란 '도시에 모여 사는 다양한 사람들이 가진 삶의 방식'이라고 할 수 있다. 즉 도시라는 공간에 생활하는 도시민의 생각과 행동 양식의 전부를 일컫는다고 할 것이다. 도시민의 삶의 방식이 도시 아닌 데에 사는 사람들의 삶의 방식과 구별되기 때문에 도시문화가 다른 문화인 농촌문화와 구별되기도 한다. 농촌문화는 도시문화를 더욱 다양하게 하는 소재로서 도시에서 재창조되어 다시 확산되어진다.[1] 그러나 본고에서 '도시문화' 라는 말을 농촌문화에 대비되는 개념이 아니라 '강릉문화' 라는 개념에서 다루고자 한다.

강릉의 도시사 속의 도시문화는 어떤 것이라고 할 수 있을까하는 데에 염두를 두고 인물을 중심으로 살폈다. 이어서 역사적인 배경을 도시문화의 바탕이 되는 강릉의 문화유산, 명주성의 의미, 강릉의 성곽 그리고 이어지는 장에서 강릉의 무형유산인 강릉단오제, 강릉의 사회적 제사에 대하여 살펴본다. 이를 바탕으로 강릉지역 도시문화의 특징은 무엇인지 알아보고자 한다.

---

1) 강홍빈, 「도시와 도시문화 : 도시개발과 도시문화」, 『도시문제』, 대한지방행정공제회, 1981, p.11.

제1절 강릉의 문화적 배경

강릉이라는 도시의 역사적 배경은 앞에서 대략 살펴보았다. 강릉지역
은 역사 발전과정에서 고대부터 현재에 이르기까지 변경이라는 의식이
강하게 남아있다고 할 수 있다. '변경'은 한 세력과 다른 세력 간의 경계
지역이라는 의미이다. 당연히 이곳은 군사적 요충이 되는 곳이다. 더불어
정치적으로도 그 중요성이 높은 지역이라고 할 것이다. 오늘날과 같이 다
양화 사회, 또는 기능적으로 분화된 사회 이전의 시기에 정치적 의미는
곧 문화적 의미로 연결되는 것이다.

강릉과 관련 있었던 역사인물을 통해 강릉의 문화적 배경을 살펴볼 수
있다. 강릉지역에 내왕했거나 근거를 마련했던 역사적 인물들과 그들이 지
녔던 정치·문화적 위상을 통해 강릉의 문화적 위치를 가늠해 볼 수 있을
것이다. 그들의 삶과 업적의 면면은 차치하고 역사상의 위치를 살펴본다.

먼저 신라의 화랑들은 오대산·경포호·한송정과 같은 명승을 찾아 수
양하기 위하여 이 지역에 내왕[2]하였고, 진흥왕의 순력[3]의 사실이 있으
며, 異斯夫, 金庾信, 金周元, 梵日, 弓裔, 崔守璜과 같은 인물을 들 수 있다.

이사부는 실직주를 거쳐 하슬라주 군주로서 우산국을 복속시키는 등 6
세기 신라의 팽창정책에 앞장섰던 인물이며, 신라의 국사를 수찬한 인물
로 알려져 있다.[4]

---

2) 정항교, 「강릉을 왜 문향·예향이라 하는가?」, 『강릉문화산책』, 초당정호돈원장
　　고희기념논총간행회, 2005, p.282.
3) 『삼국사기』 신라본기 권4 진흥왕 12년 3월.

김유신은 신라의 통일사업에 있어 중추적 역할을 담당했으며, 그는 말년에 국경의 안정을 위해 이 곳에 머물렀다. 후일 그 위업을 기리기 위해 지역민들이 제사를 받들어 모시게 되었다. 근세에 와서 강릉을 비롯한 영동민들에게 대관령산신으로 좌정하게 되었으며,⁵⁾ 현재 강릉시 교동의 화부산사에 모셔져 매년 가을 제향을 받는다.⁶⁾

김주원⁷⁾은 태종무열왕의 5세손으로 선덕왕 사후 무열왕계와 내물왕계가 왕위를 두고 다투는 과정에서 물러나 명주로 오게 된 인물이다. 왕위를 다투었던 2인자에 해당하는 인물이 강릉에 오게 된 것이다. 강릉이라는 지역사회에 경주 중심의 수도권 문화가 유입된 문화사적으로 획기적인 사건이었음을 짐작할 수 있다. 또한 이 지역이 경주에 필적할 문화수준을 누렸으리라는 추론도 가능한 것이다.

범일⁸⁾은 신라의 고승으로 선문9산 중 闍崛山派 굴산사의 창건주이고 통효대사, 품일이라 한다. 출생이 상세하지는 않지만 지역 출신의 인물임에는 분명하다.⁹⁾ 당나라에 유학하였다가 847년 귀국하여 명주도독의 청으로 40여년을 굴산사에서 지냈으며 경문왕, 헌강왕, 정강왕이 국사를 삼으려 하였으나 사양하였다. 현재 대관령국사성황사에 모셔져 있으며 강릉단오제의 주신으로 받들어지고 있는 지역민들의 신앙의 대상이 된 인물이다.¹⁰⁾

---

4) 『삼국사기』 신라본기 권4 진흥왕 6년 7월.
5) 허균, 『惺所覆瓿藁』 "歲癸酉夏 余在溟州 州人將以五月吉 迓大嶺神 問之首吏 吏曰神卽新羅大將軍金公庾臣也."
6) 임호민, 『강릉시금석문자료집』, 강릉시, 2003, p.26. ; 「花山齋紀蹟碑銘」은 강릉시 교동 화부산사 경내에 있다.
7) 『삼국사기』 신라본기 권10 원성왕 원년.
8) 방동인, 「堀山寺와 梵日에 대한 재조명」, 『임영문화』 24, 2000
   이규大, 「범일과 강릉단오제의 주신인 국사성황신」, 『임영문화』 24, 2000
   김흥삼, 『라말여초 굴산문 연구』, 강원대학교박사학위논문, 2002.
9) 『중수 임영지』 釋證條
10) 장정룡, 『강릉단오 민속여행』, 두산, 1998, p.47

궁예[11]는 당시 명주에서 태봉국 건국의 발판을 만들었고, 려말선초의 대표적 호족세력이었던 왕순식[12]은 태조 왕건을 도와 건국의 기초를 다졌던 인물이다. 왕순식은 고려건국에 기여한 공로로 재지세력으로는 유일하게 대광의 관계를 받았다.

최수황은 고려 충렬왕 때의 명주인으로 첨의찬성사로 치사에 이르렀던 청렴 강직한 사람이었고, 그의 아들 崔斯立 또한 강직했고 문장에 능하였다.[13]

조선시대의 인물로 崔應賢, 金時習, 崔壽峽, 申師任堂, 李珥, 許蘭雪軒, 許筠 등의 인물과 향현사에 모셔진 '12鄕賢'을 들 수 있다. 최응현은 성종 때의 문관으로 노모 공양을 위해 경직을 사양하고 강릉훈도를 지냈고 노모 사후 중앙에 나아갔다. 그의 손자 최수성은 중종 때의 명현이며 학문과 도의를 강구하여 대유가 되었고 기묘사화를 보고 관직에 나아가지 않았으나 모함으로 옥사하였고, 인종 때 영의정에 추증되었다.[14]

조선 초기의 학자이며 생육신의 한 사람인 김시습은 한평생 절개를 지키며, 불교와 유교를 아울러 섭렵한 사상과 탁월한 문장으로 한세상을 풍미하였으며, 사후 정조 6년(1782) 이조판서에 추증되었고 영월의 육신사, 강릉의 청간사 등에 배향되어 매년 제향을 받는다.[15]

신사임당은 조선시대 문인·서화가로 효성이 지극하고 지조가 높았다. 어려서부터 경문을 익혔으며, 문장·침공針工·자수에 이르기까지 뛰어난 재능을 보였다. 특히 시문과 그림에 뛰어나 「유대관령망친정」·「사친」 등

김선풍·김경남, 『강릉단오제 연구』, 보고서, 1997, pp.42~43

11) 『삼국사기』 신라본기 권11 진성왕 5년 10월 ; 권 50, 열전 10, 궁예전.
　　방동인, 「명주장군 왕순식」, 『영동지방 역사기행』, 신구문화사, 1995.
12) 『고려사』 권2, 세가 2 태조 19년(936) 9월.
13) 『고려사』 권106, 열전 19, 최수황.
14) 박도식, 「조선전기 강릉최씨 삼현의 중앙진출과 정치활동」, 『임영문화』 25, 강릉문화원, 2001.
　　임호민, 「조선전기 강릉최씨 삼현의 재지기반과 향촌활동」, 『임영문화』 25, 2001.
15) 강원도, 『국역 매월당전집』, 강원향토문화연구회, 2000.

의 한시로 탁월한 재능을 발휘하였다. 안견의 그림을 스스로 사숙하였는데, 그의 영향을 받은 화풍에 여성의 섬세함을 더하여 후세의 시인·학자들의 절찬을 받고 있다. 그림의 주제는 풀벌레·포도·화조·어죽·매화·난초·산수 등으로 사실화였으며, 채색화·묵화 등 40폭 정도가 전해지고 있다.16)

이이는 조선 중기 학자·정치가로 「천도책」으로 별시에 장원한 것을 포함하여 9번의 과거에 모두 장원하여 9도장원공이라 불린다. 『명종실록』 편찬에 참여하였으며, 1569년 『동호문답』을 지어올리고, 1574년 재해로 인하여 『만언봉사』를 올렸고, 『성학집요』·『격몽요결』·『기자실기』를 편찬하였고, 『인심도심설』·『김시습전』·『학교모범』·『시무6조』를 계진하고 십만양병을 주청하였다. 이황과 더불어 조선시대 유학의 쌍벽을 이루는 학자로 기호학파의 연원을 열어 성리학적 입장을 견지하면서도 단순히 성리학만을 고수한 것이 아니라, 불교와 노장철학을 비롯한 제자백가의 학설과 양명학 등에 대한 이해도 깊었다. 理는 무형무위한 존재이고, 氣는 유형유위한 존재로서 이는 기의 주재자이고, 기는 이의 器材라는 理氣論의 입장을 체계화하여 理通氣局說 및 氣發理乘論을 주장하였다. 또한 4端과 7情에 대하여는 이황의 四端理發說을 비판하고 사단칠정이 모두 기발이승이라고 주장하였다. 그는 철학에만 조예가 깊었던 것이 아니라 정치·경제·교육·국방에 대해서도 깊은 관심과 탁월한 방책을 제시하였다. 선조의 묘정과 문묘에 배향되었고, 파주의 자운서원, 강릉의 송담서원, 풍덕의 균암서원, 황주의 백녹동서원 등 전국 20여 개의 서원에 배향되었다.17)

---

16) 율곡학회, 『신사임당의 생애와 예술이야기, 시대를 앞서간 여인 신사임당』, 원영출판사, 2004.
   이은상, 『신사임당의 생애와 예술』, 성문각, 1994.
17) 최승순, 「율곡(율곡) 연구」, 『강원문화론집』, 강원대학교출판부, 2002.
   정항교, 『율곡의 시문학 연구』, 경원대학교 박사학위논문, 2003.

허난설헌은 조선 중기 시인으로 8세에 「廣寒殿白玉樓上樑文」을 짓는
등 신동으로 일컬어졌다. 李達에게 시를 배웠고, 15세 무렵 金誠立과 결
혼하였으나 27세의 짧은 생을 살았다. 그의 시 213수 가운데 128수는 속
세를 떠나고 싶은 심정을 읊은 신선시이며, 애상적 시풍의 독특한 시세계
를 이루고 있다. 작품의 일부는 허균이 명나라 시인 朱之蕃에게 주어 중
국에서 『蘭雪軒集』으로 간행되어 격찬을 받았다. 일본에서도 1711년 간
행되어 애송되었다.[18]

허균은 조선 중기 문신·문학가로 1597년 문과에 급제한 후 여러 벼슬
을 거쳐 좌참찬에 올랐으나 관직생활은 3번이나 파직당하는 등 파란의
연속이었다. 시문에 뛰어난 천재이며, 출중한 재능을 지녔으나 서얼차대
의 벽에 걸려 불우한 일생을 보내던 스승 李達을 통해 사회적 모순을 발
견하였다. 이를 계기로 사대부 계통의 문인보다는 서얼출신 문인들과 교
유하였고, 인간주의적·자유주의적 사상을 키우면서 당시 사회제도의 모
순을 과감히 비판하였다. 그는 불교의 중생제도 사상, 서학과 양명학 등
을 받아들여 급진적 개혁사상을 갖게 되었다. 광해군 10년(1618) 河仁俊·
金宇成 등과 반란을 계획한 것이 탄로나 처형되었다. 최초의 국문소설인
『洪吉童傳』은 봉건체제의 모순과 부당성을 폭로한 그의 개혁사상을 잘
나타내고 있으며 국문소설의 효시가 되었다.[19]

강릉에는 鄕賢祠라는 독특한 유적이 있다. 인조 23년(1645) 당시 부사
姜栢年과 전직관리 李尙馦, 金忠愍 등의 주장으로 사당을 신축하고 崔致
雲, 崔應賢, 朴遂良, 朴公達, 崔壽峸, 崔雲遇의 6현을 配享했다. 그 뒤 순조
2년(1802) 崔洙를 순조 8년(1808) 李成茂, 金潤身, 朴億秋, 金設, 金譚을 추
가로 배향하여 모두 12향현[20]을 봉안하고 있다.

---

18) 허미자, 『허난설헌 연구』, 성신여자대학교출판부, 1984.
　　장정룡, 『허난설헌과 강릉』, 강릉시, 1998.
19) 장정룡, 『허균과 강릉』, 강릉시, 1998.
20) 박도식 편저, 『강릉의 역사인물자료집』, 강릉문화원 발행, 2003.

12향현은 생존시기가 모두 조선초기부터 중기까지이고, 선초에 결성된 입신출사를 위한 강릉지방 유생들의 결사체인 金蘭半月會와 관계가 있다. 금란계는 여말선초 이래로 꾸준히 확대되어 온 중소지주층이 그들 상호 간의 유대관계가 요청되는 상황에서 출현하였고, 16세기 이후에는 학연을 매개체로 한 인간관계가 중요한 역할을 하였다는 점에서 미루어 볼 때, 당시 강릉사회에서 중요한 역할을 하였으며 향현 배향에 깊이 연관되어 있었다.[21]

배향인물은 모두 유교이념에 투철했던 인물들이며 배향인을 선정하는 데는 나름대로 기준이 있었다.[22] 족보 편찬이 일반화되는 18세기는 향현의 추배 시기와 맞물려 있기 때문에 향촌의 큰 성씨들 사이에서는 자신들의 조상을 향현으로 배향하려는 노력도 일부 반영되었을 것이다. 그러나 강릉 향현의 대부분이 강릉의 거성들로서 4차례에 걸쳐 추향되었지만, 타 거성들로부터 큰 반발은 없었던 것으로 보인다. 그것은 추향 과정에서도 중앙의 정표정책에 따라 효행에서 뛰어난 인물을 선정했기 때문이다.[23]

강릉문화원, 『강릉의 향현과 효열』, 1985.

박원동 편집, 『강릉향현행록』, 강릉향현사, 1931.

강릉향현12선생기념사업회, 『강릉명륜서원지』, 1976.

강릉향현사지편찬위원회, 『신속 강릉향현사지』, 강릉향현사, 2005.

강릉문화원, 『강릉의 12향현 자료집』, 2004.

강릉12향현은 배향순서에 따르면 釣隱 崔致雲(1390~1440), 睡軒 崔應賢(1428~1507), 四休 朴公達(1470~1552), 三可 朴遂良(1475~1546), 猿亭 崔壽峸(1487~1521), 蹈景 崔雲遇(1532~1605), 春軒 崔洙(1443~1472), 訥齋 李成茂(1370~1436), 槐堂 金潤身(1444~1521), 聾軒 朴億秋(1523~1590), 臨鏡堂 金說(1506~?), 葆眞齋 金譚(1522~1605)이다.

21) 박도식, 「조선시대 강릉지방의 인물」,『강릉의 역사와 문화』, 눈빛한소리, 2004, pp.158~201.

22) 이규대, 「향현과 지방문화 정체성」,『율곡사상연구』제5집, 율곡학회, 2002, pp.81~86.

23) 박도식, 「조선시대 강릉지방의 인물」,『강릉의 12향현자료집』, 강릉문화원, 2004,

이상의 강릉과 유관한 역사인물들의 면면은 당시대 사회에서 두각을
나타냈던 영향력을 가진 인물들임을 알 수 있다. 이러한 사실에서 강릉지
역 문화의 역사적 배경과 그 수준을 미루어 짐작하게 된다. 즉 각 시대
지역의 역사 인물들을 통해 변경이고 지방이라는 물리적 환경을 넘어 중
앙에 필적하는 독특한 문화적 배경을 견지할 수 있는 역량이 있었던 지
역이었다고 판단된다. 이러한 토양 위에 강릉의 역사인물들은 모두 당대
의 문화적 수준을 견인했던 문화인들이었다고 할 수 있겠다.

---

pp.45~50 ; 박도식은 1차 6인 추배(1645)는 성리학적 문풍진작, 2차 1인 추배
(1682)는 闢佛者, 3차 3인 추배(1759)는 효행자, 4차 2인 추배(1808)는 哲人이라
고 분석하고 있다.

제2절 문화유산을 통해 본 강릉의 도시문화

강릉은 옛날부터 백두대간의 동쪽 동해안 지역 동예의 고도이고 영동 고을의 수부지역이다. 여름이 시원하고 겨울이 따뜻한 해양성의 기후이며, 들과 바다와 산간이 함께 있는 다양한 문화전통을 가진 곳으로 건축문화 또한 다양하다. 문화유적을 통한 도시문화를 조명해 보기 위하여 도시의 외형적 구조물이라고 할 건축 문화유산을 중심으로 살펴보는 것이 유용하다고 생각된다.

전통건축 문화유산을 그 용도와 성격에 따라 관아건축, 향교건축, 민가건축, 누정건축, 사찰건축 등으로 살펴볼 수 있다.

먼저, 관아유적으로 가장 오랜 건축유산인 임영관삼문이 있고, 옛 강릉부사의 집무공간으로 사용되었다는 칠사당이 있다.

향교 건축으로는 강릉향교가 있고, 더불어 근세에 복원되었지만 오봉서원, 송담서원이 있으며, 향교 건축이 제사공간과 강학공간으로 이루어지므로 제사공간으로서의 건축물인 사우(祠宇)들이 각 종중별로 다수 산재해 있다.

민가 건축으로는 조선 초기 사대부 가옥의 별당건물인 오죽헌, 조선중기에 조성되기 시작한 선교장, 임경당, 상임경당 그리고 조선후기의 김윤기 가옥, 오규환 가옥, 허균과 허난설헌의 탄생과 관련된 곳으로 전하는 초당동 이광로 가옥 등이 있다.

누정 건축은 관아에서 주체가 되어 건립한 경우도 있지만 대체로 유력한 종중에서 사적으로 건립하기도 하였고, 계(契)와 같은 조직을 통해 건립되기도 하였다. 경포대, 방해정, 호해정, 해운정, 선교장의 활래정, 금란정, 오성정 등이 있다.[24]

사찰 건축은 신라 말 굴산사, 보현사, 한송사로부터 조선시대에 이르기까지 풍부한 건축 문화유산이 있었으나 전화로 소실되고 근대에 복원되어 옛 풍광을 보여주고 있다. 현재 남아있는 유적으로는 굴산사지, 보현사 등에 석조 문화재가 일부 남아있으며, 조선후기의 건축물로 보현사 대웅전이 있다.

1. 관아유적

전통시대 각 고을에 조성되었던 관아는 고대에서 근세, 오늘에 이르는 동안 읍치의 치민을 위한 시설이다. 도성이나 읍성 내에 조성되었던 오늘날 행정타운의 개념으로 이해할 수 있다. 관아는 건축물의 조영 원칙에 따라 전통적 공간 속에서 일정한 법칙성을 갖고 있다. 관아는 읍성 내에 조성된 치민을 위한 건조물들의 집합체[25]라고 할 수 있겠다.

전통시대 관아는 지배층의 입장에서 백성을 다스리는 공간으로서 당시 지배계층에 의해 주도적으로 조성되었다. 그들의 사회적 신분과 체제의 유지를 위해 통치이념으로 채택하였던 유교와 앞 시대부터 있어온 민족문화 정서를 함께 내재하고 있는 것으로 일시에 조성된 것이 아니고 시대에 따라 점차적으로 확대 조성된 것이다. 강릉의 경우 타 지역과 마찬가지로 일제강점기를 지나면서 멸실되었으며, 현재 관아 건축으로 남아있는 것은 사적지 내에 임영관 삼문[26]이 있고 강릉부사의 집무공간이었

---

24) 강릉문화원, 『강릉의 누정자료집』, 1997.
25) 임동일, 『조선시대 관아의 입지와 좌향을 통해 본 도·읍의 조영논리 연구』한양대학교박사학위논문, 1996, p.178.
26) 강릉임영관삼문 : 1962.12.20 지정명칭 '강릉객사문'으로 국보 제51호로 지정되

던 칠사당이 남아있는 유적의 전부였다. 2000년부터 강릉이 전통문화시범도시 조성사업[27]으로 임영관지에 임영관 복원공사를 2001년부터 2007년까지 추진하여 전대청과 서헌, 동대청, 중대청을 모두 복원하였다. 이어서 2단계 복원사업을 추진하여 삼문 앞쪽에 아문, 동헌, 별당, 의운루 등 관아영역이 2012년에 복원되었으며, 2014년 11월 27일 지정명칭도 임영관 영역을 아우르는 '강릉대도호부관아'로 고시되었다.[28]

임영관 삼문은 1962년 12월 20일 국보 제51호로 지정되었으며, 강릉시 용강동 58-1번지에 소재하고 있는 관아 건축물로 전면 3칸, 측면 2칸의 단층 맞배지붕, 주심포양식의 목조건물로 고려 초기에 처음 건축되었다. 고려 태조 19년(936)에 창건된 객사의 유물로 현존하는 건물은 고려 말의 건축물로 생각되며 제액의 글씨 '臨瀛館'은 공민왕의 친필로 전해지고 있다.

이 삼문은 앞쪽이 비교적 높은 돌계단으로 이루어져 있고 옆면과 뒷면에는 둥근 자연석을 배열하였으며 기초석은 같은 형태를 가지지 않고 몇 가지 다른 모양의 것을 이용하고 있다. 앞 뒷줄 기둥은 배흘림이 뚜렷한 원주를 사용하였고, 가운데 줄의 기둥은 방주를 사용하여 문을 달았다. 기둥의 배흘림은 그 어느 건물보다도 심하며 전체적으로 볼 때 아주 오래된 인상을 주며 장식화 경향이 심하지 않는 것이 특징이다.

었으며, 임영관 복원 후 2010.10.04 '강릉 임영관 삼문'으로 명칭이 변경되었다.

27) 강릉시, 『전통문화 시범도시 조성계획』, 2000, p.8 ; 강릉도심지 내 임영관삼문(당시 객사문), 칠사당, 임영관지 일대와 향교 일대를 대상으로 도심관아유적지구 사업이 계획되어 있다.

28) 임영관삼문은 '임영관지'에 위치해 있다. 임영관지에 1993년 강릉 시청사를 지을 계획이었으나 발굴조사에서 관아 건물지 등이 확인되어 1994.7.11 사적 제388호로 지정되었다. 이후 2005년 관아지를 추가로 포함하여 지정하였고 객사영역 임영관이 복원됨에 따라 2011년 지정명칭을 '강릉임영관'으로 하였다가 2012년 관아영역이 추가로 복원된 후 강릉시의 수 차례 요구에 의하여 2014.11.27일 '강릉대도호부관아'로 명칭이 변경되었으며 강릉시에서는 2014.12.18 명칭변경 기념식과 함께 강릉대도호부관아 현판을 새로이 게첨하였다.

혼히 객사[29]는 여관의 성격으로 생각하는데 그것뿐이 아니라 객사는 지방수령이 초하루, 보름에 향궐망배하며 국왕에게 충성을 다짐하던 신성한 공간이기도 하다. 임영관의 전대청에는 원래 궐패를 모셨으며, 임진왜란 후 한 때 태조의 영정을 모신 집경전이 있었던 곳이기도 하다.[30]

칠사당은 1971년 12월 16일 강원도 유형문화재 제7호로 지정되었으며, 강릉시 명주동 38-1번지에 소재하고 있다. 정면 7칸, 팔작지붕 단층 건물로 조선중기에 건축된 것으로 보이며 강릉관아의 남아있는 건축물로는 임영관 삼문과 함께 유일한 것이다.

조선시대 관공서 건물로 인조 10년(1632)에 중건하고 영조 2년(1726)에 확장 중수하였다. 순조 24년(1824) 지방수령의 7事 즉 호구의 확대, 농상의 진흥, 군정의 엄정, 학문의 진흥, 부세의 균정, 송사의 공명, 풍속의 순화 등 일곱 가지 정사를 보는 곳이라 하여 칠사당이라 하였다.

한때 진위대의 청사로 쓰이다 고종 4년(1867) 화재로 소실된 것을 같은 해에 중수하였다. 건물은 'ㄱ' 자형의 건물인데 정면 좌측에는 누마루가 연접하여 세워졌다. 강점기에는 일본 수비대에서 사용하다가 강릉군수 관사로 일시 사용하였고, 6·25전쟁 시 미국 민사원조단(C.A.C.K)에서 사용하였으며, 1958년 5월부터는 강릉시장 관사로 일시 사용되기도 하였다. 1980년에 다시 정비 복원하였으며 수차 보수하여 현재에 이른다.

2. 유교유적

향교는 고려·조선시대 유교 교육을 위해 지방에 설립한 관학 교육기관으로 '교궁' 또는 '재궁'이라고도 하였다. 도성을 제외한 각 지방에 관학

---

29) 송제룡, 『전주고도 관아배치의 외부공간 구성에 관한 연구』, 전북대학교석사논문, 1989, pp.41~43.
30) 『인조실록』, 권19, 6년(1628) 9월 11일 무진.

이 설치된 것은 고려 이후로서 인종 5년(1127)에 여러 주에 학교를 세우도록 조서를 내렸다는 기록으로 보아 이 때부터 향교가 세워진 것으로 볼 수 있다. 그러나 향교에 적극적인 유학교육의 면모가 나타난 것은 조선시대부터이다.

유교국가를 표방한 조선왕조는 교화정책 가운데 근본적인 방법으로 지방민을 교육, 교화할 학교의 설립을 추진하였다. 1392년 각 도의 按廉使에게 명하여 향교가 만들어지고, 또 잘 운영되는 정도를 가지고 지방관 평가의 기준을 삼는 등 강력한 진흥정책에 힘입어 성종 때는 모든 군·현에 향교가 설치되었다.

향교에는 유생들이 학문을 배우는 공간으로서 강학 장소인 명륜당이 맨 앞에 배치되고, 그 좌우로 지금의 기숙사와 같이 유생들이 기거하며 공부하던 동재와 서재가 마주하고 있다. 명륜당 뒤에는 공자와 선현의 위패를 봉안하고 제례를 위한 대성전이 위치하고 대성전 좌우로 동무와 서무가 마주하고 있다.[31] 명륜당, 동무, 서무 및 대성전 주위로 성현 제사와 유생 교육에 필요한 제반 업무를 처리하던 건물들이 위치하고 있다.

강릉은 조선시대 강릉대도호부가 설치되었던 곳으로 영동지방의 행정, 문화의 중심지 역할을 해 온 지역이다. 강릉향교[32] 내에는 향교중건발 등 향교 건물의 중수 관련 기록이 남아 있다. 『문헌비고』[33]에 의하면 고려 충선왕(1313) 때 강릉 존무사 金承印이 화부산 연적암 아래에 창건하였다고 기록하고 있다. 그 후 화재 등으로 소실되기도 하고, 그 때 마다 중건 보수를 계속하였다. 20세기에 들어서도 현재까지 향교 중수는 계속되고 있다.[34]

---

31) 박왕희, 『한국의 향교건축』, 문화재관리국, 1998, p.19.
32) 최성수, 『려말선초의 강릉향교』, 고려대학교석사학위논문, 1985.
    강릉향교, 『강릉향교지』, 문왕출판사, 1996.
33) 『文獻備考』; "…東國 舊無學校 高麗忠烈王時 江陵安廉使李承印 創立文廟於
    花浮山 硯滴岩下 列邑文廟繼起"
34) 용택성, 『강릉향교실기』, 강릉고적보존회, 1933 ; 강릉향교, 『江陵鄕校誌』, 문왕

강릉향교는 강릉시 교동 233번지에 위치하고 있다. 향교가 입지하고 있는 곳은 화부산 아래의 산록이지만 도시화의 진행과 명륜고등학교의 건립으로 인해 주변에 많은 건물들이 들어서서 조선시대 향교의 주변여건과는 상당히 많이 변화하였다. 현재 강릉시내를 지나는 국도변 화부산 기슭 언덕에 자리 잡고 있다. 향교의 전면에는 명륜고등학교 운동장이 있으며 향교가 있는 주변 구릉 화부산은 소나무들이 우거져 과거 향교 입지를 보여 주고 있다.

15세기 숙종 년간 강릉향교를 재건할 당시 향교의 규모는 70칸으로 기록하고 있으나 1644년 명륜당을 중수할 당시의 규모는 읍지에 따르면 59칸으로 기록되어 당초 보다 규모가 줄어든 것을 알 수 있다.[35]

현재 강릉향교는 경사지에 2개의 단을 만들어 건물들을 배치하였다. 즉 명륜당, 동서재의 강학공간과 대성전, 동서무의 제향공간을 석축을 쌓아 구별하였다. 다른 향교는 경사가 완만한 편이나 강릉향교는 비교적 경사가 심하여 강학공간과 제향공간이 높은 석축에 만든 계단으로 연결되고 있다. 향교의 전면에 3곳의 문이 있는데 중앙의 일각문과 좌우 협문이 그것이다. 협문은 일상 출입에 이용하고 중앙의 일각문은 행사 때 사용한다. 문을 들어서면 전면 11칸의 기다란 누각형식의 명륜당이 들어서 있다. 가로 방향으로 긴 명륜당은 향교 후면의 나지막하고 길게 늘어선 구릉과 어울리며 전체적으로 수평성을 강조하고 있다. 명륜당 하부는 출입이 가능하도록 벽체로 막지 않고 개방되어 있다. 명륜당 마당을 사이에 두고 좌우로 동서재가 마주 보고 있다.

석축에 놓인 가파른 계단을 올라서면 전랑이 시야에 가로놓여 있다. 다른 향교들이 담장 등으로 제향공간을 구분하는 것과 달리 여기서는 석축 위에 만든 전랑을 사용하고 있다. 전랑 중앙의 문을 들어서면 대성전과 좌우의 동서무가 마주보게 배치되어 있다. 여기서 중앙의 문은 사람이

출판사, 1996.

35) 최승순, 「강원도의 향교」, 『강원도향교서원사찰지』, 강원도, 1992, p.102.

출입하는 문이 아니며 제향 시 문을 열어 놓는 神門인 것이다. 전랑은 강학공간과 제향공간의 레벨차이를 시각적으로 자연스럽게 연결시켜 주는 역할을 하고 있다.

강릉향교는 이른 바 '전학후묘'의 형식의 배치를 하고 있다. 대성전과 명륜당은 평행선상에 놓이고 동서무와 동서재가 대칭으로 배치되어 있는 것으로 보이지만 대성전은 약간 서향으로 기울어져 있고, 좌우의 동서무와 동서재가 이루는 영역도 그 정도가 심하지 않아 눈에 확연히 드러날 정도는 아니지만, 정확한 방향이 아닌 사다리꼴을 하고 있다. 중간에 향교의 중심공간인 대성전과 명륜당이 배치되고 좌측에는 교직사가 우측에는 재방과 제기고 등의 영역이 부가적으로 배치되어 있다.

현재 강릉향교에는 대성전, 명륜당, 동서무, 동서재, 교직사, 재방, 제기고, 화장실 등의 건물과 일각문, 협문, 진학문 등의 문이 있으며 강릉향교 묘정비 등 비석 2기가 남아 있다. 교직사 앞에 연못 천운지가 있다.

강릉향교는 제향영역과 강학영역으로 구성되는데 먼저 제향영역에는 문묘대성전과 동·서무, 전랑으로 이루어져 있다. 대성전[36]은 정면 5칸 측면 3칸 규모의 단층 주심포 건물이다. 정면 1칸은 제향시 배례공간으로 활용하기 위하여 벽체 없이 개방되어 있다. 기단은 장대석을 2단으로 쌓아 만든 것으로 바닥면은 전돌로 마감하였다. 전돌은 건물 기단 위에서부터 전면 퇴칸까지 같은 재료를 사용하였다. 기단 정면에는 계단을 두지 않고 좌우기간에 하나씩 계단을 두었다. 전면 중앙에는 최근에 만든 신도석과 관세대를 설치하였다. 초석은 자연석을 사용하여 윗면을 가급적 평평하게 다듬은 것과 굴곡면을 그대로 사용한 2가지로 만들어져 있다. 초석 중에는 윗면을 원형과 방형을 새긴 것도 있다. 기둥은 안팎의 기둥이 모두 원형기둥을 사용하였고 배흘림을 두었다.

건물 내부는 전돌 대신 화강석 박석을 깔아 마감하였다. 중앙에 공자

---

36) 문화재청,『강릉문묘대성전 실측조사보고서』, 2000.

를 비롯한 5인의 성현 위패를 위에서 보아 'ㄷ'자형 위패함을 만들어 봉
안하고, 공자의 제자 10인 즉 공문10철과 송나라 6인의 현인 즉 송조6현
은 양측면 벽체에 붙여 단을 만들고 위패를 봉안하였다.[37]

대성전은 정면 5칸인 대규모의 당당한 품격을 지닌 건물로 기둥도 직
경이 굵은 부재를 사용하였다. 기둥 위에만 공포를 얹은 이른바 주심포
형식의 건물이다. 공포의 구성형식을 보면 기둥 위에 첨차를 놓고 외목도
리를 받치게 되어 있다. 전체적으로 도리는 5개의 굴도리를 사용한 5량
집이다.

벽체는 전체적으로 회벽으로 만들었다. 전면 퇴칸의 서측벽은 회벽이
아닌 판장벽으로 처리하였고 우측은 벽체 없이 개방한 모습이다. 전면 벽
체 중 퇴칸을 제외한 좌우칸에는 판문 대신 교살창, 정자살창을 두어 채
광과 환기를 고려하였다. 천장은 서까래가 드러나 보이는 연등천정 방식
으로 마감하였다.

지붕은 맞배지붕으로 측면에는 풍판을 대었다. 기와는 여러 문양의 것
을 사용하였는데 숫막새에는 박쥐문, 연화문, 봉황문, 범자문 등 7가지를
암막새에는 인동당초문, 용문 등을 사용하였다. 망와에는 봉황문이 그려
져 있다. 대성전에 사용한 문양전 막새기와는 이 건물의 격식을 반영하는
것으로 보인다. 용마루에도 궁궐 건물과 비슷한 양식으로 처리하였다.

단청은 대들보 등 주요 부재의 끝에 중점적으로 그려진 모로단청을 하
였다. 특히 기둥의 하부에는 흰색과 검은색으로 장식하는 독특한 방식을
채택하였다.[38]

---

37) 강릉향교, 『강릉향교지』, 문왕출판사, 1996, pp.263~278 ; 5聖 : 孔子·顏子·曾
　　子·子思·孟子, 孔門10哲 ; 費公 閔損·鄆公 冉耕·薛公 冉雍·齊公 宰予·黎公 端
　　木賜·徐公 冉求·衛公 仲由·吳公 言偃·魏公 卜商·穎川侯 顓孫師, 宋朝6賢 : 道
　　國公 周惇頤·豫國公 程顥·洛國公 程頤·新安伯 邵雍·郿伯 張載·衛國公 朱熹.
38) 강릉향교의 제사공간을 이루는 대성전과 동무 서무의 각 기둥은 상부는 주칠을
　　하고 하부에 백색과 흑색으로 처리한 것은 이곳은 신들의 영역이며 신은 구름
　　위에 존재한다는 의미로 읽힌다.

대성전은 1411년 화재로 소실된 이후 1413년에 재건되었고 여러 차례 중건 또는 중수되었는데 대성전의 공포구성, 대들보 치목기법, 배흘림 기둥 등에서 시기적으로 조선 초기의 잔재를 확인할 수 있다. 이것으로 판단하면 부사 이인충이 중수한 성종 년간(1485-1488)의 건물로 추정된다.

동·서무는 정면 5칸, 측면 1칸의 방형 평면 건물로 실내에는 우리나라 18현[39]과 중국의 97현의 위패를 모셔 놓았는데, 동무에는 홍유후 설총을 비롯한 58위를 서무에는 문창후 최치원을 비롯한 57위를 봉안하고 있다.

건물은 대성전의 기단 아랫면과 같은 높이에 자연석 주초석 위에 건립하였다. 기둥은 원형 기둥이며 배흘림 흔적이 남아있고, 기둥 위에는 대성전이 포를 놓은데 비해 익공을 놓았다. 서무의 익공이 동무 보다 약간 간략한 모습이다.

벽체는 회벽으로 마감하였고 내부에는 'ㄷ' 자형의 단을 만들고 성현의 위패를 모셨다. 천정은 연등천정 방식이다. 지붕은 맛배지붕 3량집이다. 단청은 녹칠과 주칠만 사용한 가칠단청이며 기둥 하부는 대성전과 같이 흰색과 검은색 칠을 하였다. 익공의 수업으로 보아 조선후기 순조 7년(1807) 중수 시의 건물로 보인다.

전랑은 정면 9칸, 측면 1칸의 규모로 강학공간과 제향공간이 만나는 곳의 축대 위에 건립하였다. 가운데 칸과 좌우의 협칸에 출입문을 설치하였다. 전랑은 원형 기둥을 사용하였고 기둥은 대성전, 동서무에 비해 높이가 훨씬 낮으며 그 상부에 주두없이 바로 도리가 얹혀 있다. 기둥과 기둥은 창방으로 연결하였는데 강학공간 쪽에 회벽을 만들었고 대성전 쪽으로 개방하였다. 지붕은 맛배형식 3량집이다. 가운데 칸의 지붕은 좌우보다 높이가 높은 솟을대문 형식이고 상부에는 홍살을 설치하였다. 이를

---

39) 東國 18賢 ; 東廡에 弘儒侯 薛聰, 文成公 安裕, 文敬公 金宏弼, 文正公 趙光祖, 文純公 李滉, 文成公 李珥, 文元公 金長生, 文敬公 金集, 文正公 宋浚吉이고, 西廡에 文昌侯 崔致遠, 文忠公 鄭夢周, 文獻公 鄭汝昌, 文元公 李彦迪, 文正公 金麟厚, 文簡公 成渾, 文烈公 趙憲, 文正公 宋時烈, 文純公 朴世采이다.

포함하여 3개의 문은 모두 판문이며 태극무늬로 장식하였다. 단청은 가칠단청이고 기둥 아래는 역시 흰색과 검은색으로 마감하였다. 전랑은 1493년 전랑청을 지었다는 기록이 있는 것으로 보아 15세기 초반 향교 중수 시 이미 존재하였을 것으로 보이며, 경종 원년(1721) 훼손이 심해 헐어내고 다시 지었는데 당시의 월랑은 12칸이었다고 한다. 현재의 규모가 9칸으로 1721년과 다르며 대성전 등 제향영역의 다른 건물들과 그 수법을 비교해 보아 철종 13년(1862) 중건한 것으로 추정된다.

강학영역으로는 명륜당과 동·서재를 들 수 있다. 명륜당은 정면 11칸 측면 2칸의 세로로 길쭉한 평면 건물로 그 규모면에서 향교의 일반적인 규모와 차이가 난다. 명륜당의 규모에 대하여 인조 대(1623) 「향교중수기」의 기록상 44칸 누각형식의 건물로 이 때부터 현재와 같은 규모였던 것으로 보인다. 인근의 간성향교와 같은 누각형식의 건물로 흔하지 않은 유형이다. 건물 뒤로는 툇마루가 만들어져 계단을 통해 출입하는 일반적 누각형식의 진입방식과는 달리 변형양식일 가능성이 높다. 현재 명륜당 출입은 동재 쪽으로 연결된 마루로 통하고 있다. 동쪽 퇴칸 1칸 반은 루방을 두어 온돌시설을 하였다. 루방의 존재는 1897년 중수기록으로 보아 19세기 중반부터 존재하였던 것으로 보인다.

벽체는 회벽으로 처리하였고 전후면 매 칸에 4짝의 세살창을 달았다. 바닥은 마루로 되어 있다. 지붕 가구는 5량집이며, 맞배지붕이다. 측면에는 판자를 대었고, 주칠과 녹칠로 간략한 긋기단청으로 되어 있다.

명륜당은 창건 이래 많은 중수를 거쳐 오늘에 이르는데 숙종 22년(1696)에 전보다 크게 보수하였다고 기록되어 있다. 이후 1813년과 1869년 중수하였고 현재의 건물은 19세기 중수 시의 건물로 보인다.

동·서재는 정면 5칸 측면 2칸 규모의 방형 평면 건물이다. 기단은 막돌에 가까운 다듬은 돌로 쌓은 축대 위에 건립하였다. 초석은 자연석으로 하였고 기둥은 원형기둥을 사용하였다. 벽체는 이전까지 회벽, 판자벽이었던 것을 1992년 수리공사 시 전통적인 회벽으로 처리하였다. 이 때 창은 유리창이었던 것을 세살창으로 바꾸었다. 가운데에는 2짝의 세살창, 다른 칸에는 4짝의 세살창을 설치하였다.

향교의 동서재는 일반적으로 숙식을 위한 온돌방과 툇마루가 만들어진 유형이 일반적이지만 강릉향교에서는 툇마루가 생략된 형태이고 지금은 온돌이 아닌 마루로 마감하였다. 지붕은 맞배지붕으로 부속건물의 성격에 맞게 만들었다. 동재는 1962년 중건하였는데 당시까지의 건물형태를 참고하여 새로 지은 것이며 서재는 고종 6년(1869) 중수할 당시의 건물로 추정된다.

향교와 함께 전통시대 교육기관으로서 서원은 우리나라의 선현을 배향하고 유생들을 가르치던 조선의 대표적인 사학 교육기관이다. 서원은 선현을 모시고 유생들을 교육시킨다는 점에서 성균관, 향교와 성격이 같다. 그러나 관학이 아닌 사학이라는 점과 중국 선현보다는 우리나라의 선현을 배향했다는 점에서 성균관, 향교와 크게 다르다. 대부분 서원의 공간구조는 향교와 비슷했다. 일반적으로 서원의 건물배치는 유생들의 교육 및 기거와 관련된 공간이 선현들의 위패를 모시고 제사를 지내던 공간보다 앞에 위치했다. 즉, 서원건물 배치의 전형은 전교당, 홍교당 등으로 불리는 강당을 중심에 두고, 그 양 옆에 동재와 서재가 서로 마주보고, 강당 뒤에 선현의 위패를 봉안하는 사우가 배치되어 있다.

강릉에는 오봉서원과 송담서원 두 곳이 있다.[40] 오봉서원은 강릉시 성산면 오봉리(구산) 58번지에 위치하며 명종 11년(1556)에 선현에 대한 존숭과 인재양성, 사회교화 등을 목적으로 칠봉 함헌과 현감 최운우, 도백 윤인서, 부사 홍춘년 등이 상의하여 건립하였고, 함헌이 중국에 갔다가 가져온 공자의 진영을 봉안하였다. 그리고 학당을 건립하여 생도를 교육하였다. 처음에는 공자의 진영만 봉안하였다가 현종 3년(1662)에 주자의 영정을 봉안하였고, 숙종 19년(1693)에 우암 송시열의 영정을 봉안하였

---

40) 원영환, 「강원도의 서원」, 『강원도향교서원사찰지』, 1992, pp.210~236.

다. 숙종 1년(1675)에 본 사당 서쪽담장 밖에 별도로 사당을 건립하고 칠봉 함헌을 봉안하였는데, 이것은 함헌이 중국에 서장관으로 갔을 때 吳道子가 그린 공자의 진영을 구득해 와서 오봉서원을 건립하는데 기여한 공을 치하하기 위한 것이었다.

오봉서원의 옛 건물은 본사당 6칸, 사당문 3칸, 강당 10칸, 전랑과 신문 5칸, 좌우재 6칸, 풍영루 10칸, 서고1칸, 대문 2칸으로 되어 있다. 이 때 공부하는 생도가 어느 정도였는지 정확한 수는 알 수 없으나 상당히 많은 사람들이 수학하였다. 당시 송담서원의 강당이 10칸이었고 생도가 30명이었던 것을 보면 오봉서원도 비슷한 규모로 짐작된다. 오봉서원은 사액서원은 아니었으나 공자의 진영을 봉안한 유일한 서원이었으므로 숙종 7년(1681)에 토지 3결과 20명의 노비가 하사되어 사액서원에 준하는 대우를 받았다.[41]

순조 6년(1806)에는 이만수가 글을 짓고 조윤대가 비문을 쓴 오봉서원 묘정비를 세웠고 철종 7년(1856)에는 조두순이 찬하고 이종우가 쓴 묘정비를 세웠는데 고종 5년(1868)에 전국의 서원철폐령으로 철폐되었다. 이 때 공자의 진영은 향교로 옮겨졌고 주자와 송시열의 영정은 연천의 임창서원으로 옮겼다. 이 후 오봉서원의 재산도 강릉향교로 이속되었다. 고종 39년(1902) '충현을 제사하지 아니하는 것은 잘못된 것이다' 라고 한 고종의 뜻에 따라서 철폐된 오봉서원 유지에 사림들이 단을 설치하고 음력 9월 상정(上丁)에 다례를 행하였다. 그러나 1905년 홍수로 파괴되었고 묘정비도 파괴되었다. 1916년에 석단과 담장을 다시 짓고 묘정비를 중건하였다.

1914년에는 전면 3칸 측면 2칸 규모의 집성사를 중건했으며 1928년에는 집성사 우측에 전면 1칸 측면 2칸의 칠봉사를 중건하였다. 그리고 좌측 담장 밖에 강당도 건립하였다. 현재 오봉서원은 집성사, 칠봉사, 강당,

---

41) 박양자, 「강릉 오봉서원의 설립배경과 그 유학적 성격」, 『인문학보』 15, 강릉대학교인문과학연구소, 1993, pp.103~108.

묘정비, 기적비 등이 있고 1973년 7월 31일 강원도 유형문화재 제45호로 지정되었다.

송담서원은 강릉시 강동면 언별리에 위치하며 역시 선현에 대한 제사와 인재양성, 사회교화를 목적으로 구정면 학산리 왕현에 석천서원이란 이름으로 건립하였다. 1624년 9월 강원감사 윤안성과 강릉부사 강유, 그리고 향토인 공조참의 김몽호와 이상필 등 지역인 30여명과 상의하여 6년간의 공사 끝에 1630년에 완공하고 당시 강릉부사 이명준 때인 같은 해 율곡 이이선생을 봉안하였다. 효종 3년(1652) 3월 강원감사 김익희와 강릉부사 이만영이 상의하여 현재의 위치인 언별리로 이건하고 그 명칭을 변경하여 송담서원이라 하고 그 해 8월 17일에 移安祭를 지냈다.

효종 10년(1659) 12월 사액을 청하는 상소를 올려 다음해인 1660년 9월 22일 사액을 받아 사액서원이 되었다. 이 때 국가로부터 토지 3결과 노비 22명이 내려졌다.

영조 2년(1726)에 鄭昊가 찬하고 민진원이 쓴 묘정비를 건립하였다. 이 당시 서원건물은 사당이 6칸 월랑 7칸, 동서재가 각각 3칸, 강당이 10칸이며 광제루가 3칸, 서고가 3칸이었고 서원생도는 30명이었다.

1804년 8월 화재로 각 건물이 전소되고 사당만 남았었다. 그 후 박철희가 많은 유생들과 판서 김달순에게 재가를 받아 본향뿐만 아니라 각 고을의 원조를 받아 강당, 장경각, 광제루 등을 다시 건립하였다. 고종 8년(1871) 5월 13일 서원철폐령에 의해 철폐되었다. 이 후 도사 권학수가 신의계를 조직하여 다례를 지내다가 고종 40년(1905) 송담서원 터에 묘우 1칸을 세우고 송담재라 하고 음력 2월 中丁에 다례를 올렸으며 현재도 행해진다.

1973년 7월 31일 강원도 유형문화재 제44호로 지정되었고, 현재 송담서원의 규모는 정면 3칸 측면 2칸 맞배지붕 송담사를 비롯하여 동재 6칸, 서재 6칸, 삼문, 묘정비각 등으로 이루어져 있다.

3. 민가유적

강릉지역의 민가 건축을 보여주는 고 가옥들은 대개 'ㅁ'자형의 평면 구조를 보이고 있다. 따뜻한 해양성 기후조건을 보이는 지역이지만 강수량이 많고 바람이 많은 지역으로 양반가옥의 일반적 구조는 'ㅁ' 자형으로 지정문화재로 관리되는 가옥이 20여동이 있다.

이 중 일설에 조선후기 홍국영의 은거지로 전하는 노암동 김윤기 가옥, 허균과 허난설헌의 탄생과 관련된 곳으로 전하는 초당동 이광로가옥 등 선조들의 삶의 흔적을 느끼게 하는 가옥들이 많이 있다. 시내 임당동에는 옛 서민의 가옥으로 알려진 강원도 유형문화재 제80호 오규환가옥이 이색적인 초가지붕 모습으로 보존 관리되고 있다. 가장 오랜 민가 건축으로는 강릉지역의 사대부 가옥의 별당건물로 오죽헌이 있으며, 임경당, 선교장 등이 있다. 그리고 현재 문화재로 지정되어 있는 전통가옥들이 대부분은 조선말기 부터 근세에 건축된 것들이다.

오죽헌은 조선 초기 병조참판, 대사헌 등을 지낸 최응현의 옛집으로 그의 사위 신명화가 살았다. 그는 딸이 둘 있었는데 맏딸은 권화와 결혼했고 둘째 딸 신사임당은 이원수와 결혼했다. 오죽헌은 권화의 집안에서 대대로 관리해 왔다. 오죽헌은 조선전기 사대부가의 별당건물로서 당시 건축양식 '二翼工'의 모습을 보여주는 건축사에서 중요한 의미를 갖는 건축물로 보물 제165호로 지정 관리되고 있다.

오죽헌은 우리나라의 대학자 율곡 이이선생이 어머니 사임당의 용꿈을 꾸고 탄생한 방 몽룡실이 있는 건물이기도 하다. 이곳에 신사임당의 영정이 모셔져 있다.

오죽헌은 1975년 성역화 사업[42]을 거쳐 이이선생의 영정을 모신 문성사, 어제각, 사랑채, 기념관 등의 모습을 갖추었고 근래에 안채가 복원되

---

42) 강원도, 『오죽헌정화지』, 1976.

었다. 문성사에서는 1962년부터 매년 대현율곡이이선생제가 봉행된다.

선교장43)은 조선중기 이후 전형적인 사대부의 저택으로 안채, 사랑채 (悅話堂), 별당(東別堂, 西別堂), 정각(活來亭), 행랑채 등 모자람이 없는 구조를 가지고 있어 조선후기의 주거생활을 연구하는데 귀중한 자료가 되고 있다. 1967년 4월 18일 중요민속자료 제5호로 지정 관리되고 있다. 입구를 들어서면 먼저 여름이면 연꽃이 아름다운 자태를 보이는 연못과 활래정이 있다. 활래정은 차(茶)방이 딸린 정자건물로 이 가문의 활달한 기풍을 보여준다. 솟을 대문을 들어서면 내외담이 남여가 유별했던 전통시대를 말해준다. 이 가문 종부의 풍모를 느끼게 하는 안채와 별당건물들이 시원하게 들어차 있다. 안채 뒤쪽 산기슭에 사당이 있다. 열화당 문고로 알려진 사랑채 열화당은 전국의 문객과 교유했던 이 댁의 바깥주인이 찾아온 손님을 맞이하던 대외적 공간이다. 그 앞으로 중사랑과 행랑이 길게 이어져 있다. 선교장 본채 주변은 이 가문과 관련 있었던 민가들이 지금도 남아 있다.

선교장은 가옥을 둘러싼 담장과 구성이 아름다운 건축·조형의 공간으로 남아 있으며, 최근 관동대학교와 공동으로 한옥체험 등 전통문화연구원을 운영하고 있다.

임경당은 강릉시 성산면 금산리 445-1번지에 위치하는 조선중기의 사대부가의 별당건물이며 정면 3칸 측면 2칸의 단층 팔작지붕 건물이다. 1974년 9월 9일 강원도 유형문화재 제46호로 지정되었다. 이 건물은 강릉 12향현의 한사람인 臨鏡堂 金說의 아버지인 金光軒이 건립한 것으로 주변에 널리 소나무를 심고 가꾸었다. 당호인 임경당은 김열의 아호를 그대로 딴 것이며 주변에 소나무를 잘 가꾸는 것을 보고 김열과 교유했던 율곡 이이가 '護松說'을 지어 주었다.

이 가옥은 뒤의 소나무를 배경으로 하고 2단의 장대석 기단 위에 서향

---

43) 이기서, 『강릉 선교장』, 열화당, 1980 : 차장섭, 『강릉선교장』, 열화당, 2012 : 문화재청, 『강릉 선교장』 한국의전통가옥 15, 2007.

으로 건립되었는데 앞의 네 기둥은 약간의 배흘림을 보이고 있으며 1칸 후퇴하여 우측 1칸은 온돌방으로 좌측 2칸은 대청으로 구성되어 있다. 전면 1칸은 뒤로 후퇴하여 모두 툇마루를 놓은 구조를 가지고 있다. 이 건물안에는 율곡의 「호송설」 및 김열의 「松魚詩」를 비롯하여 많은 현판 이 걸려 있다.

임경당 근처 성산면 금산리 620번지에는 임경당보다 조금 작은 가옥 으로 대청 1칸, 방 1칸으로 구성된 상임경당이 있는데, 1976년 6월 17일 강원도 유형문화재 제55호로 지정되었다. 규모는 정면 3칸 측면 2칸으로 임경당 보다는 높은 산세를 이용하고 위치해 있다. 건물내에는 율곡의 호 송설을 새긴 현판과 추사 김정희의 아버지인 酉堂 金魯卿이 쓴 '臨鏡堂' 현판이 걸려 있다.

사대부가의 전통가옥으로 4건의 유형문화재와 14건의 문화재 자료로 지정된 전통가옥[44]이 있다. 이들 전통가옥은 대체로 조선후기의 사대부 가의 가옥으로 건물의 평면형식은 'ㅁ' 자형으로 안채와 사랑채로 구분 되며 안채는 겹집으로 안방과 건너방 사이에 마루방을 배치하였다. 또한 내외담이나 그 흔적이 뚜렷하며 'ㅁ' 자형 건물의 앞부분은 사랑채이고 뒤는 안채이고 그 사이에 광이 배치되어 있다.

이와 같은 유형의 가옥들이 연곡, 사천, 강동면, 죽헌동 등에도 여러 채가 남아있고, 서민가옥으로는 강릉지역에 남아있는 건축물은 강릉시 임당동 29번지의 오규환 가옥이 유일하다. 오규환가옥은 목조 초가이며,

---

44) 관동대학교박물관, 『명주군의 역사와 문화유적』, 1994.
   강릉대학교박물관, 『강릉의 역사와 문화유적』, 1995 ; 유형문화재 : 심상진가옥 (강원도 유형문화재 제79호)·오규환가옥(제80호)·최대석가옥(제81호)·정의윤가 옥(제93호)·조수환가옥(제96호), 강원도 문화재자료 : 조실환가옥(문화재자료 제 54호)·최근배가옥(제55호)·김덕래가옥(제56호)·김윤기가옥(죽헌동소재 제57호, 노암동 소재제58호)·이광로가옥(제59호)·남진용가옥(제60호)·최상순가옥(제61호)· 조옥현가옥(제62호)·최선평가옥(제81호)·박치규가옥(제82호)·조철현가옥(제87 호)·박창규가옥(제91호)·함대식가옥(제92호)이다.

안쏠림이 현저하여 일명 '오금집'이라 불린다. 1985년 1월 17일 강원도 유형문화재 제80호로 지정되었다.

강릉시의 중심부에 위치하고 있는 초가로서 오래된 양식을 지니고 있다. 집의 구조는 정면 3칸, 측면 2칸의 작은 겹집이며 전면에 방과 마루방 1칸씩을 배치하고 뒤로 방 2칸을 마련한 후 옆에 부엌을 만들었으며 앞에 툇마루를 두어 연결통로로 활용하고 있다. 기둥은 거칠게 다듬은 원주로 중앙은 수직으로 세웠으나 네 귀의 기둥은 안쪽으로 쏠리게 세운 오금형식을 지니고 있다. 벽체는 흙벽이고 목재의 가공은 매우 거칠며 형식이나 건립 년대 등이 아직 확실히 밝혀지지 않았다.

4. 문화·종교유적

강릉은 산천이 수려한 곳으로 호연지기를 키우려던 옛 선인들이 늘 찾던 곳이기도 하다. 그런 때문에 자연이 아름다운 호수와 강변에는 어김없이 전통시대 문화공간으로서 누정이 있어 풍류로 교유했던 옛 문화전통을 엿보게 한다.[45]

수많은 전설과 사연이 있는 관동팔경의 경포대(강원도 유형문화재 제6호)는 고려시대에 처음 창건된 후 여러 차례 개수되어 오늘에 이른다. 그 경관이 뛰어났으며 현재의 모습은 조선후기 고종 대에 중수된 모습이다.[46] 이 외에 경포대 인근에는 현재에도 보물 제183호 해운정[47]을 비롯하

---

45) 이규대·임호민, 「강릉지방 누정의 건립추이」, 『강릉의 누정자료집』, 강릉문화원, 1997.

46) 방동인, 「관동팔경, 강릉의 '경포대'」, 『영동지방 역사기행』, 신구문화사, pp.160~166. : 박영주, 「관동팔경과 누정문학 유산」, 『도남학보』 제19집, 도남학회, 2001, pp.186~197. : 홍순욱, 「강릉 경포대의 문화사적 고찰」, 『강릉지역의 전통문화』, 월평두창구박사화갑기념논총간행위원회, 1999.

47) 문화재청, 『해운정 실측조사보고서』, 2000.

여 방해정(유형 제50호), 호해정(유형 제62호), 금란정(문화재자료 제5
호) 등 약 10동의 누정이 있어 자연을 벗 삼은 문화 활동의 흔적으로
남아있다.

이들 누정은 대부분 지역의 유력한 문중이나 계모임을 통해 건립되어
지역의 결속을 위해 기능하기도 하였다.

강릉은 예부터 유력한 문중을 중심으로 각 가문의 전통과 결집의 문화
를 이루어 왔다. 그런 측면에서 건축유산으로 각 가문의 종가에는 사당이
있었으며 각 종중별로 향현사, 화부산사, 황산사, 경양사, 회암영당, 용지
기념각, 보진당, 청간사 등의 관련 사당건축 유적지에서 현재에도 매년
제례가 올려진다.[48]

같은 맥락에서 각 가문은 유교적 이념 속에 배출한 충효열을 모신 정
려각이 36곳이나 있다. 규모가 작은 별도의 건축물들이지만 주변의 자연
경관과 본채건물들과 어우러져 또 다른 건축조형의 아름다움을 보여주고
있으며 오늘날 도시의 한 부분으로 존재하고 있다.

강릉의 불교유산으로는 신라 말 굴산사, 보현사, 한송사지를 비롯한 불
교건축 유산들이 있었으나 전화로 소실되었으며 일부 현대에 복원되어
그 맥을 이어 가고 있다. 폐사지로 향호리, 삼교리, 삼산리, 장덕리, 행정
리, 유등리, 방내리, 관음리, 학산리, 낙풍리, 정동진리, 산계리, 방동리,
옥천동, 남항진동, 내곡동 등에 사찰들이 있었음이 확인 된다. 사찰들의
이름을 들면 굴산사, 보현사, 지장사, 문수사, 등명사, 안국사, 산계암, 염
양사, 청학사, 용연사, 칠성암, 정토암 등이다. 이들 사지에 남아있는 건
축유산은 조선후기에 조성된 보현사 대웅전이 유일하다. 사지에 석조물
로 당간지주, 탑, 불상 등이 일부 남아 있다.[49]

---

48) 임호민, 「강릉지방 사우·재실 건립의 동향」, 『강릉사우자료집』, 강릉문화원, 1998,
   pp.25~30.
49) 국립중원문화재연구소, 『고대도시 명주와 굴산사』, 2011 ; 『사굴산문 굴산사』,
   2012 ; 『옛 기록 속의 굴산문』, 2013 ; 이상수, 「강릉 굴산사지 출토 '천계오년'

현대 외래종교 유산으로 등록문화재인 강릉 임당동성당이 있다. 1950
년대 강원도 지역 성당 건축의 전형을 보여주는 건축물로 외관의 뾰족한
종탑과 지붕장식, 첨두형 아치 창호, 부축벽을 이용한 입면구성 및 내부
의 정교한 몰딩 구성 등의 의장기법에서 보존가치가 높아 2010년 2월 19
일 등록문화재 제457호로 지정되었다.

지난 수 천 년 동안 문명은 빠르게 변화했다. 그런데 최근 1백 년 동안
의 급속한 문명의 발달로 시민의 사고와 문화도 복잡하고 다양하게 변하
고 있다. 현대 건축문화가 그것을 대변해 주고 있다. 일제강점이라는 굴
곡의 역사를 지나오면서 건축문화유적 즉 도시유적은 완전히 사라져버린
것이다. 더 이상 자연미의 극치에 가까운 유려한 처마선과 아름다운 용마
루선의 전통적 도시유적은 보기 어렵게 되었다.

자연과 인간을 배려했던 조상의 얼과 삶의 자세가 느껴지는 남아있는
유적을 통하여 새로운 가치와 의미를 발견하게 된다. 그런 의미에서 현
재 이 지역에 존재하는 도시유적으로서의 문화유산은 특별한 의미를 갖
는다.

명 기와의 성격과 의미」, 『임영문화』38, 강릉문화원, 2014.

제3절 강릉지역의 성곽

城은 건축이나 토공의 모든 설비를 포함하는 종합적 문화적 토목·건축 구조물이다. 성의 성격은 그 지역의 지리적, 사회적, 정치적 조건에 따라 규정된다. 성곽축조에 있어 결정적으로 작용하는 주요 배경과 목적은 그 국토, 국민의 생활에 입각한 현실적 조건으로 이루어지기 때문이다.[50]

성곽은 인류역사와 함께 책(柵)의 형태로부터 만들어졌으며, 고대국가의 성립과 함께 대규모의 산성이 본격적으로 축조되었고 정치, 군사, 경제, 문화의 터전이었다. 한 국가의 흥망성쇠와 궤를 같이하는 역사의 현장으로서 포괄적 문화유산이라 할 수 있다. 전 국토의 요소마다 크고 작은 성곽들이 남아 있다. 이러한 성곽은 역사의 흐름에 따라 지속적으로 축조되고 개·수축되었다.

우리나라에는 3000여 곳의 성이 있다.[51] 이들 성곽은 고대국가 형성기부터 삼국시대, 고려시대, 조선시대까지 부단히 축조되어 왔다. 조선 세종 때 양성지가 '우리나라는 성곽의 나라'[52] 라고 하였듯이 전국토의 요소마다 크고 작은 성곽들이 남아 있다. 이러한 성곽은 역사의 흐름에 따

---

50) 성은 성벽 즉 담장을 말하며, 성곽은 성의 둘레 즉 내·외성을 포함하는 넓은 개념으로 이해되고 있다. 이 글에서는 성과 성곽의 개념을 이 같은 관점에서 보았으나 명확한 구분 정리는 되지 않았다.
   손영식, 『한국성곽의 연구』, 문화재관리국, 1987, pp.13-16 ; 大類伸, 『日本の 城』, アルス문화총서 27, 1943, pp.67-68.
51) 문화재관리국, 『문화유적총람』, 1975.
52) 『세종실록』권 3, 세종 2년 3월 정유조, "…東方城廓之國…"

라 지속적으로 축조되고 개·수축되었다.

우리나라에서 성곽의 기원은 현재까지 문헌적으로『史記』朝鮮傳에 평양성의 존재를 기록하고 있는 것이 처음인데, 이는 대체로 기원전 2세기에 해당된다. "漢이 위만조선에 침입해 왔을 때 右渠가 성을 굳게 지켜 여러 달이 되어도 함락시키지 못하였다."는 기록에서 고조선의 말기에 성곽이 있었음이 분명하며 본격적인 성곽전도 전개되었음을 알 수 있다.53) 그러나 그 당시의 성곽이 어떤 형태와 규모를 지녔는지는 알 수 없다.

한편 성곽은 그 기능에 따라 대부분의 경우 도성·장성·산성·읍성·나성 등으로 분류된다. 성곽은 이러한 여러 요인으로 학자들에 따라 분류방법이 조금씩 차이를 보이지만 개별성곽에는 여러 요인들이 복합적으로 적용될 수밖에 없다.

우리나라의 성곽유형은 대체로 축성재료와 구조형상, 축성위치와 지형, 축성목적에 따라 구분되고 있다. 즉, 축성재료와 구조형상에 따라 목책성·토성·석성·토석혼축성·전축성으로 나눠지고, 축성위치와 지형에 따라 산성·평지성·평산성으로 구분되며, 축성목적에 따라서는 군사적인 성과 행정적인 성 또는 도성·행재성·읍성 등으로 분류된다.54)

이와 같이 성곽은 인간이 사회생활을 영위한 시점부터 부단히 축조해 온 역사의 산물로서, 각 시대의 역사와 문화상을 밝혀주는데 매우 중요한 역사유적임에는 이론의 여지가 없다. 그러나 선사유적이나 고분유적에 비해 성곽유적은 1970년대 이전까지만 해도 이렇다 할 조사 연구는 거의 없었다. 그 이후인 1970년대에 들어와서야 단편적 연구와 개설적 연구55)

---

53) 반영환,『한국의 성곽』, 교양국사총서 30, 세종대왕기념사업회, 1978, pp.25-26.
54) 손영식, 앞의 책, pp.47-49.
55) 1970년대 성곽 관련 주요 연구현황은 다음과 같다.
　　이병도,『고대성곽에 대하여』, 한국연구총서 1, 1971 ; 이원근,『삼국시대 산성 연구』, 단국대학교석사논문, 1974 ; 방동인,『百濟蛇城의 위치비정에 관한 연구』, 경희대학교석사논문, 1975 ; 방동인,「풍납리 토성의 역사지리적 검토」,『백산학

〈그림 6-1〉 강릉지역 성곽분포도

가 전부를 차지할 정도로 그 연구 성과는 빈약한 실정이었다. 2006년 한국 성곽학회 설립 후 조사 연구가 활발하게 진행되고 있다.

강릉지역의 경우 약 18건 56)의 성곽이 역사적 연관성을 가지고 산재해 있다. 그러나 이에 대한 문헌의 검토나 기초적인 정리가 구체적으로 이루어지지 않았다. 강릉시 지역에 소재한 성곽은 『문화유적총람』의 강릉시와

보』16, 1974 ; 김동현, 「우리나라 성문형식과 그 유형에 대하여」, 『문화재』9, 1975 ; 井上秀雄, 『朝鮮の 山城』동북대학일본문화연구소연구보고15, 1979 ; 차용걸, 「한국성곽의 사적고찰」, 『충남대학교대학원논문집』5, 1975 ; 「화성의 축성사적 위치」, 『國譯 華城城役儀軌』上, 1977 ; 「화성의 성격과 특징」, 『국역 화성성역의궤』중, 1978 ; 「임진왜란 이후의 성제(城制) 변화와 수원성」, 『국역 화성성역의궤』하, 1979 ; 반영환, 『한국의 성곽』, 교양국사총서 30, 세종대왕기념사업회, 1978 ; 유재춘, 『한국 중세축성사 연구』, 경인문화사, 2003 ; 2006년 4월 26일 한국의 성곽의 보호·보존·조사·발굴 및 그 활용을 통해 그 위상을 정립하여 민족문화의 선양발전에 기여함을 목적으로 한국성곽학회가 설립된 이후 정기 학술대회 등을 통해 연구성과가 비약적으로 확대되었다.
56) 임영지증보발간위원회, 『임영강릉명주지』, 1975 ; 문화재관리국, 『문화유적총람』강원도편, 1975.
조선총독부, 『조선보물고적조사자료』강릉군(초), 1942 ; 한국보이스카우트연맹, 『한국의 성곽과 봉수』, 1989.
김흥술, 『강릉지역의 성곽연구』, 관동대학교 석사논문, 2000.

명주군편에 기록된 성곽관련기록을 근거로 살펴보면 <표 6-1>과 같
다. 강릉지역의 성곽 대부분은 고대에 축조된 것으로, 그 동안 이들에
대한 관심과 그에 따른 조사 및 연구는 거의 없는 실정이었다.

〈표 6-1〉 강릉지역 성곽 현황[57]

순번	성곽명칭	소 재 지	자료에 나타나 있는 내용
1	濊國古城	강릉시 옥천동 일원	옥천·금학동지역, 예국성으로 전함.
2	江陵邑城	강릉시 명주동 일원	석축잔존 길이 150m, 높이1.8m
3	溟州城	성산면 금산리 산7 일원	1.58km 석성
4	羽溪城	옥계면 현내리 산10	토성 약1km 반원형, 와편산재.
5	坊內里城	연곡면 방내리	동문, 서문 흔적, 현관중수상량문현판.
6	大公山城	성산면 보광리 산1	높이 2m, 둘레 약 4km, 석성, 동서북문지
7	帝旺山城	왕산면 왕산리 산1	둘레 0.4km, 흔적, 와편산재.
8	七峯山城	구정면 제비리 371-1	둘레 1km, 기저부의 석성 성벽 잔존
9	溟州山城	성산면 관음리 774	경작지, 탑재, 좌불상 *미확인
10	金剛山城	연곡면 삼산리	둘레 약 4km, 석성, 동·서문지 30m석축
11	三韓山城	강동면 산성우리	둘레 0.53km, 원형석성, 높이 3, 폭2m
12	掛榜山城	강동면 안인진리	길이 약 0.25km, 석성
13	高麗城	강동면 정동진리	둘레 0.48km 석성, 높이4, 폭2-3m
14	王峴城	구정면 학산리 산13	둘레 약 0.5km 토석성
15	長安城	강동면 모전리	둘레 약0.5km 토성
16	石橋里城	사천면 석교리	둘레 약 0.5 토성
17	香湖 2里城址	주문진읍 향호리 816	둘레 1km 석축흔, 개간되었음 *미확인
	香湖里城址	주문진읍 향호리 1028	사곡에 있음 *미확인
18	領津里城址	연곡면 영진리	경작지, 토기·와편 *미확인
19	江門土城址	강문동	5세기 말 6세기 초 신라토성

57) 이 표는 『문화유적총람』·『명주군의 역사와 문화유적』·『강릉시문화유적분포지
도』등을 참조하여 작성하였으며, 대부분 城址의 형태로 존재하고 있으나, 현재
까지 위치 확인이 되지 않은 향호리와 영진리성의 경우에도 성지로 표기하였다.

강릉지역에 산재하고 있는 성곽58)은 대략 19개소로 개별 성곽의 지리
적 특성과 역사적 의미 그리고 성격이 어떠하였는지를 간단히 살펴본다.

1. 강릉지역의 평지성

1) 예국고성

예국고성59)은 강릉지역에서 가장 오랜 성곽으로 알려져 있는데, 지금
의 강릉시 옥천동지역과 포남동의 경계를 이루는 지역에서 금학동·성남
동의 일원에 있었던 것으로 추정된다. 이 지역은 현재 시가지로 변하여
동부시장, 중앙시장, 금학시장 등이 오거리를 중심으로 밀집해 있는 교통
요지이며 철로가 남북으로 가로 질러 있다. 남쪽으로는 남대천 제방과 접
하고 있는 지역이다.

그 규모나 내용에 대한 기록은 지리지마다 대부분 예국고성으로 칭하
고 또는 읍토성, 고성이라 칭하고 있으며 읍성 동쪽에 있는 토성으로 둘
레가 3,480~3,484尺이라 하였다. 1481년 편찬된『동국여지승람』에는 이
미 폐하였다고 나오고, 이 후 계속적으로 古城의 '古'가 붙어 기록되었다.

예국고성은 강릉읍성이 축조되면서부터 그 존재가치가 없어졌지만 이

58)『삼국사기』,『고려사』,『조선왕조실록』,『신증동국여지승람』,『동국여지』,『여
지도서』상,『대동지지』,『여도비지』3,『구임영지』복간본1991,『관동읍지』규장
각No12172,『중수임영지』1933,『조선보물고적조사자료』1942,『임영강릉명주
지』1975,『영동지방향토사자료총서』(6)1996,『경국대전』,『강릉시사』상1996,
『강원도지』1942,『강원총람』1975,『강원도사』역사편1995,『척주집』1991,『문
화유적총람』(1978).
　이준선,「강릉지역의 고대산성」,『지리학』제25호, 1982 ; 임영지증보발간위원
회,『임영강릉명주지』, 1975 ; 문화재관리국,『문화유적총람』강원도편, 1975 ;
조선총독부,『조선보물고적조사자료』강릉군(초), 1942 ; 한국보이스카우트연맹,
『한국의 성곽과 봉수』, 1989.
59) 문화재관리국,『문화유적총람』, 1978, p.451.

지역에서 가장 오래된 고대성[60]으로 조선후기까지는 土城 흔적이 남아있었으나, 1900년대부터 급속히 파괴된 것으로 추정되며, 현재 시가지로 변하여 흔적조차 확인할 수 없다. 1920년경 만들어진 지적도를 통하여 대략적인 윤곽을 확인할 수 있다.[61] 이 지적도를 통해 살펴보면 동벽 위치가 되는 옥천동과 경계를 이루는 포남동 916-1번지부터 916-13번지까지 지목이 '城'으로 표기되어 있고, 남벽위치가 되는 옥천동 47-1, 47-2번지의 남대천변과 47-15번지 그리고 서벽위치인 옥천동 197-3번지에 '城'으로 지목이 표기되어 있는 것을 확인할 수 있다. 이 지역이 예국고성지로 생각되며 현 옥천동지역 전체가 해당된다. 남대천을 가로질러 시내를 관통하는 철길 중 남대천에서 교동사거리에 이르는 높이 3~6m, 폭 상부 4~5m, 하부 10m 정도의 시가지보다 높게 축조된 토축 부분이 예국고성의 서벽에 해당되는 것으로 추정되었으나, 시굴조사에서 관련성을 확인하지 못하였으며 2015년 모두 철거되었다.

2) 강릉읍성

읍성은 지방행정의 중심지에 축조한 성곽으로 조선전기에는 110~123개소가 유지되었다.[62] 상비군에 의한 충분한 조치가 어려웠던 당시 불시에 일어나는 외침으로부터 주민의 생명은 물론, 지방관아의 각종행정자

60) 최선만, 『강릉의 역사변천과 문화』, 강릉관광협회, 1962, pp.44-45.
61) 1920-1940년대에 작성된 지적도 검토내용 : 강릉여고 동측 도로, 남대천 북안 강변로, 옥천동과 성남동,금학동,임당동,교동이 경계를 이루는 지역, 즉 현 옥천동지역 전체가 예국고성의 범주로 추정된다. 2014년 9월부터 2015년 3월까지 옥천동과 임당동이 경계를 이루는 철로변 지역 일부에 대하여 기호문화재연구원에 의하여 표본조사, 시굴조사, 정밀발굴조사가 진행되었으나 축성유구를 확인하지는 못하였다. 이 책의 제Ⅱ장의 <그림2-2>와 <그림2-3>으로 지적도와 추정도를 보여주고 있다.
62) 유재춘, 『조선전기 강원지역의 성곽연구』, 강원대학교 박사학위논문, p.83
◎ 세종실록지리지의 읍성 분포 (한성 도성.개경 나성 제외)

료와 물품을 보호하기 위해서는 읍성의 축조가 필요하였다. 강원도의 경우 왜구나 야인의 침입이 있었던 동해안에 그 필요성이 더하였다. 그러나 조선 초기 읍성은 대부분 토성인 상태였으므로 외침에 대하여는 취약성을 가지고 있었으며 임진왜란을 계기로 방어시설로서 읍성의 비중은 크게 낮았다. 강릉읍성63)은 고려시대 강릉부가 있었던 치소에 축조된 성곽이다.

그 주변은 남서쪽으로 성산면 어흘리의 대관령, 보광리 그리고 왕산면 목계리 남쪽 두리봉과 대화실산에서 발원한 남대천이 흐르고 있다. 구산에서 시내로 흘러온 물은 남쪽에 제비리·회산동·내곡동·노암동·입암동·두산동, 북쪽에는 금산리·홍제동·남문동·성남동·옥천동·포남동·송정동을 지나 동해로 유입된다. 북으로는 화부산에서 서쪽으로 고개가 병풍처럼 이어지고 있으며 동쪽은 평야지대가 이어지고 바다와 접하고 있는 지역이다. 남대천 북쪽 읍성이 위치했던 지역은 해발표고 70m 미만의 낮은 평지지역이다. 성내의 지형은 대체로 북쪽이 남쪽보다 높으며, 동쪽보다 서쪽이 높은 형상을 하고 있다.

현재 강릉읍성의 그 옛 모습은 시가지화 되어 거의 남아 있지 않아 살펴볼 수 없지만, 우리나라 지적제도사상 창설단계64)에 제작된 지적도면

분류 도별	府牧郡 縣의數	城郭이 없는 곳		邑城	邑城만 있는곳	邑城,山城 모두있는곳
		數	比率(%)			
計	334	139	41.6	110	85	25
경기도	41	34	82.9	1	1	-
충청도	55	17	30.9	15	12	3
경상도	66	17	25.7	27	19	8
전라도	56	26	46.4	23	18	5
황해도	24	15	62.5	5	5	
강원도	24	8	33.3	8	3	5
평안도	47	20	42.6	18	17	1
함길도	21	2	9.5	13	10	3

63) 김홍술, 『강릉지역의 성곽연구』, 관동대학교석사학위논문, p.19 ; 앞의 <그림 2-4>와 <그림2-5>에서 읍성의 지적도와 추정도를 통해 대강을 확인할 수 있다.

을 참고하여 추정할 수 있다. 도면상으로 보면, 남북으로 마름모형으로 나타나는데 강릉대도호부 관아가 그 중심에 위치하고 있으며, 북단은 용강동36-8번지, 남단은 명주동63-5번지(공제삼거리), 동단은 성내동12-3번지, 서단은 용강동46-6번지이다. 강릉읍성의 성체는 이 네 곳을 연결하여 정남북으로 마름모꼴 형상이었다고 추정된다. 현재, 성벽의 흔적은 읍성의 동북벽에 해당하는 천주교임당성당 동측에 30여m, 남벽에 40여m 가량이 확인된다.[65]

2. 강릉지역의 평산성

1) 명주성

명주성[66]은 성산면 금산리 산 7번지에 위치하는 토석혼축성으로 장안성이라고도 한다. 명주성이 위치하고 있는 성산면 금산리는 자연부락 장안동, 제동, 성하마을로 이루어져 있으며 서남으로 남대천과 연접해 있다. 그리고 동쪽에 홍제동, 서쪽에는 구산리·관음리, 북쪽에 위촌리와 접하고 있다. 금산리는 해발 158.5m의 정봉의 서쪽에 제동마을과 구동마을

---

64) 유병찬, 『지적법』, 남광출판사, 1993, p.69 ; 조선총독부의 제법령으로 전국에 토지조사사업과 임야조사사업을 실시하여 최초로 현대적 의미의 지적공부를 작성하였던 1910년에서 1924년의 시기를 말한다.

65) 『문화유적총람』과 김영기, 『태백항전사』 강원문화총서17, 1986, p.89에서 높이 1.8m, 길이150m의 성의 석축이 남아 있다고 기록하고 있다. 2000년 이후 발굴조사에 의하여 동벽 남벽 서벽 일부를 확인하기도 하였다. 1차 2003년 성내동 11-1번지(여관부지, 동벽) 661m², 2차 2004년 임당동 146번지(구 상공회의소, 동벽) 1,263m², 3차 2006년 명주동14번지(주택지, 남벽) 371m², 4차 2014년 경강로 2021번길9-1(구 명주초교운동장, 서벽) 4,900m²를 각각 조사하여 모두 토성, 석성 유구를 확인하였다.

66) 문화재관리국, 『문화유적총람』, 1978, p.353 ; 『삼국사기』권10, 신라본기 10, 원성왕 원년조 ; 『동국여지지』권7, 강릉조.

이 있으며 동쪽으로 해발 100m내외의 구릉을 따라 명주성이 있으며 이 성을 끼고 동남쪽 마을이 장안동이고 성의 북쪽 아래에 성하(城下)마을이 있다.

성의 동쪽으로 낮은 곳에 영동대학이 있으며 장안동 마을입구에 명주 군왕고도기념비가 있다. 마을의 자연마을 이름에서 명주군왕 김주원이 이곳에 도읍을 정한 것으로 짐작되며 그 시기를 전후해서 축조된 것으로 여겨진다고 한다.

명주성은 금산리 장안동 북쪽 구릉을 정점으로 그 남동방향의 작은 골짜기 둘러싸는 토석혼축성이다. 이곳은 해발 100m미만의 낮은 지역이지만 그 입구가 좁고 성벽의 바깥부분은 대부분 급사면을 이루고 있다. 남동쪽 방향에는 남대천 북변 충적지가 북동에서 남서로 발달되어 있다. 성벽은 서남벽이 토석혼축으로 나타나고 북벽의 일부는 토축으로 이루어져 있고 동벽일부는 석축으로 되어 있다. 북서벽은 많은 부분이 무너져 내렸으며 성벽은 크기가 일정하지 않은 변성암과 화강암으로 축조되었고 그 위에 얇은 토층이 덮여 있다. 성벽의 높이는 외측 3~5m, 내측 1~1.5m, 폭은 기저부 5~6m, 상부 1~2m, 전체둘레는 약 1km정도이다. 성내에는 수개의 건물지가 있으며 조선시대의 것으로 보이는 자기편과 많은 와편이 산재해 있다. 이곳에서 '溟州城'이라 새겨진 와당이 수집되었다는 기록이 있으며, 이는 신라말에서 고려 초기에 이르는 동안 한 시대의 읍치였음을 알려주는 것이다.[67)]

2) 우계성

우계성[68)]이 있는 옥계면 현내리에는 동으로 동해고속도로, 서로는 산

67) 김흥술, 앞의 논문, p.29.
68) 『삼국사기지리지』제4, 지리2 ;『고려사지리지』권58 ;『세종실록지리지』;『신증동국여지승람』;『동국여지지』;『여지도서』;『대동지지』;『여도비지』;『구임영지』;『강릉군지』;『증수임영지』;『강원도지』.

계리, 북으로 북동리와 접하고 있다. 현재 산성 흔적이 남아 있는 현내리 산 10번지는 해발 50~70m에 이르는 낮은 구릉으로 동남쪽 1.2km지점에 이 지역의 주하천인 주수천이 흐르고 있다. 주수천은 산계천과 남양천이 옥계중학교 근처에서 합류하여 동북방향으로 흘러 동해로 유입된다. 성지에서 북족 약 1km지점에는 서에서 동으로 낙풍천이 흐른다.

현재 우계성지는 옥계면 현내리 교동마을 뒤 주수천 하류의 충적지로 돌출된 해발 60m 정도의 구릉상에 있다. 성벽은 남서쪽을 중심으로 북동의 완만한 경사면을 돌아가며 축조되었다. 서벽은 1980년대 상수도관리사무소 건설공사로 거의 파괴되었으며 남벽의 중앙부는 작은 골짜기로서 북동벽은 거의 붕괴되었으나 경작지의 경계지에 석재들이 남아있어 그 흔적을 알 수 있다. 크기가 일정하지 않은 돌과 흙으로 쌓아올린 토석혼축성으로 성지내 평탄지역에 민가들이 들어서 있고 대부분의 평탄한 곳은 경지로 바뀌었다. 이 성의 축조 시기는 고려초기로 파악된다. 성의 둘레는 각 지리지의 기록이 조금씩 차이를 보이고 있는데 현재 확인된 규모는 약 1km 정도이며 토석혼축성이다. 이 성은 강릉의 속현으로 존재했던 시기의 읍성 즉 현성으로 기능하였을 것으로 추정된다.[69]

3) 방내리성

방내리성[70]은 연곡면 방내리에 있는 토성으로 일명 교허성(校虛城)이라고도 불리운다. 이 성이 있는 연곡면 방내리 지역은 남쪽으로 연곡천이 소금강과 진고개에서 발원하는 물을 합류하여 동해로 흘러 유입되고, 동

---

69) 김홍술, 앞의 논문, p.30.

70)『삼국사기지리지』제35, 支山縣, 本高句麗縣 景德王因之 今連谷縣 ;『고려사지리지』권58 ;『세종실록지리지』;『신증동국여지승람』;『동국여지지』;『여지도서』;『대동지지』;『여도비지』;『구임영지』;『관동읍지』;『강릉군지』;『증수임영지』;『강원도지』;강원도,『향토문화기본자료』, 1977, p.75 ;『여도비지』3, 강릉대도호부 고읍조.

쪽으로 7번국도가 지나고, 서북으로 세 개의 낮은 구릉(해발50m)을 포용
하고 있는 곳이다. 방내리는 동서남북으로 각각 영진리, 송림리, 동덕리,
주문진 교항리와 접하고 있는 연곡면의 중심지이다. 성은 연곡면사무소
서쪽 500m 지점에 있는 토성으로 자연적인 산세를 이용하였고 남문이
있는 산은 인작산이라 한다.

성의 부근에는 연곡고분이 있고, 고려시대의 것으로 추정되는 방내리
삼층석탑이 있다. 고분, 석탑 등 부근에 남아있는 문화재들이 이 성의 특
징을 방증하고 있다. 縣城으로 축조되었다가 고려시대 한때 사찰과 연계
되기도 하였고, 조선시대 전기에는 현성으로 기능하였지만, 중기 이후 현
의 폐지와 함께 퇴락한 것으로 보인다.[71]

성의 둘레는 약 1km이며 성의 중간에 구릉이 있어 양분하고 있다. 평
면은 방형이며 흙속에 잔자갈을 섞어 쌓은 토성으로 둘레는 약900m 이
다. 성문은 남쪽에 2개소 북쪽에 1개소 동쪽에 1개소 모두 4곳에 있었던
것으로 확인된다. 성벽은 외벽 경사가 45°이며 경사면의 높이가 10-15m
에 이르는 곳도 있으며, 상부 폭이 1.5m 내벽 높이는 1m 정도이다. 북서
쪽이 높고 남쪽이 낮은 지세이고 동·서·북면에 문지가 있으며 성내에는
북에서 남으로 3개의 봉우리가 있고 현재 민가 30여 호가 자리하고 있다.

4) 왕현성

왕현성[72]은 구정면 학산리 왕고개의 북동쪽 구릉상에 있는 토석혼축
성이다. 북쪽에 장현저수지가 있고, 서북과 남서쪽에는 넓은 들이 있으
며, 남서에서 북동으로 이어지는 산줄기의 해발 50m정도의 구릉을 따라

---

71) 최선만, 『강릉의 역사변천과 문화』, 1962, p.99.에 連谷縣館重修記 내용의 일부
가 기록되어 있다. 暘谷斗縣(中略)校虛城址尙班可點指而其候館之所則無徵不
可故豐.
72) 조선총독부, 『조선보물고적조사자료』, 1942 ; 문화재관리국, 『문화유적총람』상, 1978,
p.447 ; 임영지증보발간위원회, 『임영지』, 1975, p.218.

축조되었다. 성이 위치한 야산은 해발 60m 정도의 3개의 봉우리와 남동쪽으로 2개의 작은 골짜기를 포함하고 있으며, 서북쪽이 급사면을 이루고 남동으로 완만하게 평지를 이루며 형성된 곳이다.

학산리는 신라말 대사찰인 굴산사가 있었던 곳이다. 왕현성 북쪽으로 장현저수지를 지나 섬석천이 동해로 유입되고, 박월동 덕우봉 남쪽으로 강동면 군선강 북쪽으로 해발 120m정도의 산이 북동으로 이어지는 중간 지역에 넓은 들을 형성하고 있으며, 이 지역에 서쪽면 산을 끼고 굴산사지가 있다.

왕현성은 두가지 측면에서 축조시기와 성곽의 성격 등을 헤아려 볼 수 있을 것이다. 첫째 신라말 창건된 굴산사와 관련하여 생각해 볼 수 있다. 이는 현재까지 관련된 검증자료가 없어 그 관련성에 대한 고찰은 어렵다. 둘째는 조선 인조 2년(1624)에 이 성내에 석천서원을 창건한 사실[73]과 연관하여 살펴 볼 수 있다.

현재 성곽주변에는 수령 약 400년 가까운 은행나무 2그루가 남쪽 입구 양쪽에 있다. 그리고 성의 남부는 낮은 골짜기가 있고 건물지로 추정되는 평지가 있다. 석천서원이 이곳에서 비록 30년을 채우지 못하고 현재의 위치(언별리)로 이건하였으나 서원이 있을 당시 왕현성의 성벽은 서원의 담장이었을 가능성이 높으므로 담장개념으로 이해할 수도 있다.

현재 성의 둘레는 546m 정도이고 크기 25~40cm의 변성암 등으로 쌓은 토석혼축성이다. 성돌은 구정천의 돌을 사용한 것으로 보인다. 성의 남부 평탄부에 건물지가 있으며, 성 바깥쪽에 우물지가 있다. 시내에서 금강리, 학산리로 가려면 이 성의 남서쪽 왕고개를 넘어야 했는데, 1980년대 후반 왕고개 주변에 새 길이 났다.

---

73) 영동문화연구소, 『영동지방향토사연구자료총서』2, 관동대학교, 1994 ; 강릉향교, 『강릉향교지』, 문왕출판사, 1996, p.863 ; 강원도, 『강원도향교서원사찰지』, 강원출판사, 1992, p.226.

5) 장안성

장안성74)은 강동면 모전리 강동초등학교 뒷산에 위치하고 있다. 성은 남서에서 북동으로 이어진 해안 야산의 7번국도와 만나는 해발 60m 정도의 돌출된 구릉상에 있다. 성의 서북 2km 지점에 시동천이 북동으로 흐르고 남동쪽 1km지점엔 만덕봉에서 발원한 군선강이 흐른다. 군선강 건너 남동으로 1.5km 지점에 태봉이 있으며 강북안으로 형성된 평지지역에 강동초등학교가 있고 버당마을, 둔지마을 등의 민가가 밀집되어 있다.

성의 축조시기는 강릉지역의 대부분의 성곽들이 고대성곽으로 분류되듯이 이 지역에 사람이 살기 시작하고 성읍국가적 방어개념이 생겨 나던 시기로 추정할 수는 있을 것이다. 이 성의 명칭도 장안성이라 불려지는 것을 보면 이 지역의 소부족적 개념의 중심적 역할을 담당한 성으로 파악될 수 있을 것이다. 이 성은 성이라기 보다는 고대에 지역세력가의 사저를 보호하는 담장의 개념으로 이해된다. 성곽의 입지가 동남쪽으로 완만한 경사면을 이루고 동해에서 강릉으로 오는 길가에 축조된 토성이고 규모도 작으며 주변에 토기편, 와편이 발견되고 있다.

성벽의 높이는 외측이 2.5~4m, 내측이 2~3m 정도이고, 상·하부 폭은 각각 2~3m, 5~7m 정도이다. 장안성지의 전체 길이는 501m로서 서쪽구릉에 축성한 길이 62m가 서벽이 되고 양쪽으로 갈라져 구릉을 따라 동쪽으로 이어져 내려 동벽은 소곡지의 남북으로 횡단하며 축성한 것으로 보이나 경지로 개간되어 양끝 부분만 관찰되며 부근에 우물터가 있었던 것으로 추정된다. 남벽 중앙부의 단절된 부분에는 문지석으로 보이는 반석(80×80×30m)이 있다.

남·서·북벽에서 각각 10~20m 아래쪽으로 삭토하여 구축한 별개의 토성 흔적이 있으며 성벽의 주위에는 고려~조선시대의 것으로 보이는 토

---

74) 조선총독부, 『조선보물고적조사자료』, 1942, p.539 ; 임영지증보발간위원회, 『임영지』, 1975, p.219 ; 문화재관리국, 『문화유적총람』상, 1978, p.449.

기 및 와편이 산재하고 있다.

6) 석교리성

석교리성[75]은 강릉시 사천면 석교리의 서쪽산록에 있는 토성이다. 이 성은 석교리의 제일 서쪽부분에 해당되며, 석교리의 명칭은 사천천에 있었던 '石橋'[76]에서 유래하였으며 1970년대 후반 농지정리로 훼손되었고 석재의 일부는 사천중학교 근처에 옮겨져 있다.

석교리는 사천면 북단에 위치하며 동쪽으로 7번국도가 지나가고, 서쪽에는 공동묘지가 있으며, 남쪽으로 사천천이 남서에서 북동으로 흐르는 지역이다.

석교리 서쪽 노동하리와 경계를 이룬 해발 50m 내외의 야산에 축조되었으며 자연부락명도 '土城'이라 불린다.

현재 성곽시설물은 모두 없어지고 토성 축조에 쓰였을 막돌과 성문 조임돌 1개 및 기와조각이 산재하고, 성내에 민가 6호가 있다. 동남쪽으로 경작지가 되어 열려 있는 부분이 남문지이며 북문지가 확인된다. 성내부의 1/4 정도의 북서부는 1.5m 가량 한단 높은 지대의 경작지이고 북쪽 중앙부에 위치한 석교리 475번지 민가의 마당가 축대에 남문지의 나무기둥을 고정하는데 사용되었다는 기초석의 일부가 깨어진채 쌓여 있다. 성내의 민가는 동북쪽에서 남서향으로 4호, 북·남쪽에 마주보고 2호가 있다.

토성의 전체 길이는 약 0.4km 정도이고, 성벽의 폭은 상부가 약 2∼5m, 하부가 약 7∼10m, 높이 약 2∼3m이다. 성의 남문지 40m 정도를 제외하고는 모두 온전하게 남아 있으며, 토성벽 위로는 소나무가 숲을 이루고 있다.

---

75) 강릉대학교박물관,『江原嶺東地方의 先史文化研究』I, 1991, pp.102-103.

76) 石橋里 1반의 자연지명으로 노동하리와 경계지역이며, 현재 성내의 475번지에 살았던 崔容澈에 의하면 옛날 辛씨 성을 가진 이 마을의 큰 부자가 흙으로 성을 쌓았으며, 토축 성벽을 파면 기와편과 잡석이 섞여 나온다고 하였다.

7) 향호리성

향호리성[77]은 주문진읍 향호리 향호 서쪽에 1km 정도의 거리를 두고 2개의 성곽이 있었던 것으로 『문화유적총람』은 기록하고 있는데, '향호리성지'와 '향호2리성지'로 정확한 소재지를 밝히고 있다.

그러나 현재 이 두 곳은 모두 경작지로 변하였고 축성 흔적을 찾을 수 없다.

한편 향호저수지 북쪽의 주문진봉수지 근처에 둘레 약 500m의 토성윤곽이 보인다. 북동쪽으로 둥글게 토성윤곽이 이어지고 남동쪽으로 마을이 자리잡고 열린 형태이며 내부에는 고려시대 기와편과 건물지에 사용된 석재들이 산재해 있다. 봉수지임을 알리는 표석이 있는 부분이 북벽에 해당되며, 봉수지라기 보다는 토성지로 보인다.

3. 강릉지역의 산성

1) 보현산성

보현산성은 강릉시 성산면 보광리와 사천면 사기막리에 걸쳐있는 고대산성으로 일명 대공산성이라 불리운다. 산성에 대한 옛 기록은 『세종실록지리지』에 처음 보이며 '把巖山石城'[78]으로 기록하고 있다. 그 후의 지리지 기록에서는 모두 '普賢山城'으로 기록되어 있으며, 『문화유적총람』에서는 '大公山城'으로 기록하였다. 1979년 5월 30일 강원도 기념물 제28호로 지정되었으며, 지정명칭은 대공산성이다.

보현사가 신라말 굴산사의 말사로 개창된 후 본 산성이 위치한 산의

---

77) 문화재관리국, 『문화유적총람』상, 1978, p.446 ; 조선총독부, 『조선보물고적조사자료』, 1942, p.536.

78) 『세종실록』 권153, 지리지, 강릉대도호부조

명칭이 보현산으로 불리어졌으며 이에 따라 모든 지리지들이 '보현산성'으로 기록하고 있는 것이다. 물론 보현사와 깊은 관련이 있는 성곽은 아니라 할지라도 그렇게 부르는 것이 타당할 것으로 판단된다.

보현산성은 보현사에서 서북방향 약 2km지점, 해발 1131m의 곤신봉에서 동북방향 약 1.5km 지점에 위치해 있다. 노인봉에서 곤신봉, 능경봉으로 이어지는 태백산맥에서 동쪽으로 돌출된 944m의 보현산에 타원형으로 축조되어 있는데, 1979년 5월 30일에 강원도기념물 제 28호로 지정되었다.

이 보현산성은 남쪽의 제왕산성 동남방향의 칠봉산성, 명주성 등에 둘러싸인 고대산성의 거점성으로 보인다.

규모는 둘레가 약 4km[79]로『세종실록지리지』를 비롯한 다른 지리지의 기록들과는 상당한 차이가 있다. 성벽은 크기 40×50×20cm(두께) 정도의 반려암으로 쌓았으며 높이 1.5~2.5m, 상부폭 1.5m, 하부폭 7m 정도로 축조하였다.

성 전체 모양은 남서에서 북동으로 길고 북서에서 남동이 좁은 형태이다. 북동의 동문지로 보이는 곳은 성안의 물이 흘러내리는 수구이며 성내의 가장 낮은 지역이다. 바깥쪽은 석벽이고 안쪽은 두께 약 5~7m 정도의 토벽으로 내탁을 한 구조이다. 동문지의 안쪽은 성벽과 나란하게 내황을 두고 그 곳으로 물을 흐르게 하여 성벽을 보호하고 있다.

---

79) 관동대박물관,『명주군의 력사와 문화유적』, 1994, p.246.

文 獻	刊 年	名 稱	둘 레	備考
세종실록지리지	15세기말경	把岩山 석성	768步(1396m)	석축
신증동국여지승람	1531	보현산성	1707尺(517m)	석축
동국여지지	1656	보현산성	1700尺(515m)	석축
여지도서	1759	보현산성	1707尺(517m)	석축
대동지지	1864	보현산고성	1707尺(517m)	
증보문헌비고	1908	보현산성	1707尺(517m)	석축
증수임영지	1933	보현산성	1707尺(517m)	석축
조선보물고적조사자료	1942	보현산성	2000間(3636m)	석축

산성은 남서쪽 끝 남문지가 있는 정상부근과 북쪽 끝이 돌출되어 치성처럼 되어 있다. 남문지 근처에 망루대지가 있으며 남동쪽으로 폭 약 5m, 길이 79~97m의 치성 끝에도 망루대지가 있는 것으로 보아 이 산성의 방어정면이 남쪽이 아닌가 생각된다.

그리고 이 산성은 남고북저형의 지형에 축조되었으며 현재 성벽도 동남방향으로 잘 남아 있으며 북벽은 붕괴되었다. 이러한 정황으로 보아 이 산성은 신라와 고구려와의 무력충돌이 빈번했던 5세기경에 축조된 것으로 추정된다.

성의 중심에서 북쪽지역 저지로 내려간 곳에 우물이 2곳이 있고 남쪽의 우물물이 북서쪽으로 흘러내리고 그 위 북쪽에 건물지로 추정되는 곳이 있다. 성의 정문으로 생각되는 동문 근처에 돌을 쌓아 만든 우물이 있으며 성안의 수원은 풍부하며 우물근처에 일부 늪지대가 있다. 동문 입구에 2m 간격으로 주초석이 앞쪽에 있는데 95×104cm의 장방형 석재이다. 석재는 성문 안쪽에서 22cm 정도에 2개의 둥근 문추공이 있는데 지름 25cm, 깊이 3-5cm 이며 바깥쪽으로 가로 17cmcm, 세로 9cm, 깊이 3cm의 네모진 구멍이 2개씩 있어 성문시설이 있었던 것으로 보인다.

성안에는 건물지로 보이는 평탄지가 곳곳에 있으며 평탄지에서는 고려~조선시대의 것으로 보이는 많은 양의 토기편과 와편, 백자편 그리고 청자편도 일부 산재해 있다.

2) 금강산성

금강산성[80]은 강릉시 연곡면 삼산리 해발 714m의 소금강산을 정점으로하여 노인봉쪽으로 피동부근의 남쪽에 위치하고 있는 산성이다. 성이

---

80) 『여지도서』상, 강원도 강릉대도호부 산천조 ; 『대동지지』권16, 강릉대도호부 성지조, '靑鶴山古城 在山之東 周一千二百尺' ; 임영지증보발간위원회, 『임영강릉명주지』, 1975, p.217.

위치한 이 지역은 1970년 11월 18일 명승(제1호)으로, 1975년 2월 1일 국립공원으로 지정된 '청학동소금강' 지역으로 금강산성은 1984년 6월 2일 강원도문화재자료)로 지정되었다.

소금강산은 면소재지에서 서남쪽으로 약 20km정도의 거리에 있으며 서쪽의 노인봉(해발 1338.1m), 남쪽의 매봉(해발 1173.4m)과 북쪽의 천마봉(해발 1094.1m)의 세 봉우리 사이의 해발 600~700m의 능선을 따라 산성이 축조되었다. 노인봉에서 발원한 하연곡천이 흘러 연곡천과 만나기전에 이 곳 청학동소금강지역에 낙영폭포, 천폭포, 상팔담, 광폭포, 구룡폭포, 연화담 등이 절경을 이루는 곳이다.

역시, 금강산성은 고려시대 여진족과 왜구의 침입시 피난하여 싸우는 지방민의 피난처[81]로 판단되며, 이 후 조선시대 율곡 이이가 소금강을 탐승하고 청학동이라 명명할 때까지 활용되지 않았으며 일반에 잊혀진 상태였던 것이다.[82]

금강산성은 구룡폭포 부근의 동서쪽 능선을 따라 구축되어 있으며, 약 200m정도 높아지는 능선을 따라 오르면 석축 흔적이 보이기 시작하여 약400m (해발525)지점 약간 평평한 곳에 망대로 보이는 축단이 있다. 이곳에서 다시 약500m 정도 오르면 해발 625m의 능선 정상부에서 다시 오른쪽으로 80°가량 꺾어지는 능선을 따라 성벽은 계속이어져 버선바위를 지나 해발 715m의 정상부까지 약 1.0km 정도 더 이어진다. 이곳에 폭 약 8m, 길이 약 20m 정도의 평지가 처음 보이며 건물지로 생각되며 산 정상부 석축으로 감아돌며 문지를 조성하였다. 석축 마무리를 한 벽석으로 보아 틀림없으며, 동문지에 해당된다. 이곳부터 성벽은 낮아져 다시 절벽을 이루는 바위산 오른쪽 능선을 따라 약50°정도 안쪽으로 꺾어서 약 200m 정도 내려오다가 깎아지른 절벽을 왼쪽으로 150m 정도 돌아서 약간 평평한 곳에 다시 문지가 만들어져 있다. 계속 낮아지는 능선을 따

---

81) 강릉시사편찬위원회, 앞의 책, p.108.
82) 『율곡전서』3, 靑鶴洞遊山錄

라 약 600 m정도 내려오다가 구룡폭포계곡 100m 정도의 약간 평평한 곳에서 성벽이 마무리 되었다. 북쪽으로 흐르는 계곡의 서쪽으로 폭 약 70~80m, 길이 100~150m에 이르는 넓은 건물지가 확인된다. 그리고 계곡의 서쪽 가파른 능선을 따라 구룡폭포 입구까지 약 200m의 성벽이 축조되어 있다. 성벽험한 바위산에 축조한 성으로 성벽의 높이는 1m~5m로 기복이 심하며 바위사이에 석축을 끼우듯이 연결하기도 하였으며 성벽의 두께도 일정치 않으며 난층쌓기로 축조되었다.

동벽의 내외측면은 모두 절벽에 가까운 급경사를 이루었고, 그 사이의 능선부는 극히 좁고 기복이 심하다. 성 안에는 암벽이 많으며 곡지를 제외하면 보행이 곤란한 곳이다. 구룡폭포 근처는 좁지만 내부의 곡지는 넓은 편이다.

크기가 다양한 반려암으로 축조되었고 성벽의 규모는 위치에 따라 다르며 높이 1~5m, 상부의 폭 0.5~2m, 총길이는 약 4km이다. 성안에는 건물지로 추정되는 평탄지가 여러곳에서 발견되며 토기나 와편 등의 유물은 아직 확인되지 않았다. 이 성은 연곡천변 교통로보다 노인봉(해발 1338m)을 중심으로 하는 태백산지 분수령쪽에 더 근접하여 입지상 이해가 어려운 특색을 보인다. 동벽은 높아지는 능선을 따라 정상부까지 이어지고 이곳에 문을 만들고 계곡안으로 꺾어져 동남쪽과 서북쪽에 곡지를 둔 평행사변형에 가까운 방형 성곽이다. 성벽이 연결될 수 없는 자연지세 위에 축조되었으나 계곡이나 절벽을 이용하여 방어벽을 구축하고 있다. 내부에 구룡폭의 풍부한 수원을 갖추고 있는 천연의 요새이다. 그러나 진입하기가 쉽않은 오지에 축조된 성으로 많은 분분한 설이 있으나 난층의 축조수법이나 성곽입지상 고려시대에 축조된 피난성으로 추정된다.

성의 동쪽 폭 10m 남북 40m의 주능선과 연결되는 부분에 문지가 있고 북서쪽에서 남으로 꺾어진 부분의 14m는 폭 3.6m 높이 3m가 완형으로 남아있다.

남벽의 180m는 높이 2m 폭 1.5m가 자연석을 이용하였고 치성처럼 돌출된 곳은 남벽에도 폭 10m 길이 20m 정도가 있다. 또 커다란 바위나 바위산을 이용한 곳이 있고 자연능선을 이용하였으며 성안은 급경사로 좁다.

서벽은 구룡폭포골과 청학계곡 사이의 북에서 남서로 높아지는 해발 400~450m의 능선에 축성되었는데 약 200m 정도만 축성되었고 갑자기 높아지는 산세를 서벽으로 활용한 것으로 생각되며, 서벽이 축조된 200m의 능선 너머에는 남서에서 북동으로 흐르는 청학계곡이 한눈에 들어오는 지역이다. 성벽 축조흔적이 없는 높은 산정으로 자연망대역할을 할 수 있는 넓은 바위들이 산재해 있다. 서벽은 비교적 많이 붕괴되었으며, 훼손된 기저부 폭은 1.5m~2m 정도이다.

금강산성은 전반적으로 많이 붕괴되었으나 석벽의 흔적을 확인할 수 있는 정도로 온전한 편이다.

3) 제왕산성

제왕산성[83]은 강릉시 왕산면 왕산리의 해발 840.6m의 제왕산정에 있는 석축산성이다. 대관령에서 동쪽으로 2.2km의 제왕산에 있으며 남서쪽 4km 정도에 능경봉(1123.2m)이 있고, 동쪽 3km 아래쪽에 오봉댐이 있다. 제왕산 남동 3km에 왕산천이 오봉저수지로 유입되고, 북쪽 4~6km에 대관령을 넘어온 영동고속도로가 강릉으로 이어진다.

제왕산성의 북쪽 8km 지점에는 보현산성이 있고, 동쪽 7km 지점에 칠봉산성이 각각 위치하고 있다.

제왕산을 중심으로 북쪽은 성산면 어흘리와 경계를 이루며, 제왕산은 고려말 우왕이 이곳에 와서 성을 쌓고 피난한 때문에 붙여진 이름이라는

---

83) 1894년 이전에 편찬된 모든 지리지에서 강릉지역의 성곽 중 邑城, 普賢山城, 金剛山城, 濊國古城, 羽溪城이외의 기록은 확인되지는 않는다 ;『조선보물고적조사자료』;『문화유적총람』.

설이 있으나 사실로 이해하기는 어렵다. 즉 우왕은 王씨가 아닌 신돈의 아들 신우로 몰리어 쫓기는 신세였으며 강릉에 옮겨오고 한달도 못되어 공양왕이 보낸 서균형에게 죽었으므로[84] 성곽축조의 역사를 할 수 있었던 상황이 아니었기 때문이다.

제왕산성은 제왕산 정상인 능선부와 남사면에 발달된 두 개의 작은 곡지 위에 축조되었다. 성내의 정상부는 북쪽과 동쪽을 조망하기에 적합하다.

이 성은 다양한 사암으로 축조된 성이었으나 현재 거의 붕괴되어 극히 일부분에서만 1.5~2m 높이의 성벽이 남아있다. 총길이는 약 0.4km 정도이며 성벽이 남아있는 부분은 200m 정도이다. 제왕산의 정상부 좁은 곳에 축성되어 능선을 따라 서남부에서 동북으로 약 200m 정도이며 폭이 가장 넓은 곳이 30m를 넘지 않는다. 대부분의 성벽이 평평한 기반암 위에 석재로만 축조되었으나 능선 중앙에 일부 토·석혼축의 부분도 관찰된다. 붕괴된 성벽주위와 성내에는 기와편들이 산재하며, 고려~조선시대의 것으로 보이는 토기편도 발견된다. 성의 중간부분 북변으로 좁고 긴 평탄지가 약간 확인되며 건물이 배치될만한 공간은 거의 없으나, 남서쪽 성벽 부근 능선부에는 작은 건물지도 보인다.

제왕산성은 대체로 고려시대에 축조된 산성으로 일정기간 칠봉산성과도 연계해 강릉지역 방어의 전초성으로 활용된 것으로 추정된다. 전체 둘레가 400m 정도의 소규모이며 강릉으로 통하는 교통요지를 조망할 수 있는 위치로서 정찰 및 연락 등 방어초소 역할에 사용된 성으로 판단된다.

4) 칠봉산성

칠봉산성[85]은 강릉시 구정면 제비리 칠봉산정에 위치하고 있다. 칠봉산은 남서에서 북동으로 산북리와 경계를 이루는 산으로 금산에서 남쪽

---

84) 『고려사』권135, 열전45, 무진 14년(1388)조.
85) 『조선보물고적조사자료』;『문화유적총람』.

으로 뻗은 산으로 7개의 봉우리가 있으며, 산북리 쪽에서는 경사가 완만하지만 북쪽과 동쪽은 급한 형세이다. 산정에서는 해발 360.8m의 야산이 지나는 대관령을 내려오는 도로와 구산, 금산지역이 한눈에 들어오는 곳이다.

칠봉산의 서북으로는 남대천이 북동방향으로 흐르고 있으며, 이 산을 끼고 서쪽 평지지역에는 버당마을이 있고, 사방으로 작은마을이 형성되어 있다.

칠봉산성은 칠봉산 정상부의 능선과 북동쪽 사면에 축조된 테뫼식 산성이다. 정상부는 강릉시가지와 성산면, 구정면, 그리고 왕산면 일부지역을 관망하기에 적합한 곳이다.

이 산성은 자세한 기록을 갖고 있지는 않지만, 고려시대에 축성된 것으로 추정된다.

성곽의 표면은 얇게 흙으로 덮혀 있으나, 그 밑에는 다양한 크기의 편암으로 구축되었다. 판축부의 높이는 1.5m~2.0m로 추정되나 대부분 붕괴되었고 총길이는 약 1km이다. 성벽의 석벽 사이에서 토기·와편이 발견되기도 하였으며, 능선부 및 동사면에는 건물지로 추정되는 평탄지들이 있다. 석벽은 크기 30~50m, 두께 10~20cm의 점판암의 파편석으로 1.5~2.5m 높이로 쌓았다. 서쪽 성벽 위는 허물어졌고 아래 묻힌 부분은 0.7-1m정도가 잘 남아 있으며, 나머지 대부분은 붕괴된 상태이다.

4. 강릉지역의 해안성

1) 삼한산성

삼한산성86)은 강릉시 강동면 산성우리에 있는 석성이다. 옥계에서 정

---

86) 조선총독부, 『조선보물고적조사자료』, 1942 ; 문화재관리국, 『문화유적총람』상, 1978, p.450 ; 강릉대학교박물관, 『강릉정동진 고려성지지표조사보고서』, 1998

동진해안으로 나가는 국도와 동해고속도로 사이의 정동천 서안으로 돌출된 해발 70~90m의 산상에 위치하고 있다. 지금은 산성 서쪽에 고속도로 동쪽과 북쪽에 7번국도와 고속도로 연결도로, 남쪽과 동쪽으로 정동천이 흐르고 있는 형태이지만, 예전에 삼척에서 강릉에 이르는 교통로의 요충지에 해당된다. 산성에서 동북방향으로 정동천을 따라 경작지와 마을을 이루고 있으나, 대부분 해발 150~300m에 이르는 해안 산지로 둘러싸여 있다.

고려 말 왜구의 침입시 이에 대한 방어성으로서 삼한산성을 이해하는 견해가 있는데 타당성이 있다고 생각된다. 산성의 위치가 동북으로 정동천을 따라 바다 쪽으로 개활지가 열려 있고, 옥계에서 강릉에 이르는 길목에 있으므로 해안방어개념의 성으로 파악하는데 타당성이 있다. 고려 말 서남해안의 방비가 견고해지면서 동해안의 허점을 노리고 침입해 오는 왜구를 막기 위한 해안진지 역할을 했을 것으로 추측된다.

삼한산성은 서쪽에서 흘러내린 뾰족한 능선 정상부에서 동쪽으로 경사가 급해지지만 윗부분에 삼각형의 넓은 평지를 형성하고 있으며, 경사지에 석성으로 축조하였다. 성의 서쪽은 경사가 심하고 동남쪽으로 평탄한 지형을 유지하고 있고 현재 버려진 밤나무 단지를 이루고 있다. 이러한 지형을 이용하여 서쪽능선 해발 106m가량의 정상부를 정점으로 경사를 따라 완만한 삼각형 모양으로 축조되었다. 성이 실측길이는 533m, 서문지 우측으로는 길이 12m 가량의 치를 만들었는데, 이는 쌓아서 축조한 것은 아니고, 급경사부근의 구릉을 삭토하여 만들었다. 치의 앞쪽으로는 구릉에서 접근하는 것을 막기 위해 해자와 같은 도랑을 2개 만들었는데 도랑 간의 거리는 15m 도랑의 폭은 4~12m이다.

남문지 앞과 동벽, 서문지 앞에는 현재 높이 1m이내의 석축이 군데군데 축성되어 있다. 이 석축이 삼한성의 외성인지 아니면 그 이전에 쌓았

의 삼한산성 실측 규모를 활용하였다.

던 것인지는 정확히 알 수 없다. 현재 이 석축은 급경사지를 이용하여 축
성하였고 본 성곽은 2~15m 안쪽에 축성되었다. 서문지와 붙어서 치를
만들고 치 앞쪽으로 능선에 도랑을 만들어 적의 접근을 불허하는 형식과
성벽이 이중으로 중첩되어 나타나는 부분은 앞으로 세심한 조사가 필요
하다.

2) 괘방산성

괘방산성[87]은 강동면 안인리 괘방산 능선에 남북으로 축조된 石城이
다. 이 산성은 강동면 안인리 본동에서 동해안과 7번국도를 따라 남쪽으
로 괘방산까지 이어지는 능선위에 위치해 있다. 그 정확한 위치는 해발
339m의 괘방산에서 북으로 안인까지 점차 낮아지는 능선을 따라 약
1.2km 지점에 위치하고 있다. 동쪽 아래 로는 동해와 접하고 서쪽으로는
고속도로와 임곡리가 내려다보인다. 해발 265m에 위치한 석성으로 얼마
전까지만 해도 전혀 알려지지 않았던 성이었으나, 1998년 강릉대학교 박
물관에서 이 성의 동남쪽 3.2km에 있는 고려성지에 대한 지표조사를 하
는 과정에서 확인되었다.

동서로 연결된 성이라기보다는 괘방산에서부터 북으로 낮아지는 삼우
봉에서부터 약 500m 정도 평탄한 능선을 이루는 곳에 남북으로 축조된
것으로 보인다.

서쪽으로 약 30m 정도 완전히 무너진 돌무지가 있으며 능선 중앙 동
벽과 남벽이 만나는 곳에 높이 8m, 아랫부분 지름이 약 25m인 대형 돌
무지가 50m 정도 동북으로 이어진다.

정동진에서 안인삼거리까지 이어지는 8.5km의 안보등산로를 따라 북
상하면 3km 지점에 옛 성황당터가 있고 이곳에 고려시대의 와편이 많이
산재해 있다. 또한 3.9km 지점에 당집이 있으며, 이곳에서 0.9km 지점의

---

87) 강릉대학교박물관, 『강릉정동진 고려성지지표조사보고서』, 1998, p.29.

괴일재에서부터 성곽 흔적이 확인된다. 그리고 괘방산을 지나 삼우봉 정
상부에는 폭 20m 길이 40m 정도의 채석흔이 있는 큰바위더미가 있다.
이곳에서부터 안인방향으로 약 500m 가량 성곽흔적이 확실하게 나타난
다. 괘방산을 중심으로 남북으로 길게 축조되어 동해안 방어성의 역할을
한 것으로 판단된다. 이 해안능선을 넘으면 강릉시내가 평지지역으로 바
로 이어진다.

축조 시기는 인근의 고려성과 비슷한 시기로 생각되며, 동해안 방어
목적으로 축성된 성으로 추정된다.

3) 고려성

고려성[88]은 강릉시 강동면 정동진리 해발 334m 괘방산 동쪽 등명해안
의 해발 70~90m의 평탄부에 위치하고 있다. 성곽의 동쪽은 7번국도와
해안으로 이어지고 북쪽 300m 지점에 등명낙가사가 있으며 서쪽으로는
괘방산이 남북으로 능선을 뻗고 있는 지형이다. 강릉지역에 소재하는 성
곽중 가장 해안에 가까운 곳에 위치한 성곽이다.

조선시대 중기이후 편찬된 여러 지리지에서 강릉지역의 다른 성들과
같이 고려성지의 기록은 전혀 보이지 않는다. 성곽의 활용 측면에서 조선
시대 중기 이후에는 활용되지 않았으며, 등명사의 폐찰과 관련이 깊은 것
으로 보인다.[89]

고려성지의 전체 실측길이[90]는 전체 451m로서, 동벽이 131m, 서벽
61m, 남벽 145m, 북벽 114m이며, 동쪽면이 넓은 사다리꼴의 평면구조를
이루고 성의 면적은 3,570m²(1,180평)이다. 이중 현재 남아있는 성벽은

---

88) 강릉대학교박물관, 『강릉 정동진 고려성지 지표조사 보고서』, 1998 ; 조선총독
    부, 『조선보물고적조사자료』, 1942, p.540 ; 임영지증보발간위원회, 『임영지』,
    1975, p.218 ; 문화재관리국, 『문화유적총람』上, 1978, p.450.
89) 사찰문화연구원, 『전통사찰총서』1, 강원도1, 1992, p.115
90) 강릉대학교박물관, 앞의 보고서, 63-64.

서벽 25m, 남벽 55m등 80m정도이며, 동벽과 북벽이 무너져 내렸지만 기단부는 대부분 잘 남아 있는 것으로 확인되었다. 현재 남아 있는 성벽의 높이는 2.0~3.5m정도이며, 남벽의 서쪽부분에 높이 5m에 이르는 부분도 있으며, 잘 남아 있는 내벽의 높이는 2m정도이다.

성벽은 일대에서 쉽게 구할 수 있는 산석을 이용하여 장방형의 불규칙한 석재로 축조하였다. 기단석은 별도의 기단을 두지 않고 외측으로 일부 삭토를 한다음 바로 쌓은 것으로 보인다. 기단석은 30cm×20cm 크기의 장방형 할석으로 쌓고 윗부분으로 기단부보다 약간 큰 할석을 이용하였다. 서벽의 문지부분의 성벽을 살펴보면 상층부에 개축한 것으로 확인되었다.

일부 성벽의 사이사이 공간에 잔돌을 끼워쌓아 성벽의 무너짐을 방지하였다. 성벽의 각 단은 횡으로 수평되게 쌓았으나 전체적으로 내부쪽으로 기울어져 있다. 외벽은 면맞춤한 막돌로 흡은층 쌓기를 하였으며, 내벽은 잡석이나 흙을 채워넣는 내탁법을 이용하였다.

서벽과 동벽의 북쪽에는 각각 문지가 확인되었고, 서문지 북편에는 관측과 방어에 유리하도록 치를 만들었으며, 동북모서리에는 성벽의 돌출된 부분이 있는데, 강릉대학교박물관 조사보고서에는 치성을 만들었고, 동벽치위에는 각루를 만들었던 것으로 판단하고 있다.

4) 강문토성

강문토성[91]은 기록에서 확인되지 않는다. 강문동 죽도봉 즉 경포대 현대호텔 신축부지에 대하여 2012년 표본조사와 3차에 걸친 발굴조사 과정에서 확인된 삼국시대의 토성이다. 주변에 분포하는 강문동 유적과 초당동유적을 염두에 두고 이 지점이 신라와 관련된 특수기능을 한 지역 즉 6세기 신라시기의 토성으로 추정된다. 죽도봉 구릉지를 일정하게 성토하

---

91) 국강고고학연구소, 「강릉 경포대 현대호텔부지내 유적 학술자문회의 자료」, 2012 ; 정식조사보고서가 나오고 구체적인 연구가 진행되어야 할 유적이다.

고 사질토와 점토를 판축하였다. 내부에서는 출토된 유물들은 5~6세기경의 연대를 보이고 있다. 토성유구는 신라왕경에서 확인된 시설과 비교되는 중요한 유적이라는 의견이 있으나 해안 및 하구지역에 조성된 창고내지 전초기지 성격의 성곽유구였을 것으로 추정 된다.

5) 영진리성

강릉시 연곡면 영진리에 위치하며, 서쪽에 7번국도가 있고 동쪽으로 동해안이 펼쳐지고 남쪽에 연곡천이 동해와 만나는 해발 30m 내외의 낮은 구릉지를 형성하고 있는 지역이다. 동해안으로 돌출된 해발 33.6m의 구릉상이며 지금은 경작지와 민가로 변한 곳이다. 7번국도 동쪽 구릉상에 1984년 '영진리성지' 표석을 설치 했었으나 1996년 강릉대학교 발굴단의 7번국도 확장구역 발굴조사 시 성곽흔적이 없는 것으로 판명된 바 있다.[92]

몇 지리지에서 연곡포의 단편적 기록들을 살펴 볼 수 있으며 『문화유적총람』에서는 '강릉에서 북으로 홍질목 고개 우측 해변 쪽에 동해를 향해 돌출된 타원형으로 쌓여진 토성의 흔적이 보인다. 현재는 민가와 경작지로 되었는데 토기편·와편이 흩어져 있다'고 하였다. 이 지역 일대에는 삼국시대 고분들이 밀집분포하고 있다.

5. 강릉지역 성곽의 성격과 특징

강릉지역 성곽들에 대하여 지리적 입지에 의한 유형과 기능, 축조방법에 대하여 간략히 살펴보았다. 앞에서처럼 유형분류에 따른 분석을 통해 강릉지역 성곽의 성격 및 그 특징을 다음과 같이 정리를 할 수 있겠다.

---

92) 강릉대박물관, 『강릉-양양간7번국도확장공사구간내문화유적발굴조사결과약보고』. 1993 ; 조선총독부, 『조선보물고적조사자료』, 1942, p.537.

강릉읍성은 부성·읍성이라는 명칭으로 불리면서 『세종실록지리지』를 위시하여 대부분의 역대지리지에서는 원래 토성으로 축조되었다가 중종 7년(1512) 석축성으로 개축하였으며 둘레는 2,782척으로 기록하고 있는데, 고려시대부터 조선시대 내내 읍치였음을 알 수 있다. 그러나 강릉읍성에 언제부터 읍치가 형성되었는지, 규모면에서의 차이는 이해하기 어려운 문제가 있다. 지리지들이 보여주는 대체적인 성체의 길이는 약 1.2km 정도인데, 1920~1940년대의 지적도면에 의한 복원도상의 추정 둘레는 약 2.0km 정도로 나타나 큰 차이를 보이고 있다. 강릉읍성은 조선시대 영동지역 4개소에 설치되었던 읍성 중 양양읍성보다 규모가 작은 것으로 기록되기도 하였는데, 강릉이 영동지방에서 가장 중심적인 읍치였던 점으로 미루어 보아 앞으로 면밀한 연구가 요구된다.

예국고성은 『신증동국여지승람』에서부터 그 후의 각 기록에 읍성의 동쪽에 있는 토성으로 둘레 3484척으로 폐지된 성으로 기록되고 있다. 현재까지 강릉지역에 알려진 성곽 중 삼국시대 이전에 축조된 가장 오래된 성으로 이해된다.

명주성은 신라 말 명주군왕으로 봉해졌던 김주원과 관련된 성으로 이해되고 있다. 다만 『고려사』兵志, 城堡條, 덕종 3연(1034)조에 명주성 수축 기사가 나타나고 있는데, 이 명주성이 예국고성과 강릉읍성, 명주성 중 실제 어떤 성을 의미하는지는 다소 파악하기가 어렵다.

방내리성과 우계성이 위치하고 있었던 지역들은 모두 『삼국사기』에 각각 명주와 삼척의 영현이었음을 밝히고 있다. 이후의 지리지에 계속해서 기록되고 있으며 이 두 성곽은 고구려·신라의 접경지였던 삼국시대부터 조선전기까지 강릉부 속현의 치소에 있던 성곽이다. 치소의 기능을 잃은 조선중기부터 우계성과 향교마을, 방내리성과 퇴곡서원의 관련성이 보다 심도 있게 검토되어야 할 것이다.

보현산성은 강릉지역의 산성 중 가장 오래된 산성으로 파악되고 있다. 성곽 축조방식에 있어서 삼국시대 축성법을 보이고 있어 대부분이 고려시대 축성법으로 쌓은 것으로 보이는 강릉지역 여러 산성보다는 시기적으로 앞선 것으로 보인다. 따라서 신라와 고구려가 무력충돌을 벌일 때, 일시적으로 전투성의 역할을 했던 것으로 생각되며, 고려시대부터 근대까지 피난성의 역할을 했던 것으로 추정된다. 성곽 주변에 공수가 용이한 접근로가 없으며, 성내의 물이 풍부하고 수개처의 넓은 건물지와 우물 등 성내의 구조 등을 감안하면 장기간 피난하기에 매우 적당한 곳이다. 강릉지역의 서쪽 외곽에 위치한 점에 대하여 생각할 수 있는 역할에 초점을 맞춘 고찰이 필요하다.

제왕산성은 보현산성의 효율적 방어를 위해 교통요지를 조망할 수 있는 요해지로 후대에 축조된 초소형 성곽으로 이해된다.

금강산성은 오대산의 험준한 산세가 이어지는 천험의 지형에 축조된 고려시대의 피난성이다. 구룡폭포의 풍부한 물과 계곡의 비교적 넓은 평지가 재기를 위한 피난지로서 알맞은 곳이다.

삼한산성과 괘방산성은 교통요지에서 안인진·낙풍봉수대와 연락하며 해안방어성의 역할을 했던 것으로 생각되며, 강릉지역의 산성은 대부분 고려시대에 동해안으로 오는 외침에 대비했던 것이며, 조선후기 지리지들의 기록에서 누락된 것으로 미루어 조선시대에 와서는 별로 사용되지 않았던 것으로 추정된다.

왕현성·고려성·석교리성·향호리성는 지금까지 성지에서 발견 유물들을 감안하면 모두 고려시대에 축조되어 조선 초기까지 일시적으로 사용된 것으로 보인다. 왕현성은 조선시대 인조 2연(1624)부터 약 28년간 석천서원의 담장으로 개수되어 사용되었던 것으로 보이고, 고려성은 사찰의 창성의 성격과 신라말에서 고려시대에 이르는 불교와의 관계를 고려하면 인근의 등명사와 밀접한 관련이 있었던 성으로 보인다. 석교리성은 고려시대 지방 세력가가 세거했던 장원의 담장 성격의 성으로 판단된다..

대체로 강릉지역의 성곽의 몇 가지 특징을 정리하면 다음과 같다.

첫째는 강릉지역의 성곽은 전체적으로 해발 600~800m에 이르는 태백산맥의 동측면 산지와 해발 200~300m의 낮은 산지에 남북으로 석축 산성이 큰 규모로 배치되어 있다.

둘째로는 7번국도를 중심으로 도로 서편으로 고현성, 읍성, 토호성과 같은 성격의 성들이 축조되었는데, 강릉읍성을 제외하고 토성 혹은 토석혼축성이며 1km이내에 남쪽으로 하천이 있으며 북고남저의 지형에 따라 위치하고 있다. 이는 강릉북단의 향호리성지에서부터 남쪽으로 동해시의 고현성지까지 일관되어 있다.

셋째로는 해안지역에 고려시대 이후 조선중기까지 해안지역에 해안방어 목적의 해안성이 위치하고 있다.

넷째로 전체적인 성곽배치는 강릉지역의 중심에 강릉읍성이 있으며 이 지역의 가장 외곽인 대관령 남북으로 대규모 산성이 중간지점에 소규모로 연락산성이 있으며 남북으로 읍성(행정성)이 배치되었고 동쪽해안으로 해안방어성이 있는데 모두 남북으로 선형을 이루도록 배치되어 있음을 알 수 있다. 충청도지역의 점형 배치와 일부 다른 특징을 갖는다고 할 수 있겠다.

제4절 溟州城의 역사·문화적 의의*

성곽은 인류역사와 함께 만들어졌으며, 고대국가의 성립과 함께 대규모의 산성이 본격적으로 축조되었고 정치, 군사, 경제, 문화의 터전으로 활용되었다. 한 국가의 흥망성쇠와 궤를 같이하는 역사의 현장으로서 포괄적인 성격의 역사문화유산이다.

성곽은 인간이 사회생활을 영위한 시점부터 축조해온 역사의 산물로서, 각 시대의 역사와 문화상을 밝혀주는데 매우 중요한 유적임에는 이론의 여지가 없다. 참고할 수 있는 자료들[93]을 중심으로 강릉지역 고대 성곽 중 하나인 명주성의 역사·문화적 의의에 대하여 살펴보고자 한다. 명주성은 강릉시의 2천년 역사상 문화적으로 가장 화려했던 한 시기의 읍치지로 평가되기 때문이다.

---

* 이글은 2007년 9월 21일 강릉문화원에서 관동대학교 영동문화연구소와 강릉김씨대종회가 공동으로 개최한 "명주성의 보존실태와 문화자원으로서의 가치"를 주제로 열렸던 토론회에서 필자가 발표했던 것을 다시 정리한 것이다. 또한 관동대학교 박물관의 『강릉 명주산성 -지표조사보고서-』(2009)에도 개재되었다.

93) 이준선, 「강릉지역의 고대산성」, 『지리학』제25호, 1982 ; 유재춘, 『조선전기 강원지역의 성곽연구』, 강원대학교 박사학위논문, 1998 ; 김홍술, 『강릉지역의 성곽 연구』, 관동대학교 석사학위논문, 2000. ;『강릉의 도시변천사 연구』, 강원대학교 박사학위논문, 2006.

1. 溟州城의 變轉

강릉은 남서쪽으로 성산면 어흘리의 대관령, 보광리 그리고 왕산면 목계리 남쪽 두리봉과 대화실산에서 발원한 남대천이 흐르고 있다. 대관령과 왕산에서 흘러와 구산에서 합류하여 강릉시내로 흘러온 물은 남쪽에 제비리·회산동·내곡동·노암동·입암동·두산동, 북쪽에는 금산리·홍제동·남문동·성남동·옥천동·포남동·송정동을 지나 동해로 유입된다. 북으로는 화부산에서 서쪽으로 산이 병풍처럼 이어지고 있으며 동쪽은 평야지대가 이어지고 바다와 접하고 있다.

명주성은 성산면 금산리에 위치하는 토석혼축성으로 장안성이라고도 불리는데 명주성이 위치하고 있는 성산면 금산리는 자연마을 長安洞, 堤洞, 城下마을로 이루어져 있으며 서남으로 남대천과 연접해 있다. 그리고 동쪽에 홍제동, 서쪽에는 구산리·관음리, 북쪽에 위촌리와 접하고 있다. 금산리는 해발 158.5m의 鼎峰의 서쪽에 제동마을과 구동마을이 있으며 동쪽으로 해발 100m내외의 구릉을 따라 溟州城이 있으며 이 성을 끼고 동남쪽 마을이 장안동이고 성의 북쪽 아래에 城下마을이 있다. 장안성이라 불린 것은 좁게는 명주군왕 김주원의 사적개념의 牆垣城, 넓게는 고성에서 평해에 이르는 넓은 지역을 다스리는 중심지, 즉 읍치지로서의 명주군왕성의 개념일 것이다. 성의 동쪽으로 낮은 곳에 영동대학이 있으며 장안동 마을입구에 溟州郡王古都紀蹟碑가 있다. 장안동이라는 자연마을 이름을 보아도 명주군왕 김주원이 이곳에 도읍을 정한 것으로 짐작되며 그 시기를 전후해서 축조된 것으로 여겨진다.

명주성[94]과 관련한 인물을 든다면 당연히 김주원을 들 수 있다. 즉, 여러 기록을 참고해보면 신라 말 국정이 혼란해지던 상황에서 왕권 경쟁과 관련하여 강릉으로 온 것[95]으로 보인다.

---

94) 문화재관리국, 『문화유적총람』, 1978, p.353.

신라 무열왕의 후손인 선덕왕이 후사가 없이 죽자, 군신들이 진의태후
의 명을 받들어 周元을 왕으로 세우고자 하였으나 상대등 敬信이 먼저 입궁
하여 왕위에 올랐다.96)

신라의 경덕왕 16년(757)에 9주군현을 설치하면서 河西州는 溟州로 개
명되었다. 원성왕 2년(786) 金周元은 왕위계승 경쟁에서 상대등이었던 원
성왕 金敬信 세력과 다투었으며 중앙에서 물러나 명주지방에 오게 된다.
명주지방에는 원래 김주원의 장원이 있었고 이와 연결된 친족공동체세
력이 있었으며 이를 기반으로 김주원은 중앙과 대립하는 반독립적인 세
력을 형성하였다. 그 세력의 방대함과 영향력으로 김주원은 명주군왕이
라고 칭해졌으며 그 뒤 이 지역의 광역적 지방장관격인 명주도독은 대대
로 김주원의 직계손들에 의해 세습되었다. 중앙에 대한 반독립적 김주원
세력의 존재는 신라 말까지 유지되고 있었으며 후삼국시대 명주호족의
대표격인 金順式도 이에 속한다.97)

『삼국사기』에 '何瑟羅城主'라는 기록이 있는 것으로 보아98) 김주원이
강릉에 오기 전에 이미 이 지역을 중심으로 고성이 있었던 것으로 짐작
된다. 그리고 김주원이 이 곳에 오면서 명주성은 고성에서 울진에 이르는
넓은 지역을 관할하던 명주도독성 즉 고읍성의 역할을 했던 것으로 짐작
할 수 있겠다.

---

95) 『삼국사기』권10, 신라본기 10, 원성왕 원년조 : 宣德卽位卽爲上大等 及宣德薨
    無子 群臣議後 欲立王之族子周元 周元宅於京北二十里 會大雨 閼川水漲 周元
    不得渡 或曰 "卽人君大位 固非人謀 今日暴雨 天其或者不欲立周元乎 今上大
    等敬信 前王之弟 德望素高 有人君之體" 於是.
96) 『동국여지지』권7, 강릉조.
97) 방동인, 「명주도독 치폐소고」,『임영문화』3, 1979, p.30 /『동국여지지』권7 流
    宮條
98) 『삼국사기』권3, 신라본기, 눌지마립간 34년 7월조, 高句麗邊將獵於悉直之原何
    瑟羅城主三直出兵押殺之麗王聞之怒使來告曰,孤與大王修好至歡也今出兵殺我
    邊將是何義耶乃興師侵我西邊王卑辭謝之乃歸.

『중수임영지』의 기록을 살펴보면 다음과 같다.

> 강릉부 서쪽 10리 되는 곳에 있었으며, 돌로 쌓은 성으로 둘레는 3,000
> 보나 되었다. 이 기록을 살펴보면 신라 경덕왕이 지방을 분할하여 9州를 설
> 치할 때 河西府를 溟州로 개명하였는데 대체로 영해의 큰 都가 되었다. (중
> 략) 읍사람들이 명주성의 옛터가 어디인지 자세히 아는 사람이 없었다. 전
> 하는 말에 명주성이 경포에 있었다고도 하나 근래에 와서는 부서쪽 성산부
> 근에서 옛 기와 몇 편을 얻었으며 또 무너진 성터에서 생김새가 둥근달과
> 같고 28宿로서 고리모양으로 만든 가운데에 '溟州城' 3자가 새겨져 있는 유
> 물이 발견되었으니 이로 보아 성산이 명주성이 있었던 곳이 확실하며 의심
> 할 수 없게 되었다. 산기슭을 감싸 안으니 서북은 높고 동남은 낮았다. 주
> 위의 성 둘레는 지금 강릉부의 성과 이어지면서 뻗어 서로 비등하고 가운
> 데에 상·하동이라는 마을이 있으니 지금 이르기를 상장안, 하장안이라고
> 하며 이 장안이란 지명은 명주군왕 김주원이 여기를 도읍으로 정하면서 붙
> 여진 이름인듯 싶다.[99]

위의 기록에서 대체로 명주성과 김주원의 관계를 기록하고 있으나 그
이후의 사항에 대한 언급이 없는 것으로 보아 명주성의 정확한 변천은
알 수 없다. 그러나 명주성은 삼국경쟁기 고구려와 신라의 접경지역에서
대체로 신라의 城으로 사용되었으며 신라말 김주원의 명주군왕성의 시
기를 거쳐 고려초기까지 명주호족세력의 근거성이었던 것으로 짐작된
다. 『여도비지』에서 고려 덕종 3년(1034) 명주성을 보수했다는 기록은
자세한 사항을 알 수는 없지만 그 가능성을 추정해볼 여지는 있다고 생
각된다.

명주성은 금산리 장안동 북쪽 구릉을 정점으로 그 남동방향으로 2개의
소곡지를 둘러싸는 석성이다. 이 곡지의 고도는 해발 100m미만의 낮은

---

99) 『중수임영지』 성지조 '溟州城' 명문 와편은 현재 임경당을 비롯한 강릉김씨 종
　　중에서 수 개를 소장하고 있다.

지역이지만 그 입구가 좁고 성벽의 바깥부분은 대부분 급사면을 이루고 있다. 남동쪽 방향에는 남대천 북변 충적지가 북동에서 남서로 발달되어 있다. 성벽은 종전까지 서남벽이 토석혼축으로 나타나고 북벽의 일부는 토축으로 이루어져 있고 곡지의 동벽일부는 석축으로 되어 있는 것으로 파악되고 있었으나 2008년 12월 관동대학교 박물관의 지표조사를 통하여 모두 석성으로 축조되었음이 새롭게 밝혀졌다. 북서벽은 많은 부분이 무너져 내렸으며 성벽은 크기가 일정하지 않은 변성암과 화강암으로 축조되었고 그 위에 얇은 토층이 덮여 있다. 성벽의 높이는 외측 3~5m, 내측 1~1.5m, 폭은 기저부 5~6m, 상부 1~2m, 전체둘레는 1.58km 정도이며, 부분적으로 외벽의 높이가 10m를 상회하는 부분도 확인되었다. 성내에는 수개의 건물지가 있으며 통일신라~고려시대의 것으로 보이는 도자편과 많은 와편이 산재해 있다. 이곳에서 '溟州城'이라 새겨진 기와편이 수집[100]되었다는 기록이 있으며, 최근 강릉김씨 종중에서 수개의 명문 와당을 소장하고 있는 것으로 확인되었다. 이는 이 곳이 신라 말에서 고려 초기에 이르는 동안 한 시대의 읍치지역이었다는 사실을 알려주는 것이다.

2. 江陵邑治 변화와 溟州城

선사시대 강릉의 모습은 유적을 통해 일부 추정할 수 있는데, 선사인들은 대체로 동해안으로 흘러드는 하천과 해변을 따라 무리생활을 하였으며, 청동기시대에 이르면서 점차 구체적인 사회질서가 만들어졌고, 행정구역의 개념과 같은 영역이 생겨나게 되었다. 이를 바탕으로 이어지는 다음 시대에 구체적인 행정구역이 만들어지는 밑거름이 되었던 것으로 볼 수 있다. 선사시대도 인간생활에 질서가 만들어지고 있었지만 행정구

---

100) 『강원도지』권3, 고적조 / 임영지증보발간위원회, 『임영지』, 1975, p.217.

역단위의 출현은 확언할 수 없고 조사를 통해 확인된 주거유적의 위치를 살펴보면 동해안으로 흘러드는 하천을 따라 낮은 구릉지역으로 선사인의 마을들이 있었던 것으로 추정된다.[101] 청동기시대 후기에 강릉에도 족장에 의하여 통솔되는 부락공동체 사회가 출현한 것[102]은 분명하나 족장사회의 연합체로서의 군장사회집단도 출현하였는지는 아직 확실치 않다. 그러나 동해안 지역에서 발견되고 있는 청동기시대 주거지와 지석묘의 분포상황으로 미루어 보아 몇 개의 가까운 지역 내에 정착한 마을공동체 집단 상호간에는 토지의 이용이나 자체방어 등의 필요에 따라 상호 협조가 불가피했을 것으로 추정된다. 또한 여러 마을공동체 집단 상호간에는 그 규모는 물론 세력상의 우열도 나타나기 시작했을 것이다. 족장사회 집단의 연합체인 군장사회 집단 출현 여건은 청동기시대 후기의 동해안 지역에서도 확실히 조성되고 있었던 것으로 짐작되며 강릉지방에서 군장사회 집단이 출현한 것은 초기철기시대이다.

1) 濊國古城

철기시대로 접어들면서 강릉지역에는 예국[103]이 있었다는 기록은 『三國史記』와 조선시대의 여러 지리지들에서 볼 수 있으나, 예국이 과연 어떠한 성격의 정치·사회집단인지는 자세히 알 수 없다. 영흥만 일원의 동예사회에 대한 기록이지만 당시 강릉지역의 예국도 대략 같은 성격의 군

---

101) 주수리·심곡리구석기유적, 하시동·지변동·사천가둔지·영진리신석기유적, 병산동·포남동·강문동·초당동·방동리·동덕리유적지, 교동·교항리 청동기 및 철기유적지 등이 최근 지속적으로 조사되고 있다.
102) 고대 이 지역의 족장급 수장의 분묘 발굴조사결과를 통하여 부락공동체사회가 출현하였으리라고 생각된다.
강릉방내리주거지(1990년 강릉대학교 발굴), 강릉병산동고분(1997~1998, 강릉대학교 발굴), 강릉안인리주거지(1989~1990, 강릉대학교 발굴), 강릉초당동주거지·고분(2003~2005, 강원문화재연구소 발굴) 등.
103) 이현혜, 「동예의 사회와 문화」, 『한국사』4, 국사편찬위원회, 2003, pp.235~245.

장사회 집단이었을 것으로 추정된다. 특히 都尉가 폐지된 뒤에는 渠帥들
이 侯가 되었다고 한 것으로 보아 거수는 토착적 부락공동체의 족장을
지칭한 것으로 보이는데 이러한 족장 중 우월한 자가 하호를 다스리는
侯로 추대되었다[104]고 하는 것은 족장들 중에서 군장이 추대되었다는 것
을 의미한 것으로 해석된다.

1991년에 발굴 조사된 강릉시 강동면 안인리유적[105]에서는 모두 33기
의 초기철기시대의 주거지 유적이 조사되면서 이 중 이례적으로 규모가
큰 주거지가 있었는데 당시 사회에서 어떠한 위상을 차지하는 것인지 분
명히 알 수 있는 고고학상의 자료는 아직 없지만 신분질서 즉 부족장급
인물의 출현을 보여주는 것으로 추측할 수 있다.[106]

이와 같이 마을유적에서 보통살림집에 비해서 그 규모가 월등하게 큰
집이 청동기시대로부터 원삼국시대에 걸친 시기의 주거지에서 농업생산
의 증대에 따라 주거생활이 장기간 정착화 되고 가부장적 대가족제의 사
회상을 반영해주는 것으로 보기도 한다.[107] 『삼국지』 위서 동이전 濊條
에 보이는 동예 사회의 거수는 이러한 당시 가부장적 대가족 집단의 족
장을 지칭하는 것으로 인식된다.

강릉지역의 예국성지를 초기철기시대의 예국의 소군장인 후가 거처하
는 성읍이었을 것으로 보는 견해가 있으며, 성곽에서 멀리 떨어진 곳에
있었던 濊民들의 마을유적은 동해안 강릉지역의 여러 곳에서 발견되고
있다.[108] 예국고성이 존재했던 시기는 기원 전후한 시기부터 약 3세기경

---

104) 김철준·최병헌, 『사료로 본 한국문화사』 고대편, 일지사, 1986, pp.40~41.
105) 강릉대학교박물관, 『강원영동지방의 선사문화연구』, 1991, pp.26~36.
106) 사회 구조적 측면에서나 가옥의 기능면에서 보통 살림집과는 구별되는 안인리의
    대형 주거지는 선사시대 주거지의 1인당 소요면적 5m²를 적용하여 보면 20~30
    명이 살 수 있는 주거공간이 되며, 일시에 사람이 모여서 회의나 공동작업 또는
    제례의식을 행한다고 하더라도 50여명 이상의 사람이 모일 수 있는 공간이다.
107) 문화재연구소·강릉대학교박물관, 앞의 책, p.20.
108) 강릉대학교박물관, 『강원영동지방의 선사문화연구』, 1991 ; 문화재연구소·강릉
    대학교박물관, 『강원영동지방의 선사문화연구Ⅱ』, 1992.

까지의 강릉예국설에 해당하는 시기로 추정되며 이 성은 강릉지역에서 가장 오래된 성곽으로 알려져 있는데, 지금의 강릉시 옥천동 지역과 포남동의 경계를 이루는 지역에서 금학동·성남동의 일원에 있었던 것으로 추정된다.[109] 이 지역은 현재 시가지로 변하여 동부시장, 중앙시장, 금학시장 등이 오거리를 중심으로 밀집해 있는 교통요지이며 철로가 남북으로 가로 질러 있고 남쪽으로는 남대천 제방과 접해있다. 이 과정에서 이 곳의 방어와 주민보호 그리고 치민을 위해 쌓은 성이 예국고성이다. 신라 말 김주원이 강릉에 올 때 이미 본성은 존재했으며, 넓게 트인 들과 남대천을 끼고 있는 옛 도읍으로 이미 당시에 이 지역의 행정적 중심지 역할을 하였을 것으로 생각된다.

1920년경 만들어진 지적도를 통하여 대략적인 윤곽을 확인할 수 있는데 동벽 위치가 되는 옥천동과 경계를 이루는 포남동 916-1번지부터 916-13번지까지의 지목이 城으로 표기되어 있고, 남벽위치가 되는 옥천동47-1, 47-2 번지의 남대천 북변과 47-15 번지 그리고 서벽 위치인 옥천동 197-3번지에 '城'으로 지목이 표기되어 있는 것을 확인할 수 있다.[110] 이 지적도로 추정복원도를 만들면 시내를 관통하는 철길 중 남대천에서 교동 구터미널 사거리에 이르는 구간에 시가지보다 높게 축조된 토축 부분이 예국고성의 서벽에 해당되는 것으로 추정된다.

이곳이 예국고성지로 현 옥천동 지역 전체가 해당된다. 예국고성은 명주성과 강릉읍성이 축조되면서부터 그 존재가치가 감소되었겠지만, 이 지역에서 가장 오래된 고대성으로 조선후기까지는 토성 흔적이 남아있었으나, 1900년대부터 급속히 파괴된 것으로 추정되며, 현재 시가지로 변하

---

109) 김홍술, 『강릉지역의 성곽연구』, 관동대학교석사학위논문, 2000, pp.13~17.
110) 1920-1940년대에 작성된 지적도를 검토하면 강릉여자고등학교 동측 도로, 남대천 북안 강변로, 옥천동과 성남동, 금학동, 임당동, 교동이 경계를 이루는 지역으로서, 현 옥천동지역 전체가 예국고성의 범주로 추정된다.
　이 책의 II장 <그림 2-2>·<그림 2-3>에서와 같이 그림으로 확인할 수 있다.

〈그림 6-2〉 예국고성도
(조선고적도보, 1916)

여 그 흔적을 확인할 수 없다.

이 성은 고대의 성이지만 후대의 명주성이나 강릉읍성보다 월등히 큰 규모로 확인되는데 남대천 하류 부근의 넓은 평야지에 축조되어 지리적·인문적 읍치의 입지에 있어서 주민거주지를 더 많이 포함하는 '도읍' 즉 '고도'의 기능을 갖추었으며 현재 강릉지역에서 알려진 첫 읍치로서 개활지의 넓은 들에 위치하였다.

삼국시대에는 고구려와 신라의 접경지역으로 그 주인이 뒤바뀌는 지역이었다. 이 와중에 강릉지역은 삼국시대 전반기에 고구려 영역이었다가 후에 신라영역으로 존속되었던 것이다.111) 때문에 그 이전시대에 이미

---

111) 이와 관련한 지리지들의 기록을 살펴보면 다음과 같다.

『삼국사기』 권35 지4 지리2 신라 : 명주는 본시 고구려의 河西良(何瑟羅라고도 함)인데, 후에 신라에 속하였다. … 선덕여왕대에 小京으로 만들어 仕臣을 두었고, 태종 5년에 이곳이 말갈과 연접하므로 소경을 파하고 주로 만들어 군주를 두고 鎭守하게 하였다.

『세종실록』 권153 지리지 강릉대도호부 조 : 본래 예의 고국이다(혹 鐵國이라 칭하기도 하고, 혹은 蘂國이라 칭하기도 한다). 한무제 원봉 2년 장병을 파견하여 우거를 토벌하고 4군을 정할 때에 임둔이었다. 고구려는 河西良(한편 何瑟羅 라 씀)이라 칭했다. 신라 선덕왕 때에 소경을 두었고, 태종왕 5년 戊午에 하슬라 지역이 말갈과 연접해 있었기 때문에 소경을 파하여 州로 삼아 都督을 두어 이곳을 鎭守하게 하였다.

『신증동국여지승람』 권44 강릉대도호부 건치연혁 조 : 강릉대도호부는 본래 예국인바 한무제 원봉 2년에 右渠를 토벌하고, 4군을 정할 때 이 지역에 임둔을 두었다. 고구려는 河西良이라 하였다.

『대동지지』 권16 강릉 연혁 조 : 본시 (강릉은) 진한의 하슬라국(一云 河西良)인데, 뒤에 신라가 취한 바 되어 何瑟羅軍主를 두었다.

존재하고 있었던 것으로 확인되는 예국고성은 강릉이라는 도시의 최초의 읍치성으로 기능하였을 것으로 볼 수 있다.

2) 溟州城

삼국시대에 번갈아가며 고구려와 신라에 속하였던 강릉의 행정구역은 신라의 변경이 삼척, 강릉, 고성, 안변 지역으로 확대되는 과정에서 군사적 중심지로서 기능하였으며, 이때까지 명확한 경계를 알 수 있는 정도의 행정구역[112]은 아니었고, '근처' 내지는 '부근'이라는 부정확한 범위로 생각되어지며 고고학적 발굴조사를 통해 그 범위 등이 점차 밝혀질 것으로 기대된다.

신라의 서북경은 분명하게 되어 있지만, 동북경에 대하여는 명문화된 것이 없고 서북경에 비해 불분명하며, 동북경의 경계설정이 강릉지역의 泥河였다[113]는 사실에 주목하게 된다. 명주는 고구려의 영토가 된 후에는 河西良 또는 河瑟羅州라 칭해졌다가 적어도 내물왕 대에는 신라에 귀속되어 悉直(三陟)과 더불어 변경의 요새지로 중시되었다. 강릉지역이 신라 정치사에서 중요하게 되는 것은 중앙정계에서 물러난 김주원이 이곳에 낙향하면서부터이다.

먼저 김주원의 가계는 신라통일의 대업을 이룬 태종 무열왕계이다. 무열계를 대표하는 김춘추는 선덕·진덕녀왕 재위 년간에 가야 왕실 후손인 김유신과 결합하여 새로운 정치세력을 형성하고 마침내 毗曇·閼川 등 기존의 상대등 세력을 누르고 왕위에 등극하였다. 무열왕은 문무왕을 비롯하여 10남 2녀를 두었는데, 김주원의 가계는 武烈王-文王-大莊-思仁-惟正-周元으로 이어진다.[114] 무열왕대부터 경덕왕 대에 이르기까지

---

112) 방동인, 『한국의 국경획정연구』, 일조각, 1997, pp.27~36 ; 임기환, <고구려의 지방·군사제도>, 『한국사』 5, 국사편찬위원회, 2003, p.182 ; 이인철, <신라의 지방·군사제도>, 『한국사』 7, 국사편찬위원회, pp.193~216.

113) 서병국, <발해와 신라의 국경선문제>, 『임영문화』제2집, 1978, pp.63-64.

김주원의 직계인 문왕·대장·유정은 시중을, 사인은 상대등을 각각 역임하였다. 그러나 무열계의 왕통은 효성왕·경덕왕을 지나 혜공왕에서 단절되었으며, 방계인 선덕왕을 끝으로 왕위를 잃게 된다.

신라 왕위 계승의 이러한 변화는 김주원 가계의 변화와 병행되었다. 그 가계의 변화는 思仁과 惟正 대에서 나타난다. 부자지간인 이들은 惟正이 경덕왕 3년(744)에 시중에 임명되었고, 父인 思仁은 다음해 상대등에 임명되었다. 그러나 사인의 상대등 임명은 당시 그 정치력이 약화된 상대등이었다. 그런데 사인이 상대등에 임명되던 해에 아들 유정은 천재지변에 대한 책임을 지고 시중에서 물러났고, 사인 또한 물러났다. 즉 부자가 모두 관직에서 물러나면서 정치적으로 약화되었던 것으로 보인다. 이는 김주원이 명주로 낙향하게 되는 정치적인 배경과도 무관하지 않을 것이라 생각되며 낙향하게 되는 계기는 신라 37대 선덕왕이 죽은 후 왕위계승 과정에서 찾아볼 수 있다.115)

신라하대의 신라조정은 각지에서 일어나는 반란군을 진압할 정규군의 기능을 발휘하지 못하게 된지 이미 오래 되었으므로 지방의 각 군현에서는 스스로 이를 방어하여야 했다. 이리하여 군태수나 현령들은 독자적으로 사병을 길러서 성주 또는 장군이라 칭하고 점점 중앙정부의 명령계통에서 벗어나는 경향을 띠게 되었다.116) 명주는 신라하대에 들어와 金周元 세력이 이곳으로 낙향하면서 독자적인 세력 기반을 형성하였고, 신라왕실과 보이지 않는 갈등을 일으키기도 하였다. 그것이 겉으로 표출된 것이 金憲昌과 梵文의 亂이었다. 그러나 이들 반란이 실패로 돌아감으로써 김주원계 세력도 상당한 타격을 입게 되었다.

신라의 수도가 경주에 자리함으로써 영동지방의 일방통행적인 도로교통과 남북으로 길게 뻗은 동해의 해안선은 그 자체가 변경적인 성격을 띠는 것이다. 이후 명주는 군사적 중심지로서의 역할을 수행하다가 잠시 소경으로 바뀌었다가 다시 하서주가 되었다. 당시 명주는 행정적, 군사적 중심지로서의 기능이 확대 강화된 위상을 가졌음은 분명한 것이다.

통일신라의 지방행정 체계는 말기에 이르면서 문란해졌지만, 후삼국 시대를 지나 고려조 초기에 이르기까지 그 근간이 유지되었으며, 강릉의 행정구역 체계는 통일신라의 9주제 내에서 명주라는 대읍의 존재가 계속 되었으며, 주의 치소가 있었던 광역행정구역의 수도였으며, 군사적으로는 지역 사령부가 있었던 곳으로 판단되며 성곽의 형상은 <그림 6-2>[117] 과 같다.

일정한 시기를 제시하여 확정할 수 없는 일이지만 김주원이 강릉에 오면서 명주성은 고대 강릉지역의 읍치성으로 더 중요한 역할을 했을 것으로 추정할 수 있겠다. 명주성은 즉 명주도독성 내지는 명주군왕성이었을 것이기 때문이다. 명주성 시기의 강릉은 신라왕에 이은 신라 제2인자가 머무는 대도읍이었다고 판단할 수 있다. 때문에 명주성시기의 강릉의 위상은 강릉지역사에 있어서 가장 빛나는 역사였을 것으로 추정된다. 명주성은 강릉이라는 도시의 두 번째 읍치성으로 고대 강릉의 읍치는 처음에 예국고성이었다가 통일신라 시기 명주성으로 전환되었다고 생각 할 수 있다.

---

117) 관동대학교 박물관, 『강릉 명주산성 - 지표조사보고서 -』, 2009

〈그림 6-3〉 명주성 현황도

3) 江陵邑城 시대로의 전환과 溟州

명주는 진성녀왕대의 농민봉기를 거치면서 궁예의 세력권 안에 들어가
게 되었다. 즉 진성녀왕 6년(892) 북원의 粱吉로부터 군사를 나누어 받은
궁예는 동정을 개시하여 주천(영월)·내성(영월)·울오(평창)·어진(평창) 등
을 거쳐 동왕 8년(894)년에는 명주에까지 이르렀다. 강릉을 장악한 궁예
는 저족(麟蹄)·성천(華川)·부약(金化)·금성·철원 등을 정복한 후 왕을 칭
하고 내외의 관직을 설치하였고, 고려라는 국호를 정하였다. 이후 왕건
부자의 귀부를 받은 궁예는 서쪽과 남쪽 방면으로 진출하여 공주에서
영주를 잇는 선의 이북 지역을 거의 차지하여 커다란 세력으로 성장하
였다.[118]

---

118) 『삼국사기』권11, 신라본기11 진성왕 5년 10월 조, 권12 효공왕, 신덕왕, 경명왕
    조, 열전10 궁예 조.

왕건이 즉위한 후 궁예가 정치적 기반으로 삼았던 청주나 궁예의 지지
세력이었던 지역의 호족들은 반역을 도모하거나 지리적으로 인접한 후백
제와 내통 또는 귀부하는 현상이 나타나게 되었다. 태조는 호족들을 회
유·포섭하기 위하여 제도의 호족에게 사절을 보내 친화의 뜻을 표하고
귀부하여 오는 자들에게 특별한 대우를 해 주었다. 그는 여기에 그치지
않고 지방의 유력한 호족 내지 호족출신 관료의 딸과 혼인함으로써 친족
적 네트워크를 전국에 형성하며 그들과의 결합을 굳게 하려 하였다. 혼인
정책과 더불어 왕성을 하사하여 의제 가족적인 관계를 맺음으로써 연합
을 더 굳게 하였던 것이다.119)

당시 강릉지역을 지배하고 있었던 세력은 모두 진골 출신이었다. 그
뒤 강릉세력은 일찍부터 궁예에게 적극적으로 협조하여 궁예가 독자적인
세력을 구축하는데 지지기반이 되었고, 그 뒤 국가를 세우는데 크게 공헌
하였다. 그리고 궁예가 축출되고 왕건이 왕위에 오르자 강릉세력은 왕건
에게 불복하고 있었다. 왕건은 순식을 포섭하기 위해 시랑 權說의 건의에
따라 당시 내원의 승려로 있던 순식의 父 許越을 강릉에 파견하였다.120)

태조 5년에 순식은 守元을 통해 귀부 의사를 밝혔던 것이다. 이때 태조
는 왕도에 온 수원에게 왕성을 하사해 주고 전택을 주는 등 특별대우를
해주었다. 아마도 왕성의 하사는 이때부터 비롯된 것이라 이해된다. 그런
데 태조 5년에 왕순식이 귀부의사는 일단 밝혔으나, 그의 親朝는 그로부
터 5년 후인 태조 10년(927)에 그의 아들 長命에게 군사 600인을 주어 왕

---

119) 김기덕, 「고려시기 왕실의 구성과 근친혼」, 『국사관논총』 49, 국사편찬위원회,
1993.
120) 『고려사절요』권 1 태조 5년조 : 가을 7월에 명주장군 順式이 來降하였다. 일찍
이 순식이 항복하지 않음을 근심하니 시랑 權說이 말하기를 '아버지가 아들에게
명령하고 형이 아우에게 훈계하는 것은 천리입니다. 순식의 父 許越이 지금 중
이 되어 內院에 있으니 마땅히 그를 보내어 타이르도록 하소서' 하였다. 왕이
권설의 말에 따르니 순식이 드디어 맏아들 守元을 보내어 귀순하였으므로 왕씨
의 성을 내려주고 전택을 주었다.

건의 숙위를 담당하게 하였고, 이듬해에 와서야 그 무리들을 이끌고 친조하였다. 이에 태조는 그와 소장 官景에게 왕성과 관계를 수여해주고, 그 아들 장명에게는 廉이란 이름을 하사하였다. 이때 왕순식에게 수여된 관계는 大匡이었다. 대광은 살아있는 인물에게 주었던 관계 중 최고위였다. 태조 대에 대광의 관계를 수여한 예는 지방세력 중에서는 왕순식 혼자였다. 이런 점으로 보아 당시 왕순식의 위치가 지대하였음을 알 수 있다. 그는 오랫동안 불복하다가 나중에 고려에 귀부하여 왕건으로부터 성을 내리고 관직을 주는 등 극진한 대우를 받았고 후백제를 공격할 때는 부하장병을 인솔하고 회전하는 등 활약이 컸다. 라말여초의 수 세기 동안 강원도와 경상도 지역에 이르는 동해안 지역 명주호족의 영향력은 중앙정부에도 부담스런 존재였다고 할 수 있을 만큼 막강한 것이었다.[121] 이런 연유로 태조 19년(936)에 이 지역이 동원경이 되고 임영관이 설치되었던 것이다. 『고려사』에 덕종 3년 명주성을 수리하였다는 기사[122]가 있는데 그것이 이 명주성을 가리키는 것인지 아니면 후의 강릉읍성을 일컫는 것인지는 아직 정확히 알 수 없다. 또한 몇몇 기록[123]에서 보이는 '명주성'이 '강릉읍성'을 일컫는 것일 가능성도 있으므로 고려시대 일정기간 명주성과 강릉읍성이 동시에 활용되기도 하였을 것으로 추정된다.

고려시대까지도 엄밀히 말해서 일원적 행정체계를 유지하지 못하였으며, 지방의 행정체계는 모두 군사체제라고 할 수 있는 시기였다. 또한 지방에 수령이 확실히 파견되어 정무를 살피는 것이 일체를 이루지 못하고 산발적으로 행해졌으며 지방은 재지세력의 거점으로 존재하였다고 할 수 있다. 결국, 고려시대의 강릉은 동계에 편입된 군사지역으로 앞 시대와

---

121) 김정숙, 「김주원세계의 성립과 그 변천」, 『백산학보』 28, 1984, pp.190~191.
122) 『고려사』 권82 지36 병2 성보 조.
123) 『여도비지』 권3, 강릉대도호부 무비조에 고려 명종24년(1194) 金沙彌의 난과 관련한 기사에서도 '명주성'이 언급되었고, 『증수임영지』 고사조에 고려 고종4년(1217) 거란 침입 시 '명주성'이 함락되었다는 기사가 있다.

같이 溟州로 불렸으며 전시기에 걸쳐 지방관이 파견되었던 것은 아니었던 것으로 판단된다.

강릉읍성이 고려의 건국과 함께 시작되었겠지만 일반적으로 조선시대의 읍성이라고 볼 때 군사적 성격 보다는 행정적 의미가 강조된 경우이다. 고려시대와 달리 왕권의 대행자인 수령이 거주하는 공간 즉 치소로서의 의미를 갖는다. 앞 시대 예국고성이 주민 거주지를 포함하는 큰 규모였던데 비하여 전체둘레 2km 미만의 작은 규모였던 것은 일반주민 거주지가 적고 치소시설 중심으로 배치되었기 때문에 강릉읍성은 고려시대에 축조된 성곽으로 임영관 등 관아건물들이 조성된 이후에 축조된 것으로 보인다.[124] 현재의 강릉 도심 발달의 바탕이 읍성에서 비롯된 것임은 두말할 나위 없다.

현재 강릉읍성의 옛 모습은 시가지화 되어 거의 남아 있지 않아 살펴볼 수 없지만, 우리나라 지적제도사상 첫 단계[125]인 1910년대에 제작된 지적도면상 그림과 같이 남북으로 마름모형으로 나타나는데 강릉대도호부 관아가 그 중심에 위치하고 있다. 북단은 현 서부시장 입구(용강36-8번지), 남단은 공제삼거리(명주63-5번지), 동단은 투자신탁 옆 골목(성내12-3번지), 서단은 강릉여중 서북편(용강46-6번지)이다. 그리고 남문동131-4번지 민가의 담장에 사용된 석재 일부는 당시 읍성의 성벽에 사용된 석재로 보이는 부분들이 확인되고 있다. 이 지역에서 건축공사 시 읍성유구가 확인[126]되어 2003년과 2004년 발굴조사로 읍성동벽 일부의 하부 축성구조가 확인되기도 하였다. 2006년 읍성남벽, 2014년 읍성서벽,

---

124) 김흥술, 『강릉지역의 성곽연구』, p.78.

125) 유병찬, 『지적법』, 남광출판사, 1993, p.69.

126) 강원문화재연구소, 「강릉성내동 11-1번지 발굴조사·임당동146번지 발굴조사」 지도위원회자료, 2004·2005 ; 강원고고문화연구원, 「강릉 문화도시 조성사업부지 내 유적발굴조사 전문가검토회의 자료」, 2014 ; 강원문화재연구소, 『강릉읍성』, 2006 ; 강원문화재연구소, 『강릉 임영관지』, 2008 ; 한국문화재재단, 『강릉 임당동 62-1 주택신축부지 발굴조사』 전문가회의자료, 2015. 7

〈사진 6-1〉강릉읍성 남벽 잔존
모습

〈사진 6-2〉주택담장 하부
읍성남벽 모습

2015년 읍성동벽 일부의 토성, 석성 유구가 확인된 바 있다. 또한 남문동
지역 민가가 헐리면서 주택들 사이에 담장으로 이용되고 있었던 남벽 일
부가 최근 확인되기도 하였다.

3) 江陵邑治의 史的 變遷

역사상의 시기를 한정하여 확정할 수 없는 상황이지만 명주성은 한 시
대 강릉의 중심이었음을 부인할 수 없다. 그런 점을 인정하면서 강릉의
중심지, 도심지라고도 할 읍치의 변화는 "예국고성 – 명주성 – 강릉읍성"
으로 이어져 왔다고 할 수 있다. 시기별 연관성이 사료의 분석에 의해 현
재 명쾌하게 설명할 수 없는 상태이지만, 대체로 이와 같은 위치변동의
과정을 거쳐 강릉은 '강릉대도호부'로 불리는 관읍도시로 성장하였다.127)
각각의 성곽은 모두 당 시대에 지역의 행정 중심지 즉 '治所'로서의 의미
를 지니는 것이었음을 알 수 있다.

이들 각 시기를 그림으로 살펴보면 시대가 앞선 예국고성이 후의 명주
성이나 강릉읍성 보다 훨씬 큰 규모를 보이고 있는데, 사료의 부족으로
확증이 어렵지만 예국고성은 평야지역에서 공동방어를 위한 일반주민 거

---

127) 김흥술,『강릉의 도시변천사 연구』, 강원대학교 박사학위논문, 2006. p.69.

주지를 포함하고 있었기 때문으로 군사적·행정적 기능이 컸었다고 이해
된다.

명주성은 이 지역에서 확인되는 최초의 외부선진문화 유입사건이라고
할 김주원이라는 중앙세력이 옮겨오면서 군사적 기능과 함께 읍치의 기
능으로 조성되었다고 추정된다. 그러나 명주성은 고려 건국이후 읍치로
서의 기능은 점차 소멸되어 갔다.

강릉읍성은 고려건국에 공헌한 명주호족을 위무하려는 취지로 명주를
'동원경'128)으로 높이면서 치소를 개활지라 할 수 있는 명주동지역으로
옮겼으며 읍치의 행정적 기능은 더욱 확대되었다. 조선시대 지방관아로
전국 8도에 관찰사가 머물렀던 감영이 있었다. 그리고 시기에 따라 다소
변화가 있었으나 조선 영조 대에 편찬된『여지도서』를 기준으로 전국에
334개의 읍이 있었는데 대도호부·부·목·군·현 등의 행정단위였다. 강릉
은 대도호부라는 지방행정단위이며, 각 행정단위에는 중앙에서 수령이
파견되어 정무를 보던 청사 즉 동헌이 있었다. 동헌은 넓은 의미의 객사
를 포함한 관아 전체를 의미하기도 하지만 객사가 전패와 궐패를 모셔놓
고 향궐망배를 행하던 곳임을 상기하면 객사는 임금이 계신 곳으로 상징
되며 수령만의 집무처인 정청건물 및 각 관청을 지칭하는 것이다.129)

도성이나 읍성이 풍수적 고려를 통해 위치하였음은 주지의 사실이다.
강릉읍성, 읍치의 입지 및 배치에 있어서도 풍수적 고려가 있었을 것인
데,130) "산이 귀하고 물이 길한 것을 최고의 길지로 보고, 산은 귀한데
물이 흉하면 끝내 흉한 곳으로 보고, 산은 비록 귀하지 않으나 물이 좋으
면 상관않고 귀한 곳으로 본다."는 水法에 의해 선택되었다고 하는데 이

---

128)『고려사』, 권58 지12 지리3 동계 명주 ; 명주연혁 조.
129) 주남철,「관아건축에 관한 연구」,『건축』28권 116호, 1984, p.30.
　　　김종영,『조선시대 관아건축에 관한 연구』, 단국대학교석사학위논문, 1988, p.96.
130) 김기설,『강릉지역지명유래』, 인애사, 1992, p.112.
　　　용강동은 용맥이 가장 힘차게 뻗은 귀룡의 터이므로 '龍' 字에 산등성이 '岡'
　　　字를 사용하였다고 한다.

는 강릉의 읍치 확정에 있어서 강릉남대천의 위치가 중요하게 작용하였음을 말해준다고 하겠다. 우리나라 전통도시로 일컬어지는 대부분 도시들이 읍성으로부터 발달해 왔다. 오늘날 市로서 역할하고 있는 지방중소도시들이 근·현대 도시화 이전 읍성의 규모에 따라 간선도로체제를 갖추어 가며 해방 후 사회변화를 겪으면서도 옛 읍성의 공간구조를 바탕으로 확대 팽창해 왔다. 원래 우리 역사에서 '도시'는 '京'이라 할 수 있다. '경'은 많은 인구와 건축토목시설을 갖춘 도시지역이었다. 지방에는 '官邑'으로 불리는 지방도시가 존재했다고 할 수 있다. 즉, '관읍'은 바로 오늘날의 지방도시가 될 것이며 지역 세력의 거점으로서의 의미를 갖는다. 전술한 바 관읍에는 왕권의 대행자로서의 수령이 거주하였으며, 왕권의 대행자에 대한 권위의 상징으로서 관아가 본격적으로 조영되었으며 읍성이 만들어진 것이다. 이렇게 볼 때 강릉읍성은 군사적 쓰임이 무시되지 않으면서도 행정적 의미가 더 강했던 강릉이라는 옛 도시를 보여주는 실제적 모습인 것이다. 그러므로 오늘날 강릉시라는 지방도시의 원래적 모습은 강릉읍성이라고 할 수 있겠다.

　명주산성의 역사적 문화적 의미를 찾아보기 위하여 명주산성의 앞 시대부터 현재까지를 '강릉의 도심' 즉, 읍치라는 주제로 살펴보았다. 그것이 현대도시 강릉의 도시변천사의 한 부분 속에서 명주성의 모습을 복원해 보는 것이라고 생각하였기 때문이다.

　결국 강릉은 근대이전은 예국고성 시기, 명주성 시기, 강릉읍성 시기를 지나 현재의 모습으로 변천해 왔다. 그 과정 속에 명주성 시기가 있었음을 확인하게 된다. 명주성은 신라 말 명주군왕성으로 기능했으며 그로 인하여 고려시대까지 6백 여 년 동안 '명주'라는 읍호를 유지하였다. '강릉' 이전의 지역 명칭 '명주'의 존재를 확인하는 근거이기도 하다.

　명주성은 아직 명확한 학술조사가 이루어지지 않았지만 강릉지역사에서 수도권 문화의 유입이라는 가장 획기적인 문화적 사건의 의미를 담고 있는 유적이다. 어찌 보면 온전한 강릉문화의 실질적 시작점인 곳이다.

전통문화의 도시라고 강릉을 지칭하는 이유 중 하나인 셈이다.

그러나 명주성이 과연 행정성으로서 명주군왕의 읍치성이었을까? 아니면 단순한 명주군왕의 사적 공간 즉 대저택의 원장(垣墻) 내지는 군왕성이었을까? 아직 확언할 수 없다. 향후 보다 면밀한 학술조사를 통해 그 가치와 의미가 온전히 규명되기를 기대해 본다.

또한 예국고성 시기 – 명주성 시기 – 강릉읍성 시기로 강릉읍치가 전개되어 왔을 것이라는 가설을 제시하였으나 각 시기별 변화와 역사적 연관성에 대한 면밀한 분석과 연구가 진전되어야 할 새로운 과제로 생각된다.

제5절 문화유산과 강릉의 도시문화

　현재, 도시 위에 조성된 인공적 시설들은 모두 역사적 유산으로 그 도시의 도시문화를 표현해 주는 예가 될 것이다. 그러나 우리의 도시들은 근대 서구문명의 무분별한 유입과 일제의 강점으로 그러한 도시유적이 크게 남아있지 않다.

　그럼에도 불구하고 남아있는 문화유적을 통해 강릉이라는 도시의 '문화성'을 찾아보려 하였다. 현대는 '도시'라는 공간도 하나의 상품으로 간주된다.[131] 도시가 역사적 결정이므로 문화유적이 도시의 대표성, 정체성을 표현해줄 수 있는 한 요소라고 판단하면서 강릉다운 고유한 문화적 요소가 나타난 도시미관으로서의 문화유적은 무엇일까 하는 고민을 하게 되는 것이다.

　옛 읍치가 있었던 강릉의 시가지에는 예부터 많은 사람들이 살아온 터전이므로 가장 많은 문화유산이 남아 있을 법하다. 그러나 급속한 도시화로 많은 유적이 도시화 과정에서 없어지거나 다른 곳으로 이전되었다. 그런 가운데 과거에 있었거나 현재 남아있는 문화유산은 다음과 같다.

　첫째, 강릉관아유적 즉 읍치유적이다. 예국고성, 명주성, 강릉읍성이 그것이며 많은 도시들이 읍성으로부터 발전해 왔다[132]고 할 때 현재의

---

131) 구동회, 「도시문화전략으로서의 장소마케팅과 삶의 질」, 『지리학연구』, 한국지리교육학회, 2004, p.220.

132) 주종원, 「읍성으로부터 발달한 지방중소도시의 공간구조적 특성과 그 적용에 관한 연구」, 『국토계획』제23권 제1호 통권50호, 1988, p.22.

강릉시로 발전하게 된 시원이 되는 유적들이다. 옛 강릉읍성 내에 있었던 임영관의 정문인 임영관삼문, 칠사당이 남아있을 뿐이며, 임당동 156번 지에 강릉읍성 동벽에 해당하는 약 30여 미터, 명주동 16번지 주변 남벽 에 해당하는 지역에 약 30여 미터 성벽이 남아있다. 그리고 조선시대 강 릉부사 등 지방관의 선정비들이 시립박물관에 옮겨져 있다. 관아유적이 있는 지역은 가장 이른 시기에 시가지화 된 지역으로 전통도시에서 근대 도시로 바뀌는 과정에서 삼권 분립적 개념의 관공서들이 처음 밀집하였 던 곳이다. 지금은 이전의 전통시대 관아건물들이 있었던 자리에 그 사실 을 알려주는 표석들이 1990년경 설치되어 있다.[133] 강릉시에서는 전통문 화시범도시 조성사업의 일환으로 2000년부터 관아 복원사업을 진행하여 2012년까지 임영관 영역과 동헌영역 즉 강릉대도호부 관아가 복원되었다. 현재 영영관 영역에는 전대청, 동대청, 서헌, 중대청이 건축되었고, 관아영 역에는 동헌, 별당, 의운루, 아문 등이 건립되었고 사적 명칭도 2014년 11 월 27일 강릉임영관에서 강릉대도호부관아로 변경고시 되었다.

둘째, 유교문화유적이다. 이 지역에 문풍을 일으키는 중요한 역할을 했 던 강릉향교, 계련당, 향현사 등이 있다. 향교에는 문묘대성전이 있으며, 조선 초기 사마소 유적으로 처음 건립되었던 계련당, 지역 내 각 종중과 문벌의 협력과 조화를 보여준 향현사는 모두 지역 문화사에 중요한 의미 를 갖는 유적이다.

셋째, 강릉지역의 유력한 문중 관련 유적이다. 오죽헌, 선교장, 임경당, 상임경당을 비롯한 사대부 가옥 유적과 민가들이 있다. 포남동과 옥천동 의 경계지역에 강원도 기념물로 지정된 용지가 있다. 용지는 고려조의 국 운이 기울고 이성계가 등극하자 낙향한 고려 충숙왕 때 부마도위 崔文漢 과 관련한 유적으로 유적비와 기념각이 후손들에 의해 건립되어 있다. 옥

---

133) 성곽, 봉수지 등의 호국유적지에 표석을 설치하는 사업이 1980년경 시행된 것을 시작으로 1991~1992년경 시가지 내 옛 읍치지역에 각 관아건물터 등을 알려주 는 표석을 설치하였다.

천동 66번지에 은행나무와 함께 葆眞堂이 있다. 보진당은 조선중기 權士鈞이 창건한 별당건물로 고종 4년(1867) 화재로 소실된 것을 다음 해에 중건하였다. 옥천동 333-2번지에 조선 중종 때 金德璋의 효행과 덕행을 기리기 위하여 그 후손이 세운 효자리비가 있다. 효행이 조정에 알려져 旌門을 받고 당호를 '孝友堂', 마을을 '孝友里'라 하였다. 그리고 강릉지역에 성행한 계와 관련한 유적들도 있는데, 남대천 남측 노암동 740-4번지 남산 위에 1927년 임영관의 헐린 건물부재로 지었다는 오성정은 당시 회갑을 맞은 정묘생 계원들이 건립하였다.

넷째, 불교문화 유적으로는 굴산사지를 비롯하여 수문리당간지주, 대창리당간지주, 신복사지 삼층석탑과 석조보살좌상, 보현사 유적 등이 있는데 모두 보물로 지정 관리되고 있다. 이 외에 옥천동 지역에서 출토된 석불입상, 석탑재 등이 시립박물관 경내에 있다.

다섯째, 누정문화 유적이다. 현재의 시가지는 과거 읍치지역이었으며 역사적으로 강릉인의 생활문화, 도시문화의 종합적 공간이었으며 현재에도 도시민의 문화활동무대로 활용되고 있다. 옛 사람들은 호수나 강의 경치 좋은 곳을 골라 정자를 지어놓고 교류의 장소, 여흥의 장소, 정보교환의 장소로 이용하였다. 경포대를 비롯하여 해운정, 오성정, 최근 복원된 월화정을 비롯하여 여러 누정이 있었다.

여섯째, 민간신앙 유적이다. 먼저 강릉단오제 관련 유적으로 현재 시내에 여성황사만 있지만, 근대까지 시가지에 대성황, 소성황, 약국성황, 여성황 등 민간신앙 유적이 곳곳에 있었음을 알 수 있다. 시가지를 벗어나면 아직 서낭당이 서낭목과 함께 지키고 있는 마을의 수가 많이 있다.

간략하게 강릉지역 문화유산의 대강을 살펴보았다. 전술한 바, 강릉의 도시이미지를 표현해 줄 강릉다운 독특한 미관을 가진 문화유적으로 앞에서 설명한 순서에 따라 들어보면 주관적 판단에 기인하지만 도시유적으로서 강릉에 현존하는 유형적 문화유산은 관아유적으로서 강릉 임영관 삼문, 강릉향교와 향현사, 오죽헌·선교장 등 가옥유적, 굴산사 유적, 종합문화 공간이었던 경포대, 그리고 대관령국사성황사 등이 있다. 이들 유적은 옛 명주·동원경·강릉대도호부의 위상을 의미했던 읍치유적, 지역민의 자긍심을 바탕으로 공동의 번영을 모색하며 사회를 유지하고 학문을 진흥하고자 했던 유교유적, 생활유산으로서의 전통가옥, 전통적 문화공간으로 누정유적, 기층민의 삶과 애환이 담긴 민속유적이다.

이들 유적은 대부분 읍치와 남대천을 중심으로 위치하고 있다. 남대천은 근대 이전엔 인간 활동의 장애요소였던 때도 있었지만, 예나 지금이나 강릉문화의 중심이 되고 있다. 결국 강릉의 도시문화 요소로서 무형유산이 농경문화에서 유래한 것이라면 강릉의 유형유산은 지역민으로 하여금 지역에 대한 긍지·애향·협동의 소산으로 유교적 이념에 바탕을 두고 있다고 판단된다.

강릉지역 성곽의 역사는 고대부터 시작되었으며, 역사의 흐름 속에서 늘 지역민과 함께 해온 총체적 문화유산이라고 할 수 있다.

강릉지역의 성곽은 한반도의 중앙 동부해안에 위치한 강릉지역 방위와 지역이 속했던 국가 속에서 호국유적으로 존재했던 것이다. 성곽을 중심으로 전쟁을 수행하며 지역민과 함께했던 방어성 또는 피난성으로 개별 성곽은 모두 그 나름의 역사적 의미를 내포하고 있는 것이다.

옛날 해안진지가 있었던 바닷가 구릉이나, 봉수대가 있었던 산꼭대기마다 지금은 군사시설이 점하고 있다. 성곽발달의 현대적 과정의 범주에서 그 연관성을 시사하고 있는 부분이다.

도시문화 유산은 어느 것이든 인간에 의해 창조된 것이며 역사적으로 남게 된다. 그리고 그 만큼의 가치를 지니게 되는 것이므로 유산에 담긴 지역성과 역사성의 의미를 문화사적 측면에서 연구되어야 할 것이다.

제VII장

강릉단오제와 강릉의 제사

강릉의 대표적 무형유산으로 강릉단오제가 있다. 그리고 농경사회에 바탕을 둔 집단적 음악과 놀이로 강릉농악이 있다.[1] 이 두 종목은 중요무형문화재인 동시에 세계 무형유산이다. 강릉단오제는 우리나라의 민속축제의 원형의 모습 즉 원시종합예술제적 특징을 온전히 갖추고 있는 축제이다. 또한 '단오'라는 절기, 명절축제의 대표적 축제로서 면면히 이어온 전승의 맥을 인정받아 1967년 중요무형문화재 제13호로 지정되었으며, 2005년 유네스코로부터 '인류구전 및 무형유산 걸작'으로 선정되어 세계무형문화유산으로서의 가치를 인류차원에서도 인정받게 되었다. 강릉단오제는 의례와 의식·놀이와 난장 등이 어우러지는 축제이지만, 여기서는 강릉지역의 사회적 의례라는 측면에서 강릉단오제와 강릉의 제사에 대하여 살펴본다.

---

1) 강릉단오제는 2005년 '인류구전 및 무형유산 걸작'으로 선정되었다. 강릉농악은 한국의 5대 농악 중 하나이다. 한국의 농악은 2014년 '인류무형유산목록'에 등재되었다. 강릉단오제와 강릉농악은 유네스코 무형유산 목록에 등재된 세계무형유산이다. 또한 한국의 농악의 한 갈래인 강릉농악은 강릉단오제의 시공간을 풍요롭게 해주는 지역문화자산으로 강릉지역에는 각 읍면동별 마을농악대가 대부분 갖추어져 있다.

제1절 도시축제로서의 강릉단오제

강릉단오제는 고대 농경사회의 전통 속에 만들어진 축제이지만 조선시대에 이르러 민관이 함께하는 전통을 축적하여 현대인에게도 호평 받는 도시문화·도시축제로 전승되고 있다. 강릉단오제는 도시문화의 종합적 모습이라고 볼 수 있다.

대관령은 오랜 기간 영동지역 사람들의 정신적 고향이 되어왔다. 가장 높고 신성한 그곳에는 국사성황신이 모셔져 있어 주민들의 삶을 관장하고 보호해 준다고 믿었다. 영동지역 최대의 축제로서 중요무형문화재 제13호로 지정된 강릉단오제는 바로 그 신앙심이 표출된 문화적 행위이다.[2]

강릉은 옛 동예의 땅이며, 기록에 의하면 예국에서는 10월에 舞天이라는 축제를 행하였는데, 무천이 추수 감사제의 성격이면, 5월 단오는 상대적으로 곡물의 성장 의례적 성격을 띠는 축제라 하겠다. 이렇게 볼 때 강릉단오제의 역사는 기록상 천년에 이르는 것으로 짐작된다.[3]

---

[2] 김경남, 『강릉단오 제의 연구』, 경원대박사학위논문, 1996 ; 김선풍·김경남, 『강릉단오제 연구』, 보고사, 1998 ; 장정룡, 「향토민속과 지방문화정체성-강릉단오제 원류와 연구사를 중심으로-」, 『율곡사상연구』, 율곡학회, 2002 ; 황루시, 「강릉단오제의 특징」, 『한국민속학회소식』, 한국민속학회, 1995, pp.80~81 ; 「강릉단오제의 설화연구」, 『강릉문화산책』, 초당정호돈고희기념논총간행위원회, 2005, p.311.

[3] 이현혜, 「동예의 사회와 문화」, 『한국사』 4, 국사편찬위원회, 2003, p.244. 문화재관리국, 『강릉단오제 실측조사보고서』, 1994, p.17 장정룡, 「강릉단오제의 기원과 역사」, 『강릉단오제 백서』, 강릉문화원, 1999, p.2.

南孝溫의 『秋江先生文集』[4]에는 영동지역에서 매년 봄에 택일하여 산신제를 지내는데 연 사흘 동안 음주가무를 했다는 기록이 있다. 또한 『고려사』 등에 보면 고려 태조를 도와 왕순식이 신검을 토벌하였는데, 이때 태조가 왕순식에게 말하기를 "꿈에 이상한 중이 갑옷을 입은 병사 3천을 거느리고 온 것을 보았는데, 다음날 그대가 군대를 거느리고 와서 도와주었으니 이것이 바로 감응이다" 하니 왕순식이 "제가 명주에서 출발할 때 大峴(대관령)에 僧祠가 있어서 제사를 지냈습니다. 상감께서 보신 꿈은 이것입니다"라고 한 데서도 신성시한 대관령 역사를 짐작할 수 있다.[5]

강릉단오제에 대한 구체적인 기록은 1603년 강릉 출신 허균에 의해 이루어졌다. 허균은 강릉단오제를 직접 보고 기록을 남겼는데 강릉단오제에서 제사를 받는 대상이 金庾信이라고 썼다. 어려서 김유신은 명주에 유학하여 무술을 익혔다. 삼국을 통일한 뒤 죽어 대관령의 산신이 되었고, 이 신이 영험하여 해마다 5월이면 대관령에 가서 신을 맞이하여 즐겁게 해준다고 하였다. 신이 즐거우면 풍년이 들고 신이 노하면 반드시 천재지변을 주어 명주 사람들이 모두 모여 노래하며 서로 경사스러운 일에 참여하여 춤을 추었다는 것이다. 이 기록은 오늘날 강릉단오제의 축제적 성격이 잘 표현되어 있어 행사의 오랜 역사를 짐작케 하지만 국사성황신에 관한 언급은 없다.[6]

강릉의 향토지인 『임영지』에는 보다 자세한 기록이 있는 바, 매년 4월 보름이면 향리의 호장이 무당들을 거느리고 대관령에 올라가 신목을 베어 모시고 마을로 내려온 후, 단오가 되면 무당패가 굿을 한다고 했는데,

---

4) 『추강선생문집』 권5 유금강산기 ; 嶺東民俗, 每於三四五月中擇日迎巫, 極辦水陸之味以祭山神, 富者馱載, 貧者負戴, 陳於鬼席, 吹笙鼓瑟, 嬉嬉連三日醉飽, 然後下家, 始與人賣買, 不祭則尺布不得與人.

5) 장정룡, 「강릉단오제의 기원과 역사」, 『강릉단오제 백서』, 강릉문화원, 1999, pp.7~9.
   『고려사』 권92, 열전 권5, 왕순식 條.

6) 장정룡, 위의 글, p.8

그 내용이 오늘의 단오제 풍경과 거의 같다. 역시 굿을 하지 않으면 비바람이 곡식에 피해를 주게 되고 금수의 피해도 있다는 영험설이 전한다.[7]

예부터 강릉단오제는 민중이 중심이 되어 행하되 관의 적극적인 협조로 이루어진 민관 공동의 축제였다. 이 전통은 지금까지도 이어져 단오제에서는 강릉시장을 비롯한 기관장들이 중요한 제관직을 수행한다. 이로 미루어볼 때, 강릉단오제는 수평적인 관계에서 이루어진 고대 제의의 축제적 모습이 온전히 살아 있는 축제이다.

유교식 제례는 복식과 홀기, 축문을 갖추고 헌관 및 집사들이 산신제, 성황제, 영신제, 봉안제, 조전제, 송신제를 거행한다. 제례의식은 중요무형문화재 제13호 제례부문 예능보유자를 중심으로 전승되고 있다. 제례 참여는 강릉시장을 비롯하여 각급 기관장, 사회단체장이 헌관이 되어 주민들의 안녕과 풍요로운 생산을 기원한다.

단오제사[8]는 산신제, 성황제, 영신제, 대관령국사성황신봉안제, 조전제, 송신제를 거행한다. 강릉단오제에서 모시는 主神은 대관령국사성황신과 대관령국사여성황신이다. 그리고 대관령 산신 역시 중요한 신격으로 모신다.[9] 대관령에는 산신당과 성황사가 있다. 신라의 명장 김유신 장군으로 알려져 있는 대관령 산신은 4월 보름날, 대관령으로 국사성황신을 모시러 갈 때 산신제를 지낸다. 강릉단오제의 주신인 국사성황신은 신라 말 굴산사와 신복사를 창건한 범일이다.

대관령국사여성황은 본래 강릉의 鄭氏家의 처녀인데, 대관령 국사성황신이 호랑이를 사자로 보내어 데려다가 아내로 삼았다고 하는 이야기가 전한다. 그리고 지금은 강릉시 홍제동에 위치한 여성황사에 모시고 있다. 이처럼 강릉단오제의 제사 대상은 모두 인격신이고, 특히 강릉 출신의 인물이 신격화[10] 되어있는 것이 특징이다.

---

7) 『완역 증수임영지』 풍속조, 강릉문화원, 1997, pp.98~99.
8) 김경남, 『강릉단오 제의 연구, 경원대학교박사학위논문, 1996.
9) 최철, 『영동민속지』, 통문관, 1972, p.106.

강릉단오제의 종교 의례는 유교식 제례와 무당굿이 혼합된 양상을 보인다. 이는 고대 축제의 모습, 즉 제정일치 사회의 모습이 전승되는 가운데 사회가 분화됨에 따라 생긴 현상으로 지배계층의 종교와 피지배계층의 신앙이 공존하면서 공동체의 안녕을 기원하게 된 것이다.

단오굿은 단오제의 핵심 부분으로 사제자인 무당은 국사성황신위와 대관령에서 베어온 신목을 모시고 닷새 동안 굿을 한다. 단오굿은 집안으로 대를 이은 세습무들이 담당하는데 무녀들은 노래와 춤, 재담으로 굿을 하고 양중이라고 부르는 남자들은 무악을 연주하며 도둑잡이놀이, 원님놀이, 탈굿 등의 풍자적 촌극을 벌이기도 한다.[11]

강릉단오제의 진행은 음력 4월 5일 神酒빚기로 시작된다. 옛날 관청이었던 칠사당에서 강릉시장이 내린 쌀과 누룩으로 정성껏 신주를 담근다. 이 날을 전후로 하여 강릉시민들은 가정의 안녕을 기원하는 단오제 獻米奉로에 참여한다. 헌미는 각종 제례에 쓰일 제주와 떡을 만들어 참여 시민들에게 제공된다.

4월 보름이면 대관령에 올라가 산신제를 지내고 국사성황신을 모셔오는 행사가 벌어진다. 전통시대의 강릉을 기록한 임영지에 의하면 성황신을 모시러 가는 행차는 아주 장관이었다고 한다. 나팔과 태평소, 북, 장고를 든 창우패들이 무악을 울리는 가운데 호장, 부사색, 首奴 등의 관속, 무당패들 수십 명이 말을 타고 가고 그 뒤에는 수백 명의 마을 사람들이 제물을 진 채 대관령 고개를 걸어 올라갔다는 것이다.

지금은 대관령 길을 차를 타고 올라간다. 시민들은 옛 시청 앞에 미리 준비되어 있는 버스를 타고 대관령에 올라가 산신제와 국사성황제에 참여하는 풍속은 지금까지 이어져 오고 있다. 대관령 정상에서 북쪽으로

---

10) 김선풍·김경남, 앞의 책, pp.32~76.
    황루시, 「강릉단오제의 설화연구」, 『강릉문화산책』, 초당정호돈고희기념논총간행위원회, 2005, pp.311~345.
11) 황루시, 『우리무당이야기』, 풀빛, 2000, pp.154~165.

1km쯤 떨어진 곳에 산신당과 성황사가 있다. 산신제는 유교식으로 모신다. 이어 대관령국사성황 신위를 모시고 행하는 성황제에서는 강릉시장이 초헌관을 맡아 민관이 합동하는 모습을 보여준다. 제사가 끝나면 무당이 부정을 가시고 서낭을 모시는 굿을 한다. 이어 무당일행과 신장부는 산에 올라가 신목을 베는데 신목은 국사성황신이 인간 세계로 내려오시는 길이자 신체의 기능을 하기 때문에 매우 중요하다. 강릉단오제의 신목은 단풍나무이다. 요란한 제금 소리와 무녀의 축원으로 신목을 잡은 신장부의 팔이 떨리면 신이 강림한 것으로 믿고, 신목을 베어서 내려온다. 이때 사람들은 다투어 오색 예단을 걸며 소원 성취를 빈다. 성황신의 위패와 신목을 모신 일행은 신명나는 무악을 울리면서 대관령을 내려온다.

산신제와 국사성황제를 마치고 국사성황 행차 일행은 '영산홍가'[12]를 부르며 대관령 옛길을 걸어서 내려온다. 대관령에서 강릉 시내로 내려오는 구산리 길가에 보이는 작은 서낭당이 있는데 그곳이 구산 서낭당이다.

옛날 대관령을 걸어내려 오다 보면 이쯤에서 어두워졌다고 한다. 그래서 다들 횃불을 밝혀들고 국사성황 행차를 맞이했다고 하는데 지금도 성산면 구산리 서낭당에 들려 굿 한 석을 한다.

행차 일행은 시내를 지나 구정면 학산 마을로 이동한다. 강릉단오제의 국사성황신인 범일국사는 학산마을 출신이다. 지금도 강릉시 구정면 학산에는 굴산사지와 더불어 범일의 어머니가 물바가지에 뜬 해를 먹고 아이를 낳았다는 石泉우물과 아버지 없는 아이라고 버림받았으나 학의 도움으로 살아났다는 학바위 등 범일 탄생의 비범함을 증명해주는 신성한 장소들이 남아있다.[13] 범일은 출가하여 당나라에서 수학한 뒤 고승으로

---

12) 강릉지역의 민요로 가사는 "꽃바칠레 꽃바칠레 사월보름날 꽃바칠레 어얼사 지화자자 영산홍, 일년에 한번밖에 못만나는 우리연분 지화자자 영산홍, 보고파라 가고지고 어서바삐 가자서라 지화자자 영산홍, 국태민안 시화연풍 성황님께 비나이다 지화자자 영산홍, 산호원피 야도자절 성황님께 비나이다 지화자자 영산홍"이라는 노래를 부르며 신을 맞이한다.
13) 최철, 『영동민속지』, 통문관, 1972, p.125 ; 석천우물은 2002년 태풍으로 유실되

이름을 떨쳤는데, 죽은 뒤에는 영동지역을 수호하는 대관령국사성황신이 되었다.[14] 그래서 범일의 탄생지인 이 곳에 들렀다가 간다.

대관령을 내려온 국사성황 행차 일행은 학산까지 다녀와서 강릉 시내를 경유하여 홍제동 여성황사로 간다. 두 분의 위패와 신목을 모셔놓고는 유교식으로 제사를 올리고 이어서 무당패가 부정굿, 서낭굿을 한다.

이때부터 본격적으로 단오제가 시작되는 5월 3일까지 위패와 신목은 여성황사에 모셔둔다. 국사성황신이 정씨 처녀를 데려다가 혼배한 날이 바로 4월 보름이었다고 하며 이를 기념하여 두 분을 합사하는 의례이다

음력 5월 3일 저녁에는 제관과 무당들이 홍제동에 위치한 대관령국사 여성황사에 올라가 영신제를 지낸다. 그리고는 국사성황신의 위패와 신목을 남대천에 가설된 제단(굿당)으로 모시는 행차가 벌어진다. 남대천변에는 단오 난장이 들어서 수많은 천막들이 쳐 있고 오색등불이 화려하다.

굿패들은 여성황 정씨처녀의 생가(경방댁)에 들러서 잠시 굿 한 석을 한 뒤, 남대천 가설제단으로 성황신을 모셔 간다. 영신 행차에는 농악대가 신명을 돋구고 수많은 시민들이 등불을 들고 뒤를 따르면서 축제 분위기를 만든다. 굿당에 위패와 신목을 모셔놓은 뒤 무녀들이 환영의 춤을 추는 것으로 영신 행차는 끝이 난다.

음력 5월 4일부터 7일까지 단오제가 계속되는 동안 아침마다 유교식 제사를 올리고 이어 종일 단오굿을 펼치며 놀이마당에서는 관노가면극놀이가 계속된다.

제례와 단오굿을 모두 마치고난 후 국사성황신은 대관령으로, 국사여성황신은 홍제동으로 다시 모시는 제례를 올린다. 제례와 굿에 사용한 신목과 지화, 등, 용선, 신위 등의 모든 것을 불에 태우는 소제로 단오제의 모든 행사는 막을 내린다.

단오굿 또한 대관령국사성황신과 대관령국사여성황신의 위패를 모셔

어 없어진 것을 다시 만들었다.
14) 『증수임영지』, 釋證條.

놓고 치르는 의례이다. 복을 주고 재앙을 거두어 가길 바라는 모든 사람들의 마음을 무녀는 춤과 무가를 통해 신에게 전달한다.

굿의 내용[15]은 동해안 지역에서 행해지는 별신굿과 비슷하고 규모에 있어 영동은 물론이고 전국적으로 큰 굿으로 축제 분위기를 북돋운다. 여러 명의 무녀와 악사가 함께 진행하는 의례로 장고 반주에 맞추어 巫歌를 진행한다. 징, 꽹과리, 제금 등을 담당하는 악사들은 무녀가 무가를 부르거나 춤을 출 때 보조 반주자로서 변화있는 장단을 구사한다. 굿은 대대로 굿을 이어 온 세습무가 담당하며 세습무는 신들림의 경험이 없고 어려서부터 부모, 형제, 친척으로부터 전수받은 무업의 지식과 기술을 가지고 하는 직업적 무속사제로서 예술적 기량이 뛰어나다. 굿의 진행을 맡는 주무는 여자 무당으로 춤과 노래, 축원, 演唱, 供物을 바치는 등의 일로 신에게 인간의 소원을 고하고 때때로 신의 뜻을 인간에게 전하는 사제 역을 하기도 한다. 단오굿은 주신인 국사성황신, 국사여성황신을 비롯하여 산신, 생산을 관장하는 신, 생명을 관장하는 신, 마을과 집을 지키는 신, 재복을 주는 신, 질병을 막아주는 신 등 다양한 신들을 모시고 약 20여가지 굿거리를 진행한다. 굿은 부정굿, 청좌굿, 하회동참굿, 조상굿, 세존굿, 성주굿, 천왕굿, 심청굿, 칠성굿, 지신굿, 손님굿, 제면굿, 꽃노래굿, 등노래굿, 대맞이굿, 환우굿 등이다.

단오굿은 집안으로 대를 잇는 세습무들이 담당하는데 무녀들은 노래와 춤, 재담으로 굿을 하고 양중이라고 부르는 남자들은 무악을 연주하며 도둑잡이놀이, 원님놀이, 탈굿 등의 풍자적 촌극을 벌이기도 한다. 현재 賓順愛 단오굿 예능보유자를 중심으로 전승되고 있다.

굿은 열려진 의례이다. 인간은 누구든지 그 굿판에 끼어 들어 신과 만남을 갖고 자신의 신명을 풀 수 있는 것이다. 그리고 무당은 신을 모시고 신과 인간의 만남을 가능하게 해주는 존재이다. 신과 인간의 만남이

15) 강릉단오제위원회·강릉시·문화재청, 『강릉단오제 유네스코 인류구전 및 무형유산걸작 신청서』, 2004, pp.16~17.

굿에서 가장 중요한 것이고 그 둘을 이어주는 중간자가 바로 무당인 셈이다.16)

강릉단오제의 성격을 잘 드러내주는 민속 연희로는 江陵官奴假面劇17)이 있다. 관노가면극은 춤과 동작을 위주로 한 국내 유일의 무언 가면극이다. 옛날에는 관노라는 특수한 계층에 의해 연희되었다고 하는데, 이는 민관이 공동으로 치루어온 단오제의 성격을 반영하는 것으로 그 내용도 다른 지역과 달리 풍자성이 약하고 공동체의 질서회복을 목적으로 하고 있다. 등장인물은 양반광대, 소매각시, 시시딱딱이 2명, 장자마리 2명이며, 그 외 악사들이 있다.

놀이 내용은 모두 다섯 마당으로 연희되는데 배불뚝이 장자마리의 개시 마당, 양반광대와 소매각시의 사랑놀이 마당, 시시딱딱이의 사랑놀음 훼방마당, 소매각시의 자살소동마당, 화해의 마당이다. 소매각시가 다시 살아나 정절과 사랑을 확인하고 모든 사람들이 화해하는 것으로 끝을 맺는다.

강릉단오제는 단오 명절에 행하는 민속놀이와 연희가 다양하게 전승되는 축제의 장이다. 전국적으로 단오의 성격을 보여주는 민속놀이로 그네뛰기와 씨름을 들 수 있는데, 이는 남녀의 대표적 놀이로 지금도 단오 터의 명물이 되고 있다.

강릉단오제를 형성하는 근본적인 구조18)는 제례와 단오굿과 놀이로서 관노가면극, 씨름, 그네 등과 난장이다. 축제의 진면모를 가늠할 수 있는 또 하나의 축은 난장이 어떻게 형성되어 왔고, 그것이 어떤 기능을 지니고 있는가 하는 것이다.

---

16) 황루시, 『우리무당이야기』, 풀빛, 2000 ; 『팔도굿』, 대원사, 1989.

17) 장정룡, 『강릉관노가면극 연구』, 집문당, 1989 ; 「강릉관노가면극의 기원과 상징」, 『강원민속학』3, 1985, p.52.

18) 정은주, 『향토축제와 '전통'의 현대적 의미』, 서울대학교석사학위논문, 1993, p.32 ; 강릉단오제가 중요문화재로 지정되기 이전에는 굿과 제례와 관노가면극이 행해졌으나 현재와 같이 정형화되지는 않았다고 보고 있다.

강릉단오제처럼 난장이 성황을 이루고 있는 축제도 드물다. 축제에 참여한 대부분의 사람들은 난장을 통해 축제를 이해하고 정보를 얻으며, 이것은 다시 경제적인 가치로 환원되어 거대한 난장(시장)의 담론을 형성한다. 난장의 기능은 여기에 있는 것이다.

강릉은 지리적으로 볼 때 영동지역 문화의 중심축으로 대관령 너머 영서지역 전체를 잇는 교량적 역할을 하고 있다. 사람을 모이게 하는 힘은 난장이다. 난장이 형성되어 물질적인 교환이 양적으로 늘어나고 풍부해지면서, 소비를 통한 여유로움이 놀이 문화를 끌어들인다. 난장 속에는 모든 의식과 행동의 상징적인 요소를 허락한다. 그러므로 제의를 지닌 축제의 난장은 그 자체가 주술적 공간이 되는 셈이며 주술적 기능을 지니고 있다. 또한 제당, 제사의 유물, 주술의 대상, 사제자, 제물, 정보교환을 위한 각종의 출판물 등이 전시된다.

강릉단오제의 도시적 모습은 난장을 통해서 뚜렷이 나타난다. 난장을 구성하는 내용의 광역성, 다시 말해 인간 삶의 필요조건을 총 집결시켜 놓았다는 것이다. 강릉지역 상인은 물론 전국적인 단위의 상행위 집단들이 단오장을 찾고, 이곳에서 이윤을 얻고 축제의 장 분위기를 카오스의 세계로 빠지게 한다. 난장의 무질서한 가운데서도 질서를 찾아 나서는 사람들의 모습을 여기에서 엿볼 수 있으며, 축제의 현장성을 통해 인간 삶의 현재성을 읽을 수 있는 살아 있는 시장인 것이다.

현대 사회에서 축제의 가장 큰 기능은 지역 활성화라고 보는 견해[19]도 있다. 이는 주민들이 활기차게 생활할 수 있는 계기를 만들어 주는 역할을 말하는 것으로 강릉단오장은 그러한 현대적 역할에 적합한 축제로 움직여 가고 있다고 보여 진다.

이상과 같이 진행되는 강릉단오제는 전통시대 읍치에서 행해졌고 현재에도 도심지 남대천변에서 행해진다는 장소적 특징이 있다. 강릉단오제

---

19) 엄두찬, 『강릉단오제에 대한 관광지리적 분석』, 건국대학교석사학위논문, 2001, p.12.

의 현재적 모습 이전의 근대까지는 읍치의 시가지 전역에서 행해졌음을
<그림 7-1>의 강릉단오제 관련 유적도를 통해 확인된다. 강릉단오제는
읍치성황제로 관아를 중심으로 도심의 거리에서 행해졌던 축제이다.

일제는 조선의 민중이 축제장에 모이는 것을 꺼려하여 이를 금하였다.
그 때문에 일제강점기에 남대천변으로 쫓겨나 행사의 명맥을 유지하였으
며 현재에도 남대천변에서 축제가 베풀어지고 있다. 행사를 이끌어가는
주체에 대하여 향촌세력의 동향과 관련한 이해의 의견도 있지만[20] 전통
시대에는 민이 주체가 되었고, 현재에도 시민이 주가 된다. 그리고 그 시
원은 지역의 역사발전 과정을 관통하고 있다고 생각된다.

강릉단오제가 고대 제의적 유래를 가진 축제이지만 현재까지 남대천을
중심으로 행해지고 있으며, 현대 도시축제 문화로 전승되고 있는 바, 그
가치를 인정받아 2005년 11월 25일 유네스코가 선정하는 '인류구전 및
무형유산걸작'으로 등록되기에 이르렀으며, 당시 세계 90개 세계무형유
산 보유도시 중 하나가 되었다.

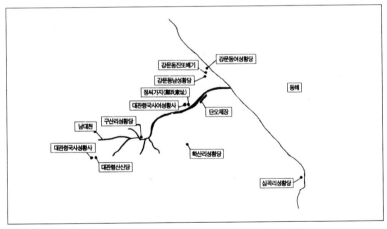

〈그림 7-1〉 강릉단오제 관련 유적위치도[21]

20) 이규대, 「강릉 국사성황제와 향촌사회의 변화」, 『임영문화』 22, 1998, pp.32~35.

1929년경의 강릉단오제 전경

1983년 강릉 단오제 모습

1990년대 후반 강릉단오제 모습

〈사진 7-1〉 남대천변 강릉단오제의 변화[22]

21) 1920년대 秋葉隆이 작성한 강릉단오제성황당 유적도에는 교동지역에 소성황, 약국성황, 용강동에 대성황이 있었으며, 여성황도 현재와 달리 명주동지역에 있었음을 확인할 수 있다.
22) 해방 후에도 강릉단오제는 남대천 물길의 변화에 따라 때로는 북변 때로는 남변 둔지에서 행해졌음을 1929년의 사진에서 확인하게 되며, 1983년의 행사장 사진은 제방이 정비되지 않은 상태이고, 1994 '한국방문의해'를 기점으로 단오장 주변이 정비된 1990년대 후반의 사진이다.

제2절 강릉의 제사문화

　제사에 대하여 사전23)에서는 신령에게 음식을 바치며 기원을 드리거
나 죽은 자를 추모하는 의식으로 원시시대부터 초월자 또는 절대자에게
안식을 기원하는 자리, 천지 만물에 감사를 표하는 행사, 자연물에 신통
력이 있다고 믿고 안녕과 복을 비는 것, 인간의 사후 영혼을 신앙하여 귀
신을 섬기는 예식, 조상을 추모하고 자손의 번영과 친족간의 화목을 도모
하는 행사로 문화가 발달함에 따라 일정한 격식과 제도로 정착되었고 그
대상도 뚜렷하게 설정되어온 것으로 설명한다. 원시시대에서부터 역사시
대로 발전하면서 자연과 신 그리고 조상에 대한 경배의 개념으로 또는 현
재를 살고 있는 사람들의 안위를 기원하는 의미로 행하는 의례인 것이다.
　원시시대 사람들은 자연현상과 천재지변을 경이와 공포의 눈으로 보았
으며 계절의 변화에 따른 만물의 생성 속에 인간의 생존에 대하여 감사
하였다. 동시에 하늘·땅·해·달·별·산·강에는 모두 신령이 깃들여 있다고
생각하여 신의 보살핌으로 재앙이 없는 안락한 생활을 기원하였는데, 이
것이 제사의 기원이며, 인문적 발달에 따라 일정한 격식을 갖추게 된 것
이다.
　중국에서는 요·순 시대에 天神·地祇·5嶽·4瀆24)을 제사한 기록이 『서

---

23) 한국정신문화연구원, 『민족문화대백과사전』 20권, 1991, p.168.
24) 5악(嶽) 4독(瀆) : 5악은 중국의 5대 명산으로 산동성 태산(泰山)·호남성 형산(衡
　　山)·섬서성 화산(華山)·산서성 항산(恒山)·하남성 숭산(嵩山)을 말하며, 시대별
　　로 약간씩 다르게 5악을 삼기도 하였다. 4독은 양자강·황하·회수(淮水)·제수(濟

경』·『사기』 등에 실려 있다. 윤리 도덕관념의 발달과 함께 조상숭배가 크게 성행하여 조상에 대한 제례가 夏·殷 시대를 거쳐 周代에 확고하게 갖추어졌다.

한국에서의 제례는 고조선 시기에 정착이 되었으리라 짐작되지만, 기록상으로 부여에서 迎鼓라 하여 12월에 하늘에 제사하였던 것을 시작으로, 고구려에서는 東盟이라 하여 10월에 하늘에 제사지냈으며, 동예에서는 舞天이라 하여 10월에 하늘에 제사지낸 기록을 들 수 있다. 馬韓에는 蘇塗라는 신령스런 구역이 있어 솟대를 세우고 북과 방울을 달아 天君이 신을 제사지냈다. 신라에서는 남해왕 때에 혁거세묘를 세우고 혜공왕 때에 5묘의 제도를 정했으며 산천에도 제사지냈다. 백제에는 東明廟가 있었다. 고려시대에 중국의 제도를 본떠 圜丘(천신단)·方澤(지신단)·社稷·宗廟·陵寢·先農壇·先蠶壇·文宣王廟·馬祖壇·司寒壇 등을 설치하고 예절을 갖추어 제사지냈다. 그리고 명산·대천·雨師·雲師·雷師 등도 제사지냈다. 조선시대에도 원구와 방택 만을 제외하고 고려의 제도를 그대로 따랐다.[25]

가정의 제례는, 고려시대에는 대부 이상은 증조까지 3대, 6품 이상의 벼슬아치는 할아버지까지 2대, 7품 이하의 벼슬아치와 평민은 부모만을 가묘를 세워 제사지내게 했으나, 조선시대에 이르러 『주자가례』에 근거를 두어 신분을 가리지 않고 고조까지 4대를 奉祀하게 했다.[26]

오늘날에는 전주이씨 宗約院이 거행하는 종묘의 제향, 서울의 성균관과 지방의 향교에서 유림이 거행하는 문묘의 제향, 유림이 거행하는 각 서원의 제향, 사가의 조상 제사 등이 전해지고 있다. 우리나라에서는 각 절기와 명절에 조상께 예를 올리는 제례에서부터 조상의 기일 등 가정의 제사, 명산대천에 드리는 사회적 국가적 제사가 있어왔지만 현대에 이르

水)의 네 큰 강을 말한다. 중국의 요·순시대 5악 4독에 대한 제사는 한국에서도 삼국시대부터 지속적으로 유사한 예가 있었다.

25) 국립민속박물관, 『한국의 제사』(국립민속박물관 학술총서37, 2003), pp.10~11.
26) 국립민속박물관, 앞의 책, pp.88~90.

면서 사라져가는 추세에 있다. 현재 50대 이상의 사람들은 유년기에 각 가정의 또는 이웃의 제사를 통해 가정과 사회의 질서를 체득한 경험을 가지고 있다. 그러나 오늘의 세대에겐 입시중심의 교육 속에서 나를 중심으로 지역사회의 질서에 대한 경험을 축적하기란 어려운 것이 사실이다. 이러한 인식에서 제사의 의미와 강릉지역에 현전하는 제사유적을 포함하여 지역사회의 제사에 대하여 살펴본다.

1. 제사의 의미

제사에 관한 한 인류에게 있어서 한국인만큼 관심이.많은 민족도 없을 것이다. 명절마다 고속도로가 주차장이 되어도 고향에 가는 큰 이유 중 하나는 조상들에게 제사를 지내기 위함이다. 이때 조상이라 함은 막연한 조상이 아니라 할아버지·할머니, 아버지·어머니를 말한다. 엄마의 조상이나 처의 조상들에 대해서는 제사를 지내지 않는데 이것은 17세기 이후 성리학적 가부장 질서의 영향라고 할 수 있을 것이다. 우리는 제사에 너무 익숙한 나머지 이 문제에 대해 깊이 생각하지 않는다. 그저 조상의 은혜에 감사하고 덕을 추모하는 차원의 제사이다. 그러나 제사는 그렇게 간단한 것이 아니다. 제사가 단순한 것이었다면 구한 말 조선 정부가 제사를 거부한 기독교도를 죽일 필요까지는 없었을 것이다.[27]

우리 삶은 대부분 정치적인 맥락에서 해석될 수 있는데 제사도 그런 차원에서 이해할 수 있다. 제사를 제대로 이해하려면 조선의 정치체제를 알아야 하는데, 조선은 한 마디로 말해 '유교로 정치가 이루어진 나라'이다. 유교 정치의 근간은 가부장제이고, 유교에서는 사회나 국가를 가정의

---

27) 최준식,『최준식의 한국종교사 바로 보기』, (파주:한울, 2007), pp.128~143. / 신복룡, '한국에서의 근대화의 갈등-제사 문제와 교회의 충돌',『한일학술회의논문집』(한국정치사상학회, 2005), pp.2~7.

확대판으로 보기 때문에 각 가정이 잘 다스려지면 국가는 자동적으로 잘 다스려진다고 생각했던 것이다. 그래서 가정에서 가장 중요한 덕목인 효가 나라에서도 가장 중요한 덕목이 되었다. 효를 준수할 때 가장 중요한 사람은 바로 가부장으로서 할아버지, 아버지 혹은 맏형이 그에 해당되었던 것이다. 이 사람들은 가문에서 절대적인 권력을 가지고 가문을 다스렸다. 이 사람에 대해서는 절대로 거역할 수 없었고 거역했다가는 가문에서 퇴출당하였는데 그것은 사회적 죽음을 말한다. 그러기에 전통사회에서 제사는 정치적 제도적 생활범주에서 이해되어야 하는 측면이 있다.28)

전통시대에 있어서 나라의 가부장은 왕이었으며 왕은 절대 권력을 가졌다. 그 권력은 여러 가지 방법으로 강화되는데, 가장 초월적인 권위가 바로 제사에서 나왔던 것이다. 왕이 드리는 제사는 종묘에서 하는 것이었고, 왕은 자신의 권력이 무궁한 조상들에게서 나온다는 것을 보여주기 위해 종묘에서 제사를 지냈다. 역대 왕들에게 지내는 것이니 그 제사는 극도로 장엄했던 것이다.29) 그러므로 누구도 그 권위를 넘볼 수 없는 것이었다. 집안 제사에도 그대로 적용되어 조선조 때에는 제사를 주관하는 사람의 권위가 가장 강하였다. 그것은 그 사람의 뒤에 조상의 초월적인 권위가 있기 때문이다.

이런 맥락에서만 살펴보면 제사란 국가나 집안을 보다 더 효과적으로 통치하기 위해 만들어낸 정치제도이자 종교의례라 할 수 있다.30) 그런데 제사를 지내려면 돈이 있어야 했고, 과거 양반들이 일 년에 수십 차례 제사를 지내는 것은 당연한 일이었다. 제사에는 좋은 것을 차려야 하니 돈이 많이 들어갈 수 밖에 없었다. 그래서 조선 정부는 제사를 지내는 장남

---

28) 김용헌, 『조선성리학, 지식권력의 탄생』조선시대 문묘종사 논쟁 읽기, (파주:프로네시스, 2010). pp.215~244.

29) 한국학중앙연구원 『조선의 국가제사』, (성남:사회문화사, 2009), pp.16~26.

30) 편무영, 「종교민속의 연구범위 재구성-이론과 총론」, 『종교와 의례공간』, (서울: 민속원, 2007), pp.35~36.

으로 하여금 유산을 더 많이 상속할 수 있게끔 만들었다. 그래서 대략 아버지가 가진 전 재산의 2/3 정도는 장남에게 주고 그 나머지를 다른 아들들이 나누었다. 딸에게는 한 푼도 주지 않는 이런 상속법은 1990년대 초반까지 지켜졌다.[31] 이때가 되어서야 비로소 아들딸 구별하지 않고 균등하게 상속하는 쪽으로 법이 바뀌게 되었다.

고려 때까지만 해도 우리나라의 상속법은 이렇지 않았다. 조선시대 전까지 아버지의 재산은 형제들에게 동등하게 상속되었을 뿐만 아니라 딸도 재산을 물려받을 수 있었다. 그뿐만이 아니라, 딸들은 시집올 때 그 재산을 가져와 죽을 때까지 갖고 있다가 임종 시 자기가 주고 싶은 자식에게 상속할 수도 있었다. 아무 것도 상속받지 못했을 뿐만 아니라 어떤 재산권도 행사할 수 없었던 조선시대의 주부들과는 비교되는 부분이다. 이러한 변화는 조선시대에 양란을 겪으면서 사회가 복잡한 변화를 거치면서 왜곡된 현상으로 파악되기도 한다. 어떻든 상속 상황이 이렇게 된 것은 유교식의 가부장제를 정착시키기 위한 것이었다고 할 수 있다.[32]

제사에는 정치적인 의미만 있는 것은 아니다. 제사는 종교의례이니 당연히 종교적인 의미도 있다. 사회일반에서 보통 제사는 그냥 조상들을 생각하는 추모제라고 여기는 경향이 많지만, 종교적인 관점에서 볼 때 제사는 간접적인 영생법이다. 종교는 여러 가지로 정의될 수 있는데 그 중에 하나는 죽음의 극복이라는 것이다. 인간은 자신이 죽는다는 사실을 알기 때문에 종교를 만들었고 나름대로의 방법으로 영생과 불멸을 꿈꾸었다. 그 대표적인 것이 사후세계를 인정하는 것이다. 기독교나 불교에 따르면, 인간은 다만 육체만 죽는 것이고 영체는 그대로 남아 사후에도 다른 형태로 자신의 삶을 이어간다. 유교에서는 이런 靈生은 없다.

유교의 교리에 따르면 우리는 죽은 뒤 몸은 흙으로 돌아가고 혼은 공중에서 사라져 버린다. 그러나 유교인도 인간인 이상 영원히 존재하고 싶

31) 변원림, 『역사속의 한국여인』, (서울:일지사, 1995), p.112.
32) 변원림, 앞의 책, pp.26~30.

은 욕구가 있었을 것이다. 이 욕구에 부응하기 위해 유교인은 자신이 아
니라 아들을 통해 간접적으로 영생하는 방법을 택했던 것이다. 그래서 가
통을 이을 아들을 그렇게 바랐던 것이다.

아들은 일 년에 서너 번씩 잊지 않고 제사를 지내 부모를 기억해준다.
부모 입장에서는 자신들이 일 년에 한두 번씩 아들의 기억 속에서 되살
아나는 것이다. 그러므로 유교적 질서 아래에 살았던 모든 부모들은 제사
가 없는 삶은 생각할 수 없었다. 자신이 영생하는 방법은 제사밖에 없었
기 때문이다. 그런 한편 자식의 입장에서 생각해보면 자식은 제사를 지내
면서 자신이 찰나적 존재가 아니라 유구한 먼 조상들로부터 생명을 부여
받은 영원한 존재라는 것을 확인하게 된다. 아울러 자신의 아들도 이렇게
자신을 기억하리라는 것을 확신하게 되어 자신의 사후에도 이 세상과 연
결될 수 있다고 안도했던 측면이 있다.

지금까지 웬만한 집안에서는 제사를 4대 봉사, 그러니까 고조할아버지
까지 지냈다. 사실 이것은 주자의 가르침에 위배되는 것이다. 이렇게 제
사를 지낼 수 있는 사람은 3품 정도의 높은 벼슬에 있는 사람뿐이었다.
대신 아무 벼슬도 없는 대개의 백성들은 부모의 제사만 지낼 수 있었는
데, 이것이 인플레 되어 누구나 고조까지 제사 지내게 된 것이다. 조선후
기 신분제가 변화하면서 나타난 현상이 고정된 것이라고 한다.[33]

우리나라의 제사 풍속은 앞으로 더 많이 변화되어 1대 봉사, 즉 부모
만 제사 드리는 것으로 바뀔 가능성이 높다. 그럴 수밖에 없는 것이 현대
사회의 생활패턴으로 보아 할아버지의 제사를 지내려 해도 사촌이 만나
야 하는데 요즘은 친사촌끼리도 잘 만나기 어렵다. 직업분화가 가장 큰
원인일 것이다. 그리고 조부모들과도 같이 살지 않아 그리 깊은 정을 느
끼지 못한다. 그러니 자연스레 이 분들에 대한 제사가 사라질 가능성이
높다고 할 것이다. 또 지금은 다양한 다른 종교를 믿을 수 있기 때문에

---

33) 김시덕, 「가가례로 보는 경기지역 제사의 특성」, 『실천민속학회논문집』, 2000, pp.109~
110.

군이 제사를 통해 영생을 찾을 필요도 없게 되었다. 가부장제도 역시 이
전에 비해 크게 약해져 한국인들은 제사에만 집착하지 않을 가능성이 점
점 커져가고 있다. 그러나 사회가 아무리 바뀌어도 부모를 추모하는 것은
바뀌지 않을 터이고 한국인들은 그들에게 가장 익숙한 의례인 제사를 통
해 계속해서 부모들을 추도할 것이다. 그러므로 아주 오랜 기간 동안 많
이 간결해진 방식이겠으나 한국사회에서 '제사'는 지속될 것이다.

2. 강릉의 제사

강릉은 예로부터 禮鄕이라 일컬었고 그리 부르는데 별 거부감이 없다.
강릉지역사회가 관심 속에 치르는 제사들이 그 증거이기도 하다. 강릉지
역사회의 제사로 가장 많은 사람들이 관심과 참여로 치르는 제사는 역시
강릉단오제에서 지내는 제사일 것이다.

강릉지역사회의 제사를 향교에서 지내는 문묘제사, 각 종중별 유력 가
문의 사우제사, 단오제사, 마을별로 1년에 1회 이상 지내는 민속적 제사,
현대축제 등 행사 속에서 지내는 현대의 사회적 제사로 분류하여 간략히
살펴보고자 한다.

1) 문묘제사(釋奠祭)

강릉의 문묘제사[34]는 보통 석전제라 불리는데 강릉유도회 주관으로
매년 봄, 가을에 강릉향교 대성전과 동재·서재에 모신 중국 선현 118위
와 한국 선현 18위에 지내는 유교제례를 말한다.

제사는 강릉향교의 대성전을 비롯한 東廡·西廡에서 행해진다. 대성전
에는 공자를 정위로 하고 안자·자사자·증자·맹자, 공문십철이라 불리는

---

34) 강릉향교, 『강릉향교지』, (강릉:문왕출판사, 1996), pp.257~330 / 강원도, 『강원
　　도릉향서원사찰지』, (춘천:강원출판사, 1992), pp.107~116.

費公 閔損을 비롯한 10위와, 송조육현으로 불리는 周敦頤를 비롯한 6위 모두 21분을 모시고 있다. 동무에는 설총·안유·김굉필·조광조·이황·이 이·김장생·송준길에 이르는 한국 성현 8위와 중국 성현 50위, 서무에는 최치원·정몽주·정여창·이언적·김인후·성혼·조헌·송시열·박세채에 이르 는 한국 성현 8위와 중국 성현 49위를 모셨다. 1961년 성균관으로부터의 공자·안자·자사자·증자·맹자 이외의 중국성현 위패를 철폐 소각하라는 지시를 따르지 않고 동·서무의 배향위차를 우리나라 18현을 상좌로 수정 하여 현재에 이르고 있다. 제당이라 할 대성전과 동무, 서무에는 이들 136위의 위패가 모셔져 있다.

현재 문묘제사는 연중 봄·가을 2회 음력 2월과 8월 上丁日에 제례를 시행하는데, 연유는 『예기』의 제례법에 봄에 체제禘祭를 가을에 상제嘗 祭를 지낸다고 하였다. 즉 夏殷時代에는 봄·여름·겨울, 주나라 때 봄·여 름·가을·겨울에 종묘치제를 했던 것에서 유래되어 오늘날까지 봄·가을 에 두 번 제례를 지내는 것이다.

헌관 및 제집사의 인원은 대성전 3명, 동·서종 각 2명, 동·서무 각 3 명, 집례·대축·장의·찬인 각 1명, 대성전, 동·서종, 동·서무 묘사 각 1명, 판진설 2명, 봉향·봉로·헌폐·전폐·봉작·전작·사준·알자 각 1명이다. 대 성전 초헌관은 강릉시장과 강릉향교 전교가 윤번으로 행하고, 아헌관은 강릉교육장과 당임 전교가 담당하며, 종헌관은 향중에서 나이 많고 덕 있 는 유생 중에서 추천하여 맡게 한다. 동·서종과 동·서무 헌관 및 집례는 유림회원 중에서 학덕이 있는 적임자를 선정한다. 기타 제 집사는 청년회 원 중에서 적격한 자를 결정한다.

홀기에 의하여 제례를 시행한다. 집례의 창홀에 따라 먼저 초헌관이 진설을 살피고, 찬인이 대축과 제집사를 인도하여 소정 위치에 들어간다. 대축과 제집사가 관세위에 나아가 관수, 세수하고 대성전 계단 사이에 순 서대로 선다. 알자와 찬인이 초헌관, 아헌관, 종헌관, 분헌관, 및 유생을 인도하여 자리하고 謁者가 삼헌관에게 행사를 알린다. 헌관 이하 참례자

모두 4배를 하고, 전폐례, 초헌례, 아헌례, 종헌례, 분헌례, 음복례, 망료
례의 순서로 진행된다.

제물은 도미·양미·여미·직미·희생·양생·시생·록포·어포·건극·진자·
릉인·염인·황률·어해·혜해·토해·형염·근저·구저·순저·청저·제주 등이
다. 제례용구는 황촉·향·폐백·축문지·필·묵·홍보·등법유·국자·창호지·
폐구지·자축·목탄·취반보·목뢰 등이다. 제구는 방형 뚜껑이 있는 보(簠)·
원형 뚜껑의 궤(簋)·향합·향로·대촉대·소촉대·변두(邊豆)·유작(鍮爵)·유
잔(鍮盞)·작판(爵板)·향로상·폐비(蔽篚)·제주상 등이다. 제관들의 옷차림
에는 관복·제복·재복·유건·목화·홀이 있다.

2) 祠宇祭祀 - 다례(茶禮)

① 송담서원

송담서원[35]은 강릉지방 재지사족들이 율곡 이이를 배향하기 위해 인
조 2년(1624)에 강릉시 구정면 학산리 왕고개 동쪽에 건립하기 시작하여
인조 8년에 완공되었다. 이때 강릉 유생 崔彦琛 등이 청액을 상소하였으
나 인정받지 못하였다. 효종 10년(1659)에 강릉 유생 金湅 등이 재차 청
액을 상소하여 이해 3월에 사액되었다. 효종 3년(1652)에 金益熙가 강원
감사로 와서 부사 李晩榮과 이건을 협의하여 새로 지은 곳이 지금의 송담
서원 자리이다.

송담서원 건립 논의가 처음 시작되는 시기는 선조 24년(1592)이다. 이
때 金景時와 몇몇이 서원건립이 논의되었는데 임진왜란으로 일이 성사되
지 못하였다. 그 후 광해군 9년(1617)에 다시 논의되었으나 국가적으로
일이 많고 또한 백성들의 생활이 어렵다는 이유로 뜻을 이루지 못하다가,
인조 2년(1624) 전 공조참의 金夢虎와 李尙馝 등 30여 명의 향론에 의해

---

35) 강릉문화원, 『강릉사우자료집)』(강릉:전진인쇄소, 1998), pp.42~46 / 『강릉시사』
    상권 (강릉문화원, 1996), pp.1348~1349.

다시 추진되어 6년간의 공정 끝에 인조 8년(1830)에 완공되었으며, 이 해 2월 17일 강릉부사 李明俊에 의해 봉안제가 거행되었다. 이때는 石川書院이라 하였다.

효종 3년(1652) 강동면 언별리로 이건하고 송담서원이라 하였다. 순조 4년(1804) 화재로 건물이 거의 전소되고 묘우만 남게 되었다. 이후 본향 유생 및 각지 유림의 도움으로 강당, 장경각, 광제루 등을 중건하였다.

1871년 사액서원 철폐령에 따라 송담서원도 훼철되고 위판은 본원 뒷산에 묻고 액판은 태웠다. 그 후 信義契員의 도움으로 매년 위판을 묻었던 곳에서 작례를 올렸고, 1905년 사림의 모금으로 본 서원 자리에 1동의 묘우를 짓고 지위로 다례를 행하다가 1935년에 향중의 유림들이 중수를 결의하였다. 이에 鄭然熹와 邊海喆 등이 먼저 축대를 쌓고 식목을 하였으며, 담장을 개축하고 문을 세우고 기울어진 묘우를 바로 잡고 비각의 자획이 결손된 것을 바로잡음으로써 서원의 주위가 새로워졌다. 이후 1973년 7월 31일 강원도 유형문화재 제44호로 지정되었고, 1977년 본향 출신 박종성 강원도지사의 후원과 지역 유림의 성금으로 재차 중수하였다.

송담서원의 묘우 6칸, 월랑 7칸, 동재·서재 각 3칸, 강당 10칸, 광제루 3칸, 서책고 3칸이었고, 원생 30여 명이었다. 현재의 송담서원은 정면 3칸, 측면 2칸이고, 좌우로는 동재와 서재, 입구에는 삼문이 있다. 삼문 밖에는 좌측에는 영조 12년(1736) 영의정 정호가 짓고 영의정 민진원이 쓴 송담서원 묘정비와 비각이 있다.

송담서원은 강릉지방에 세워진 사액서원으로서 임진왜란 이후 강릉지방 재지사족의 향촌운영과 율곡 이이 문묘 종사 활동을 전개하였다. 그리고 임란이후 강릉지방 재지사족들의 결속이라는 측면에서 중요하다.

송담서원에서는 매년 2월 중정일에 강릉유림회 주관으로 율곡 이이를 제향하는 다례를 올린다. 재배 - 전폐례 - 초헌례 - 아헌례 - 종헌례 - 음복례 - 망료례 - 사신례-모두 재배하는 순서로 진행하며 참여하는 제관은 옥색도포를 입는다.

② 청간사

청간사는 1769년 4월 매월당 김시습을 모시기 위하여 강릉김씨 종중에서 강릉시 성산면 보광리 837번지에 건립한 사당이다.[36] 6·25전쟁으로 소실되었다가 1954년 중건되었으며 정면 3칸, 측면 2칸, 높이 350cm의 단층 맞배 지붕 목조 와가이다. 김시습의 시호가 청간이므로 淸簡祠라 하였다. 공의 충절과 학덕을 추모하고 영원히 기리기 위하여 강릉김씨 삼왕종중에서 의견을 모아 건립하였다.

사당에는 전면 중앙에 매월당의 위패와 그 영정이 봉안되어 있다. 그리고 전면 좌측에는 金南楷가 찬한 「매월당영각중건상량문」과 「청간공영당중건기」가 각각 게관되어 있다.

김시습은 조선조 생육신에 포함된 인물이다. 5세부터 13세까지 金泮의 문하에서 사서를 익혔고 尹祥의 문하에서는 『예기』와 제자백가서를 배웠다. 세조 4년(1458) 『탕유관서록후지』를 썼고 세조 6년에는 『탕유관동록후지』를 저술하였다. 계속 저술활동에 매진하여 『山居百詠』, 『山居百詠後志』, 『禿山院記』, 『금오신화』, 『매월당집』, 『十玄談要解』 등의 저서를 남겼다. 정조 6년(1782)에 이조판서에 추증되었으며 영월의 육신사에 배향되었다.

1769년부터 다례를 행해오다가 6·25전쟁으로 잠시 멈추었다. 1954년 이후 매 삭망일에 분향하며 능향일에 다례를 봉행하여 왔으나 1988년부터 춘분에 봉행했다. 향교 전교 내지는 대종회 회장이 초헌관이 되어 분향재배-강신재배-전원재배-헌작재배-사신(辭神禮)-제관 및 전원재배-철상의 순으로 진행한다.

제물은 각위(各位) 앞에 자성 1기(청작미 5홉 정도), 육포 1기(소고기 1근 정도), 어포 1기(대구포 1미), 육해 1기(소고기 반근 정도), 어해 1기(우레기 3미), 건시 1기(곶감 1접), 형염 1기(소금 약간), 대조 1기(대추 1홉

---

36) 관동대학교박물관·명주군, 『명주군의 역사와 문화유적』, 1994, p.203 / 강릉문화원, 『강릉사우자료집』(강릉:전진인쇄사, 1998), pp.70~71.

정도), 황률 1기(피밤 1되), 근저 1기(미나리 1묶음), 비저 1기(무 3개) 등
이다. 제사 비용은 강릉김씨대종회에서 부담하여 치른다. 상을 당한 사람
은 참례를 금지하는 것이 통례이며, 헌관은 도포를 입고, 집사는 재복(齋
服), 일반 참례원은 도포 또는 두루마기 차림으로 하고 관은 紗帽 또는 유
건으로 하되 행전을 신는다.

③ 경양사

경양사는 경포대 북쪽 500m 지점 중봉 아래인 강릉시 저동 293번지에
1939년 6월 신라의 충신 朴堤上의 위패를 모시기 위해 건립된 사당이
다.[37] 정면 3칸 측면 2칸의 맞배지붕 목조기와 건물로 1977년 11월 28일
강원도 유형문화재 제59호로 지정되었다.

경양사는 강릉박씨대종회 소유이며 신라의 일등공신 관설당 박제상의
위패를 모시고 있는데, 박제상은 417년에 눌지왕의 명을 받고 고구려에
볼모로 가 있던 왕의 동생 卜好를 데려 왔고, 다음으로 일본에 가서 볼모
로 잡혀 있던 왕자 未斯欣을 신라로 탈출하게 하고, 자신은 일본군에게
체포되어 목도에 유배되었다가 살해당했다. 그의 부인은 그를 기다리다
가 망부석이 되었다고 한다.

경양사는 목조와가 맞배지붕으로 정면 3칸, 측면 2칸의 익공양식으로
지어졌다. 외문과 중문으로 구분되는 이중구조이다. 기단은 화강석으로
겹쌓기를 하였고, 전면 기둥은 둥근 화강석 주초석 위에 두리기둥이며,
측면과 뒤쪽은 네모난 주초석에 각기둥을 세웠다. 사당 옆에는 정면 4칸,
측면 2칸의 맞배지붕 형식의 모선재가 위치하고 있는데 내부는 좌우에
방이 있으며, 중앙에는 마루로 건조하였다.

중문 안에 배치된 전사청의 전면에는 '경양사'라는 현액과 후손 박원

---

37) 강릉대학교박물관·강릉시, 『강릉의 역사와 문화유적』(강릉대학교 박물관, 1995),
    p.330 / 『강릉시사』, (강릉문화원, 1996), p.1345 / 강릉문화원, 『강릉사우자료집』,
    (강릉:전진인쇄소, 1998), p.99.

동이 쓴 '경양사기'가 있다. 사당 내에는 박제상의 위패가 모셔져 있다. 중문 밖 좌측에는 "모선재"란 현액이 걸려 있는 재실이 있다. 이 재실은 경양사 좌측 산에 있는 강릉박씨 단천공 등의 묘제를 위한 전사청이다.

1936년 겨울 관설당 49세손 박원동이 지은 '경양사기', 1979년 3월 후손 朴曾淳이 짓고, 후손 朴容星이 쓴 '경양사중수기', 1948년 4월 문장 朴英秀가 주관하고 成造有司 朴奎鼎이 찬하고, 朴曾錫이 쓴 '경포재실중수기', 율곡 이이가 쓴 '관설당유허서'를 판각한 현판, 그리고 '숙종대왕어제시', '정종대왕어제시', 삼가 박수량과 신독재 김집이 지은 시를 판각한 현판 등이 있다.

1939년 박제상의 위패를 봉안하면서부터 매년 음력 3월 5일 강릉박씨 대종회 주관으로 유교식 홀기에 의하여 박제상을 추모하는 제례를 행한다. 제관은 강릉박씨대종회에서 논의하여 초헌관, 아헌관, 종헌관, 집사, 축관을 선정하는데 보통 초헌관으로 강릉시장이 참석하며, 홀기에 의해 진행한다. 제기는 목제기를 사용하며, 제물은 강릉박씨대종회에서 마련한다. 유교식 제례에 의거하여 제복을 입는데, 참석자들은 삼베로 만든 도포와 유건을 쓴다.

④ 회암영당

회암영당[38]은 강원도 강릉시 유천동 378번지에 위치하고 있으며, 이곳에 모신 주희영정은 1986년 11월 19일 강원도 유형문화재 제106호로 지정되어 있다. 영정은 족자(가로 60cm, 세로 120cm)로 봉안되어 있는데, 머리에는 건을 쓰고 사대부들이 평상시에 편하게 입는 옷인 창의를 입고 두 손은 소매 안으로 모아 단정하게 앉아있는 전신좌상 색채화이다. 화폭의 상단 오른쪽부터 세로로 '宋太師晦菴先生眞'이라는 제목과 7줄의 글이

---

38) 강릉문화원, 『강릉사우자료집』, (강릉:전진인쇄소, 1998), p.157 / 『강릉시사』상권 (강릉문화원, 1996), p.1346 / 강릉대학교박물관·강릉시, 『강릉의 역사와 문화유적』, (강릉대학교 박물관, 1995), pp.331~332.

있고 그 끝에 '肅廟御製贊'이라 적혀 있다.

입구인 자양문을 통해 들어가면 영당이 있고 둘레는 흙과 기와 돌담으로 둘러싸여 있다. 사당 건물은 전면 3칸, 측면 2칸의 팔작기와 지붕양식이다. 전면 기둥은 둥근 주초석에 둥근 기둥이며 그 외는 네모난 화강석에 네모각 기둥으로 세워졌다. 전면 출입구는 외짝여닫이 세살문, 두짝여닫이 세살문, 외짝여닫이 세살문으로 짜여 있고 궁판이 창호의 1/2 정도를 차지하고 있다.

진영은 영조 24년(1748) 운곡서원으로부터 향인 심씨가 모셔왔으며, 심씨의 사숙에 소장되어 왔으나 그 소장처가 부당하다하여, 정조 6년 (1782) 5월 21일에 오봉서원의 동벽으로 옮겨 모셨다. 고종의 서원 철폐령에 따라 오봉서원이 철폐되자 공자의 진영은 향교에 봉안되었으며, 주자와 송우암의 두 진영은 잠시 함칠봉의 묘우에 이봉되었다. 1869년 주자의 영정은 연천의 임장서원으로 이봉, 함칠봉의 위판은 본가에 이송되었다. 1887년 주재식 등이 중심이 되어 영정의 환수를 요청하여 다시 모셔올 수 있게 되었으며 유천동에 영당을 건립하고 주씨들이 봉사하게 되었고, 그 후 1902년 사림에서 다향을 봉행하게 되었다. 현재의 영당은 1922년 중수되었다.

영당 정면에 '晦菴影堂', 좌측에 '學求聖賢', 우측에 '鳶飛魚躍'이라는 현판만 게관 되어 있다. '회암영당' 바로 뒤에 '敬齋箴'의 현액이 있고 영당 안에는 이를 8자씩 앞뒤로 목각한 경재잠 목판본 10매가 전해지고 있다.

회암은 주자가 강론하던 서재의 명칭이었다. 이로써 회암은 곧 주자를 상징하는 말로 사용되어 왔고, 일명 朱夫子 영당이라고도 한다.

이곳에서 올리는 제사는 1887년부터 종중에서 행하였으며 1902년부터 강릉지역 유림에 의해 운영되고 있다. 시기는 매년 음력 3월 상정일이며 현재에도 강릉 주씨 종중과 강릉유림에서 제례를 주관한다.

성리학을 완성한 주부자를 후손들과 유림들이 120년 전부터 이곳 강릉에서 기리고 있다는 것은 유학의 지속적인 계승 차원에서 의미가 크다

하겠다.

⑤ 덕봉사

덕봉사는 고려 말에 팔도도통사를 지낸 최영 장군을 모신 사당으로 강릉시 병산동 산 26-1번지에 있다.[39] 포남교를 지나 옛 강릉공항 방향인 구 두산동사무소로 가기 전 좌측도로변 강릉시 병산동 德亭峯 아래에 위치하고 있다. 두산동 덕정봉 서쪽 기슭에 위치하였기 때문에 덕봉사라고 이름하였다.

1956년 후손 최영윤의 발의로 영동지방에 거주하는 후손들이 2년간에 걸쳐 1958년 준공하였고, 1983년에 다시 보수하여 현재에 이른다.

사당 건물은 겹처마 맞배지붕에 전면 3칸, 측면 2칸의 익공양식으로 높이가 360cm이며, 둘레는 돌담을 쌓아 둘렀다. 사당 안에는 덕봉사기를 비롯하여 덕봉사상량문, 덕봉사중수기 등이 게판되어 있다. 사당 입구에는 안내석과 안내문 그리고 덕봉사비가 나란히 서있다.

제례는 매년 음력 3월 8일이며 동주최씨종중에서 강릉유림의 도움을 받아 진행한다.

⑥ 황산사

황산사는 1936년 崔明洙 등의 강릉최씨 후손들과 진사 鄭寀和 등 강릉유림의 발의로서 강릉시 남문동에 처음 건립하였고, 강릉 서쪽 끝에 자리잡고 있던 황산의 이름을 따서 황산사라 하였다.[40] 1977년 11월 28일 강원도 유형문화재 제58호로 지정되었고, 경내가 좁고 사당의 규모가 협소

---

39) 강릉문화원, 『임영문화대관』, 1982, p.274 / 강릉대학교박물관·강릉시, 『강릉의 역사와 문화유적』, (강릉대학교 박물관, 1995), p.329 / 강릉문화원, 『강릉사우자료집』, (강릉:전진인쇄소, 1998), p.105.

40) 강릉문화원, 『임영문화대관』, 1982, p.28 / 『강릉시사』상권 (강릉문화원, 1996), p.1344 / 강릉문화원, 『강릉사우자료집』, (강릉:전진인쇄소, 1998), p.84.

하고 주변에 주택 등의 건물이 들어섬에 따라 1982년 현재의 위치 운정 동 440-2번지로 이전하였다. 강릉최씨 시조이며 고려의 개국공신인 경흥 부원군 충무공 崔必達의 위패를 모신 사당이다.

사당건물은 겹처마 맞배지붕에 정면 3칸, 측면 2칸의 익공양식이며, 기단은 화강석 장대석을 잘 다듬은 후 세겹대로 쌓아올려 기단(높이 70~ 80cm)을 만들고 상부는 툇간까지 검은 전돌을 깔았다. 툇간의 전면 바깥 기둥은 둥근 주초석 위에 원기둥을 세웠고 그 외는 네모난 화강석 초석 위에 각기둥을 세우고 기둥머리에 익공형식의 포를 얹었다. 맞배지붕 겹 처마 기와지붕과 좌우 풍판이 함께 어울려 엄숙함을 느끼게 한다.

'篁山祠' 현판을 비롯하여 사당 앞 우측에 '황산사비'가 세워져 있다. 사당 안에는 '황산사기'를 비롯하여 '황산사중수기', '謹次篁山寺原韻幷小 序' 등의 많은 시가 게판되어 있다. 사당 앞은 수십 대의 승용차가 주차 할 수 있을 정도의 넓은 공간이며. 정문 우측에는 국한문혼용의 황산사비 가 세워져 있고 좌측에는 2007년 모탁하여 세운 북관대첩비가 있다. 정 문인 맞배지붕 양식의 솟을대문을 통하여 들어가면 동쪽에는 동재가 서 쪽에는 서재가 위치해 있다. 또 맞배지붕 양식의 대문을 통과하여 들어가 면 황산사 사당과 최수성의 사당인 문성사가 나란히 있다.

이곳에서 매년 음력 3월 중정일에 강릉최씨종중 주관으로 필달계 시조 인 최필달 추모제례를 올린다.

⑦ 종선각

종선각은 金玉契 계원들의 업적을 기리고 후손들에게 모범으로 삼고자 산계리 마을 주민들이 정조 20년(1796) 옥계면 산계2리 787번지에 건립 한 비각이다.[41]

1780년 전후로 산계리에는 기존의 전세에 산삼 공납이 추가되었고 설

---

41) 강릉대학교박물관·명주군, 『명주군의 역사와 문화유적』, (관동대학교박물관, 1994), p.206.

상가상으로 심한 흉작으로 동민들의 유리 현상이 심해졌다. 高鎭昌, 禹光
澤, 全三泊 등 14명이 상계하여 관가로부터 京貢의 산삼을 감량 받았다.
그리고 어려움을 해결하고자 먼저 50양씩 모금하였고 다시 100양씩 모금
한 후에 금옥계를 조직하여 공전을 구입하고 그것을 운영하여 얻어지는
수입으로 동민들의 세금과 공납을 대답하였다. 이리하여 주민들이 '선행
을 널리 펼쳤다'는 의미의 종선비를 세우고, 그 비각을 種善閣이라 칭하
였다.

1796년에 건립하였으나 1828년에 이르러 비바람으로 비석이 마모되어
새롭게 종선비를 세우고 종선각이라는 비각을 함께 건립하였다. 2002년
태풍 루사로 모두 쓸려 나갔으며, 2004년에 새로 세운 종선각과 그 안에
종선비가 있고 뒤에 '상계리금옥계방역사적비'가 새로 새겨져 보관되어
있으며, '종선각'이라고 쓴 큰 안내석과 안내판이 함께 세워져 있다.

팔작지붕의 종선각은 전면이 살문이고 나머지 3면은 널판벽이다. 주위
는 앞면을 제외한 나머지 면은 방형의 돌담을 돌려 쌓았다. 전면에 '種善
閣'이 게판 되어 있다.

1796년 이후 매년 음력 4월 초파일 옥계면 산계리 주민들이 제사를 올
려 오다가 1971년부터는 음력 4월 초하루에 행하다가, 2000년부터 다시
사월초파일에 제례를 올리고 있다.

⑧ 전충사

전충사는 고려말 충신 포은 정몽주의 영정을 봉안한 사당으로 강릉시
저동 경포대 서쪽 기슭에 있다.[42] 사당에 봉안된 영정은 1969년 용인군
모현면 능원리 종가 인근에 있던 忠烈書院에 봉향 중인 진영을 서울대학
교 서세옥 교수가 모사한 것이다. 개성숭양서원에서 모사한 영정은 퇴색

---

42) 강릉문화원, 『강릉사우자료집』, (강릉:전진인쇄소, 1998), pp.81~82 /『임영(강
   릉·명주)지』, (임영지증보발간위원회, 1975), p.236 / 강릉대학교박물관·강릉시,
   『강릉의 역사와 문화유적』, (강릉대학교 박물관, 1995), pp.334~335.

되어 환봉하였다.

1934년 후손 鄭起鎔이 개성 崧陽書院에서 진영을 모사하여 강릉시 왕산면 왕산리 큰골에 사우를 건립하고 30여 년 간 사림과 함께 봉향 다례를 행했다. 그러나 이 지역이 산간오지로 교통이 불편하여 사림의 왕래가 곤란하여 이건이 불가피한 실정에 있었다. 1967년 강릉유도회장이던 후손 鄭胄敎의 주선으로 사림 및 후손들과 협의하여 1968년 강릉시장 金南厚을 영당이건추진위원장으로 선정하고 사림과 후손들이 성금을 모아 지금의 자리로 이건하였다. 1969년 4월 16일 박정희 대통령이 비서관 손석원을 파견하여 봉안고축문을 고하고 사당을 全忠祠라 하였다.

정면 3칸, 측면 2칸의 맞배지붕 형태인 전충사가 정면에 있고, 입구는 맞배지붕 형태의 삼문이며 담장이 둘러져 있다. 전충사 솟을대문에 '尙道門'이란 현판과 전충사 전면 4개 기둥에 주련이 걸려 있다.

강릉지역 유림과 후손들의 협의에 의하여 사우가 운영되고, 재정은 연일정씨강릉지구종친회에서 담당하고 있다. 영동지역에 거주하는 포은 정몽주의 후손들이 매년 음력 4월 상정일에 제사를 올린다. 포은 정몽주는 고려 말 충신으로 문묘에 배향된 인물이다. 제관으로는 강릉시장, 문중대표 등이 참석한다.

⑨ 명주군왕능향전

신라 태종무열왕 5대 손으로 알려진 김주원이 명주군왕으로 봉해졌기 때문에 군왕릉이라고 한다. 신라 선덕왕이 후사없이 죽자, 신하들은 왕족 중에 김주원을 택하여 왕위에 추대하려고 했다. 그러나 마침 경주에 내린 큰 비로 강을 건너지 못해 김주원은 회의에 참석치 못하게 되었다. 신하들은 "하늘이 비를 내려 김주원을 이 회의에 참석치 못하게 한 것이니 하늘이 김주원을 왕위에 오르지 못하게 함이니 다른 사람을 뽑자."고 하여 김경신을 즉위케 하였다. 김경신은 원성왕으로 왕위에 오른 후 김주원을 강릉에 보내 명주·삼척·울진·평해 등 영동지방 일대를 식읍으로 주고 명주군왕에 봉하였다고 한다.

『임영지』에 의하면 김주원의 묘소는 한때 실전하였다가 김주원의 후손인 金添慶이 조선 명종 때 강릉부사로 와서 찾았다고 한다. 현재의 묘역은 봉분 아랫부분에는 긴 사각형의 둘레돌을 두른 묘 2기가 앞뒤로 배치되어 있다. 묘 앞에 '명주군왕 김주원묘'라고 새긴 묘비가 있으며, 좌우에는 망주석, 문인석, 동물 석상이 한 쌍씩 세워져 있다. 입구에는 신도비가 있다. 1971년 강원도 기념물 제12호로 지정되었고, 경내에는 능향전, 삼왕사, 숭열전, 김시습의 영정을 봉안한 청간사가 있다. 능향제를 올릴 때 청간사에도 종중에서 함께 제사를 올린다.

명주군왕능향제는 강릉시 성산면 보광리 강릉김씨의 시조인 명주군왕 김주원의 묘 아래 능향전[43]에서 매년 음력 4월 20일에 올리는 제사이다. 제물 등은 강릉김씨 종중에서 준비하며 강릉유림의 도움을 받아 제례를 진행하는데 보통 헌관은 강릉시장과 유림, 종중에서 담당하여 지낸다.

⑩ 화동서원

화동서원은 강릉시 구정면 제비리에 위치하며 화동서원의 중심사우인 충정사에는 우리나라 성리학의 조종인 문충공 포은 정몽주 선생과 조선조의 거유 문정공 원정 최수성 선생을 배향하고 있다. 충정사 는 두 분의 시호에서 한자씩 따 충정사라 하였다.[44]

구정면 開華의 동쪽에 있다하여 華東書院이라고 한데서 유래하였다. 원래는 왕산면 대곡에 정몽주 선생의 영당이 있었는데, 1968년 지금의 강릉시 구정면 제비리로 이건하였고, 1971년부터 최수성 선생도 향중사람의 합의로 합사하였고 1972년 박정희 대통령이 쓴 忠正祠 현관이 게첨되어 있다.

---

43) 강릉김씨천이백년사편찬위원회, 『강릉김씨천이백년사 제1집』, 강릉김씨대종회, 1990, pp.193~201 / 『증수임영지(증수림영지)』, (강릉문화원, 1997), pp.25~27.
44) 강릉문화원, 『강릉사우자료집』, (강릉:전진인쇄소, 1998), p.79.

두 분의 위국충절과 도학이념을 추모 하기위해 양문중의 후손들과 유림이 주관하여 매년 음력 8월 중정일에 제례를 봉행 하고 있다. 보통 강릉시장이 초헌관이 되고 유림과 양문중의 대표가 헌관이 된다. 제례의 진행은 시장의 분향재배-강신재배-전원재배-헌작재배-사신례-제관 및 전원재배-철상의 순으로 진행한다.

제물은 연일정씨대종회와 강릉최씨대종회에서 마련하며, 각 신위 앞에 잔반, 주과, 포해, 어육 등의 제물을 차리고, 상을 당한 사람은 참례를 금지한다. 헌관의 복식은 도포로 하고 집사는 재복으로 하며, 일반 참례원은 도포 또는 두루마기 차림으로 한다.

⑪ 오봉서원

오봉서원은 명종 11년(1556) 강릉부사 함헌이 사신으로 중국에 갔다가 오도자가 그린 공자의 초상화를 가지고 돌아와 1561년에 처음 세웠다.[45] 그 후 정조 6년(1782)에는 주자, 1806년에는 송시열을 함께 모시면서 선현에 대한 제사와 지방의 교육을 담당하게 되었다. 흥선대원군의 서원 철폐령으로 인하여 서원은 없어지고 영정과 위패는 강릉향교로 옮겨졌다.

지금의 서원은 1903년에 새로 지어졌는데 강릉지방의 유림이 사당건물을 지어 집성사라 하고, 사당 옆에는 별묘를 세워 칠봉사라 하였다. 집성사·칠봉사·문·오봉강당·묘정비각·2개의 묘정비 등이 남아 있다. 1973년 7월 31일 강원도 유형문화재 제45호로 지정 관리되고 있다.

집성사에는 공자·주자·송시열 3인의 위패가 모셔져 있으며, 칠봉사에는 함헌의 위패가 모셔져 있다. 강당은 마루방과 온돌방으로 되어 있는데, 각종 행사를 치르기도 하고 유림들이 모여 회의나 학문을 토론하는 장소로 사용되고 있다.

공자·주자·송시열 그리고 咸軒을 제향하는 의례가 매년 음력 9월 초정

---

45) 강릉문화원, 『강릉사우자료집』, (강릉:전진인쇄소, 1998), pp.33~34 : 『강릉시사』 상권, 1996, p.1347.

일에 강릉지역 유림들에 의해 올려진다. 제관은 강릉시장, 오봉서원과 관련된 강릉유림 중에서 유덕한 인물, 그리고 칠봉사 제향을 위해 함헌의 후손인 강릉함씨 대표가 참여한다. 제례의 진행은 홀기에 의해 강신례 – 초헌례 – 아헌례 – 종헌례 – 음복례 – 사신례의 순서로 진행된다.

⑫ 향현사

향현사는 강릉지방의 인물 가운데 지방민들의 존경을 받고 있는 향현을 모신 사당으로 강릉시 교동 238-3에 위치하고 있다.[46]

강릉 향현사 건립은 이 지역 오봉서원이나 송담서원의 경우와 같이 향교를 중심으로 한 유림들이 중심이 되어 관과 일정한 관계를 유지하며 이루어졌다. 인조 22년(1644) 7월 전 목사 李尙謙과 전직장 金忠懿, 진사 朴震楷, 사인 崔彦琦 등이 발의하고 향진사 180여 명이 참여하여 부사 姜栢年에게 호소하였다. 이것을 조정에 올려 허락을 받아 1645년 8월 읍치 동쪽에 사당을 건립하였다.

향현사에 배향된 인물은 처음에는 조은 최치운·수헌 최응현·삼가 박수량·사휴당 박공달·원정 최수성·도경 최운우 등 6현으로 강릉최씨 4명, 강릉박씨 2명이었다. 이후 배향 인물에 몇 차례 변화가 있었다. 숙종 8년(1682) 춘헌 최수가 추향되고, 영조 35년(1759)에는 눌재 이성무·보진재 김담·농헌 박억추 등 세 명의 향현이 추향되었다. 그리고 다시 1808년에 와서 괴당 김윤신과 임경당 김열이 배향되어 163년 동안 네 차례에 걸쳐 추향 또는 승향되어 현재에 이르고 있다.

향현사에 배향된 인물들은 나름대로 특징을 지니고 있었다. 최치운·최

---

46) 강릉향현사지편찬위원회,『신속 강릉향현사지(新續 江陵鄕賢祠誌)』, (강릉:전진인쇄소, 2005), pp.7~16 / 김동찬,「강릉향현사연구」,『영동문화(嶺東文化)』5집, (관동대학교 영동문화연구소, 1994), pp.5~23 / 강릉문화원,『강릉사우자료집』, (강릉:전진인쇄소, 1998), pp.59~65, :『강릉의 12향현자료집』. (강릉문화원, 2004).

응현·최수성은 성리학에서 강조하는 사람의 근본 도리인 효행에 있어서는 일향에 모범을 보인 자들이고, 박수량은 생시정려를 받았고, 박공달은 효행이 뛰어났다. 최응현은 학문적으로 김종직의 문인과 교류하였고, 박공달·최수성은 김정 등과 교우하면서 기묘사화의 화를 입는 등 도학정치를 내세운 인물들이었다. 이성무·김담·박억추는 효행으로 이름을 올린 자로 효를 근본으로 한 유교적 인간상의 확립을 위한 旌表政策과 관계가 있으며, 김윤신은 학문과 효행이 뛰어난 인물이었다.

당시 배향인물 선정 논의에 대해서는 자세한 기록이 남아 있지 않아 알 수 없지만, 대체로 강릉 지역의 문풍 진작과 교화에 공헌하고 성리학적 지배질서 확립과 관계가 있는 인물을 선정하였다. 예전의 향현사는 시내 관아의 동쪽에 있었는데 1867년 강릉지방의 대화재로 모두 소실되었다. 향현사가 소실된 뒤 지역에서 이를 복구하고자 하였으나 1868년 비사액서원 철폐령이 내려지면서 좌절되었다. 현재의 건물은 1921년 배향인물의 후손들이 향교 서쪽에 건립한 것인데, 1996년 황영조기념체육관 건립 관계로 바로 뒤편으로 다시 이전한 것이다.

사당은 앞면 3칸·옆면 2칸 규모이며, 지붕은 맞배지붕이다. 전열 퇴간에는 둥근 주초석을, 그 외는 네모난 주초석을 두고 그 위에 둥근기둥과 각기둥을 세웠다. 사당 이외에 대문과 재실·직사 등이 있다. 1971년 12월 16일 강원도 유형문화재 제8호로 지정되었다. 이후 1990년대 중반 현재의 모습으로 증개수하여 오늘에 이른다.

원래 건립 후 봄·가을 두 차례 유교식 제의를 봉행하였고, 1921년 다시 건축한 후에는 가을 음력 8월 중정일에 제향하고 유사 3인을 정해 매월 초하루와 보름에 분향했다. 제물은 초기에 관에서 준비하다가 점차 종중에서 부담하는 것으로 전환되었다. 제향 시 제관은 헌관과 禮祝, 5명의 執事가 임명되었다. 헌관은 대체로 나이가 많고 덕망이 높은 지역 유림 중에서 선임하였으며, 제관으로 선임된 사람들은 재계하였다. 절차는 대체로 진설도에 따라 제수를 진설한 다음 제수의 點視와 序禮에 이어서 초헌례·전폐례·아헌례·종헌례·음복례·망예례 등의 순으로 진행된다.

⑬ 화부산사

말갈을 물리치고 삼국통일의 위업을 달성한 김유신 장군을 모신 사당으로 조선 말기 강릉시 교동 725-2에 건립되었다.[47] 화부산사는 화부산 아래에 사당을 세운 데서 유래된 이름이다.

신라 삼국통일 후 강릉이 신라의 변방이었던 시기에 말갈족의 침입 때문에 이 지역이 불안할 때 김유신이 출정하여 강릉(당시 명주) 화부산 아래에 주둔하여 鑄劍所에서 칼을 만들었으며, 팔송정 들판에서 말을 달려 퇴병처에서 적을 격퇴하였다고 전해 온다. 주민들이 장군의 공을 기리기 위해 사당을 지어 향사를 받들었다고 한다.

건립 연대는 673년(문무왕13)으로 추정되며, 『동국여지승람』에는 '김유신사 재화부산 화부산 재강릉북삼리'라고 씌어있고 『신증동국여지승람』에는 '금합우성황사'라고 하였다. 1884년 영남에 사는 후손 김홍두가 성금을 모아서 화부산사를 중건하였는데 당시 강릉부사인 김연수, 민영우가 많은 협찬을 했다. 1936년 동해철도부설공사 관계로 다음 해인 1937년에 후손 金時培와 金顯國이 주선하여 현 위치로 이전하였다. 이후 사당이 비좁고 노후되고, 강릉역과 철도의 개설, 도로의 개설로 여러 차례 이전되었는데, 2004년부터 정부지원과 자체자금으로 사당을 보수 확장하여 2005년 중수사적비를 세웠다.

사당건물은 겹처마 맞배지붕에 정면 3칸, 측면 3칸의 익공양식이며, 기단은 화강석 세겹대 쌓기를 하였다. 사당에는 '화부산사' 현판만 있으며, 사당 앞에는 '純忠壯烈興武大王花山齋紀蹟碑銘'이 있다. 김유신장군이 명주지역 침입이 잦은 말갈족을 저지하고 또한 삼국통일의 위업을 달성

---

47) 강릉문화원, 『강릉사우자료집』, (강릉:전진인쇄소, 1998), pp.55~56 / 강릉대학교 박물관·강릉시, 『강릉의 역사와 문화유적』, (강릉대학교 박물관, 1995), pp.328~329.

하자. 이에 명주지역 백성들은 말갈침입을 막아준 장군의 은혜에 감사하여 사당도 짓고 비석도 세워서 그분을 기린다는 내용을 담고 있다. 이외에도 '화부산사중수사적비'가 있다.

숫을대문으로 들어가면 좌측에는 관리사무소가, 우측에는 화부산사중수사적비가 있다. 그 다음 문을 통과해 들어가면 좌측에는 庫直舍가 있고 우측에는 순충장렬홍무대왕화산재기적비명이 있다. 그리고 통일문을 통과해 들어가면 영정각이 있는데 이것이 원래 화부산사 본청이었다. 옆에는 새로 건립한 사당이 있고 그 앞의 문은 화랑문이라 명명하였다. 전체 둘레는 돌담으로 둘러싸여 있다. 1977년 11월 28일 강원도 유형문화재 제57호로 지정 관리되고 있다.

문헌상에서는 1884년부터 치제한 것으로 확인되지만, 이 시기는 그간의 사당이 퇴락하여 새로이 마련한 시점이므로 그 이전부터 치제되어 왔을 것으로 추정된다. 제향일은 음력 5월 5일 단오날과 10월 22일이었는데, 현재는 매년 음력 10월 22일에 김해김씨의 주관으로 제사를 지낸다. 헌관은 보통 강릉시장, 강릉유림 및 김해김씨종중 대표가 맡는다.

3) 단오제사

강릉단오제는 고대 농경사회의 전통 속에서 생겨난 축제이지만 조선시대에 이르러 민관이 함께하는 전통을 축적하여 현대에도 호평 받는 도시문화·도시축제로 전승되고 있다. 강릉단오제는 도시문화의 종합적 모습이다.[48] 영동지역 최대의 축제로서 중요무형문화재 제13호로 지정된 강릉단오제는 바로 그 신앙심이 표출된 문화적 행위이다.[49]

---

48) 임동권, 『중요무형문화재 지정자료』, (문화재관리국, 1966) / 장정룡, 「강릉단오제 기원과 역사」, 『강릉단오제백서』, (강릉문화원, 1999), pp.1~28 / 『강릉단오제 실측조사보고서』, (문화재관리국, 1994), pp.29~64 / 김홍술, 「강릉단오제와 강릉의 도시문화」, 『강원사학』, 강원대학교 사학회, 2008, pp.193~214.

49) 김경남, 『강릉단오제의 연구』, 경원대박사학위논문, 1996, p.15 / 김선풍·김경남,

강릉단오제의 진행은 음력 4월 5일 신주빚기로 시작된다. 옛날 관청이었던 칠사당에서 강릉시장이 내린 쌀과 누룩으로 정성껏 신주를 담근다. 이 날을 전후로 하여 강릉시민들은 가정의 안녕을 기원하는 단오제 헌미 봉정에 참여한다. 헌미는 각종 제례에 쓰일 제주와 떡을 만들어 참여 시민들에게 제공된다.

4월 보름이면 대관령에 올라가 산신제를 지내고 국사성황신을 모셔오는 행사가 벌어진다. 전통시대의 강릉을 기록한『임영지』에 의하면 성황신을 모시러 가는 행차는 아주 장관이었다고 한다. 나팔과 태평소, 북, 장고를 든 창우패들이 무악을 울리는 가운데 호장, 부의 이속들, 수노 등의 관속, 무당패들 수십 명이 말을 타고 가고 그 뒤에는 수백 명의 마을 사람들이 제물을 진 채 대관령 고개를 걸어 올라갔다는 것이다.

지금도 시민들은 옛 시청 앞에서 준비된 버스를 타고 대관령에 올라가 산신제와 국사성황제에 참여하는 풍속을 이어가고 있다. 대관령 정상에서 북쪽으로 1km쯤 떨어진 곳에 산신당과 성황사가 있다. 산신제는 유교식으로 모신다. 이어 대관령국사성황 신위를 모시고 행하는 성황제에서는 강릉시장이 초헌관을 맡아 민관이 합동하는 모습을 보여준다. 제사가 끝나면 무당이 부정을 가시고 서낭을 모시는 굿을 한다. 이어 무당일행과 神將夫 산에 올라가 신목을 베는데 신목은 국사성황신이 인간 세계로 내려오시는 길이자 신체의 기능을 하기 때문에 매우 중요하다. 강릉단오제의 신목은 단풍나무이다. 요란한 제금 소리와 무녀의 축원으로 신목을 잡은 신장부의 팔이 떨리면 신이 강림한 것으로 믿고, 신목을 베어서 내려온다. 이 때 사람들은 다투어 오색 예단을 걸며 소원 성취를 빈다. 성황신의 위패와 신목을 모신 일행은 신명나는 무악을 울리면서 대관령을 내려온다.

『강릉단오제 연구』, 보고사, 1998, pp.9~11 / 황루시,「강릉단오제의 특징」,『한국민속학회소식』, 한국민속학회, 1995, pp.80~81 :「강릉지역 여서낭신화 연구」,『구비문학연구』제24집, 한국구비문학회, 2007, p.510.

산신제와 국사성황제를 마치고 국사성황 행차 일행은 '영산홍가'[50]를 부르며 대관령 옛길을 걸어서 내려온다. 대관령에서 강릉 시내로 내려오는 구산리 길가에 구산 서낭당이 있다. 옛날 대관령을 걸어내려 오다 보면 이쯤에서 어두워졌다고 한다. 그래서 다들 횃불을 밝혀들고 국사성황 행차를 맞이했다고 하는데 지금도 성산면 구산리 서낭당에 들러 굿 한 석을 한다.

이 국사성황행차는 시내를 지나 구정면 학산 마을로 이동한다. 강릉단오제의 국사성황신인 범일국사는 학산 출신이다. 지금도 강릉시 구정면 학산에는 굴산사지와 더불어 범일의 어머니가 물바가지에 뜬 해를 먹고 아이를 낳았다는 石泉우물과 아버지 없는 아이라고 버림받았으나 학의 도움으로 살아났다는 학바위 등 범일 탄생의 비범함을 증명해주는 신성한 장소들이 남아있다.[51] 범일은 출가하여 당나라에서 수학한 뒤 고승으로 이름을 떨쳤는데, 죽은 뒤에는 영동지역을 수호하는 대관령국사성황신이 되었다. 그래서 범일의 탄생지인 이 곳에 들렀다가 간다.

대관령을 내려온 국사성황 행차 일행은 학산을 다녀와서 강릉 시내를 경유하여 홍제동 여성황사로 간다. 두 분의 위패와 신목을 모셔놓고 유교식으로 제사를 올리고 무당패가 부정굿, 서낭굿을 한다. 이때부터 본격적으로 단오제가 시작되는 5월 3일까지 위패와 신목은 여성황사에 모셔둔다. 국사성황신이 정씨 처녀를 데려다가 혼배한 날이 바로 4월 보름이었다고 하며 이를 기념하여 두 신을 함께 모시는 의례이다

음력 5월 3일 저녁에 제관과 무당들이 홍제동에 위치한 대관령국사여성황사에 올라가 영신제를 지낸다. 그리고는 국사성황신의 위패와 신목을 남대천에 가설된 제단(굿당)으로 모시는 행차가 벌어진다. 남대천변에

---

50) "영산홍"은 강릉 민요로 강릉단오제에서 대관령국사성황신을 맞이하는 과정에 부르는 신맞이 노래이다.

51) 최철,『영동민속지』, 통문관, 1972, p.125. ; 석천우물은 2002년 태풍으로 유실된 후 다시 만들었다.

는 단오 난장이 들어서 수많은 천막들이 쳐 있고 오색등불이 화려하다.

굿패들은 여성황 정씨처녀의 생가(경방댁)에 들러서 잠시 굿 한 석을 한 뒤, 남대천 가설제단으로 성황신을 모셔 간다. 영신 행차에는 농악대가 신명을 돋우고 수많은 시민들이 등불을 들고 뒤를 따르면서 축제 분위기를 만든다. 굿당에 위패와 신목을 모셔놓은 뒤 무녀들이 환영의 춤을 추는 것으로 영신 행차는 끝이 난다.

음력 5월 4일부터 7일까지 단오제가 계속되는 동안 아침마다 유교식 제사를 올린 다음 종일 단오굿을 펼치며 놀이마당에서는 관노가면극놀이가 계속된다.

제례와 단오굿52)을 모두 마치고난 후 국사성황신은 대관령으로, 국사여성황신은 홍제동으로 다시 모시는 제례를 올린다. 제례와 굿에 사용한 신목과 지화, 등, 용선, 신위 등의 모든 것을 불에 태우는 소제로 단오제의 모든 행사는 막을 내린다.53)

강릉단오제사는 놀이와 난장 등 도시문화적 배경 위에 굿을 수반하는 독특한 제사이고 유교문화의 조선시대를 관통하여 오늘에 이르는 강릉지역 사회에서 가장 큰 제사이다. 단오제사는 강릉지역사회 각계의 참여를 두루 꾀하며 진행된다.

4) 민속적 제사

① 고청제

강릉을 비롯한 영동지역에서 볼 수 있는 마을신앙으로 행하는 제사를 말한다.

고청제라고 하고, 마을에 따라서는 禱神이라고도 부른다. 1년에 한 번

---

52) 황루시, 『우리무당이야기』, (서울 : 풀빛, 2000), pp.274~279.
53) 강릉단오제위원회·강릉시·문화재청, 『강릉단오제 유네스코 인류구전 및 무형유산걸작 신청서』, 2004, pp.16~17.

또는 두 번 이상 정기적으로 지내며 유교적 영향을 보여주고 있다. 고청제는 서낭당에서 하는 수도 있고 서낭당과 별도의 특별한 장소에서 따로 지내기도 한다. 전자의 경우 일반적인 동제를 지칭하는 것이고 후자의 경우에는 서낭제와 별도로 여러 마을이 합해서 높은 산에 올라가 지낸다는 점에서 구별된다. 건물을 짓지 않고 둥글게 돌담을 쌓은 형태가 일반적이다. 고청제를 지내는 당주변에는 대개 큰 나무가 있다.

고청제는 자정에서 새벽 1시 사이에 모신다. 성황지신·토지지신·여역지신 신위를 차례로 모신 뒤 제물을 진설한다. 제물은 조육·생물·삼탕·삼실과·포·메·편 등이다. 제사는 전형적인 유교식으로 홀기에 따라 진행한다. 초헌·아헌·종헌의 삼헌관이 순서대로 예를 올린 후 대축이 축을 읽어 마을의 안과태평과 농사의 풍년을 기원한다. 고청제의 순서와 내용은 일반적인 서낭제와 유사하다. 하지만 여러 마을주민들이 계층을 초월하여 더 큰 공동체의 안녕을 기원한다는 점에서 의미가 있으며 강릉지역 각 마을서낭당을 중심으로 매년 1회 이상 정일(丁日)을 택하여 자정 무렵 마을 공동으로 올리는 제사이다.

② 하평답교놀이

하평답교놀이[54]는 강릉의 자연적 환경 속에서 생성된 대표적인 농경 민속놀이라 할 수 있다. 이 놀이는 조선시대 집촌화 이후 자연촌의 독립이 이루어지면서 발생한 놀이이다. 이는 수도작 재배 중심의 노동집약적 마을 공동체를 중심으로 문화가 형성되어가는 것을 의미한다. 세시와 결합된 대동놀이의 출현을 의미하기도 한다.

음력 2월 초엿새를 강릉(사천)에서는 좀상날(좀생이날)이라 한다. 좀생이는 昴星을 말한다. 이날 초저녁에(저녁 6~7시 사이) 달이 떠오르면 달과 좀생이별과의 거리를 보고 그 해 농사의 풍년과 흉년을 점치는 것이

---

54) 장정룡 외, 『강릉시 사천면 하평마을민속지』, (강릉문화원, 2001), pp.64~75.

다. 좀생이란 28星宿 중의 묘성의 속명으로 서양에서는 '폴레아데스'라고 하는 작고도 오밀조밀한 많은 별들의 무리의 이름이다. 육안으로는 6~14개, 망원경으로는 100개 이상, 사진으로는 2천 개 이상이 촬영된다. 농민들은 좀생이가 달에 가까이 따라가면 그 해는 흉년이고, 좀생이가 달에서 멀리 떨어져서 따라가면 그 해의 농사는 풍년이라고 믿었다. 달은 '밥을 이고 가는 여인' 또는 '밥을 얻어먹기 위해 따라가는 아이'를 상징한다고 한다. 이날에 마을 사람들이 모여서 술과 음식을 마련하여 함께 좀생이를 보며 농사의 길흉을 점쳤다. '좀생이날'의 의미는 농경사회의 달과 별의 거리 관측으로 오랜 체험 속에서 얻어진 자연력이며 이는 곧 생산력과 직결되는 우리 세시풍속과의 관련성을 찾을 수 있다. 이는 직접적인 月占, 占星으로 풍년을 기원하고 풍년을 점치는 행사이다.[55]

강릉에서는 좀상날 여러 자연부락 단위의 마을에서 다리굿, 다리밟기(답교), 쇠절금, 돌싸움(석전), 횃불싸움 등의 놀이가 행해졌다. 특히 송정마을과 초당마을, 사천하평마을과 진리의 좀상날 답교놀이는 유명하다. 좀생이날 저녁에 사천천을 중심으로 진리와 하평을 사이에 두고 형성된 두 마을은 사천천에서 좀생이날 풍년기원의식 놀이인 다리굿」, 다리밟기, 돌싸움, 횃불싸움 등의 여러 놀이를 통하여 승부를 갈라, 한해 농사의 풍흉을 점치는 민속놀이를 해 온 것에서 유래한다. 미놀평과 하평 사이에 통다리가 있었는데 이곳에서 하평답교놀이가 치러진다.[56]

2월 초엿새 좀상날에는 주민들이 마을 앞 다리에 모여 풍년과 마을의 안녕을 비는 다리밟기 농악을 노는데, 하평농악은 마을 오락의 주축을 이루어 왔다. 정월은 세시초의 농한기이므로 잡귀를 쫓고 복을 빌며 풍년을 기원하는 걸립굿·마당밟기·망월굿·좀상날 답교다리굿·기맞이굿 등을 가가호호 방문하며 부락 전체의 태평을 기원하는 농악을 하였다. 다리굿은 마을 농악대의 상쇠가 농악을 치면서 "모십시다. 모십시다. 서낭님을 모

---

55) 장정룡, 『강릉의 민속문화』, (원주:대신출판사, 1991), p.25.
56) 명주군, 『명주의 얼』, 1994, pp.48~50.

십시다. 이월이라 좀상날에 국사서낭 모셔놓고……"라고 시작하며 다리밟기를 시작하게 된다.

다리밟기 중에 하는 하평농악은 가식 없이 소박한 원형대로 농민들 속에서 호흡을 같이하며 진면목을 지켜오고 있다. 한편 단조롭고 정적인 가락에 변화가 적은 듯하나 이것이 오히려 강릉지역에 전승되고 있는 농악의 특징이다. 하평농악에서 유명한 것이 '쇠절금'이다. 쇠절금은 '쇠겨룸'을 말한다. 하평과 진리 두 마을 농악의 상쇠들이 쇠를 치면서 하는 대결이다.

답교놀이는 정월대보름날 밤에 다리(橋)를 밟는 전통적인 민속놀이다. 이 날 다리를 밟으면 1년간 다리(脚)병이 없고 12다리를 밟으면 12달의 액을 면한다고 하는 속신적인 믿음이 있었다. 즉 다리(橋)는 다리(脚)와 같은 소리이므로 다리를 밟으면 1년 동안 다리에 병이 생기지 않는다는 생각이었다. 하평에서는 대보름과 좀상날에 두 번이나 다리밟기를 하였다. 다리를 밟을 때 농악대의 상쇠가 "앗다 이다리 잘 났다. 술렁술렁 건너가자."하고 소리를 메기면 나머지 사람들이 합창으로 함께 따라 부른다. 또한 다리의 중간쯤에서 달을 향하여 상쇠가 "술령수 ○○년 이월 좀상날 이 다리 밟고 금년 농사 대풍으로 이루어주시오."라고 술령수를 치고 다리밟기를 계속한다.

이 놀이를 시작하기 전에 간단히 마을대표를 중심으로 서낭당에 고하고 다리밟기 중에 다리 위에서 하늘에 고하는 제사를 올린다. 놀이가 중심이지만 그 과정에서 마을의 풍년과 안녕을 기원하는 예를 올리는 것이다.

③ 풍어제

주로 어촌계가 풍어를 목적으로 하는 굿으로 별신굿·서낭굿이 속한다. 마을수호신으로 서낭을 모시지만 별신굿처럼 바닷가에 차일을 치고 많은 사람들이 모인 가운데 잔치성격을 띠고 굿을 한다. 현재 사천풍어제, 영진풍어제 등이 전승되고 있다. 별신굿은 정기적으로 터울을 두고 마을 단위로 해온 무당굿의 명칭이 최근 들어 구체적인 목적을 내세우고 풍어제[57]로 바뀌고 있다. 풍어제는 굿이라는 명칭이 갖는 위화감을 상쇄할 수 있고 목적이 뚜렷이 드러나서 쉽게 이해할 수 있다. 명칭이 바뀌면서 목적이 분명히 드러나는 장점이 있지만 풍어제는 전국적인 현상으로 명칭에서 지역의 고유성은 없다.

신당은 바닷가에 차일을 치고 임시 시설로 사용한다. 바닷가는 평소 그물을 수선하는 등 일상적 공간으로 굿하는 기간만 신성공간이 된다. 당을 매고 그 위에 지화와 제물을 진설한다. 연봉을 가운데 놓고 좌우로 지화꽃병을 놓는다. 제물은 각종 어물과 고기·삼실과·과일 등으로 차린다. 그 외 각 가정에서 만든 용왕상을 놓았으나 최근에는 사라지고 없다.

삼헌관과 축관, 도가를 선정한다. 헌관은 주민을 대표하여 제사를 지내는 사람들이고 도가는 제물을 장만한다. 제관은 초상이나 출산이 없었던 집안 출신으로 부정하지 않은 사람 가운데서 선정한다. 굿의 진행은 일반적인 별신굿과 그 굿의 절차 및 내용이 유사하다.

최근에는 제관을 맡을 사람이 없어 어촌계장이 당연직으로 수행하는 경우가 많다. 토박이를 중시하되 거주한지 5년 이상이면 별 문제없이 제관을 맡는다. 또한 어업에 종사하는 사람 가운데 선정하는 경향이 있다. 풍어제는 이제 매년 하는 곳도 없고 3년 혹은 5년 주기로 행해진다.

최근 어업의 불황이 계속되면서 굿을 하는 마을이 줄어들었다. 영진은 주문진 앞에 있는 어촌이지만 관광지로 각광을 받으면서 굿을 계속하고 있다. 사천은 관광지인 동시에 제법 큰 선착장이 있어서 풍어제를 하고 있다. 주문진 서낭굿의 경우 실제 내용은 풍어제와 같지만 서낭당에서 굿을 하므로 풍어제라는 명칭을 사용하지 않는다.

---

57) 이승철, 『동해안 어촌신화』, (서울:눈빛한소리, 2004), pp.45~48 / 강원도, 『강원어촌지역 전설 민속지』, (강원도 동해출장소, 1995), pp.278~283.

④ 운정동 고봉제

강원도 강릉시 운정동의 고봉에서 행해지는 서낭제사이다. 운정동고봉제[58]는 과거 운정동이 정동면이었던 시기에 죽헌, 유천 대전, 운정동의 광범위한 지역을 포괄하는 이 일대의 면 단위 마을 제사로, 명칭은 高峯祭 또는 대동제이다. 신위는 성황지신·여역지신·토지지신을 모시고 음력 3월 중정일에 지낸다.

운정동 고봉제의 공간이 되는 곳은 즈므마을에 있는 고봉으로 造山, 된봉이라고도 한다. 난곡동의 서지마을·행정마을·날밀마을·배다리마을·해운정마을·시리미 마을의 안산이며, 신당이 이곳에 있다. 성황당에는 당집이 없으며 서낭목 주위에 석축을 쌓아 제단을 만들었다.

고봉제의 제물은 죽헌, 대전, 난곡 주민들의 계모임인 대동계에서 제물을 준비하고 각 신위별로 진설한다. 강원도 강릉부 정동면 조산리에 있는 성황신과 토지지신, 여역지신에게 행한 동제로, 성황신께는 집집마다 복과 기쁜 일을 맞이하고 사악하고 더러운 것을 쫓아내 주기를 바라며, 토지신에게는 구름과 바람이 기화되어 어른들은 다함께 편하고 아이들은 모두 구제되기를 기원하며, 여역신에게는 마마와 돌림병이 없기를 비는 축을 고한다.

3. 현대의 사회적 제사

현대에 와서 각종 축제 등의 행사와 함께 치러지는 제사들이 있다.

① 망월제사

망월제사는 강릉지역에서 활동하고 있는 민속문화단체인 임영민속연구회가 1991년부터 매년 음력 정월 대보름날 강릉 남대천 둔치 단오장에

---

58) 강릉문화원, 『운정동지』, (강릉문화원, 1993), pp.133~134.

서 달을 보면서 소망을 기원하는 세시행사로 '망월제'라는 행사를 진행하고 있다. 정월대보름날 오후부터 강릉시 남대천 둔치에는 달집이 만들어지고 제단이 꾸며지면 시민들은 「관노가면극」 공연도 보고 용물달기도 하면서 분위기를 고조시킨다. 바닷가에서 둥근 보름달이 뜨면 강릉지역 기관장, 단체장, 회원들이 참여하는 기원제를 시장이 초헌관이 되어 올리고, 이어서 잊혀져 가는 다양한 민속행사가 진행된다.

② 허난설헌 헌다례

허난설헌헌다례[59]는 난설헌 허초희(1563~1589)를 기리기 위하여 기일인 매년 음력 3월 19일에 강릉시 초당동 허균·난설헌 오누이 시비공원에서 올려진다. 강릉시 여성단체협의회가 주최하고 강릉시와 동포다도회가 후원하는 헌다례는 지역 여성단체를 중심으로 각급 기관·단체장 및 시민들이 한자리에 모여 차를 올리며, 강릉이 낳은 조선시대 천재 여류시인인 난설헌의 예술혼을 기린다. 헌다례는 난설헌을 추모하는 헌초와 헌향, 헌화, 헌다에 이어 교산 허균의 헌다 등의 순으로 진행된다. 1992년 동포다도회가 주축이 돼 대대적인 성금 모금활동을 전개해 현 시비공원의 시비를 건립한 뒤 1994년부터 강릉여성단체협의회가 맡아 매년 선양사업의 일환으로 이어오고 있다.

③ 여름해변용왕제

여름해변 용왕제는 여름철 경포해변 등 동해안 다른 지역들과 함께 해변을 찾는 피서객들에게 지역의 특색 있는 문화 예술을 나누고자 하는 취지에서 바다예술제가 열린다. 여름해변 개장 시 관광분야 행정책임자들이 유선조합 관계자 등과 함께 해변운영 기간의 무사고를 기원하는 용왕제를 올린다.

---

59) 장정룡, 『허난설헌과 강릉』, (강릉시, 1998), pp.64~74.

④ 허균·허난설헌문화제

허균 허난설헌문화제는 허균허난설헌선양사업회가 주관하여 1999년 강원의 얼 선양사업의 일환으로 추모문화행사로서 처음 개최되었으며, 매년 9월 둘째 주 주말에 이틀간 전시·발표·공연 등과 함께 추모제례를 올린다. 제례는 유교식 홀기에 의하여 강릉시장이 초헌관이 되어 올린다.

⑤ 한송정들차회

한송정들차회는 매년 10월 중 한송정 터에서 개최되는 茶會를 말한다. 강릉시오죽헌시립박물관이 후원하고 강릉지역 茶人들의 모임인 동포다도회가 주관하여 1996년 가을에 처음 개최하려 하였다가 1997년 5월 한송정 터에서 처음 열렸다. 한송정 터는 신라 화랑의 순례지이며 차유적지로 이름난 곳이다. 이 유적지가 현재 강릉공군부대 내에 소재하는 관계로 이후 매년 10월중 군부대와 협조하여 날짜를 정하여 개최해 왔다. 지방선거, 태풍 루사 등으로 개최되지 못하였던 때도 있고 2010년 10월 제9회 들차회가 개최되었다.

⑥ 소금강청학제

소금강청학제는 강릉시 연곡면 삼산리 소금강 지역에서 매년 10월에 개최되는 지역 축제이다. 매년 10월 첫째 주말에 소금강 야영장 일대에서 열린다. 청학제추진위원회가 주최하고 소금강번영회와 연곡면이장협의회가 주관하며, 연곡면 각급기관 및 사회단체가 후원하는 연곡면의 가장 중요한 행사이다. 처음에는 제례만 하다가 1991년부터 강릉농악을 공연하게 되었고 1993년부터는 산악등반대회도 함께 개최한다. 이 지역이 1975년 오대산국립공원으로 지정되고 명승 제1호인 소금강 청학동이 전국에 알려지면서 고장의 발전과 지역민의 단결을 목적으로 '소금강 청학제'라는 이름으로 지역 축제를 개최하고 있다.

1975년 국립공원지역으로 지정되면서 이곳을 찾는 관광객과 지역민이 함께 어우러지는 자리를 마련코자 소금강 청학제를 개최하고 있으며 지역주민 모두가 한마음이 되어 즐긴다. 1993년 제17회부터는 산악등반대회도 함께 개최한다. 처음에는 국립공원관리사무소를 지나 등산길이 시작되는 초입 광장에서 시작되었으나 1990년대 말 참여객이 많아지면서 소금강 입구 야영장으로 내려와서 개최되고 있다. 2010년에 제34회 소금강 청학제가 개최되었다.

⑦ 대현율곡이이선생제

대현율곡이이선생제는 율곡 이이 선생의 유덕을 추앙하는 제례 및 문예·학술행사이다. 1962년 11월 당시 국가재건위원회 박정희 의장이 처음 추모제례를 올렸으며, 그 이후에는 도지사를 초헌관, 도교육감을 아헌관, 그리고 지역유림에서 종헌관을 맡아 하는 전통을 이어 오고 있다. 기간은 매년 10월 25~26일경이며 부대행사는 10월 20~29일경에 개최된다. 장소는 오죽헌 문성사와 강릉시 전역이다. 주최는 강릉시이며 대현율곡이이선생제전위원회에서 주관한다. 2005년에 제례행사에 사임당 제례가 추가되었으며, 매년 10월 25일 저녁에 오죽헌 문성사에서 강릉시장, 제전위원장 및 제집사에 의해 서제가 봉행되고, 본제는 10월 26일 오전에 같은 장소에서 대현율곡이이선생제 홀기에 따라 봉행된다. 2010년 현재까지 49회가 개최되었다. 강릉을 외향으로 두고 있는 율곡 이이의 철학 및 경세사상을 선양하고 또한 그의 뜻을 계승·발전시키고자하는 목적에서 시작된 대현율곡이이선생제는 시민이 함께 참여하는 최대의 지역 행사로 자리 잡았다. 사임당제례는 10월 22일에 오죽헌 몽룡실에서 강릉예림회가 주관하여 제례를 봉행한다.

강릉의 제사는 살펴 본 바와 같이 문묘제사, 사우제사, 단오제사, 민속적 제사, 현대의 사회적 제사 등이 있다.

이들 제사 중 종중별 사우에서 행해지는 제사는 대개 음력을 기준으로 지내며 '다례'로 불리고 오전에 의례를 마친다. 다례는 음력 매월 초하룻

날과 보름날·명절날·조상의 생일 등에 지내는 제사이다. 節祀 또는 茶祀
라고도 하며 아침에 올리는 제사이다. 현재는 설과 추석에 가장 많이 지
내고 지역이나 가문에 따라 대보름·한식·단오·칠석·중양절·동지 등에
지내기도 한다. 조상에게 달·계절·해가 바뀌고 새로 찾아옴을 고하고 절
식과 절찬을 올리는 의례이다. 강릉 지역에서는 성씨별로 유지되어 온 각
종중에서 각기 조상을 모시고 있는 祠宇에서 각기 다른 날에 다양하게 행
해진다. 현대 축제 속에서 지역의 안녕을 기원하는 의미의 제례와 인물
선양 제례도 있다.

강릉 지역에서 행해지는 제사의 절차는 대개 유교식 홀기에 의하여 엄
격하게 진행된다. 반면 각 가정에서 올리는 차사 절차는 집안마다 조금씩
다른 부분이 있지만 대체로 진설·출주·강신·참신·단헌·사신·납주의 순
서로 진행된다. 정초와 추석 때는 어느 지방을 막론하고 차례를 지낸다.
고조부모·증조부모·조부모·부모의 4대조와 불천위[60]를 모시는 것이 원
칙이나, 가정의례준칙 반포 이후에는 조부모와 부모 2대의 제사만 지낸
다. 사당이 있는 집은 사당에서 지내지만 대부분 안방·대청에서 지내고,
여자는 참석하지 않았지만 지금은 여자들도 참례하기도 한다.

옛날에는 정초 차례 때 밤중제사(또는 중반제사)라 하여 섣달 그믐날
밤 종가에서 제물과 떡국을 차려놓고 재배·헌작·재배한 다음 초하룻날
다시 모든 자손이 모여 제사를 지냈으나, 지금은 보통 정초 아침에 부계
친족끼리 모여 지낸다.

절차는 축문 없이 한 번의 헌작을 올리는 無祝單獻을 원칙으로 하여,
종손의 분향을 시작으로 재배·강신·일동재배하고 헌작한 후 메를 올린
다. 올린 메에 수저로 자국을 낸 다음 45도 각도로 꽂고 일동이 재배한
다. 각 가정마다 조금씩 다르지만 국을 내리고 숭늉을 올린 뒤에 숭늉에
밥 3숟가락을 만다. 메에 뚜껑을 덮고 일동재배로 제례를 마친 후 상을

---

60) 不遷位: 나라에 공훈이 많아 사당에 모셔 4대가 지나도 제사를 받들도록 허락한
    분의 위패.

치우고 음복한다.

강릉 지역에서 종중별로 올려지는 다례에서 제례에 직접 참여하는 제관들은 원래 도포를 입었으나 지금은 보통 옥색 도포를 입는다. 석전제, 명주군왕 능향제와 같이 드물게는 헌관이 관복을 입기도 한다. 각 가정에서는 제주와 결혼한 사람들은 도포를 입고 제례에 참여한다.

음식은 정초에는 떡국, 추석에는 송편을 기본으로 하고 과일·포·탕·식혜·산적·어적·나물·전·편·국·메 등을 차린다. 민간에서는 명절에 지내는 제사를 조상이 사망한 날을 추모하여 지내는 기제사, 4대조 이상 조상의 묘를 찾아 추모하는 묘사와 더불어 중요한 조상 숭배 의례로 꼽고 있는데 추석이나 설 이외의 차례는 거의 소멸되었으며, 1990년대까지 드물게 한식과 단오에 차례를 올리는 가정도 있었으나 현재는 거의 사라졌다.

〈표 7-1〉 강릉지역의 연중 사회적 제사 현황

제사의 종류	제사명(장소)	제사의 시기	제사의 대상
문묘제사	향교 춘·추기석전제	음력 2월, 8월 중정(中丁)	공자 등 136위의 성현
사우제사	송담서원 다례	음력 2월 中丁	이이
	청간사 다례	춘분	김시습
	경양사 다례	음력 3월 5일	박제상
	회암영당 다례	음력 3월 初丁	주자
	덕봉사 다례	음력 3월 8일	최영
	황산사 다례	음력 3월 中丁	최필달 / 최수성(문성사)
	종선각 다례	음력 4월 8일	18C산계리 구휼 금옥계원
	전충사 다례	음력 4월 中丁	정몽주
	명주군왕릉향제	음력 4월 20일	김주원
	화동서원 다례	음력 8월 中丁	정몽주, 최수성
	오봉서원 다례	음력 9월 初丁	공자, 주자, 송시열
	향현사 다례	음력 9월 中丁	강릉지역 향현 12위
	화부산사 다례	음력 10월 22일	김유신
단오제사	대관령산신제,국사성황제	음력 4월 15일	산신(김유신), 국사성황(범일)
	봉안제	음력 4월 15일 저녁	국사성황신부부(범일,정씨녀)
	영신제	음력 5월 3일 저녁	〃
	조전제	강릉단오제 본행사 기간 아침	〃
	송신제	음력 5월 7일 저녁	〃

민속적 제사	위촌리도배 고청제 하평답교놀이 고사 풍어제 운정동 고봉제	음력 초이틀 위촌리 도배 년 1회 이상 각 성황당 음력 2월 6일 어촌지역 3~5년마다 택일 음력 3월 중정(中丁)	촌장 등 어른들에 합동 세배 대체로 성황·토지·여역신· 국사성황·마을서낭 대체로 용왕신(해신) 성황·여역·토지지신
현대의 사회적 제사	망월제 제사 허난설헌 헌다례 여름해변 용왕제 허균 허난설헌 문화제 한송정들차회 헌다례 소금강청학제 사임당 제례 대현율곡이이선생제	정월 대보름 저녁 음력 3월 19일 7월 초 해변 개장 시 9월 둘째주말(초당생가) 10월 중 택일 10월 첫째주말(소금강입구) 10월 22일 10월 25일 서제, 26일 본제	부사(府使)·부직(府稷)지신 허난설헌 용왕신 허균·허난설헌 신라영랑선인 토지·산악·용왕신 신사임당 이이

강릉지역사회가 치르는 제사를 다시 정리해보면 다음과 같다.

문묘제사는 춘·추기석전제(음력 2월 초정)가 연 2회 있다.

사우제사로는 송담서원(음력 2월 중정)·청간사(춘분)·경양사(음력 3월 5일)·회암영당(음력 3월 초정)·덕봉사(음력 3월 8일)·황산사(음력 3월 중정)·종선각(음력 4월 8일)·전충사(음력 4월 중정)·명주군왕능향전(음력 4월 20일)·화동서원 충정사(음력 8월 중정)·오봉서원(음력 9월 초정)·향현사(음력 9월 중정)·화부산사(음력 10월 22일) 등에서 올리는 다례라고 불리는 제사이다.

단오제사는 4월 보름 대관령산신제·대관령국사성황제·봉안제, 음력 5월 3일 영신제, 음력 5월 4일부터의 조전제, 음력 5월 7일 송신제에 이르기 까지 강릉단오제에서 치러지는 모두 11차례의 제사를 일컫는다.

민속적 제사로는 위촌리 도배를 비롯하여 마을마다 정초에 행해지는 고청제, 농사의 풍년을 기원하는 대보름 의식, 해안 마을의 풍어제, 운정동 고봉제 등 서낭고사와 같은 마을제사가 있다.

현대의 사회적 제사로는 망월제·허난설헌 헌다례·여름해변 용왕제·허균허난설헌문화제·한송정들차회·소금강청학제·대현율곡이이선생제 등 현대의 축제내지는 추모문화제에서 올려지는 기원제와 추모제 형식의 제사와 헌다례가 있다. 이외에 가뭄이나 산불예방을 위해 시청이나 관련 기관에서 올리는 제사가 부정기적으로 올려진다.

　제사를 받는 대상은 이들 제사 중 민속적 제사와 인물추모행사 이외의 현대축제에서 치르는 제사를 제외하면 모두 역사인물, 종중의 대표적 조상에 대한 제사이다. 즉 문묘제사와 사우 제사는 모두 유학자로 일컫는 인물들 또는 씨족별 유력한 조상에 대한 제사이다. 단오제사와 민속적 제사는 대체로 지역사회의 안녕과 풍년풍어를 기원하는 공동체적 제사임을 알 수 있다. 민속적 제사를 제외한 대부분의 사회적 제사들은 강릉시장이 초헌관을 맡고 부재 시 강릉시부시장이나 실국장이 이를 대신하는 것이 관례가 되어있다.

제3절 강릉의 전통유산과 도시문화의 특징

　　강릉의 도시문화는 남대천에서 시작되었다. 고대로부터 근대에 이르기까지 남대천 주변은 사람이 살기 시작한 곳이며, 관아를 중심으로 한 관속들의 거주지를 제외하고는 전 지역이 가장 이른 시기에 농업지역 이었으며 농민거주지였다. 그러던 것이 도시화를 맞으며 근대 주거 및 상업지역 그리고 현재는 공업지역을 포함하여 다양한 생활공간으로 바뀌었다. 이런 과정에서 남대천은 앞 시대를 살았던 지역민의 생활공간이었으며, 특히 여인과 아이들에게는 여름철 멱 감는 장소로 생활 문화공간으로 기능했음은 쉽게 추정할 수 있다. <사진 7-2>에서 보는 이러한 천변 모습과 생활상은 급속한 도시화로 자취를 감추게 되었지만 이런 모습이 강릉의 도시문화의 배경이 된다. 그리고 남대천의 물은 식수, 농업용수로 가장 오래 사용되었는데 그 용도는 계속되고 있지만 이용방법의 기계화로 물 긷고 멱 감는 풍경은 더 이상 볼 수 없게 되었다.[61]

---

61) 강릉3.1독립만세운동기념탑건립추진위원회, 『江陵地方3.1獨立萬歲運動史』, 1999, p.82 ; 포남동 동쪽 하평들의 농업용수 공급을 위해 강릉의료원 앞에 설치된 하평보를 통해 시가지로 유입되는 도수로가 오래전부터 있었으며 매년 봄 이 보를 보수하는 공사가 있었는데 1967년 12월 31일 시멘트콘크리트 보가 만들어진 후 보공사는 하지 않게 되었으며, 옥천동·포남동이 시가지화 되면서 1996년 3월 하평보의 기능을 강릉교 아래 두산보로 바꾼 후에는 도수로가 사용되지 않고 있다. 시가지 도수로는 1980년대 초기까지 모두 복개되었다.

〈사진 7-2〉 1970~1980년대 남대천 풍경

　전통문화로서 무형문화유산은 고대 농경사회의 파종의례적 축제인 강릉단오제, 가뭄에 하평들에 물을 먼저 끌어대기 위해 벌였던 봇물싸움놀이, 그리고 농한기에 벌어졌던 놀이지만 역시 농경사회의 유풍으로 성산면 금산리에서 행해졌던 용물달기 놀이, 정월대보름 등의 시기에 행해졌던 다리뺏기놀이와 다리밟기놀이 등이 있다. 이들 놀이 풍속은 대체로 농경문화와 밀접하게 관련되어 있었으며 역시 남대천을 비롯한 천변에서 형성되었던 전통문화이다. 그리고 마을마다 소리꾼과 농악패가 있어 오독떼기[62] 가락과 농악놀이가 들이 있는 지역에서는 널리 행해졌다. 지금은 농업의 현대화로 학산오독떼기와 강릉농악[63]으로 일부 전승되고 있다.

　정월대보름은 농경사회에서 중요한 의미를 지니는 절기이다. 때문에 대보름날을 상원이라 하고 달을 맞이하며 노는 풍습이 전해진다. 용물달기, 다리뺏기, 다리밟기 놀이가 모두 정월대보름을 기하여 펼쳐지는 민속놀이이다. 용물달기는 성산면 금산리 임경당을 중심으로 하는 지역에 전해오는 민속놀이로서 정월대보름 아침에 먼저 우물물을 떠오면 일년 동안 무탈하다는 속설과 관련 있으며 물을 중시하는 '용신제' 성격의 민속놀이이다. 다리뺏기와 다리밟기는 금산리와 회산, 초당과 송정마을 사람들이 대보름에 마을 다리를 보름달과 함께 먼저 밟거나 뺏기에서 이기는

---

62) 김영운, 「강릉농요 오독떼기의 음악적 고찰」, 『임영문화』 11, 강릉문화원, 1987, pp.164~178.
63) 국립문화재연구소, 『강릉농악』, 1998.

마을에 풍년이 든다는 습속에서 행하던 놀이이다.[64] 그리고 사천하평답
교놀이는 농사일이 시작되는 음력 2월 6일 행해지는 놀이이다.

강릉은 濊의 고도[65]라고 하며, 국중대회로 10월에 무천이라는 수확감
사제가 있었다고 한다.[66] 고대제의로서 무천의 전통을 이어 온 현재의
도시축제는 '강릉단오제'인 것이다. 강릉단오제는 1920년경 읍치에 있었
던 대성황사가 헐림으로서 관민공동의 행사가 훼손되기도 하였지만, 장
소를 남대천 둔치로 옮겨 중앙시장 상인들을 중심으로 명맥을 이어 1967
년 중요무형문화재로 지정된 이후 민중의 축제, 도시축제로 그 모습을 유
지하고 있다.

강릉단오제는 엄숙한 유교식 제의 속에 무당굿이 어울려 그 의례의 분
위기를 민중과 함께 이끌어가며, 관노가면극을 비롯한 지역의 전통적 놀
이가 모두 어우러져 신명의 마당을 연출한다. 그리고 주변의 난장을 통해
현대인이 활력을 되찾게 된다.한 마디로 표현하자면 전위적 종합문화예
술 행위가 도시 가운데서 1천 여 년을 이어왔다고 할 것이다.

강릉단오제의 모습을 제의형 신앙 축제, 생업형 생산 축제, 연행형 예
술 축제, 놀이형 신명 축제, 명절형 절기 축제라고도 한다.[67]

지금까지 강릉단오제를 비롯한 고대 농경사회의 풍속으로 이어져 온
놀이와 축제를 통한 도시문화를 설명하였다. 농경으로부터 이룩된 문화
의 배경에는 '협동'을 수반하게 된다[68]고 한다. 그런데 그 기저에는 이른
바 민속신앙이 자리하고 있다고 할 수 있다. 단군이야기와 삼한의 蘇塗로

---

64) 현재는 정월대보름 전래 민속놀이가 마을 자체에서 자연스럽게 행해지는 남대천
   변 마을은 없으며 사천면 하평리에서는 음력 2월 6일 매년 다리밟기 횃불놀이가
   행해진다.
65) 『신증동국여지승람』 권44, 강릉대도호부 건치연혁조 ; 『임영지』 건치연혁 조. ;
   本府本濊國 一云蘂國.
66) 송호정, 「부여의 문화」, 『한국사』 4, 국사편찬위원회, 2003, p.222.
67) 강릉단오제위원회·강릉시·문화재청, 『강릉단오제 유네스코 인류구전 및 무형유
   산걸작 신청서』, p.19.
68) 문일평, 『한국의 문화』, 을유문화사, 1988, pp.24~25.

부터 비롯되는 성황신앙[69]은 기층민이 자연발생적으로 접하게 되었던 생활이라고 할 수 있다. 한국인에게 있어서 사람이 사는 곳에 서낭당이 만들어지는 것은 당연하고 자연스러운 것이었다. 더 연구가 있어야겠지만 기층문화에 바탕을 둔 마을을 중심으로 정치, 행정을 포함하는 문화가 생성되었다고 본다. 그렇기에 한국적인 것의 중요한 부분으로 무속을 근간으로 형성된 문화를 한국문화라고 보는 견해도 있다.[70]

결국 강릉의 도시문화는 농경사회의 유습으로 지난 수 천 년 동안 행해졌던 풍속으로서의 전통을 '협동'으로 가꾸고 '神心'으로 지키고 가꿔온 '강릉단오제'가 중심이 되는 문화라고 하겠다.[71]

현대사회는 직업이 분화되고 1차 산업 인구가 급속히 줄어들면서 아이들이 가문별 제사를 통한 사회질서를 체득할 수 있는 기회는 거의 사라지게 되었다. 예전에 한 가문의 제사가 마을의 제사로서 아이들에게 먹거리 나눔의 설렘을 주었던 그런 상황은 다시 없을 것으로 예상된다. 이런 가운데 강릉에서 사회적 제사라고 할 수 있는 앞에서 살펴 본 제사들은 지역사회가 공동으로 유교적 문화질서를 체험해 볼 수 있는 유일한 기회로 남아 있다. 대체로 각 가정에서 올리는 차례는 고려시대부터 시작되어 조선시대에 와서 일반화 되었을 것이며, 각 종중별 사우에서 올리는 제사는 조선후기에 정착되었다고 볼 수 있다.

제사는 본래 엄격한 유교식 절차에 따라 진행되었다. 그러나 오늘날에는 산업화의 진전에 따라 설이나 추석이 외지에 나갔던 가족들이 모이는

---

69) 이기동, 「민족학적으로 본 문화계통」, 『한국사』 1, 국사편찬위원회, 2003, pp.134~135.

70) 황루시, 「무속의 세계와 한국성」, 『미술세계』, 월간 미술세계, 1996, p.60

71) '협동'은 전통시대에 농경을 생업으로 했던 민과 유교적 이념이 융합 된 사회질서라고 할 수 있으며, '신심'은 강릉사람들에게 국사성황신에 기원하고 의지하는 무속적 믿음을 의미하는 단어이며 이러한 전통과 질서를 현대적 축제문화로 전승하고 있다는 것을 인정받아 2005년 11월 25일 '유네스코 인류구전 및 무형유산걸작'에 선정되었다.

기회가 되면서 명절의 의미가 강화되는 경향을 보이고 있다. 현대사회에서 강릉지역에 전승되고 있는 사회적 제사의 개별적 공과나 이해를 따지기에 앞서 지역사회의 유풍으로 어떻게 가치화 하고 활용할 것인지를 고민해 볼 필요가 있겠다.

『동국여지승람』형승 조에 '강릉의 산수가 천하에 제일'이라 하였다. 인간의 삶에 있어 자연은 소중한 것이다. 강릉의 산수가 제일이라는 뜻은 강릉이 인간의 심성을 살찌우는 빼어난 자연을 가졌다는 것이다. 강릉은 자연과 문화를 두루 갖춘 복된 고장이라는 인식이 지역민들에게 살아 있다.

한 도시의 문화를 가름하는 척도는 지역의 풍속이라고 할 수 있다. 그런 의미에서 강릉의 전래의 풍속을 살펴보면 다음과 같다.[72]

① 사람들의 성품이 어리석고 성실하며 욕심이 없고, 청하거나 구걸하지 않는다.

② 같은 성씨끼리 혼인하지 않는다.

③ 질병을 경계하여 사람이 죽으면 살던 집을 버리고 새로 집을 짓는다.

④ 삼을 심고 누에를 쳐 면포를 만드는데, 별을 살펴 그 해의 풍·흉을 미리 안다.

⑤ 벌할 때는 牛馬를 받으며 살인한 자는 죽음으로 보상케 하여 도둑이 적다.

⑥ 어려서부터 책을 끼고 스승을 섬겨 글 읽는 소리가 마을에 가득하고 게으른 자는 여럿이 함께 나무라고 꾸짖으며 학문을 숭상한다.

⑦ 명절에는 서로 맞이하여 함께 마시며, 보내고 맞는 일을 계속하고 놀이를 좋아한다.

⑧ 노인을 공경하며 천한 사람이라도 나이 70이 된 노인을 경치 좋은

---

72) 『신증동국여지승람』 제44권 강릉대도호부 풍속 조.

곳에 초청하여 잔치를 베푸는 청춘경노회를 열며, 예의를 서로 먼저 한다.

이상 여덟 가지는 강릉 지역의 풍속에 대하여 『동국여지승람』에 전하는 것으로 ①은 지역민의 성실한 성격을, ② ⑤ ⑧은 지역사회의 규범적 질서가 유지되는 정도를 ③은 지역 사람들의 깔끔한 생활상을 ④와 ⑦은 농경사회로부터 비롯된 지역전통문화의 뿌리를 ⑥은 학문을 중히 여기는 식자층이 많았다는 것을 의미한다.

풍속은 지역민의 생활전통 속에 계속되는 문화적 토양이다. 이것이 강릉문화의 뿌리라고 여겨지는 것이다. 강릉의 도시문화는 전통에 뿌리를 두고 있으며 일반 백성들의 심성에 기초한다는 사실이 가장 의미 있는 문화적 특징이 될 것이다.

결 론

　지금까지 한국사·강릉학의 한 부분으로서 강릉의 도시변천사를 전근대의 도시 중심권인 읍치를 중심으로 읍치변천·행정체계·교통과 도시발달·도시변화와 남대천·도시문화의 순으로 살펴보았다.

　우리나라의 도시는 고대 신시 성격의 고조선의 왕검성으로부터 시작하여 삼한의 성읍도시, 고대국가의 도성, 신라의 통일 후 지방 거읍 도시, 고려·조선의 지방행정도시, 개항기로부터 근대 산업도시의 과정을 밟아왔다. 강릉지역의 도시변천도 이러한 범주에서 예국시대의 예국고성, 삼국시대의 왕현성·장안성, 통일신라시대의 명주성, 고려·조선시대 전시기의 강릉읍성으로 변천되었다.

　예국시대는 남대천 하구의 비교적 넓은 농토를 확보하고 예국고성을 축조하여 도시 면모를 갖추었다. 삼국시대는 남대천이 가까운 남쪽 구릉에 장안성·왕현성이 축조되면서 병존하였다. 신라 말 강릉지역 읍치는 명주성으로 이전되었다. 명주성은 예국고성의 서쪽 남대천 북쪽의 남쪽을 향해 열려있는 구릉에 위치하였다. 이 시기 읍치 이전은 상대등 김주원이 왕위경쟁에서 실패하고 강릉에 온 일이 동기가 되었으며, 중앙문화의 강릉 유입이라는 문화사적 의미를 갖는다.

　고려 태조 19년(936) 김순식이 개국공신이 된 것과 관련하여 읍호가 동원경이 되고 읍치는 강릉읍성으로 이전하였는데, 남대천 북측의 개활지로 명주성의 동쪽이다. 고려 초 정치상황이 바뀌고 지역 세력이 건국에 기여한 데서 읍치이전의 의의를 찾을 수 있겠다. 대체로 고려시대 강릉의 읍호는 명주이며 5도 양계 체계하의 동계에 편입되었고, 성종 14년(995)

에 삭방도, 명종 8년(1178) 연해명주도로 바뀐 이후에도 군사적 의미를 지닌 동북면 지역으로 존치되었다. 원종 원년(1261) 경흥도호부로 되었다가 충렬왕 34년(1308)에 강릉부, 공양왕 원년(1389) 강릉대도호부로 바뀌었다. 고려말 읍호의 변경은 중앙정치 변화와 연계된 것이었다. 조선시대는 윤리강상의 문제로 읍격의 변화가 몇 차례 있었으나 줄곧 강릉대도호부의 읍격을 유지하였다.

조선시대 강릉은 유교적 문화도시로 변모해 갔다. 읍치공간은 유교적 통치이념을 근간으로 조영되었으며, 객사·동헌·칠사당·사직단·성황사·군기청·향청 등의 아문이 읍성 내 중심지역에 설치되었다. 후기에는 읍치에 집경전이 설치되어 고을의 위상을 높였던 일도 있었다. 조선전기 사회경제적 발전과 함께 읍치 외곽으로 방위면이 형성되었고, 조선 후기에 21개 면리체제로 발전하였다.

1895년 23부제 하에서 '강릉부'로 편제되어 영동권의 중심지로서 위상을 확보하였다. 이듬해인 1896년 道制로 환원되면서 강릉은 '강릉군'으로 편제되고 21개 면 체제는 유지되었다. 1906년 3권 분립적 행정이 시도되면서 추진된 행정개편에서 강릉은 행정구역이 축소되는 변화를 겪고 있다. 즉 진부·대화·임계·도암·내면 등의 지역이 평창·정선·인제군으로 이속되어 갔다. 이로서 강릉군은 대관령 동쪽지역으로 축소되고 있음을 살필 수 있으며 이 때 개편된 지역의 행정구도가 오늘에 이르고 있다. 1906년의 행정개편은 여러 가지 측면에서 영동지역 전체의 생활문화면에서의 변화를 가져온 측면이 있다. 당시까지 영동 각 고을은 강릉지역과 일치된 문화적 습속을 유지해 왔다. 이후 각기 다른 고을로 성장하였고 1990년대 현대적 지방자치 하에서 개별화는 가속화 내지 완성단계에 왔다고 생각된다.

일제강점기 강릉지역의 행정조직은 면리제와 町制가 병행되는 체제로 개편되었다. 먼저 옛 읍치 중심지역은 본정·욱정·금정·임정·대정정·용강정·옥천정 등 8개의 町구역으로 확정되었다. 아울러 읍치의 외곽지역은 면리제가 준용되었고, 1914년 '면에 관한 규정'이 마련되면서 각 면에 면장이 임명되었다. 이러한 편제하에서 1923년 강릉면이 읍의 전 단계라 할 수 있는 '指定面'으로 설정되었고, 1931년 옛 읍치지역을 중심으로 '강릉읍'으로 획정되었다. 이로서 1930년대 이후로는 읍·면리제 체제가 되었다. 일제강점기의 강릉지역의 행정편제는 표면적 변화에도 불구하고 식민정책의 구현이라는 특성을 갖는다.

이른바 町이라는 행정조직이 일본식의 도입이라는 점을 지적할 수 있으며, 강점기 전 기간 동안 도시기능을 수행하는 각 기관의 대표는 모두 일인 또는 친일세력이 점유하였으며 지역인은 철저하게 배제되었다. 이러한 구도에서 도시계획이라고 할 수 있는 '市區整備'는 전적으로 일인들에 의해 기획 실행되었으며, 지역의 입장과 집결된 의사를 반영할 기제를 확보하지 못한 상황에서 지역민은 행정조직의 말단에서 단순노동에 투입되는 양상이었다. 옛 읍치지역을 중심으로 전승되었던 관아지역 즉 임영관·칠사당·대성황사 등이 치폐되거나 변질된 양상은 이러한 구도 하에서 인위적으로 자행되었다고 할 수 있다.

해방 후 강릉은 옛 읍성을 중심으로 하는 읍치 가로로부터 시가지가 확대되었다. 읍치지역은 1950년대까지 강점기의 도시유물을 정비하고, 시·군청, 학교, 우체국, 방송국, 세무서, 금융기관 등의 공공관서들이 밀집하여 새로운 도시건물들이 세워졌다. 1960년대 도시가로의 포장·1970년대에 대규모 공동주택 건설 시작·1980년대 대규모 주택단지가 교동, 포남동 지역에 세워졌고, 종합경기장과 입암공단 조성 등 도시의 획기적 발전이 있었다. 1995년 시·군 통합 시까지 강릉시는 도시화되었고, 명주군은 주문진·옥계항의 발전과 농촌발전을 이루었다. 강릉시와 명주군으로 분리되어 있어 체계적이고 종합적인 연계개발을 실행해 가는 측면에서 도시 발전의 장애가 되었던 측면도 있었지만, 명주군청이 강릉시 내에 소재하고 문화적 동질성으로 인해 지역민의 결집력은 손상되지 않고 유지된 측면도 있었다. 한편 강릉시 외곽에 명주군이 둘러싸고 있는 형국이어서 강릉도심으로의 도시화가 더디게 진행된 측면도 있다. 때문에 1995년 시군통합은 도시 발전의 새로운 계기가 되었다.

2000년대 강릉시청사 이전과 교동지구의 대규모 택지조성사업으로 강릉시는 도시발전의 다양화 다변화를 맞았으며, 2011년 남아프리카공화국 더반에서 2018평창동계올림픽 개최가 확정됨으로써 교통로의 확대, 항만 도시시설의 정비 등 도시의 새로운 변화 발전을 이루어 가고 있다.

특히 2000년대는 환경생태보존을 통한 지속가능한 발전 즉 인간과 자연이 공존해가는 새로운 가치가 행정에 도입된 시기이다.

한 가지 밝혀 둘 사실은 '2018평창동계올림픽'의 명칭 결정문제는 역사 문화적 전통을 간과한 착오였다고 생각된다. 동계올림픽의 설상경기가 열리게 되는 지역은 1906년까지 강릉지역이었다. 대외운영과 홍보 등 여러 가지 효과의 측면에서 대회명의 결정이 더 신중했어야 했다. 현대적 지방자치가 전면적으로 시행되고 20여 년이 경과한 시점에서 가장 큰 과도기적 문제는 역시 지역화이고 개별화이다. 이런 문제로 인하여 자치단체간 경계지역에서 이해의 충돌이 가끔씩 발생하고 있다. 이를 공존공영의 길로 이끌어 가야 하는 것이 바로 지도자의 과제이고 도시사적 과제이다.

강릉의 교통발달은 육상교통 분야에서 고구려와 신라의 경쟁시기에 남북접경의 군사도로로 시작하여, 고려시대에는 전국의 22개 역도 중 강릉지역은 명주도로 편제되어 강릉을 중심으로 북쪽으로 양양지역, 서쪽으로 평창지역, 남쪽으로 삼척-울진-평해에 이르는 역로로서 관할역의 수는 대략 28개소였다. 이러한 역로는 대체로 우마를 교통수단으로 하였으며 대부분 국가차원에서 관리되었고 일반 서민의 이용은 극히 낮은 시대였다. 조선시대 초기에는 대창역을 역도로 하여 서·북·남으로 통하는 도로가 모두 소로에 해당되었고 『경국대전』 완성시부터 강릉지역의 역들은 상운·평릉도에 속하였고 모두 소로역이었다.

조선 말기에 이르면서 관리가 제대로 이루어지지 못하여 개항기 강릉의 도로와 교량은 우마차도 통행하기 어려운 보행로에 불과하였다. 1905년 신작로를 개설하여 종래의 도로가 확장되었고, 1909년 강릉부에서 주문진을 잇는 2등 도로가 개통되었다. 1917년 대관령도로 정비 후 1935년경에도 강릉에서 서울에 가려면 자동차로 종일 걸렸다. 1962년 철도가 부설되었고, 1975년 영동고속도로의 개통으로 육상교통의 획기적 발전을 이루었다. 그러나 강릉을 중심으로 평창방향의 대관령로만 고속화되었으며, 정선·삼척·양양 방면의 타 지역을 잇는 외곽도로망은 1980년대 중반까지 비포장인 채로 낙후되어 있었다. 2000년대에 이르러서야 강릉을 중심으로 하는 국도가 4차선으로 확장되기 시작하였고 영동고속화도로도 2015년 현재 삼척-속초 간 확장공사가 마무리되어 가고 있다.

2001년 영동고속도로 원주-강릉 구간까지 모두 4차선으로 확장되었으며, 원주-강릉 간 복선전철 건설공사가 2017년 완공을 목표로 추진 중에 있다.

해운에 있어서도 고대부터 그 이용이 활발하였을 것으로 여겨지며 오랫동안 하천과 동해안이 이용되었다. 조선시대 강릉의 세곡납부가 대관령로를 통해 원주의 내륙수운을 이용하는 것 외에 원산지역까지 배로 운송하여 철령로를 이용하기도 하였으나 그리 활발한 상태는 아니었다. 양양·원산·삼척 등 가까운 지역으로 바닷길을 이용한 주민의 이동과 어업활동도 미미한 정도였다. 1900년대 동력선의 도입으로 항포구 개발이 시작되었다. 특기할 것은 과거 읍치항으로 안목항이 중시된데 비해 주문진항이 새로운 어항으로서의 지위를 누리게 된 것이다. 현재 강릉지역 어항은 어업량의 감소로 전체적으로 활발한 운영이 어려운 실정이며 강릉항이 여객항으로 새로이 변모하고 있다.

전통시대의 역로·역원이 육상교통의 중심이었듯이 현대 여객터미널의 의미도 중요하다. 강릉지역의 여객터미널은 시가지 중심지인 성내동 지역에 위치했다가 1970년대 교통량의 증가로 당시로서는 시가지 외곽이라고 할 교동지역에 설치 운영되었다. 그 후 약 20년 정도 지난 시점에서 다시 시가지 외곽 홍제동 현재의 터미널로 이전하였다. 향후 또 어느 정도 시간이 경과하면 현재의 지역이 도심 속에 위치하게 되고 문제점이 생겨날 것이고 또다시 다른 지역을 찾게 될 것이다. 이와 같이 교통은 도시발전과 밀접한 관계가 있으며 도시발전의 필수적 요소인 것이다.

남대천은 강릉이라는 도시의 구조변화에 많은 변화를 초래했을 것으로 추정할 수 있다. 전근대사회에서 수해에 의한 남대천 수계의 변화는 지역민의 삶의 터전을 바꾸게 하였을 것이다. 고대의 강릉 남대천은 자연재해의 결과로 그 실상은 수시로 바뀌었을 것이나 그런 정황을 현재로선 자세히 규명할 길이 없으며, 하천 수계의 변동은 현재보다 훨씬 심하였을 것으로 짐작된다. 다만 16세기 이전에 경포호를 지나 강문으로 흐르던 남대천 하구가 안목하구로 변경되는 과정을 짐작할 수 있다.

강릉 남대천은 고대부터 읍치지역으로 그 이용과 관리를 위한 노력이 지속적으로 있어 왔다. 하구의 평야지역에 농업용수를 공급하고 주민생활에 이용되었으며 미미하게 수로로 이용되기도 하였다. 읍치를 중심으로 천변 주변에 관속과 중인층, 좀 떨어진 곳에 양반과 서민층 거주지가 배치되었다. 남대천의 이용에 따라 하천을 중심으로 강릉 중심지의 거주지가 결정되었던 것이다. 그리고 조선후기 남대천변에 堤堰들이 확대 설치되면서 임경당·보진당 등과 같이 천변 경작지가 확대되는 남대천변 경작지 개발이 있었다.

1922년 홍수로 남대천변 시가지에 긴급한 방수공사가 필요했다. 남대천호안제방공사기성회를 조직하여 1928년 3월 30일 사업을 완료했는데, 이후 남대천 유역의 시가지 부분의 제방은 현재와 같은 골간을 갖추게 되었던 것이다. 이러한 제방의 마련으로 종전의 천수답이 안전답으로 변화되었다. 1967년 이후 경제개발기 일련의 도시화 계획도 남대천을 중심으로 동서방향으로의 확대 변화였다.

현대 산업사회에 와서도 자연지형으로서 남대천이 도시변화의 가장 중심적 요소가 되었음을 확인하였다. 남대천은 생활용수·산업용수 공급에서 강릉단오제의 공간, 시민정서공간으로 그 기능이 확대되어왔다. 그리고 현대 도시발달 과정에서 1980년경 노암동 공동주택단지조성 전까지는 남대천 남측의 개발이 부진하였으며 대부분 강북지역의 개발에 치중하였던 측면이 있다. 이후 남대천 남측으로 내곡동, 노암동, 성덕동 지역에 도시화가 진전되었으며, 2006년부터 남대천의 관리 운용에 자연복원사업이라는 새로운 개념의 하천관리 사업이 추진되었다. 남대천은 강릉시민들에게 지속적으로 발전의 토대이고 정서적 고향으로 기능할 것이다.

강릉의 도시문화를 알아보기 위하여 현재 옛 읍치를 중심으로 남아있는 문화유적을 통해 살펴보았다. 도시경관으로 남아있는 문화유적은 대개가 유교문화 유산이라 할 수 있는데 강릉의 지역사회를 자치적으로 가꾸어온 지역정신의 뿌리로서 문화유적은 양반문화 전통에서 비롯된 강릉의 도시문화의 한 부분이라 할 수 있겠다.

또한 2천년 강릉의 도시역사에서 도심의 이동을 말해주는 '예국고성 –명주성–강릉읍성–현 강릉시청사' 로의 읍치 이동에서 명주성이 갖는 역사적 의미와 이에 대한 지역의 문화적 학술적 접근과 이해가 필요하다.

유형적 문화유산 대부분이 역사상 지배층이 남긴 유산이고, 강릉단오제는 고대 농경문화에서 유래한 농민의 축제로 농경사회의 전통 속에 생겨난 축제이지만 조선시대에 이르러 민관이 함께하는 전통을 축적하여 현대인에게도 호평 받는 도시문화축제로 전승되고 있다. 지역사회가 함께 해 온 전통으로서 사회적 제사, 제사문화에 대한 현대적 해석과 전승 방안 내지는 21세기 문화관광 소재로의 활용도 검토되어야 할 과제이다.

이상의 강릉도시변천사를 통해서 보듯이, 강릉은 고대이후 현대에 이르기까지 영동일원의 중심도시로서 그 역사적 기능을 담당해 왔다. 그리고 동해안에 위치한 지리적 특성으로 인해 강릉 나름의 고유한 역사적·문화적 특징을 잘 보존해 왔다. 그 대표적인 예가 2005년 세계무형문화유산으로 등재된 강릉단오제이다. 부족한 검토 분석이지만 강릉이라는 도시의 역사에서 그 특징적 요소 몇 가지를 간략히 정리하면 다음과 같다.

첫째, 전통시대의 지방행정체계가 일원적 체제를 갖추었으며 근대로 오면서 면리제도 정비 등 행정의 효율적 수행을 꾀하는 방향으로 나아갔으며 강릉은 이러한 기조에서 대도호부로서의 행정적 지위를 대체로 1895년까지 유지하였으나, 근현대 시기 외형적 발전이 정체된 도시이다.

둘째, 도시변화가 종전에 도시 중심지를 축으로 하는 점진적 변화였다면 앞으로 전개될 변화는 전체적이고 산발적이고 다발적인 변화를 수반하게 될 것이므로 거시적으로 도시를 이루는 지역민의 변화된 지적수준과 변화에 대응하는 역량을 기반으로 도시발전전략을 심도 있게 논의하고 실행해야 할 것이다.

셋째, 교통의 발달은 도시화 과정에 밀접한 관련이 있다. 오늘의 교통은 거리의 장애를 거의 극복하여 도심의 내외를 구분하기 모호한 정도까지 이르게 되었다. 교통의 발달이 결국 도시의 다각적인 변화를 가져오게 하였으며 도시중심지의 역할을 점차 완화시키는 방향으로 진전되고 있다. 어떤 측면에서는 도로망의 확대가 도시 확대의 전부라고 할 수 있을 정도로 도시발전의 중요한 기반이 되고 있다.

넷째, 산업화 시대를 지나오면서 남대천은 하천의 직강화와 콘크리트 하안정비 등 획일적 정비로 생물서식 환경이 파괴되어 하천환경이 열악해졌다. 하천에 대한 생태계복원, 보전에 관심을 갖기 시작하여 생물다양성을 제고하고 자연과 인간이 공존하는 자연형 하천 조성사업을 추진하여 초화원 설치, 산책로 조성과 수목 식재, 쉼터 조성, 철새관찰대 설치, 포남교 하류에 생태습지 등을 조성하였다. 남대천은 인간친화적 도시공간으로 영속적으로 활용되어야 한다.

다섯째, 강릉의 도시문화 요소로서 무형유산이 농경문화에서 유래한 것이라면 강릉의 유형유산은 지역민으로 하여금 지역에 대한 긍지·애향·협동의 소산으로 유교적 이념에 바탕을 두고 있다고 판단된다. 도시문화유산은 어느 것이든 인간에 의해 창조된 것이며 역사적으로 남게 된다.

그리고 그 만큼의 가치를 지니게 되는 것이므로 유산에 담긴 지역성과 역사성의 의미를 문화사적 측면에서 연구되어야 한다. 강릉의 도시문화는 농경사회의 유습으로 지난 수 천 년 동안 행해졌던 풍속으로서의 전통을 '협동'으로 가꾸고 '神心'으로 지켜 온 강릉지역의 전통문화를 모두 아울러 '강릉단오제'가 중심이 되는 문화라고 하겠다. 또한 현대사회에서 강릉지역에 전승되고 있는 사회적 제사의 개별적 공과나 이해를 따지기에 앞서 지역사회의 유풍으로 어떻게 가치화 하고 활용할 것인지를 고민해 볼 필요가 있겠다.

이러한 점에서 향후 강릉의 도시발전 역시 고유성·역사성·문화성을 계승 발전해 가는 것이 강릉의 도시변천사의 핵심이다.

참 고 문 헌

1. 史料

『三國史記』, 『三國遺事』, 『高麗史』, 『世宗實錄』, 『文宗實錄』, 『端宗實錄』, 『世祖實錄』, 『成宗實錄』, 『中宗實錄』, 『宣祖實錄』, 『光海君日記』, 『仁祖實錄』, 『顯宗實錄』, 『肅宗實錄』, 『景宗實錄』, 『英祖實錄』, 『正祖實錄』, 『哲宗實錄』, 『高宗純宗實錄』, 『經國大典』, 『新增東國輿地勝覽』, 『輿圖備志』, 『關東邑誌』, 『東國輿地志』, 『輿地圖書』, 『大東地志』, 『靑邱圖』, 『大東輿地圖』, 『擇里志』, 『臨瀛誌』, 『江陵郡誌』, 『江原道狀況梗槪』, 『增修臨瀛誌』, 『東湖勝覽』, 『江原道誌』, 『朝鮮寶物古蹟調査資料』

2. 單行本

강릉·명주향토교본편찬위원회, 『향토교본』, 문왕출판사, 1970.

강릉3·1독립만세운동기념탑건립 추진위원회, 『강릉3·1독립만세운동사』, 강릉 3·1독립만세운동기념탑건립위원회, 1999.

강릉대학교박물관, 『江陵의 歷史와 文化遺蹟』, 강릉대학교박물관, 1995.

강릉대학교박물관, 『江原嶺東地方의 先史文化硏究』Ⅰ·Ⅱ, 1992.

강릉대학교박물관, 『江原監營』, 강릉대학교박물관, 2001.

강릉문화원, 『사진으로 보는 江陵 溟州의 近代風物』, 강릉문화원, 1992.

강릉문화원, 『國譯 江陵生活狀態調査』, 2002.

강릉시사편찬위원회, 『江陵市史』上·下, 강릉문화원, 1996.

강릉향교, 『江陵鄕校誌』, 문왕출판사, 1996.

강신용, 『한국근대 도시공원사』, 도서출판조경, 1995.

강원도, 『江原總攬』, 강원일보사, 1975.

강원도, 『譯註江原道誌』, 강원도, 도서출판 산책, 2005.

강원도교육위원회, 『江原敎育史』, 강원도교육위원회, 1980.

강원도사편찬위원회, 『江原道史』(歷史·傳統文化·現代篇), 강원도, 1996.

건설부 국토지리원, 『韓國地誌 (總論)』, 서울신문사, 1980.

경성제국대학법문학회, 『朝鮮社會經濟史硏究』, 법문학회제1부논문집6책, 1911.

고석규, 『근대도시 목포의 역사 공간 문화』, 서울대학교출판부, 2004.

관동대학 영동문화연구소, 『嶺東地方 金石文資料集』(I) (II), 관동대학 영동문화연구소, 1984.

관동대학교 영동문화연구소, 『嶺東地方 鄕土史硏究資料叢書(六)』 地理誌, 1994.

관동대학교박물관, 『溟州郡의 歷史와 文化遺蹟』, 관동대학교박물관, 1994.

관동대학교박물관, 『강릉명주산성-지표조사보고서-』, 2009.

국립지리원·대한지리학회, 『한국의 지도 과거·현재·미래』, 신유문화사, 2000.

김남규, 『高麗兩界地方史硏究』, 새문사, 1989.

김기설, 『江陵地域地名由來』, 인애사, 1992.

김창석 외 공저, 『도시중심부연구』, 보성각, 2000

김철준·최병헌 編著, 『韓國文化史 古代篇』, 一志社, 1993.

김홍술, 『신과 사람이 함께하는 강릉단오제』, 스쿨 김영사, 2007.

김한배, 『우리 도시의 얼굴찾기』, 태림문화사, 1998.

남영우·서태열 공저, 『도시와 국토』, 法文社, 2000.

동양사학회 편, 『역사와 도시』, 서울대학교출판부, 2000.

박경룡, 『開化期 漢城府 硏究』, 一志社, 1995.

박경자, 『한국전통조경구조물』, 도서출판 조경, 1997.

박도식, 『江陵市實錄資料集』, 강릉문화원, 2002.

박도식, 『홍무대왕 김유신과 江陵』, 홍무대왕김유신선양회, 2013.

박용운, 『高麗時代開京硏究』, 일지사, 1997.

방동인, 『영동지방 역사기행』, 신구문화사, 1995.

방동인, 『韓國의 國境劃定硏究』, 일조각, 1997.

방동인, 『韓國地圖의 歷史』, 신구문화사, 2001.

배우성 , 『조선후기 국토관과 천하관의 변화』, 일지사, 1998.

成周鐸 譯註, 『中國都城發達史』, 학연문화사, 1993.

손영식, 『韓國城郭의 硏究』, 문화재관리국, 1987.

손정목, 『日帝强占期 都市計劃硏究』, 一志社, 1994.

손정목, 『日帝强占期 都市社會相硏究』, 一志社, 1996.

손정목, 『朝鮮時代都市社會硏究』, 一志社, 1977.

손정목, 『韓國開港期 都市變化過程研究』, 一志社, 1982.

손정목, 『韓國開港期 都市社會經濟史研究』, 一志社, 1982.

손정목, 『韓國地方制度·自治史研究』(上,下), 一志社, 1992.

손정목, 『한국 도시 60년의 이야기』(1~2), 한울, 2005.

신용하, 『韓國近代社會史研究』, 一志社, 1987.

신호웅, 『高麗法制史研究』, 國學資料院, 1995.

심봉근, 『韓國南海沿岸城址의 考古學的 研究』, 學研文化社, 1995.

심정보, 『韓國邑城의 研究』, 學研文化社, 1995.

원영환, 『朝鮮時代漢城府研究』, 江原大學校出版部, 1990.

유봉학·김동욱·조성을, 『정조시대 화성신도시의 건설』, 백산서당, 2001.

유재춘, 『韓國中世築城史研究』, 景仁文化社, 2003.

윤정섭, 『都市計劃史 槪論』, 文運社, 2004.

윤훈표, 『麗末鮮初 軍制改革研究』, 혜안, 2000.

이광인·신용하 편저, 『韓國文化史 近代篇』, 一志社, 1993.

이규대·임호민, 『江陵市의 樓亭資料集』, 江陵文化院, 1997.

이규대, 『조선시기 향촌사회 연구』, 신구문화사, 2009.

이규목, 『한국의 도시경관』, 열화당, 2004.

이기백, 『高麗兵制史研究』, 一潮閣, 1999.

이기백·민현구 편저, 『韓國文化史 高麗篇』, 一志社, 1992.

이병도, 『國譯 三國史記』, 을유문화사, 1996.

이상배, 『朝鮮後期 政治와 掛書』, 국학자료원, 1999.

이상태, 『한국 고지도발달사』, 혜안, 1999.

이성무, 『朝鮮兩班社會研究』, 一潮閣, 1998.

이재룡, 『朝鮮初期社會構造研究』, 一潮閣, 1996.

이존희, 『朝鮮時代地方行政制度研究』, 一志社, 1992.

이중환 저, 이익성 옮김, 『擇里志』, 을유문화사, 2004.

이해준, 『조선시기 촌락사회사』, 민족문화사, 1996.

이현희, 『한국철도사』, 한국학술정보(주), 2003.

임영지증보발간위원회, 『臨瀛江陵溟州誌』, 문왕출판사, 1975.

임호민·최호, 『國譯 東湖勝覽』, 강릉문화원, 2001.

장명수, 『城郭發達과 都市計劃研究』, 學研文化社, 1994.

전영옥, 『조선시대 도시조경론』, 일지사, 2003.

전주역사박물관, 『일제시대 전주읍행정규칙자료집』, 2003.

전주역사박물관, 『지도로 찾아가는 도시의 역사』, 2004.

정재정, 『일제침략과 한국철도』, 서울대학교출판부, 1999.

차문섭, 『조선시대 군사관계 연구』, 단국대학교출판부, 1997.

차장섭, 『강릉 : 자연과 역사가 빚은 땅』, 역사공간, 2013.

최선만, 『강릉의 역사변천과 문화』, 강릉관광협회, 1962

최철, 『嶺東民俗誌』, 通文館, 1972.

최호 譯解, 『新譯 三國遺事』, 홍신문화사, 1992.

춘천헌병대본부, 『江原道狀況梗槪』, 京城:大和商會印刷部, 1913.

한국도시지리학회, 『한국의 도시』, 法文社, 1999.

한국정신문화연구원, 『韓國史의 時代區分에 관한 硏究』, 1995.

한영우·안휘준·배우성, 『우리 옛 지도와 그 아름다움』, 효형출판, 2001.

한우근·이성무 편저, 『韓國文化史 朝鮮後期篇』, 一志社, 1993.

한우근·이태진, 『韓國文化史 朝鮮前期篇』, 一志社, 1993.

高橋康夫.吉田伸之, 『日本都市史入門』Ⅰ空間, 동경대학출판회, 1989.

高橋康夫.吉田伸之, 『日本都市史入門』Ⅱ町 ·Ⅲ人, 동경대학출판회, 1990.

齋藤 忠, 『古代 朝鮮文化の日本傳播』, 東京:雄山閣, 1997.

朝尾直弘, 『都市と近代社會を考える』, 朝日新聞社, 1995.

조선총독부, 『朝鮮の聚落』, 前·中·後篇, 1933.

鳥羽正雄, 『日本の城』, 東京:創元社, 1940.

LEONARD BENEVOLO저, 원재희·지연순·전진희역, 『세계도시사(The History of the city)』, 世進社, 2003.

LEWIS MUMFORD저, 김영기역, 『역사속의도시(The City in History)』, 明寶文化社, 1993.

국립중원문화재연구소, 『고대도시 명주와 굴산사』, 2011.

국립중원문화재연구소, 『사굴산문 굴산사』, 2012.

국립중원문화재연구소, 『옛 기록 속의 굴산문』, 2013.

3. 論文

고성호, 「도시및인구, 1960-1980 : 생태학적 접근」, 『93년후기사회학대회자료집』, 한국사회학회, 1993.

고성호, 「한국 도시의 성장」, 『생태학적 접근, 한국사회학』, 한국사회학회, 1994.

금창헌, 「江陵 花山學校의 設立과 運營에 관한 研究」, 『嶺東文化』 8, 2001.

김경추, 「강릉읍성의 공간 구성에 관한 연구」, 『臨瀛文化』 28, 2004.

김경추, 『지역 중심도시의 생활권체계에 관한 연구 : 영동지방을 중심으로』, 동국대학교대학원 박사학위 논문, 1997.

김경태, 「韓國近代史의 起點과 時期區分問題」, 『國史館論叢』 50, 1993.

김남득, 「江陵地域社會開發 과 行政文化의 關係論的 考察」, 『관동대학논문집』 12, 1984.

김남인, 『都市空間構造 變化 特性에 關한 研究 : 江陵市를 事例로』, 상지대학교대학원박사학위논문, 2007.

김덕진, 「조선후기 官屯田의 경영과 地方財政」, 『朝鮮時代史學報』 25, 2003.

김두섭, 「조선후기 도시에 대한 인구학적 접근」, 『한국사회학』, 한국사회학회, 1990.

김영기, 「江陵精神史序說」, 『臨瀛文化』 제4집, 강릉문화원, 1980.

김영기, 「강릉문화의 정체성개론」, 『강릉문화정체성 연구』, 강릉문화예술진흥재단, 2002.

김우철, 「조선후기 江原道 地方軍制의 변천」, 『朝鮮時代史學報』 24, 2003.

김위현, 「月戴山 崇拜에 對한 小考」, 『臨瀛文化』 2, 1978.

김위현, 「朝鮮後期 大昌驛에 對한 諸問題」, 『관동대학논문집』 7, 관동대학, 1979.

김위현, 「朝鮮後期 嶺東驛站에 대한 一考」, 『명지사론』 6, 명지대학교 사학과, 1994.

김점숙, 「1920~1930년대 영동지역 사회운동」, 『역사와 현실』 9, 역사비평사, 1993.

김정숙, 「金周元世系의 成立과 그 變遷」, 『白山學報』 28, 백산학회, 1984.

김정호, 「영동지역 기독교 수용과 애국계몽운동-강릉 명주를 중심으로」, 『臨瀛文化』 18, 강릉문화원, 1994.

김정호, 「嶺東地域 天主教 受容에 關한 研究」, 『嶺東文化』 5, 1994.

김종영, 『朝鮮時代 官衙建築에 관한 研究』, 단국대학교 학위논문, 1988.

김종혁, 「문화권 구분단위로서의 하천유역권에 대한 시론」, 『문화역사지리』

제14권2호, 문화역사지리학회, 2002.

김종호, 『朝鮮前期 嶺東地方의 鎭管體制 硏究』, 관동대학교 석사학위 논문, 1996.

김창겸, 「新羅 '溟州郡王'考」, 『成大史林』 12·13, 성균관대학교사학회, 1997.

김철수, 「지난 천년의 도시발달사-우리나라 도시발달과 현대도시계획의 전개」, 『都市問題』, 대한지방행정공제회, 1999

김택균, 「東濊考-江陵 濊國說과 관련하여-」, 『江原文化硏究』 16, 1997.

김풍기, 「東國輿地勝覽의 江原道 記述 方向 試論」, 『江原文化硏究』 16, 1997.

김혜숙, 『촌락형성과 주거지 확대에 관한 연구 : 강릉부근의 주요 씨족을 중심으로』, 강원대학교 교육대학원 석사학위 논문, 1994.

김희정, 『강릉지역의 공동체조직과 지역형성과정』, 성신여자대학교 석사학위 논문, 1997.

김홍술, 「江陵地域 城郭硏究」, 『臨瀛文化』 23, 1999.

김홍술, 『江陵地域의 城郭硏究』, 관동대학교 대학원 석사학위 논문, 2000.

김홍술, 「朝鮮時代 江原官衙에 對하여」, 『조선시대 강원도 지역문화의 재조명』, 조선시대사학회 제6회 전국학술회의, 2002.

김홍술, 「20世紀 江陵의 行政區域 變遷」, 『江原史學』 19·20合輯, 2004.

김홍술, 「강릉 남대천 중류지역 관아유적의 변천」, 『남대천 유역의 문화와 경제』, 제5회 강릉학학술세미나, 2004.

김홍술, 「江陵邑城의 都市史的 檢討」, 『도시역사문화』 3, 서울역사박물관, 2005.

김홍술, 『江陵의 都市變遷史 硏究』, 강원대학교대학원박사학위논문, 2006.

김홍술, 「江陵邑城의 都市史的 檢討」, 『도시역사문화』 3, 서울역사박물관, 2005.

김홍술, 「강릉지역 육상교통의 발달과 도시변천」, 『강원문화사연구』제10집, 강원향토문화연구회, 2005.

김홍술, 「강릉단오제와 강릉의 도시문화」, 『박물관지』제4호, 관동대학교박물관, 2006.

김홍술, 「고대 강릉의 읍호와 행정구역의 변천」, 『박물관지』제13호, 강원대학교중앙박물관, 2006.

김홍술, 「강릉단오제와 강릉의 도시문화」, 『강원사학』제22·23집, 강원대학교사학회, 2008.

김홍술, 「강릉 남대천 중류지역 관아유적의 변천」, 『강릉학보』제2호, 강릉학회, 2008.

김흥술, 「溟州城의 역사·문화적 의의」, 『嶺東文化』 제10집, 관동대학교 영동
문화연구소, 2009.

김흥술, 「강릉의 제사」, 『강원사학』 제24·25집, 강원대학교사학회, 2010.

남궁용권, 「일제시대의 강릉·명주 교육」, 『연구발표회 자료집』, 임영지편찬위
원회, 1994.

남도영, 「朝鮮時代의 馬政研究(Ⅰ)」, 『韓國學研究』 1, 동국대학교한국학연구
소, 1976.

남도영, 「朝鮮時代의 馬政研究(Ⅱ)」, 『韓國學研究』 2, 동국대학교한국학연구
소, 1977.

노연수, 『朝鮮前期 江陵大都護府使 業務 研究』, 강원대학교 석사학위 논문, 2002.

류종기, 「朝鮮後期 嶺東地方 場市에 관한 研究」, 『영동문화』 8, 관동대학교
영동문화연구소, 2001.

문정식, 「조선시대 인사행정제도에 관한 연구」, 『한국행정사학지』, 한국행정
사학회, 2001.

박도식, 「江陵 地方史의 연구성과와 과제」, 『인문학연구』 4, 관동대학교 인문
과학연구소, 2001.

박도식, 「강릉의 역사적 변천과 행정구역의 변화」, 『인문과학연구』 7, 관동대
학교 인문과학연구소, 2004.

박문수, 「한국 도시의 의미와 도시사회운동」, 『도시연구』, 한국도시연구소, 1995.

박성호, 「강원도의 지역별 인구 증감 유형과 그 요인」, 『江原文化研究』 16, 1997.

방동인, 「溟州都督 置廢 小考」, 『臨瀛文化』 3, 1979.

방동인, 「高麗의 東北地方境域에 觀한 研究」, 『嶺東文化』 創刊號, 1980.

방동인, 「굴산사에 대한 연구와 전망」, 『臨瀛文化』 9, 강릉문화원, 1985.

방동인, 「崛山寺에 대한 研究와 前望」, 『臨瀛文化』 9, 1985.

방동인, 「堀山寺와 梵日에 대한 再照明」, 『臨瀛文化』 24, 2000.

방동인, 「영동지방의 민족교육운동-강릉지방을 중심으로-」, 『江原文化史研究』
5, 2000.

배영수, 「도시사의 최근 동향」, 『서양사연구』, 서울대학교 서양사연구회, 1995

백홍기, 「溟州 堀山寺址 發掘調査 略報告」, 『考古美術』 161, 한국미술사학회,
1984.

백홍기, 「江原嶺東地方의 先史文化」, 『臨瀛文化』 15, 1991.

백홍기, 「崛山寺址의 遺構와 遺物에 대하여」, 『臨瀛文化』 24, 2000.

서병국, 「渤海와 新羅의 國境線 問題-東海岸地域을 中心으로-」, 『臨瀛文化』 2, 1978.

서재기, 『地域開發戰略에 關한 硏究: 江陵圈을 對象으로』, 건국대학교 석사학위 논문, 1989.

손정목, 「滿洲事變·中日戰爭期(1931~40년)의 都市化過程」, 『도시행정연구』 8, 서울시립대학교, 1993.

손정목, 「미 군정기 지방정부(각 도급)가 형성되는 과정」, 『도시역사문화』, 서울역사박물관 연구논문집 2, 2004.

손정목, 「우리나라 도시계획의 발자취 - 법제화 과정을 중심으로-」, 『지방행정연구』, 한국지방행정연구원, 1986

손정목, 「우리나라 도시연구의 현재와 방향 : 도시사학의 연구」, 『도시문제』, 대한지방행정공제회, 1976.

송영섭, 「지난 천년의 도시발달사 근대 도시계획의 기원」, 『도시문제』, 대한지방행정공제회, 1999.

송제룡, 『全州古都官衙配置의 外部空間構成에 관한 硏究』, 전북대학교석사학위논문, 1989.

신상화·장희순, 「조선시대 춘천의 도시입지해석과 도시구조에 관한 연구」, 『지역개발연구』, 강원대학교 지역개발연구소, 2002.

신천식, 「江陵地域의 歷史的 變轉에 대한 考察」, 『臨瀛文化』 5, 1981.

신천식, 「濊貊問題에 대한 一考」, 『臨瀛文化』 4, 1980.

옥한석, 「관동지역 향촌지배세력의 성장에 관한 연구」, 『春州文化』 10, 춘천문화원, 1995.

원영민, 「江陵地方 地理誌 編纂에 관한 硏究」, 『영동문화』 8, 관동대학교 영동문화연구소, 2001.

원영환, 「江原監營의 史的 考察」, 『江原史學』 4, 1988.

원영환, 「朝鮮時代 江原道行政體制 變遷에 관한 硏究」, 『江原史學』 10, 1994.

유승희, 「조선후기 청계천의 실태와 준천작업의 시행」, 『도시역사문화』, 서울역사박물관 연구논문집 3, 2005.

유재춘, 『朝鮮前期 江原地域의 城郭 硏究』, 강원대학교박사학위논문, 1998.

유재춘, 「여말선초 동계지역의 변화와 治所城 이동·개축에 대하여-강원도 영동 지방을 중심으로」, 『조선시대사학보』 15, 조선시대사학회, 2000.

유재춘, 「麗末鮮初 東界地域의 變化와 治所城의 移轉·改築에 대하여-강원도 영동지방을 중심으로-」, 『朝鮮時代史學報』 15, 2000.

유재춘, 「임진왜란시 일본군의 조선성곽이용에 대하여-철원성산성 사례를 중심으로-」, 『朝鮮時代史學報』 24, 2003.

유재춘, 「지역사료의 수집.정리실태와 개선방안-강원도지역을 중심으로-」, 『역사와 현실』 48, 한국사연구회, 2003.

유홍식, 「지형적 위치를 고려한 가옥 및 취락의 입지」, 『강릉학보』 창간호, 2004.

이규대, 「朝鮮後期 鄕約契의 一考察-19세기 江陵府 事例를 中心으로-」, 『嶺東文化』 2, 1986.

이규대, 「17世紀 江陵地方의 士族과 鄕約 組織」, 『嶺東文化』 3, 1988.

이규대, 『조선후기 영동지방의 향촌지배구조에 관한 연구』, 중앙대학교박사학위논문, 1991.

이규대, 「조선전기 강릉부 재지사족의 향토지배」, 『臨瀛文化』 15, 강릉문화원, 1991.

이규대, 「강릉지역 계의 변천의 관한 시론」, 『우리文化』 창간호, 1994.

이규대, 「朝鮮後期 江陵 '彌陀契'와 鄕吏勢力의 動向」, 『강원문화사연구』 3, 강원향토문화연구회, 1998.

이규대, 「조선시대 강릉지역의 도시 발달사」, 『鏡浦臺 보존과 개발2004 제2차 세미나』, 2004.

이상수, 「江陵 南大川 下流域의 古代文化」, 『강릉학보』, 제2호, 강릉학회, 2008.

이상수, 「溟州와 朔州의 治所城 : 위치비정을 중심으로」, 『임영문화』, 제37집, 강릉문화원, 2013.

이상수, 「강릉 굴산사지 출토 '천계오년'명 기와의 성격과 의미」, 『임영문화』 38, 강릉문화원, 2014.

이종철, 「日帝時代 江陵地方 抗日運動 研究」, 『嶺東文化』 5, 1994.

이준선, 「江陵地域의 耕地開墾과 村落의 展開過程」, 『觀光開發研究』 13, 관동대학교관광개발연구소, 1998.

이진호, 『江陵圈의 開發與件과 開發方向에 관한 研究』, 강원대학교 석사학위논문, 1996.

임동일, 『朝鮮時代 官衙의 立地와 坐向을 통해 본 都·邑의 造營論理 研究』, 한양대학교박사학위논문, 1996.

임선빈, 「조선시대의 외관제도와 관찰사」, 『감영(監營)과 지역문화』, 제15회 한국향토사연구 전국학술대회, 2001.

임승달, 「강원도 도로체계정비에 관한 연구」, 『영동개발연구(Ⅰ)』, 강릉대학영 동산업문제연구소, 1985.

임호민, 「조선전기 강릉지방 사족가문의 형성에 대한 고찰」, 『嶺東文化』 9, 2004.

임호민, 『朝鮮後期 江陵地方 士族의 鄕村活動에 대한 研究』, 한국정신문화연 구원한국학대학원박사학위논문, 2004.

임호민, 「조선조 강릉대도호부 읍성 및 관아의 조성과 특징」, 『지방사와지방 문화』 제15권 1호, 역사문화학회, 2012.

임효재, 「江原古代史의 再認識」, 『江原鄕土史의 再照明과 跳躍』, 1995.

전영권, 「택리지의 현대지형학적 해석과 실용화 방안」, 『한국지역지리학회지』, 한국지역지리학회, 2002.

정재정, 「근대로 열린 길, 철도」, 『역사비평』, 역사문제연구소, 2005.

조동걸, 「江陵地方의 先史社會 研究-江陵濊地說-」, 『논문집』 1, 춘천교육대학 교, 1964.

조명호·김재진, 『동계올림픽 개최에 따른 강릉시 시가지 정비 전략』, 강원발 전연구원, 2012.

조병노, 「磻溪 柳馨遠의 驛制改革論」, 『朝鮮時代史學報』 3, 조선시대사학회, 1997.

조승호, 『朝鮮時代 江原監營 研究』, 강원대학교박사학위논문, 1998.

조영화, 「慶尙監營建築의 配置構成에 관한 研究」, 『감영(監營)과 지역문화』, 제15회 한국향토사연구 전국학술대회, 2001.

지현병, 「강릉 임영관지 시굴조사 결과 약보고」, 『우리文化』 창간호, 1994.

최성수, 『麗末鮮初의 江陵鄕校』, 고려대학교 교육대학원석사학위논문, 1986

최승순, 「유교문화와 강릉문화의 정체성」, 『강릉문화정체성 연구』, 강릉문화 예술진흥재단, 2001.

최용락, 『강릉시 도시경관의 변천과 특성에 관한 연구』, 서울대학교 석사학위 논문, 1993.

최종민, 『江陵市 都市景觀의 形成過程에 關한 研究』, 관동대학교 석사학위 논문, 1997.

최철,「朝鮮總督府 調査資料 第三十二輯 "生活狀態調査"(其三) 江陵郡에 對하여」,『강원교육』103, 강원도교육위원회, 1974.

한대현,「강릉시의 都市勢力圈 설정 및 분석」,『강릉교육대학 논문집』5, 강릉교육대학, 1973.

황상돈,『朝鮮時代 官衙庭園에 관한 硏究』, 영남대학교대학원 석사학위논문, 1998.

4. 行政·地域資料

강릉김씨천이백년사편찬위원회,『강릉김씨천이백년사 제1집』, 강릉김씨대종회, 1990.

강릉문화원,『땀으로 가꾼 第一江陵』, 해람기획, 2005.

강릉시,『1973년 강릉시 도시계획 변경(재정비) 보고서』, 강릉시, 1973.

강릉시,『2016년 강릉도시기본계획(안)』, 강릉시, 1997.

강릉시,『강릉 남대천종합개발기본계획 보고서』, 강릉시, 1990.

강릉시,『사진기록 강릉100년』, 강릉시, 2000.

강릉시,『통계연보』, 1965~2014.

강릉우체국,『강릉우체국100년사』, 강릉우체국, 1998.

강릉중앙교회,『강릉중앙교회 100년사』, 강릉중앙교회, 2002.

강릉초등학교백년사편집위원회,『百年史 : 1896~1996』, 강릉초등학교, 1996.

강원경찰청,『江原警察發展史』, 江原日報社, 2002.

강원도,『통계로 본 강원의 발자취 : 1961-2014』, 강원도, 2003.

강원문화재연구소,『강릉지역문화유적발굴(시굴)조사보고서』, 강원문화재연구소, 2003.

건설교통부,『교량현황조서』, 2005.

농림부·농업기반공사,『남대천유역 저수지비상대처계획』, 2004.

『東方新聞』, 1950.1.3~3.23.

명주군,『명주군 건설종합 개발계획(1992~2001)』, 1992.

명주군,『통계연보』, 1970~1994.

박낙진,『玉泉의 脈』, 1993.

주문진읍승격60주년기념사업위원회,『새말(新里)의 香氣』, 2000

행정자치부,『地方行政區域要覽』, 2003.

강원지방기상청, 『강원지방기상청 백년사 : 1911-2011』, 2011.

강릉시, 『민선자치 10년사』, 강원도민일보사, 2006.

강릉시·한국시문학회, 『자치시정의 토대와 발자취 1995-2006』, 원영출판사, 2006.

강릉시, 『2020년 강릉도시기본계획』, 2008.

강원지방우정청, 『강원우정116년사 1896-2012』, 2012.

강릉시, 『시정백서』, 2004~2013.

[부록] 근현대 강릉의 도시연표

년도별	도시변화 관련 주요내용
1888년	5월 18일 오대산 사고 선원각 수리
1895년	6월 1일 칙령 제125호로 강릉우체소 개소 6월 29일 관제개혁에 따라 강릉대도호부가 강릉관찰부로 변경(관할구역 평해에서 흡곡까지) 윤 5월 15일 이후 다른 21개 부와 함께 강릉에 재판소가 설치(용강동61-8)
1896년	7월 23일 칙령 제32호로 전보사 관제를 설치할 때 강릉전보사가 공표 8월 5일 전국을 23개부 13개도로 개정 시 강릉관찰부는 강원도 소속 강릉군으로 21개 면 관할 9월 17일 소학교령에 의거 강릉공립소학교 개교 위촌리에 우양학교 설립, 초당학교 설립 여운형을 영어교사로 초빙
1898년	1월 15일 농상공부령 제24호로 강릉군 군내면 북성내리(성내 23번지) 우편업무 시작 영동지역 최초의 우편국, 강릉군 우체사는 삼척.울진.평해.정선.영월.평창.양양.간성.고성.통천.흡곡 임시우체사 11개사를 관할
1900년	1월 23일 강화부와 봉화, 강릉, 무주군 등의 사고 수호건 관보 고시
1905년	6월 25일, 강릉우체사가 통감부 통신관리국 소속 경성우편국 강릉출장소로 격하됨 통감정치로 강릉이 원산이사청 관할이 됨
1906년	1월 경찰업무와 관련 춘천에 경서, 금성, 강릉에 분소를 설치 관찰사의 지휘 받음 4월 1일, 주문진(주문리311)우편소 개설 7월 1일 통감부 고시 제37호로 출장소에서 강릉우편국으로 개칭 8월 27일 보통학교령에 의해 소학교를 보통학교로 개칭 신교육기관으로 최용집이 초당학교, 선교장에 개교한 동진학교, 위촌리 우양학교, 옥천동에 영주학교, 모산리의 모산학교, 주문진 신리면 신리학교 등 설립(1910년 전후하여 폐교됨) 9월 임계.도암면이 정선군에 진부.봉평.대화면이 평창군에, 내면이 인제군에 이관 됨 9월 24일 경무분견소(9.24)를 두어 경무서에 조선인 경무관(경시와 같음), 분소에 총순(경부와 같음)을 두고 그 아래 권임(순사부장), 순검(순사)을 배치
1907년	8월 13일 강릉 진위대 해산 11월 23일 의병 천여명 강릉 서북방에서 일본군 수비대와 교전 11월 28일 의병장 민긍호 부대 강릉 서북방에서 일본군 수비대와 교전 12월 21일 강릉우편국은 평창과 함께 전신업무를 취급하기 시작
1908년	1월 1일 경성지방재판소 강릉구재판소 설치 형사.일반 민사사건의 초심 관장 검사국 설치, 강릉군, 양양군, 간성군 관할 1월 7일 의병 5백명 옥계 산계리에서 일본군과 교전(2.11 임계, 5.8도계 등지에서 교전) 5월 1일 경성우편국 강릉출장소 한글전보 취급시작 8월 28일 일본군이 울진-강릉 간 경비전화 개통 9월 5일 강릉-양양 간 경비전화 개통 10월 1일 강릉우체소 원산우편국 관할로 변경
1909년	3월 26일 모산학교 설립 인가 6월 4일 선교장에 동진학교 설립(1910년경 폐교) 9월 21일 신리학교 설립 인가

	10월 6일 경성지방재판소 춘천지부 강릉구재판소로 변경 11월 1일 검사국은 경성지방재판소 춘천지부 강릉구재판소 검사분국으로 됨 강릉향교에 화산학교가 설립 (1911년 폐교되고 양잠전습소로 변경) 석명선이 부사로 부임하여 강릉부에서 주문진을 잇는 2등 도로 개통
1910년	6월 4일 함흥지방법원 강릉지청으로 변경, 검사분국 함흥지방밥원 강릉지원 검사국으로 개명 9월 30일 자혜의원이 지방관제에 포함 됨 11월 16일 오대산사고 강릉군수 관할, 강릉군 재판소 경찰사무 : 1907년 10월 조선에 있어서 일본인의 경찰사무를 한국정부에 위임 동시에 춘천경무서를 춘천경찰서로 고치고 고문부를 폐지하고 그 직원은 경찰서로 귀속. 일본인으로써 수뇌를 이루어 금성, 원주, 강릉, 울진에 분서를 둠. 1908년 8월 지방관 관제개정 시에 관찰도에 내무부와 경찰부를 설치하여 일본인 경시를 경찰부장으로 충원하여 본서를 경찰서로 고 고, 1909년 통천, 철원, 평창 3개소에 경찰서를 증설 1910년 6월 한국의 경찰권이 일본에 넘어감 강릉경찰서 설치 강원도 사법관할구역 : 동서로 이분하여 영서 17개 군은 경성지방법원, 영동 8개군은 함흥지방법원의 관할, 지청은 영서는 춘천, 원주, 철원 3개소에, 영동은 강릉, 울진 2개소와 원산에 설치, 원주, 철원, 울진의 분대장과 강릉의 경찰서장은 검사사무를 함께 취급, 강릉관할은 강릉, 양양, 간성 소방업무 : 강릉소방서에 일본인으로 조직된 강릉소방조 60명(소방수11), 조선인과 공동조직 주문진 소방조 25명(소방수), 조선인으로 구성된 연곡면 동덕리소방조 32명, 신리면 교항리소방조 32명, 사천면 석교리소방조 32명, 자가곡면 정동진소방조 40명, 옥계면 현내리소방조 52명, 성산면 구산리소 방조 32명 편성, 소방수는 강릉·주문진 소방조에만 있었고 총16명
1911년	5월 2일 공립강릉보통학교 내에 공립강릉실업보습학교 설치 인가 10월 용강정63번지에서 강원도 유일의 기상관측 시작 화산학교가 양잠전습소로 변경
1912년	3월 27일 강릉 우편소 체신국 원산출장소 소속으로 됨 3월 28일 강릉측후소 설치 학교현황 : 조선인공립보통학교는 4개교에 학생 235명, 일본인 공립소학교는 1개교에 21명(도내 조선인공립보통학교 총 72개교에 3,285명, 일본인 공립소학교 10개교에 195명) 강릉 조선인 사립학교 학생수는 동진학교 28명, 모산학교 36명, 신리학교 30명, 옥계학교 37명, 망상학교 30명 금융조합 : 1907년 5월 지방금융조합규칙 제정되고 정부 1조합에 기금 1만원씩 지원 각 면에 농업 개량 목적 농업기사 약간 명을 배치, 농민 조합원에게 1인 50원 한도 농공업자금을 대여, 생산물 위탁판매 공동구입, 창고건립, 미곡 담보 대부 등을 실시, 1912년 강릉 등 도내 11개소 조합이 설치 운영
1913년	1월 1일 주문진 우편소 설치 4월 1일 면행정구역 북1리면, 북2리면, 남1리면을 군내면으로 병합, 강릉경찰서는 강원도 경무부 춘천헌병대 강릉경찰서로 강릉군 북일리면에 위치 남1리, 남2리, 덕방, 북1리, 북2리면을 관할 산성우리, 주문진, 구산리, 석교리 순사주재소 4월 1일 주문리에 강원도어업실습장 설치 10월 1일 강릉의료원 전신인 자혜의원 창설
1914년	4월 1일 군내면을 강릉면으로 개칭 : 전국에 종전의 12개 부 317개 군이었던 220개 군으로 바뀌어 군의 수 109개가 폐합. 면행정구역 통폐합으로 당시 강릉군은 북일리, 북이리, 남일리면을 군내면으로 병합하고 군내면이 강릉면으로 개칭 7월 25일 성남면사무소를 장현리로 이전 10월 16일 군내면사무소를 동면 임당리로 이전 함흥지방법원 강릉지청의 관할구역은 강릉·양양군으로 조정

1915년	4월 8일 강릉공립심상소학교에 소학교교과 병설인가 강릉예수감리교회에서 의숭유치원 설립 12월 함흥지방법원 강릉지청 관할구역 강릉. 양양. 삼척. 울진군으로 조정
1916년	10월 1일 북일리면, 북이리면, 남일리면을 합친 군내면을 강릉면, 자가곡면을 강동면으로 개칭
1917년	7월 21일 사천면사무소를 동면 덕실리로 이전 총독부령 제34호 「면제시행규칙」으로 이른바 면제를 공포하여 지정면을 선정하였는데 1차로 전국에 21개 면이 선정. 지정면은 일본인 다수 거주지역으로 재정 지원을 하고 시구개정이라는 이름으로 가로확장·시가지 정비를 촉진케 하였고 상·하수도 설비, 전등의 보급 등을 중점 지원함으로써 일본인들의 복지생활 향상을 꾀함 대관령도로 확장 : 1913년 9월부터 1917년 8월까지의 기간에 이천-강릉간 노폭 5.4m의 도로확장공사가 실시되었고 구 고속도로 구간 대관령, 횡성까지의 구간도 이 때 확장 11월 1일 상구정면을 왕산면으로 하구정면을 구정면으로 개칭
1918년	2월 22일 신리면에 주문리 어업조합 설립(후에 어업조합, 수산업협동조합으로 변천) 3월 주문진 등대 체신국 소속으로 설치 4월 10일 연곡면사무소를 동면 방내리로 이전 8월 29일 주문진공립심상소학교 설치 인가 10월 식산은행지점 설치, 강릉지역에 처음으로 자동차 등장
1919년	11월 11일 신리면사무소를 주문리334번지로 이전 4월 8일 남대천 수계의 하령보 작업을 했던 농민들 3.1운동 참여(수리이용을 위해 매년 봄 수리공사) 4월 5일 자혜의원을 강원도립 강릉의원으로 개칭 5월 1일 환강자동차 합자회사 설립 10월 1일 주문진공립보통학교 설립(6.11설립인가)
1920년	7월 29일 학교평의회 설치 9월 1일 옥계공립보통학교 개교(6.4설립인가, 1941.4.1. 옥계국민학교) 11월 1일 성덕면으로 개편 하남면의 일부 정동면에 편입(강릉은 성남면, 덕방면, 자가곡면 일부를 병합하여 성덕면으로 개편하고 하남면의 일부가 정동면으로 편입)
1921년	1월 31일 강릉공립간이농업학교 폐지 2월 20일 강릉군 옥천저축조합 설립 5월, 1912년에 105인 사건에 연루되었던 안경록 목사가 강릉감리교회 5대 목사로 부임하여 7년째되는 해 5월에 처음으로 교회당 건립(강릉예수회미감리회당) 6월 14일 주문리 강원도어업실습장 폐지하고 강원도수산시험장 신설 6월 28일 강원여객 창립
1922년	3월 1일 강릉우편국에서 전화교환 업무와 탁송전보업무 취급 4월 1일 성산공립보통학교 설립(학생100명) 9월 30일 강릉노동조합 설립 11월 11일 신리면 장덕야학 설립 강릉향교 명륜당에 수선강습소 설치 남대천 호안제방공사 : 남대천 홍수로 강릉 시가지의 긴급한 방수공사가 필요하여 남대천 호안제방공사기성회를 조직
1923년	2월 강원도 내에서 철원과 함께 지정면이 됨(총독부령 제25호) 1920년대 말까지 도내 춘천·강릉·철원 3개 포함하여 전국에 43개의 지정면이 있었음 3월 2일 강릉 미감리회 조선 물산장려 선전 활동

	6월 9일 성산 공립보통학교, 신리공립보통학교 부설 신리공립속성학교 설립
	7월 27일 강릉시 금학동 포교당에 사립 금천유치원 개원
	8월 18일 조선소작인노동조합 강릉지회 창립
1924년	3월 8일 주문진공립심상소학교에 고등소학교 교과 병치
	3월 27일 사천공립보통학교 설립
	4월 환강자동차주식회사 설립
	4월 30일 강릉상사주식회사 설립(운수 창고업)
	5월 18일 사천공립보통학교 설립
	8월 5일 병산야학 설립
	9월 강릉모터친목회 창립
1925년	1월 1일 강릉식산조합 창립
	2월 20일 강릉인쇄합자회사 설립
	4월 1일 신리공립보통학교부설 신리 공립속성학교 폐지, 강릉의원이 도립의원이 됨
	5월 26일 강릉상사주식회사 설립
	6월 1일 강릉운수주식회사 설립
	7월 5일 형평회 강릉지부 창립
	7월 13일 강원도훈령 제32호 강원도립강릉측후소규정 : 기상 관측 및 보고, 천기예보 및 폭풍경보·기상전보 수발, 관측성적의 응답 및 주명, 기상에 관한 조사연구 등의 업무 수행
	9월 25일 강릉불교소년회 조직
1926년	1월 1일 조선식산합자회사 설립
	1월 16일 옥계 우편소(현내리408) 개설
	2월 6일 상우간친회 창립
	4월 을축신우회, 인우회 합동 메이데이기념행사
	5월 5일 주문진항 방파제공사 완료 : 1924.4.12부터 총 24만원의 공사비로 92m 공사, 항구넓이 23,000평 방사제 연장 81m, 도수제 연장 514m
	5월 11일 강릉군농회 창립
	5월 16일 포교당에서 강릉청년회 설립
	6월 12일 강릉영림서 및 강릉삼림보호구(6.14) 설치
	9월 16일 음식점영업조합 설립
	9월 17일 강릉전기주식회사 설립
	9월 최준집 등 강릉동해자동차운수주식회사(자본금 66,000원) 설립
	10월 1일 공립잠사기업실수학교 설립
	10월 2일 과학영농목적 모산신진회 창립
	11월 19일 강릉군청년동맹 창립
1927년	1월 5일 죽헌노동야학 설립
	1월 14일 옥천정강습소 설립(학생51명)
	4월 1일 강릉인쇄주식회사 설립
	4월 17일 동해상사 창립
	5월 16일 옥계우편소 설치
	9월 10일 강릉청년연맹 창립
	9월 합자회사금옥당(사진업) 설립
	10월 5일 초당노동야학 설립(학생45명)
	11월 3일 신간회 강릉지회 등 설립

1928년	3월 28일 북평우편소 신설 3월 30일 남대천 호안제방공사 준공 : 1927. 1. 21. 기공하여 준공하였으며, 제방의 연장은 510간(약 930m)이며, 공사 기점으로부터 330간(약 600m)은 홍수위 이하 표면과 측점으로부터 천변의 폭 50간(약90m)에는 철선의 구불구불한 통으로 감쌌고, 330간에서 410간의 구간에는 홍수위 이하 표면을 돌로 쌓았고, 410간부터 나머지 공사구간은 흙으로 제방을 쌓음 4월 박월동 개량서숙 설립(1931박월학습강습소) 5월 7일 공업조합 설립(회원70명) 5월 9일 조선소년군 강릉지방본부 설립 6월 1일 동선양조주식회사 설립 6월 15일 강릉공립농업학교 설치인가(7월 1일 강릉향교에서 임시 개교, 학생 55명) 7월 9일 조선청년연맹 강릉면지부 창립 7월 26일 근우회 강릉지회 설립(회원32명) 8월 12일 강릉우차조합 설립 10월 1일 강릉주조주식회사 설립 10월 5일 사립동화학원 설립 11월 15일 해동부인직업사, 영진리야학 설립 11월 병산야학 교사 낙성(1926년 설립, 신축 추진, 학생50명) 견소진리는 해안마을 간이수도 설치
1929년	1월 4일 강릉읍 미감리회 중심 조합원의 자작자급을 위한 강릉농산조합 창립(조합원50명) 2월 5일 옥계 금은광(897,230평) 운영 10월 1일 원산우편국 강릉출장소 생명보험업무개시 10월 19일 공립잠사기업실수학교 폐지 10월 22일 강릉면사무소를 임정136번지에 이전 12월 10일 원동력 80마력의 석유엔진으로 작동되는 64KW 발전기로 강릉발전소 설립(임당동) 읍내 전기 공급
1930년	1월 8일 강릉자동차주식회사 설립 2월 22일 강릉여자실수학교 설립 7월 11일 공립농업학교 퇴학처분에 동맹휴업(8월 7일 3학년생 등교거부) 경성↔강릉간 시험비행 실시
1931년	2월 사회과학연구회 활동 3월 26일 성산우편소 설치 4월 1일 강릉면이 읍으로 승격 5월 읍회 의원선거 당시 강릉읍의 인구는 13,495명이었고 의원정수는 12명(1930년 12월 29일자 총독부령 제103호 「읍면및읍면장에 관한 규정」 : 읍제를 신설하여 당시까지 지정면으로 불렸던 41개 면을 「읍」으로 하였으며 지정면제 폐지, 당시 도내 다른 읍의 인구수는 춘천 10,122명 철원 14,151명이었고, 의원정수는 춘천 10명, 철원 12명) 7월 1일 경성전매국 강릉출장소 강릉판매소 설치 7월 20일 강릉합동주조주식회사 설립 8월 17일 주문진노동조합 설립 11월 16일 강릉공산청년동맹 설립 묵호항 완공(1929년부터 축항공사를 시작하여 완료)
1932년	1월 4일 강릉읍 농민 3백여명 시장세 인하요구 집회 1월 15일 강동공립보통학교 설립 2월 강릉공산당, 강릉공산청년동맹, 적색농민조합 결성

	4월 6일 경포공립보통학교 설립 4월 10일 조선공산당 강릉위원회 조직 5월 조선공산당 재건동맹 강릉그룹 결성 6월 강릉반제그룹 조직 9월 30일 곡물검사소 원산지소 강릉출장소 설치 11월 강릉교가 시멘트 공법으로 새로이 건설 남천교가 철교로 개설, 왕산면 지역에 만덕교, 목계교, 평촌교, 선도교가 각각 개설
1933년	3월 26일 임계우편소 설치 4월 2일 정동보통학교 설립 10월 15일 정동면사무소를 죽헌리138-1로 이전 성내동 3번지에 강릉군 청사 준공(1955년부터 1978.6.1.까지 명주군청사로 활용)
1934년	2월 13일 연곡공립보통학교 설립 3월 28일 강릉운수주식회사 설립 4월 7일 마약류중독자치료소 설치 5월 15일 퇴곡간이학교 및 옥계공립보통 학교 부설 남양간이학교 설립 5월 강릉세무서 발족(강릉, 양양, 고성 관할) 8월 10일 강릉의원 본관 2층 신축 이전 10월 12일 남대천 1,640m 제방공사비 4만원 확정(국고32,000원, 지방비8,000원)
1935년	1월 23일 지방하천(남대천) 개수 착수(국고21,000 지방비9,000원) 1월 25일 강릉수육판매합자회사 설립(상업, 무역업) 3월 11일 사천우편소 설치 8월 3일 강동공립보통학교 부설 정동진간이학교 설립 10월 7일 망상공립보통학교 설립(1946.3.12. 묵호초등학교) 10월 29일 성덕공립보통학교 설립 목호공립보통학교 설립, 강릉삼림보호구가 영림서로 명칭 변경
1936년	3월 15일 강릉산업주식회사 설립(상업, 무역업) 6월 18일 성산공립보통학교 부설 송양간이학교 설립 8월 4일 구정.왕산공립보통학교 설립 8월과 9월의 대홍수로 남대천 수계의 많은 수리이용 시설이 피해를 입었으며 하구는 크게 범람. 현 강릉의료원 앞 제방이 무너져 강릉시내 전역이 물바다를 이루었으며 지금의 남문동, 명주동, 성남동, 금학동, 임당동, 옥천동, 포남동 지역은 밤중에 물난리를 겪었고, 남대천 강릉교 남측이 무너져 당시 성덕면 방향으로 피신하던 사람들 3백여 명이 숨졌다. 이 때의 홍수로 남대천가에 있었던 월화정이 유실되었고 강릉시내 각 학교 학생들이 수해복구에 동원 12월 8일 곡물검사소 원산지소 강릉출장소에서 곡물검사소 강릉출장소로 개편 보진당이 1907년 화재로 소실되었던 것을 중건 양양-삼척 간 동해북부선 철도건설을 위해 강릉건설사무소 설치(1937.12.1. 흡곡-양양, 1940.2.12. 청량리-원주, 1940.8.1. 철암-묵호, 1941.6.2. 원주-제천, 1944.2.9. 북평-삼척 간 개통)
1937년	3월 1일 고단공립보통학교 설립, 묵호우편소 설치 4월 1일 신리면을 주문진면으로 개칭 5월 12일 강릉공립보통학교 부설 용강간이학교 설립 5월 17일 왕산공립보통학교 부설 대기간이학교 설립 6월 21일 강릉공립보통학교 위치를 홍제리37번지로 변경 강릉읍 상수도 공사 착공 시설용량 1000㎥/일

	조선전력주식회사가 강릉전기주식회사 매수
1938년	1월 20일 강릉합동수산주식회사 설립(수산업) 3월 19일 5년제 강릉공립상업학교 설립 인가(4.23향교에서 개교, 7월 신축교사로 이전) 3월 30일 강릉공립고등여학교 설립, 3월 옥계심상소학교 설립, 경포.한송심상소학교 설립 4월 1일 공립보통학교를 공립심상소학교로 개칭 강릉공립보통학교를 강릉중앙심상소학교로 개칭, 정동공립보통학교를 경포심상소학교로 개칭, 신리 공립보통학교를 주문진남심상소학교로 개칭 등 7월 4일 동명심상소학교 설립 8월 11일 대홍수 제방유실 전답매몰 가옥 322호 유실, 516호가 붕괴 156명 사망, 100명 실종 가축 186두 손실, 강릉 연곡 성산 옥계지역 피해 극심 9월 1일 정동면이 경포면으로 개칭, 강릉무선전신국 설립(1942.5.1. 항공 전용무선국으로 전환) 11월 18일 강릉읍 수도 준공식 홍제정수장 1,000㎡/1일을 통수
1939년	1월 14일 강릉물산주식회사 설립(상업, 무역) 9월 강릉상업학교 교동으로 이전 송계, 산계, 오봉 등 7개 지역에 변전소가 건설
1940년	4월 8일 강릉측후소 내에 강릉우편국 전신분실 신설 4월 11일 강릉토목관구 설치 4월 24일 강릉공립여학교 입학식 향교에서 거행 8월 1일 철도 영동선 '철암~묵호항' 143.5㎞ 개통, 왕산 종우생산지구사무소 설치 10월 8일 정동심상소학교 설립, 남선합동전기주식회사 직할 강릉영업소 설치 11월 1일 신리면이 주문진읍으로 승격, 강릉읍 행정지구면적 21,579,350㎡ 중에 일부인 성남동, 교동, 옥천동, 포남동, 홍제동, 용강동, 송정동, 남문동, 성내동 면적 6,540,000㎡에 한하여 시구정비계획 고시, 시가지계획가로는 대로 5개 노선, 중로 22개 노선을 지정, 토지구획정리구역으로 약 4,670,000㎡를 결정 11월 30일 부령 261호로 종전 원산 우편국이 강릉우편국을 관할하였으나 지방체신국으로 개편하고 강릉우편국은 경성지방 체신국 관할에 속하게 됨 12월 20일 산계공립보통학교 설립
1941년	1월 1일 주문진우편소 전신분실 설치 2월 1일 우편소 명칭이 우편국으로 개칭 4월 26일 제594호로 가로정비, 시구정비, 공업·주택지역을 포함하는 95,070,000㎡ 면적에 30만 명의 인구계획을 담은 삼척·묵호 계획이 고시 8월 6일 모산국민학교 설립(보통학교 명칭이 국민학교로 변경) 12월 5일 강릉이동방송중계소 개소 호출부호 JBRK, 주파수 600㎑, 공중선전력 30Wfh 제1방송 첫 송출(교동 철도관사 65호) 12월 15일 주영국민학교 설립
1942년	1월 31일 강릉우편국 보험분실 신설 4월 12일 강릉읍 일대 금학동, 성남동의 약 8,900평이 큰 바람이 불어 대화재 밸생 336호가 소실 5월 29일 강릉시가지계획, 토지구획정리지구를 추가 결정(성남, 성내, 금학동 일부 추가 69,000㎡) 10월 1일 망상면이 목호읍으로 승격 강릉涵, 정동진. 장현. 퇴곡국민학교 설립
1943년	4월 30일 망상국민학교 설립 6월 20일 송양국민학교 설립 6월 30일 운양국민학교 설립

	7월 6일 옥천국민학교 설립(향교에서 개교 1944년 8월 옥천동으로 이전) 11월 20일 성남동에 제1시장(곶감·금방골목) 설립 목조2층구조 1호상설시장 48개점포 입주 11월 30일 강릉영림서 폐지 그 사무를 도에 이관
1944년	4월 15일 금광국민학교 설립 5월 1일 임곡국민학교 설립 5월 15일 삼산국민학교 설립 6월 13일 보광국민학교 설립 함흥지방법원 강릉지청도 이심제 실시, 강원도청 분청이 설치되었다가 해방 후 폐지
1945년	8월 15일 해방, 동방신문 창간(군정당국 신문발행허가 1호), 해방당시 강릉의 전화가입자가 272명 전신회선은 11회선 설치 10월 11일 함흥지방법원 강릉지원이 춘천지방법원 강릉지원으로 변경(용강동 61-1) 10월 21일 강릉시 용강동(현 강릉우체국)에 국립경찰 창설과 동시 강릉경찰서 출범 11월 1일 함흥법원 검사분국이 춘천지방검찰청 강릉지청으로 호칭 12월 12일 강원도립 수산전습소 설립
1946년	3월 6일 삼락공립국민학교 개교(6학급, 홍제동 12번지 용강동 시장 뒤, 1949.11.15.명주국민학교로 개칭, 1950.11.5.홍제65번지, 1957.8.17.명주동 51번지로 이전) 5월 1일 강릉의원 강원도립 강릉병원으로 개칭 6월 임당성당 야간중등과정 성심공민학교 설립(1957년 폐지) 7월 20일 강릉사범학교 설치 인가(9월 20일 입학식) 38군정청(일명 동부군정청) 설치(강릉, 정선, 38선이남지역의 양양, 삼척, 울진 관할), 강릉 민우회, 건국청년회 결성, 대한독립촉성회 강원도 강릉연맹 결성, 강릉사범학교 설치, 묵호 해안경비대 창설
1947년	2월 1일 20여대의 트럭으로 화물자동차회사인 태양상사 창립 10월 6일 도립수산전습소가 주문진수산초급중학교로 변경 인가 10월 11일 강릉상공회의소 발족 11월 27일 성덕수리조합 설립(면적 460ha) 식산은행 강릉지점 설치(성내동8-4) 12월 1일 강릉이동방송중계소의 출력이 250W로 증강되었고 호출부호 HLKR 부여 받아 강릉송신소 를 강릉방송국으로 승격
1948년	1월 31일 강릉우편국 전신분실 폐지 강릉방송국 용강동 5번지에 목조 단층 건물로 청사 이전 6월 15일 연곡이북지역을 관할하는 주문진경찰서 창설, 춘천지방법원 강릉지원 합의부지원 승격, 검 찰업무가 법원에서 분리 춘천지방검찰 강릉지청도 분리 대한민국항공사 미국 스틴스 단발비행기 3대 도입 강릉↔서울 등 국내 4개 노선 운항
1949년	2월 1일 서울-강릉 간 여객기 취항 6월 16일 강릉유도회 명륜중학교 설립위원회 결성 9월 18일 설립인가, 11월 13일 입학식(1953.2.25. 강릉명륜중학교로 설립 인가, 1955.4.20. 강릉성심중학교가 폐교 학생들 인수, 1988.2.28. 폐교될 때 까지의 총 졸업생 수는 35회 졸업 7,524명) 8월 13일 강릉우편국이 강릉우체국으로 명칭 변경 구정 제비국민학교, 옥계 북동국민학교 설립, 8사단 창설
1950년	1월 년 초부터 시발택시라 불리던 택시 운행 4월 1일 주문진 초급중학교가 주문진중학교로 변경 10월부터 공군 기지부가 주둔 옥계면 낙풍천 목재다리 완공, 동방신문 전쟁으로 발간 중단되었고, 동방신문 창간 사장 김석호 등

	강릉신문 발행 강릉군 관내의 호구 현황은 3개 읍, 12개 면 총 31,312戶
1951년	1월 8일 1.4후퇴 시 우체국 소실 임당동 구 상공회의소 위치로 이전 8월 8일 강릉보육원 개설 8월 31일 강릉중학교, 강릉여자중학교, 주문진중학교, 묵호중학교 등 설립 9월 1일 주문진중학교를 주문진수산고등학교로 변경 인가 10월 16일 서부시장 설치(용강동29) 공군기지부가 10전투비행단으로 바뀜
1952년	5월 5일 강릉방송국 교동에서 용강동 62번지 목조단층 건물 청사로 이전 6월 4일 교육자치제 실시 (강릉교육청) 8월 1일 강릉무선전신국 부활 11월 금광수리조합 설립
1953년	2월 25일 명륜중학교 설립 1988.2.28. 폐교 9월 16일 주문진수산고등학교 교사 신축 상량
1954년	4월 6일 옥계중학교 설립 5월 18일 묵호상업고등학교 설립 5월 19일 주문진중학교 사천분교 설치 5월 31일 관동대학관 설립 인가 10월 21일 법률 제350호로 "수복지구림시행정조치법"시행에 따라 현북·서면을 양양군에 편입(3개 읍 10개 면 196개 리) 12월 15일 성남동 제2시장(현 중앙시장) 개설
1955년	3월 29일 사천중학교 설립 인가(4월 5일 입학식 3학급) 5월 24일 각 읍면의회교육위원 선거 9월 1일 강릉시 승격 및 명주군 개청 분리(9월 1일 강릉읍과 경포면, 성덕면을 병합 법률 제369호로 강릉시로 승격, 그 외 지역은 명주군으로 개청 분리 당시 강릉시의 행정구역은 38개 동 489개 반, 종전의 강릉군이 강릉시와 명주군으로 분리됨으로써 강릉지역의 읍·면·동 체제가 확정) 9월 1일 초대강릉시의회 개원(15명) 성남동 하수도개수공사, 상수도수원지확장공사, 성내-임당간 간선도로 공사 추진
1956년	1월 1일 주문진경찰서 폐지 강릉경찰서 관할로 함 1월 7일 동호국민학교 설립 2월 1일 강릉극장 개관 8월 13일 주문진읍 묵호읍 의회(각13명), 성산·왕산·구정·강동·옥계·사천·연곡·현남면의회(각11명) 구성, 읍면장 제1대 도의원 선거 실시 10월 21일 중앙시장 개설(성남동 51-19) 11월 2일 용강동 서부시장 제3시장으로 개설
1957년	2월 4일 강릉-서울 간 항공우편 취급 개시 4월 8일 강릉사범학교 부속국민학교 개교(1962년 중앙국민학교로 명칭 변경) 4월 18일 재단법인 강릉보육원 설립, 부연, 사기막, 삼교, 장덕국민학교 설립 12월 23일 강릉우체국 신축 12월 28일 관동대학교 교사 준공 하평보 축보공사, 경포개답공사 실시, 성내-옥천동간 간선배수로암거공사, 성내-남문동 간 도시계획사업도로 개수, 포남동 우시장 부지설치, 광정보 축보공사 추진

1958년	1월 강릉비행장 개항(1948년 8월 미군으로부터 인수하여 민항비행장으로 개항) 12월 20일 명주동 구 강릉시청사 준공 공동우물 신설 및 개수, 경포해수욕장 공중화장실 설치, 홍제동 중보 축보
1959년	2월 26일 관동대의숙 4년제 관동대학으로 승격 9월 18일 제14호 태풍 Sarah로 주수교 유실 등 많은 재산과 인명 피해
1960년	2월 7일 동해북부선(옥계-경포대 간) 철도 건설기공식 3월 1일 강릉시공관(성내동28) 건립 : 시공관은 1961년 시민관으로 명칭을 바꾸어 4월 4일 까지 운영됨 9월 12일 옥계면사무소 신축 준공 강릉시 제3동(용강·홍제)사무소 준공, 노암동722-4번지 강릉공설운동장 건립
1961년	4월 5일 강릉사범학교 병설고등학교(강릉고등학교) 설립인가 7월 1일 한국전력주식회사 강원지점으로 개칭 7월 5일 군사 원호청 서울지청 강릉출장소 개소 8월 7일 금진국민학교 설립 9월 1일 강동면 전신전화취급소 설치(상시동) 9월 15일 재건교(목교) 완공 강릉↔서울 간 항공로 개통, 10월 23일 자치제에 따라 강릉시 내무, 재무, 교육, 산업, 건설과 등 5과 17계, 명주군 내무. 산업과 2과 10계로 편제 12월 12일 성덕·금광수리조합이 합병되어 강릉수리조합으로 개칭 영동선 철도 북평~옥계'간 17.4㎞ 연장
1962년	1월 6일 교육자치 중단으로 교육청 시장 산하에 병합 2월 28일 강릉사범학교 부속국민학교가 중앙국민학교로 변경 3월 7일 강릉고등학교 설립(12학급), 경포중학교 설립(3월 15일 개교) 4월 16일 서울지방원호청 강릉지청 개명 5월 16일 왕산면 전신전화취급소 설치 7월 15일 정동별정우체국 설치 및 강동전신전화취급소를 폐지하고 정동우체국에 승계 8월 15일 왕산전신전화취급소를 폐지하고 강릉우체국에 승계하고 주문진우체국 연곡분국을 방내리에 설치 및 강릉우체국 왕산분국을 도마리에 설치 10월 15일 강릉우체국 구정분국 어찬리에 설치 11월 6일 제1회 율곡제 개최 및 동해북부선(옥계-경포대 간) 철도 32.9km 준공 개통으로 강릉역, 경포대역 보통역으로 영업 개시 11월 21일 법률 제1178호로 명주군 현남면을 양양군에 다시 편입하여 2읍 7면 12월 12일 강릉수리조합이 강릉토지개량조합으로 명칭 변경 12월 20일 강릉 객사문이 국보 제51호로 지정됨 (2010.104 임영관 삼문으로 명칭 변경) 안인지역 7번국도 개설공사, 수해예방을 위해 민·관·학생의 노력으로 남대천 제방 보수
1963년	1월 1일 현남면이 양양군에 편입, 교육자치 부활 시에서 분리 1월 31일 홍제동 15-2번지에 강릉시보건소 개소 2월 28일 강릉사범학교 폐지 6월 1일 강원도립 강릉병원에 강릉간호기술고등학교 병설 9월 임당성당 사제관 준공 12월 20일 주문진우체국 연곡분국을 폐지하고 연곡별정우체국이 승계 및 왕산분국을 폐지하고 왕산별정우체국이 승계함 성남동 일대 도로포장공사, 임영로와 성내광장 안길(금방골목) 등 시내중심가 도로포장·경포관광호

	텔건립·중앙시장 기공·목조 강문교 완공·새나라 자동차 도입
1964년	2월 19일 강원도 동해수산사무소(영동 6개 시군 관할) 개소 3월 2일 강릉명륜고등학교 개교 8월 10일 구정별정우체국 여찬리에 설치 11월 10일 강원도립 강릉병원에 혈액은행 개설 12월 21일 신왕초등학교 설립(1961.8.7. 연곡초등학교 신왕분교로 출발) 갈바리병원 개원, 영동고등공민학교, 국민은행 강릉지점 개설
1965년	3월 21일 신영국민학교 설립 3월 15일 갈바리병원 개원 4월 1일 강릉보육원 건물 신축 완공(입암580-1) 5월 14일 임당재건학교 설립(인문학교) 6월 3일 체신기관 개편 : 강릉우체국(서무. 우편. 전신. 전화과)·강릉무선전신국(업무. 기술과)·강릉 전신전화건설국(서무. 공무과) 7월 임당동. 유천동. 성덕동사무소 준공 11월 1일 신영극장 개관 12월 10일 구산별정우체국 설치 강릉고등기술학교(홍제5-3) ; 안동에서 이전하였으며 1976년 입암동 546으로 이전 1987년 폐교 회산교 완공, 구정 하천 제방 완공, 소금강 도로확장 공사, 강릉문화원이 사단법인 강릉문화원으로 변경, 오죽헌 몽룡실에 신사임당 초상화 봉안
1966년	11월 주문진 신리천을 수원으로 착공된 상수도시설공사 완료, 경포호수 호안 공사 착수 및 운정교 건설 완공 12월 22일 강릉소방서 승격 설립 12월 27일 경포국민학교 경포대분교 설립(1967.12.6. 경포대국민학교 설립인가, 1968.3.25. 개교)
1967년	1월 16일 강릉단오제 중요무형문화재 제13호 지정 2월 11일 죽헌동사·1월 23일 성남동사·2월 26일 저동동사 완공 3월 1일 주문진 상수도 통수 3월 10일 영동여자상업고등학교 개교 4월 22일 강원도 동해수산사무소가 강원도 동해출장소로 개칭 4월 19일 건설부고시 제281호 강릉지역 도시계획 결정고시 7월 1일 강릉우체국 경포대분국 설치 7월 11일 건설부고시 제448호(강원도고시1968)로 임당·명주·홍제·교동 일부 가로망 확정 9월 24일 한국청년회의소 창립 12월 30일 건설부고시 제831호로 총면적 224.79 km² 주문진 도시계획 결정 고시 면단위 전화통신망이 완성, 군정교↔율곡중 구간 도로공사, 교동에 강릉지청 및 강릉지점 청사 준공 (양양,고성은 속초관할로 변경), 한국통신 강릉망 운용국이 서울 초단파 전신전화건설국 강릉분국으 로 개국, 경포호 호안공사·율곡중·군정교간 7번국도 도로공사·내곡교 건설
1968년	2월 1일 국민은행 강릉지점 개설 3월 한국은행 강릉지점 전신인, 한국은행 강릉주재사무소 개설 3월 29일 강릉문화방송의 전신인 영동방송주식회사 설립 ; 6월 12일 호출부호 HLAF 시험방송, 6월 22일 첫 전파 발사 5월 1일 강릉우체국 국제전화업무 시작 8월 5일 초당에 강릉교육대학 설립 인가 12월 관내 토지개량조합(강릉,금광,연곡)이 강릉토지개량조합으로 통합

	남호고등공민학교 설립, 임당동천주교회에서 소화치원 개원, 정선-강릉 간 산업철도의 개설, 안인화력발전소의 가동, 장현동사 준공, 주문진 향호리 경비행장 준공
1969년	1월 21일 교통부 고시 제2336호로 경포해수욕장 등 일대를 관광지로 지정 1월 22일 주문진여자상업고등학교 설립 4월 5일 성덕국교 병산분교 국민학교 승격 9월 17일 강릉시립도서관 개관 10월 14일 왕산중학교 설립 11월 22일 강릉교도소 신축공사 기공(홍제동720) 8월 25일 설립 용지각↔강릉역간 도로포장 공사, 남대천 강릉교 공사, 강릉역 앞 하수로 석축공사, 경포호수 준설공사, 대한항공 강릉↔서울 간 취항, 죽헌동·포남1동사 준공
1970년	1월 10일 소금강 명승 지정 1월 12일 강릉토지개량조합 농지개량조합으로 명칭변경 1월 25일 강릉소방서 옥천파출소 개소 7월 1일 한국전력공사 강릉지점으로 바뀜 9월 강원은행 강릉지점 개설 11월 25일 체신부 강원체신청 강릉우체국에서 분할되어 강릉전신전화국 설치 군정교↔경포해수욕장간 도로 완공, 경포해수욕장 중앙통 상가 완공, 임영로 포장공사, 남대천 강릉교 확장 가설 공사, 내곡교 철근콘크리트 가설(길이 165m 폭 7.5m, 1967.4.23. 기공), 노암동 시영주택 완공
1971년	1월 16일 강릉시보건소(홍제동15-2) 옥천동 327-2번지로 신축 이전 1월 대한항공 강릉-대구-부산-제주노선 취항 3월 27일 KBS강릉방송국 괘방산 중계소 준공 7월 23일 경포 현대호텔 설립 10월 11일 교동국민학교 교사 준공 개교(1970.12.31. 설립인가) 10월 26일 강릉교도소가 개청(1969년 11월 22일 기공, 1970년 12월 31일 준공) 12월 29일 춘천지방법원 강릉지원(용강61-1) 교동 846-7번지로, 강릉지청 846-5로 신축 이전 강릉교 철근콘크리트로 재 가설 준공(1932년 가설, 1942년 재 가설)
1972년	2월 대관령에 113㎝의 폭설 8월 4일 건설부 고시 제316호로 도시계획 일부 변경결정 고시, 강원도 지역 제432-817호 10만 평에 대하여 1차로 7만 여 평의 가환지인가가 교1동 감나무로 북측에 강릉지역 처음으로 택지사업이 추진됨 10월 10일 성덕, 중앙, 하평, 경포 농업협동조합 합병 11월 16일 강릉시와 명주군의 교육행정이 강릉시로 통합이관 강릉시교육청 12월 19일 강릉고등학교 용강동에서 노암동 교사로 이전 지변저수지 설치(저수량 1,011,000㎡), 서부시장 부근 강릉문화원사 준공, 남산교 철근콘크리트로 재가설(길이 165m 폭18m, 1961.9.15 목교로 가설), 회산교 철근콘크리트 가설(길이145m, 폭4m 1965.10.25. 목교), 입암동 제방 및 도로공사, 군정교-경포 도로 일부 포장, 시외버스가 터미널 성내동에서 교동 156-35로 이전
1973년	3월 3일 강릉방송국 문화공보부 산하기관에서 한국방송공사 강릉방송국이 됨 3월 강릉간호기술고등학교가 강릉간호전문학교로 승격 5월 23일 영동화력발전소 준공(1968.8.15. 착공, 부지148,146평, 용량 125,000kw, 연간1,005백만kw 발전) 7월1일 대통령령 제6542호(1973.3.12공포) "시군구읍면간경계변경" 왕산면 남곡, 구절리가 각각 정

	선군에 편입 강릉제일고등학교 앞 택지조성 사업(교동택지개발), 주문진여자고등학교 앞 및 동해출장소 부근 242,770㎡에 대한 구획정리사업
1974년	3월 28일 한국은행 강릉출장소 개소, 영동고속도로 기공 4월 4일 강릉 단위농업협동조합으로 명칭 변경(12월 30일 옥천동87-3로 사무실 이전 10월 2일 노동청 강릉지방사무소 개소(내곡동) 11월 21일 교동 935-1에 2층 규모 신축교육청사 준공 이전 12월 2일 한국은행 강릉사무소가 강릉출장소로 됨 시내 주요간선도로망 포장완료
1975년	2월 1일 소금강지구 국립공원으로 지정 3월 14일 한국전기보안협회 강원지부 강릉출장소 개설(죽헌동421-5, 2008.1.1. 한국전기안전공사 강 원지역본부 강원동부지사로 됨) 6월 18일 강릉국도유지건설사무소 대통령령 제7663호 및 건설부령 제157호(지방건설사무소설치령) 에 의거 설치 6월 21일부터 강원도지방국토관리청에서 사무 개시, 8월 12일 홍제동 15번지 문화원 2층에 임시 사무소를 설치 10월 14일 영동고속도로(수원↔강릉간), 동해안 고속화 도로(강릉↔묵호간) 개통, 한국도로공사 강 릉도로관리소 개소(1989년 한국도로공사 강릉지부) 11월 4일 강릉경찰서 고단·삼산출장소를 각각 지서로 승격 도로교통체계의 현대화, 해운항만시설의 현대적 개발사업 추진
1976년	4월 30일 강릉국도유지건설사무소 포남동 1118-4번지로 옮겨 설치 5월 7일 오죽헌 정화사업 준공 8월 28일 강릉여자중학교 교사를 노암동에서 용강동47-8로 변경 10월 8일 대한항공 서울-강릉노선 폐쇄, 노암동사무소 준공 리·동단위통신망 완성, 교동고속버스터미널 완공, 홍제동 제1정수장 설치 12월 30일 서울-강릉 장거리전화(DDD) 개통 12월 한국주택은행 강릉지점 개소, 한국은행 강릉출장소를 강릉지점으로 승격
1977년	7월 29일 사임당교육원 준공 및 개원 10월 1일 강릉경찰서 진리 지서 신설 12월 3일 강릉초급대학 설립 인가 12월 서부시장·동부시장 개설 등록
1978년	2월 15일 임당재건학교 강릉시새마을청소년학교로 교명 변경 6월 1일 명주군청사 임당동에서 교동822에 청사 준공 이전, 강릉초급대학교 개교 강문동에 금강개발산업(주)의 2급 동해관광호텔 개점 9월 5일 옥천동사·임당동사 준공 10월 1일 강릉경찰서 부곡지서 신설 11월 29일 교동86번지 강릉시립도서관 건립
1979년	1월 9일 번정형외과의원 개원(교동142-12, 1981.11.1.옥천동286-6이전,1999.5.6.고려병원으로 개칭) 강릉간호전문학교를 강릉간호전문대학으로 승격 1월 18일 강릉초급대학을 강릉대학으로 승격 3월 1일 영동선 경포대역 폐쇄 강릉역이 종착역이 됨 3월 15일 노암국민학교 개교, 병산국민학교 승격 5월 강릉소방서(명주동에서 옥천동 284) 이전 7월 6일 조달청 춘천사무소 강릉출장소 옥천동에 신설

	명주군 주문진읍에 국립수산진흥원 주문진 종묘배양장 개소 9월 중앙관상대 강릉지대 청사 준공
1980년	3월 22일 남문동사무소(현 칠사당 앞) 준공 4월 1일 묵호읍이 동해시로 편입, 강릉경찰서 묵호, 진리, 부곡지서를 동해경찰서로 이관 5월 29일 옥계해수욕장 관광지 지정 10월 1일 포남파출소 신설 11월 2일 조달청 강원지청 강릉출장소로 개칭 내곡동에 신축 이전 강릉시 옥천동 323번지에 철근콘크리트조 2층 연건평 1,252㎡의 강릉소방서 신축 이전 12월 한국은행 청사 준공(구 명주군청 터 성내동3번지) 경포도립공원 경포해수욕장 중앙통 상가철거, 입암동 농공단지조성, 포남동 택지개발, 감나무로 개설, 교동사거리-구 버스터미널 간 도로개설공사, 노암1주공아파트 완공
1981년	1월 18일 중앙시장 개설 등록(대지 6,939㎡, 314개 점포) 2월 25일 강릉수산업협동조합과 주문진수산업협동조합이 명주군수산업협동조합으로 통합 4월 23일 옥천동에 여성회관 준공 8월 6일 강릉동인병원 본관 건축 착공 10월 서부시장 기공식 11월 2일 강릉병무지청 신설(교동), 강릉지방원호지청이 강릉원호지청으로 개정 12월 중앙관상대 강릉지대를 강릉지방기상대로 개칭 분뇨처리시설(두산10) 준공, 명주군산림조합 청사 준공, 시내중심지 하수도 복개공사 추진, 포남1주공아파트 완공
1982년	3월 강릉시번영회 설립 6월 6일 경포도립공원 고시(6월 26일 안현동, 저동, 운정동, 강문동, 초당동, 송정동, 견소동, 난곡동, 방동리, 산대월리 일원 총9,550,140㎡ 지정) 6월 26일 수협중앙회 강원도지부 청사 준공 11월 1일 강릉병무지청 교동 임대청사에서 노암동(200-11번지) 청사 준공 이전 회산도로 확포장공사
1983년	2월 15일 구정면 언별리가 강동면에 산북리가 성산면에 연곡 방내리 일부가 주문진에 편입됨 2월 26일 강릉대학 초당에서 지변동캠퍼스 준공 이전 3월 2일 남산국민학교 개교 3월 4일 경포고등학교 개교 6월 18일 동인병원(30병상에서 200병상으로) 개원 7월 1일 강원도립 강릉병원을 지방공사 강원도 강릉의료원으로 전환 9월 30일 남문동과 성남동을 합쳐 중앙동으로 개칭 교동을 1, 2동으로 나눔 10월 17일 강릉문화방송 TV중계소 개소 10월 30일 오봉리에 댐 준공 (저수량은 14,450,000㎡, 1977.8.25.착공하여 준공) 11월 강릉입암공단 준공(163,745㎡, 1980년 조성계획 1981년 5월부터 착공) 12월 1일 유천동사 준공·12월 17일 포남1동사 준공 12월 19일 강릉우체국 청사 3층 증축 준공 12월 30일 강릉교육청 청사 3층으로 증축 공립이었던 강릉간호전문대학이 한보학원의 인수로 사립화
1984년	1월 20일 강릉경찰서 노암파출소 신설 4월 21일 현대병원(120병상) 개원(2005.7.5. 강릉아나병원으로 재개원) 7월 6일 주문진해수욕장 관광지 지정

	12월 21일 강릉대학교 초당동에서 지변동으로 이전 12월 23일 강릉 장거리자동전화(DDD) 연결 교동 강릉종합경기장 건설, 강릉문화원에 민속전시관 개관 입암-여찬리간 도로 확장 및 포장공사 실시, 교1동 관동중학교 부근 택지 조성, 한송로(용지-송정) 도로개설공사, 노암2주공아파트 완공
1985년	1월 1일 강릉원호지청이 강릉보훈지청으로 개명 3월 6일 특수학교 오성학교 설립(송정동306-6) 5월 18일 강릉학산오독떼기 도 무형문화재 지정 6월 3일 강릉소방서 경포파출소 개소 6월 22일 강릉문화방송 FM방송 개시 9월 6일 강릉문화방송 TV방송개국 10월 5일 동해지방해난심판원 설치 10월 10일 강릉종합경기장 건립 (1981년 1월 28일 착공) 전국민속예술경연대회와 제66회 전국체육 대회를 강릉종합경기장을 중심으로 개최 11월 4일 강릉농협 본점 옥천동220-1로 신축 이전 11월 26일 강릉경찰서 포남동 신청사 준공 용강동에서 이전 11월 29일 강릉농악 중요무형문화재 제11-라호 지정 임당동·옥천동 강릉역 앞 등 하수도 복개공사
1986년	3월 12일 연곡해수욕장 관광지 지정 3월 21일 내곡지구 택지개발 준공(1984.8.16.-1986.3.21.) 7월 22일 강릉-동해 간 동해고속도로 완공(1985.5.2. 착공) 산대월리 순포 일대가 경포도립공원 사천지구로 지정, 대한항공 강릉-서울간 운항 재개 강릉보훈지청 청사 신축(용강동 55-1), 홍제동 제2정수장 시설 준공 포남·송정동지구 택지개발, 버스터미널 부근 교동택지개발, 입암1주공아파트 완공
1987년	3월 1일 남강국민학교 개교 6월 17일 오대산국립공원 공원보호구역지정 7월 1일 강릉의료원 본관 신축(80병상 5개 진료과) 8월 10일 경포 국민주택 준공(진안상가 뒤) 9월 7일 강릉소방서 주문진파출소 개소 12월 13일 지방공사 강원도 강릉의료원 종합병원으로 승격 12월 28일 포남지구 택지개발 준공(1985.9.13-1987.12.28) 강릉시보건소 청사 신축(옥천동328), 주문진농공단지 지정, 강릉문화방송 사옥 준공
1988년	3월 강릉간호전문대학이 영동전문대학으로 변경 4월 1일 소비자상담센터 개설 7월 30일 교동 홍제동지구 택지개발 준공(1985.12.9.-1988.7.30) 9월 1일 입암공단 활성화를 위해 포남교 준공 11월 10일 관동대학교 종합대학 승격(6개 단과대학 25개 학과) 11월 26일 월호평동사 준공 12월 17일 강릉문화방송 임당동85-8 사옥에서 포남동사옥으로 이전 12월 영동~동해간 연결고속도로 강릉시내지역(강동면 모전리↔죽헌동 구간) 개통 12월 주문진시장 개설등록(매장면적 1,713㎡, 83개 점포) 농어촌지역 의료보험제도 실시로 명주군 및 강릉시 농촌지역 의료보험제도 시행
1989년	1월 1일 명주군 강동면 운산리를 강릉시 월호평동에 편입 3월 20일 강릉새마을청소년학교 강릉인문학교로 교명 변경

	4월 17일 동부지방산림청 포남동에서 교2동420-1번지로 이전 7월 1일 춘천보호관찰소 강릉지소 개소 7월 강릉시의료보험조합(교동139-4) 설립 9월 23일 강릉교육청사 노암동으로 이전 10월 4일 강릉신문 주간신문으로 등록(포남동1105, 90.1.8. 창간호 발행) 12월 5일 주문진 농공단지조성(13,355㎡) 내곡주공·미진맨션·포남2주공아파트 완공
1990년	1월 25일 강원도 교원연수원(초당동) 개원(2001.1.1.강원도교육연수원으로 명칭 변경) 1월 29일 부터 2월 1일 까지 4일간 138.4cm의 폭설로 교통 마비 2월 8일 강릉고등학교 노암동에서 초당동으로 이전 6월 22일 송정동사 준공 강릉시의료보험조합(옥천동216-1) 이전, 강릉 안목항 제1종 어항으로 지정, 남대천 강릉교 재가설 강릉7차·강부4차·미진2차맨션·서일용궁·입암2단지아파트 완공
1991년	1월 1일 강릉적십자봉사관이 강릉적십자회관으로 개칭 개관 1월 강릉수력발전소 건설 2월 10일 명병원(78병상) 개원 1995.8.1. 연세병원으로 개칭 3월 1일 강릉대학이 종합대학교로 승격 3월 26일 강릉시교육청을 강릉교육청으로 명칭 변경 7월 1일 제3대 지방의회 개원 7월 사천 북부노인대학 건축 7월 23일 강릉 제2상수원 보호구역 지정(왕산천, 도마천) 7월 30일 명주도서관 착공 8월 31일 고려병원(78병상) 종합병원으로 개원 9월 2일 강릉직업훈련원 개원(노암동779) 9월 6일 신영극장 1,2관 준공(1965.11.1.개관) / 11월 4일 강릉극장 준공(1956.2.1. 개관) 10월 9일 교항파출소 신설 10월 14일 옥계항 무역항으로 개항 12월 11일 한전강릉지사 포남동 사옥 준공 옥천동에서 이전(노암동351-4) 송정지구 택지개발사업, 경포파출소 준공, 경포호 준설 및 유입수로 개선사업, 도시저소득 주거환경 개선사업으로 홍제지구, 입암지구 도로 726m 개설, 한국도로공사 강릉지부 사옥 준공 및 성산-홍제 혼합구간 차선 개량공사 준공, 강릉시보건소 청사 신축(옥천동327-2), 강동2차·고려2차·고려3차·대 림맨션·미라보·삼우골든맨션아파트 완공
1992년	2월 15일 강릉의료원 본관 증축(102병상 10개 진료과) 3월 3일 저동동사 준공 3월 7일 강릉문화예술관 개관 3월 강릉지방기상대 강릉지방기상청으로 개칭 4월 30일 강릉경찰서 방범순찰대 창설 5월 9일 운정동사 준공 11월 15일 오죽헌 인근 강릉향토사료관 개관 한국도로공사 중부지사에서 영동지사로 분리 영동지사 강릉지부를 설치, 129응급환자 정보센터 설치 혈액공급소 강릉적십자회관 신축, 내곡동 가설공사, 교동 정아타워맨션·노암현대(남산)·삼우은성맨 션·삼익그린맨션·노암한라·교동현대아파트 완공
1993년	1월 3일 내곡교 확장 준공 2월 26일 강릉시립교향악단 창단

	2월 28일 강릉경찰서 제2청사(건평783평) 준공, 용강동 구 경찰서 철거 3월 1일 주문진수산고등학교가 주문진수공업고등학교로 변경 5월 7일 강릉시립합창단 창단 6월 30일 죽헌동사 준공 8월 9일 태풍 로빈으로 의료원 앞 남대천 제방 붕괴 10월 9일 임당동 시가지 문화예술의 거리 선포 11월 12일 (주)영동도시가스(后에 참빛영동도시가스)일반도시가스 사업 결정 12월 4일 강원동도신문 창간호 발행 12월 16일 포남동 사회복지법인 자비복지원 개원 12월 20일 장현동사 준공 경포해수욕장 해안철조망 철거 추진, 남대천변 포장마차 철거, 남산삼익·노암영진·대인3차·삼익타 워맨선·정아새솔·초당유화1차아파트 완공
1994년	2월 2일 강릉농협농산물직매장 준공 및 개장 3월 1일 강릉대학교 치과대학 준공 4월 12일 농수산물유통공사 개사 4월 24일 강릉시 명주군 통합 관련 주민의견조사 실시 총세대 94% 참여 81% 찬성 표시 5월 10일 강릉소방서 내곡파출소 개소(7월 1일 준공) 5월 30일 송정지구 택지개발사업 준공(1992.5.25-1994.5.30.) 6월 1일 아시아나항공 강릉지점 개소 및 강릉취항, 대한항공 재취항 및 강릉-부산 간 취항 7월 1일 직업훈련원이 강릉직업전문학교로 변경 7월 11일 임영관지 발굴 완료 후 사적 제388호로 지정 8월 12일 임영신문 창간호 발행 10월 29일 영동신문 창간호 발행 12월 24일 사천면 덕실리 강릉시농업기술센터 준공 남대천 잠수교 재 가설, 내곡-입암간 도로 확포장 공사 남대천 정비 사업 완료 : 1991년부터 약 1백억원의 사업비를 들여 하도정비, 우수분리관 설치, 퇴적 물 준설, 하안정비 등 시행 현재의 남대천의 모습과 가깝게 됨, 특히 1960년대에 시설된 초당·송정 의 하평뜰 농수로가 강릉의료원 앞에서부터 시내를 관통하여 용수를 공급하도록 되어 있었던 것이 1990년대 남대천 정화사업과 병행하여 위치를 변경하여 시설 노암한라·입암3차주공·청송·초당유화2차아파트 완공
1995년	1월 1일 강릉시·명주군 통합 강릉시가 출범 : 통합강릉시의 기구 및 정원은 1실, 5국, 4담당관, 27 과, 13사업소, 1,456명, 의회는 1국, 3전문위원과 3개 상임위원회, 의원 30명, 행정구역은 1읍 7개면 20개동, 재정규모는 총 269,653백 만 원, 인구는 남자 110,561명, 여자 111,367명으로 총 221,928명, 가구현황 농가 9,513, 어가 1,342, 기타 53,286, 면적은 10,214㎢, 춘천지방검찰청 강릉지청 강릉, 동해, 삼척 관할 2월 15일 강릉시 종합사회복지관 개관 2월 27일 포남동 강릉축협 신축 3월 29일 SBS 강릉지국 개소 6월 27일 전국지방선거(도지사, 도의원, 시장, 시의원 선거) 8월 30일 초당동 노인회관 준공 9월 1일 강원도 적십자혈액원 강릉사무소 개소 10월 19일 강릉근채시험장(사천 노동중리) 준공 11월 3일 홍제동 강릉종합터미날 준공 이전 11월 11일 강릉소방서 119구조대 설치 농산물 공영도매시장(유산동160-1) 건립, 농업기술센터 포남동에서 사천 미노리로 이전 노암한라2차·대인4차·송정주공·예성그린2차·일송·초당현대아파트 완공

1996년	1월 1일 강릉인문학교가 강릉인문중고등학교로 변경 1월 15일 동부지방산림관리청 옥천동에서 교동청사로 이전 1월 27일 주문진 교항7리 마을회관 준공 2월 26일 주문진 상수원 보호구역(연곡천), 옥계면 상수원 보호구역(낙풍천) 지정 3월 1일 국민학교를 초등학교로 명칭 개편 4월 11일 강릉시 2개 선거구 제15대 국회의원 선거 5월 9일 강릉전통민속예술회관 개관 5월 24일 평안의집 개원 7월 12일 포남2동사 준공 10월 29일 농산물검사소 강릉출장소 준공 9월 18일 북한잠수함 침투 10월 19일 사천 노동리 근채시험장 준공 10월 31일 강릉시사 상.하 2권 출간(강릉문화원) 11월 1일 방동리 아산재단 강릉병원 개원(1994.8.15.착공, 2002.4 강릉아산병원으로 명칭 변경) 12월 21일 강릉대학교 해람문화관 준공 강릉공항 시티항공의 부정기 헬리콥터 운항(2001년까지 운항) 경포현대·노암영진3차·입암4차·초당유화3차아파트 완공
1997년	2월 1일 강릉-제주간 직항노선 취항(강릉비행장) 7월 25일 남대천 월드컵교 준공, 환동해출장소의 출장소로 강원도 수산양식시험장(동덕리 산8-1)설 치 2012년 7월 강원도 수산자원연구원으로 명칭 변경 8월 2일 등명관광지 지정 8월 6일 강릉문화의집 개관(홍제동) 8월 21일 남대천 로울러스케이트장 준공 8월 29일 토속관광 시범마을 토담 미속촌(항호리) 준공 9월 3일 제7회 아시아 로울러스케이트 선수권대회 개최 9월 30일 내곡동사무소 이전 준공 10월 8일 주문진읍민회관 준공 10월 26일 강릉시립박물관 역사관 증축 개관 11월 12일 동해수산연구소 청사 준공 12월 10일 옥천동 강릉시 보건소 준공 12월 23일 강릉대학교 치과병원 개원, 농산물포장센터 건립 12월 30일 교동2지구 교동 지변동 유천동 일원 택지개발 준공(1995.9.1-1997.12.30) 견소동한신·교동대림·교동한신·예성그린2차·초당동부·초당우성·내곡한라·홍제동우산아파트 완공
1998년	2월 28일 조달청 강릉출장소가 강원지방조달청 강릉사업소로 개편(2007년 폐쇄) 3월 17일 주문진수산고등학교 자리에 강원도립전문대학 개교 3월 29일 사천 덕실리에서 발생한 산불 주택 45동 산림 301ha 피해, 양양, 고성에 큰 산불 3월 30일 강원도 동해안수산양식시험장 준공 4월 17일 입암동사무소 준공 5월 12일 새마을금고연합회 강원동부출장소 회관 준공 6월 4일 제2회 전국지방선거 실시 6월 19일 왕산면 탑동교 준공 6월 23일 강릉소방서 포남파출소 준공 6월 30일 하수종말처리장 준공(병산동 34,330평 부지 472억원 투자, 92년 착공) 7월 1일 강릉경찰서 파출소 통폐합(파출소18, 출장소2, 고단을 왕산에, 삼산을 연곡에 통합)

	7월 10일 강원도여성수련원 개원 7월 14일 강릉신용협동조합 복지센터 준공 8월 4일 하수종말처리장 및 공항대교 준공 9월 강릉세무서 임당동에서 교2동 산68로 이전 9월 9일 강원도 환동해출장소가 강원도 해양수산출장소로 됨 10월 1일 동통폐합(13동) 면의 출장소 폐지 : 중앙동과 임당동을 중앙동으로 장현 노암 월호평동을 강남동으로 입암동과 두산동을 성덕동으로 유천 주건 운정 저동을 경포동으로 통합 11월 3일 강릉문화예술진흥재단 설립 12월 5일 강릉의료원 본관증축(132병상, 14진료과) 12월 19일 강릉실내빙상경기장 개관 12월 21일 통계청 강릉출장소 청사증축 준공 12월 27일 황영조기념체육관 준공 12월 29일 여성회관 포남2동 신청사 준공 내곡동 현대·노암동 신화·덕원·입암6주공·입암현대·태평양임대아파트 완공
1999년	1월 30일 부터 2월 6일 까지 제4회 동계아시안게임 개최 2월 8일 병산동과 안목을 연결 공항대교가 준공식 3월 5일 강릉시여성회관 포남2동청사로 이전, 홍제정수장 확장공사 착공 4월 13일 경포에 3.1만세운동 기념탑 및 유공자 흉상 세움 4월 22일 주문진 청소년해양수련원 개관 4월 26일 남산교 확장 재가설 준공 5월 27일 강릉효도마을(강동면 심곡리) 개원 7월 3일 정신지체장애인 보호작업소 사랑의 일터 개원 7월 21일 강릉시 선박운송노동조합 신축 준공 7월 23일 강릉시 번영회 사무실 개소 8월 10일 강원도 보건환경연구원 동부지원 개원, 강릉종합관광안내소(홍제99-3) 준공 8월 11일 강릉헌혈의 집 개소 9월 17일 강릉소프트웨어지원센터 개소 10월 27일 사천 석교리 강릉온천관광지 지정 11월 24일 강릉시 농산물도매시장 개장, 주문7리 마을회관 경로당 준공 11월 28일 문화방송 포남동 사옥 준공 이전 11월 29일 제일강산강릉21추진협의회 창립(환경적으로 건전하고 지속가능한 발전이라는 지방의제 21의 이념을 바탕) 12월 4일 사천 방동상리 회관 준공, 입암현대아파트 노인정 개소 12월 15일 강동면 정동진리에 모래시계 준공 12월 18일 강동 언별리 마을회관 준공 12월 21일 임곡리에 강릉광역쓰레기매립장 준공 12월 28일 드라마영상기념관 개관 강원도 동해출장소가 강원도 해양수산출장소로 됨 교동1주공·교동2주공·부영1차·부영2차·삼우그린·유화그린맨션·현대하이빌아파트 완공
2000년	1월 1일 경포. 정동진 해변 새 천년 해돋이 행사 개최 3월 13일 한국산업인력공단 강릉지방사무소 개소 3월 27일 강릉시 새마을협의회 회관 준공 4월 7일 사천지역 대형산불, 4월 12일 홍제. 교동. 일원 새벽 산불, 양양, 고성 등 큰 산불 발생 4월 13일 제16대 국회의원 선거(강릉시 선거구가 2개에서 1개로 됨) 4월 17일 강원도 청소년 자원봉사센터 강릉분소 개소

	5월 강릉시보건소 옥천동에서 내곡동으로 신축 이전
	6월 2일 강릉시보건소 내곡동에 신축 준공
	6월 8일 강릉소상공인 지원센터 개소
	6월 23일 강릉하나은행 개점
	6월 24일 한국방송통신대 강릉시 학습관 용강동에서 송정동으로 신축 이전
	7월 18일 강릉소방서 옥계파출소 개소
	7월 21일 강릉시 교동에 강릉문화사 신축 이전
	8월 22일 일하는 여성의 집 개원
	8월 23일 나무종합병원 강원영동병원 개원
	10월 18일 중소기업지원센터 설립
	10월 19일 사천면 청솔공원 준공
	10월 26일 강릉소방서 119구조대 청사 준공
	10월 27일 창업보육센터 개소
	11월 2일 강릉인문중고등학교 증축 준공
	11월 10일 강릉시 북부 노인대학 및 평생교육센터 개관
	11월 11일 교1동 솔올지구 택지개발 준공 택지분양 착수
	11월 16일 모산노인회관 준공
	11월 17일 강릉자활지원센터 개소
	11월 25일 왕산우체국 준공, 농지개량조합·농업어촌진흥공사가 통합되어 농업기반공사
	12월 5일 주문진읍 신리하교 준공
	12월 정동진 모래시계공원 조성(1999.5-2000.12)
	노암동 한라3차아파트 완공
2001년	2월 15일 한국산업인력공단 강릉지방사무소 취업정보센터 개소
	2월 16일 관동대학교 여자축구부 창단
	3월 2일 강원예술고등학교 개교
	3월 3일 강원도 해양수산출장소를 환동해출장소로 개칭
	3월 28일 강릉시장애인작업장 준공
	4월 25일 죽헌동 충효교육관 완공
	4월 27일 청량동 노인회관 준공
	6월 20일 등명지구에 6.25전쟁 민간인 희생 위령탑 제막 및 26일 통일공원 개관
	6월 22일 강릉문화방송 인터넷방송 개국
	7월 21일 강릉시청소년해양수련원 바다체험관 개관
	7월 25일 왕산 대기리 산림문화관 준공
	8월 1일 청솔공원 준공(1997년부터 사업비 100여억원 투자)
	9월 5일 주문진 소돌 마을회관 준공
	9월 강릉지역 노동법률상담소 개설
	10월 18일 한국민속예술축제(경북 영주)에서 강릉하평답교놀이 대통령상 수상,
	11월 28일 영동고속도로 4사천 확장공사 완공(월정↔대관령 구간 완공)
	12월 12일 연곡 행정2리 마을회관 준공
	12월 17일 강릉시청 명주동에서 홍제동 신청사로 이전 개청(1998.4.2.착공, 2001.12.15.준공)
	부영3차·부영5차아파트 완공
2002년	1월 22일 KIST 강릉분원 사무소 개소
	1월 한국은행 강릉지점을 강릉본부로 명칭 변경
	2월 6일 교1동사무소 준공

	2월 21일 산림청 항공관리소 강릉지소 개청, 산불진화용 헬기 취항 2월 25일 강남동사무소 준공(노암동, 장현동, 월호평동 관할) 3월 18일 KIST 강릉분원 기공식 4월 1일 강릉지방 병무지청 승격 4월 9일 파인세라믹 창업보육센터 운영(교동822) 4월 10일 주문진 문화의집 개관 4월 16일 임영관, 관아 복원사업 중대청 상량 5월 22일 소프트웨어 지원센터 개소 6월 13일 제3회 전국동시지방선거 실시-도지사,시장·도의원4명,시의원21명 6월 17일 강릉우편집중국 개국 6월 교동에 소망노인대학 개설 6월 강릉지방기상청이 강원지방기상청으로 개청 8월 31일 제15호 태풍 루사로 많은 이재민과 재산 피해(8.31 당일 최대 강수량은 898㎜) 9월 영동전문대학이 강릉영동대학으로 변경 10월 10일 강릉-동해 해안도로 조성계획에 의한 사천하평교 확장 신축공사가 완료 10월 28일 영동고속도로 대관령 구간 등 4차로 확장 개통 : 구대관령 고속도로구간의 국도 전환, 구 동해고속도로의 지방도 전환 11월 20일 금산1리 노인회관 준공 11월 21일 유산 노인회관 준공 11월 28일 강문 노인회관 준공 교동3차주공아파트 완공
2003년	3월 21일 사천하평답교놀이 도 무형문화재 지정 4월 14일 강릉장애인종합복지관 개관 7월 9일 강릉과학산업단지(대전동·방동리 일대) 조성공사 기공 7월 10일 임영관 전대청 상량 8월 1일 지역경찰제 실시(중부, 동부, 남부, 북부순찰지구대, 옥계특수파출소) 9월 1일 중앙초등학교 홍제동에서 입암동으로 이전 9월 11일부터 13일 까지, 제14호 태풍 매미 피해 9월 30일 안안진2리 철로 육교공사 완공 10월 8일 경포초등학교 죽헌동에서 교1동1797번지로 이전 10월 15일 월화정 복원 준공 10월 20일 시립중앙도서관 교동에서 포남동 이전 개관 10월 22일 장덕 2리 복지회관 10월 27일 강릉의료원 개방병원 지정 11월 18일 학산1리 경로당 준공 11월 28일 대관령박물관 개관 12월 10일 옥계 남양 보건진료소 준공 12월 15일 강문어촌회관 준공 12월 18일 강릉상공회의소 임당동에서 교2동 349-2번지로 이전 12월 29일 사천진 보건진료소 준공 남산교 확장 가설(1997년부터 2003년까지 다시 가설), 시청 전자결재시스템 구축, 부영6차아파트 완공
2004년	1월 보건진료소 준공 : 8일 산계, 9일 임곡, 15일 삼산 보건진료소 1월 마을회관 준공 : 13일 주문6리, 17일 뗄 마을, 30일 대기1리 경로당 1월 14일 구정보건지소 준공

	2월 19일 강릉단오문화관 개관
	2월 20일 강릉경찰서 남부지구대 청사 준공
	3월 5일 청학동 마을회관 준공
	4월 13일 제17대 국회의원 선거
	4월 29일 임영관 복원 사업 중 전대청 상량
	5월 6일 구정면 한빛마을 설립
	6월 8일 강릉상공회의소 임당동에서 교동으로 준공 이전
	6월 11일부터 27일 까지 2004 국제관광민속제 개최, 15일부터 17일까지 국제 시장단회의 개최
	7월 7일 학산2리 경로당 준공
	7월 20일 강원영동병무지청 신청사 준공
	7월 31일 태풍 루사로 유실되었던 주문진 신리교 준공
	8월 31일 장애인 신부름센터 개소
	10월 6일 성덕 문화센터 개소
	10월 20일 명주도서관 IT플라자 개관
	10월 25일 장덕2리 정보화마을 개소
	10월 29일 금광1리 경로당 준공
	10월 30일 강동면 다사랑마을 설립
	11월 24일 동해고속도로 주문진-동해간 4차선 확장 및 북강릉IC개통
	11월 29일 임영대종각 상량
	12월 28일 정동. 대기보건진료소 신축
	국도6호선 진부-연곡구간 4차선 확장고사 착공
	지방도 등 10개노선 11.3km 마을안길 72개노선 37.7km 확충, 강원테크노파크 강릉분소 개소
	파인세라믹창업보육센터 및 해양생물산업센터 건립, 농산물포장센터에 저온저장고 추가 건립
	주문진항, 사천항, 안목항 대상 다기능 복합어항 조성
2005년	1월 1일 임영대종각 및 임영대종 준공 및 타종식
	1월 27일 홍제동 공제경로당 준공
	2월 3일 중앙시장 현대화 지역경제 살리기 위해 아케이트(복합 가림막) 설치
	2월 16일부터 20일까지 4대륙 피겨스케이팅 대회 개최
	2월 22일 홍제정수장 확장공사 준공 (696억원 투자, 1일 공급량 120,000톤 규모로 확대)
	3월 18일 강릉학산오독떼기 전수회관 개축 준공
	4월 4일 춘천지방법원 강릉지원(난곡117-1) 및 춘천지방검찰청 강릉지청(난곡138) 신청사 이전
	4월 13일 왕산면 대기 보건진료소 준공
	4월 19일 농촌체험마을(연곡 부연동) 개장
	4월 26일 내곡동 만수장 경로당 준공
	4월 28일 농협 성남하나로마트 신축 개점
	5월 1일 포남교 재가설공사 착공(길이 227m, 넓이 29.5m)
	5월 4일 홍제정수장 확장 준공(상수도 생산능력 1일 12만톤 규모)
	6월 8일~11일까지 무형유산보호 지방정부관리자 국제워크숍(주제 : 무형유산보호와 도시간 협력)
	6월 28일 내곡동 노인회관 준공
	6월 29일 해양생물연구센터 기공
	7월 10일 포남빗물 펌프장 준공
	9월 8일 영동선 철도 강릉-동해구간 전철화사업 준공
	9월 10일 내곡(내곡교)-회산 간 도로개설공사 완료
	9월 23일 옥계 북동리 마을회관 준공
	9월 30일 강릉경찰서 서부지구대 신설

	11월 11일 참소리박물관 신축 기공 11월 22일 임영관 전대청 중대청 복원완료 11월 24일 강릉정보산업진흥원 청사 준공 11월 25일 강릉단오제 유네스코 '인류구전 및 무형유산 걸작' 등재 기념식 12월 1일 강동면 대동리 노인회관 준공 12월 28일 강릉문화방송 디지털TV방송 개국 12월 29일 KIST 강릉분원과 강릉해양수산자원산업화 지원센터 본격 운영 주문진하수종말처리장 준공(1998.3.9.착공, 420억 투자, 1일 1200톤 규모) 옥계 정동진 지역 하수처리장 착공, 기존분뇨처리장을 하수종말처리장으로 이전 증설경포해변 미관 저해 건축물 및 군부대 이전 합의 견소 신도1,2차·초당아트피아·홍제 푸르지오·연곡 부영1,2차아파트 사용승인
2006년	2월 17일 정동진 타임스토리 개관 2월 23일 사천 덕실리에 산불방지홍보관 개관 3월 1일 강릉직업전문학교가 한국폴리텍III대학 강릉캠퍼스로 명칭 변경 4월 17일 강릉과학산업단지 내 한국과학기술연구원(KIST) 강릉분원 준공 8월 8일 내곡(내곡교)-유산간 도로개설공사 완료 9월 8일 강릉시립미술관 개관 9월 14일 소방파출소는 119안전센터로 소방출장소는 119지역대로 명칭 변경 9월 20일 고단보건진료소 신축 9월 25일 강릉경찰서 강동치안센터를 강동파출소로 전환 10월 2일 임영관 복원 준공 11월 2일 성산보건진료소 신축 12월 13일 관동대학교 50주년 기념관 준공 12월 29일 주문진 종합시장 개설 등록, 솔올 꿈나무 작은 도서관 개관 하수관거 정비사업(관로6,381m 배수로1,375m), 교동 이-편한세상·이안강릉타운·회산주공아파트 사 용승인
2007년	1월 9일 여성회관을 여성문화센터로 명칭 변경 및 강릉시평생학습추진단 발족 1월 26일 대한지적공사 강릉지사 교동에서 죽헌동300-3번지로 이전 3월 1일 명주초등학교 명주동에서 회산동으로 이전 3월 14일 문화원에 결혼이민자가족지원센터 개소 및 갈바리 노인복지센터 준공 3월 24일 사천하평답교놀이전수관 준공 3월 강릉과학산업단지 내 해양바이오 벤처공장 준공 4월 6일 허균허난설헌기념관 개관 4월 11일 참소리.축음기에디슨과학박물관 송정에서 경포지역으로 이전개관 5월 17일 실버노인전문요양원 개원(어단리700) 5월 28일 장애인생산품 판매시설 강원공판장 건립 5월 30일 대한민국 LOHAS 인증 취득 5월 단오장 잔디블럭 설치등 정비사업 5월 어흘리 대관령 우주선 화장실 신축 6월 김시습기념관 개관 6월 해안관광로 2단계사업 완공(순포-사천 간) 6월 27일 청소년수련관 개관 7월 6일 평생학습도시 선정 7월 11일 강릉과학산업진흥원 설립

	7월 16일 노암동 행복마을 설립 7월 24일 관광바다열차 개통(3량 1일 6회 운행) 7월 26일 청소년수련관 개관 8월 13일 강릉시청에 도시디자인과 신설 10월 26일 중앙시장공영주차장 설치(지상3층) 10월 강북공설운동장 완공 10월 강릉과학산업단지 내 강원테크노파크 제1벤처공장 준공 11월 5일 신사임당 5만원권지폐 초상화선정 11월 30일 강릉단오공원준공 및 솔올지구 야외무대 설치 12월 15일 춘천보호관찰소 강릉지소 죽헌동에서 옛 교동 검찰지청 청사로 이전 12월 20일 남강릉 IC 개통, 입암현대-입암6주공 간 도로개설(1.02km, 115억원) 12월 24일 강동보건진료소 신축 12월 세라믹 신소재산업화 지원센터 준공 12월 농산촌 테마관광종합타운(어흘리, 보광리) 조성 12월 31일 강릉시보건소 증축(내곡동 부지7,023 연건평3,267㎡ 2과 8담당, 출장소 2담당) 한송로 전선지중화, 남대천생태하천, 경포습지조성, 임곡 광역쓰레기 매립장 2단계조성사업 준공 경포도립공원 해안지구 시설정비 58동중 52동 철거, 주문진-옥계 간 4.5km 군부대 시설물 철거 대전동 일원에 과학산업단지 조성(511천평, 국민임대산업단지, 1991부터 조성사업추진), 경포호 주변 누정정비 야간조명 (8개소), 주문진 소도읍 육성사업(267억원) 동해안 해양생물연구교육센터 건립(사천진 산5-3), 경포대 신도브래뉴로알카운티·금호어울림·초당 청마루·홍제 힐스테이트아파트 사용승인
2008년	1월 24일 강릉소방서 정동지역대 개소 2월 27일 성덕반딧불 작은도서관 개관 2월 28일 강릉시 단오문화창조도시추진단 설치 5월 6일 LOHAS 강릉 작은도서관 개관 6월 3일 하수종말처리장 완공 (정동진 2006.6착공, 1일 1600톤, 옥계 2005.10 착공, 1일 1200톤 규모) 6월 18일 강릉보훈지청 용강동에서 죽헌동(300번지)으로 신축 이전 6월 안목. 경포. 초당 아름다운 간판 개선사업 7월 6일 홍제동 소나무명품거리조성 9월 25일 강릉시 청소년문화의집 개관(연곡 영진리) 10월 국민체육센터 건립(수영장 등) 12월 금성로 걷고 싶은 거리 조성 12월 20일 주문진 보건출장소 신축 12월 허균 허난설헌 유적공원 조성 12월 강남 축구공원조성 12월 31일 지방산업단지조성 완료(대전동 사천면 일원, 1998.12.29.-2008.12.31) 강원지방기상청 준공이전(과학단지내), 한송로·금성로·명주로 전선지중화사업, 포남교 재가설공사 준 공(2006년부터 추진 6차선확장 가설), 강릉과학산업단지 조성, 강릉-원주 복선전철 촉구대회, 경포지 구 환경정비, 동해고속도로 남강릉나들목 개통, 강릉노인대학(홍제동) 건축, 주문진 사용종료매립장 공원화사업, 주문진 농공단지 폐수처리장 설치 주문진항 특성화사업, 양우 내안애. 교동롯데캐슬1,2 단지아파트 사용검사, 성남시장·주문진건어물시장 개설 등록
2009년	1월 강릉과학산업단지 내 반도체 부재 공장동 건립 3월 시내버스 외부 색채 디자인 개선, 서부시장 주차장 건립(용강동) 3월 단오문화창조도시 조성 남문동·명주동·노암동일원 공원화사업 착수

	5월 20일 강릉대학교가 강릉원주대학교로 교명 변경 5월 정동진 해변 경관조명 설치 6월 22일 강릉모루도서관 개관 6월 23일 강릉소방서 기구개편(2개과 1지역대 8담당) 7월 성남동광장 휴게쉼터 화장실 조성 8월 강릉영상미디어센터 설립 9월 11일 산불방지홍보관 산불영상체험관 증축 10월 6일 왕산면 솔마루터 개원 10월 주문진수산시장 종합시장시설현대화사업 11월 신재생에너지 지방보급 시청 주차장 태양광발전사업 완료 11월 12일 포남동 어울림 작은도서관 개관 11월 강릉과학산업단지 내 해양바이오 제2벤처공장건립 11월 23일 중부지방고용노동청 강릉지청 청사 신축(남문동175-3번지) 이전 12월 경포천 생태습지원 조성(2008.1-2009.12) 12월 10일 홍제동 문화도서관 개관 12월 강릉재가노인종합지원센터 개원 강릉항 어촌 어항 복합공간 사업(2008-2009), 강릉종합유통단지 진입도로개설(회산-성산) 자전거 테마도로 조성(시가지, 남대천, 해안로 2009-2018) 버스 승강장 확충 및 디자인 개선 20개소, 홍제동 노인종합복지관 건립
2010년	2월 8일 성남시장 작은도서관 조성 3월 3일 문화작은도서관 조성(임영로155-18) 3월 솔향강릉 도시브랜드 개발(2008.12) 상표등록 4월 23일 남산 작은도서관 조성 7월 1일 강릉시 노인종합복지관 개관 7월 15일 강릉소방서 옥계, 포남파출소 개소 9월 1일 강릉교육청이 강원도 강릉교육지원청으로 개편 12월 22일 사임당로 개설(6.2km, 2007-2010.12.22) 12월 23일 허슬라 작은도서관 조성(교2동주민센터) 강릉국도유지건설사무소 구산리 405-1로 이전, 강릉생활체육센터 신축 저탄소 녹색시범도시 조성 사업(2010-2020), 첨단소재산업 옥계 포스코 마그네슘 산업단지조성 (2010-2018), 공공시설물 디자인 개선사업(대학로, 거리, 옹벽 등)
2011년	3월 4일 강릉-울릉도 정기 여객선 씨스타호(388톤, 445명 정원) 취항 5월 19일 강릉시의료보험조합 송정동 청사로 신축 이전 6월 30일 포남동 강릉노인요양공동생활가정 설립 7월 6일 남아프리카공화국 더반에서 2018동계올림픽 개최지 평창 확정 7월 28일 임영관 복원으로 사적 제388호 강릉임영관지가 강릉 임영관으로 명칭 변경 10월 1일부터 31일 까지 2011문화의 달 행사 개최 10월 11일 관아 및 안맬 작은도서관 개관 11월 19일 난설헌로 개설(2.6km, 2000-2011) 강릉과학산업단지 내 강릉R&D 혁신지원센터 건립 제일강산강릉21추진협의회가 '강릉의제21실천협의회'로 명칭을 변경(지역의 환경현안을 중심으로 만들어진 의제의 지속적 실천 목적) 신재생에너지 지방보급 홍제정수장 내 소수력발전 설치 메이플 비치(풍호) C.C조성, 대관령 옛길 명품화 사업(주막, 반정전망대 등)

	강릉보훈회관 개관(내곡동 구강원지방조달청)
	강릉대도호부 관아 의운루 관아 등 복원 정비, 예술창작인촌 조성(구 경포초교)
	옥계 금진 해수용존 리튬추출 실증플랜트 구축
	전통시장 활성화사업(중앙시장, 주문진시장),
	저탄소 녹색시범도시 사업 경포 주변 산책로 등 녹색길 조성(2010-2011)
	농촌마을 종합개발사업(강동 정감이마을, 사천, 소금강, 현내, 왕산)
	산촌생태마을(단경마을)조성, 주문진항 공동작업장 이전
	석미모닝파크 아파트 사용승인
2012년	6월 1일 원주-강릉 복선전철 사업 기공식(1996년부터 타당성조사 등 사전 준비과정을 거쳐 강릉역 광장에서 기공식 20017년 완공을 목표로 총사업비 3조9천4백11억 원이 투입되는 원주-강릉 총연장 120.31km)
	7월 3일 라카이 샌드파인 콘도 신축, 라카이 샌드파인 리조트 오픈(1997-2012)
	7월 11일 한송 작은도서관 개관
	7월 20일 강원도 해양수산출장소가 강원도 환동해본부로 승격
	7월 31일 과학산업단지 작은도서관 개관
	10월 4일 옥거리 작은도서관 개관
	10월 8일 작은 공연장 단.명주사랑채 개관 및 강릉대도호부관아 복원 준공식
	10월 19일부터 28일 까지 ICCN 세계무형문화축전 개최
	10월 21일 오죽헌 내 율곡기념관 개관
	12월 강릉과학산업단지 내 마란바이오 허브구추가업
	남대천 자연복원사업(2008년부터 하천에 대한 생태계복원, 보전에 관심을 갖기 시작하여 생물다양성을 제고하고 자연과 인간이 공존하는 자연형 하천 조성사업을 추진, 남대천 강릉교에서 공항교까지 약 4.4km 구간에 대하여 초화원 설치, 산책로 조성과 수목 식재, 쉼터 조성, 철새 관찰대 설치, 포남교 하류에 생태습지 조성 등의 사업을 추진)
	평창동계올림픽 경기장-스피드스케이팅 경기장, 피겨쇼트트랙경기장, 아이스하키남자 및 여자경기장 등 건설공사 추진(2012-2017)
	금진스포츠힐링 및 헬스케어 복합단지 조성(2012-2020)
2013년	1월 29일부터 2월 5일 까지 2013평창동계스페셜올림픽 세계대회 개최(강릉, 용평)
	2월 국립수산물품질검사원이 국립수산물품질관리원으로 변경(2011년 수산물안전부)
	4월 12일 사천 갈골과즐 도 무형문화재 지정
	7월 3일 사천 김동명문학관 개관
	7월 9일 동해안권 경제자유구역청 개청(옥계. 구정. 북평. 망상)
	10월 강릉 솔향수목원 조성(2007-2013.10)
	11월 20일 강릉경찰서에 여성청소년과 신설
	12월 4일 옥계 마실 작은도서관 개관
	12월 남산공원 조성(1012.6-2013.12)
	옥계첨단소재융합산업지구 사업(2013-2014), 구정탄소제로시티 조성(2013-2024)
	강릉복합단지 조성(구정리 2013-2020)
	경포습지 복원사업 완료 : 2007년부터 경포호수 주변지역에 독특한 생태환경 및 역사문화적 가치를 지닌 생태복원사업을 추진하고 배후습지를 조성하여 경포호 수질개선 및 조류, 어류 서식지를 확충, 생물 다양성을 증진하는 사업
2014년	2월 6일부터 14일까지 적설량 2m에 이르는 폭설로 큰 피해
	3월 강릉지역 문화관광형 전통시장 육성사업 주문진 수산시장 일원(2008-2014.3)
	3월 28일 녹색도시체험 센터(e-Zen) 준공 : 자체적으로 생산·소비하는 에너지 자립형 건물

	화석연료 제로화 시스템을 갖춘 신개념 건물
	7월 1일 민선 6기 및 제10대 시의회 출범
	7월 17일 2018 평창 동계올림픽대회 신설경기장중 빙상경기장 건설공사의 기공
	피겨쇼트트랙 경기장은 지상 4층, 지하 2층으로 1만 2000석
	아이스하키 남자 경기장은 지상 3층으로 1만석
	아이스하키 여자 경기장은 지상 3층, 지하 1층으로 6000석
	스피드스케이팅 경기장은 지상 3층, 지하 2층으로 8000석 규모
	7월 31일 정동진 레일핸드바이크 조성 운영
	9월 16일 원주-강릉 복선철도 도심 지하화 사업 착공(2.6km구간, 9.15 강릉역 사용 중단)
	10월 8일 국토교통부와 대한국토·도시계획학회에서 주최하는 2014년 「제8회 도시의 날」 행사 정주 문화, 경제 활력, 녹색·안전, 주민 참여, 계획 역량 등의 모든 분야에 우수한 성적 종합평가부문 대통령상 수상
	10월 올림픽 아트센터 건립 확정 및 우선 공사분 착수(509억원을 들여 올림픽 빙상경기장과 접한 교동 408번지 일원 16,100㎡ 부지에 지하 1층 지상 3층, 전체면적 14,000㎡, 1,200석 규모)
	11월 27일 사적 제388호 강릉임영관을 강릉대도호부 관아로 변경(12월 18일 기념 현관식)
2015년	3월 12일 주문진 해안주차타워 신축 기공
	3월 18일 강릉시립복지원 생활관 준공
	4월 10일 강원도립 강릉요양병원 개원
	4월 21일 강릉과학산업단지가 기업투자촉진지구로 지정 : 강원도로부터 대전동과 사천면 방동리 일원 149만6천813㎡에 조성된 강릉과학산업단지에 대해 2018년 1월까지 기업투자촉진지구로 지정
	5월 26일 올림픽파크 진입도로 개설 착수 : 강릉생활체육센터~포남동 모안이골을 잇는 1.39km, 강릉원주대~죽헌교차로까지 1.92km 4차로 확장, 강릉역~빙상경기장 0.94km 4차선 신설, 올림픽 선수촌(군정교)~경기장 2.2km 4차로 확장 및 신설 등 계획
	6월 12일 사천 노동하리 경로당 준공
	6월 26일 호텔현대 경포대 '씨마크호텔'로 신축 개관 (지하 4층, 지상15층, 1971년 건립 재건축)
	7월 1일 강릉화장장 솔향하늘길 준공
	7월 27일 강릉우체국이 명주동 28에서 포남동1118로 신축 이전
	8월 21일 강릉농악 전수회관 개관

찾 아 보 기

ㄱ

가로관리규칙 222

가해루 118

監牧官 209

강릉 7, 11, 12

강릉경비대 177

강릉공립보통학교 162

강릉공설운동장 185

강릉공항 242

江陵官奴假面劇 403

강릉관찰부 126

강릉교 231, 246, 286, 294, 307

강릉교주도 84

강릉군 13, 88, 114, 126, 134, 148, 150, 152, 154, 165, 166, 456

강릉군지 8, 117, 119, 124, 284

강릉군청 145

강릉 남대천 94

강릉농악 447

강릉단오제 15, 311, 395, 396, 397, 398, 399, 400, 403, 404, 405, 430, 431, 448, 449

강릉대도호부 52, 80, 81, 91, 103, 105, 114, 126, 213, 391, 456

강릉대도호부 관아 86, 321, 345, 383, 389

강릉도립병원 178

강릉도시변천사 461

강릉면 13, 141, 145, 157, 158

강릉문화 311

강릉부 79, 456

강릉비행장 242

강릉생활상태조사 148, 237

강릉시 14, 113, 169, 170, 171, 173, 175, 176, 177, 179, 181, 189, 195, 197, 248, 298, 457

강릉시사 8, 13, 297

강릉신사 158

강릉역 254, 257, 304

강릉예국설 62, 375

강릉우편국 123, 233

강릉읍 141, 145, 146, 158, 163, 236

강릉읍성 11, 63, 68, 71, 85, 86, 87, 89, 90, 91, 93, 95, 111, 124, 126, 130, 134, 344, 345, 365, 367, 376, 382, 383, 384, 385, 386, 387, 388, 455, 461

강릉의료원 274, 286

강릉인쇄주식회사 152

강릉전보사 123

강릉제사공장 152, 181

강릉진 99

강릉진관구역 114

강릉터미널 252

강릉토목관구 145
강릉평 300
강릉학 3, 4, 455
강릉향교 319, 324, 325, 389, 390, 413, 414
강문 282
강문교 280, 291
강문동유적 271
강문진 290
강문토성 363
강원도립강릉의원 145
강원도상황경개 13, 131, 236
강원도지 13, 141, 287, 295
강원여객 248, 249, 250, 251
강원학 3
강원흥업 249
강호평 300
개경 206
개성부 45
개신교 156
개항기 13, 49, 284, 286
개항장 28, 120
거읍도시 33
격몽요결 315
견조봉 299
경국대전 458
경복궁 26, 27
경부선 28
경양사 336, 418, 444
경의선 28
경인선 28
경제개발 5개년 계획 242
경제개발계획 113
경제기획원 176

경포대 10, 288, 320, 335, 390, 391
경포면 143
경포천 306
경포호 288, 312
경흥도호부 79, 456
계련당 389
계명상사 248
界首官 25
考工記 25
고려사 46
고려성 362, 366
고청제 433
고형산高荊山 210
공문십철 413
공양왕 80
관내도 79
관동대로 125
관동로 209
관동읍지 90, 281
관동택시 248
관동팔경 335
관로찰방館路察訪 212
관읍官邑 5, 386
광희운수 248
쾌방산성 361, 366
교통조건 39
교허성 347
9주 72, 76
9주 5소경 24, 52, 206
국내성 23
국도 35호선 246
국도 6호선 246
국도 7호선 246
국토종합개발계획 181, 184, 185, 186

군기청 142
군내면 286
군선교 231
군정교 231
굴면교 231, 294
굴산사 11, 313, 320, 336, 390
궁예弓裔 74, 314, 312, 380
근대도시 5
금강산성 354, 355, 366
금강수계 37
금광천 306
금광평 300
금란정 320, 336
금산평 300
금성 23
금학동 294
김담金譚 427, 428
김시습金時習 314, 417
김열金說 427
김옥균金玉均 221
김유신金庾信 312, 313, 397, 398, 429
김윤신金潤身 427, 428
김정金偵 90
김주원金周元 7, 69, 73, 74, 206, 273,
    312, 313, 346, 365, 369, 370, 371,
    375, 377, 378, 379, 424
김헌창金憲昌 378

나성 46
낙동강수계 37
남대천南大川 14, 51, 157, 192, 195,
    269, 270, 273, 275, 276, 281, 282,
    285, 298, 299, 300, 306, 307, 386,
    404, 405, 446, 460
남대천 수계水界 274, 277, 278, 285,
    287, 291, 294, 295, 297, 301, 302,
    304, 305
남대천 유로 281
남문동 285, 294
남산교 185, 246
남천교 291, 294
남항진 290
남현제언 291
남효온南孝溫 397
내곡교 247
내륙분지 입지 34
농업기반공사 298
니하泥河 65, 67, 72, 273, 377

다례 417, 441, 443
단군이야기 21, 41, 448
단오굿 399, 401, 402, 433
단오제사 398, 445
닭목령 293
대공산성 352
대관령 52, 89, 205, 206, 210, 260,
    286, 293, 396, 399, 400, 401, 431
대관령국사성황 431
대관령국사성황사 313, 391
대관령국사성황신 398, 401
대관령국사성황신봉안제 398
대관령국사성황제 444
대관령국사여성황 398
대관령국사여성황사 401, 432
대관령국사여성황신 398, 401

대관령 도로   210, 226, 459
대관령 산신   398
대관령로   205, 211
대관령산신제   444
대구읍성   129
대기천   293
대도호부大都護府   5, 27
大溟州院夫人   76
대성전   326, 327
대성황   390
대성황사   457
대창도   213
대창리   285
대창리당간지주   390
대창역   89, 209, 213, 285
대한여지도   284
대한제국 국제   120
대현율곡이이선생제   441, 444
덕봉사   421, 444
도로원표   225
도립강릉병원   162
도마천   293, 306
도성   33, 455
도성제   220
도시   4, 5, 6, 11, 19, 20, 33, 35, 111,
  201, 386, 388
도시국가   22
도시문화   311, 451, 461
도시민   40
도시변천사   12, 463
도시변화   462
도시인구율   32
도시화율   112
동력선   236, 237, 239

동맹東盟   408
동명묘東明廟   408
동방신문   176
동부고속   249
동예   61, 319, 396, 408
동원경   13, 68, 79, 93, 385, 391, 455
동원여객   251
동족마을   155
동진버스   250
동진학교   122
동해고속도로   245, 259
동해상사   242, 243, 248, 249, 250,
  251
동호문답   315
동호승람   8, 9, 13, 144, 230, 287, 292,
  295

ㅁ

만언봉사   315
망월제   444
망월제사   438
孟至大   293
면리임   101
면리제   41, 103
면리체제   96, 456
면제시행규칙   140
명주溟州   7, 10, 11, 13, 52, 72, 74, 79,
  370, 380, 383, 385, 391, 397, 455
명주군   14, 113, 169, 170, 171, 173,
  175, 176, 177, 179, 181, 183, 187,
  189, 197, 248, 298, 457
명주군왕   69, 346, 369, 379, 387, 424,
  425
명주군왕능향전   444

명주도   207, 458
명주도독부   79
명주동   274, 294
명주병원   162
명주성   15, 63, 68, 69, 70, 71, 91, 92,
　　111, 273, 274, 290, 311, 345, 346,
　　365, 368, 369, 371, 376, 382, 384,
　　386, 387, 388, 455, 461
명주조합   142
명주호족   76
모산학교   122
목계교   294
목탄차   232
무천舞天   396, 408
문묘   408
문묘대성전   389
문묘제사   413
미군정기   50
미놀평   300
미질부   67
민응형閔應亨   90

박공달朴公達   427, 428
박수량朴遂良   427
박억추朴億秋   427, 428
방내리성   347, 365
방도교   231, 294
방리제   23
방어조건   40
방위면   103
방위면체제   41
方澤   408
방해정   320, 336

범일梵日   312, 313
범일국사   400, 432
법규유편   221
별신굿   402, 436, 437
보안도   213, 214
보진당   282, 291, 293, 336, 460
보현사   320, 336, 390
보현산성   352, 353, 365, 366
봇물싸움놀이   447
봉수제   218
봉안제   444
부평정   291
북평   300
불천위   442
비열홀성   67

사직단   125
사천교   231
사천하평답교놀이   448
사화산   219
삭방도   79, 456
산업조건   39
삼국사기   23
삼국유사   21, 22
삼우봉   362
삼위태백   41
삼척진관   99
삼척포   234
삼한산성   359, 360, 366
삽당령   211, 213, 246, 293
삽당령개로비   211
상운도   213
상임경당   319, 389

새마을 사업 300
서경천도 46
서원교 294
석교 231
석교리성 351, 366
石泉 400, 432
석천서원石川書院 349, 416
선교장 10, 319, 320, 332, 333, 389,
　　390
설총薛聰 327
섬석교 231
섬석천 306
성균관 408
성남동 285, 294
성내동 158
성벽처리위원회 129
성읍도시 33, 455
성학집요 315
성황사 125
소금강산 355
소금강청학제 440, 444
소동산 219
속오법 101
손정목孫禎睦 6
송담서원 315, 319, 329, 331, 415,
　　416, 444
송신제 444
송악 45
송조육현 414
송화강 42
수두 42
수령칠사 97
수문리당간지주 390
수복지구임시행정조치법 165, 173

수원화성 33, 48
시공관 185
시구개정 158, 159, 160
市區整備 457
신단수 41
신리학교 122
신복사지 삼층석탑 390
신사임당申師任堂 314
神市 33
신작로 223
신채호申采浩 42
실직悉直 377, 67, 72
실직주 67
심명덕沈命德 90
13도제 114
12향현 316, 317

ㅇ

안목 235, 239, 282, 460
안목진 290
안목항 459
안인리 유적 61, 374
압록강수계 37
양계 79
어단천 306
어달산 219
어풍루 117
여름해변 용왕제 439, 444
驛道 207, 212
역민인등장 驛民人等狀 285
역역제 14, 212, 234
역참제 205
연곡교 231
연곡포 364

연해명주도   456

염양사   276

영고迎鼓   408

영동고속도로   242, 245, 259, 265, 459

영동관광   248

영산강수계   37

영산홍가   400, 432

영신제   401, 444

영주학교   122

영진리성   364

예국   60, 61, 373

예국고성   63, 86, 91, 92, 111, 204, 272, 273, 274, 342, 365, 374, 375, 377, 384, 386, 387, 388, 455, 461

예국성   290

예국성지   61

禮鄕   413

5가야   45

5가작통   105

5가작통제   106

5도 양계   52, 455

5방   24

5부   24

5위   98

오가작통사목   106

59대, 동원여객   248

오근산   219

오금집   335

오대산   312

오봉댐   301, 357

오봉서원   319, 329, 330, 426, 444

오성정   131, 291, 320, 390

오죽헌   332, 389, 390

옥계   187, 192

옥계평   300

옥계항   262

옥천동   285, 294

왕검성   33, 455

王京   4, 5, 23

왕산천   306

왕순식王順式   75, 382, 397

왕현성   348, 349, 366, 455

용물달기 놀이   447

용지   336

우계성   346, 347, 365

우마차   232

우산도   234

우양학교   122

우정총국   123

우체사   120, 123, 233

우편국   233

운금루   291

운정동고봉제   438

원산 이사청   115

원주학   3

월성   23

월호평   300

월화정   294

위례성   36

위촌천   306

留守官   24

유수부   27

유헌장柳憲章   90

유효도로법   259

6방   102

6촌   44

육상교통   202

6·25전쟁 30, 50, 113, 178, 181, 185,
242, 244
율곡학 10
은계 213
읍치邑治 5, 57, 112
의운루倚雲樓 90, 291, 293, 389
2군 6위 98
이득종李得宗 90
이병화 유혜불망비 211, 218
이사부異斯夫 67, 234, 312
23부제 114
이성무李成茂 427, 428
이이李珥 314, 315
里定法 107
이진화李鎭華 293
인력거 223, 232
일력사一力舍 163, 229, 230
일제 강점기 13, 49
임경당 282, 291, 293, 319, 332, 333,
334, 389, 447, 460
임당동 294
임당동성당 337
임수정 292
임영 80
임영강릉명주지 8, 179, 297, 299
임영관臨瀛館 68, 118, 131, 321, 382,
457
임영관삼문 319, 320, 321, 389
임영지 8, 13, 62, 89, 106, 279, 280,
397, 431
임해입지 34

자동차취체령 224

자전거 223
작청 142
잠수교 304
장관청 142
장시 134
장안성 350, 455
전조후시前朝後市 26
재판소 120
전충사 423, 444
전후복구사업 241
정도전鄭道傳 25
정동교 231
정동면 143
程驛察訪 212
정표정책旌表政策 317, 428
제사 407, 409, 411, 412, 413, 442, 461
제왕산성 357, 358, 366
제월루 293
조명신趙命臣 90
조선국방경비대 177
조선도로령 225, 241
조선시가지계획령 176
조선총독부 6, 137, 286
조전제 398, 444
조진세 90
조흥진趙興鎭 90
졸본 43
좀상날 434, 435
종교의례 410, 411
종묘 408
종선각 422, 444
좌묘우사左廟右社 26
주몽 43
주문산 219

주문진   187, 192, 237
주문진읍   168
주문진항   235, 238, 239, 240, 262
죽도봉   299, 300
중앙고속   249
증수임영지   8, 13, 141, 144, 287, 292,
    295, 300, 371
지역사   3
지역학   3
지정면指定面   140, 457
집안輯安   23

참로찰방站路察訪   212
창덕궁   26, 27
척번대   293
천도책   315
천부인天符印   22, 41
철원   24
청간사   336, 417, 444
청학동소금강   355
초당동유적   271
초당학교   122
최수崔洙   427
최수성崔壽峸   9, 314, 427, 428
최수황崔守璜   312, 314
최운우崔雲遇   427
최응현崔應賢   314, 427, 428
최치운崔致雲   427
최치원崔致遠   327
춘천학   3
치도약론治道略論   221
치소성   10
7事   322

칠봉산성   358, 359
칠사당   319, 321, 322, 389, 457

태백산   41
태양상사   243
태창정미소   152
토목관구   142, 298
토지개량조합   298

팔도체제   83, 114
평릉도   213, 214
평야입지   34
평창동계올림픽   197
포남동   294
풍납토성   23
풍수지리설   46
풍수지리적 조건   40
풍어제   436, 437

하남위례성   44
하리영河鯉泳   121
하마차   223
河西良   377
河西州   370
하슬라   13, 66, 67, 204
하슬라성주何瑟羅城主   69, 370
하슬라주河瑟羅州   67, 377
하천수계   37
하평답교놀이   434
학교조합   139

학산오독떼기 447
한강 36
한강수 25
한강수계 37
한성부 28
한송사 320
한송사지 336
한송정 312
한송정들차회 440, 444
漢水 44
한양 47
한양천도 47
해남제언 291
해령산 219
해운정 320, 335, 390
행정구역 40, 171
행정체계 13, 14, 462
향교평 300
향리 101
향청 142
향촌사회 9
향현사鄕賢祠 316, 336, 389, 390, 427, 428
향호리성 352, 366

허균許筠 314, 316
허균허난설헌문화제 444
허난설헌 헌다례 439, 440, 444
허난설헌許蘭雪軒 314, 316
호구총수 105
호송설 334
호장층 102
호해정 320, 336
洪吉童傳 316
홍제정수장 302
화동서원 충정사 444
화동서원 425
화륜선 235
화부산 324
화부산사 336, 429, 430, 444
화산학교 122
화성성역의궤 48
圜丘 408
활래정 320
황산사 336, 421, 444
회산 274
회암영당 336, 419, 444
효자리비 390
홍원창 235

김흥술(金興術)

정선 임계 출생, 강릉 거주, 강원대학교 사학과 졸업
관동대학교 대학원 사학과 문학석사
강원대학교 대학원 사학과 문학박사
국사편찬위원회 지역사료조사위원, 문화재청 문화재감정위원,
DMZ 박물관 자문위원
강원대, 경동대, 방송대 등 강의
현재 강릉시청 학예연구사

저서 및 논문

『강릉의 역사와 문화유적』(1995), 『태백의 역사와 문화유적』(1997)
『정선군지』(2004), 『디지털강릉문화대전』(2007), 『동해안지역 발전과 문화』(2009)
『동해시 30년사』(2010), 『한국의 역사와 문화』(2010)
『두타산의 문화』(2012), 『한국고고학전문사전:성곽·봉수편』(2012)
『강원도사 6, 8, 9권』(2013, 이상공저), 『신과 사람이 함께하는 강릉단오제』(2007)
「강릉지역의 성곽 연구」(2000), 「강릉관아에 대하여」(2002)
「20세기 강릉의 행정구역 변천」(2004), 「강릉남대천 중류지역 관아유적의 변천」(2004)
「강릉읍성의 도시사적 검토」(2005), 「강릉단오제와 도시문화」(2006)
「고대 강릉의 읍호와 행정구역변천」(2006), 「강릉지역 도시변천사 연구」(2006)
「명주성의 역사 문화적 의의」(2009), 「강릉의 제사」(2010)

강릉의 도시변천사 연구 　　　　　　　값 39,000원

2015년 11월　2일 초판 인쇄
2015년 11월 10일 초판 발행

저　　자 : 김 흥 술
발 행 인 : 한 정 희
발 행 처 : 경인문화사
　　　　　서울특별시 마포구 마포동 324 - 3
　　　　　전화 : 718 - 4831~2, 팩스 : 703 - 9711
　　　　　이메일 : kyunginp@chol.com
　　　　　홈페이지 : http://kyungin.mkstudy.com
　　　등록번호 : 제10 - 18호(1973. 11. 8)

ISBN : 978-89-499-1151-9 93910
ⓒ 2015, Kyung-in Publishing Co, Printed in Korea